FLORIAN MAIER

Regierungsamtliche Öffentlichkeitsarbeit in den neuen Medien

Schriften zum Öffentlichen Recht

Band 1565

Regierungsamtliche Öffentlichkeitsarbeit in den neuen Medien

Ein „Update" ihrer Grenzen

Von

Florian Maier

Duncker & Humblot · Berlin

Die Juristische Fakultät der Ruprecht-Karls-Universität Heidelberg
hat diese Arbeit im Jahre 2024 als Dissertation angenommen.

Bibliografische Information der Deutschen Nationalbibliothek

Die Deutsche Nationalbibliothek verzeichnet diese Publikation in der Deutschen Nationalbibliografie; detaillierte bibliografische Daten sind im Internet über http://dnb.d-nb.de abrufbar.

Satz: 3w+p GmbH, Rimpar
Druck: CPI books GmbH, Leck
Printed in Germany

ISSN 0582-0200
ISBN 978-3-428-19530-5 (Print)
ISBN 978-3-428-59530-3 (E-Book)
Gedruckt auf alterungsbeständigem (säurefreiem) Papier
entsprechend ISO 9706 ♾

Verlagsanschrift: Duncker & Humblot GmbH, Carl-Heinrich-Becker-Weg 9,
12165 Berlin, Germany | E-Mail: info@duncker-humblot.de
Internet: http://www.duncker-humblot.de

Meinen Eltern

Vorwort

Diese Arbeit wurde im Jahre 2024 von der Juristischen Fakultät der Ruprecht-Karls-Universität Heidelberg als Dissertationsschrift angenommen. Sie befindet sich in Bezug auf Literatur und Rechtsprechung auf dem Stand von Februar 2024.

Herzlich danke ich Herrn Professor Dr. Bernd Grzeszick für die Bereitschaft das Promotionsvorhaben zu betreuen und mir in Themenfindung sowie der Erarbeitungsphase große Freiheit zu gewähren. Zu danken ist ferner Frau Professorin Dr. Fruzsina Molnár-Gábor für die Erstellung des Zweitgutachtens.

Das dieser Dissertation zugrundeliegende Promotionsvorhaben wurde mit einem Promotionsstipendium der Begabtenförderung der Friedrich-Naumann-Stiftung für die Freiheit aus Mitteln des Bundesministeriums für Bildung und Forschung gefördert.

Frankfurt am Main, im März 2025 *Florian Maier*

Inhaltsverzeichnis

Kapitel 4

Kapitel 5

Verbot der Wahlwerbung 191

Kapitel 7

Gemischtnutzung von Profilen auf sozialen Medien 308

Abkürzungsverzeichnis

2d Cir.	United States Court of Appeals 2nd Circuit
a. A.	andere Ansicht
AbgG	Gesetz über die Rechtsverhältnisse der Mitglieder des Deutschen Bundestages (Abgeordnetengesetz)
a. F.	alte Fassung
AfP	Zeitschrift für das gesamte Medienrecht Archiv für Presserecht
Ag.	Antragsgegner/-in
Akt.	Aktualisierung
Alt.	Alternative
AöR	Archiv des öffentlichen Rechts
Art.	Artikel
Ast.	Antragssteller/-in
Aufl.	Auflage
Az.	Aktenzeichen
BayGO	Gemeindeordnung für den Freistaat Bayern
BayMG	Gesetz über die Entwicklung, Förderung und Veranstaltung privater Rundfunkangebote und anderer Telemedien in Bayern (Bayerisches Mediengesetz)
BayVBl.	Bayerische Verwaltungsblätter
BayVerf	Verfassung des Freistaats Bayern
BbgKVerf	Kommunalverfassung des Landes Brandenburg
BbgVerf	Verfassung des Landes Brandenburg
Bd.	Band
BDZV	Bundesverband Digitalpublisher und Zeitungsverleger
BerlVerfGH	Verfassungsgerichtshof des Landes Berlin
Beschl.	Beschluss
BfJ	Bundesamt für Justiz
BGB	Bürgerliches Gesetzbuch
BGBl.	Bundesgesetzblatt
BGH	Bundesgerichtshof
BGHSt	Entscheidungen des Bundesgerichtshofes in Strafsachen
BMG	Bundesministerium für Gesundheit
BPA	Presse- und Informationsamt der Bundesregierung
BRD	Bundesrepublik Deutschland
BremLMG	Bremisches Landesmediengesetz
BremStGH	Staatsgerichtshof der Freien Hansestadt Bremen
BremVerf	Landesverfassung der Freien Hansestadt Bremen
BT-Drs.	Bundestagsdrucksache
BusHor	Business Horizons
BVerfG	Bundesverfassungsgericht
BVerfGE	Entscheidungen des Bundesverfassungsgerichts (Entscheidungssammlung)

BVerfGG	Bundesverfassungsgerichtsgesetz
BVerwG	Bundesverwaltungsgericht
BVerwGE	Entscheidungen des Bundesverwaltungsgerichts (Entscheidungssammlung)
BWahlG	Bundeswahlgesetz
dass.	dasselbe
ders.	derselbe
Dez.	Dezember
dies.	dieselbe/-n
DJT	Deutscher Juristentag
DÖV	Die Öffentliche Verwaltung
DRiZ	Deutsche Richterzeitung
DVBl.	Deutsches Verwaltungsblatt
ebd.	ebenda
Ed.	Edition
Einl.	Einleitung
EL.	Ergänzungslieferung
Entsch.	Entscheidung
ESVGH	Entscheidungssammlung des Hessischen Verwaltungsgerichtshofs und des Verwaltungsgerichtshofs Baden-Württemberg
EuR	Europarecht
Feb.	Februar
Fn.	Fußnote
GA	Generalanwalt am Europäischen Gerichtshof
GemO (BW)	Gemeindeordnung für Baden-Württemberg
GemO (RLP)	Gemeindeordnung (Rheinland-Pfalz)
GG	Grundgesetz für die Bundesrepublik Deutschland
GGO	Gemeinsame Geschäftsordnung der Bundesministerien
GMBl.	Gemeinsames Ministerialblatt
GO BReg	Geschäftsordnung der Bundesregierung
GO NRW	Gemeindeordnung für das Land Nordrhein-Westfalen
GO (SH)	Gemeindeordnung für Schleswig-Holstein
GreifRecht	Greifswalder Halbjahresschrift für Rechtswissenschaft
GRUR	Gewerblicher Rechtsschutz und Urheberrecht
GRUR-Prax	Gewerblicher Rechtsschutz und Urheberrecht, Praxis im Immaterialgüter und Wettbewerbsrecht
HessStGH	Staatsgerichtshof des Landes Hessen
HessVerf	Verfassung des Landes Hessen
HessVGH	Hessischer Verwaltungsgerichtshof
HGO	Hessische Gemeindeordnung
HmbVerf	Verfassung der Freien und Hansestadt Hamburg
HPRG	Gesetz über den privaten Rundfunk in Hessen (Hessisches Privatrundfunkgesetz)
Hrsg.	Herausgeber
HSGZ	Hessische Städte- und Gemeindezeitung
i. d. F.	in der Fassung
i. d. R.	in der Regel
i. d. S.	in diesem Sinne

i. e. S.	im engeren Sinne
i. H. v.	in Höhe von
IPbpR	Internationaler Pakt über bürgerliche und politische Rechte
i. S. d.	im Sinne des/-r
i. S. e.	im Sinne eines/-r
i. V. m.	in Verbindung mit
JA	Juristische Arbeitsblätter
Jan.	Januar
JbKG	Jahrbuch für Kommunikationsgeschichte
JöR n. F.	Jahrbuch des öffentlichen Rechts der Gegenwart. Neue Folge
JURA	Juristische Ausbildung
jurisPR-ITR	Juris PraxisReport IT-Recht
JuS	Juristische Schulung
JZ	Juristenzeitung
Kammerbeschl.	Kammerbeschluss
Kap.	Kapitel
Kl.	Kläger/-in
KommJur	Kommunaljurist
K&R	Kommunikation und Recht
KSVG (SL)	Kommunalselbstverwaltungsgesetz
KVG LSA	Kommunalverfassungsgesetz des Landes Sachsen-Anhalt
KV M-V	Kommunalverfassung für das Land Mecklenburg-Vorpommern
LAbfG NW	Abfallgesetz für das Land Nordrhein-Westfalen
LG	Landgericht
LKRZ	Zeitschrift für Landes- und Kommunalrecht Hessen – Rheinland-Pfalz – Saarland
LKV	Landes- und Kommunalverwaltung
LMedienG (BW)	Landesmediengesetz (Baden-Württemberg)
LMG NRW	Landesmediengesetz Nordrhein-Westfalen
LMG (RLP)	Landesmediengesetz (Rheinland-Pfalz)
Ls.	Leitsatz/-ätze
LV (BW)	Verfassung des Landes Baden-Württemberg
LVerfG	Landesverfassungsgericht
LVerfGE	Entscheidungen der Verfassungsgerichte der Länder (Entscheidungssammlung)
LV (RP)	Verfassung für Rheinland-Pfalz
MDR	Monatsschrift für Deutsches Recht
MedienG LSA	Mediengesetz des Landes Sachsen-Anhalt
mglw.	möglicherweise
Mio.	Millionen
MMR	Zeitschrift für IT-Recht und das Recht der Digitalisierung
MStV	Medienstaatsvertrag
MStV BB/BE	Staatsvertrag über die Zusammenarbeit zwischen Berlin und Brandenburg im Bereich der Medien
MStV HSH	Staatsvertrag über das Medienrecht in Hamburg und Schleswig-Holstein
MVVerf	Verfassung des Landes Mecklenburg-Vorpommern
m. w. N.	mit weiteren Nachweisen
NdsStGH	Niedersächsischer Staatsgerichtshof

NdsVerf	Niedersächsische Verfassung
NetzDG	Gesetz zur Verbesserung der Rechtsdurchsetzung in sozialen Netzwerken (Netzwerksdurchsetzungsgesetz)
Neudr.	Neudruck
NJW	Neue Juristische Wochenschrift
NJW-RR	Neue Juristische Wochenschrift Rechtsprechungs-Report Zivilrecht
NKomVG	Niedersächsisches Kommunalverfassungsgesetz
NMedienG	Niedersächsisches Mediengesetz
NordÖR	Zeitschrift für Öffentliches Recht in Norddeutschland
Nov.	November
NRWVerf	Verfassung für das Land Nordrhein-Westfalen
NRWVerfGH	Verfassungsgerichtshof für das Land Nordrhein-Westfalen
NStZ	Neue Zeitschrift für Strafrecht
NVwZ	Neue Zeitschrift für Verwaltungsrecht
NVwZ-RR	NVwZ-Rechtsprechungs-Report Verwaltungsrecht
NWVBl.	Nordrhein-Westfälische Verwaltungsblätter
Okt.	Oktober
OLG	Oberlandesgericht
OVG	Oberverwaltungsgericht
PartG	Gesetz über die politischen Parteien (Parteiengesetz)
Pressemitt.	Pressemitteilung/-en
RGBl.	Reichsgesetzblatt
RhPfVerfGH	Verfassungsgerichtshof Rheinland-Pfalz
RiBVerfG	Richter/-in am Bundesverfassungsgericht
Rn.	Randnummer
Rspr.	Rechtsprechung
RStV	Rundfunkstaatsvertrag
RundfG M-V	Rundfunkgesetz für das Land Mecklenburg-Vorpommern (Landesrundfunkgesetz)
RuP	Recht und Politik
SaarlVerf	Verfassung des Saarlandes
SaarlVerfGH	Verfassungsgerichtshof des Saarlandes
SachsAnhVerf	Verfassung des Landes Sachsen-Anhalt
SachsAnhVerfG	Landesverfassungsgericht Sachsen-Anhalt
SächsGemO	Gemeindeordnung für den Freistaat Sachsen (Sächsische Gemeindeordnung)
SächsPRG	Gesetz über den privaten Rundfunk und neue Medien in Sachsen (Sächsisches Privatrundfunkgesetz)
SächsVBl.	Sächsische Verwaltungsblätter
SächsVerf	Verfassung des Freistaats Sachsen
SchlHA	Schleswig-Holsteinische Anzeigen
Schlussantr.	Schlussanträge
Schlussurt.	Schlussurteil
S.D.N.Y.	United States District Court for the Southern District of New York
Sep.	September
SHVerf	Verfassung des Landes Schleswig-Holstein
SMG	Saarländisches Mediengesetz
StGB	Strafgesetzbuch

STGH BW	Staatsgerichtshof Baden-Württemberg
st.Rspr.	ständige Rechtsprechung
Teilurt.	Teilurteil
ThürKO	Thüringer Gemeinde- und Landkreisordnung (Thüringer Kommunalordnung)
ThürLMG	Thüringer Landesmediengesetz
ThürVBl.	Thüringer Verwaltungsblätter
ThürVerf	Verfassung des Freistaats Thüringen
ThürVerfGH	Thüringer Verfassungsgerichtshof
UNTS	United Nations Treaty Series
Urt.	Urteil
UWG	Gesetz gegen den unlauteren Wettbewerb
Var.	Variante
VBlBW	Verwaltungsblätter für Baden-Württemberg
VerfBrhv	Verfassung für die Stadt Bremerhaven
VerwArch	Verwaltungsarchiv
VG	Verwaltungsgericht
VGH	Verwaltungsgerichtshof
vgl.	vergleiche
Vorb.	Vorbemerkung/-en
VvB	Verfassung von Berlin
VVDStRL	Veröffentlichungen der Vereinigung der Deutschen Staatsrechtslehrer
VwGO	Verwaltungsgerichtsordnung
WRP	Wettbewerb in Recht und Praxis
WRV	Die Verfassung des Deutschen Reiches (Weimarer Reichsverfassung)
WUR	Wirtschaftsverwaltungs- und Umweltrecht
ZBR	Zeitschrift für Beamtenrecht
ZDF	Zweites Deutsches Fernsehen
ZGI	Zeitschrift für das gesamte Informationsrecht
ZLR	Zeitschrift für das gesamte Lebensmittelrecht
ZOV	Zeitschrift für offene Vermögensfragen, Rehabilitierungs- und sonstiges Wiedergutmachungsrecht
ZParl	Zeitschrift für Parlamentsfragen
ZRP	Zeitschrift für Rechtspolitik
ZUM	Zeitschrift für Urheber- und Medienrecht
ZUM-RD	Zeitschrift für Urheber- und Medienrecht – Rechtsprechungsdienst

Einleitung und Gang der Untersuchung

Als Friedhelm Hufen die regierungsamtliche Öffentlichkeitsarbeit als „ein Lebenselixier moderner Demokratie"[1] bezeichnete, wird er sich nicht vorgestellt haben, wie sehr seine metaphorische Beschreibung einmal der Realität entsprechen wird. Als die Russische Föderation am 24. Februar 2022 ihren völkerrechtswidrigen[2] Angriffskrieg gegen die Ukraine begann, rechnete kaum jemand damit, dass die Ukraine sich ernsthaft gegen die scheinbare militärische Übermacht Russlands wird wehren können. Zu frisch waren auch noch die Erinnerungen an das Ende des NATO-Einsatzes in Afghanistan, den mitunter chaotischen Abzug des „Westens" und der daraus resultierenden Machtübernahme der Taliban binnen weniger Tage aufgrund einer Implosion der staatlichen Institutionen sowie der Zivilgesellschaft.[3] Sinnbildlich hierfür ist auf ein seinerzeit verbreitetes Gerücht hinzuweisen, der afghanische Staatspräsident habe mit Koffern voller Bargeld das Land verlassen.[4] Allein das Gerücht an sich, unabhängig von dessen Wahrheitsgehalt, wird vielen Afghanen vor Augen geführt haben, dass die Islamische Republik Afghanistan als demokratische Republik *de facto* aufgehört hat zu existieren und ein Einstehen für das staatliche Gemeinwesen aussichtslos ist. Man hat sich mit der neuerlichen Machtübernahme der Taliban abgefunden, so scheint es.

In der Ukraine verbreiteten sich in den ersten Stunden des Krieges als Bestandteil der hybriden Kriegsführung Russlands ähnliche Gerüchte. Der ukrainische Staatspräsident Wolodymyr Selenskyj konnte diese Gerüchte jedoch in simpler, aber eindrucksvoller Art und Weise entkräften. In den ersten Kriegstagen veröffentlichte er regelmäßig selbst aufgenommene Videobotschaften, in denen er sich an die ukrainische Bevölkerung, aber auch die „Weltöffentlichkeit" wendete. Diese Videos, regelmäßig aufgenommen mit der Kamera seines Smartphones, zeigten ihn allein oder umringt von weiteren Vertretern staatlicher Institutionen, inmitten der ukrainischen Hauptstadt, die zu dieser Zeit Hauptziel des russischen Einmarschs war und kurz vor der Einnahme stand. Selenskyj nutze dabei überwiegend soziale Medien wie Facebook oder X (vormals Twitter), aber auch andere „neue" Kommunikationskanäle wie den Messengerdienst Telegram, der in der Ukraine weit verbreitet ist. Der große Vorteil dieser Kommunikationsmethode war, dass jeder Ukrainer, sei es im Luftschutzbunker oder im Schützengraben, die Botschaften über das eigene

[1] *Hufen*, in: LKRZ 2007, 41 (42).

[2] Siehe nur *Marxsen*, mpil.de; *Schaller*, in: NJW 2022, 832 (832 f.).

[3] Siehe Einsetzung des 1. Untersuchungsausschuss der 20. Legislaturperiode, BT-Drs. 20/2352, S. 1.

[4] Siehe *Böge*, faz.net.

Smartphone empfangen, wahrnehmen sowie weiterleiten konnte. Dass die Ukraine auch heute noch ein souveräner Staat ist, mag viele Gründe haben, die Videobotschaften Selenskyjs gehören zweifellos dazu. In den ersten Tagen und Wochen des Krieges waren diese das Lebenselixier eines Staates am Rande seines Untergangs.

Wie bei jedem Elixier gilt auch für die regierungsamtliche Öffentlichkeitsarbeit: *Sola dosis facit venenum.* Zu welchen Folgen eine Überdosis führen kann, verdeutlichte die Präsidentschaft Donald Trumps in den Vereinigten Staaten von Amerika. Trump nutzte sein Profil auf dem sozialen Medium X als eine Art Parallelmassenmedium, um seine oftmals aus Halb- oder Unwahrheiten bis hin zu Beleidigungen bestehenden Äußerungen ungefiltert an seine Anhängerschaft zu vermitteln. Insoweit schaffte der 45. Präsident der Vereinigten Staaten von Amerika sich und seinen Anhängern eine von den Zwängen der Realität abgekoppelte Parallelwelt der Agitation und Desinformation.[5] Einer Erhebung der Washington Post zufolge verbreitete er während seiner ersten Amtszeit 30.573 falsche oder irreführende Behauptungen, viele davon über sein Profil auf dem sozialen Medium X.[6] Die New York Times hat sämtliche über X veröffentlichten Invektiven Trumps in einer Liste zusammengestellt, deren Wiedergabe den Rahmen dieser Einleitung sprengen würde.[7] Trauriger Höhe-, zugleich aber auch (vorläufiger) Schlusspunkt dieser Form der regierungsamtlichen Öffentlichkeitsarbeit war der sog. Sturm auf das Kapitol in Washington, D.C. am 6. Januar 2021 – ein Ereignis, das man durchaus als Putschversuch werten kann.[8] Zum Zwecke, die formelle Bestätigung der Wahl Joseph Bidens zum 46. Präsidenten der Vereinigten Staaten von Amerika durch das Zweikammerparlament der Vereinigten Staaten, das Repräsentantenhaus und den Senat, zu verhindern, versammelten sich Anhänger des abgewählten, aber sich noch formal im Amt befindenden Präsidenten Trumps in Washington, D.C. Ausgehend von einer Kundgebung, um gegen den aus ihrer Sicht begangenen Wahlbetrug zu demonstrieren, drangen gewaltbereite Anhänger in das Kapitol ein und verhinderten die Bestätigung um mehrere Stunden. Diese wurden dabei u. a. durch eine Reihe von Beiträgen Trumps animiert.[9] Im Nachgang dieser Ereignisse wurde das Profil Trumps wegen eines Verstoßes gegen die Nutzungsbedingungen aufgrund des Risikos, weitere Gewalt anzustiften, von X gesperrt.[10]

---

[5] Zum Ganzen vgl. auch *Kühling*, in: JZ 2021, 529 (529); *ders.*, in: ZUM 2021, 461 (461).

[6] *Kessler*, washingtonpost.com.

[7] *Quealy*, nytimes.com.

[8] So der Vorsitzende des House Select Committee to Investigate the January 6th Attack on the United States Capitol *Thompson* in der Ausschusssitzung v. 9. 6. 2022.

[9] Ein Beitrag *Trumps*: „Statistically impossible to have lost the 2020 Election. Big protest in D.C. on January 6th. Be there, will be wild!“, siehe *Sheerin*, bbc.com.

[10] *X*, Blog v. 8. 1. 2021. In der Zwischenzeit wurde das Profil wieder entsperrt, es wird aber nicht mehr genutzt. *Trump* hat mit „truth [sic!] social“ sein eigenes soziales Medium gegründet, das jedoch nur geringe Nutzerzahlen aufweist. Dort hat *Trump* „nur“ 6,5 Mio. Follower, auf seinem inaktiven X-Profil auch heute noch mehr als 80 Mio.

Nach diesen in den Extremen verorteten Beispielen gilt es, sich die tatsächliche und rechtliche Lage in Deutschland vor Augen zu führen. Freilich werden die neuen Medien auch in Deutschland genutzt, die Bundesregierung findet sich auf Facebook und YouTube, der Bundeskanzler auf Instagram und X. Noch scheint die regierungsamtliche Öffentlichkeitsarbeit in Deutschland glücklicherweise weit von den vorstehend geschilderten Verhältnissen entfernt zu sein und doch zeigen diese eindrucksvoll die Kommunikationsmacht der neuen Medien im Guten wie im Schlechten auf. Deren Potential für die regierungsamtliche Öffentlichkeitsarbeit hat selbstredend auch die Bundesregierung erfasst, wie ihre Antwort auf eine kleine Anfrage in der 19. Wahlperiode offenbart, die nach den Gründen einer Kostensteigerung im Bereich der Öffentlichkeitsarbeit fragt.[11] Die Bundesregierung trägt vor, dass Instagram, X, Facebook etc. als zeitgemäße Erweiterung der Öffentlichkeitsarbeit heute „unumgänglich" seien und die Bürger gestiegene Erwartungen in Bezug auf Einfachheit und visuelle Aufbereitung von Inhalten hätten. Sie müsse sich diesem veränderten Informationsverhalten anpassen, um ihrem verfassungsmäßigen Auftrag zur Information der Bürger nachzukommen.[12] Das Motiv der Bundesregierung erscheint plausibel, doch ist eine Folgefrage aufgeworfen: Wenn sich die Bundesregierung in der Wahl ihrer Medien, Inhalte und Formen der Öffentlichkeitsarbeit dem geänderten Informationsverhalten anpassen darf bzw. muss, wie ist dann mit den überkommenen Grenzen der Öffentlichkeitsarbeit umzugehen? Diese basieren schließlich noch auf einem anderen Informationsverhalten bzw. wurden unter Berücksichtigung eines anderen Informationsverhaltens gezogen. Exakt dieser Frage widmet sich die vorliegende Arbeit.

Die überkommenen Grenzen der regierungsamtlichen Öffentlichkeitsarbeit basieren im Wesentlichen auf einer Leitentscheidung des Bundesverfassungsgerichtes.[13] Regierungsamtliche Öffentlichkeitsarbeit sei nicht „nur" zulässig, sondern „sogar" notwendig,[14] finde allerdings ihre Grenze dort, wo die Wahlwerbung beginnt.[15] Im Anschluss an das Vorstehende ist jedoch zu hinterfragen, ob diese Entscheidung, datiert auf den 2. März 1977, heute überhaupt noch eine leitende Funktion übernehmen kann. Zum Zeitpunkt der Urteilsverkündung lag die Einführung des Farbfernsehens in der Bundesrepublik keine zehn Jahre zurück, bis zum ersten Facebook-Post, YouTube-Video oder Beitrag auf X, sollten noch fast dreißig Jahre vergehen. Die seinerzeit vom Bundesverfassungsgericht beanstandeten Inhalte der Öffentlichkeitsarbeit erscheinen aus heutiger Sicht gar unfreiwillig komisch: So

---

[11] Kleine Anfrage der Abgeordneten Christian Dürr, Grigorios Aggelidis, Renata Alt, weiterer Abgeordneter und der Fraktion der FDP, BT-Drs. 19/17619.

[12] Ausgaben für Öffentlichkeitsarbeit und Dienstreisen der Bundesregierung, BT-Drs. 19/18296, S. 2.

[13] BVerfG, Urt. v. 2.3.1977 – 2 BvE 1/76 = BVerfGE 44, 125. Die nachfolgende Entscheidung BVerfG, Beschl. v. 23.2.1983 – 2 BvR 1765/82 = BVerfGE 63, 230, hat BVerfGE 44, 125 inhaltlich bestätigt.

[14] BVerfGE 44, 125 (147).

[15] BVerfGE 44, 125 (148 f.).

wurde der Abdruck Helmut Schmidts Terminkalender – bestehend aus einer nach Datum geordneten, tabellarischen Auflistung der Namen ausländischer Amtsträger – beanstandet, während heute jede Auslandsreise zu Beiträgen in den sozialen Medien verarbeitet wird, inklusive professionell erstellter Bildbeiträgen und den dazugehörigen Beschreibungen.[16]

Selbstverständlich hat auch das Bundesverfassungsgericht erkannt, dass sich die Kommunikationsverhältnisse durch das Aufkommen der Informationsgesellschaft und die immer weiter fortschreitende Digitalisierung verändert haben. Doch eine Auseinandersetzung damit findet innerhalb seiner Judikatur zur Öffentlichkeitsarbeit nur in Ansätzen statt. In den nächsten beiden wegweisenden Entscheidungen aus dem Jahr 2002, die bekannten „Glykol und Osho"-Beschlüsse,[17] verweist das Gericht lediglich darauf, dass sich die staatliche Teilhabe an der öffentlichen Kommunikation fortlaufend verändere und dass die gewachsene Rolle der Massenmedien, der Ausbau moderner Informations- und Kommunikationstechniken sowie die Entwicklung neuer Informationsdienste sich auch auf die Art der Aufgabenerfüllung durch die Regierung auswirkten.[18] Bei diesen Andeutungen belässt es das Gericht. In Retrospektive scheint das Bundesverfassungsgericht Recht behalten haben, seine Aussagen vage zu halten. Wohl kaum jemand konnte im Jahr 2002 abschätzen, wohin sich die neuen Informationsdienste entwickeln. Eine zum damaligen Zeitpunkt getätigte Vorhersage, in zwanzig Jahren würden Bilder einer Auslandsreise des Bundeskanzlers unmittelbar neben Urlaubsbildern von Freunden auf einem internetfähigen, mobilen Telefon angezeigt, wäre vermutlich als Zukunftsträumerei abgetan worden. So sollten beinahe zwanzig Jahre vergehen, bis sich das Gericht in seinem „Seehofer-Urteil" aus dem Jahr 2020 erneut inhaltlich äußert.[19] Zusätzliche digitale Möglichkeiten zur kommunikativen Einwirkung auf die Wähler erhöhten das Missbrauchsrisiko durch staatliche Organe – so knapp, so pauschal.[20] Die Aufgabe, dem Regelwerk der regierungsamtlichen Öffentlichkeitsarbeit unter Berücksichtigung der heutigen Kommunikationsbedingungen, deren Chancen und Risiken, Notwendigkeiten und Möglichkeiten, ein „Update" zu geben, verbleibt daher.

Dafür ist sich im 1. Kapitel dem Begriff der regierungsamtlichen Öffentlichkeitsarbeit anzunehmen. Wie noch zu zeigen sein wird, soll dieser nicht in Gänze, sondern nur hinsichtlich der Öffentlichkeitsarbeit i. e. S. Gegenstand der Untersuchung sein. Hintergrund dieser Begrenzung des Untersuchungsgegenstandes ist, dass jener Teilbereich der Öffentlichkeitsarbeit mehr und mehr in Vergessenheit gerät, da

[16] Siehe dazu die Beispiele bei *Friehe*, in: Uhle (Hrsg.), Information und Einflussnahme, 2018, 81 (120 ff.).

[17] BVerfG, Beschl. v. 26. 6. 2002 – 1 BvR 558, 1428/91 = BVerfGE 105, 252; Beschl. v. 26. 6. 2002 – 1 BvR 670/91 = BVerfGE 105, 279.

[18] BVerfGE 105, 252 (268 f.); 105, 279 (301 f.).

[19] BVerfG, Urt. v. 9. 6. 2020 – 2 BvE 1/19 = BVerfGE 154, 320.

[20] BVerfGE 154, 320 (343 Rn. 65).

anderen Teilbereichen größere Aufmerksamkeit zu Teil kommt. Die bekannteren Bereiche der grundrechtsrelevanten öffentlichen Warnungen oder der fortdauernd aktuellen Thematik der Äußerungsfälle werden in der vorliegenden Arbeit nur am Rande angesprochen. Hierfür sei auf andere Arbeiten verwiesen, die in den letzten Jahren erschienen sind.[21] Ebenso wenig soll sich der Öffentlichkeitsarbeit anderer staatlicher Institutionen, sei es der Judikativen, der Legislativen oder anderen Teilen der Exekutiven, etwa der des Bundespräsidenten oder der Polizei angenommen werden.[22] Es soll in erster Linie die Öffentlichkeitsarbeit i. e. S. – vorbehaltlich einer echten Begriffsbestimmung zu verstehen als positive Selbstdarstellung der Regierung, vereinfacht: Regierungswerbung – untersucht werden. Deren Regelwerk gilt es mit einem Update zu versehen, da sie die längste Zeit in der juristischen Diskussion vernachlässigt wurde.

Im 2. Kapitel soll die Weiter- und Fortentwicklung der Art und Weise der regierungsamtlichen Öffentlichkeitsarbeit seit Anfang der Bundesrepublik Deutschland dargestellt werden. Dabei wird herausgearbeitet, inwiefern sich die veränderten Kommunikationsbedingungen auf die regierungsamtliche Öffentlichkeitsarbeit auswirken. Insoweit können die oftmals pauschal behaupteten Veränderungen im Informations- und Kommunikationsverhalten greifbar gemacht sowie strukturiert werden.

Im 3. Kapitel soll schließlich die grundlegende verfassungsrechtliche Legitimation regierungsamtlicher Öffentlichkeitsarbeit und ihre kompetenziellen Grundlagen dargelegt werden. Insofern lassen sich bereits Hinweise auf konkrete Verbote erkennen, die es in den nachfolgenden Kapiteln eingehend darzustellen und zu erläutern gilt. Jenes Kapitel fungiert als Türöffner für die nachfolgenden, die sich jeweils einem Verbot, mithin einer besonderen Grenze, widmen.

Als erstes besteht ein Verbot der verbands- und organkompetenzwidrigen Öffentlichkeitsarbeit. Dessen konkrete Ausgestaltung soll im 4. Kapitel herausgearbeitet werden. Zusätzlich soll sich der Frage angenommen werden, ob das Verbot nicht in den neuen Medien eine Relativierung erfährt. Im 5. Kapitel wird sodann das Verbot der Wahlwerbung, wie es sich aus der Leitentscheidung des Bundesverfassungsgerichtes vom 2. März 1977 ergibt, dargelegt und auf seine Anwendbarkeit in den neuen Medien überprüft. Im 6. Kapitel wird sich einem Themenkreis gewidmet, dem bisher kaum die gebotene Aufmerksamkeit zuteilwurde, dem Verbot der rundfunk- oder pressemäßigen Betätigung. Diese aus dem Medienrecht bekannten, aber jeweils im Verfassungsrecht verwurzelten Tätigkeitsverbote entfalten nämlich – wie noch gezeigt wird – auch Auswirkungen auf die regierungsamtliche Öffent-

[21] Zu den öffentlichen Warnungen im Kontext der sozialen Netzwerke siehe *Harding*, Regierungsamtliche Öffentlichkeitsarbeit in den sozialen Netzwerken, 2023, S. 137 ff. Zu den Äußerungsfällen siehe insb. *Dişçi*, Der Grundsatz politischer Neutralität, 2019; *Eder*, „Rote Karte“ gegen „Spinner“?, 2017; *Nellesen*, Äußerungsrechte staatlicher Funktionsträger, 2019.

[22] Zu letzterer siehe *Bilsdorfer*, Polizeiliche Öffentlichkeitsarbeit in sozialen Netzwerken, 2019.

lichkeitsarbeit, insb. in den neuen Medien. Diesem Aspekt wurde in der bisherigen Diskussion kaum die gebotene Aufmerksamkeit gewidmet, obwohl dieser mitunter weitreichende Auswirkungen für die Praxis der regierungsamtlichen Öffentlichkeitsarbeit haben könnte. Zuletzt ist sich im 7. Kapitel einer Besonderheit der Nutzung sozialer Medien zu widmen, der sog. Gemischtnutzung von Profilen. Diese wird unter Berücksichtigung bereits vorgetragener Ansätze in der Literatur und unter Ausarbeitung eines eigenen Ansatzes auf ihre Zulässigkeit überprüft.

Abschließend findet sich eine Zusammenfassung der wesentlichen Ergebnisse der Untersuchung in Form mehrerer Thesen, die einen Gesamtüberblick über die Arbeit ermöglichen.

Kapitel 1

Begriff Öffentlichkeitsarbeit

Eine Untersuchung, die sich der regierungsamtlichen Öffentlichkeitsarbeit widmet, muss das ihr zugrundeliegende Begriffsverständnis vorab erläutern. Das Adjektiv regierungsamtlich stellt dabei die niedrigste Hürde dar, denn es beschreibt lediglich den Kommunikator, vorliegend also die Regierung als Kollegialorgan bzw. die Regierungsmitglieder als einzelne staatliche Funktionsträger. Dabei ist im Grundsatz weder zwischen der Bundes- und den Landesregierungen noch den Bundes- und den Landesministern noch dem Bundeskanzler und den Ministerpräsidenten zu unterscheiden. Das noch zu erarbeitende Regelwerk kann *cum grano salis* übertragen werden. In dieser Arbeit soll sich aufgrund ihrer erhöhten Bedeutung vorrangig an der Bundesregierung orientiert werden, nur vereinzelt wird auf die Landesregierungen eingegangen. Dies vorangestellt, gilt es sich in diesem Kapitel dem Begriff Öffentlichkeitsarbeit zu widmen.

Der Begriff entstammt der Kommunikationswissenschaft, sodass es sich aufdrängt, vorab auf ihr Begriffsverständnis einzugehen. Sodann erst ist das Begriffsverständnis in der Rechtswissenschaft zu analysieren. Wie noch zu zeigen sein wird, sind die vertretenen Ansätze vielschichtig und reichen von allgemeinen definitorischen Ansätzen bis hin zu einer grundlegenden Ablehnung des Begriffs. Ferner bestehen Ansätze, die Versuche der inhaltlichen Konturierung und Differenzierung unternehmen. Im Anschluss ist auf das Begriffsverständnis in der Judikatur, insb. des Bundesverfassungsgerichtes, aber auch der Landesverfassungsgerichtsbarkeiten, einzugehen. Dabei soll ein weiter Bogen von der frühen bis zur heutigen Judikatur geschlagen werden, um die Vielschichtigkeit des Begriffs, aber auch die Entwicklung, die er durchlaufen hat, aufzuzeigen. Schließlich soll im Wege einer Gegenüberstellung mit dem Propagandabegriff die Unterschiede zwischen Öffentlichkeitsarbeit und Propaganda aufgezeigt werden. Somit können die beiden Begriffe bereits zu Beginn der Untersuchung klar voneinander abgegrenzt und die Öffentlichkeitsarbeit kann von einem immer wieder geäußerten Vorwurf entlastet werden.

A. Begriffsverständnis in der Kommunikationswissenschaft

In der Kommunikationswissenschaft wird anstelle des Begriffs Öffentlichkeitsarbeit zumeist das englischsprachige Pendant Public Relations bzw. PR verwendet.[1] Um das Begriffsverständnis zu ergründen, erscheint es deshalb naheliegend, auf die Ansätze in der Kommunikationswissenschaft rund um den Begriff Public Relations zurückzugreifen.[2] Dieser soll schon seit dem 19. Jahrhundert verwendet werden,[3] wenngleich sich dessen freie Übersetzung Öffentlichkeitsarbeit erst in der Nachkriegszeit nachdrücklich durchgesetzt hat.[4] Nach einer ersten Definition Albert Oeckls aus dem Jahr 1960 ist Öffentlichkeitsarbeit als das planmäßige und unermüdliche Bemühen, gegenseitiges Verstehen und Vertrauen zwischen einem Auftraggeber und der Öffentlichkeit aufzubauen und zu pflegen, zu verstehen.[5] Diese Definition richtet sich ersichtlich an der wörtlichen Übersetzung von Public Relations – Öffentliche Beziehungen – aus. Rasch kam es jedoch zu einer kaum mehr zu überblickenden Anzahl von Definitionsansätzen, sodass heute nicht mehr von einer einheitlichen Definition ausgegangen wird.[6] Die Schwierigkeit der Begriffsbestimmung rührt zum einen daher, dass Öffentlichkeitarbeit aus einer Vielzahl von Perspektiven definiert wird, es finden sich alltagstaugliche, praxisorientierte sowie akademisch motivierte Definitionen. Zum anderen ist Öffentlichkeitsarbeit eng mit drei anderen Begriffen verwandt, von denen sie sich permanent abzugrenzen versucht: dem Journalismus, der Werbung und der Propaganda.[7] Es bleibt zu konstatieren, dass die Kommunikationswissenschaft den Begriff der Öffentlichkeitsarbeit für eine rechtswissenschaftliche Arbeit daher nicht fruchtbar machen kann, vielmehr droht man sich in einer Fülle von Definitionsansätzen zu verlieren.[8]

---

[1] Aus der Kommunikationswissenschaft siehe *Jarren/Röttger*, in: Fröhlich/Szyszka/Bentele (Hrsg.), Handbuch der Public Relations, 3. Aufl. 2015, 29 ff.; *Kunczik*, Public Relations, 5. Aufl. 2010.

[2] Ebenso *Mandelartz*, in: DÖV 2009, 509 (511); *ders.*, in: LKRZ 2010, 371 (371).

[3] *Fröhlich*, in: dies./Szyszka/Bentele (Hrsg.), Handbuch der Public Relations, 3. Aufl. 2015, 103 (103); *Kunczik*, Public Relations, 5. Aufl. 2010, S. 20 f.

[4] Vgl. *Oeckl*, Öffentlichkeitsarbeit in Theorie und Praxis, 1960, S. 5. Wenngleich *ders.* nicht der Wortschöpfer sein soll, *Liebert*, in: ders. (Hrsg.), Der Take-Off von Öffentlichkeitsarbeit, 2003, 129 (130).

[5] *Oeckl*, Öffentlichkeitsarbeit in Theorie und Praxis, 1960, S. 6.

[6] *Fröhlich*, in: dies./Szyszka/Bentele (Hrsg.), Handbuch der Public Relations, 3. Aufl. 2015, 103 (103). Es soll über 2000 unterschiedliche Definitionsansätze geben, *Kunczik*, Public Relations, 5. Aufl. 2010, S. 28.

[7] *Fröhlich*, in: dies./Szyszka/Bentele (Hrsg.), Handbuch der Public Relations, 3. Aufl. 2015, 103 (106 ff.); *Kunczik*, Public Relations, 5. Aufl. 2010, S. 24 ff.

[8] Wie hier *Drefs*, Die Öffentlichkeitsarbeit des Staates und die Akzeptanz seiner Entscheidungen, 2019, S. 32.

B. Begriffsbestimmung in der Rechtswissenschaft

Nachdem ein Überblick über die Kommunikationswissenschaft ergeben hat, dass eine Begriffsbestimmung mit ihr nicht zielführend ermittelt werden kann, ist auf die Rechtswissenschaft zu rekurrieren. Auch in ihr finden sich eine Vielzahl an Ansätzen zur Begriffsbestimmung, die bisweilen große inhaltliche Unterschiede aufweisen. Diese sollen nachfolgend dargestellt werden, um einen Eindruck über die Vielseitig- und Vielschichtigkeit der Begriffsbestimmung zu vermitteln.

I. Erste Definitionsversuche

Erste Ansätze im juristischen Schrifttum stellen auf ein Wecken von Verständnis und Vertrauen für die Regierungspolitik ab[9] oder definieren Öffentlichkeitsarbeit abstrakt als „Arbeit nach außen".[10] Teilweise wird sich auch auf kommunikationswissenschaftliche Vorarbeiten bezogen, Öffentlichkeitsarbeit als das planmäßige und unermüdliche Bemühen, gegenseitiges Verstehen und Vertrauen zwischen einem Auftraggeber und der Öffentlichkeit aufzubauen und zu pflegen.[11] Frühzeitig wurde die Öffentlichkeitsarbeit zudem mit der Staatspflege in Verbindung gebracht. Deren Begründer, Herbert Krüger, versteht die Öffentlichkeitsarbeit noch als ihren Nachbar,[12] während später die Öffentlichkeitsarbeit als eine Fortentwicklung der Staatspflege erkannt wird.[13] Eine auf den ersten definitorischen Gehversuchen aufbauende Monographie von Hans-Ulrich Jerschke definiert Öffentlichkeitsarbeit unter Hinweis auf den damaligen Inhalt des Plan 0403 des Bundeshaushaltsplans und § 81 GGO I a.F. deskriptiv. Sie ist die Information der Organe der öffentlichen Meinungsbildung über die Regierungspolitik sowie die Aufklärung der Bevölkerung über die politischen Ziele und die Arbeit der Bundesregierung.[14] Daran anknüpfend entwickelt Otto Ernst Kempen ein erstes teleologisches Begriffsverständnis. Danach fallen solche Aktivitäten staatlicher Stellen unter den Begriff Öffentlichkeitsarbeit, die das „Meinen" der Bevölkerung beeinflussen sollen. Öffentlichkeitsarbeit selbst wird als eine Abfolge von amtlichen Aktionen auf dem Sektor der Kommunikation

---

[9] *Rückriegel*, in: Schütz (Hrsg.), Aus der Schule der Diplomatie, 1965, 222 (222).

[10] *W. Leisner*, Öffentlichkeitsarbeit der Regierung im Rechtsstaat, 1966, S. 31.

[11] *Sänger*, Funktion amtlicher Pressestellen in der demokratischen Staatsordnung, 1966, S. 132.

[12] *Krüger*, in: Quaritsch (Hrsg.), Die Selbstdarstellung des Staates, 1977, 21 (25 f.). Zur Staatspflege siehe *ders.*, Allgemeine Staatslehre, 2. Aufl. 1966, S. 214 ff.

[13] *Bethge*, in: JURA 2003, 327 (238); *ders.*, in: AfP-Sonderheft 2007, 18 (18); *ders.*, in: D. Merten/Papier (Hrsg.), Handbuch der Grundrechte Bd. III, 2009, § 58 Rn. 108.

[14] *Jerschke*, Öffentlichkeitspflicht der Exekutive und Informationsrecht der Presse, 1971, S. 151 f.

zwischen staatlichen Stellen und Bürgern definiert.[15] Sonstige, eher allgemein gehaltene Ansätze verstehen unter Öffentlichkeitsarbeit staatliche Selbstdarstellung,[16] staatliche Informationstätigkeit,[17] die gezielte, direkte und grundsätzlich dialogorientierte Information der Öffentlichkeit über die Politik der Regierung[18] oder schlichtweg jegliche Regierungskommunikation[19]. Bereits dieser knappe Überblick offenbart, dass in der Rechtswissenschaft eine Vielzahl an Ansätzen zur Begriffsbestimmung existiert.

II. Kritische Ansätze

Wohl infolge der kommunikations- und rechtswissenschaftlichen Definitionsschwierigkeiten wurde der Begriff bereits pejorativ als „Worthülse" abgetan, die „als Folge kombinierter Meisterleistungen von appeasement, Begriffsvermanschung, Sinnentleerung, verdrängender Gedanken- und wortreicher Sprachlosigkeit sein Unterkommen gefunden hat".[20] Weniger polemisch bezeichnet Christof Gramm ihn als ein „begriffliches Sammelbecken".[21] Öffentlichkeitsarbeit wird aufgrund ihres vermeintlich mangelnden Informationsgehalts und ihrer – so der Vorwurf – auf Sympathiewerbung abzielenden, reklamehaften Aufmachung in die Nähe der Propaganda gerückt und als Bestandteil einer staatlichen Meinungspolitik durch Instrumentalisierung der Massenmedien kritisiert.[22] Eine derartige Informationspolitik sei gefährlich, da sie – im Gegensatz zum klassischen Eingriff – eine subtilere Form der Steuerung und Manipulation der Meinungsbildung darstelle.[23] Im Laufe der Jahre ist die grundlegende Kritik an Öffentlichkeitsarbeit an sich sowie am Begriff abgeklungen. Man fand sich mit ihrer Vornahme und der Verwendung des Begriffs in

---

[15] *Kempen*, Grundgesetz, amtliche Öffentlichkeitsarbeit und politische Willensbildung, 1975, S. 17 ff. Siehe auch *Schwarzer*, Staatliche Öffentlichkeitsarbeit, 1999, S. 25, der jede Maßnahme einer Staatsgewalt, die für die Öffentlichkeit informativen und/oder werbenden Charakter hat, als Öffentlichkeitsarbeit ansieht.

[16] *Gersdorf*, Parlamentsfernsehen des Deutschen Bundestages, 2008, S. 52 f.; *Krüdewagen*, Die Selbstdarstellung des Staates, 2002, S. 31, 136 ff.; *Quaritsch*, Probleme der Selbstdarstellung des Staates, 1977, S. 13 f., 28 ff.; *Stern*, Staatsrecht Bd. I, 2. Aufl. 1984, S. 284 f.

[17] *Kloepfer*, in: Isensee/P. Kirchhof (Hrsg.), Handbuch des Staatsrechts Bd. III, 3. Aufl. 2005, § 42 Rn. 59, 64.

[18] *Mandelartz*, in: DÖV 2009, 509 (513).

[19] *Fuchs*, in: VBlBW 2015, 401 (405). Siehe auch auch *Laude*, Automatisierte Meinungsbeeinflussung, 2021, S. 208; *Engel*, in: Isensee/P. Kirchhof (Hrsg.), Handbuch des Staatsrechts Bd. IV, 3. Aufl. 2006, § 80 Rn. 3.

[20] *Ridder*, in: Ruppert (Hrsg.), Freiheit und Verantwortung in Gesellschaft und Erziehung, 1969, 57 (63). Ebenso *Kremmer*, Die rechtliche Problematik des kommunalen Pressewesens, 1980, S. 8.

[21] *Gramm*, in: Der Staat 30 (1991), 51 (53).

[22] *Scherer*, in: Hoffmann-Riem (Hrsg.), Bürgernahe Verwaltung?, 1980, 313 (319 f.).

[23] *Wente*, Das Recht der journalistischen Recherche, 1987, S. 126.

Literatur sowie Praxis ab. Die unterschiedlichen Bewertungen zeigen indes die grundlegende Schwierigkeit auf, mit der Begrifflichkeit umzugehen.

III. Inhaltliche Konturierungen und Differenzierungen

Jedenfalls auch aufgrund der geschilderten Vielfältigkeit des Begriffs wurden Versuche der inhaltlichen Konturierung unternommen, die das Begriffsverständnis ausdifferenzierten. Dabei wird zum einen an die Art und Weise, zum anderen an den konkreten Inhalt der Öffentlichkeitsarbeit angeknüpft. Die Differenzierungen gehen bisweilen so weit, einzelne Formen oder einzelne Inhalte der Öffentlichkeitsarbeit aus dem Begriffsverständnis zu exkludieren.

1. Unmittelbare und mittelbare Öffentlichkeitsarbeit

Eine auch heute immer noch geläufige Differenzierung lässt sich auf Kempen zurückführen. Dieser nahm eine Aufteilung innerhalb des Begriffs vor und orientierte sich dabei an dem Erstempfänger der Öffentlichkeitsarbeit. Einerseits werde eine „unmittelbare“ Öffentlichkeitsarbeit betrieben, die ohne Zwischenschritte die Bevölkerung als ihren Erst- und Endempfänger erreicht. Andererseits existiere die „mittelbare“ Öffentlichkeitsarbeit, die sich an Vertreter des Presse- und Rundfunkwesens als Erstempfänger wende. Diese geben die Inhalte dann an den eigentlichen Endempfänger weiter.[24] Beide Formen werden als Unterbegriffe des Überbegriffs Öffentlichkeitsarbeit verstanden, eine Trennung der Begriffe wird nicht beabsichtigt. Die begriffliche Unterteilung erfolgt vielmehr zum Zwecke der differenzierten Darstellung und rechtlichen Bewertung.[25]

a) Ausschluss der Medien- und Pressearbeit?

Herbert Mandelartz entwickelt den beschriebenen Ansatz fort und trennt zwischen der mittelbaren und der unmittelbaren Öffentlichkeitsarbeit. Erstere bezeichnet er als Medien- und Pressearbeit, Letztere als Öffentlichkeitsarbeit, ohne Beifügung des Adjektivs unmittelbar. Er führt aus, dass zu große Unterschiede zwischen den eingesetzten Instrumenten sowie hinsichtlich der Adressaten bestünden, um von einem einheitlichen Begriff ausgehen zu können. Außerdem könne die

---

[24] *Kempen*, Grundgesetz, amtliche Öffentlichkeitsarbeit und politische Willensbildung, 1975, S. 24.

[25] So auch *Drefs*, Die Öffentlichkeitsarbeit des Staates und die Akzeptanz seiner Entscheidungen, 2019, S. 103 ff.; *Jensen*, Rechtsprobleme regierungsamtlicher Öffentlichkeitsarbeit im Internet-Zeitalter, 2006, S. 14; *Scherer*, in: Hoffmann-Riem (Hrsg.), Bürgernahe Verwaltung?, 1980, 313 (319); *Schwarzer*, Staatliche Öffentlichkeitsarbeit, 1999, S. 17 f.; *Schürmann*, Öffentlichkeitsarbeit der Bundesregierung, 1992, S. 106 ff. Zur Notwendigkeit der Differenzierung siehe unten Kap. 2 A.III.1.

Regierung bei der Pressearbeit nicht frei entscheiden, ob und wie die Information die Bürger erreichten.[26] Einen normativen Ansatz für ebenjene Differenzierung bietet Matthias Friehe an: Der Unterschied zwischen der Medien- und Pressearbeit einerseits und der Öffentlichkeitsarbeit andererseits bestehe darin, dass Letztere die Mediengrundrechte berühre, während Erstere von den Mediengrundrechten verlangt werde.[27]

b) Kritische Würdigung

Die Medien- und Pressearbeit von der eigentlichen Öffentlichkeitsarbeit begrifflich zu separieren, weil Vertreter des Presse- und Rundfunkwesens dazwischengeschaltet sind, erscheint konstruiert. Schließlich haben beide Formen den Zweck, den Bürger zu erreichen und dessen Meinung zu beeinflussen. Die Information der Medienvertreter ist selbstredend kein Selbstzweck. Für den Begriff kann es nicht entscheidend sein, ob der Bürger den Inhalt der Öffentlichkeitsarbeit unmittelbar oder „nur“ mittelbar mitgeteilt bekommt.[28] Dies würde mitunter zu zufälligen Ergebnissen führen. Denn entgegen der Darstellung Mandelartz’ liegt es nicht ausschließlich „in der Hand“ der Regierung, ob ein Inhalt der unmittelbaren Öffentlichkeitsarbeit den Bürger erreicht. Es bedarf immer eines entsprechenden Mitwirkungsaktes des Bürgers, sei es der Erwerb des Druckerzeugnisses, in dem eine Anzeige abgedruckt oder eine Broschüre beigelegt ist, die Wahrnehmung eines entsprechenden Inhalts im Rundfunk oder der Aufruf einer Internetseite bzw. eines Profils auf einem sozialen Medium. Niemals kann sich die Regierung als Kommunikator wirklich sicher sein, dass sie den Bürger als ihren gewünschten Empfänger erreicht. Ein Aufdrängen der Information stünde mitunter im Konflikt mit der negativen Informationsfreiheit gem. Art. 5 Abs. 1 Satz 1 Halbsatz 2 GG.

Darüber hinaus haben sich die zur Differenzierung herangezogenen Unterschiede erheblich aufgeweicht. Die technischen Weiterentwicklungen im Bereich der Massenkommunikation und die damit einhergehenden Veränderungen der Kommunikation betreffen freilich auch die regierungsamtliche Öffentlichkeitsarbeit.[29] In Zuge dessen hat sich die Differenzierung zwischen unmittelbarer und mittelbarer Öffentlichkeitsarbeit in Teilen aufgelöst, sodass nicht mehr trennscharf zwischen diesen beiden Formen unterschieden werden. Indem etwa Pressemitteilungen auf der eigenen Internetseite veröffentlicht werden, erlangen Vertreter des Presse- und

---

[26] *Mandelartz*, in: DÖV 2009, 509 (513 f.); *ders.*, in: LKRZ 2010, 371 (372); *ders./Grotelüschen*, in: NVwZ 2004, 647 (649 f.). Ebenso *Fuchs*, in: VBlBW 2015, 401 (404).

[27] *Friehe*, in: Uhle (Hrsg.), Information und Einflussnahme, 2018, 81 (92). Auf diesen Punkt wird noch einzugehen sein, siehe dazu unten Kap. 2 A.III.1.a)dd).

[28] Wie hier *Drefs*, Die Öffentlichkeitsarbeit des Staates und die Akzeptanz seiner Entscheidungen, 2019, S. 105.

[29] Eingehend dazu unten Kap. 2 B., C.

Rundfunkwesens auf demselben Wege Informationen wie interessierte Bürger.[30] Vielfach bestehen auch Inhalte der unmittelbaren Öffentlichkeitsarbeit aus der „Zweitveröffentlichung“ von Interviews, Porträts etc., also klassischen Inhalten der mittelbaren Öffentlichkeitsarbeit. Friehe ist indes hinsichtlich seiner normativen Betrachtungsweise zuzustimmen. Dabei ist das Abstellen auf die Mediengrundrechte weniger als ein Differenzierungsgrund innerhalb des Begriffs, sondern als ein Differenzierungsgrund in der rechtlichen Würdigung zu verstehen. Darauf wird an späterer Stelle noch einzugehen sein.[31]

c) Zwischenergebnis

Jedenfalls aufgrund der eingetretenen Veränderungen in der Öffentlichkeitsarbeit kann es nicht überzeugen, die Medien- und Pressearbeit von der regierungsamtlichen Öffentlichkeitsarbeit zu separieren und die beiden Begriffe als voneinander getrennt anzusehen. Unter dem Begriff der Öffentlichkeitsarbeit ist daher sowohl die unmittelbare als auch die mittelbare Öffentlichkeitsarbeit zu verorten.

2. Öffentlichkeitsarbeit und Öffentlichkeitsaufklärung

Eine auch heute noch geführte Diskussion über die inhaltliche Reichweite des Begriffs der Öffentlichkeitsarbeit, entzündet sich an dem Verhältnis von Öffentlichkeitsarbeit i. e. S. und dem Themenkomplex der öffentlichen Warnungen, auch als Öffentlichkeitsaufklärung bezeichnet. Öffentlichkeitsarbeit i. e. S. wurde in den bekannten Öffentlichkeitsarbeitsentscheidungen des Bundesverfassungsgerichts vom 2. März 1977 und vom 23. Februar 1983 thematisiert, während der Themenkomplex der öffentlichen Warnungen, seinerseits u. a. Gegenstand der bekannten „Glykol und Osho“-Beschlüsse des Bundesverfassungsgerichts vom 26. Juni 2002 war.

a) Begriffliche Differenzierung?

Das Begriffspaar lässt sich bis ins Jahr 1979 zurückführen. Einer Ansicht nach stehe der staatlichen Selbstdarstellung die „Verbraucheraufklärung“ gegenüber. Diese bezwecke dabei konkrete Verhaltensweisen, die staatlich verordnet oder empfohlen wurden.[32] Eine im Jahr 1989 erschienene Monografie sieht in der „behördlichen Verbraucherinformation“ im Gegensatz zur herkömmlichen, amtlichen

---

[30] Ebenso *Drefs*, Die Öffentlichkeitsarbeit des Staates und die Akzeptanz seiner Entscheidungen, 2019, S. 105 f. Zum Ganzen siehe unten Kap. 2 B.III.1.

[31] Siehe hierzu unten Kap. 2 A.III.1.

[32] *Quaritsch*, in: ders. (Hrsg.), Die Selbstdarstellung des Staates, 1977, 5 (Vorwort).

Öffentlichkeitsarbeit ein Mittel zur Erfüllung konkreter Verwaltungsaufgaben.[33] Zwar könnten sich Überschneidungen ergeben, jedoch bestehe der Unterschied zwischen der amtlichen Öffentlichkeitsarbeit und der behördlichen Verbraucherinformation darin, dass man die amtliche Öffentlichkeitsarbeit hinwegdenken könne und die Aufgabe dennoch erfüllt werde. Im Gegenteil hierzu erfülle die behördliche Verbraucherinformation selbst eine konkrete Aufgabe.[34]

Als Urheber der begrifflichen Differenzierung ist jedoch Rolf Gröschner zu nennen. Er trennt ausdrücklich zwischen Öffentlichkeitsarbeit und Öffentlichkeitsaufklärung, indem er den Versuch unternimmt, einen Rechts- und Oberbegriff Öffentlichkeitsaufklärung zu erarbeiten.[35] Gröschner führt aus, dass Konsens darüber herrsche, dass Öffentlichkeitsarbeit das Recht, aber auch die Pflicht einer Regierung darstelle, über ihre Tätigkeit und politischen Ziele zu informieren. Es sei die Unterrichtung der Allgemeinheit über die eigene Regierungsarbeit.[36] Die Öffentlichkeitsaufklärung hingegen sei die Unterrichtung über Vorgänge außerhalb des nach eigenem politischem Ermessen gestalteten Tätigkeitsbereichs. Sie bezwecke die Bewusstseinsbildung des Bürgers als privat handelndes Individuum, während die Öffentlichkeitsarbeit primär auf die politische Willensbildung abziele.[37] Zwischen Öffentlichkeitsarbeit und -aufklärung sei nach Art der Bewertung der mitgeteilten Tatsachen zu differenzieren. Öffentlichkeitsarbeit sei die Information über die Politik der Regierung mit der Möglichkeit politischer Bewertung mittels Mitteilung von Tatsachen bis zur Grenze der Wahlwerbung. Innerhalb der Öffentlichkeitsaufklärung wiederum sei jeweils anhand der Intensität der Einflussnahme auf die Entscheidung zu differenzieren. Aufklärung sei die Information über Umstände, für die eine gesetzliche Aufklärungsaufgabe bestehe und deren aufgabengemäße Bewertung bis zur Grenze konkreter Empfehlungen in Form von generellen Verhaltens- oder konkreten Produktempfehlungen. Warnungen wiederum seien Hinweise auf konkrete Gefahren i. S. d. Polizeirechts.[38]

Diese vorstehenden Ansätze werden vielfach aufgriffen. So wird darauf abgestellt, dass zwischen Öffentlichkeitsarbeit und öffentlichen Warnungen – nun in einem weiten Sinne zu verstehen – zu trennen sei, da Öffentlichkeitsarbeit stets akzessorisch zu einer davon zu trennenden staatlichen Aktivität vorliege. Öffentliche Warnungen demgegenüber informierten gerade nicht über staatliche Aktivität,

---

[33] *Philipp*, Staatliche Verbraucherinformation im Umwelt- und Gesundheitsrecht, 1989, S. 2.

[34] *Philipp*, Staatliche Verbraucherinformation im Umwelt- und Gesundheitsrecht, 1989, S. 3.

[35] *Gröschner*, in: DVBl. 1990, 619 (619 ff.). Siehe auch *ders.*, in: WUR 1991, 71 ff.

[36] *Gröschner* bezieht sich dabei auf BVerfGE 44, 125 und die Vorarbeiten von *Jerschke*, Öffentlichkeitspflicht der Exekutive und Informationsrecht der Presse, 1971; *Kempen*, Grundgesetz, amtliche Öffentlichkeitsarbeit und politische Willensbildung, 1975; *W. Leisner*, Öffentlichkeitsarbeit der Regierung im Rechtsstaat, 1966.

[37] *Gröschner*, in: DVBl. 1990, 619 (620).

[38] Zum Ganzen *Gröschner*, in: DVBl. 1990, 619 (620 ff.).

sondern stellten vielmehr die Aktivität selbst dar.[39] Jedenfalls ein pauschaler Rückgriff auf die Öffentlichkeitsarbeit für den Bereich der Aufklärungsarbeit sei unzulässig.[40] Friedrich Schoch trennt ausdrücklich zwischen staatlichen Aufklärungsmaßnahmen einerseits und der regierungsamtlichen Öffentlichkeitsarbeit andererseits, fasst beides jedoch unter den Begriff der staatlichen Informationspolitik. Regierungsamtliche Öffentlichkeitsarbeit sei die Unterrichtung der Allgemeinheit über die eigene Tätigkeit. Sie solle – im Gegensatz zur Aufklärungsmaßnahme – gerade keine Verhaltensänderung bei unmittelbar adressierten Individuen bewirken, die eine von Seiten des Staates erwünschte, gesellschaftlichen Veränderung herbeiführen soll.[41] Zudem vertritt Mandelartz, Öffentlichkeitsaufklärung sei Sachpolitik, die im Gegensatz zur Öffentlichkeitsarbeit weder offen noch dialogorientiert sei. Sie vermittle eine Entscheidung, die im Kernbereich der Politik gefundenen Erkenntnissen folgt. Regierungsamtliche Öffentlichkeitsarbeit hingegen wolle überzeugen und ziele auf eine Reaktion des Adressaten ab.[42] Bis hin zu neuesten Veröffentlichungen findet sich terminologische Unterscheidungen dieser Art wieder.[43]

b) Kritische Würdigung

Allerdings vermittelt auch die Öffentlichkeitsaufklärung dem Bürger das Gefühl, die Regierung „kümmere sich", sodass auch und gerade in diesen Fällen das Vertrauen in den Staat und seine Institutionen gestärkt wird.[44] Insoweit unterscheidet sich die Öffentlichkeitsaufklärung nicht von der Öffentlichkeitsarbeit i. e. S.[45] Ähnlich führt das Bundesverfassungsgericht in den „Glykol und Osho"-Beschlüssen aus, dass im Falle einer die Öffentlichkeit bewegenden Krise ein Schweigen der

---

[39] *Drefs*, Die Öffentlichkeitsarbeit des Staates und die Akzeptanz seiner Entscheidungen, 2019, S. 94 f., sieht in der Akzessorietät den Grundsatz der Differenzierung. Vgl. *Heintzen*, in: VerwArch 1990, 532 (551 f.); *Krüdewagen*, Die Selbstdarstellung des Staates, 2002, S. 31, 137 f.; *Meyn*, in: JuS 1990, 630 (633); *Pitschas*, in: Hoffmann-Riem/Schmidt-Aßmann/Schuppert (Hrsg.), Reform des Allgemeinen Verwaltungsrechts, 1993, 219 (302).

[40] *Gramm*, in: Der Staat 30 (1991), 51 (79).

[41] *Schoch*, in: DVBl. 1991, 667 (667); *ders.*, in: Isensee/P. Kirchhof (Hrsg.), Handbuch des Staatsrechts Bd. III, 3. Aufl. 2005, § 37 Rn. 74 ff.; *ders.*, in: NVwZ 2011, 193 (914). Ebenso *Leidinger*, in: DÖV 1993, 925 (925).

[42] *Mandelartz*, in: DÖV 2009, 509 (513); *ders.*, in: LKRZ 2010, 371 (372).

[43] Umfangreiche Auseinandersetzung bei *Drefs*, Die Öffentlichkeitsarbeit des Staates und die Akzeptanz seiner Entscheidungen, 2019, S. 73 ff. Knapp *Eder*, „Rote Karte" gegen „Spinner"?, 2017, S. 150.

[44] Wie hier *Di Fabio*, in: JuS 1997, 1 (1, 3); *Harding*, Staatliche Öffentlichkeitsarbeit in sozialen Netzwerken, 2023, S. 15; *Schwarzer*, Staatliche Öffentlichkeitsarbeit, 1999, S. 24.

[45] *Porsch*, Warnungen und kritische Äußerungen als Mittel gemeindlicher Öffentlichkeitsarbeit, 1997, S. 40; *Schwarzer*, Staatliche Öffentlichkeitsarbeit, 1999, S. 24 f. Ähnlich *Pitschas*, in: Hoffmann-Riem/Schmidt-Aßmann/Schuppert (Hrsg.), Reform des Allgemeinen Verwaltungsrechts, 1993, 219 (239 ff.). Vgl. auch *Di Fabio*, in: JuS 1997, 1 (2); *Philipp*, Staatliche Verbraucherinformation im Umwelt- und Gesundheitsrecht, 1989, S. 3.

Regierung von den Bürgern als Versagen bewertet werden würde und dies zu Legitimationsverlusten führen könne.[46] Auch die Öffentlichkeitsaufklärung beinhaltet also jenes integrative Element, das schon in der Öffentlichkeitsarbeitsentscheidung 1977 akzentuiert wurde.[47] Die Öffentlichkeitsaufklärung dient darüber hinaus ebenso der staatlichen Selbstdarstellung wie die Öffentlichkeitsarbeit i. e. S., eine darauf basierende Differenzierung kann daher ebenso wenig überzeugen. Eine öffentliche Warnung ist ein Beleg für staatliches und politisches Handeln. Auch insoweit wird staatliches Handeln „dargestellt".[48]

Diese Selbstdarstellung hat wiederum Auswirkungen auf das „Meinen" der Bevölkerung.[49] Nimmt sich die Regierung eines in der Öffentlichkeit bekannten Problems öffentlichkeitswirksam an, betreibt sie nach den oben dargestellten Maßstäben Öffentlichkeitsaufklärung. Gelingt oder misslingt die Problembewältigung, nimmt dies ein großer Teil der Bevölkerung entsprechend wahr. Mit großer Wahrscheinlichkeit spiegelte sich diese Rezeption im Wahlverhalten wider.[50] Einfluss auf das Wahlverhalten wurde jedoch stets als ein Charakteristikum der Öffentlichkeitsarbeit i. e. S. verstanden und diente vielmehr der Abgrenzung.[51] Zuletzt überzeugt auch der letzte Differenzierungsgrund nicht, demnach die regierungsamtliche Öffentlichkeitsarbeit der Erfüllung einer staatlichen Aufgabe nachgelagert sei, während die Öffentlichkeitsaufklärung bereits die Aufgabe an sich erfülle. Es ist Staatsaufgabe, Öffentlichkeit herzustellen. Dies ergibt sich aus einer Gesamtschau der einzelnen ausdrücklichen Bezugspunkte im Grundgesetz wie Art. 42 Abs. 1 Satz 1 GG oder Art. 82 Abs. 1 Satz 1 GG und den Prinzipien des Art. 20 GG wie dem Demokratieprinzip oder dem Rechtsstaatsprinzip.[52] Für die Regierung rührt die Aufgabe Öffentlichkeitsarbeit zu betreiben, aus ihrer Stellung als Organ der Staatsleitung her. Dies gilt sowohl für Öffentlichkeitsarbeit i. e. S. als auch für Vorgänge außerhalb

---

[46] BVerfGE 105, 252 (270); 105, 279 (303).

[47] Ebenso *Harding*, Staatliche Öffentlichkeitsarbeit in sozialen Netzwerken, 2023, S. 15; *Jensen*, Rechtsprobleme regierungsamtlicher Öffentlichkeitsarbeit im Internet-Zeitalter, 2006, S. 12 f. Siehe dazu auch unten Kap. 3 B.I.

[48] *Di Fabio*, in: JuS 1997, 1 (7).

[49] Vgl. *Degenhart*, in: AfP 2010, 324 (328).

[50] Wie hier BVerfGE 44, 125 (139 f.). Diese Wechselwirkung verkennt *Pitschas*, in: Hoffmann-Riem/Schmidt-Aßmann/Schuppert (Hrsg.), Reform des Allgemeinen Verwaltungsrechts, 1993, 219 (302).

[51] So auch *Porsch*, Warnungen und kritische Äußerungen als Mittel gemeindlicher Öffentlichkeitsarbeit, 1997, S. 39, unter Verweis auf die sog. „Müllspartips", siehe unten Fn. 114.

[52] BVerfGE 44, 125 (147); 63, 230 (242 f.); 70, 324 (358); *Grzeszick*, in: Dürig/Herzog/Scholz, Grundgesetz, 97. EL. Jan. 2022, Art. 20 II Rn. 26; *Gusy*, in: NJW 2000, 977 (978); *Jarass*, in: ders./Pieroth, Grundgesetz, 16. Aufl. 2020, Art. 20 Rn. 15; *Jerschke*, Öffentlichkeitspflicht der Exekutive und Informationsrecht der Presse, 1971, S. 116; *Pieroth*, in: Erbguth/Oebbecke/Rengeling/Schulte (Hrsg.), Planung, 2000, 195 (197 ff.); *Stern*, Staatsrecht Bd. I, 2. Aufl. 1984, S. 618 f. Umfangreich *Drefs*, Die Öffentlichkeitsarbeit des Staates und die Akzeptanz seiner Entscheidungen, 2019, S. 47 ff.

ihrer eigentlichen politischen Tätigkeit.[53] Betreibt die Regierung Öffentlichkeitsarbeit i. e. S., erfüllt sie eine ihr zugewiesene Aufgabe. Auch sie kann also nicht „hinweggedacht werden", ohne dass eine Aufgabenerfüllung entfiele.[54] Letztlich ist im allgemeinen Sprachgebrauch ein Überbegriff mit einem umfassenden Sinngehalt entstanden, dessen Auftrennung kein Mehr an Verständnis ermöglicht. Eine Auftrennung widerspräche auch der ursprünglichen interdisziplinären Bedeutung. Es ist auf der Ebene der Voraussetzungen und den Grenzen zu differenzieren.[55]

c) Zwischenergebnis

Öffentlichkeitsaufklärung lässt sich von Öffentlichkeitsarbeit daher nicht sinnvoll trennen. Regierungsamtliche Öffentlichkeitsarbeit umfasst die Öffentlichkeitsarbeit i. e. S. ebenso wie den Bereich der als Öffentlichkeitsaufklärung bezeichnet wird.[56]

IV. Öffentlichkeitsarbeit als Rechtsbegriff?

Frank Schürmann, der sich umfassend mit einem möglichen Rechtsbegriff Öffentlichkeitsarbeit auseinandergesetzt hat, stellt fest, dass Öffentlichkeitsarbeit insb. in der Judikatur regelmäßig als feststehender Begriff angesehen wird.[57] Der Begriff werde „deskriptiv-phänomenologisch als Oberbegriff für informationelles Handeln staatlicher Stellen" verwendet.[58] Schürmann geht von einer „Subjektslehre" aus, die eine rechtsbegriffliche Erfassung unter Berücksichtigung der verfassungsrechtlichen Grundlagen vornimmt und alles unter den Begriff der Öffentlichkeitsarbeit fasst, was der Staat an die Öffentlichkeit zum Zwecke der Information, Werbung, Aufklärung und Warnung adressiert.[59] Insoweit verfolgt Schürmann ein teleologisches Begriffsverständnis.

In der neueren Literatur hat Felix Drefs einen umfangreichen Versuch unternommen, den Begriff der staatlichen Öffentlichkeitsarbeit normativ zu verorten und

---

[53] BVerfGE 105, 252 (270 ff.); 105, 279 (305 ff.); *Di Fabio*, in: JuS 1997, 1 (1 f.); *Schröder*, in: Isensee/P. Kirchhof (Hrsg.), Handbuch des Staatsrechts Bd. III, 3. Aufl. 2005, § 64 Rn. 29 f.

[54] Entgegen *Philipp*, Staatliche Verbraucherinformation im Umwelt- und Gesundheitsrecht, 1989, S. 3.

[55] Wie hier *Harding*, Staatliche Öffentlichkeitsarbeit in sozialen Netzwerken, 2023, S. 15; *Jensen*, Rechtsprobleme regierungsamtlicher Öffentlichkeitsarbeit im Internet-Zeitalter, 2006, S. 13; *Schwarzer*, Staatliche Öffentlichkeitsarbeit, 1999, S. 24. Vgl. auch *Porsch*, Warnungen und kritische Äußerungen als Mittel gemeindlicher Öffentlichkeitsarbeit, 1997, S. 41.

[56] Ebenso *Degenhart*, in: AfP 2010, 324 (326 f.); *Gusy*, in: NJW 2000, 977 (978).

[57] *Schürmann*, Öffentlichkeitsarbeit der Bundesregierung, 1992, S. 53.

[58] *Schürmann*, Öffentlichkeitsarbeit der Bundesregierung, 1992, S. 56. Dies übernehmen *Harding*, Staatliche Öffentlichkeitsarbeit in sozialen Netzwerken, 2023, S. 15; *Jensen*, Rechtsprobleme regierungsamtlicher Öffentlichkeitsarbeit im Internet-Zeitalter, 2006, S. 13 f.

[59] *Schürmann*, Öffentlichkeitsarbeit der Bundesregierung, 1992, S. 57, 60, 74.

einen entsprechenden Rechtsbegriff zu erarbeiten.[60] In der Annahme, dass bisher kein gesicherter Rechtsbegriff vorliege,[61] soll ein solcher ausgehend vom informalen Staatshandeln, über den Kommunikator Staat hin zum Adressat Öffentlichkeit entwickelt werden.[62] Das Begriffsverständnis verankert Drefs an der Öffentlichkeit als Verfassungsgebot.[63] Staatliche Öffentlichkeitsarbeit bezeichne einen Ausschnitt der informalen Staatskommunikation, die nicht als deskriptiver Überbegriff zu verstehen sei, sondern einen normativen Gehalt aufweise. Staatliche Öffentlichkeitsarbeit diene der Herstellung von Öffentlichkeit für den Staat, seiner Institutionen und Tätigkeiten. Inhaltlich beschränke sie sich auf die Selbstdarstellung des Staates, dies umfasse die Präsentation des Aufbaus, der Aufgaben sowie der Stellung einer staatlichen Stelle im Staatsgefüge vor der Öffentlichkeit sowie Informationen über vergangene, aktuelle oder bevorstehende Tätigkeiten.[64]

V. Zusammenfassung

In der rechtswissenschaftlichen Literatur findet sich eine Fülle an Definitionen, Definitionsansätzen, begrifflichen Differenzierungen und Konturierungen. Der Ansatz, die mittelbare Öffentlichkeitsarbeit als Medien- und Pressearbeit zu bezeichnen und von der Begrifflichkeit Öffentlichkeitsarbeit auszunehmen, überzeugt nicht. Er ist insoweit auch vereinzelt geblieben. Vermehrt wird vertreten, die Öffentlichkeitsaufklärung aus dem Bereich der Öffentlichkeitsarbeit auszunehmen. Dies kann jedoch aus den genannten Gründen nicht überzeugen. Drefs' auf die Herstellung von Öffentlichkeit bezogenes Begriffsverständnis ist umfangreich hergeleitet, bezieht sich jedoch bewusst weit auf die (gesamt)staatliche Öffentlichkeitsarbeit. In der vorliegenden Arbeit soll jedoch ausschließlich die regierungsamtliche Öffentlichkeitsarbeit untersucht werden. Aus diesem Grund ist dessen Begriffsverständnis für die vorliegende Arbeit außer Acht zu lassen. Ob Schürmanns Verständnis überzeugt, soll nach einer Würdigung der Judikatur entschieden werden.

---

[60] *Drefs*, Die Öffentlichkeitsarbeit des Staates und die Akzeptanz seiner Entscheidungen, 2019, S. 32 ff.

[61] *Drefs*, Die Öffentlichkeitsarbeit des Staates und die Akzeptanz seiner Entscheidungen, 2019, S. 37. Ebenso BVerwGE 127, 1 (14 Rn. 57); *Jensen*, Rechtsprobleme regierungsamtlicher Öffentlichkeitsarbeit im Internet-Zeitalter, 2006, S. 8 f.; *Mandelartz*, in: DÖV 2009, 509 (510); *ders.*, in: LKRZ 2010, 371 (371); *Schwarzer*, Staatliche Öffentlichkeitsarbeit, 1999, S. 13; *Schürmann*, Öffentlichkeitsarbeit der Bundesregierung, 1992, S. 73 f.

[62] *Drefs*, Die Öffentlichkeitsarbeit des Staates und die Akzeptanz seiner Entscheidungen, 2019, S. 38 ff.

[63] *Drefs*, Die Öffentlichkeitsarbeit des Staates und die Akzeptanz seiner Entscheidungen, 2019, S. 47 ff., 73.

[64] *Drefs*, Die Öffentlichkeitsarbeit des Staates und die Akzeptanz seiner Entscheidungen, 2019, S. 107 f.

C. Begriffsverständnis in der Judikatur

In der Judikatur des Bundesverfassungsgerichtes sowie der Landesverfassungsgerichtbarkeiten finden sich eine Vielzahl von Entscheidungen, die die regierungsamtliche Öffentlichkeitsarbeit zum Gegenstand hatten. Das Begriffsverständnis ist dabei entscheidend vom Bundesverfassungsgericht geprägt.[65] Auf das Begriffsverständnis in der Verwaltungsgerichtsbarkeit soll daher nur eingegangen werden, wenn es in besonderem Maße dem Verständnis zuträglich ist. Gem. § 31 BVerfGG, Art. 100 Abs. 3 GG ist die Verwaltungsgerichtsbarkeit in ihrer Entscheidungsfindung schließlich an die Entscheidungen der Verfassungsgerichte gebunden.

I. Frühe Judikatur des Bundesverfassungsgerichts

Bereits vor der Öffentlichkeitsarbeitsentscheidung 1977 rekurrierte das Bundesverfassungsgericht in mehreren Entscheidungen, teils implizit, teils explizit, auf die regierungsamtliche Öffentlichkeitsarbeit. Auch wenn das Gericht den Begriff Öffentlichkeitsarbeit nur „beiläufig erwähnt“,[66] lassen sich bereits erste Rückschlüsse auf ein Begriffsverständnis ziehen.

1. 1. Rundfunkentscheidung

Im Verfahren über die Prüfung der Verfassungsmäßigkeit des § 3 des Staatsvertrages über den Norddeutschen Rundfunk vom 16. Februar 1955[67] verweist das Bundesverfassungsgericht auf die Notwendigkeit nationaler Repräsentation nach innen, also der Selbstdarstellung der Nation vor der Bevölkerung der Bundesrepublik Deutschland.[68] Dies könnte als Umschreibung der regierungsamtlichen Öffentlichkeitsarbeit zu verstehen sein.[69] Dabei ist aber der Kontext zu beachten. Die rechtliche Fragestellung, in deren Kontext auch die vorstehenden Ausführungen getätigt wurden, lautete, ob dem Bund eine natürliche Kompetenz zur Veranstaltung von Rundfunksendungen zusteht. Zur Begründung thematisiert das Bundesverfassungsgericht sodann die Selbstdarstellung der Nation vor der Bevölkerung. Es soll also die Nation umfasst sein, nicht der Staat oder die Regierung. Dies wird durch den in der Begründung nachfolgenden Satz bestärkt, in diesem das Gericht von einer Vielzahl an Institutionen und Veranstaltungen kultureller Art ausgeht und gerade

[65] Ebenso *Harding*, Staatliche Öffentlichkeitsarbeit in sozialen Netzwerken, 2023, S. 12.

[66] *Harding*, Staatliche Öffentlichkeitsarbeit in sozialen Netzwerken, 2023, S. 12.

[67] BVerfG, Urt. v. 28.2.1961 – 2 BvG 1, 2/60 = BVerfGE 12, 205.

[68] BVerfGE 12, 205 (242, 252).

[69] So *Schürmann*, Öffentlichkeitsarbeit der Bundesregierung, 1992, S. 28.

nicht auf staatliche Institutionen verweist.[70] Es wird daher gerade nicht auf die staatliche Selbstdarstellung Bezug genommen.

2. Parteienfinanzierungsentscheidung 1966

Den Begriff Öffentlichkeitsarbeit nutzt das Bundesverfassungsgericht erstmals in der Parteienfinanzierungsentscheidung 1966,[71] immerhin über ein Jahrzehnt vor dem eingangs erwähnten Urteil. Es erklärt die „sogenannte Öffentlichkeitsarbeit" für unbedenklich, soweit Regierung und Parlamente – bezogen auf ihre Organtätigkeit – der Öffentlichkeit ihre Politik, ihre Maßnahmen und Vorhaben sowie die künftig zu lösenden Fragen darlegten und erläuterten.[72] Das Gericht selbst geht von einem bekannten sowie feststehenden Begriff aus und unterlässt einen Definitionsversuch. Aus den Entscheidungsgründen geht aber hervor, dass es die Öffentlichkeitsarbeit mit der Willensbildung des Volkes verknüpft. Die staatliche Öffentlichkeitsarbeit – unter den genannten Voraussetzungen – wird hinsichtlich der eigentlich in Art. 20 Abs. 2 GG angelegten Richtung der Willensbildung vom Volk hin zu den Staatsorganen, ausnahmsweise für zulässig erklärt. Die mit der Öffentlichkeitsarbeit verbundene Einwirkung auf die insb. von Art. 20 Abs. 2 GG vorausgesetzte Richtung der politischen Willensbildung könne durch einen verfassungsrechtlich legitimierenden Grund gerechtfertigt werden.[73] Einen konkreten Grund nennt das Gericht nicht.

3. Beschluss zum Volksentscheid zur Badenfrage

In seiner Entscheidung über die Gültigkeit des Volksentscheides im Gebietsteil Baden des Landes Baden-Württemberg,[74] gesteht das Bundesverfassungsgericht einer Landesregierung das Interesse zu, ihre Auffassung über die Vor- und Nachteile der einen oder anderen Lösung mitzuteilen, ihre Politik zu präsentieren und die bisherigen Leistungen des Landes zu würdigen.[75] Jenes Interesse ist verfassungsrechtlich legitimierender Grund für die Einwirkung auf die grundsätzlich staatsfreie Meinungs- und Willensbildung des Volkes bei Abstimmungen. Eine subjektiv geprägte Äußerung zu tätigen, kann daher Inhalt (zulässiger) regierungsamtlicher Öffentlichkeitsarbeit sein.

---

[70] BVerfGE 12, 205 (252).

[71] BVerfG, Urt. v. 19.7.1966 – 2 BvF 1/65 = BVerfGE 20, 56.

[72] BVerfGE 20, 56 (100). Siehe dazu auch unten Kap. 3 A. vor I.

[73] BVerfGE 20, 56 (99).

[74] BVerfG, Beschl. v. 2.4.1974 – 2 BvP 1, 2/71 = BVerfGE 37, 84.

[75] BVerfGE 37, 84 (90 f.).

4. Beschluss zum Verfassungsschutzbericht 1973

Das Bundesverfassungsgericht hatte implizit über die Rechtmäßigkeit des Verfassungsschutzberichts 1973 zu entscheiden.[76] Dabei ordnete es dessen Veröffentlichung der Öffentlichkeitsarbeit des Bundesinnenministeriums zu.[77] Der Erste Senat führt aus, dass das Ministerium bezwecke, die Öffentlichkeit zu informieren und der Minister dabei seine verfassungsrechtliche Pflicht, die freiheitlich demokratische Grundordnung zu schützen, erfülle.[78] Das Gericht lässt in dieser Entscheidung erste Anzeichen eines weiten Begriffsverständnisses erkennen. Wurde noch in der Parteienfinanzierungsentscheidung 1966 auf ein Erläutern und Darlegen der Politik, Maßnahmen und Vorhaben sowie der künftig zu lösenden Fragen abgestellt, verknüpft es nun eine konkrete Tätigkeit aufgrund einer verfassungsrechtlichen Pflicht mit der Öffentlichkeitsarbeit.[79] Das Gericht offenbart ein Begriffsverständnis, welches die Aufklärung der Bürger ebenso umfasst wie das abstrakte Erläutern und Darlegen politischer Vorhaben.[80] Gleichwohl wird an frühere Entscheidungen angeknüpft. Indem auf die Bedeutung der Garantien des Art. 21 GG und den Stellenwert der ständigen geistigen Auseinandersetzung verwiesen wird, verdeutlicht das Gericht, dass es auch diesen Teilbereich der regierungsamtlichen Öffentlichkeitsarbeit mit der von Art. 20 Abs. 2 GG vorausgesetzten Richtung der Willensbildung verknüpft sieht. So wird auch der Teil der Parteienfinanzierungsentscheidung 1966, der eine Einwirkung auf die Richtung der Willensbildung unter bestimmten Voraussetzungen für zulässig erklärt, zitiert.[81] Außerdem wird erneut eine subjektiv geprägte Äußerung – verdeutlicht durch den Terminus Werturteil – gebilligt.[82]

5. Zwischenergebnis

In denjenigen Entscheidungen, die vor der Öffentlichkeitsarbeitsentscheidung 1977 ergangen sind, offenbarte das Bundesverfassungsgericht bereits die Leitplanken seines Begriffsverständnisses. Der Begriff wird weit verstanden, ist eng mit der von Art. 20 Abs. 2 GG vorausgesetzten Richtung der politischen Willensbildung verknüpft und umfasst auch subjektiv geprägte Äußerungen. Eine

[76] BVerfG, Beschl. v. 29.10.1975 – 1 BvE 1/75 = BVerfGE 40, 287.

[77] BVerfGE 40, 287 (292).

[78] BVerfGE 40, 287 (292 f.).

[79] Ähnlich *Schürmann*, Öffentlichkeitsarbeit der Bundesregierung, 1992, S. 57. Zur Sonderstellung des Verfassungsschutzberichts innerhalb der staatlichen Öffentlichkeitsarbeit siehe *Gusy*, in: NVwZ 1986, 6 (6).

[80] Wie hier *Schürmann*, Öffentlichkeitsarbeit der Bundesregierung, 1992, S. 57. Vgl. *Gusy*, in: NVwZ 1986, 6 (6); *Murswiek*, in: NVwZ 2004, 769 (771).

[81] BVerfGE 40, 287 (292 ff.). Ebenso *Schürmann*, Öffentlichkeitsarbeit der Bundesregierung, 1992, S. 57.

[82] BVerfGE 40, 287 (293 f.).

Definition erfolgte hingegen nicht. Ob dies bewusst vermieden wurde,[83] bleibt Mutmaßung.

II. Öffentlichkeitsarbeitsentscheidungen des Bundesverfassungsgerichts

Maßgeblich für das Begriffsverständnis sind die ergangenen Öffentlichkeitsarbeitsentscheidungen. Das Urteil vom 2. März 1977 ist dabei als Leitentscheidung in besonderem Maße prägend, auf den nachfolgenden Beschluss aus dem Jahr 1983 wird nur ergänzend eingegangen.

1. Öffentlichkeitsarbeitsentscheidung 1977

Das bis heute maßgebliche Urteil zur regierungsamtlichen Öffentlichkeitsarbeit erging am 2. März 1977 im Rahmen eines Organstreitverfahrens der damaligen Oppositionspartei gegen die aus einer Koalition bestehenden Bundesregierung. Das Gericht stellt fest: Die Antragsgegnerin hat gegen Art. 20 Abs. 1, Abs. 2 Satz 2 GG sowie gegen den Grundsatz der Chancengleichheit bei Wahlen aus Art. 21 Abs. 1, 38 Abs. 1 GG verstoßen, indem sie werbend in den Wahlkampf eingegriffen und keine Vorkehrungen dagegen getroffen hatte, dass die Regierungsparteien, die von ihr zum Zwecke der Öffentlichkeitsarbeit hergestellten zusätzlichen Wahlkampfmaterialien bezogen und verwendet haben.[84] In den Entscheidungsgründen tätigt das Gericht zunächst von der Öffentlichkeitsarbeit scheinbar losgelöste, allgemeine Ausführungen zum Gewährleistungsgehalt von Art. 20 Abs. 1, Abs. 2 Satz 2 GG,[85] zur Bedeutung der politischen Parteien im Verfassungsgefüge, der Notwendigkeit der Integrität des Wahlaktes und der Willensbildung des Volkes, sowie zum Recht auf Chancengleichheit der politischen Parteien oder von Wahlbewerbern aus Art. 21 Abs. 1 GG bzw. Art. 38 Abs. 1 GG.[86] Sodann stellt es seinen eigentlichen Ausführungen zur Öffentlichkeitsarbeit die zentrale Aussage voran, dass ein parteiergreifendes Einwirken von Staatsorganen in die Wahlen zur Volksvertretung auch in der Form von Öffentlichkeitsarbeit nicht zulässig sei. Gleichwohl sei regierungsamtliche Öffentlichkeitsarbeit aber notwendig, ihre Notwendigkeit ergebe sich aus den zu erfüllenden Aufgaben.[87] Im Rahmen der Darstellung der zu erfüllenden Aufgaben

---

[83] Hinsichtlich BVerfGE 12, 205; 20, 56 vertritt dies *Schürmann*, in: ders., Öffentlichkeitsarbeit der Bundesregierung, 1992, S. 56. In Bezug auf BVerfGE 44, 125 *Kremmer*, in: ders., Die rechtliche Problematik des kommunalen Pressewesens, 1980, S. 8 Fn. 3. Siehe auch *Harding*, Staatliche Öffentlichkeitsarbeit in sozialen Netzwerken, 2023, S. 12.

[84] BVerfGE 44, 125 (127).

[85] BVerfGE 44, 125 (138 ff.).

[86] BVerfGE 44, 125 (144 ff.).

[87] BVerfGE 44, 125 (147).

tätigt das Bundesverfassungsgericht schließlich relevante Ausführungen zum Begriff Öffentlichkeitsarbeit.

a) Aufgaben der Öffentlichkeitsarbeit

Zunächst gelte es das Einverständnis der Bürger mit der vom Grundgesetz geschaffenen Staatsordnung lebendig zu erhalten, so das Gericht.[88] Sodann stellt es eine Verbindung zur Parteienfinanzierungsentscheidung 1966 her: Eine verantwortliche Teilhabe der Bürger an der politischen Willensbildung des Volkes setze voraus, dass der Einzelne von den zu entscheidenden Sachfragen genügend wisse, um sie beurteilen zu können.[89] Die Information des Volkes sowie die Stellung des Einzelnen als selbstverantwortlicher Teil der Rechtsgemeinschaft, das an den grundlegenden politischen Entscheidungen beteiligt ist, wird mit der Identifikation des Individuums mit dem Staat verknüpft.[90] Ebenfalls Aufgabe staatlicher Öffentlichkeitsarbeit sei es, Zusammenhänge offenzulegen, Verständnis für erforderliche Maßnahmen zu wecken oder um ein konjunkturgerechtes Verhalten zu werben.[91] Diese Ausführungen fallen im Kontext staatlicher Wirtschafts- und Sozialpolitik, sind aber nicht darauf beschränkt („Insbesondere"). Auffallend ist, dass das bisherige Begriffspaar „Darlegen und Erläutern" durch dic Termini „Wecken von Verständnis" und „Werben um" erweitert wurde. Eine persuasive Form der Öffentlichkeitsarbeit wird – im Einklang mit den Ausführungen in den Beschlüssen zum Volksentscheid zur Badenfrage und zum Verfassungsschutzbericht 1973 – gebilligt. Zuletzt fasst das Bundesverfassungsgericht auch die sachgerechte, objektiv gehaltene Information über das Recht, das den Bürger unmittelbar angeht, unter die Öffentlichkeitsarbeit.[92] Was unter dem Recht, das den Bürger unmittelbar angeht, zu verstehen ist, bleibt zwar unklar, aufgrund der Bezugnahme auf den sozialen Rechtsstaat, dürfte damit aber das Verbraucherrecht im weitesten Sinne zu verstehen sein. Als Konsequenz daraus wäre auch die Öffentlichkeitsaufklärung unter das Begriffsverständnis zu fassen.

---

[88] BVerfGE 44, 125 (147).

[89] BVerfGE 44, 125 (147). Bereits *Kempen*, Grundgesetz, amtliche Öffentlichkeitsarbeit und politische Willensbildung, 1975, S. 21; *W. Leisner*, Öffentlichkeitsarbeit der Regierung im Rechtsstaat, 1966, S. 83 f.; *Sänger*, Funktion amtlicher Pressestellen in der demokratischen Staatsordnung, 1966, S. 59. Aus der jüngeren Literatur *Kloepfer*, in: Isensee/P. Kirchhof (Hrsg.), Handbuch des Staatsrechts Bd. III, 3. Aufl. 2005, § 42 Rn. 59.

[90] BVerfGE 44, 125 (147 f.). Siehe auch *Stern*, Staatsrecht Bd. I, 2. Aufl. 1984, S. 284: „Es geht darum, die Bürger für Staat und Verfassung zu gewinnen."

[91] BVerfGE 44, 125 (148).

[92] BVerfGE 44, 125 (148).

b) Keine Begriffsbestimmung

Willi Geiger moniert in seinem Sondervotum zutreffend, dass eine Definition der regierungsamtlichen Öffentlichkeitsarbeit unterbleibt.[93] Es werden lediglich diejenigen Aufgaben benannt, die die regierungsamtliche Öffentlichkeitsarbeit zu erfüllen hat. Erst aus der Notwendigkeit dieser Aufgabenerfüllung ergibt sich die Zulässigkeit der in dieser Hinsicht thematisch einschlägigen Öffentlichkeitsarbeit, also die Rechtfertigung der damit verbundenen Einwirkung auf die Richtung der politischen Willensbildung. Auch im Rahmen der Abgrenzung zulässiger Öffentlichkeitsarbeit von unzulässiger Öffentlichkeitsarbeit in Form von Wahlwerbung unterlässt das Gericht eine nähere Begriffsbestimmung.[94]

2. Öffentlichkeitsarbeitsentscheidung 1983

Mit Beschluss vom 23. Februar 1983 wies das Bundesverfassungsgericht die Verfassungsbeschwerde eines Wahlbewerbers für den Bundestag zurück. Dieser sah sich in seinem Recht auf chancengleiche Teilnahme an der bevorstehenden Bundestagswahl verletzt, weil die Bundesregierung mehrere Zeitungsanzeigen veröffentlichte. Der Zweite Senat entschied unter Verweis auf die Parteienfinanzierungsentscheidung 1966 und die vorangegangene Öffentlichkeitsarbeitsentscheidung.[95] Auf den ersten Blick mag es irritieren, dass das Gericht in diesem Beschluss die Termini „Wecken von Verständnis“ und „Werben um“ nicht in den Entscheidungsgründen aufführt,[96] doch handelt es sich wohl nur um eine redaktionelle Auslassung. Sie finden sich in späteren Entscheidungen wieder.[97]

3. Zwischenergebnis

Zwar sorgte die Öffentlichkeitsarbeitsentscheidung 1977 durch eine Darstellung der zulässigen Zwecke der Öffentlichkeitsarbeit und der umfangreich hergeleiteten Verknüpfung mit dem Grundsatz der Volkssouveränität für eine Konturierung des Begriffs Öffentlichkeitsarbeit, eine taugliche Begriffsbestimmung ging damit jedoch nicht einher. Deutlich wird aber, wie umfassend das Gericht Öffentlichkeitsarbeit versteht.[98] Die Darstellung allgemeiner politischer Vorhaben, die Veröffentlichung des Verfassungsschutzbericht und sogar die (unzulässige) regierungsamtliche Wahlwerbung wird als Öffentlichkeitsarbeit aufgefasst. Dabei können die einzelnen Inhalte auch subjektiv geprägt sein.

---

[93] BVerfGE 44, 125 (167 f.).

[94] Vgl. BVerfGE 44, 125 (148 ff.).

[95] Vgl. BVerfGE 63, 230 (242 ff.).

[96] Vgl. BVerfGE 63, 230 (243).

[97] Etwa BVerfGE 105, 252 (269); 105, 279 (302).

[98] Wie hier *Harding*, Staatliche Öffentlichkeitsarbeit in sozialen Netzwerken, 2023, S. 12.

III. Entscheidungen der Verfassungsgerichtsbarkeiten der Länder

Auch in den Landesverfassungsgerichtsbarkeiten war die (landes-)regierungsamtliche Öffentlichkeitsarbeit Gegenstand zahlreicher Gerichtsverfahren.[99] Die allesamt nach der Öffentlichkeitsarbeitsentscheidung 1977 ergangenen Entscheidungen übernahmen deren Grundzüge. Dennoch verdeutlichen einige Entscheidungen die Schwierigkeit mit dem Begriff umzugehen. Diese sollen im Überblick dargestellt werden.

Der saarländische Verfassungsgerichtshof diskutierte etwa, ob der Verfahrensgegenstand überhaupt einen Inhalt der Öffentlichkeitsarbeit darstellt. Schließlich wird aber auch eine „allgemeine Sympathiewerbung für das Saarland" unter den Begriff der Öffentlichkeitsarbeit subsumiert.[100] Zur Frage, wann bestimmte Arten von Wahlwerbung nicht mehr zur Öffentlichkeitsarbeit zählen, hätte auch der Staatsgerichtshof Bremen Stellung nehmen können. Gegenstand des Verfahrens war eine „unverbrämte, parteiergreifende Wahlkampfmaßnahme" der Landesregierung.[101] Gleichwohl wurde diese nach den Grundsätzen der Öffentlichkeitsentscheidung beurteilt, was naheliegt, dass sie als Öffentlichkeitsarbeit angesehen wurde.[102] Der nordrhein-westfälische Verfassungsgerichtshof hatte über einen Teil der Öffentlichkeitsarbeit zu entscheiden, der bisher nicht Gegenstand der Verfassungsrechtsprechung war.[103] Den Mitgliedern des Landtages wurde auf Anforderung ein auf ihre Stadt oder ihren Wahlkreis reduzierter Auszug aus der Zusammenstellung „Leistungen des Landes Nordrhein-Westfalen in den Gemeinden 1975–1983" zur Verfügung gestellt.[104] Auch diesen scheinbar rein internen Inhalt rechnet der Verfassungsgerichtshof der regierungsamtlichen Öffentlichkeitsarbeit zu.[105] Ähnlich gelagert ist der Sachverhalt, der einem neueren Urteil des Verfassungsgerichtshof des Saarlandes zugrunde lag. Der Ministerpräsident hatte der Gehaltsabrechnung der Mitarbeiter des öffentlichen Dienstes einen Brief beigelegt. Auch dies rechnete der Gerichtshof der Öffentlichkeitsarbeit zu.[106]

---

[99] BerlVerfGH, Beschl. v. 21.9.1995 – VerfGH 12/95 = LKV 1996, 133; BremStGH, Urt. v. 30.11.1983 – St 1/83 = NVwZ 1985, 649; HessStGH, Beschl. v. 11.1.1991 – P St 1079 = NVwZ 1992, 465; NRWVerfGH, Urt. v. 15.2.1985 – VerfGH 8/84 = NVwZ 1986, 463; RhPfVerfGH, Urt. v. 23.10.2006 – VGH O 17/05 = NVwZ 2007, 200; SaarlVerfGH, Urt. v. 26.3.1980 – Lv 1/80 = NJW 1980, 2181; Urt. v. 1.7.2010 – Lv 4/09 = LKRZ 2010, 376; SachsAnhVerfG, Urt. v. 22.2.1996 – LVG 8/95 = JZ 1996, 723; StGH BW, Urt. v. 27.2. 1981 – GR 1/80 = ESVGH 31, 81.

[100] SaarlVerfGH NJW 1980, 2181 (2183).

[101] BremStGH NVwZ 1985, 649 (650).

[102] Wie hier *Schürmann*, Öffentlichkeitsarbeit der Bundesregierung, 1992, S. 59.

[103] NRWVerfGH NVwZ 1986, 463 (464).

[104] NRWVerfGH NVwZ 1986, 463 (463).

[105] Vgl. NRWVerfGH NVwZ 1986, 463 (464).

[106] SaarlVerfGH LKRZ 2010, 376 (378 f.). A. A. *Mandelartz*, in: LKRZ 2010, 371 (373), der dies als interne Maßnahme ansieht.

IV. „TM“-Beschluss

Die Anhänger einer Glaubensbewegung wandten sich auf dem Verwaltungsrechtsweg gegen Äußerungen der Bundesregierung, die sie als ehrverletzend und abwertend empfanden. Gegen das letztinstanzliche Urteil des Bundesverwaltungsgerichts haben sie zudem erfolglos Verfassungsbeschwerde erhoben.[107] Zum besseren Verständnis ist das Urteil des Bundesverwaltungsgerichts vorab darzustellen.[108]

1. Urteil des Bundesverwaltungsgerichtes vom 23. Mai 1989

„Die verfassungsrechtlichen Befugnisse der Bundesregierung zur Information und Aufklärung der Öffentlichkeit (sog. Öffentlichkeitsarbeit) schließen das Recht zu öffentlichen Warnungen ein“,[109] führt das Bundesverwaltungsgericht bereits im 1. Leitsatz aus. In den Entscheidungsgründen wird eingangs auf die verfassungsrechtliche Aufgabenstellung der Bundesregierung und deren Befugnisse zur Information sowie Aufklärung der Öffentlichkeit hingewiesen. *Expressis verbis* und unter Zitation der Passagen der Öffentlichkeitsarbeitsentscheidungen des Bundesverfassungsgerichts wird auf die Aufgabe, den Grundkonsens zwischen Staat und Bürgern lebendig zu erhalten, abgestellt.[110] Diese stelle sich insb. dann, so das Gericht, wenn bestimmte gesellschaftliche Erscheinungen in der Öffentlichkeit lebhaft diskutiert und mit Sorge verfolgt werden und sich daraus eine Erwartungshaltung der Öffentlichkeit an die Bundesregierung ergebe.[111] Zur Erfüllung dieser Erwartungshaltung dürfe die Bundesregierung Empfehlungen und Warnungen aussprechen.[112]

2. Ausführungen im Kammerbeschluss des Bundesverfassungsgerichts

Diese Erwägungen werden im Wesentlichen durch das Bundesverfassungsgericht bestätigt. Aufgrund der staatlichen Schutzpflicht für Art. 2 Abs. 2 Satz 1 GG sowie den Jugendschutz, sei ein Eingreifen des Staates und damit der Bundesregierung grundsätzlich legitimiert. Die rechtliche Grundlage des Einschreitens ergebe sich zum einen aus der Verpflichtung zur Beobachtung, Vorsorge und Lenkung in besonderen gesellschaftlichen Teilbereichen und zum anderen aus der grundsätzlichen Befugnis, diese Tätigkeit gegenüber Parlament und Öffentlichkeit darzustellen. Daher komme ihr die Befugnis zu, gegenüber der Öffentlichkeit Stellung zu beziehen

---

[107] BVerfG, Kammerbeschl. v. 15.8.1989 – 1 BvR 881/89 = NJW 1989, 3269.

[108] BVerwG, Urt. v. 23.5.1989 – 7 C 2.87 = BVerwGE 82, 76.

[109] BVerwGE 82, 76 (76).

[110] BVerwGE 82, 76 (80).

[111] BVerwGE 82, 76 (80 f.).

[112] BVerwGE 82, 76 (81).

sowie Empfehlungen oder Warnungen auszusprechen.[113] Das Bundesverfassungsgericht verknüpft – ausweislich der zitierten eigenen Rechtsprechung – die Entscheidung mit dem Beschluss zum Verfassungsschutzbericht 1973 und die beiden Entscheidungen zur Öffentlichkeitsarbeit. Es macht somit deutlich, dass mittels Öffentlichkeitsarbeit auch konkrete Aufgaben wahrgenommen werden können.

V. Urteil des Verfassungsgerichtshofes Nordrhein-Westfalen zu den „Müllspartips"

Der nordrhein-westfälische Verfassungsgerichtshof hatte über die Verfassungsmäßigkeit der sog. Müllspartips, einer an die Bürger adressierte Anzeigenserie der Landesregierung zur Müllvermeidung und Wiederverwertung von Abfall, zu entscheiden.[114] Auf das Urteil ist einzugehen, da erstmals ein Verfahrensgegenstand ausdrücklich aus dem Anwendungsbereich der Rechtsprechung zur Öffentlichkeitsarbeit und damit aus dem Begriffsverständnis ausgenommen wurde.

1. Differenzierung

Laut dem Verfassungsgerichtshof sei die Öffentlichkeitsaufklärung Verfahrensgegenstand. Sie unterscheide sich von der Öffentlichkeitsarbeit, die bisher von der Verfassungsrechtsprechung entschieden wurde und unterliege daher anderen Beurteilungsmaßstäben. Es handle sich dann nicht um Öffentlichkeitsarbeit, wenn das exekutive Handeln nicht nur die Regierungstätigkeit begleite, sondern primär die Regierungstätigkeit selbst darstelle. Dann setze sie normative Vorgaben um.[115]

2. Palms Klarstellung

Der an der Entscheidung als damaliger Vizepräsident des Verfassungsgerichtshofes beteiligter Heinz Palm hat das Urteil nachfolgend weiter erörtert. Ausgangspunkt der Entscheidung des Gerichtshofes sei der Unterschied zwischen Öffentlichkeitsarbeit durch Darstellungen *über* Staatstätigkeit und Staatstätigkeit *durch* Öffentlichkeitsarbeit gewesen.[116] Auf die Kritik, der Gerichtshof divergiere durch

---

[113] BVerfG-K NJW 1989, 2369 (3270). Zur „grundrechtssichernden" Funktion von Öffentlichkeitsarbeit bereits BVerfGE 65, 1 (3 f., 58 f.); BVerfG-K NJW 1987, 2287 (2287).

[114] NRWVerfGH, Urt. v. 15.10.1991 – VerfGH 12/90 = NVwZ 1992, 467.

[115] NRWVerfGH NVwZ 1992, 467 (468), unter Verweis auf *Gröschner* und *Schoch*, siehe Kap. 1, Fn. 35, 41.

[116] *Palm*, in: Bertrams (Hrsg.), Verfassungsgerichtsbarkeit in Nordrhein-Westfalen, 2002, 319 (325 ff.).

diese Unterscheidung von der Rechtsprechung des Bundesverfassungsgerichtshof,[117] entgegnet Palm, dass dies nur der Fall wäre, wenn unter Öffentlichkeitsarbeit i. S. d. Rechtsprechung jede Art von Öffentlichkeitsarbeit zu verstehen sei. Aufgrund der undifferenzierten Verwendung des Begriffs sowie mangels allgemeingültiger Begriffsbestimmung müsse es auf den zum Ausdruck kommenden Sinn und Zweck der Entscheidungen ankommen. Nach Vornahme einer Gesamtschau habe der Verfassungsgerichtshof die Entscheidungen des Bundesverfassungsgerichts nicht als verbindliche Vorgabe angesehen. Auf im Anschluss an das Urteil vorgebrachte Hinweise, dass das Bundesverfassungsgericht auch die Wahrnehmung staatlicher Aufgaben der Öffentlichkeitsarbeit zugeordnet habe,[118] repliziert Palm, dass dies eine zu sehr am Wortlaut und zu wenig am Sinn und Zweck orientierte Auslegung darstelle.[119]

3. Stellungnahme

Der Gerichtshof verkannte das Begriffsverständnis wie es aus der Rechtsprechung des Bundesverfassungsgerichts hervorging, indem er davon ausging, dass es sich dann nicht um Öffentlichkeitsarbeit handele, wenn die hoheitliche Tätigkeit selbst Regierungstätigkeit darstellt. Im Beschluss zum Verfassungsschutzbericht 1973 und dem „TM“-Beschluss stellt das Bundesverfassungsgericht im Rahmen seiner Argumentation klar, dass durch Öffentlichkeitsarbeit eine Aufgabe erfüllt werde. Der Bundesinnenminister erfülle seine Pflicht, die freiheitlich demokratische Grundordnung zu beschützen und die Bundesregierung treffe die Pflicht in besonderen Teilbereichen der Gesellschaft beobachtend, vorsorgend und lenkend tätig zu werden.[120] Wenn der Bundesinnenminister bzw. die Bundesregierung in Erfüllung ihrer Pflichten tätig werden, setzen sie ebenso normative Vorgaben um, wie die nordrhein-westfälische Landesregierung mit den „Müllspartips“. Ob sich die normativen Vorgaben aus einfachem Recht (§ 1 LAbfG NW) oder unmittelbar aus der Verfassung ergeben, muss dabei unbeachtlich bleiben. Schließlich sind auch verfassungsrechtliche Pflichten normative Vorgaben, eine begriffliche Eingrenzung wird nicht vorgenommen. Letztlich stellt auch der Verfassungsgerichtshof mit Art. 29a NRWVerf auf eine normative Vorgabe aus der Landesverfassung ab.

---

[117] *Schürmann*, in: NVwZ 1992, 852 (854), unter Verweis auf BVerfGE 40, 287 und BVerfG-K NJW 1989, 2369.

[118] *Schürmann*, in: NVwZ 1992, 852 (853).

[119] *Palm*, in: Bertrams (Hrsg.), Verfassungsgerichtsbarkeit in Nordrhein-Westfalen, 2002, 319 (333 f.).

[120] BVerfGE 40, 287 (293); BVerfG-K NJW 1989, 2369 (3270).

VI. „Glykol und Osho"-Beschlüsse des Bundesverfassungsgerichts

Mit den im Wesentlichen inhaltsgleichen Beschlüssen vom 26. Juni 2002 befasste sich das Bundesverfassungsgericht erneut mit staatlichen Warnungen. Das Gericht stellt klar, dass die Aufgabe der Staatsleitung der Regierung auch durch die Verbreitung von Informationen an die Öffentlichkeit wahrgenommen werde. Die staatliche Teilhabe an öffentlicher Kommunikation habe sich im Laufe der Zeit grundlegend gewandelt und verändere sich unter den fortlaufenden Bedingungen fortlaufend weiter. Dies wirke sich auch auf die Aufgabenerfüllung durch die Regierung aus.[121] Es erweitert das Verständnis von Öffentlichkeitsarbeit also um die Unterrichtung der Öffentlichkeit über wichtige Vorgänge auch außerhalb oder weit im Vorfeld der eigenen gestaltenden politischen Tätigkeit der Bundesregierung.[122] Ferner sei es Aufgabe der Bundesregierung, nicht nur die Bewältigung von Konflikten in Staat und Gesellschaft zu erleichtern, sondern auch neuen, oft kurzfristig auftretenden Herausforderungen entgegenzutreten, auf Krisen schnell und sachgerecht zu reagieren sowie den Bürgern zu Orientierung zu verhelfen.[123] Die Ermächtigung ergebe sich aus der der Bundesregierung zugewiesenen Aufgabe, im Rahmen ihrer Öffentlichkeitsarbeit auch auf aktuelle streitige, die Öffentlichkeit erheblich berührende Fragen einzugehen und damit staatsleitend tätig zu werden.[124] Es wird nochmals klargestellt, dass auch die Erfüllung von Aufgaben durch Öffentlichkeitsarbeit Teil der Öffentlichkeitsarbeit i. S. d. Rechtsprechung ist.[125] Diese Ausführungen bestätigte das Gericht nachfolgend mehrmals.[126]

VII. Äußerungsfälle

In jüngster Zeit war vornehmend die Zulässigkeit einzelner Äußerungen von Regierungsmitgliedern bezogen auf politische Parteien Gegenstand der Rechtsprechung. Hintergrund dessen ist, dass regierungsamtliche Öffentlichkeitsarbeit nicht

---

[121] BVerfGE 105, 252 (268 f.); 105, 272 (301 f.).

[122] Unter Verweis auf NRWVerfGH NVwZ 1992, 467 postuliert das BVerfG: „Informationshandeln unter heutigen Bedingungen geht über eine solche Öffentlichkeitsarbeit vielfach hinaus", BVerfGE 105, 252 (269); 105, 272 (302). Wie hier *Degenhart*, in: AfP 2010, 324 (326); *Harding*, Staatliche Öffentlichkeitsarbeit in sozialen Netzwerken, 2023, S. 12 f.; *Wieland*, in: Krüper (Hrsg.), Die Organisation des Verfassungsstaats, 2019, 533 (539).

[123] BVerfGE 105, 252 (269); 105, 272 (302). Vgl. bereits BVerfGE 44, 125 (178).

[124] BVerfGE 105, 272 (301).

[125] Vgl. *Bethge*, in: D. Merten/Papier (Hrsg.), Handbuch der Grundrechte Bd. III, 2009, § 58 Rn. 109 f.; *Bumke*, in: Die Verwaltung 37 (2004), 3 (14); *Degenhart*, in: AfP 2010, 324 (326); *Wieland*, in: Krüper (Hrsg.), Die Organisation des Verfassungsstaats, 2019, 533 (538 f.).

[126] BVerfG Kammerbeschl. v. 16. 8. 2002 – 1 BvR 1241/97 = NJW 2002, 3458; Beschl. v. 24. 5. 2005 – 1 BvR 1072/01 = BVerfGE 113, 63; Kammerbeschl. v. 17. 8. 2010 – 1 BvR 2585/06 = NJW 2011, 511; Beschl. v. 21. 3. 2018 – 1 BvF 1/13 = BVerfGE 148, 40.

nur dann verfassungsrechtlich relevant ist, wenn die amtierende Regierung „zu ihren Gunsten" Öffentlichkeitsarbeit betreibt, sondern auch, wenn sie zu Lasten der Nichtregierungspartei(en) betrieben wird. Jeweils droht eine unzulässige Einwirkung auf die politische Meinungs- und Willensbildung des Volkes.

1. Entscheidungen des Bundesverfassungsgerichts

In bisher fünf Entscheidungen musste sich das Bundesverfassungsgericht mit amtlichen Äußerungen von Regierungsmitgliedern auseinandersetzen.[127] Dabei bezieht es sich auf die Befugnis zur Informations- und Öffentlichkeitsarbeit.[128] Begrifflich fasst es unter diese Befugnis auch ein abwertendes, parteiergreifendes Einwirken auf die öffentliche Meinungsbildung.[129] Das Gericht konkretisiert: „Die Befugnis der Bundesregierung zur Erläuterung der von ihr getroffener Maßnahmen und künftiger Vorhaben schließt das Recht ein, sich mit darauf bezogenen kritischen Einwänden sachlich auseinanderzusetzen."[130] Dabei habe die Bundesregierung das Recht, auf aus ihrer Sicht ungerechtfertigte Angriffe in angemessener Form öffentlich zu reagieren.[131] Das Gericht billigt der Regierung einen Einschätzungs- bzw. Beurteilungsspielraum zu.[132] Während die Öffentlichkeitsarbeit der Regierung bisher eher in einer proaktiven Form verstanden wurde, konkretisiert das Bundesverfassungsgericht sein Begriffsverständnis insofern, als dass die staatliche Teilhabe an öffentlicher Kommunikation nun auch ein Reagieren auf eine konkrete Ansprache umfasse.[133]

2. Judikatur in der Landesverfassungsgerichtsbarkeit

Auch die Landesverfassungsgerichte hatten sich mit dieser neuen Art der Öffentlichkeitsarbeit zu befassen. So ergingen Entscheidungen des Verfassungsge-

[127] BVerfG, Urt. v. 16.12.2014 – 2 BvE 2/14 = BVerfGE 138, 102; Kammerbeschl. v. 7.11.2015 – 2 BvQ 39/15 = BVerfGE 140, 225; Urt. v. 27.2.2018 – 2 BvE 1/16 = BVerfGE 148, 11; BVerfGE 154, 320; Urt. v. 15.6.2022 – 2 BvE 4, 5/20 = NVwZ 2022, 1113.

[128] BVerfGE 138, 102 (114 Rn. 40); 148, 11 (27f. Rn. 50ff.); 154, 320 (336f. Rn. 49ff.); NVwZ 2022, 1113 (1118 Rn. 110ff.).

[129] Vgl. BVerfGE 138, 102 (113ff. Rn. 39ff.); 148, 11 (27ff. Rn. 50ff.); 154, 320 (336ff. Rn. 49ff.); NVwZ 2022, 1113 (1119 Rn. 114f.).

[130] BVerfGE 148, 11 (29 Rn. 56).

[131] BVerfGE 148, 11 (29 Rn. 57); 154, 320 (338 Rn. 52); NVwZ 2022, 1113 (1118f. Rn. 112).

[132] *Michl*, in: NVwZ 2018, 491 (492).

[133] Hierzu noch BVerfGE 20, 56 (100): „der Öffentlichkeit ihre Politik, ihre Maßnahmen und Vorhaben sowie die künftig zu lösenden Fragen darlegen und erläutern" und BVerfGE 44, 125 (148): „Zusammenhänge offenzulegen, Verständnis für (…) zu wecken oder um ein konjunkturgerechtes Verhalten zu werben."

richtshof Rheinland-Pfalz,[134] des Verfassungsgerichtshofs des Saarlandes,[135] des Thüringer Verfassungsgerichtshofs,[136] des Verfassungsgerichtshofes des Landes Berlin[137] und des Staatsgerichtshofs Niedersachsen[138] allesamt unter Berücksichtigung des vorstehenden Begriffsverständnis von Öffentlichkeitsarbeit.

VIII. Fazit

Auch in der Rechtsprechung der Verfassungsgerichtsbarkeit findet sich keine Begriffsbestimmung, vielmehr wurde anhand einzelner Erscheinungsformen das Begriffsverständnis nach und nach konturiert. Im Laufe der Rechtsprechungsgeschichte – diese umspannt nun schon über 50 Jahre – hat sich das Begriffsverständnis dabei kontinuierlich fortentwickelt, wenngleich sich vermeintlich Neues bei näherer Betrachtung oft als eine Konkretisierung bereits Festgestelltem herausstellt. Dabei kann von einer grundlegenden Übereinstimmung innerhalb der Rechtsprechung ausgegangen werden: Regierungsamtliche Öffentlichkeitsarbeit hält den Grundkonsens zwischen Bürger und Staat lebendig.[139] Die Judikatur erfasst alles als regierungsamtliche Öffentlichkeitsarbeit, was dazu dient, ebenjenen Grundkonsens zu erhalten.

Unter Öffentlichkeitsarbeit versteht die Rechtsprechung grundsätzlich zwei Themenkomplex: Die Öffentlichkeitsarbeit i. e. S., das allgemeine Informieren der Bevölkerung über die Politik der Regierung, und die grundrechtsrelevante Öffentlichkeitsarbeit in Form von Warnungen und Empfehlungen. Insoweit ist Schürmanns Subjektslehre zuzustimmen. Zuletzt sind als dritter Themenkomplex die Äußerungsfälle zu nennen.[140] Diese ähneln je nach Fallgestaltung einem der beiden anderen Themenkomplexen, der differenzierten Darstellung wegen sind diese aber als eigenständiger, dritter Themenkomplex zu verstehen.[141] Begriffliche Differenzierungen übernimmt das Bundesverfassungsgericht in seiner Rechtsprechung nicht.[142] Die angesprochene Entscheidung des Verfassungsgerichtshofes des Landes Nordrhein-Westfalen ist als Einzelfallurteil anzusehen, das jedenfalls heute aufgrund von Art. 100 Abs. 3 GG, § 31 BVerfGG so nicht mehr ergehen dürfte.

---

134 RhPfVerfGH, Beschl. v. 21.5.2014 – VGH A 39/14 = NVwZ-RR 2014, 665.

135 SaarlVerfGH, Urt. v. 8.7.2014 – Lv 5/14 = LVerfGE 25, 458.

136 ThürVerfGH, Urt. v. 3.12.2014 – VerfGH 2/14 = LVerfGE 25, 585; Urt. v. 8.6.2016 – VerfGH 25/15 = NVwZ 2016, 1408; Urt. v. 6.7.2016 – VerfGH 38/15 = ThürVBl. 2016, 281.

137 BerlVerfGH, Urt. v. 20.2.2019 – VerfGH 80/18 = DÖV 2019, 405.

138 NdsStGH, Urt. v. 24.11.2020 – StGH 6/19 = NordÖR 2021, 272.

139 BVerfGE 44, 125 (147).

140 Nach *Penz*, in: ThürVBl. 2016, 265 (269), handelt es sich um eine neue Form von Öffentlichkeitsarbeit.

141 Vgl. *Nellesen*, Äußerungsrechte staatlicher Funktionsträger, 2019, S. 19.

142 So auch *Fuchs*, in: VBlBW 2015, 401 (404), unter Verweis auf BVerfGE 138, 102.

D. Regierungsamtliche Öffentlichkeitsarbeit als moderne, demokratische Propaganda?

Mit abwertender Absicht wird die regierungsamtliche Öffentlichkeitsarbeit regelmäßig in die Nähe der Propaganda gerückt.[143] Denn aufgrund seiner historischen Vorbelastung eignet sich der Propagandavorwurf hervorragend, um regierungsamtliche Öffentlichkeitsarbeit zu diskreditieren.[144] Ursprünglich ist der Propagandabegriff – wie noch zu zeigen sein wird – unbefangener Natur. Dies wirft die Frage auf, ob es sich bei dem, was wir heute unter regierungsamtlicher Öffentlichkeitsarbeit kennen und verstehen, sich nicht einfach um zeitgemäße Propaganda eines demokratischen Staates handelt.

I. Propagandabegriff

Der Begriff Propaganda ist in seiner Definition ähnlich unklar und offen wie der Terminus Öffentlichkeitsarbeit. Gemein ist den unterschiedlichen Definitionsansätzen, dass Propaganda in erster Linie beeinflussen, also auf die Willensbildung des Empfängers einwirken soll.[145] In der Kommunikationswissenschaft wird anhand der erwünschten Art und Weise der Rezeption des Kommunikationsinhalts abgegrenzt. Propaganda soll unreflektiert und vorbehaltlos übernommen werden.[146] Öffentlichkeitsarbeit soll hingegen „redlich überzeugen", sodass der Empfänger anhand der bereitgestellten Informationen den wahren Sachverhalt erkennen und selbst die „richtigen" Schlüsse ziehen kann.[147] In der Rechtswissenschaft wird Propaganda überwiegend negativ konnotiert wahrgenommen.[148] Ihr haftet ein Makel der Un-

[143] *Ridder*, in: Ruppert (Hrsg.), Freiheit und Verantwortung in Gesellschaft und Erziehung, 1969, 57 (68); *Rückriegel*, in: Schütz (Hrsg.), Aus der Schule der Diplomatie, 1965, 222 (222); *Scherer*, in: Hoffmann-Riem (Hrsg.), Bürgernahe Verwaltung?, 1980, 313 (319); *Stern*, Staatsrecht Bd. I, 2. Aufl. 1984, S. 311.

[144] In BVerfGE 44, 125 verwendete die Ast. die Begriffe „Propagandaanzeigen", „Propagandabeilagen", „Propagandafaltblätter" in ihrem Antrag und die Begriffe „Eigenpropaganda", „Wahlpropaganda" sowie „Propaganda" in ihren vorbereitenden Schriftsätzen bzw. in der mündlichen Verhandlung, BVerfGE 44, 125 (129 f.). Die Ag. wiederum machte geltend, dass sie „keine Propaganda" betrieben habe, BVerfGE 44, 125 (135). Zur Propaganda im Nationalsozialismus siehe *W. Leisner*, Öffentlichkeitsarbeit der Regierung im Rechtsstaat, 1966, S. 141 ff. Ursprünglich ist der Begriff kirchlichen Ursprungs, *Reich*, Die völkerrechtlichen Schranken der internationalen politischen Propaganda in Friedenszeiten, 1966, S. 12.

[145] *Gornig*, Äußerungsfreiheit und Informationsfreiheit als Menschenrechte, 1988, S. 423; *Reich*, Die völkerrechtlichen Schranken der internationalen politischen Propaganda in Friedenszeiten, 1966, S. 19.

[146] *K. Merten*, in: Fröhlich/Szyszka/Bentele (Hrsg.), Handbuch der Public Relations, 3. Aufl. 2015, 385 (390).

[147] *Oeckl*, Öffentlichkeitsarbeit in Theorie und Praxis, 1960, S. 7.

[148] *Jerschke*, Öffentlichkeitspflicht der Exekutive und Informationsrecht der Presse, 1971, S. 155, 159; *Kempen*, Grundgesetz, amtliche Öffentlichkeitsarbeit und politische Willensbil-

wahrhaftigkeit und des Totalitarismus an.[149] Propaganda sei unzulässige Einflussnahme auf den Wahlakt.[150] Nur vereinzelt wird auf das ursprüngliche Begriffsverständnis rekurriert.[151]

II. Propagandabegriff in der Judikatur des Bundesverfassungsgerichts

Das Bundesverfassungsgericht nutzt den Begriff Wahlpropaganda in frühen Entscheidungen im Kontext der (Wahl-)Werbung politischer Parteien.[152] Der Begriff wird dabei neutral bis positiv verwendet, schließlich wird der Wahlpropaganda besondere Bedeutung zugemessen und als wichtiger Bestandteil der Wahlvorbereitung bezeichnet.[153] Der Begriff wird nicht ausdrücklich definiert, aber als Mittel im Wahlkampf der politischen Parteien verstanden. Aus dem Kontext der Entscheidungen geht hervor, dass dies im weitesten Sinne die Selbstdarstellung der Parteien sowie das Präsentieren des Wahlprogramms mit der Intention den Bürger zur entsprechenden Stimmabgabe am Wahltag zu überzeugen, umfassen sollte.[154] Heute bezeichnet man dies als Wahlwerbung.[155] Dieses Begriffsverständnis legt das Gericht auch noch in einer im 47. Band abgedruckten Entscheidung an den Tag, wenngleich in den Leitsätzen der Entscheidung schon nur noch von Wahlwerbung gesprochen wird.[156] In späteren Entscheidungen wird der Begriff der Wahlpropaganda vollständig durch den der Wahlwerbung ersetzt.[157] In der maßgeblichen Entscheidung zur Öffentlichkeitsarbeit wird Propaganda hingegen lediglich von den Beteiligten als Vorwurf bzw. als Entgegnung auf ebenjenen verwendet. Das Bundesverfassungsgericht selbst unterlässt es, die regierungsamtliche Öffentlichkeitsarbeit in die Nähe der Propaganda zu rücken. Es ist davon auszugehen, dass dem

dung, 1975, S. 13; *Scherer*, in: Hoffmann-Riem (Hrsg.), Bürgernahe Verwaltung?, 1980, 313 (319); *Schürmann*, Öffentlichkeitsarbeit der Bundesregierung, 1992, S. 72 f.

[149] *Rückriegel*, in :Schütz (Hrsg.), Aus der Schule der Diplomatie, 1965, 222 (222). Vgl. *Krüger*, in: Quaritsch (Hrsg.), Die Selbstdarstellung des Staates, 1977, 21 (21); *W. Leisner*, Öffentlichkeitsarbeit der Regierung im Rechtsstaat, 1966, S. 148.

[150] *Bull*, Die Staatsaufgaben nach dem Grundgesetz, 2. Aufl. 1977, S. 398; *Sänger*, Funktion amtlicher Pressestellen in der demokratischen Staatsordnung, 1966, S. 120 f.; *Stern*, Staatsrecht Bd. I, 2. Aufl. 1984, S. 311.

[151] *Kloepfer*, Produkthinweispflichten bei Tabakwaren als Verfassungsfrage, 1991, S. 38; *P. Lerche*, Werbung und Verfassung, 1967, S. 11; *Reich*, Die völkerrechtlichen Schranken der internationalen politischen Propaganda in Friedenszeiten, 1966, S. 19.

[152] BVerfGE 7, 99 (100); 14, 121 (121).

[153] BVerfGE 14, 121 (131 f.).

[154] Vgl. BVerfGE 7, 99 (108); 14, 121 (131 ff.).

[155] BVerfGE 47, 198 (226 f.); *Boehl*, in: Schreiber (Hrsg.), Bundeswahlgesetz, 11. Aufl. 2021, § 1 Rn. 28 f., 79.

[156] BVerfGE 47, 198 (198 f., 223 ff.).

[157] Vgl. BVerfGE 67, 149 (152 f.); 69, 257 (266 ff.).

Gericht die historische Vorbelastung und negative Konnotation des Begriffs, insb. im Zusammenhang mit einer regierungsamtlichen Urheberschaft, bekannt war und es eine Assoziation vermeiden wollte.

III. Propagandabegriff in der Gesetzessprache

Auch in der Gesetzessprache findet sich der Propagandabegriff. Womöglich lassen sich aus seiner Verwendung Rückschlüsse auf das Begriffsverständnis ziehen. Der Propagandabegriff findet sich insb. im Strafrecht, Wahlrecht und Völkerrecht.

1. Im Strafrecht

Gem. § 86 StGB wird das Verbreiten von Propagandamitteln verfassungswidriger Organisationen unter Strafe gestellt. Die die den Tatbestand ausfüllende Propaganda hat dabei zwei Merkmale zu erfüllen, so muss sie werbenden Inhalt haben und mit ihr müssen die Verwirklichung der Ziele oder die Unterstützung der beworbenen Organisation intendiert sein.[158] Nach der mit § 86 Abs. 2 StGB vorgenommenen Einschränkung muss das Propagandamittel zusätzlich gegen die freiheitlich-demokratische Grundordnung oder den Gedanken der Völkerverständigung gerichtet sein, darunter ist eine kämpferisch, aggressive Tendenz zu verstehen.[159] Im Strafgesetzbuch scheint der Propagandabegriff für Inhalten genutzt zu werden, die auch unter Wahlwerbung subsumiert werden könnten. Der Strafgrund des Verbreitens jener Propagandamittel ergibt sich dabei weniger aus der Tatsache, dass es sich um Propagandamittel i. e. S. handelt – nach der oben genannten Definition würde es sich dann bei jeder Wahlkampfaktion einer politischen Partei um ein Verbreiten von Propagandamitteln i. S. d. Norm handeln – sondern vielmehr daraus, dass es sich um Propagandamittel einer verfassungswidrigen Organisation handelt. Dies verdeutlicht auch der einschränkende 2. Absatz. Primär soll das Unterstützen einer verfassungswidrigen Organisation unter Strafe gestellt werden. Die Norm scheint daher zunächst von einem neutralen Begriff der Propaganda auszugehen, wenngleich die Natur als Straftatbestands im Ergebnis zu einem negativen Begriffsverständnis führt. § 109d StGB bestraft ausweislich seiner Überschrift Störpropaganda gegen die Bundeswehr. Darunter sind unwahre oder gröblich entstellte Behauptungen tatsächlicher Art zu verstehen, deren Verbreitung geeignet ist, die Tätigkeit der Bundeswehr zu stören. Propaganda wird als unwahr und gröblich entstellend verstanden – eine zweifellos negative Konnotation.

---

[158] Exemplarisch *Anstötz*, in: Erb/J. Schäfer (Hrsg.), Strafgesetzbuch Bd. 3, 4. Aufl. 2021, § 86 Rn. 12 m. w. N.

[159] BGHSt 23, 64 (72); BGH NJW 2010, 163 (165); BGH NStZ 2015, 512 (512).

2. Im Wahlrecht

§ 32 BWahlG regelt ausweislich seiner amtlichen Überschrift unzulässige Wahlpropaganda, was *e contrario* die Existenz zulässiger Wahlpropaganda impliziert. § 32 Abs. 1 BWahlG versteht unter Wahlpropaganda die Beeinflussung der Wähler durch Wort, Ton, Schrift oder Bild. Da die Beeinflussung der Wähler zentraler Bestandteil eines jeden Wahlkampfes ist, stellt § 32 Abs. 1 BWahlG klar, dass dies nur unzulässig ist, wenn es während der Wahlzeit in räumlicher Nähe zum Gebäude, in dem sich der Wahlraum befindet, erfolgt. Auch § 32 Abs. 1 BWahlG erklärt also nicht die Wahlpropaganda *per se* für unzulässig, sondern nur die Beeinflussung während und unmittelbar vor der Stimmabgabe. Diese Verwendung offenbart ein neutrales Begriffsverständnis, das synonym zu Wahlwerbung zu verstehen ist.

3. Im Völkerrecht

Im Völkerrecht wird im Wesentlichen der Sonderfall der Kriegspropaganda thematisiert. Bereits in ihrer Resolution Nr. 110 (II) vom 3. November 1947 verurteilte die Generalversammlung der Vereinten Nationen alle Arten von Propaganda, die eine Gefährdung des Friedens darstellen.[160] Ähnliche Bezugnahmen finden sich auch im IV. Genfer Abkommen vom 12. August 1949 zum Schutze von Zivilpersonen in Kriegszeiten[161] und in der Declaration on Principles of International Law Concerning Friendly Relations and Cooperation among States in accordance with the Charter of the United Nations vom 24. Oktober 1970.[162] Darüber hinaus gilt gem. Art. 20 Abs. 1 IPbpR die Verpflichtung, das Betreiben von Kriegspropaganda gesetzlich zu verbieten.[163] Zwar besteht keine allgemeine Pflicht, Propaganda zu verbieten, sondern nur Propaganda zu bestimmten Zwecken, allerdings kann aus der Gegenüberstellung eines zu missbilligenden Zwecks und der gleichzeitigen Verwendung des Begriffs Propaganda jener Rückschluss gezogen werden. Dieser knappe Überblick über das Völkerrecht offenbart die negative Konnotation des Propagandabegriffs.

---

[160] „The General Assembly condemns all forms of propaganda, in whatsoever country conducted, which is either designed or likely to provoke or encourage any threat to the peace, breach of the peace, or act of aggression.“

[161] Art. 51 Abs. 1 Satz 2: „Jeder Druck oder jede Propaganda, die auf freiwilligen Eintritt in die bewaffneten Kräfte oder Hilfsdienste abzielt, ist verboten.“

[162] Prinzip Nr. 1: „In accordance with the purposes and principles of the United Nations, States have the duty to refrain from propaganda for wars of aggression.“

[163] Die maßgebliche englische Sprachfassung: „Any propaganda for war shall be prohibited by law.“ UNTS, Bd. 999, S. 171, BGBl. 1973 II S. 1533. Seit Art. 20 Abs. 1 IPbpR und der großen Anzahl an ihn ratifizierenden Staaten kann von einer gewohnheitsrechtlichen Geltung ausgegangen werden, *Baade*, in: EuR 2020, 653 (655).

4. Zwischenergebnis

Der vorstehende kurze Überblick über die Verwendung des Propagandabegriffs in der Rechtssprache zeigt auf, dass dieser unterschiedlich konnotiert verwendet wird. Während die Formulierung im Bundeswahlgesetz auf ein neutrales Begriffsverständnis hinweist, sind die Verwendungen im Strafgesetzbuch sowohl neutral (§ 86 StGB) als auch negativ (§ 109d StGB). Allerdings lässt sich bereits aus der Verwendung der Terminologie in einem Strafgesetz an sich auf eine negative Konnotation schließen. Die Verwendung im Völkerrecht ist negativ.

IV. Gegenüberstellung

Die Ansicht, Propaganda sei ein an sich neutraler Begriff und vielmehr die Methoden ihrer Anwendung entschieden über eine Bewertung, ist angesichts der historischen Vorbelastung des Begriffs, des allgemeinen Begriffsverständnisses sowie der Verwendung des Begriffs in der Gesetzessprache nicht haltbar. Propaganda soll die Willensbildung der Bürger in einem Maße beeinflussen, die mit einer Herrschaft des Volkes unvereinbar ist. Nicht ohne Grund wurde Propaganda insb. in den Staaten des kommunistischen Ostens als neutral dargestellt.[164] Auch Joseph Goebbels' Propagandaministerium trug seinen Namen vollkommen unverhohlen und in schrecklicher Ehrlichkeit.[165] In einer liberalen Demokratie hat Propaganda keine Daseinsberechtigung. Regierungsamtliche Öffentlichkeitsarbeit soll wie ein redlicher Diskussionspartner versuchen, den Staatsbürger zu überzeugen, aber gleichwohl dessen Widerspruch und Ablehnung akzeptieren. Aus diesem Grund kann Öffentlichkeitsarbeit nicht als zeitgemäße oder zulässige Form von Propaganda bezeichnet werden. Auch der Vorwurf der Propaganda sollte nicht leichtfertig erhoben werden.

Im Übrigen sollte – wie das Bundesverfassungsgericht in seinen früheren Entscheidungen zur Wahlwerbung – der Begriff der Wahlpropaganda nicht für legitime und notwendige Wahlwerbung einzelner Parteien verwendet werden. In diesem Kontext den Propagandabegriff zu verwenden, diskreditiert die für das demokratische Gemeinwesen essenzielle Tätigkeit politischer Parteien. Vorzuziehen ist der Begriff der Wahlwerbung. Auch wenn dies die Wahlwerbung in die Nähe der Wirtschaftsreklame rückt, ist diese Assoziation dem totalitären Propagandabegriff vorzuziehen. Die Öffentlichkeitsarbeitsentscheidungen kommen in lobenswerter

---

[164] *Reich*, Die völkerrechtlichen Schranken der internationalen politischen Propaganda in Friedenszeiten, 1966, S. 15 ff.

[165] Der Wortlaut des Errichtungserlasses v. 13.3.1933: „Für Zwecke der Aufklärung und Propaganda unter der Bevölkerung über die Politik der Reichsregierung und den nationalen Wiederaufbau des Vaterlandes wird ein Reichsministerium für Volksaufklärung und Propaganda errichtet.", RGBl. I S. 104.

Weise ohne eine Verwendung des Begriffs aus. Die Entscheidungen trennen regierungsamtliche Öffentlichkeitsarbeit und Propaganda streng voneinander.

E. Zusammenfassung

Eine hinreichend rechtssichere Begriffsbestimmung der regierungsamtlichen Öffentlichkeitsarbeit kann weder in der Kommunikations- noch in der Rechtswissenschaft gefunden werden. In der Literatur vorgenommene Differenzierungen und Konturierungen, Begriffsausnahmen und Versuche einen Rechtsbegriff Öffentlichkeitsarbeit herauszuarbeiten, sind für das allgemeine Begriffsverständnis hilfreich. Einen echten Erkenntnisgewinn vermitteln sie indes nicht. Insb. die Rechtsprechung verwendet den Begriff der Öffentlichkeitsarbeit als feststehenden Terminus, ohne ihn definiert zu haben. Auch ein Vergleich mit dem Propagandabegriff bringt keinen Erkenntnisgewinn. Ein allgemeines Begriffsverständnis hat sich dennoch anhand und rund um den Zweck, den regierungsamtliche Öffentlichkeitsarbeit zu erfüllen hat, gebildet: Es soll der Grundkonsens zwischen Bürger und Staat lebendig erhalten werden. Regierungsamtliche Öffentlichkeitsarbeit verfolgt daher eine integrative Funktion.[166] Eine nähere Begriffsbestimmung ist nicht möglich.

F. Begriffsverständnis der vorliegenden Arbeit

Die vorliegende Arbeit hat nicht das Ziel, ein eigenes Begriffsverständnis oder gar einen Rechtsbegriff der regierungsamtlichen Öffentlichkeitsarbeit zu entwickeln. Vielmehr war vorab zu klären, was unter dem Begriff der Öffentlichkeitsarbeit zu verstehen ist und ob teilweise in der Literatur vorgebrachte Ansätze zur Differenzierung überzeugen oder als Weichenstellung fungieren können. Öffentlichkeitsarbeit wird in der vorliegenden Arbeit umfassend, vielschichtig und deskriptiv verstanden. Innerhalb des Begriffs Öffentlichkeitsarbeit finden sich Differenzierungen, die zu überzeugen wissen. So ist in der Form und Wahl der Mittel zwischen unmittelbarer sowie mittelbarer Öffentlichkeitsarbeit zu unterscheiden. Innerhalb des Begriffs Öffentlichkeitsarbeit lassen sich drei relevante Fallgruppen ausmachen: Die regierungsamtliche Öffentlichkeitsarbeit i. e. S. als positive Selbstdarstellung der Regierung und ihrer Vorhaben, die öffentlichen Warnungen als in der Regel grundrechtsrelevantes staatliches Informationshandeln und zuletzt die Äußerungsfälle in Form einer regelmäßig abwertenden Fremddarstellung anderer politischer Parteien durch Einzeläußerungen. In der vorliegenden Arbeit wird im Wesentlichen die regierungsamtliche Öffentlichkeitsarbeit i. e. S. thematisiert. Öffentliche Warnungen sowie amtliche Äußerungen als Teil der regierungsamtlichen Öffentlich-

---

166 Ähnlich *Harding*, Staatliche Öffentlichkeitsarbeit in sozialen Netzwerken, 2023, S. 15.

keitsarbeit sind vom Untersuchungsgegenstand der vorliegenden Arbeit allerdings nicht umfasst und werden daher nur thematisiert, sofern sie für die regierungsamtliche Öffentlichkeitsarbeit i. e. S. relevant sind.

Kapitel 2

Fortentwicklung der regierungsamtlichen Öffentlichkeitsarbeit

Die regierungsamtliche Öffentlichkeitsarbeit hat sich seit der Gründung der Bundesrepublik Deutschland stets den veränderten gesellschaftlichen, politischen und medialen Rahmenbedingungen anpassen müssen.[1] Dabei hat sie sich in ihren Formen, Mitteln und Inhalten gewandelt. In diesem Kapitel soll daher neben einer Darstellung im Überblick, insb. ihre Fortentwicklung aufgezeigt werden. Die praktizierte Öffentlichkeitsarbeit wird dabei in „analoge" Öffentlichkeitsarbeit, „digitale" Öffentlichkeitsarbeit und „soziale" Öffentlichkeitsarbeit untergliedert. Derzeit wird sie in allen drei genannten Formen betrieben, die zuletzt genannten sind jedoch erst in den letzten Jahrzehnten bzw. Jahren hinzugekommen. Seit ihrer Implementierung nehmen sie aber einen immer bedeutsameren Stellenwert ein, der auch zukünftig weiter an Bedeutung gewinnen wird. Die digitale sowie die soziale Öffentlichkeitsarbeit sind für den Untersuchungsgegenstand von besonderer Relevanz; dennoch ist es aufschlussreich, auch die herkömmliche, analoge Öffentlichkeitsarbeit darzustellen. Anhand eines historischen Rückblicks soll verdeutlicht werden, wie sich die regierungsamtliche Öffentlichkeitsarbeit im Laufe der Jahrzehnte seit der Gründung der Bundesrepublik Deutschland verändert hat. Ferner zeigt der Vergleich zwischen der analogen, der digitalen und der sozialen Öffentlichkeitsarbeit auch ihre rechtserhebliche Fortentwicklung auf. Schließlich ist auf die Veränderungen im Kommunikationswesen und deren Bedeutung für die regierungsamtliche Öffentlichkeitsarbeit einzugehen.

A. Analoge Öffentlichkeitsarbeit

Das für diese Arbeit vorherrschende Verständnis von Öffentlichkeitsarbeit wurde bereits herausgearbeitet. Für eine Darstellung der analogen Öffentlichkeitsarbeit bedarf es daher noch, das Adjektiv analog im hier verwendeten Sinne zu erläutern. Sodann soll die Rolle des Bundespresseamtes in seiner Funktion als Hauptkommunikator der (analogen) regierungsamtlichen Öffentlichkeitsarbeit beschrieben

[1] Vgl. *Müller-Franken*, in: AfP 2016, 301 (301). Zur Öffentlichkeitsarbeit vor der Gründung der BRD siehe *Kordes/Pollmann*, Das Presse- und Informationsamt der Bundesregierung, 9. Aufl. 1985, S. 9 ff.; *Kunczik*, in: M. Köhler/Schuster (Hrsg.), Handbuch Regierungs-PR, 2006, 35 (36 ff.).

werden. Ein anschließender Überblick über die praktizierte analoge Öffentlichkeitsarbeit ermöglicht es, die Notwendigkeit der Differenzierung zwischen unmittelbarer und mittelbarer Öffentlichkeitsarbeit zu verdeutlichen und normativ zu fundieren. Letztlich ist die Bedeutung der Öffentlichkeitsarbeit im „analogen Zeitalter" darzustellen.

I. Analog

„Analog" ist vorliegend untechnisch und in Abgrenzung zu „digital" zu versehen.[2] Die analoge Öffentlichkeitsarbeit umfasst also herkömmlichen Verbreitungsformen, etwa das Verteilen oder Beilegen von Druckerzeugnissen, die Teilnahme an Rundfunksendungen, das Abhalten von Pressekonferenzen oder die Teilnahme an der Bundespressekonferenz etc. Die Beispiele sind vielfältig, sodass es nicht sinnstiftend erscheint, den Versuch einer vollständigen Aufzählung zu erbringen. Vielmehr ist mit einer Negativdefinition zu arbeiten: Analoge Öffentlichkeitsarbeit umfasst alle Formen von Öffentlichkeitsarbeit, die nicht „digital", insb. also nicht über das Internet vermittelt werden. Die nachfolgende Darstellung konzentriert sich daher auf den Zeitraum, in dem ausschließlich bis weit überwiegend analoge Übermittlungsmöglichkeiten genutzt wurden. Dieses analoge Zeitalter dauerte in etwa bis in die Mitte der 90er-Jahre hinein an.[3]

II. Rolle des Bundespresseamtes

In der Frühzeit der Bundesrepublik Deutschland war überwiegend das Presse- und Informationsamt der Bundesregierung, fortan: Bundespresseamt, mit der regierungsamtlichen Öffentlichkeitsarbeit betraut. Das Amt wurde kurz nach der Wahl Konrad Adenauers zum ersten Kanzler der noch jungen Bundesrepublik auf dessen explizite Anweisung hin gegründet. Adenauer hatte bereits konkrete Vorstellungen von „seinem" Bundespresseamt. Es wurde daher als Abteilung im Bundeskanzleramt verortet und zügig mit umfassenden Mitteln ausgestattet.[4] Noch unter dem Eindruck des national-sozialistischen Propagandaministeriums stehend, wurde die Errichtung des Amtes von der politischen Öffentlichkeit Deutschlands bis hin zu den Besat-

---

[2] Auch der Duden versteht analog und digital als Antonyme.

[3] Das World Wide Web, das frühestens als Startpunkt des „digitalen Zeitalters" verstanden werden kann, wurde 1989 entwickelt. Auch 1992 lag der Schwerpunkt der Öffentlichkeitsarbeit noch im Printbereich, *Schürmann*, Öffentlichkeitsarbeit der Bundesregierung, 1992, S. 106. Erst ab 1999 lässt sich eine Trendwende beobachten, *Alkan/Ramlow*, in: M. Köhler/Schuster (Hrsg.), Handbuch Regierungs-PR, 2006, 361 (362).

[4] *Beucke/Meiring/Russ*, in: Birkner (Hrsg.), Medienkanzler, 2016, 45 (51 f.); *Kempen*, Grundgesetz, amtliche Öffentlichkeitsarbeit und politische Willensbildung, 1975, S. 49; *Morcinek*, in: M. Köhler/Schuster (Hrsg.), Handbuch Regierungs-PR, 2006, 49 (52).

zungsmächten hingegen argwöhnisch betrachtet.[5] Zudem war es in seiner Anfangszeit in großem Maße parteipolitisch geprägt und führte aufgrund der damit der Regierung zustehenden Kommunikationsmacht zu einer vom Grundgesetz nicht vorgesehenen strukturellen Ungleichheit zwischen ihr und der Opposition.[6]

Das Bundespresseamt selbst existierte lange Zeit in einer „halbstaatlichen Grauzone".[7] Ohne förmlichen Organisationserlass wurde der tatsächliche Akt der Errichtung als ausreichend angesehen.[8] Dementsprechend waren auch die Aufgaben des Bundespresseamtes vorerst nicht im Einzelnen festgelegt, sondern wurden aus den entsprechenden Passagen des Haushaltsplanes (erst Vorwort Einzelplan 04; dann Vorbemerkung Plan 0403) sowie der Gemeinsamen Geschäftsordnung der Bundesministerien (§ 81 GGO I a. F.) abgeleitet.[9] Auch das Amt selbst richtete seine Tätigkeit an diesen Haushaltslinien aus.[10] Erst mit einem Organisationserlass aus dem Jahr 1977 wurde in rechtlicher Hinsicht Klarheit geschaffen.[11] Darin wurden auch die Aufgaben erstmals festgelegt, präzisiert und teilweise erweitert, eine feste Begrenzung ihres Umfangs lässt sich aus dem Erlass jedoch auch nicht ableiten.[12]

1. Bedeutung des Bundespresseamtes innerhalb der Bundesregierung

Die Bedeutung des Bundespresseamtes innerhalb des Kollegialorgans Bundesregierung und im Verhältnis zu der Öffentlichkeitsarbeit der Bundesministerien lässt sich aufschlussreich im Wege eines Vergleichs der Tätigkeit des Amtes in der Adenauer-Ära (1949–1963) mit der Tätigkeit danach aufzeigen.[13]

---

[5] *Kordes/Pollmann*, Das Presse- und Informationsamt der Bundesregierung, 9. Aufl. 1985, S. 23; *Kunczik*, in: M. Köhler/Schuster (Hrsg.), Handbuch Regierungs-PR, 2006, 35 (42); *Morcinek*, in: JbKG 6 (2004), 195 (198); *Walker*, Das Presse- und Informationsamt der Bundesregierung, 1982, S. 79.

[6] *Kempen*, Grundgesetz, amtliche Öffentlichkeitsarbeit und politische Willensbildung, 1975, S. 52; *Morcinek*, in: JbKG 6 (2004), 195 (199).

[7] *Morcinek*, in: JbKG 6 (2004), 195 (216).

[8] *W. Leisner*, Öffentlichkeitsarbeit der Regierung im Rechtsstaat, 1966, S. 17.

[9] *W. Leisner*, Öffentlichkeitsarbeit der Regierung im Rechtsstaat, 1966, S. 13 f.

[10] *W. Leisner*, Öffentlichkeitsarbeit der Regierung im Rechtsstaat, 1966, S. 16.

[11] Organisationserlass des Bundeskanzlers v. 18. 1. 1977 – 1103–4–1, BGBl. I S. 128. Siehe auch *Lehnguth/Vogelgesang*, in: AöR 113 (1988), 531 (578).

[12] *Kordes/Pollmann*, Das Presse- und Informationsamt der Bundesregierung, 9. Aufl. 1985, S. 33 f.; *Schürmann*, Öffentlichkeitsarbeit der Bundesregierung, 1992, S. 78 f.

[13] Zur Informationspolitik Adenauers siehe *F. Buchwald*, Adenauers Informationspolitik und das Bundespresseamt 1952–1959, 1991.

a) Während der Adenauer-Ära

In der Adenauer-Ära wurde das Potenzial des Bundespresseamtes erkannt und entsprechend genutzt.[14] Freimütig führt diesbezüglich Felix von Eckardt, Leiter des Bundespresseamtes in den Jahren 1952–1955 und 1956–1962, in seinen Memoiren aus. Der Kanzler brauche eine „wirksame Unterstützung durch das Presseamt, eine Popularisierung seiner Politik im In- und Ausland". Zudem „mussten" im Jahr 1953 Wahlen „gewonnen werden".[15] Die Kanzlerdemokratie der jungen Bundesrepublik und die parteipolitische bzw. persönliche Vereinnahmung des Amts durch die Christlich-Demokratische Union respektive den Bundeskanzler, sorgten dafür, dass dem Bundespresseamt mehr und mehr die Funktion eines Werbebüro für diesen zukam.[16] Adenauer verstand es zudem, sich über die Ressortarbeit seiner Minister umfassend zu informieren und diesen Informationsvorsprung im Rahmen seiner eigenen Informationspolitik zu nutzen.[17] Aus Sicht des ersten Bundeskanzlers der Bundesrepublik bestand schlichtweg keine Notwendigkeit für eine eigenständige Öffentlichkeitsarbeit der Bundesministerien. Ganz im Gegenteil war das Bundespresseamt ein Verhinderungsinstrument eigenständiger Öffentlichkeitsarbeit der Ministerien.[18]

b) Nach der Adenauer-Ära

In der Zeit danach wandelte sich das Bundespresseamt hin zum Kompetenz- und Koordinationszentrum für die regierungsamtliche Öffentlichkeitsarbeit insgesamt.[19] Es sollte die Öffentlichkeitsarbeit der Bundesregierung mit der Öffentlichkeitsarbeit der einzelnen Bundesministerien koordinieren. Dabei war es weder berechtigt, für die Ministerien Öffentlichkeitsarbeit zu betreiben, noch den einzelnen Ministerien die Richtlinien ihrer Öffentlichkeitsarbeit vorzugeben.[20] Diese Koordinierungsfunktion wurde durch den bereits angesprochenen Organisationserlass ausdrücklich hervorgehoben:

> „Das Presse- und Informationsamt der Bundesregierung (...) hat (...) folgende Aufgaben: Koordinierung der ressortübergreifenden Öffentlichkeitsarbeit des Amtes und der ressort-

---

[14] *Eschenburg*, Staat und Gesellschaft in Deutschland, 21.–23. Tausend 1965, S. 747.

[15] *V. Eckardt*, Ein unordentliches Leben, 81.–83. Tausend 1976, S. 162.

[16] *Hennis*, Richtlinienkompetenz und Regierungstechnik, 1964, S. 25 f.; *Kempen*, Grundgesetz, amtliche Öffentlichkeitsarbeit und politische Willensbildung, 1975, S. 50 ff.; *Walker*, Das Presse- und Informationsamt der Bundesregierung, 1982, S. 30.

[17] *Doering-Manteuffel*, in: Der Staat 30 (1991), 1 (8); *Eschenburg*, Staat und Gesellschaft in Deutschland, 21.–23. Tausend 1965, S. 749.

[18] *Hennis*, Richtlinienkompetenz und Regierungstechnik, 1964, S. 26.

[19] *Morcinek*, in: JbKG 6 (2004), 195 (217).

[20] *Kempen*, Grundgesetz, amtliche Öffentlichkeitsarbeit und politische Willensbildung, 1975, S. 51; *Kordes/Pollmann*, Das Presse- und Informationsamt der Bundesregierung, 9. Aufl. 1985, S. 35; *Morcinek*, in: M. Köhler/Schuster (Hrsg.), Handbuch Regierungs-PR, 2006, 49 (62).

bezogenen Öffentlichkeitsarbeit der Bundesministerien bei Maßnahmen, die Angelegenheiten von allgemeinpolitischer Bedeutung betreffen."

Es sollte gewährleistet werden, dass Doppelinformationen sowie inhaltliche Widersprüche zwischen der (gesamt-)regierungsamtlichen und der (einzel-)ministeriellen Öffentlichkeitsarbeit vermieden werden.[21] An seiner Funktion als Werbebüro hat sich hingegen nichts geändert. Es sei seine Aufgabe, die deutsche Bevölkerung von der Richtigkeit des eingeschlagenen (Partizip Perfekt!) politischen Wegs zu überzeugen, wird Karl Günther von Hase, der von 1962–1967 amtierende Chef des Bundespresseamtes, zitiert.[22]

2. Zunehmend eigenverantwortliche Öffentlichkeitsarbeit der Bundesministerien

Die Koordinierungsfunktion weist bereits auf eine Zunahme der Öffentlichkeitsarbeit durch die einzelnen Ministerien hin. Wäre deren Öffentlichkeitsarbeit weiterhin unbedeutend, bestünde schließlich kein Bedürfnis für eine Koordinierung. In der Tat versuchten die Ministerien, oftmals von einem Minister geleitet, der einer anderen Partei als der Bundeskanzler angehörte, ihre Zuständigkeitsbereiche auszudehnen. Dies sollte sie in der öffentlichen Wahrnehmung profilieren. In Koalitionsregierungen endet der parteipolitische Wettbewerb bekanntlich nicht am Kabinettstisch. Jeder Minister versucht seine Erfolge besonders hervorzuheben und jede Partei möchte verdeutlichen, dass sie ihr Programm auch in einer Koalition durchsetzen kann. Das Bedürfnis nach Profilierung – begünstigt durch das Ende der Ära Adenauers – ließ die Bedeutung der Öffentlichkeitsarbeit der einzelnen Ministerien wachsen.[23] Die angedachte Gründung einer Bundeszentrale für politische Öffentlichkeitsarbeit, die die Öffentlichkeitsarbeit vollständig und exklusiv für die Bundesregierung, das -kanzleramt und alle -ministerien übernehmen sollte, scheiterte im Jahr 1968 auch am engagierten Widerstand der Ministerien. Offensichtlich wollten sie ihre neu gewonnenen Möglichkeiten zur Selbstdarstellung nicht verlieren.[24]

---

[21] *Kordes/Pollmann*, Das Presse- und Informationsamt der Bundesregierung, 9. Aufl. 1985, S. 34 f.

[22] *Kempen*, Grundgesetz, amtliche Öffentlichkeitsarbeit und politische Willensbildung, 1975, S. 76.

[23] *Böckelmann/Nahr*, Staatliche Öffentlichkeitsarbeit, 1979, S. 120 ff.; *Kordes/Pollmann*, Das Presse- und Informationsamt der Bundesregierung, 9. Aufl. 1985, S. 34.

[24] *Kempen*, Grundgesetz, amtliche Öffentlichkeitsarbeit und politische Willensbildung, 1975, S. 48, 78 f. Bereits 1953 wurde die Errichtung eines „Informationsministeriums" angedacht, aber nicht weiterverfolgt, *Walker*, Das Presse- und Informationsamt der Bundesregierung, 1982, S. 274 ff.

3. Kompetenzrechtliche Grundlagen im Überblick

Das vorstehend angedeutete „Kompetenzgerangel"[25] zwischen Bundespresseamt und den Bundesministerien wurzelt in Art. 65 GG. Nach dessen Satz 1 bestimmt zwar der Bundeskanzler die Richtlinien der Politik, gem. Art. 65 Satz 2 GG leitet jedoch jeder Bundesminister seinen Geschäftsbereich selbstständig und in eigener Verantwortung. Das Bundespresseamt liegt also im Spannungsfeld zwischen der sog. Richtlinienkompetenz des Kanzlers und der sog. Ressorthoheit des Ministers.[26] Näheres wird in der Geschäftsordnung der Bundesregierung geregelt. Gem. § 1 Abs. 1 Satz 1 GOBReg bestimmt der Kanzler die Richtlinien der inneren und äußeren Politik. Diese sind ihrerseits nach § 1 Abs. 1 Satz 2 GOBReg für die Bundesminister verbindlich und von ihnen in ihrem Geschäftsbereich eigenverantwortlich zu verwirklichen. Die Bedeutung der Richtlinienkompetenz wird durch § 1 Abs. 2 GOBReg noch einmal unterstrichen, in diesem der Bundeskanzler verpflichtet wird, auf die Durchführung der Richtlinien zu achten. Zudem hat der Bundeskanzler auf die Einheitlichkeit der Geschäftsführung der Bundesregierung gem. § 2 GOBReg hinzuwirken. § 12 GOBReg verdeutlicht schließlich, dass Äußerungen eines Bundesministers, die entweder in der Öffentlichkeit erfolgen oder für die Öffentlichkeit bestimmt sind, mit den vom Bundeskanzler vorgegebenen Richtlinien übereinstimmen müssen. In der Gemeinsamen Geschäftsordnung der Bundesministerien waren §§ 81, 82 GGO I a. F. bis zur Neufassung der Gemeinsamen Geschäftsordnung der Bundesministerien die einschlägigen Regelungen. Sie wurden ab dem 1. September 2000 durch § 25 GGO ersetzt.[27] Es ist daher naheliegend, die Normen zu vergleichen, um zu verdeutlichen, nach welchen internen Vorgaben die Öffentlichkeitsarbeit der Bundesministerien ursprünglich zu erfolgen hatte.

a) §§ 81, 82 GGO I a. F.

§ 81 Abs. 2 Satz 1 GGO I a. F. benannte es als Aufgabe des Bundespresseamtes, die Nachrichtenträger und die anderen Organe der öffentlichen Meinungsbildung über die Politik der Bundesregierung zu informieren.[28] § 81 Abs. 2 Satz 2 GGO I a. F. verpflichtete die Bundesministerien, Verlautbarungen, die über ihre Ressortzu-

---

[25] *Kordes/Pollmann*, Das Presse- und Informationsamt der Bundesregierung, 9. Aufl. 1985, S. 23. Eine Beschreibung der Koordinierungsversuche des BPA bei *Walker*, Das Presse- und Informationsamt der Bundesregierung, 1982, S. 165 ff. Siehe dazu auch unten Kap. 4 B.III.1.

[26] *Morcinek*, in: JbKG 6 (2004), 195 (196); *ders.*, in: M. Köhler/Schuster (Hrsg.), Handbuch Regierungs-PR, 2006, 49 (62).

[27] Bekanntmachung des Bundesministeriums des Innern v. 9. 8. 2000 – O 1 – 131 200/10, GMBl. 2000, S. 526 ff.

[28] § 81 Abs. 2 Satz 1 GGO I a. F. stand insoweit im Widerspruch zur haushaltsrechtlichen Aufgabenfestsetzung, *Kempen*, Grundgesetz, amtliche Öffentlichkeitsarbeit und politische Willensbildung, 1975, S. 50; *W. Leisner*, Öffentlichkeitsarbeit der Regierung im Rechtsstaat, 1966, S. 13 ff.

ständigkeiten hinausgehen und allgemein-politische Bedeutung haben, über das Amt zu leiten. Gem. § 81 Abs. 4 GGO I a.F. hatte das Bundespresseamt bei Verlautbarungen über die Arbeit eines Bundesministeriums seinerseits das Einvernehmen des Ministeriums einzuholen, es sei denn, das jeweilige Ministerium hatte dem Bundespresseamt die Verlautbarungen zur Verbreitung zugesandt. Zwar musste gem. § 82 Satz 1 GGO I a.F. jedes Bundesministerium einen Pressereferent bestellen, der – § 81 Abs. 2 Satz 1 GGO I a.F. entsprechend – die Nachrichtenträger und die anderen Organe der öffentlichen Meinungsbildung über die Arbeit und Ziele des Ministeriums zu informieren hatte, jedoch legte § 82 Satz 2 GGO I a.F. fest, dass dieser § 81 Abs. 2 GGO I a.F. zu beachten hatte. Zudem musste der Referent gem. § 82 Satz 3 GGO I a.F. mit dem Bundespresseamt selbst enge Verbindung halten. § 81 Abs. 5 GGO I a.F. sah zudem eine umfassende Pflicht der Ministerien vor, das Bundespresseamt zu unterrichten: „Absichten und Maßnahmen, die eine Erörterung in der Öffentlichkeit erwarten lassen" umfasst seinem Wortlaut wohl jedes Auftreten nach Außen und auch eine Vielzahl an innerministeriellen Vorgängen.[29]

b) § 25 GGO

Weitergehend als § 81 Abs. 2 Satz 1 GGO I a.F., aber im Einklang mit dem Organisationserlass vom 18. Januar 1977, informiert das Bundespresseamt gem. § 25 Abs. 1 GGO die Bürger sowie die Medien über die Ziele und Vorhaben der Bundesregierung. § 25 Abs. 2 GGO entspricht § 81 Abs. 4 GGO I a.F., die in § 25 Abs. 2 GGO enthaltene Beschränkung auf Mitteilungen an die Medien, bedurfte es in § 81 Abs. 4 GGO I a.F. nicht. Sie war bereits in § 81 Abs. 2 Satz 1 GGO I a.F. enthalten. Ressortübergreifende Vorhaben des Amtes sind gem. § 25 Abs. 3 GGO mit demjenigen Bundesministerium abzustimmen, dessen Geschäftsbereich betroffen ist. Eine vergleichbare Vorschrift fand sich weder in § 81 GGO I a.F. noch in § 82 GGO I a.F. Ressortspezifische Informationen verbreitet jedes Bundesministerium gem. § 25 Abs. 4 Satz 1 GGO selbst – insoweit entspricht die Regelung § 82 Satz 2 GGO I a.F. –, bei Pressemitteilungen muss aber dem Bundespresseamt vorab die Möglichkeit der Kenntnisnahme gegeben werden, § 25 Abs. 4 Satz 2 GGO. Ressortübergreifende Inhalte der Öffentlichkeitsarbeit der Bundesministerien sind gem. § 25 Abs. 5 GGO nur noch mit dem Bundespresseamt „abzustimmen", während § 81 Abs. 2 Satz 2 GGO I a.F. noch eine Zuleitungspflicht vorsah. Die Pflicht, dem Bundespresseamt die Möglichkeit der Kenntnisnahme zu verschaffen, ist gegenüber der bisherigen Vorschrift in § 81 Abs. 5 GGO I a.F. abgeschwächt.

Insgesamt differenziert § 25 GGO nach Absender, Empfänger, Inhalt oder Form der Öffentlichkeitsarbeit. Die konkrete Ausgestaltung der Rücksichtnahmepflicht reicht von einer bloßen Erstinformation hin zu einer verpflichteten Einholung des Einvernehmens. Anhand seines hohen Grad an Differenziertheit und der Vielzahl an unterschiedlich ausgestalteten Rücksichtnahmepflichten verdeutlicht § 25 GGO das

[29] Wie hier *Hennis*, Richtlinienkompetenz und Regierungstechnik, 1964, S. 25.

konfliktträchtige Zusammenspiel des Bundespresseamtes mit den einzelnen Pressestellen und Öffentlichkeitsarbeitsreferate der Bundesministerien. Fraglos entsteht daraus ein Bedürfnis an konfliktvermeidenden Regelungen, dem § 25 GGO nachkommt.

c) Fazit

§§ 81, 82 GGO I a.F. sahen für die Öffentlichkeitsarbeit weniger Eigenverantwortung der Ministerien und mehr Kontrolle durch das Bundespresseamt vor. Das Amt hatte nur geringe Rücksichtnahmepflichten und sollte selbst schwerpunktmäßig die Öffentlichkeitsarbeit insgesamt betreiben. § 25 GGO stellt hingegen eine Anpassung an den Organisationserlass vom 18. Januar 1977 dar, insb. hinsichtlich der Koordinierungsfunktion des Bundespresseamtes. Eine Aufwertung der Bedeutung der Öffentlichkeitsarbeit der Ministerien ist – mit erheblicher Verzögerung – erfolgt.

III. Analoge Öffentlichkeitsarbeit im Überblick

Nachfolgend soll die analoge Öffentlichkeitsarbeit im Überblick vorgestellt werden. Dabei wird sich an der vorgenommenen Differenzierung in unmittelbare und mittelbare Öffentlichkeitsarbeit orientiert.[30] Wie noch aufzuzeigen ist, ist diese Differenzierung nicht nur dem Verständnis zuträglich, sondern vielmehr normativ geboten. Auf das Verhältnis der beiden Formen der Öffentlichkeitsarbeit zueinander ist ebenfalls einzugehen.

1. Notwendigkeit der Unterscheidung zwischen unmittelbarer und mittelbarer Öffentlichkeitsarbeit

Die Unterteilung in unmittelbare und mittelbare Öffentlichkeitsarbeit ist nicht nur hilfreich, um den Begriff der Öffentlichkeitsarbeit zu konturieren. Ebenfalls kann damit dargelegt werden, dass in unmittelbarer Öffentlichkeitsarbeit die grundlegende Problematik regierungsamtlicher Öffentlichkeitsarbeit – die staatliche Einflussnahme auf die politische Willensbildung des Volkes und der damit verbundene Konflikt mit Art. 20 Abs. 2 GG – in besonderem Maße angelegt ist.

a) Gefährdungspotenzial der unmittelbaren Öffentlichkeitsarbeit

Unmittelbare Öffentlichkeitsarbeit richtet sich direkt an die Bürger, während mittelbare Öffentlichkeitsarbeit sich eines Vermittlers bedient, um unter Nutzung

[30] *Kempen*, Grundgesetz, amtliche Öffentlichkeitsarbeit und politische Willensbildung, 1975, S. 24 f. Die Differenzierung wird auch in der Kommunikationswissenschaft verwendet, *M. Köhler/Schuster*, in: dies. (Hrsg.), Handbuch Regierungs-PR, 2006, 13 (20).

dessen Verbreitungsfunktion den Bürger als eigentlichen Endempfänger zu erreichen. Dieser Intermediär ist für die nachfolgende Betrachtung sowie die vorangestellte These von großer Bedeutung, denn i. d. R. handelt es sich dabei um Vertreter des Presse- und Rundfunkwesens.

aa) Bedeutung der Medien für eine Demokratie

Ein freies Presse- und Rundfunkwesen ist Wesensmerkmal einer jeden liberalen Demokratie.[31] Bevor auf die Bedeutung der freien Medien in der Demokratie des Grundgesetzes eingegangen wird, sei auf historische Vorbilder aus der ältesten modernen Demokratie hingewiesen. Beispielsweise veranschaulicht der 12. Abschnitt der Virginia's Declaration of Rights aus dem Jahr 1776, „[t]hat the freedom of the press is one of the great bulwarks of liberty and can never be restrained but by despotic governments." Auch in der Verfassung der Vereinigten Staaten aus dem Jahr 1791 bzw. in der als Bill of Rights bezeichneten Sammlung der ersten zehn Zusatzartikeln wird die Pressefreiheit bereits an prominenter Stelle im 1. Zusatzartikel erwähnt. Sie wird zudem der Meinungs-, Versammlungs- und Petitionsfreiheit gleichgestellt: „Congress shall make no law respecting an establishment of religion, or prohibiting the free exercise thereof; or abridging the freedom of speech, or of the press; or the right of the people peaceably to assemble, and to petition the Government for a redress of grievances." Der Oberste Gerichtshof der Vereinigten Staaten führt im Rahmen der Auslegung des 1. Zusatzartikels zur Bedeutung der freien Presse hinsichtlich der Staats- und Regierungsform der Demokratie aus: „This liberty was not protected because the forefathers expected its use would always be agreeable to those in authority (...), this liberty was protected because they knew of no other way which free men could conduct representative democracy."[32] Der letzte Halbsatz verdeutlicht die der Pressefreiheit gegenüber gebrachte Wertschätzung als essenzieller Bestandteil einer demokratischen Staats- und Regierungsform in aller Klarheit.

Das Grundgesetz besagt in Art. 5 Abs. 1 Satz 2 GG, dass die Pressefreiheit und die Freiheit der Berichterstattung durch Rundfunk und Film gewährleistet werden. Eine Verbindung zwischen der Pressefreiheit und der Staats- und Regierungsform Demokratie lässt sich aus dem Wortlaut des Art. 5 Abs. 1 Satz 2 GG nicht erkennen. Dennoch stellt das Bundesverfassungsgericht diesen frühzeitig her: Das Grundgesetz sichere mit Art. 5 Abs. 1 Satz 2 GG nämlich auch die institutionelle Eigenständigkeit der Presse als Träger und Verbreiter der öffentlichen Meinung im Interesse der Demokratie. Wie auch die Meinungsfreiheit sei die Pressefreiheit für die freiheitliche

[31] *Bullinger*, in: Isensee/P. Kirchhof (Hrsg.), Handbuch des Staatsrechts Bd. VII, 3. Aufl. 2009, § 163 Rn. 31; *Grabenwarter*, in: Dürig/Herzog/Scholz, Grundgesetz, 82. EL. Jan. 2018, Art. 5 Abs. 1, Abs. 2 Rn. 356; *Schemmer*, in: Epping/Hillgruber (Hrsg.), Grundgesetz, 56. Ed., Art. 5 Rn. 37; *Trute*, in: D. Merten/Papier (Hrsg.), Handbuch der Grundrechte Bd. IV, 2011, § 104 Rn. 1, 7.

[32] 323 U. S. 516 (545 f.) – Thomas v. Collins (1945).

Demokratie „schlechthin konstituierend“, da die Presse zur politischen Meinungsbildung entscheidend beitrage.[33]

bb) „Öffentliche Aufgabe“ der Medien

Im berühmten Spiegel-Urteil führt das Bundesverfassungsgericht dann umfassend aus, inwiefern das Pressewesen zur politischen Meinungsbildung beiträgt und somit von Bedeutung für die Demokratie des Grundgesetzes ist.[34] Das Gericht benennt die der Presse zukommende „öffentliche Aufgabe“[35] im Dienste des demokratischen Gemeinwesens und kann sich dabei auf die eingangs aufgeführten historischen Vorbilder berufen.[36] Der Erste Senat beschreibt diese Aufgabe in Worten, die die herausragende Bedeutung der Presse und ihre Hochschätzung durch die Verfassung bis heute unübertroffen umreißen.[37] Daher sollen diese unverfälscht und in Gänze wiedergegeben werden:

> „Eine freie, nicht von der öffentlichen Gewalt gelenkte, keiner Zensur unterworfene Presse ist ein Wesenselement des freiheitlichen Staates; insbesondere ist eine freie, regelmäßig erscheinende politische Presse für die moderne Demokratie unentbehrlich. Soll der Bürger politische Entscheidungen treffen, muss er umfassend informiert sein, aber auch die Meinungen kennen und gegeneinander abwägen können, die andere sich gebildet haben. Die Presse hält diese ständige Diskussion in Gang; sie beschafft die Informationen, nimmt selbst dazu Stellung und wirkt damit als orientierende Kraft in der öffentlichen Auseinandersetzung. In ihr artikuliert sich die öffentliche Meinung; die Argumente klären sich in Rede und Gegenrede, gewinnen deutliche Konturen und erleichtern so dem Bürger Urteil und Entscheidung. In der repräsentativen Demokratie steht die Presse zugleich als ständiges Verbindungs- und Kontrollorgan zwischen dem Volk und seinen gewählten Vertretern in Parlament und Regierung. Sie fasst die in der Gesellschaft und ihren Gruppen unaufhörlich sich neu bildenden Meinungen und Forderungen kritisch zusammen, stellt sie zur Erörterung und trägt sie an die politisch handelnden Staatsorgane heran, die auf diese Weise ihre Entscheidungen auch in Einzelfragen der Tagespolitik ständig am Maßstab der im Volk tatsächlich vertretenen Auffassungen messen können.“[38]

Der Begriff „öffentliche Aufgabe“ findet sich zudem in den Pressegesetzen fast aller Bundesländer.

---

[33] BVerfGE 10, 118 (121). Siehe auch BVerfGE 12, 113 (130).

[34] BVerfG, Teilurt. v. 5.8.1966 – 1 BvR 586/62, 610/63, 512/64 = BVerfGE 20, 162.

[35] BVerfGE 20, 162 (175). Wohl in Kenntnis der Brisanz des Begriffs hat das BVerfG diesen bewusst in Anführungszeichen gesetzt, *Stern*, Staatsrecht Bd. IV/1, 2006, S. 1561 ff. Zum problematischen Verständnis dieser „öffentlichen Aufgabe“ vor dem Urteil siehe *Mallmann*, in: JZ 1966, 625 (625 ff.).

[36] Wie hier *Stern*, Staatsrecht Bd. IV/1, 2006, S. 1525.

[37] Treffend *Cornils*, in: Löffler, Presserecht, 6. Aufl. 2015, Einl. Rn. 1.

[38] BVerfGE 20, 162 (174 f.).

cc) Informations-, Artikulations- und Gatekeeper-Funktion der Medien

Nach dem Soziologen Niklas Luhmann wissen wir das, was wir über unsere Gesellschaft wissen, durch die Massenmedien.[39] Diese Feststellung hebt die Bedeutung der Massenmedien treffend hervor, die sich wiederum aus ihren Funktionen ergibt. Sie vermitteln nicht nur abstraktes Wissen (Informationsfunktion), sondern artikulieren auch einzelne Standpunkte selbst (Artikulationsfunktion).[40] Ein in einem Medium artikulierter Standpunkt kann einerseits den des Konsumenten treffen. Dieser festigt sodann seine Meinung und schärft seinen Standpunkt. Andererseits kann er aber auch dem Standpunkt entgegenstehen und dafür sorgen, dass die eigene Meinung hinterfragt und ggf. revidiert wird.[41] Weil der Umfang an Informationen, über die berichtet werden könnte, schlichtweg überbordend ist, kann freilich nicht über jedes Ereignis berichtet werden. Die Medien sind zu einer Selektion der Informationsschwemme gezwungen. Sie müssen auswählen, welche Information sie an die Öffentlichkeit vermitteln. Insoweit verwirklicht sich die Gatekeeper-Funktion der Massenmedien. Sie sind die Torwächter auf dem Weg zur Aufmerksamkeit, die Schleusenwärter des Informationsflusses.[42] Auch wenn es der Begriff „öffentliche Aufgabe" anders insinuieren mag, Medien entscheiden grundsätzlich autonom und anhand ihres Berufsethos, ob und wie sie über ein Ereignis berichten.[43] Eine staatliche Lenkung ist ausgeschlossen, selbstverständlich gilt die Schranke der allgemeinen Gesetze gem. Art. 5 Abs. 2 GG, zu nennen sind insb. die Landesmediengesetze, aber auch Normen des Strafrechts.

dd) Umgehung der „öffentlichen Aufgabe"

Bei unmittelbarer Öffentlichkeitsarbeit wendet sich die Regierung unmittelbar an den Bürger, um ihm einen Inhalt zu vermitteln. Im Gegensatz zur mittelbaren Öffentlichkeitsarbeit greift sie nicht auf die Massenmedien und deren Verbreitungsfunktion zurück.[44] Die Regierung betreibt eigenständig Massenkommunikation. In Konsequenz können die Massenmedien ihre Informations-, Artikulations- und

---

[39] *Luhmann*, Die Realität der Massenmedien, 5. Aufl. 2017, S. 9.

[40] *Zippelius*, Allgemeine Staatslehre, 17. Aufl. 2019, S. 229.

[41] *Kloepfer*, in: Isensee/P. Kirchhof (Hrsg.), Handbuch des Staatsrechts Bd. III, 3. Aufl. 2005, § 42 Rn. 38.

[42] *Friehe*, in: Uhle (Hrsg.), Information und Einflussnahme, 2018, 81 (93); *Kloepfer*, in: Isensee/P. Kirchhof (Hrsg.), Handbuch des Staatsrechts Bd. III, 3. Aufl. 2005, § 42 Rn. 39; *Müller-Franken*, in: AfP 2016, 301 (306); *Neuberger*, in: Dittler/Hoyer (Hrsg.), Social Network – Die Revolution der Kommunikation, 2014, 309 (310); *Zippelius*, Allgemeine Staatslehre, 17. Aufl. 2019, S. 229.

[43] *Stern*, Staatsrecht Bd. IV/1, 2006, S. 1564. Zur Selbstkontrolle der Medien siehe *Schulz*, in: Schiwy/Schütz/Dörr (Hrsg.), Medienrecht, 5. Aufl. 2010, S. 572 ff. Zum Gatekeeper-Paradigma siehe *Neuberger*, in: MMR 2022, 1012 (1012 f.).

[44] Näher zur Verbreitungsfunktion unten Kap. 2 A.III.2.b).

Gatekeeper-Funktion nicht mehr ausüben, da sie nicht entscheiden, ob und mit welchem Inhalt eine Information die Öffentlichkeit erreicht.[45] Bezogen auf einen unmittelbar veröffentlichten Inhalt der regierungsamtlichen Öffentlichkeitsarbeit verbleibt ihnen nur die Möglichkeit der Reaktion in Form einer nachträglichen Einordnung. Zu diesem Zeitpunkt hat der Inhalt die Öffentlichkeit jedoch bereits erreicht und wesentlich geprägt. Die kritische mediale Einordnung ist dann nur noch eine Stimme unter vielen.[46]

Es liegt daher nahe zu vermuten, dass unmittelbare Öffentlichkeitsarbeit eher einen werbenden und damit beeinflussenden Inhalt aufweist als mittelbare Öffentlichkeitsarbeit.[47] Spätestens durch die seitens des Presse- und Rundfunkwesens vorgenommene inhaltliche Aufbereitung, dürfte ein Großteil des beeinflussenden Inhalts relativiert werden und ein „Werbeeffekt" verlorengehen.[48] Kempen führt unter Auswertung einer Zeitungsbeilage zur Erläuterung des Siebzehnten Gesetzes zur Ergänzung des Grundgesetzes vom 24. Juni 1968 (BGBl. I S. 709), der sog. Notstandsverfassung, in seiner Untersuchung aus, dass mit einem gesteigerten Umfang der unmittelbaren Öffentlichkeitsarbeit der Informationsgehalt immer mehr hinter einen „propagandistischen Stil" trete. Diese Öffentlichkeitsarbeit bezwecke nicht mehr Gesetze zu erläutern, sondern vielmehr unkritische Loyalität und Solidarität mit den Vorhaben der Regierung hervorzurufen.[49] Der Empfänger jener Inhalte sei der Beeinflussung schutzlos ausgeliefert.[50]

Die grundlegende Problematik der unmittelbaren regierungsamtlichen Öffentlichkeitsarbeit ist also in der Umgehung der Medien und ihrer „öffentlichen Aufgabe" zu sehen. Darin besteht das dieser Form der Öffentlichkeitsarbeit innewohnende „Gefährdungspotenzial" für die grundsätzlich staatsfreie Meinungs- und

---

[45] Anschaulich *Friehe*, in: Uhle (Hrsg.), Information und Einflussnahme, 2018, 81 (93): „Der Weg zur öffentlichen Aufmerksamkeit führt nicht mehr zwingend durch das große Tor traditioneller Massenmedien, das Journalisten als ‚gatekeeper' bewachen; heute führen unzählige Glasfaserkabel unter der Stadtmauer hindurch direkt auf das öffentliche Forum."

[46] *Friehe*, in: Uhle (Hrsg.), Information und Einflussnahme, 2018, 81 (94).

[47] So OVG Münster NVwZ-RR 1989, 149 (152); *Fuchs*, in: VBlBW 2015, 401 (404); *Ladeur*, in: DVBl. 1984, 224 (225); *W. Leisner*, Öffentlichkeitsarbeit der Regierung im Rechtsstaat, 1966, S. 28.

[48] OVG Münster NVwZ-RR 1989, 149 (152); *Degenhart*, in: AfP 2010, 324 (328); *Gersdorf*, Parlamentsfernsehen des Deutschen Bundestages, 2008, S. 13; *Krüger*, Allgemeine Staatslehre, 2. Aufl. 1966, S. 230 Fn. 65; *W. Leisner*, Öffentlichkeitsarbeit der Regierung im Rechtsstaat, 1966, S. 37. Aus medienwissenschaftlicher Sicht *Neuberger*, in: Dittler/Hoyer (Hrsg.), Social Network – Die Revolution der Kommunikation, 2014, 309 (311).

[49] *Kempen*, Grundgesetz, amtliche Öffentlichkeitsarbeit und politische Willensbildung, 1975, S. 65.

[50] *Kempen*, Grundgesetz, amtliche Öffentlichkeitsarbeit und politische Willensbildung, 1975, S. 66.

Willensbildung des Volkes.[51] Die Vermutung, der Inhalt unmittelbarer Öffentlichkeitsarbeit sei grundsätzlich eher werbender und beeinflussender Art als jener der mittelbaren Öffentlichkeitsarbeit, ist plausibel, jedoch nicht notwendig. Das Gefährdungspotenzial ergibt sich bereits aus der Umgehung der Medien. Die Balance zwischen „Medienmacht" und „Staatsmacht" gerät aus dem Gleichgewicht.[52] Seine normative Grundlage hat das Gefährdungspotenzial also im Medienverfassungsrecht, *in concreto* im Spannungsverhältnis jener Form der regierungsamtlichen Öffentlichkeitsarbeit mit der jeweils in Art. 5 Abs. 1 Satz 2 GG verankerten Presse- bzw. Rundfunkfreiheit.[53]

b) Ausschließlich unmittelbare Öffentlichkeitsarbeit als Streitgegenstand

Retrospektiv vertritt Karl-Heinz Ladeur, dass stets die Darstellung „an den Medien vorbei" das eigentliche Problem der (unmittelbaren) Öffentlichkeitsarbeit war.[54] Diese Beobachtung lässt sich durch eine Auswertung der Judikatur belegen. Von den zahlreichen Verfahren zur regierungsamtlichen Öffentlichkeitsarbeit i. e. S. betrafen alle solche Formen der Öffentlichkeitsarbeit, die nach den oben genannten Maßstäben als unmittelbar anzusehen sind. Es handelte sich dabei um klassische Formen unmittelbarer Öffentlichkeitsarbeit wie Zeitungsanzeigen, Zeitungsbeilagen, Broschüren etc.[55] Auch das Verfahren vor dem Verfassungsgerichtshof für das Land Nordrhein-Westfalen aus dem Jahr 1985 hatte nur auf den ersten Blick mittelbare Öffentlichkeitsarbeit zum Gegenstand.[56] Die Landesregierung bot die Inhalte zuerst auf internem Wege den Landtagsabgeordneten an und erst der jeweilige Abgeordnete machte die Zusammenstellung öffentlich. Es fehlt aber der die mittelbare Öffentlichkeitsarbeit entscheidend kennzeichnende Vermittlungsvorgang durch die Medien. *Idealiter* zeichnet sich dieser, im Gegensatz zum bloßen Weiterverbreiten, durch eine damit einhergehende inhaltliche Einordnung aus. Allenfalls die Landtagsabgeordneten der Opposition werden die Zusammenstellung mit kritischen

---

[51] Ebenso *Jensen*, Rechtsprobleme regierungsamtlicher Öffentlichkeitsarbeit im Internet-Zeitalter, 2006, S. 159 f. Siehe auch *Degenhart*, in: AfP 2010, 324 (328); *Ladeur*, in: Paschke/Berlit/C. Meyer/Kröner (Hrsg.), Gesamtes Medienrecht, 4. Aufl. 2021, 4. Abschnitt Rn. 8.

[52] Vgl. *Friehe*, in: Uhle (Hrsg.), Information und Einflussnahme, 2018, 81 (94). Siehe hierzu auch die Schilderung bei *P. Kirchhof*, in: Isensee/ders. (Hrsg.), Handbuch des Staatsrechts Bd. V, 3. Aufl. 2007, § 99 Rn. 211.

[53] Vgl. *Degenhart*, in: K&R-Beihefter 1/2016, 1 (10); *Friehe*, in: Uhle (Hrsg.), Information und Einflussnahme, 2018, 81 (92).

[54] *Ladeur*, in: DÖV 2002, 1 (3 f.). Ähnlich bereits *ders.*, in: DVBl. 1984, 224 (225).

[55] Siehe jeweils die Sachverhalte in BVerfGE 44, 125; 63, 230; StGH BW ESVGH 31, 81; BerlVerfGH LKV 1996, 133; BremStGH NVwZ 1985, 649; HessStGH NVwZ 1992, 465; NRWVerfGH NVwZ 1992, 467; SaarlVerfGH NJW 1980, 2181; LKRZ 2010, 376; SachsAnhVerfG JZ 1996, 723.

[56] NRWVerfGH NVwZ 1986, 463. Zum Sachverhalt siehe oben Kap. 1 C.III.

Hinweisen versehen haben – sollten sie diese überhaupt genutzt haben.[57] Nach der Zielsetzung der Landesregierung sollten die der Regierungspartei angehörenden Landtagsabgeordneten die Zusammenstellung ohne inhaltliche Einordnung weiterverbreiten. Diese Art der Öffentlichkeitsarbeit ist der unmittelbaren Öffentlichkeitsarbeit gleichzusetzen.

2. Verhältnis von unmittelbarer zu mittelbarer Öffentlichkeitsarbeit

Walter Leisner stellt in seiner im Jahr 1966 erschienenen Untersuchung fest, dass mittelbare Öffentlichkeitsarbeit den Schwerpunkt der praktizierten Öffentlichkeitsarbeit darstellt.[58] Im Einklang mit den Feststellungen im Haushaltsplan und § 81 Abs. 2 Satz 1 GGO I a. F. wird primär auf die Distribution durch die Nachrichtenträger, also das Presse- und Rundfunkwesen, zurückgegriffen. Auch Kempen stellt auf ein Übergewicht der mittelbaren Öffentlichkeitsarbeit ab, etwa wenn er die Stellung des Bundespresseamtes als zentral hervorhebt und auf dessen Funktion als Sprachrohr der Bundesregierung sowie die darin wurzelnde Angewiesenheit aller Nachrichtenträger auf das Amt verweist.[59] Gleichzeitig erkennt er aber eine stetig wachsende Anzahl an Anzeigen in Zeitungen und Zeitschriften, die seitens der Bundesregierung veröffentlicht werden. Der Anteil unmittelbarer Öffentlichkeitsarbeit hatte also zugenommen.[60] Diese Beobachtung wird durch den Organisationserlass vom 18. Januar 1977 argumentativ untermauert. Nunmehr wird auch die Unterrichtung der Bürger als Aufgabe des Bundespresseamtes benannt. In Schürmanns im Jahr 1992, also bereits gegen Ende des „analogen Zeitalters", erschienener Arbeit, wird eine Vielzahl an unterschiedlicher Formen unmittelbarer Öffentlichkeitsarbeit dargestellt. Hinsichtlich der mittelbaren Öffentlichkeitsarbeit wird sich fast ausschließlich auf Pressekonferenzen, Hintergrundgespräche und Interviews bezogen. Insb. Informationsbroschüren weckten nach Schürmann das größte Interesse bei den Bürgern, gleichzeitig seien auch Pressekonferenzen ein wichtiges Instrument.[61] Auf ein Überwiegen der einen oder anderen Art der Öffentlichkeitsarbeit stellt er nicht ab. Im Laufe des „analogen Zeitalters" nahm der Anteil unmittelbarer

---

[57] Vgl. hierzu auch die Ausführungen des Gerichtshofs, NRWVerfGH NVwZ 1986, 463 (464).

[58] *W. Leisner*, Öffentlichkeitsarbeit der Regierung im Rechtsstaat, 1966, S. 37 f. Ebenso in Retrospektive *Harding*, Staatliche Öffentlichkeitsarbeit in den sozialen Netzwerken, 2023, S. 68.

[59] *Kempen*, Grundgesetz, amtliche Öffentlichkeitsarbeit und politische Willensbildung, 1975, S. 55.

[60] *Kempen*, Grundgesetz, amtliche Öffentlichkeitsarbeit und politische Willensbildung, 1975, S. 64. Siehe auch *Harding*, Staatliche Öffentlichkeitsarbeit in den sozialen Netzwerken, 2023, S. 68.

[61] *Schürmann*, Öffentlichkeitsarbeit der Bundesregierung, 1992, S. 106 ff., 113 ff.

Öffentlichkeitsarbeit ersichtlich zu. Damit einhergehend gewann sie stetig an Bedeutung.[62]

a) Limitierender Faktor der unmittelbaren analogen Öffentlichkeitsarbeit

Die analoge unmittelbare Öffentlichkeitsarbeit hat jedoch einen sie erheblich limitierenden Faktor: die aufzuwendenden Mittel.[63] Insb. Anzeigen oder Beilagen in Presseerzeugnissen, aber auch Plakat- oder Direktwerbung sind mit erheblichen Kosten für den Fiskus verbunden.[64] Dieser Kostenaufwand kann darüber hinaus gerichtsfest nachgewiesen werden und bietet daher für die Opposition effektive sowie plakative Angriffsfläche.[65] Auch die Rechtsprechung hat immer wieder auf diesen Punkt hingewiesen. In der Öffentlichkeitsarbeitsentscheidung 1977 wird etwa die Höhe der finanziellen Aufwendungen kritisiert und sogar als Indiz für die Unzulässigkeit angeführt.[66] Ähnliches findet sich in einzelnen Entscheidungen der Landesverfassungsgerichtsbarkeit.[67] In einem Urteil des nordrhein-westfälischen Verfassungsgerichtshofs werden Inhalte der unmittelbaren Öffentlichkeitsarbeit (allein) aufgrund eines Verstoßes gegen das Haushaltsverfassungsrecht für unzulässig erklärt.[68]

b) Überwiegend mittelbare analoge Öffentlichkeitsarbeit

Im Gegensatz dazu ermöglicht es die mittelbare Öffentlichkeitsarbeit, das Presse- und Rundfunkwesen als Distributor der Inhalte zu nutzen. Auf diesem Wege wird dem Inhalt der Öffentlichkeitsarbeit zur größtmöglichen Verbreitung zu verholfen, ohne in hohem Maße finanzielle Mittel aufwenden zu müssen. Mittelbare „bezahlte" Öffentlichkeitsarbeit stellt die Ausnahme dar.[69] Die kostenintensive Verbreitung übernimmt der jeweilige Akteur aus dem Presse- und Rundfunkwesen, insb. das privatwirtschaftlich organisierte und daher zwingend gewinnorientierte Pressewesen hat an einer möglichst weiten Verbreitung seines Druckerzeugnisses das größte

---

[62] *Morcinek*, in: JbKG 6 (2004), 195 (210).

[63] Wie hier *Drefs*, Die Öffentlichkeitsarbeit des Staates und die Akzeptanz seiner Entscheidungen, 2019, S. 103.

[64] *Scherer*, in: Hoffmann-Riem (Hrsg.), Bürgernahe Verwaltung?, 1980, 313 (319); *Schürmann*, Öffentlichkeitsarbeit der Bundesregierung, 1992, S. 109 f.

[65] Bereits im später zurückgenommenen Organstreitverfahren betreffend regierungsamtliche Öffentlichkeitsarbeit rügte die Ast. einen Missbrauch von Steuermitteln und eine Verletzung des Haushaltsrechts, *Kempen*, Grundgesetz, amtliche Öffentlichkeitsarbeit und politische Willensbildung, 1975, S. 64.

[66] BVerfGE 44, 125 (151, 156, 161).

[67] StGH BW ESVGH 31, 81 (86 f.); HessStGH NVwZ 1992, 465 (467).

[68] NRWVerfGH, Urt. v. 28. 1. 1992 – VerfGH 1/91 = NVwZ 1992, 470.

[69] *Schürmann*, Öffentlichkeitsarbeit der Bundesregierung, 1992, S. 113.

Interesse. Mit einer großen Auflage gehen hohe Verkaufs- und Werbeerträgen einher. Durch die Inanspruchnahme des Presse- und Rundfunkwesens kann daher kostensparend, aber dennoch „ertragsreich“ Öffentlichkeitsarbeit betrieben werden.[70] Die dargestellte Wechselwirkung kann außerdem genutzt werden, um Inhalte der Öffentlichkeitsarbeit zu verbreiten, ohne sich dem Vorwurf der Propaganda auszusetzen.[71] Das inhaltliche „Filtern“ wird dabei zum Zwecke der größeren Verbreitung in Kauf genommen. Analoge Öffentlichkeitsarbeit muss aufgrund des limitierenden Faktors der Mittelaufwendung überwiegend auf die klassische Medienarbeit zurückgreifen.

Von Ende November 2022 bis Ende Januar 2023 betrieb die Bundesregierung die Kampagne „Wir entlasten Deutschland“. Neben Werbung in Suchmaschinen und sozialen Medien erfolgte diese auch durch Anzeigen in regionalen und überregionalen Zeitungen sowie Plakatwerbung. Ausweislich von Antworten der Bundesregierung auf Fragen von Parlamentariern sind für diese Kampagne maximal 6,19 Mio. Euro an Kosten veranschlagt, wobei eine exakte Bezifferung der Kosten sowie Aufschlüsselung nach gewähltem Medium jedenfalls derzeit noch nicht möglich sei.[72] Die Kampagne wurde aus dem Etat des Bundespresseamtes, namentlich dem Haushaltstitel „Ressortübergreifende Kommunikation und Koordinierung“ finanziert. Dieser umfasste für das Jahr 2022 18,35 Mio. Euro und machte einen Anteil von 11,27 % des Gesamtetats des Bundespresseamt aus.[73] Die Kampagne vereinnahmte also ungefähr ein Drittel des Etats für die ressortübergreifende Kommunikation. Diese Zahlen verdeutlichen die hohen Kosten, die bereits eine zeitlich begrenzte Kampagne verursacht.

IV. Bedeutung der Öffentlichkeitsarbeit im analogen Zeitalter

Die Bedeutung der regierungsamtlichen Öffentlichkeitsarbeit ist im Laufe des analogen Zeitalters stetig gewachsen.[74] Dies zeigt auch der kontinuierlich anstei-

---

[70] Wie hier *Feik*, Öffentliche Verwaltungskommunikation, 2007, S. 331.

[71] *Kempen*, Grundgesetz, amtliche Öffentlichkeitsarbeit und politische Willensbildung, 1975, S. 24; *Scherer*, in: Hoffmann-Riem (Hrsg.), Bürgernahe Verwaltung?, 1980, 313 (320 f.). Zur Prägung der medialen Berichterstattung durch Öffentlichkeitsarbeit siehe *Baerns*, in: Publizistik 24 (1979), 301 (309 ff.); *dies.*, Öffentlichkeitsarbeit oder Journalismus?, 1985, S. 98 ff.

[72] Schriftliche Fragen mit den in der Woche vom 6. Februar 2023 eingegangen Antworten der Bundesregierung, BT-Drs. 20/5615, S. 3 f.

[73] Bundeshaushaltsplan 2022, Einzelplan 04, Kap. 0432, Titel 542 03.

[74] *Böckelmann/Nahr*, Staatliche Öffentlichkeitsarbeit, 1979, S. 40 ff.; *Kempen*, Grundgesetz, amtliche Öffentlichkeitsarbeit und politische Willensbildung, 1975, S. 11; *Kordes/Pollmann*, Das Presse- und Informationsamt der Bundesregierung, 9. Aufl. 1985, S. 49.

gende Etat des Bundespresseamtes in dieser Zeit.[75] In den 1980er-Jahren erfuhr die regierungsamtliche Öffentlichkeitsarbeit aufgrund einer neu hinzugekommenen Funktion eine weitere Bedeutungsaufwertung.[76] Öffentlichkeitsarbeit wurde zur Staatsaufgabe und dadurch zu einem festen Bestandteil der Politik selbst.[77]

1. Von Öffentlichkeitsarbeit *über* Regierungspolitik zu Regierungspolitik *durch* Öffentlichkeitsarbeit

Der Staat kann und muss seinen Schutzpflichten, etwa für Leben und körperliche Unversehrtheit, durch das Betreiben von Öffentlichkeitsarbeit nachkommen.[78] Der über die notwendigen Informationen verfügende Staat vermittelt diese an den Bürger, sodass der Bürger die staatlich gewünschte Entscheidung treffen kann. Die staatlich erwünschte Verhaltensänderung tritt also durch eine eigene, grundsätzlich eigenverantwortliche und dadurch freie Entscheidung des Bürgers selbst und nicht aufgrund staatlichen Zwangs ein.[79] Es handelt sich um ein Instrument des „präzeptoralen“ Staates, der nicht durch Zwang, sondern durch Information steuern möchte.[80] Dies stellt zwar keine grundlegende Neuerung dar, die Bedeutung und vor allem die Häufigkeit des Vorkommens dieser Steuerungsart hat jedoch zugenommen.[81] Die gesteigerte Bedeutung der Öffentlichkeitsarbeit aufgrund jener neuen Funktion lässt sich anhand zweier Entscheidungen des Bundesverfassungsgerichtes verdeutlichen.[82]

a) Volkszählungsurteil

Im sog. Volkszählungsurteil missbilligte der Erste Senat die geringen Informationsmaßnahmen des statistischen Bundesamtes betreffend die Volkszählung 1983.[83] Die mangelhafte Information habe die in der Bevölkerung vorhandene Unkenntnis über Umfang und Zweck der Volkszählung nicht beseitigt, obwohl eine entsprechende Aufklärung notwendig war. Dies habe zu Unsicherheiten innerhalb der

---

[75] *Morcinek*, in: JbKG 6 (2004), 195 (215).

[76] *Böckelmann/Nahr*, Staatliche Öffentlichkeitsarbeit, 1979, S. 104 ff.; *M. Köhler/Schuster*, in: dies. (Hrsg.), Handbuch Regierungs-PR, 2006, 13 (21).

[77] *Morcinek*, in: JbKG 6 (2004), 195 (210).

[78] *Schürmann*, Öffentlichkeitsarbeit der Bundesregierung, 1992, S. 252.

[79] *Kloepfer*, Informationsrecht, 2002, § 5 Rn. 26; *Schoch*, in: DVBl. 1991, 667 (667); *ders.*, in: Isensee/P. Kirchhof (Hrsg.), Handbuch des Staatsrechts Bd. III, 3. Aufl. 2005, § 37 Rn. 54.

[80] Eingehend *Di Fabio*, in: JZ 1993, 689 ff.; *ders.*, in: JuS 1997, 1 ff.

[81] *Schoch*, in: Isensee/P. Kirchhof (Hrsg.), Handbuch des Staatsrechts Bd. III, 3. Aufl. 2005, § 37 Rn. 28, 53.

[82] *Schürmann*, Öffentlichkeitsarbeit der Bundesregierung, 1992, S. 30 ff. Siehe auch *Morcinek*, in: JbKG 6 (2004), 195 (210).

[83] BVerfG, Urt. v. 15. 12. 1983 – 1 BvR 209, 269, 362, 420, 440, 484/83 = BVerfGE 65, 1.

Bevölkerung geführt.[84] Darüber hinaus sei der Staat aus Rücksicht vor dem Grundrecht auf informationelle Selbstbestimmung zur Aufklärung und Belehrung verpflichtet.[85] Das Bundesverfassungsgericht rügt erstmals ein „zu wenig" an Öffentlichkeitsarbeit, wenn auch aus grundrechtlicher Perspektive. Die Rüge der unterlassenen Aufklärung wird gar prominent zu Beginn der Entscheidungsgründe ausgeführt. Das Gericht hebt die grundrechtssichernde Wirkung der regierungsamtlichen Öffentlichkeitsarbeit hervor und verdeutlicht den Stellenwert, den sie mittlerweile als staatliches Mittel erlangt hat.

b) „AIDS"-Beschluss

Im sog. „AIDS"-Beschluss äußerte sich das Gericht zu einem möglichen Grundrechtsverstoß des Gesetzgebers oder der Bundesregierung aufgrund eines gesetzgeberischen Unterlassens.[86] Dabei verneinte es eine Grundrechtsverletzung unter Verweis auf eine umfangreiche Kampagne der damaligen Bundesministerin für Jugend, Familie, Frauen und Gesundheit, der Bundesregierung sowie der Bundeszentrale für gesundheitliche Aufklärung. Die von der Bundeszentrale durchgeführte Kampagne habe die Eignung aufgewiesen, langfristig die gesamte Bevölkerung zu erreichen, sodass im Ergebnis der Bundesregierung keine Untätigkeit vorzuwerfen sei.[87] Es wertet damit die regierungsamtliche Öffentlichkeitsarbeit erneut auf und komplettiert seine Rechtsprechung zur grundrechtssichernden Bedeutung der Öffentlichkeitsarbeit. Eine in Umfang und Informationsgehalt angemessene Kampagne kann ausreichend sein, damit die Exekutive ihrer Schutzpflicht nachkommt. Darüberhinausgehende spezielle gesetzgeberische Maßnahmen wären sodann obsolet. Der Beschluss stellt insoweit die Kehrseite des Urteils zur Volkszählung 1983 dar.

2. Tendenz zur Professionalisierung der Öffentlichkeitsarbeit

In den 1980er-Jahre wuchs das wissenschaftliche und kommerzielle Interesse an politischer Kommunikation und die Öffentlichkeitsarbeit professionalisierte sich.[88] Um gegenüber der kommerziell orientierten Wirtschaftswerbung nicht als antiquiert zu gelten, musste sich die regierungsamtliche Öffentlichkeitsarbeit anpassen, wissenschaftlichen Erkenntnisse aufnehmen und technische Neuerungen nutzen.[89] Es wurden Kampagnen mithilfe von externen Agenturen geplant und durchgeführt, die langfristig ausgelegt sowie multimedial ausgerichtet waren – etwa die bereits angesprochene AIDS-Aufklärgungskampagne der Bundeszentrale für gesundheitliche

---

[84] BVerfGE 65, 1 (3 f.).

[85] BVerfGE 65, 1 (58 f.).

[86] BVerfG, Kammerbeschl. v. 28. 7. 1987 – 1 BvR 842/87 = NJW 1987, 2287.

[87] BVerfG-K NJW 1987, 2287 (2287).

[88] *M. Köhler/Schuster*, in: dies. (Hrsg.), Handbuch Regierungs-PR, 2006, 13 (21).

[89] *Di Fabio*, in: JuS 1997, 1 (7); *Gramm*, in: Der Staat 30 (1991), 51 (59).

Aufklärung.[90] Gleichzeitig führte eine zunehmende Individualisierung der Gesellschaft zu einer Herauslösung der Wahlberechtigten aus früher bestehenden Parteiloyalitäten. Früher einmal vorhandene, stets einer bestimmten Partei zugehörige Wählerschichten lösten sich zunehmend auf und wurden für neue politischen Inhalte, vermittelt durch eine entsprechende politische Kommunikation, empfänglich. Mit einer Zunahme des Anteils an Wechselwählern steigt auch der Anreiz im Rahmen der politischen Kommunikation auf diese Wechselwähler zuzugehen. Die Bedeutung politischer Kommunikation und regierungsamtlicher Öffentlichkeitsarbeit erfuhr auch in dieser Hinsicht eine Aufwertung.[91]

V. Zusammenfassung

Die analoge regierungsamtliche Öffentlichkeitsarbeit ist ein Spiegelbild des analogen Zeitalters. Sie bedient sich überwiegend der klassischen Medien, bedarf der Planung, ist deshalb nachvollziehbar und lässt stets ihren Urheber erkennen. War dies in der Anfangszeit der Bundesrepublik noch das Bundespresseamt, hat dieses im Laufe der Jahrzehnte mehr und mehr an Bedeutung gegenüber den Bundesministerien verloren. Das Gefährdungspotenzial der unmittelbaren Öffentlichkeitsarbeit besteht, ist jedoch durch das Erfordernis der bisweilen hohen Mittelaufwendung begrenzt. Im Zweifel wird sich der Vermittlungsfunktion der klassischen Massenmedien bedient, um die Bevölkerung zu erreichen. Möglichkeiten der unmittelbaren Ansprache des Bürgers sind dementsprechend stark begrenzt, Möglichkeiten zur Interaktion bestehen allenfalls rudimentär. Die Bedeutung der regierungsamtlichen Öffentlichkeitsarbeit ist nichtsdestotrotz fortan gestiegen, was sich nicht zuletzt an den beiden Entscheidungen des Bundesverfassungsgerichts zur Volkszählung 1983 und zur AIDS-Aufklärungskampagne gezeigt hat.

B. Digitale Öffentlichkeitsarbeit

Die Digitalisierung als gesamtgesellschaftlicher Umwälzungsprozess hat auch vor dem Bereich der regierungsamtlichen Öffentlichkeitsarbeit nicht Halt gemacht, sodass der Teilbereich der digitalen Öffentlichkeitsarbeit entstanden ist. Die Bedeutung der digitalen Transformation für das Informations- und Kommunikationswesen kann kaum überschätzt werden, vielfach werden Parallelen zur Erfindung des

[90] *Gramm*, in: Der Staat 30 (1991), 51 (60); *Kordes/Pollmann*, Das Presse- und Informationsamt der Bundesregierung, 9. Aufl. 1985, S. 35; *M. Köhler/Schuster*, in: dies. (Hrsg.), Handbuch Regierungs-PR, 2006, 13 (21); *Schürmann*, Öffentlichkeitsarbeit der Bundesregierung, 1992, S. 103 f.

[91] Zum Ganzen siehe *R. Münch*, Dynamik der Kommunikationsgesellschaft, 1995, S. 159 ff.

Buchdrucks gezogen.[92] Die Dynamik und Unaufhaltsamkeit des Informatisierungsprozesses ist von nie dagewesener Wucht.[93] Vorab ist darzustellen, welche Bedeutung das Adjektiv digital im hier verwendeten Sinne hat. Sodann ist die praktizierte digitale Öffentlichkeitsarbeit im Überblick zu beschreiben. Die Veränderungen gegenüber der analogen Öffentlichkeitsarbeit – so viel vorab – sind dabei enorm und begründen sich in erster Linie auf den neuen Rahmenbedingungen der digitalisierten Kommunikation und der Verbreitung der neuen Medien. Deren Bedeutung für die regierungsamtliche Öffentlichkeitsarbeit ist ebenfalls darzulegen. Wie auch im Rahmen der Darstellung der analogen Öffentlichkeitsarbeit ist zudem die Rolle des Bundespresseamtes zu beleuchten. Insb. von Relevanz ist die Frage, ob dem Bundespresseamt der Schritt in den digitalen Raum gelungen ist.

I. Digital

In Abgrenzung zur analogen Öffentlichkeitsarbeit ist digitale Öffentlichkeitsarbeit als eine Form von Öffentlichkeitsarbeit zu verstehen, die sich den digitalen Übermittlungsformen, insb. des Internets bedient.[94] Das Adjektiv im hier verstandenen Sinne rührt vom englischen Substantiv digit her, das übersetzt Ziffer bedeutet. In seiner ursprünglichen Bedeutung stand digital daher noch für eine Übermittlungsform von Daten im Wege der Verwendung binärer Zeichen. Im Laufe der fortschreitenden, bald vollumfassenden Digitalisierung des Alltagslebens,[95] wandelte sich die Bedeutung jedoch hin zu einem Überbegriff für alles Virtuelle, also am Computer oder im Internet Stattfindende.[96] Dieses weite Begriffsverständnis herrscht auch für diese Arbeit vor.

---

[92] *Bullinger*, in: ZUM 1996, 749 (750); *GA Jääskinen*, Schlussantr. v. 25.6.2013 – C-131/12, ECLI:EU:C:2013:424 Rn. 28; *Habermas*, in: Seeliger/Sevignani (Hrsg.), Ein neuer Strukturwandel der Öffentlichkeit?, 2021, 470 (486 ff.); *Holtwisch*, in: Die Verwaltung 43 (2010), 567 (584 f.); *Hoyer*, in: Dittler/ders. (Hrsg.), Social Network – Die Revolution der Kommunikation, 2014, 13 (15).

[93] Vgl. *Schoch*, in: VVDStRL 57 (1998), 158 (163).

[94] Vgl. *Hoyer*, in: Dittler/ders. (Hrsg.), Social Network – Die Revolution der Kommunikation, 2014, 13 (13).

[95] Der Begriff der „Digitalisierung" umfasste ursprünglich die Erfassung analoger Daten in digitaler Form, *Ernst*, in: Hoeren/Sieber/Holznagel (Hrsg.), Handbuch Multimedia-Recht, 50. EL. Okt. 2019, Teil 7.1 Rn. 50; *Pille*, Meinungsmacht sozialer Netzwerke, 2016, S. 52 Fn. 212.

[96] So die Definition in DWDS – Digitales Wörterbuch der deutschen Sprache.

II. Digitale Öffentlichkeitsarbeit im Überblick

Prägend für die digitale Informationsvermittlung ist das Internet.[97] Die seinerzeit bestehenden Kommunikations- und Informationsprozesse wurden durch das Internet nicht weniger als revolutioniert.[98] Die Bundesregierung nutzt seit dem Jahr 1999 das Internet zum Zwecke der Öffentlichkeitsarbeit,[99] die Internetseite www.bundesregierung.de wurde im Jahr 2000 veröffentlicht.[100] Dennoch startete die digitale Öffentlichkeitsarbeit vorerst gemächlich. So wurde im Jahr 2004 erst ein Viertel des Etats für die Öffentlichkeitsarbeit auf das Internet verwendet.[101] Hintergrund war wohl der Umstand, dass digitale Übermittlung eine entsprechende digitale Infrastruktur bedingt,[102] diese aber zu Beginn des „digitalen" Zeitalters in der Bundesrepublik Deutschland noch nicht in ausreichendem Maße vorhanden war.[103]

Von einer endgültigen Durchsetzung der digitalen Öffentlichkeitsarbeit ist ab Mitte der ersten Dekade des „neuen" Millenniums auszugehen.[104] Heute ist eine Öffentlichkeitsarbeit ohne die Nutzung des Internets freilich unvorstellbar, der Teilbereich der digitalen Öffentlichkeitsarbeit ist zu einer ihrer wichtigsten Säulen geworden.[105] Auf der bereits angesprochenen Internetseite der Bundesregierung findet sich eine kaum zu überblickende Vielzahl an Pressemitteilungen, Berichten, digitalen Informationsbroschüren, veröffentlichten Reden, Bildmaterial etc. Zusätzlich finden sich Kontaktmöglichkeiten und Datenbanken.[106] Die Internetseite wird dabei regelmäßig aktualisiert und überarbeitet, sodass die derzeit die öffentliche Diskussion prägenden Inhalte stets auf der Startseite angezeigt werden. Zusätzlich ist die Internetseite international ausgerichtet, sie wird auch auf Englisch und Französisch angeboten.

---

[97] *Holtwisch*, in: Die Verwaltung 43 (2010), 567 (584 f.).

[98] *Pille*, Meinungsmacht sozialer Netzwerke, 2016, S. 51 f.

[99] *Alkan/Ramlow*, in: M. Köhler/Schuster (Hrsg.), Handbuch Regierungs-PR, 2006, 361 (362); *Morcinek*, in: M. Köhler/Schuster (Hrsg.), Handbuch Regierungs-PR, 2006, 49 (67).

[100] *M. Köhler/Schuster*, in: dies. (Hrsg.), Handbuch Regierungs-PR, 2006, 13 (28); *Mandelartz/Grotelüschen*, in: NVwZ 2004, 647 (648). Ein Vergleich der damaligen Internetseiten der Bundesregierung und der des Weißen Hauses bei *Krüdewagen*, Die Selbstdarstellung des Staates, 2002, S. 140 ff.

[101] *Felling/C. Lerche*, in: M. Köhler/Schuster (Hrsg.), Handbuch Regierungs-PR, 2006, 375 (378).

[102] *Pille*, Meinungsmacht sozialer Netzwerke, 2016, S. 53 f.

[103] *Schoch*, in: VVDStRL 57 (1998), 158 (162).

[104] Vgl. *Alkan/Ramlow*, in: M. Köhler/Schuster (Hrsg.), Handbuch Regierungs-PR, 2006, 361 (362); *Jensen*, Rechtsprobleme regierungsamtlicher Öffentlichkeitsarbeit im Internet-Zeitalter, 2006, S. 15; *Krüdewagen*, Die Selbstdarstellung des Staates, 2002, S. 136; *Schomburg/Mykhalchyshyn/Herber*, in: Birkner (Hrsg.), Medienkanzler, 2016, 263 (266).

[105] Siehe auch *Harding*, Staatliche Öffentlichkeitsarbeit in sozialen Netzwerken, 2023, S. 69.

[106] Siehe auch *Harding*, Staatliche Öffentlichkeitsarbeit in sozialen Netzwerken, 2023, S. 70.

III. Veränderungen gegenüber der analogen Öffentlichkeitsarbeit

Die Veränderungen gegenüber der analogen Öffentlichkeitsarbeit sind insb. durch die neuen Rahmenbedingungen des Informations- und Kommunikationswesen bedingt. Die damit einhergehenden neuen Mittel und Möglichkeiten haben größte Bedeutung für die Öffentlichkeitsarbeit.

1. Neue Rahmenbedingungen für die Kommunikation

Mit dem Hinzutreten der neuen Medien haben sich die Rahmenbedingungen für die öffentliche Kommunikation grundlegend verändert.[107] Damit regierungsamtliche Öffentlichkeitsarbeit auch weiterhin effektiv praktiziert werden konnte, musste sie an die geänderten Rahmenbedingungen angepasst werden.[108] Der Begriff neue Medien steht hierbei als Überbegriff für alle Medien, die Informationen in digitaler Form übermitteln. Neue Medien zu definieren, ist aufgrund der ihnen innewohnenden Konvergenz mit erheblichen Schwierigkeiten verbunden. Die Konvergenz zeichnet sich durch die Auflösung der traditionellen Abgrenzungen zwischen Massen- und Individualkommunikation sowie Massen- und Individualmedium aus.[109] Die neuen Medien lassen sich nicht bzw. kaum mehr in die überkommenen Kategorien einfügen. Aus diesem Grund soll der Begriff neue Medien – in Anlehnung an den Begriff digital – vorliegend in Abgrenzung zu den „alten", analogen Medien verstanden werden.

a) Medien und Kommunikation in der Informationsgesellschaft

In der Informationsgesellschaft durchdringen Informationen und damit die diese vermittelnden Medien alle Bereiche des öffentlichen und privaten Lebens.[110] Zwar wird einerseits eine größere Plattform für den öffentlichen Diskurs geschaffen, allerdings ergibt sich andererseits hieraus eine Angewiesenheit bis hin zur Abhängigkeit von ebenjenen Medien. Eine Abhängigkeit, die auch vor der Politik und damit auch vor der regierungsamtlichen Öffentlichkeitsarbeit nicht Halt macht.[111] Die

[107] *Morcinek*, in: JbKG 6 (2004), 195 (215).

[108] *M. Köhler/Schuster*, in: dies. (Hrsg.), Handbuch Regierungs-PR, 2006, 13 (28). Vgl. auch *Krüdewagen*, Die Selbstdarstellung des Staates, 2002, S. 140.

[109] *Kloepfer*, in: Isensee/P. Kirchhof (Hrsg.), Handbuch des Staatsrechts Bd. III, 3. Aufl. 2005, § 42 Rn. 8, 10; *Kube*, in: Isensee/P. Kirchhof (Hrsg.), Handbuch des Staatsrechts Bd. IV, 3. Aufl. 2006, § 91 Rn. 1.

[110] *Gersdorf*, Parlamentsfernsehen des Deutschen Bundestages, 2008, S. 13; *Pille*, Meinungsmacht sozialer Netzwerke, 2016, S. 55.

[111] Bericht der Bundesregierung, BT-Drs. 13/4000, S. 15; *Drefs*, Die Öffentlichkeitsarbeit des Staates und die Akzeptanz seiner Entscheidungen, 2019, S. 28 f.; *Feik*, Öffentliche Verwaltungskommunikation, 2007, S. 59 ff.; *Holtwisch*, in: Die Verwaltung 43 (2010), 567 (575 f.); *M. Köhler/Schuster*, in: dies. (Hrsg.), Handbuch Regierungs-PR, 2006, 13 (25 f.).

regierungsamtliche Öffentlichkeitsarbeit konkurriert mit allen anderen Akteuren um die begrenzte Aufmerksamkeit der Rezipienten. Um in dieser Aufmerksamkeitsökonomie bestehen zu können, muss sich die regierungsamtliche Öffentlichkeitsarbeit an die Rahmenbedingungen der Informationsgesellschaft und die damit einhergehenden werbewirtschaftlichen Standards anpassen, die sich ihrerseits „am Markt“ bewährt haben. Ansonsten droht sie nicht wahrgenommen zu werden. Typische Anpassungsvorgänge sind inhaltliche Vereinfachung, mediengerechte Sachverhaltsverkürzung sowie Symbolisierung und Personalisierung im Rahmen der Informationsvermittlung.[112]

b) Zeitungssterben als Symbol des Wandels

Die geänderten Rahmenbedingungen wirken sich nicht nur auf die Inhalte der Öffentlichkeitsarbeit, sondern auch auf die hierfür genutzten Medien aus. Mit einer Zunahme der Bedeutung der neuen Medien geht eine Abnahme der Bedeutung der tradierten Medien einher. Davon insb. betroffen ist das Pressewesen.[113] Zwar setzte diese Entwicklung nicht erst mit dem Aufkommen der neuen Medien ein, bereits das Fernsehen übte einen erheblichen Konkurrenzdruck auf die klassischen Printmedien aus,[114] sie vertiefte sich jedoch in ihrer Intensität. Das Schlagwort des Zeitungssterbens, der seit Jahren anhaltende Auflagenrückgang an Zeitungsausgaben sowie die sich stetig reduzierende Zahl an Zeitungsverlagen, verdeutlicht diesen Relevanzverlust eindrucksvoll.[115] In Zahlen ausgedrückt: Im Jahr 1991 betrug die verkaufte Auflage an Tageszeitungen in Deutschland im zweiten Quartal noch 27,3 Mio. Sie ist bereits im Jahr 2001auf 23,7 Mio., im Jahr 2010 dann auf 19,4 Mio. und schließlich im Jahr 2022 auf 11,7 Mio. geschrumpft.[116] Um auf diese Entwicklung zu reagieren, werden dem physischen Presseerzeugnis entsprechende oder dieses ergänzende Digitalausgaben veröffentlicht, den Auflagenverlust können diese – jedenfalls bisher – nur schwerlich ausgleichen.[117] Eine effektive Öffentlichkeitsarbeit

---

[112] *Jarren/Fischer*, in: Seeliger/Sevignani (Hrsg.), Ein neuer Strukturwandel der Öffentlichkeit?, 2021, 365 (374 f.); *M. Köhler/Schuster*, in: dies. (Hrsg.), Handbuch Regierungs-PR, 2006, 13 (26 f.).

[113] *Hain*, in: Spindler/Schuster (Hrsg.), Recht der elektronischen Medien, 4. Aufl. 2019, Erster Teil C. Rn. 29; *Stern*, Staatsrecht Bd. IV/1, 2006, S. 1525 f.; *Trute*, in: D. Merten/Papier (Hrsg.), Handbuch der Grundrechte Bd. IV, 2011, § 104 Rn. 5.

[114] *Rath-Glawatz*, in: AfP 1998, 261 (261 f.).

[115] 13. Zwischenbericht der Enquête-Kommission „Internet und Gesellschaft“, BT-Drs. 17/12542, S. 36 f.; *Bullinger*, in: Isensee/P. Kirchhof (Hrsg.), Handbuch des Staatsrechts Bd. VII, 3. Aufl. 2009, § 163 Rn. 41; *Gounalakis/Zagouras*, in: ZUM 2006, 716 (718); *Kühling*, in: Gersdorf/Paal (Hrsg.), Informations- und Medienrecht, 42. Ed., Art. 5 GG Rn. 7; *Meik*, in: Dittler/Hoyer (Hrsg.), Social Network – Die Revolution der Kommunikation, 2014, 51 (55 f.).

[116] BDZV, Entwicklung der verkauften Auflage der Tageszeitungen in Deutschland im jeweils 2. Quartal ausgewählter Jahre von 1991 bis 2022. The Economist titelte bereits in seiner Ausgabe vom 26. 8. 2006: „Who killed the newspaper?“

[117] So *v. Wallenberg*, in: NJW 2022, 3191 (3192).

muss diese Entwicklung beachten. Je weniger Menschen ein Medium von sich aus erreicht, desto weniger Menschen erreicht auch der darin enthaltene Inhalt der Öffentlichkeitsarbeit. Der Verbreitungsvorteil, den mittelbare Öffentlichkeitsarbeit noch im analogen Zeitalter versprach, fällt zunehmend geringer aus. Diese Form der Öffentlichkeitsarbeit verliert daher in entsprechendem Maße ihren Anreiz.

c) Publizitätspotenzial der neuen Medien

Das Publizitätspotenzial der neuen Medien ist enorm und übertrifft das der klassischen Medien um ein Vielfaches. Die Gründe hierfür sind überaus vielfältig und können nachfolgend nur im Überblick dargestellt werden. Das Internet ist darauf ausgerichtet, Informationen jeglicher Art unmittelbar, 24 Stunden am Tag und an 7 Tagen in der Woche dem Nutzer bereitzustellen. Bereits diese Allgegenwärtigkeit der Information kann ein klassisches Medium niemals leisten. Darüber hinaus erfolgt die Informationsvermittlung selbst überaus kostengünstig, da der Vervielfältigungs- sowie der Distributionsakt faktisch entfällt bzw. erst beim Rezipienten und dann in digitaler Form erfolgt. Während herkömmliche Presseerzeugnisse nach dem Entwurf physisch vervielfältigt und dem Rezipienten durch Versand oder Beilage zugänglich gemacht werden müssen, besteht in den neuen Medien der Vervielfältigungs- und Distributionsakt darin, dass der Rezipient den Inhalt transkribiert in einen Datensatz über das Internet abruft. Das daraus resultierende Kostenersparnis, eine Tageszeitung kostet mehrere Euro, eine Internetseite lässt sich in der Regel kostenfrei abrufen, stellt den wohl bedeutsamsten Wettbewerbsvorteil dar. Doch auch inhaltlich haben über das Internet bereitgestellte Informationen zahlreiche Vorteile. Die Multimedialität der Angebote – Text, Ton, Bild können nebeneinander verwendet werden – sowie die durch Verlinkungen hergestellte Interkonnektivität einzelner Teilbereiche sorgen dafür, dass Informationen deutlich wahrnehmungsintensiver aufbereitet werden können als bisher. Schließlich kommt zur Unmittelbarkeit und Schnelligkeit der Informationsvermittlung auch noch deren Nachhaltigkeit hinzu. Einmal hochgeladen und veröffentlicht, bleibt ein Inhalt grundsätzlich für immer im Internet. Spezielle oder allgemeine Suchmaschinen erleichtern dabei den Recherchevorgang ungemein und lassen den Nutzer auch vor Jahrzehnte hochgeladene Inhalte mühelos wieder auffinden.[118]

---

[118] Zum Ganzen *Depenheuer*, in: AfP 1996/1997, 669 (670); *Eifert*, in: Ladeur (Hrsg.), Innovationsoffene Regulierung des Internet, 2003, 131 (132 f.); *Felling/C. Lerche*, in: M. Köhler/Schuster (Hrsg.), Handbuch Regierungs-PR, 2006, 375 (378); *Guckelberger*, in: DVBl. 2007, 985 (987 f.); *ders.*, in: Hill/Schliesky (Hrsg.), Die Vermessung des virtuellen Raums, 2012, 73 (73); *Gusy*, in: DVBl. 2011, 941 (943); *Holtwisch*, in: Die Verwaltung 43 (2010), 567 (581); *Hoyer*, in: Dittler/ders. (Hrsg.), Social Network – Die Revolution der Kommunikation, 2014, 13 (17); *Mandelartz/Grotelüschen*, in: NVwZ 2004, 647 (648); *Roßnagel*, in: Hoffmann-Riem/Schmidt-Aßmann (Hrsg.), Verwaltungsrecht in der Informationsgesellschaft, 2000, 257 (258 ff.); *Scherer*, in: AfP 1996/1997, 213 (213); *Voßkuhle*, in: Leipold (Hrsg.), Rechtsfragen des Internets und der Informationsgesellschaft, 2002, 97 (97 f.); *Zott*, Aktive Information des Staates im Internet – Mittelalterlicher Pranger oder modernes Steuerungsinstrument?, 2016, S. 241 ff.

Das Internet wird daher zutreffend als „unerschöpfliches Informationsmedium" beschrieben.[119] Das Publizitätspotenzial ist dabei so groß, dass viele Inhalte der klassischen Pressearbeit, etwa Pressemitteilungen, nicht mehr exklusiv an Journalisten vermittelt werden, sondern für Jedermann frei auffindbar auf den amtlichen Internetseiten oder im Wege von E-Mail-Newsletter etc. angeboten werden.[120] Werden Vertreter des Presse- und Rundfunkwesens auf demselben Wege informiert wie interessierte Bürger, hat dies zur Folge, dass die Grenzen zwischen der mittelbaren und der unmittelbaren Öffentlichkeitsarbeit verschwimmen.[121] Der Wandel hin zum „Bürgerjournalismus"[122] verstärkt dieses Phänomen noch weiter. Um journalistisch tätig zu werden, bedarf es keiner Druckerei und keines Verlags mehr, ausreichend ist ein Internetzugang. Die herkömmlichen Massenmedien haben mit dem Internet ihr Monopol verloren, große Menschenmassen zu erreichen.[123]

2. Weiter zunehmende Partnerschaftlichkeit

Dem lediglich informierenden Staat wird vermehrt vorgeworfen, er verschleiere durch sein partnerschaftliches Auftreten „auf Augenhöhe" die Hoheitlichkeit seines Handelns, um sich den allgemeinen Rechtmäßigkeitsanforderungen zu entledigen bzw. die rechtliche Nachprüfung zu erschweren.[124] Ohne darauf einzugehen, ob dieser Vorwurf zutrifft oder nicht, bleibt festzuhalten, dass sich die Partnerschaftlichkeit zwischen Bürger und Staat durch die Information über das Internet noch einmal vertieft hat. Aufgrund der Unmittelbarkeit der Informationsvermittlung hat der Staat einen neuen, direkten Kanal zum Bürger. Es ergeben sich somit neue Möglichkeiten der Beteiligung sowie hybride Formen der Kommunikation.[125] Diese

---

[119] *Guckelberger*, in: ZBR 2009, 332 (332); *Zott*, Aktive Information des Staates im Internet – Mittelalterlicher Pranger oder modernes Steuerungsinstrument?, 2016 S. 241.

[120] Aufschlussreich sind die Rubriken „Aktuelles" auf der Internetseite des Bundeskanzlers oder „Presse" auf der Internetseite des Bundesministeriums der Finanzen.

[121] *Drefs*, Die Öffentlichkeitsarbeit des Staates und die Akzeptanz seiner Entscheidungen, 2019, S. 105 f., bezogen auf Entscheidungen des BVerfG sowie der obersten Bundesgerichte. Zur umstritten Praxis des BVerfG bestimmte Journalisten vor Verkündung über den Inhalt der Entscheidung zu informieren siehe VG Karlsruhe, Beschl. v. 8.6.2020 – 3 K 2476/20, juris; *Deppe*, in: DRiZ 2020, 303; *Heldt/Klatt*, in: NVwZ 2021, 684 ff. Das BVerfG hat mit Pressemitt. Nr. 35/2023 v. 28.3.2023 angekündigt, diese Informationspraxis zu prüfen und vorerst auszusetzen.

[122] Siehe hierzu *J. Kahl*, Elektronische Presse und Bürgerjournalismus, 2013.

[123] *Friehe*, in: Uhle (Hrsg.), Information und Einflussnahme, 2018, 81 (93). Vgl. auch *Jarren/Fischer*, in: Seeliger/Sevignani (Hrsg.), Ein neuer Strukturwandel der Öffentlichkeit?, 2021, 365 (369).

[124] *Becker/Harms/Sievers*, in: SchlHA 2015, 386 (387); *Di Fabio*, in: JZ 1993, 689 (689); *ders.*, in: JuS 1997, 1 (7); *Gramm*, in: Der Staat 30 (1991), 51 (53); *Kloepfer*, Staatliche Informationen als Lenkungsmittel, 1998, S. 18 ff.

[125] *Alkan/Ramlow*, in: M. Köhler/Schuster (Hrsg.), Handbuch Regierungs-PR, 2006, 361 (363 f.); *Depenheuer*, in: AfP 1996/1997, 669 (670); *Eifert*, in: Ladeur (Hrsg.), Innovationsoffene Regulierung des Internets, 2003, 131 (132 ff.); *Felling/C. Lerche*, in: M. Köhler/

neuen Möglichkeiten der Kommunikation wurzeln in der sich auflösenden Trennung zwischen Individual- und Massenkommunikation. In der Informationsgesellschaft entscheidet jeder Rezipient grundsätzlich selbst darüber, ob er eine bestimmte Information konsumieren möchte. Digitale Öffentlichkeitsarbeit ist zwar grundsätzlich an eine unbestimmte Menge an Rezipienten adressiert, der einzelne Rezipient kann aber nicht mit dem Rezipienten der klassischen Massenkommunikationsmedien verglichen werden. Ersterer entscheidet sich aktiv für die Teilhabe an dem Kommunikationsvorgang, inklusive der Möglichkeit zur Interaktion.[126]

Die beschriebene neue Partnerschaftlichkeit ermöglicht es außerdem, dass die privaten Rezipienten staatliche Informationen einfacher und somit effektiver als bisher weiterverbreiten können.[127] Der Inhalt eines Beitrags der regierungsamtlichen Öffentlichkeitsarbeit lässt sich regelmäßig über einen Hyperlink aufrufen. Es handelt sich dabei um eine Verknüpfung, die jeder Bürger per E-Mail oder über ein Chatprogramm weiterverbreiten kann. Jeder, der über den Hyperlink verfügt und die Verknüpfung nutzt, kann den damit verknüpften Beitrag sofort wahrnehmen. In Retrospektive ist anzumerken, dass die dargestellte Interaktivität im Rahmen der digitalen Öffentlichkeitsarbeit noch in den Kinderschuhen steckte.[128] Erst die soziale regierungsamtliche Öffentlichkeitsarbeit sollte offenbaren, welche Möglichkeiten das Merkmal der Interaktivität birgt und welche Bedeutung es entfalten kann.

3. Bedeutung für die regierungsamtliche Öffentlichkeitsarbeit

Die Veränderungen, die die digitale Öffentlichkeitsarbeit gegenüber der analogen Öffentlichkeitsarbeit aufweist, ermöglichen es, in wesentlich größerem Maße als bisher unmittelbare Öffentlichkeitsarbeit zu betreiben. Das Publizitätspotenzial der neuen Medien löst die Öffentlichkeitsarbeit von ihrer Angewiesenheit auf die klassischen Medien, um Inhalte massenhaft zu verbreiten. Die mit der Digitalisierung einhergehenden Einsparungspotenziale bei der Vervielfältigung und Verbreitung von Inhalten unmittelbarer Öffentlichkeitsarbeit relativieren den die unmittelbare Öffentlichkeitsarbeit ursprünglich limitierenden Faktor der finanziellen Mittelaufwendung erheblich. Durch die neuen Medien kann sich die Regierung

---

Schuster (Hrsg.), Handbuch Regierungs-PR, 2006, 375 (378 f.); *Holtwisch*, in: Die Verwaltung 43 (2010), 567 (580); *Roßnagel*, in: Hoffmann-Riem/Schmidt-Aßmann (Hrsg.), Verwaltungsrecht in der Informationsgesellschaft, 2000, 257 (275, 299 f.); *Trute*, in: VVDStRL 57 (1998), 216 (244); *Voßkuhle*, in: Leipold (Hrsg.), Rechtsfragen des Internets und der Informationsgesellschaft, 2002, 97 (101 ff.).

[126] Vgl. *Bullinger*, in: ZUM 1996, 749 (750); *Depenheuer*, in: AfP 1996/1997, 669 (670); *Habermas*, in: Seeliger/Sevignani (Hrsg.), Ein neuer Strukturwandel der Öffentlichkeit?, 2021, 470 (488); *Ladeur*, in: DÖV 2002, 1 (4 f.).

[127] *Roßnagel*, in: Hoffmann-Riem/Schmidt-Aßmann (Hrsg.), Verwaltungsrecht in der Informationsgesellschaft, 2000, 257 (277).

[128] Die von *Jensen* vorgestellten Diskussionsforen sind mit den Interaktionsmöglichkeiten, die soziale Netzwerke heute bieten, kaum zu vergleichen, *ders.*, Rechtsprobleme regierungsamtlicher Öffentlichkeitsarbeit im Internet-Zeitalter, 2006, S. 17 f.

massenmediumsartig an die Bevölkerung wenden, ohne sich eines herkömmlichen Massenmediums zu bedienen. Der Regierung ist eine neue Dimension der Kommunikationsmacht entstanden.

Dabei gilt: Je intensiver der Staat sich selbst darstellt, desto geringer ist die Notwendigkeit, sich durch die Medien darstellen zu lassen.[129] Die Relevanz der Medien sinkt daher in dem Maße, in dem der Staat selbst als unmittelbarer Informationsvermittler in Erscheinung tritt. Ein Bedeutungsverlust der mittelbaren Öffentlichkeitsarbeit in Form der klassischen Pressearbeit geht damit einher. Dem gegenüber steht eine Bedeutungsaufwertung der grundsätzlich mit einem Gefährdungspotenzial versehenen unmittelbaren Öffentlichkeitsarbeit. Je weniger die Medien Verbindungsorgan sind, desto weniger können sie auch Kontrollorgan sein.[130] Wenn insofern dem Staat vorgeworfen wird, dass er an den Lebensgrundlagen der freien Medien nage,[131] macht dieser an sich zutreffende Vorwurf nicht ausreichend deutlich, dass hier nicht nur die Lebensgrundlage i. S. e. fortlaufenden gewinnbringenden Erwerbstätigkeit bedroht ist. Die unmittelbare regierungsamtliche Öffentlichkeitsarbeit umgeht die Medien und damit die in Art. 5 Abs. 1 Satz 2 GG wurzelnde „öffentliche Aufgabe" der Presse. Es geht nicht darum, dass einzelne Medien wirtschaftlichen Misserfolg haben könnten, sondern darum, dass die Freie Presse bzw. Teile von ihr, ihre aus demokratietheoretischer Sicht so bedeutsame Funktion nicht mehr ausüben kann.

IV. Bedeutung des Bundespresseamtes

Mit der abnehmenden Bedeutung der mittelbaren und der zunehmenden unmittelbaren Öffentlichkeitsarbeit, auch durch die einzelnen Bundesministerien, musste sich das Bundespresseamt neu orientieren. Aus diesem Grund ist darzulegen, inwiefern das Bundespresseamt seinerseits mit der Digitalisierung der Öffentlichkeitsarbeit umging.

1. Entwicklung ab dem Jahr 1998

Nachdem der Haushaltsausschuss des Deutschen Bundestages sich bereits im Jahr 1991 kritisch zur Organisation des Bundespresseamtes geäußert hatte,[132] wurde dem Amt schließlich aufgetragen, sich ab dem Jahr 1998 erheblich zu modernisieren und professionalisieren. Die Zusammenarbeit und Abstimmung mit den Pressestellen und Öffentlichkeitsarbeitsreferaten der Bundesministerien sollte gestärkt

---

[129] *Gersdorf*, Parlamentsfernsehen des Deutschen Bundestages, 2008, S. 13; *ders.*, in: AfP 2016, 293 (293).

[130] *Friehe*, in: Uhle (Hrsg.), Information und Einflussnahme, 2018, 81 (93 Fn. 44).

[131] *Gersdorf*, in: AfP 2016, 293 (293).

[132] Bericht des Haushaltsausschusses, BT-Drs. 12/1602, S. 30.

sowie ein einheitliches Erscheinungsbild gewährleistet werden. Dazu sollte ein umfassender Internetauftritt der Bundesregierung aufgebaut sowie die Dienstleistungsfunktion gegenüber den Bürgern und Medien gesteigert werden. Insgesamt sollte den geänderten Rahmenbedingungen der Kommunikation Rechnung getragen werden.[133] Allerdings fand ab dem Jahr 1998 eine starke Mittelverschiebung weg vom Bundespresseamt hin zu den Ministerien statt. Entgegen dem Koordinierungsgedanken wurden die Ministerien vielmehr mit den erforderlichen Mitteln ausgestattet, um noch umfangreicher eigenständige Öffentlichkeitsarbeit zu betreiben.[134] Beispielhaft hierfür steht die Übertragung der Öffentlichkeitsarbeit Ausland an das Auswärtige Amt.[135] In Konsequenz hat der Bundesrechnungshof in seinem Bericht aus dem Jahr 2002 festgestellt, dass zum einen die Ministerien die Koordinationsbemühungen des Bundespresseamtes nicht ausreichend unterstützt haben und zum anderen die Bemühungen des Amtes für eine wirtschaftliche Öffentlichkeitsarbeit unzureichend waren.[136] Dies gipfelte schließlich darin, dass der damalige Regierungssprecher im Juni 2005 vor den Haushaltsausschuss geladen wurde.[137]

2. Schritt „ins Digitale"

Die ersten digitalen „Gehversuche" der regierungsamtlichen Öffentlichkeitsarbeit können hingegen als gelungen bezeichnet werden. Dem ehemaligen Bundeskanzler Gerhard Schröder wird das Zitat „Bild, BamS und Glotze – mehr braucht man nicht!" zugeschrieben,[138] eine Betrachtung der digitalen Öffentlichkeitsarbeit, insb. in Schröders zweiter Legislaturperiode zeugt vom Gegenteil. Vielmehr scheint ihr großes Potenzial frühzeitig entdeckt und entsprechend genutzt worden zu sein. Hierfür sind einige Beispiele anzuführen.

a) ProfNet-Studie 2004

Im Jahr 2004 gelangte eine Studie des ProfNet Instituts für Marketing in Zusammenarbeit mit der Fachhochschule Dortmund sowie anderen internationalen Universitäten und Hochschulen zu dem Ergebnis, dass die Bundesregierung unter 180 Staaten im Durchschnitt die am besten bewerteten Internetseiten aufwies. Die

---

[133] Zum Ganzen vgl. *M. Köhler/Schuster*, in: dies. (Hrsg.), Handbuch Regierungs-PR, 2006, 13 (27 f.); *Morcinek*, in: M. Köhler/Schuster (Hrsg.), Handbuch Regierungs-PR, 2006, 49 (67 f.).

[134] *Kaster*, in: M. Köhler/Schuster (Hrsg.), Handbuch Regierungs-PR, 2006, 183 (191).

[135] Organisationserlass des Bundeskanzlers v. 22. 10. 2002 – 1103 – 4 – 19, BGBl. I S. 4206. Siehe auch *Morcinek*, in: JbKG 6 (2004), 195 (217).

[136] *Bundesrechnungshof*, Bemerkungen 2002 zur Haushalts- und Wirtschaftsführung des Bundes, 2002, S. 15 f.

[137] Zum Ganzen *Kunczik*, Public Relations, 5. Aufl. 2010, S. 142.

[138] Etwa von *Felling/C. Lerche*, in: M. Köhler/Schuster (Hrsg.), Handbuch Regierungs-PR, 2006, 375 (377).

Internetseite www.bundeskanzler.de erreichte in der Einzelwertung Platz 3.[139] Das Bundespresseamt legte ersichtlich frühzeitig großen Wert auf digitale Öffentlichkeitsarbeit und hatte seinerzeit in der Ausarbeitung ein hohes Niveau erreicht.

b) Regierungswechsel 2005

Auch im Rahmen des Regierungswechsels 2005 konnte das Bundespresseamt die neuen Möglichkeiten unter Beweis stellen, die eine professionelle Betreuung des Internetauftritts bietet. Innerhalb kürzester Zeit wurde der Internetauftritt des dann vorherigen Bundeskanzlers Schröders auf den der sodann amtierenden Bundeskanzlerin Angela Merkel angepasst. Auch auf neue Ressorts sowie deren Besetzung reagierte das Amt entsprechend. Die Umstellung offenbarte, welches Potenzial digitale regierungsamtliche Öffentlichkeitsarbeit haben kann, sofern sie planmäßig und koordiniert erfolgt. Auch dies verdeutlicht, dass das Bundespresseamt großen Wert auf den digitalen Auftritt der Bundesregierung legte und auch komplexe Aufgaben bewältigen konnte.[140]

c) Video-Podcast Merkels

Die langjährige Bundeskanzlerin Merkel hat frühzeitig das Potenzial digitaler Öffentlichkeitsarbeit bietet und diese entsprechend vertieft.[141] Im Juni 2006 wurde ein Video-Podcast gestartet, der bis zum Ende ihrer vier Amtszeiten über 600 Folgen umfassen sollte. Dies sei damals eine Besonderheit gewesen, führt sie in ihrer letzten Folge vom 4. Dezember 2021 aus.[142] Sie führt in direkter Ansprache an den Zuschauer fort:

> „Ich habe den Podcast immer als Möglichkeit gesehen, Ihnen direkt über Themen zu berichten, die mir am Herzen liegen. Große Fragen der Regierungspolitik natürlich, aber oft auch Themen, von denen ich finde, dass sie nicht immer die gebührende Aufmerksamkeit bekommen und für die ich Sie so vielleicht interessieren konnte. Da ging es um Nachhaltigkeit und Kultur, um Sicherheit und Digitalisierung, Gleichberechtigung, den Kampf gegen den Antisemitismus, um Landwirtschaft und Energiewende – und immer wieder über das, was uns in Deutschland zusammenhält und wie wir es pflegen und bewahren."

Der Podcast wurde ersichtlich als Instrument angesehen, eigens ausgewählte Themen zur öffentlichen Erörterung zu stellen und somit bewusst dazu genutzt, staatlichen Einfluss auf die öffentliche Meinungsbildung auszuüben. Die große Anzahl an Folgen lässt darauf schließen, dass die Bundeskanzlerin und das Bun-

---

[139] *Kamenz*, Regierungen Welt 2004. Siehe auch *Alkan/Ramlow*, in: M. Köhler/Schuster (Hrsg.), Handbuch Regierungs-PR, 2006, 361 (373).

[140] *Felling/C. Lerche*, in: M. Köhler/Schuster (Hrsg.), Handbuch Regierungs-PR, 2006, 375 (376 f.).

[141] *Schomburg/Mykhalchyshyn/Herber*, in: Birkner (Hrsg.), Medienkanzler, 2016, 263 (263, 285 f.).

[142] *Merkel*, Video-Podcast v. 4. 12. 2021.

despresseamt von dem Konzept überzeugt waren, es also seine gewünschte Wirkung erzielt hat. Offenbar haben auch tradierte Massenmedien vermehrt Informationen und Zitate unmittelbar aus dem Podcast übernommen.[143] Der ihr nachfolgende Bundeskanzler Olaf Scholz betreibt mit „Kanzler kompakt" einen ähnlichen Podcast.

V. Zusammenfassung

Das bereits in der unmittelbaren regierungsamtlichen Öffentlichkeitsarbeit grundsätzlich angelegte Gefährdungspotenzial hat sich mit der digitalen Öffentlichkeitsarbeit wesentlich vergrößert.[144] Die neuen Rahmenbedingungen des Informations- und Kommunikationswesen führen dazu, dass unmittelbare Öffentlichkeitsarbeit nicht mehr durch den bisher notwendigen hohen Mittel- und Kostenaufwand faktisch limitiert ist. Zusätzlich ermöglichen die neuen Medien einen direkten Zugang zum Bürger. Auf die Vermittlung durch die herkömmlichen Massenmedien ist die digitale Öffentlichkeitsarbeit weitaus weniger angewiesen als ihr analoges Pendant. Die weiter zunehmende Partnerschaftlichkeit zwischen Staat und Bürger in der Öffentlichkeitsarbeit erstreckt sich erstmals auf ein Weiterverbreiten von staatlichen Informationen durch einzelne Bürger. Erste Möglichkeiten der Interaktion sind ersichtlich. Zugleich zeigen Beispiele aus der praktizierten Öffentlichkeitsarbeit die neuen Möglichkeiten und das Potenzial, welches in einem plattformübergreifenden und planmäßigen Vorgehen steckt. Dem Bundespresseamt ist der Schritt ins Digitale gelungen. Es scheint erkannt zu haben, welche neuen Möglichkeiten der regierungsamtlichen Öffentlichkeitsarbeit geboten werden. Dabei liegt der Schwerpunkt der Tätigkeit offenbar auf dem Amt des Bundeskanzlers. Ob ein Zusammenhang zwischen der im Verhältnis zu ihrem Amtsvorgänger geringe Präsenz der damaligen Kanzlerin auf Pressekonferenzen mit den neuen Möglichkeiten der digitalen Öffentlichkeitsarbeit besteht,[145] erscheint zwar denkbar, ist allerdings Spekulation.

C. Soziale Öffentlichkeitsarbeit

Die soziale Öffentlichkeitsarbeit stellt die zweite und vorerst letzte Entwicklungsstufe der regierungsamtlichen Öffentlichkeitsarbeit dar. Sie bietet – wie keine andere Form der Öffentlichkeitsarbeit bisher – die Möglichkeit, den Bürger direkt zu erreichen. Durch die sozialen Medien wurden die Interaktionsmöglichkeiten zwi-

---

[143] *Schomburg/Mykhalchyshyn/Herber*, in: Birkner (Hrsg.), Medienkanzler, 2016, 263 (286).

[144] Vgl. hierzu auch *Müller-Franken*, in: AfP 2019, 103 (113).

[145] *Schomburg/Mykhalchyshyn/Herber*, in: Birkner (Hrsg.), Medienkanzler, 2016, 263 (286).

schen Bürger und Staatsorganen auf ein bislang nicht vorstellbares Niveau gehoben. Die technische Grundlage hierfür bildet das Web 2.0, eine Fortentwicklung des bisherigen Internets.[146] Dies hat zur Folge, dass dem jeweiligen Internetnutzer nicht mehr nur Inhalte zum Konsum, sondern darüberhinausgehend auch weitgehende Möglichkeiten zur Partizipation angeboten werden. Im Rahmen eines dynamischen Beschaffungs- und Erstellungsprozesses wurden dadurch neue Formen der Kommunikation, Interaktion und Kollaboration ermöglicht.[147] Auch wenn Möglichkeiten zur Partizipation bereits vorher bestanden, zeichnet es das Web 2.0 aus, dass diese Möglichkeiten nun in großer Zahl wahrgenommen werden und hierfür keine besonderen Kenntnisse erforderlich sind.[148] Rudimentäre Formen der Interaktion wie das Schreiben von Briefen oder das Versenden von E-Mails werden sowohl in ihrer Nutzbarkeit als auch in ihrer tatsächlichen Nutzung um ein Vielfaches übertroffen.[149] Die mit den sozialen Medien einhergehenden Veränderungen des Kommunikationsverhaltens, der Medienwelt sowie der Öffentlichkeit haben gar Jürgen Habermas animiert, seine berühmte Habilitationsschrift nach über sechzig Jahren neu zu überdenken und „Überlegungen und Hypothesen zu einem erneuten Strukturwandel der politischen Öffentlichkeit“ an- und aufzustellen.[150]

Die soziale Öffentlichkeitsarbeit ist dabei ein Teilbereich der digitalen. Entscheidend für die Distinktion ist das Adjektiv „sozial“, welches daher eingehend zu beleuchten ist. Im Rahmen der Begriffsbestimmung soll sich dabei an seiner Bedeutung orientiert werden, die es auch im Begriff „soziale Medien“ erfährt.[151] Denn es sind diese Medien, die die soziale Öffentlichkeitsarbeit prägen und eine eigene soziale Realität erschaffen, die von so großer Bedeutung für die regierungsamtliche Öffentlichkeitsarbeit ist. Zudem gewähren die sozialen Medien neue, nie dagewesene Möglichkeiten der Selbstdarstellung. Diese Aspekte sollen nachfolgend ebenfalls erläutert werden. Schließlich ist auf die Rolle des Bundespresseamtes in diesem Teilbereich der Öffentlichkeitsarbeit hinzuweisen.

---

[146] *Erd*, in: NVwZ 2011, 19 (19); *Kaplan/Haenlein*, in: BusHor 53 (2010), 59 (61); *Pille*, Meinungsmacht sozialer Netzwerke, 2016, S. 68; *Roggenkamp*, Web 2.0 Plattformen im kommunalen E-Government, 2010, S. 19.

[147] *Domma*, Der Einfluss des Web 2.0 auf das Konsumentenverhalten im E-Commerce, 2011, S. 27; *Kaplan/Haenlein*, in: BusHor 53 (2010), 59 (61); *Wittek*, Soziale Netzwerke im Arbeitsrecht, 2014, S. 28 Fn. 48; *Zott*, Aktive Information des Staates im Internet – Mittelalterlicher Pranger oder modernes Steuerungsinstrument?, 2016, S. 250 Fn. 1347. Zum Begriff Web 2.0 siehe *Roggenkamp*, Web 2.0 Plattformen im kommunalen E-Government, 2010, S. 18 ff.

[148] *Hohlfeld/Godulla/Planer*, in: Hornung/Müller-Terpitz (Hrsg.), Rechtshandbuch Social Media, 2. Aufl. 2021, 2. Kap. Rn. 3 f.; *Roggenkamp*, Web 2.0 Plattformen im kommunalen E-Government, 2010, S. 30.

[149] Vgl. *Pille*, Meinungsmacht sozialer Netzwerke, 2016, S. 40.

[150] *Habermas*, in: Seeliger/Sevignani (Hrsg.), Ein neuer Strukturwandel der Öffentlichkeit?, 2021, 470 ff. Siehe zudem *ders.*, Strukturwandel der Öffentlichkeit, 1. Aufl. 1962.

[151] *Zehe*, in: Hill/Martini/E. Wagner (Hrsg.), Facebook, Google & Co., 2013, 33 (33 Fn. 2), kritisiert die Verwendung von „sozial“ im Kontext von „sozialen Medien“.

I. Sozial

Jeder Inhalt der sozialen Öffentlichkeitsarbeit ist auch digitale Öffentlichkeitsarbeit, doch nicht jede digitale Öffentlichkeitsarbeit ist auch sozial im hier verwendeten Sinne. Um den vorliegenden Begriff in Abgrenzung zur übergeordneten digitalen Öffentlichkeitsarbeit zu erfassen, muss der hier verwendeten Sinn erklärt werden.

1. Herkömmliches Begriffsverständnis

Das Adjektiv sozial stellt die Bedeutung eines Substantivs für das geregelte Zusammenleben der Menschen in Staat und Gesellschaft oder seinen Bezug auf die menschliche Gemeinschaft dar.[152] Von diesem Definitionsansatz ausgehend kann soziale Öffentlichkeitsarbeit aber kaum fruchtbar gemacht werden, denn jede Form der regierungsamtlichen Öffentlichkeitsarbeit betrifft das geregelte Zusammenleben der Menschen in Staat und Gesellschaft. Sie hat schließlich die Aufgabe den Grundkonsens, das Einverständnis der Bürger mit dem Staat, lebendig zu erhalten.[153] Ebenso wenig hilfreich ist es, sozial nach seiner weiteren Bedeutung im natürlichen Sprachgebrauch als ein besonders der Allgemeinheit oder dem Allgemeinwohl dienendes Verhalten zu verstehen.[154] Als soziale Öffentlichkeitsarbeit käme dann nur eine solche in Betracht, die besonders dem Allgemeinwohl dient. Für den Untersuchungsgegenstand ist damit aber nichts gewonnen. Um den Begriff der sozialen Öffentlichkeitsarbeit greifbar zu machen, bedarf es einer anderen Perspektive.

2. „Sozial" im Sinne von sozialen Medien

In erster Linie sind die sozialen Medien dafür verantwortlich, dass die soziale regierungsamtliche Öffentlichkeitsarbeit ein bisher nicht dagewesenes Maß an Interaktivität zwischen dem Bürger und den Staatsorganen ermöglicht. Soziale Medien sind für unsere derzeitige Gesellschaft, insb. die darin aufgewachsenen Bevölkerungskohorten Generation Y und Generation Z, die prägenden Medien.[155] Laut einer Erhebung aus dem Jahr 2022 sollen 72,6 Mio. Deutsche oder 86,5 % der Gesamtbevölkerung aktiv und regelmäßig soziale Medien nutzen. Die durchschnittliche tägliche Nutzungsdauer in der Altersgruppe von 16–64 Jahren soll fast eineinhalb Stunden betragen und im Durchschnitt sollen monatlich 5,3 unterschiedliche

---

[152] So die Definitionen in Duden und DWDS – Digitales Wörterbuch der deutschen Sprache.

[153] Vgl. BVerfGE 44, 125 (147).

[154] So etwa die Begriffe soziale Frage, soziale Marktwirtschaft, Sozialdemokratie, soziales Gewissen etc.

[155] Bereits *Erd*, in: NVwZ 2011, 19 (19): „Soziale Netzwerke sind in aller Munde". *Neuberger*, in: ders./Gerau (Hrsg.), StudiVZ, 2011, 33 (33): „wichtiger Bestandteil der Gegenwartskultur". Ebenso *Wittek*, Soziale Netzwerke im Arbeitsrecht, 2014, S. 24.

Plattformen genutzt werden.[156] Für den Nachrichten- und sonstigen Informationsbezug sind die sozialen Medien für Menschen bis zum Alter von 49 Jahren das primäre Medium.[157] Eine Bedeutungsabwertung der sozialen Medien ist nicht absehbar, ein für das Jahr 2018 vorhergesagte Höhepunkt an Nutzern von sozialen Medien wurde übertroffen.[158] Da soziale Öffentlichkeitsarbeit, wie sie vorliegend verstanden werden soll, größtenteils über soziale Medien bzw. soziale Netzwerke erfolgt, ist zum Verständnis des Begriffs auf diese zurückzugreifen.

a) Soziale Medien

Die sozialen Medien sind eine Vielzahl von digitalen Anwendungen im Internet, die auf den technologischen Grundlagen sowie ideologischen Vorstellungen des Web 2.0 aufbauen und den Nutzern zum einen das Erstellen und Verbreiten eigener Inhalte, zum anderen aber auch die Verbreitung von Inhalten ermöglichen, die von anderen Nutzern erstellt wurden.[159] Teilweise wird innerhalb der sozialen Medien weiter differenziert, etwa zwischen Kollektivprojekten, Blogs, Content Communities, sozialen virtuellen Welten und sozialen Netzwerken.[160] Dabei zeigt sich aber bereits an wenigen Beispielen, dass eine trennscharfe Abgrenzung kaum gelingt. Das soziale Medium X wird oftmals als Beispiel für einen Blog bzw. Microblog genannt, dabei weist es zahlreiche Vernetzungs- bzw. Verknüpfungsaspekte typischer sozialer Netzwerke – etwa die Möglichkeit private Nachrichten zwischen Nutzern zu versenden – auf. Es kann es daher gleichwohl als soziales Netzwerk verstanden werden.[161] Der primäre Verwendungszweck von Instagram – der Name als ein Kofferwort aus instant camera und Telegramm weist schon darauf hin – ist es Bilder zu teilen bzw. mit den geteilten Bildern anderer zu interagieren. Es ist aber auch möglich

---

[156] *We Are Social/Hootsuite*, Digital 2022 Global Overview Report. Aufschlussreich ist ein Vergleich mit zwei Publikationen von *Bitkom*, zum einen „Netzgesellschaft" aus dem Jahr 2011, nach der von fast 59 Mio. Internetnutzern in Deutschland „nur" 74 % regelmäßig soziale Medien nutzten und zum anderen „Social-Media-Trends 2018" wonach bereits neun von zehn Internetnutzern durchschnittlich drei soziale Netzwerke nutzten.

[157] *Schneiders*, in: ZUM 2021, 480 (481 f.); *Ch. Wagner*, in: NVwZ 2022, 861 (862).

[158] *Hohlfeld/Godulla/Planer*, in: Hornung/Müller-Terpitz (Hrsg.), Rechtshandbuch Social Media, 2. Aufl. 2021, 2. Kap. Rn. 42; *Schwartmann/Ohr*, in: Schwartmann (Hrsg.), Praxishandbuch Medien-, IT- und Urheberrecht, 4. Aufl. 2017, 11. Kap. Rn. 273.

[159] *Domma*, Der Einfluss des Web 2.0 auf das Konsumentenverhalten im E-Commerce, 2011, S. 26 f.; *Kaplan/Haenlein*, in: BusHor 53 (2010), 59 (61); *Pille*, Meinungsmacht sozialer Netzwerke, 2016, S. 73 f.; *Roggenkamp*, Web 2.0 Plattformen im kommunalen E-Government, 2010, S. 32, 39; *Schwartmann/Ohr*, in: Schwartmann (Hrsg.), Praxishandbuch Medien-, IT- und Urheberrecht, 4. Aufl. 2017, 11. Kap. Rn. 1; *Wittek*, Soziale Netzwerke im Arbeitsrecht, 2014, S. 28; *Zott*, Aktive Information des Staates im Internet – Mittelalterlicher Pranger oder modernes Steuerungsinstrument?, 2016, S. 250 f.

[160] *Wittek*, Soziale Netzwerke im Arbeitsrecht, 2014, S. 27 ff., und *Zott*, Aktive Information des Staates im Internet – Mittelalterlicher Pranger oder modernes Steuerungsinstrument?, 2016, S. 250 f., übernehmen dies von *Kaplan/Haenlein*, in: BusHor 53 (2010), 59 (61 ff.).

[161] Vgl. *Bilsdorfer*, Polizeiliche Öffentlichkeitsarbeit in sozialen Netzwerken, 2019, S. 102.

private Nachrichten zu versenden. Es handelt sich also sowohl um eine Content Community als auch um ein soziales Netzwerk. Die vorstehend beschriebene Differenzierung löst sich mit einer fortdauernden Angleichung der unterschiedlichen Plattformen aneinander weiter auf. Regelmäßig übernehmen Plattformen neue und beliebte Funktionen anderer Plattformen.[162] Die an anderer Stelle bereits angesprochene Konvergenz der Medien erstreckt sich also auch auf die sozialen Medien. In praktischer Hinsicht drohen einmal getroffene Differenzierungen von der Wirklichkeit überholt zu werden. Insb. für den vorliegenden Untersuchungsgegentand verspricht eine kleinteilige Begriffsunterteilung ohnehin keinen Erkenntnisgewinn.

b) Soziales Netzwerk

§ 1 Abs. 1 Satz 1 NetzDG definiert soziale Netzwerke als Telemediendienstanbieter, die mit Gewinnerzielungsabsicht Plattformen im Internet betreiben, die dazu bestimmt sind, dass Nutzer beliebige Inhalte mit anderen Nutzern teilen oder der Öffentlichkeit zugänglich machen. Gleichwohl nehmen § 1 Abs. 1 Satz 2, 3 NetzDG bestimmte Plattformen von der Begriffsbestimmung aus. Zum einen Plattformen mit journalistisch-redaktionell gestalteten Angeboten, zum anderen Plattformen, die zur Individualkommunikation oder zur Verbreitung spezifischer Inhalte bestimmt sind. Unter § 1 Abs. 1 Satz 3 1. Alt. NetzDG fallen dem Grunde nach Kurznachrichtendienste wie WhatsApp oder Telegram. Unter § 1 Abs. 1 Satz 3 2. Alt. NetzDG fallen Plattformen wie LinkedIn, also solche Netzwerke, die ausschließlich der beruflichen Vernetzung dienen sollen.[163] Ob man WhatsApp und Telegram wirklich als „reine" Kurznachrichtendienste einordnen kann, ist jedoch fraglich, denn beide Plattformen haben Funktionen, die kaum mehr zur Individualkommunikation gezählt werden können. Zu nennen ist etwa die „Status"-Funktion auf WhatsApp oder die in Telegram vorhandenen „Gruppen" mit bisweilen tausenden Mitgliedern.[164] Auch die Definitionsansätze in der Sozial- und Kommunikationswissenschaft sind vielfältig. Sie lassen sich jedoch so zusammenfassen, dass unter sozialen Netzwerken Anwendungen zu verstehen sind, die auf Austausch angelegt sind, immer gemein-

---

[162] Die „Status"-Funktion WhatsApps, also das für alle Kontakte sichtbare Veröffentlichen eines Bildes für grundsätzlich 24 Stunden, basiert auf den „Story"-Funktionen von Instagram und Facebook, die sich ihrerseits an der „Story"-Funktion Snapchats orientieren, *Hohlfeld/Godulla/Planer*, in: Hornung/Müller-Terpitz (Hrsg.), Rechtshandbuch Social Media, 2. Aufl. 2021, 2. Kap. Rn. 8. Zuletzt hat der Erfolg TikToks dazu geführt, dass simpel zu bearbeitende Kurzvideos auf anderen Plattformen Eingang gefunden haben.

[163] *Bilsdorfer*, Polizeiliche Öffentlichkeitsarbeit in sozialen Netzwerken, 2019, S. 106; *Müller-Terpitz*, in: Eifert/Gostomzyk (Hrsg.), Netzwerkrecht, 45 (46).

[164] Nach *Müller-Terpitz*, in: Eifert/Gostomzyk (Hrsg.), Netzwerkrecht, 45 (46), sind Kurznachrichtendienste aus kommunikationswissenschaftlicher Perspektive als soziale Netzwerke zu verstehen. Zu Telegram siehe *Kalbhenn/Hemmert-Halswick*, in: Hoeren/Sieber/Holznagel (Hrsg.), Handbuch Multimedia-Recht, 57. EL. Sep. 2021, Teil 21.3 Rn. 25; *Kalbhenn*, in: ZUM 2022, 266 (268 ff.). Das BfJ hat wegen Verstößen gegen das NetzDG gegen die Telegram FZ-LLC Bußgelder i. H. v. insgesamt 5 Mio. Euro verhängt, Pressemitt. v. 17. 10. 2022 u. v. 2. 3. 2023.

schaftlich genutzt werden, Möglichkeiten des Bewertens sowie Empfehlens enthalten und über Schnittstellen sowie Verknüpfungen zu anderen Nutzern soziale Beziehungen konstruieren.[165] Innerhalb der sozialen Netzwerke kann zwischen den bereichsspezifischen sozialen Netzwerken und den allgemeinen sozialen Netzwerken unterschieden werden. Die Typisierung eines einzelnen sozialen Netzwerks erfolgt anhand des verfolgten Zwecks. Bereichsspezifische soziale Netzwerke weisen dabei im Gegensatz zu den allgemeinen stets einen spezifischen Bezug zu einer bestimmten Thematik auf. Ein Beispiel ist etwa das bereits genannte Karrierenetzwerk LinkedIn.[166]

c) Zwischenergebnis

Für die Begriffsbestimmung der sozialen Öffentlichkeitsarbeit ist weder eine weitere Abgrenzung zwischen sozialen Medien und sozialen Netzwerken noch eine etwaige Differenzierung innerhalb der Begriffe gewinnbringend. Für die vorliegende Arbeit ist ausreichend, dass bei beiden Begriffen das Adjektiv „sozial“ im selben Sinne gebraucht wird.

3. Das Soziale an den sozialen Medien

Soziale Medien haben ein gemeinsames Wesensmerkmal, das auch gleichzeitig ihr Alleinstellungsmerkmal innerhalb aller anderen Medien ist. Es handelt sich um die ihnen immanente Ausrichtung auf Interaktivität zwischen allen Nutzern.[167] Alle sozialen Medien regen ihre Nutzer in unterschiedlich starkem Maße an, durch mit von ihnen erstellten Inhalten oder durch Interaktion mit den Inhalten anderer, „mitzumachen“. An sich zutreffend, aber etwas ungelenk und aus der Zeit gefallen, wird das Web 2.0 daher auch als „Mitmach-Web“ bezeichnet.[168]

Der Begriff des Mitmachens eignet sich dennoch, die soziale Öffentlichkeitsarbeit zu konturieren und zu definieren. Soziale regierungsamtliche Öffentlichkeitsarbeit ist darauf ausgerichtet, dass der Bürger an den jeweiligen Inhalten der Öffentlichkeitsarbeit teilhat, also selbst ein Bestandteil des Inhalts wird. Sie ist auf ein Mit-

---

[165] *Bilsdorfer*, Polizeiliche Öffentlichkeitsarbeit in sozialen Netzwerken, 2019, S. 102 ff.; *Hohlfeld/Godulla/Planer*, in: Hornung/Müller-Terpitz (Hrsg.), Rechtshandbuch Social Media, 2. Aufl. 2021, 2. Kap. Rn. 7; *Müller-Terpitz*, in: Eifert/Gostomzyk (Hrsg.), Netzwerkrecht, 45 (45).

[166] *Bilsdorfer*, Polizeiliche Öffentlichkeitsarbeit in sozialen Netzwerken, 2019, S. 106 f.; *Pille*, Meinungsmacht sozialer Netzwerke, 2016, S. 90 ff.; *Schwartmann/Ohr*, in: Schwartmann (Hrsg.), Praxishandbuch Medien-, IT- und Urheberrecht, 4. Aufl. 2017, 11. Kap. Rn. 13; *Zehe*, in: Hill/Martini/E. Wagner (Hrsg.), Facebook, Google & Co., 2013, 33 (43).

[167] Vgl. *Iben*, Staatlicher Schutz vor Meinungsrobotern, 2021, S. 29.

[168] *Roggenkamp*, Web 2.0 Plattformen im kommunalen E-Government, 2010, S. 30 f. Ähnlich *Erd*, in: NVwZ 2011, 19 (19); *Neuberger*, in: ders./Gerau (Hrsg.), StudiVZ, 2011, 33 (34); *Pille*, Meinungsmacht sozialer Netzwerke, 2016, S. 72.

machen des Bürgers, nämlich auf Interaktivität zwischen der Regierung als erstmaligem Urheber und dem Bürger als erstmaligem Empfänger, ausgerichtet. Die Rolle des Bürgers als Empfänger wandelt sich dabei. Er kann und soll unmittelbar, in Echtzeit und ohne auf ein sonstiges Vermittlungsmedium außerhalb des sozialen Mediums zurückzugreifen, mit dem Inhalt der Öffentlichkeitsarbeit interagieren und diesem dadurch erst seine inhaltliche Prägung verleihen. Inhalte der sozialen Öffentlichkeitsarbeit werden von der Regierung erstellt und erstmalig in einem sozialen Medium verbreitet. Die durch Interaktionen erfolgende Weiterverarbeitung und -verbreitung obliegt jedoch dem Bürger als Erstempfänger und Zweitkommunikator.

4. Ergebnis

Soziale Öffentlichkeitsarbeit ist daher Öffentlichkeitsarbeit, die darauf angelegt ist, dass die Rezipienten mit den Inhalten interagieren und ihnen dadurch zu einer größeren Verbreitung verhelfen. Der Bürger soll bei der Öffentlichkeitsarbeit „mitmachen". Soziale Öffentlichkeitsarbeit wird in den sozialen Medien betrieben, da diese die erforderlichen Interaktionsmöglichkeiten aufweisen.

II. Soziale Medien als eigene soziale Realität

Bereits lange vor dem Aufkommen sozialer Medien erkannte Horst Reimann, dass Massenkommunikation auf einem Netzwerk sozialer Beziehungen basiert und sich das Bild des tatsächlich Geschehenen, bis es letztlich beim Rezipienten angelangt, erheblich verändert. Die Weiterentwicklung eines Ereignisses zum öffentlichen Ereignis hänge von der spezifischen Kommunikationsstruktur des sozialen Systems, in welchem es stattfinde, ab. „Die Metamorphose eines Geschehens zum öffentlichen Ereignis ist systembedingt", so Reimann.[169]

1. Such- und Vorschlagsalgorithmus

Vorstehende Beschreibung hätte die Wirkungsweise der Aufmerksamkeitsströme in den sozialen Medien kaum besser vorhersagen können. Wenn bereits herkömmliche Massenmedien eine „eigene soziale Realität" erzeugen,[170] hat dies für soziale Medien nur umso mehr zu gelten. Massenkommunikation erfolgt eben nicht mehr zeit- und ortsverzögert, da das Kommunikationsverhalten direkter und schneller wurde.[171] In den sozialen Medien erfolgt Massenkommunikation unmittelbar und sofort. Durch technisch fortgeschrittene Mobilfunknetze, die einen ausreichend potenten mobilen Internetzugang ermöglichen, kann jeder an nahezu jedem Ort

---

[169] *Reimann*, Kommunikations-Systeme, 2. Aufl. 1974, S. 165 f.

[170] *Scherzberg*, Die Öffentlichkeit der Verwaltung, 2000, S. 183.

[171] So noch *Scherzberg*, Die Öffentlichkeit der Verwaltung, 2000, S. 183.

weltweit zu einem Massenkommunikator werden. Dabei gilt auch in den sozialen Medien, dass die Aufmerksamkeit der Rezipienten begrenzt ist. Ein Mehr an „Angebot“ für den Rezipienten führt daher grds. auch zu einem Mehr an „Konkurrenz“ zwischen den Kommunikatoren. Das Interesse der Rezipienten am kommunizierten Inhalt muss daher gesichert werden. Ursprünglich bezog sich dies darauf inhaltliche Anreize für die Rezipienten zu schaffen.[172] Die spezifische Kommunikationsstruktur der sozialen Medien hat jedoch einen weiteren Anreiz geschaffen: den netzwerkspezifischen Such- und Vorschlagsalgorithmus.[173]

Das digitale Mediensystem ist davon geprägt, dass ein sehr einfach zugängliches Überangebot an Informationen besteht, während die Aufmerksamkeit der Rezipienten weiterhin begrenzt bleibt. Soziale Medien sind gerade deshalb so erfolgreich, weil sie dem Nutzer diejenigen Inhalte anzeigen, die dieser auch wahrnehmen möchte.[174] Dabei nutzen die sozialen Medien komplexe Algorithmen, die aufgrund scheinbar unendlicher Datenmengen selbstständig Entscheidungen treffen. Erheblich vereinfacht lässt sich die Entscheidungsfindung des sozialen Mediums wie folgt beschreiben: Das soziale Medium verfügt aufgrund intensiver Datenerhebung über das „Wissen“, dass der Nutzer A die Inhalte I_A wahrgenommen und/oder mit ihnen interagiert hat. Das soziale Medium verfügt ebenfalls über Daten, die aufzeigen, dass auch die Nutzer B, C, D … mit vielen der Inhalte I_A interagiert haben. Das Medium fasst daher Nutzer A sowie die Nutzer B, C, D … in ein Nutzergruppenprofil N. Nutzer A werden zukünftig die Inhalte I_N angezeigt, mit denen die sonstigen Nutzer des Nutzergruppenprofils N bereits interagiert haben. Der Gedanke hinter dieser Vorgehensweise ist, dass sich die Interessen der Nutzer innerhalb eines Nutzergruppenprofils so sehr ähneln, dass sie dieselben Inhalte als sehenswert empfinden und daher auch wahrnehmen möchten.

Die sozialen Medien und deren vorstehend kurz skizzierter jeweiliger Such- und Vorschlagsalgorithmus basieren u. a. auf der sozialpsychologischen Theorie der kognitiven Dissonanz Leon Festingers.[175] Diese besagt, dass der Einzelne grundsätzlich nach einem Gleichgewicht des kognitiven Systems strebt. Das kognitive System ist dabei im Gleichgewicht, wenn inhaltlich verbundene Kognitionen konsistent und widerspruchsfrei sind. Daher besteht eine Neigung, die eigene Ansicht in Frage stellende Meinungen zu ignorieren, da diese das Gleichgewicht des eigenen kognitiven Systems stören.[176] Auf die sozialen Medien übertragen bedeutet dies, dass

---

[172] *Scherzberg*, Die Öffentlichkeit der Verwaltung, 2000, S. 184.

[173] Vgl. Bericht der Enquete-Kommission Künstliche Intelligenz – Gesellschaftliche Verantwortung und wirtschaftliche, soziale und ökologische Potenziale, BT-Drs. 19/23700, S. 422 ff.; *Drexl*, in: ZUM 2017, 529 (530 ff.); *Hohlfeld/Godulla/Planer*, in: Hornung/Müller-Terpitz (Hrsg.), Rechtshandbuch Social Media, 2. Aufl. 2021, 2. Kap. Rn. 50. Zur Wirkungsweise der Algorithmen im Überblick siehe *Schwartmann/Ohr*, in: Schwartmann (Hrsg.), Praxishandbuch Medien-, IT- und Urheberrecht, 4. Aufl. 2017, 11. Kap. Rn. 275.

[174] *Schneiders*, in: ZUM 2021, 480 (481).

[175] Wie hier *Pille*, Meinungsmacht sozialer Netzwerke, 2016, S. 43 m. w. N.

[176] Grundlegend *Festinger*, Theorie der kognitiven Dissonanz, 1978, S. 15 ff.

die Benutzung dann als besonders angenehm erlebt wird, wenn die vom sozialen Medium angezeigten Inhalte bereits den Interessen, Vorstellungen, Emotionen etc. des jeweiligen Nutzers entsprechen. Was das soziale Medium dabei dem jeweiligen Nutzer anzeigt, ermittelt der Algorithmus nach dem skizzierten Schema.[177] War die spezifische Kommunikationsstruktur nach Reimann noch ein abstrakter soziologischer Begriff, veranschaulichen und konkretisieren die in sozialen Medien bestehenden Algorithmen eindrucksvoll, inwieweit eine eigene soziale Realität erschaffen wird.[178]

2. Neuartige Phänomene der Kommunikation

Die skizzierte Arbeitsweise der Algorithmen führt dazu, dass die Öffentlichkeit in immer kleiner werdende Gruppen dividiert wird. In dann entstehenden Echokammern oder Filterblasen werden nur noch diejenigen Inhalte wahrgenommen, die das eigene Weltbild bestätigen. Dies führt einerseits dazu, dass sich Einzelinteressen wechselseitig verstärken, andererseits dazu, dass sich Menschen mit bereits vorhandenen radikalen Ansichten weiter radikalisieren, weil ihnen das Korrektiv der Allgemeinheit fehlt. Werden in einer Echokammer ausschließlich radikale Ansichten kundgetan, werden diese Ansichten als normal wahrgenommen. Sodann entfernen sich Teile dieser „Internetöffentlichkeit" immer weiter von der Gesamtgesellschaft.[179] Die hieraus entstandenen Auswüchse haben immer wieder ihre virtuelle Filterblase verlassen und sind in reelle Gewalt umgeschlagen.[180] Das wohl bekannteste Beispiel stellen die Ereignisse rund um den „Sturm auf das Kapitol" in Washington, D.C. am 6. Januar 2021 dar. Nach den Feststellungen eines Ausschusses des Senats der Vereinigten Staaten wurden die Demonstrationen gegen den angeblichen Wahlbetrug bei den Präsidentschaftswahlen 2020, die gewaltsamen Ausschreitungen und die anschließende Erstürmung des Kapitols maßgeblich über soziale Medien initiiert und vorbereitet.[181] Ähnliche Ereignisse fanden auch vor dem Reichstag in Berlin sowie auf dem Gebäude des Kongresses in Brasília statt.

Zwar waren bereits in den herkömmlichen Massenmedien Polarisierung, Personalisierung und Schematisierung Mittel, um insb. auch mittels Emotionalisierung

[177] Hierzu siehe auch *Habermas*, in: Seeliger/Sevignani (Hrsg.), Ein neuer Strukturwandel der Öffentlichkeit?, 2021, 470 (495); *Ch. Wagner*, in: ZUM 2022, 861 (863).

[178] Vgl. *Schwartmann/Ohr*, in: Schwartmann (Hrsg.), Praxishandbuch Medien-, IT- und Urheberrecht, 4. Aufl. 2017, 11. Kap. Rn. 1.

[179] Zum Ganzen siehe *Beyerbach*, in: Hornung/Müller-Terpitz (Hrsg.), Rechtshandbuch Social Media, 2. Aufl. 2021, 10. Kap. Rn. 9 f.; *Drexl*, in: ZUM 2017, 529 (531 ff.); *Kühling*, in: JZ 2021, 529 (530 ff.); *Ch. Wagner*, in: ZUM 2022, 861 (864).

[180] Siehe hierzu *Beirich*, in: Kleffner/Meisner (Hrsg.), Fehlender Mindestabstand, 2021, 89 ff.

[181] *Ch. Wagner*, in: ZUM 2022, 861 (862). Zu einer Chronologie der Ereignisse siehe *United States Committee on the Judiciary*, Subverting Justice, Appendix A.

öffentliche Aufmerksamkeit zu erzeugen.[182] Doch zeigen neuartige Phänomene wie etwa der Shitstorm[183] oder der Streisand-Effekt[184] eindrucksvoll, welche Formen die sozialen Realitäten in den sozialen Medien annehmen können. Dabei handelt es sich oftmals um sich selbst lenkende Aufmerksamkeitsströme, deren Eigendynamik kaum abschbar ist. Auch hier hat die neu hinzukommende Möglichkeit der unmittelbaren Interaktion innerhalb eines Massenmediums einen entscheidenden Einfluss. Niedrigschwellig kann jeder Nutzer einen fremden Inhalt bewerten, kommentieren, weiterverbreiten, die – scheinbare – Distanz, die dabei das soziale Medium zwischen den Beteiligten aufbaut, sorgt dabei für eine in Teilen erschreckende Enthemmung.[185] Dieser digitale Pranger zieht regelmäßig auch eine Thematisierung in den herkömmlichen Medien nach sich, etwa wenn eine Person des öffentlichen Lebens Gegenstand des Empörungssturms ist. Dann schafft es der Aufmerksamkeitsstrom die Grenzen des sozialen Mediums zu überwinden und den Weg in „das Analoge“ zu finden.[186] Als Beispiel welche politischen Effekte solche Empörungswellen haben können, sei auf die Europawahl 2019 und die Bundestagswahl 2021 hingewiesen. So soll ein wenige Tage vor der Europawahl 2019 auf YouTube veröffentlichtes Video mit dem Titel „Die Zerstörung der CDU“ erhebliche negative Auswirkungen auf das Wahlergebnis einer Partei gehabt habe.[187] Ähnlich negativ dürfte sich das Bild eines lachenden Spitzenkandidaten für die Bundestagswahl im Rahmen einer Gedenkveranstaltung für die Opfer einer Naturkatastrophe ausgewirkt haben.

---

[182] *Scherzberg*, Die Öffentlichkeit der Verwaltung, 2000, S. 184.

[183] Der Duden definiert Shitstorm als einen Sturm der Entrüstung in einem Kommunikationsmedium des Internets, der zum Teil mit beleidigenden Äußerungen einhergeht. Siehe auch *Hoyer*, in: Dittler/ders. (Hrsg.), Social Network – Die Revolution der Kommunikation, 2014, 13 (16f.).

[184] Der Streisand-Effekt bezeichnet die gesteigerte Verbreitung einer Information im Internet, verursacht durch den Versuch des von der Information Betroffenen, die Weiterverbreitung ebenjener Information zu stoppen, *Kleineberg*, in: Dittler/Hoyer (Hrsg.), Social Network – Die Revolution der Kommunikation, 2014, 61 (67). Siehe auch *Bilsdorfer*, Polizeiliche Öffentlichkeitsarbeit in sozialen Netzwerken, 2019, S. 444f.

[185] *Kalbhenn/Hemmert-Walswick*, in: Hoeren/Sieber/Holznagel (Hrsg.), Handbuch Multimedia-Recht, 57. EL. Sep. 2021, Teil 21.3 Rn. 1; *Kleineberg*, in: Dittler/Hoyer (Hrsg.), Social Network – Die Revolution der Kommunikation, 2014, 61 (62); *Schwartmann/Ohr*, in: Schwartmann (Hrsg.), Praxishandbuch Medien-, IT- und Urheberrecht, 4. Aufl. 2017, 11. Kap. Rn. 8. Siehe hierzu auch *Gerdemann*, in: ZUM 2022, 364 (367). Aus der Gesetzesbegründung zum NetzDG: „Die Debattenkultur im Netz ist oft aggressiv, verletzend und nicht selten hasserfüllt.“, BT-Drs. 18/12356, S. 1.

[186] *Hohlfeld/Godulla/Planer*, in: Hornung/Müller-Terpitz (Hrsg.), Rechtshandbuch Social Media, 2. Aufl. 2021, 2. Kap. Rn. 60. Gar ein Wesensmerkmal sieht darin *Kleineberg*, in: Dittler/Hoyer (Hrsg.), Social Network – Die Revolution der Kommunikation, 2014, 61 (61).

[187] *T. Schmid/Braam/Mischke*, in: MMR 2020, 19 (22); *Ch. Wagner*, in: ZUM 2022, 861 (862 Fn. 4).

3. Bedeutung für die regierungsamtliche Öffentlichkeitsarbeit

In der regierungsamtlichen Öffentlichkeitsarbeit lässt sich die beschriebene Interaktivität nutzen, um „die Metamorphose hin zu einem öffentlichen Ereignis" nicht der freien öffentlichen Meinung zu überlassen, sondern gezielt selbst zu veranlassen und zu steuern.[188] Dabei kommt dem Internet im Allgemeinen und den sozialen Medien im Speziellen eine erhebliche Meinungsbildungsrelevanz zu.[189] Soziale Medien haben eine wesentliche Bedeutung für die Verbreitung von politischen Programmen und Ideen.[190]

Soll regierungsamtliche Öffentlichkeitsarbeit in den sozialen Medien den gewünschten Erfolg erzielen, muss sie die spezifischen Kommunikationsstrukturen entsprechend nutzen. Dies gilt sowohl für den jeweiligen Algorithmus des sozialen Mediums als auch für die Partnerschaftlichkeit der Kommunikation zwischen Bürger und Staat. Der Inhalt soll eine größtmögliche Erst-, aber auch eine möglichst große Weiterverbreitung erfahren. Der regierungsamtlichen Öffentlichkeitsarbeit kommt dabei ein digitaler Standortvorteil zu. Ihre Inhalte sind allein deshalb von besonderer Relevanz, weil sie aus der Sphäre der Bundesregierung stammen. Ihnen kommt kraft Natur der Sache ein Mehr an Aufmerksamkeit zu.[191] Der Grund hierfür liegt u. a. darin, dass sich die öffentliche Meinung wie auch die politische Opposition in erster Linie an dem Regierungshandeln abarbeiten. Die Regierung ist regelmäßig sowohl Subjekt als auch Objekt der öffentlichen Auseinandersetzung. Es kann daher unterstellt werden, dass Inhalte der regierungsamtlichen Öffentlichkeitsarbeit bereits „aus sich heraus" mehr Aufmerksamkeit erfahren. In den sozialen Medien hat dies zur Folge, dass diese Inhalte aufgrund einer hohen „Erstinteraktionsquote" von dem jeweiligen Algorithmus als besonders relevant eingestuft werden und deshalb eine größere Weiterverbreitung erfahren. Hinzu kommt, dass jede Interaktion dergestalt auf den Algorithmus einwirkt, dass der Inhalt als relevanter eingestuft wird und daher eine noch größere Weiterverbreitung erfährt. Mehr Interaktion führt wiederum nach der Binnenlogik der sozialen Medien zu einer größeren Verbreitung, das wiederum zu einem Mehr an Interaktionen führen kann etc. Bildlich gesprochen handelt es sich um eine Aufmerksamkeitslawine, die mit jeder weiteren Interaktion größer und

---

[188] *Ch. Wagner*, in: ZUM 2022, 861 (862). Zum Beitrag sozialer Medien für die Entstehung von Öffentlichkeit siehe *Hohlfeld/Godulla/Planer*, in: Hornung/Müller-Terpitz (Hrsg.), Rechtshandbuch Social Media, 2. Aufl. 2021, 2. Kap. Rn. 53 ff. Zur „Internetöffentlichkeit" siehe *Pille*, Meinungsmacht sozialer Netzwerke, 2016, S. 80 ff.

[189] *Gerdemann*, in: ZUM 2022, 364 (367); *Pille*, Meinungsmacht sozialer Netzwerke, 2016, S. 83 ff.

[190] BVerfG ZUM-RD 2019, 429 (431); *Ch. Wagner*, in: ZUM 2022, 861 (862).

[191] BVerfGE 138, 102 (114 Rn. 44 f.); *Böckelmann/Mahle/Nahr*, in: Langenbucher (Hrsg.), Politik und Kommunikation, 1979, 93 (102); *C. Conrad*, in: ders./S. Grünewald/Kalscheuer/Milker (Hrsg.), Handbuch Öffentlich-rechtliches Äußerungsrecht, 2022, § 3 Rn. 113; *Friehe*, in: Uhle (Hrsg.), Information und Einflussnahme, 2018, 81 (91 f.); *Morlok*, in: Dreier (Hrsg.), Grundgesetz Bd. II, 3. Aufl. 2015, Art. 38 Rn. 94. Vgl. hierzu bereits *Seifert*, in: DÖV 1977, 288 (290).

größer wird.[192] Etwas Vergleichbares gab es vor den sozialen Medien nicht.[193] Soziale regierungsamtliche Öffentlichkeitsarbeit zeichnet sich – wie bereits an anderer Stelle erwähnt – gerade dadurch aus, dass sie auf Interaktion, angelegt ist und daher ein hohes Maß an Interaktion erfahren soll.

III. Neue Möglichkeiten der Selbstdarstellung

Soziale Medien sind Medien der Selbstdarstellung.[194] Entsprechend bietet die soziale Öffentlichkeitsarbeit der Regierung neue Möglichkeiten zur Selbstdarstellung vor der Bevölkerung.[195]

1. Digitale Identität

Die sozialen Medien dienen aufgrund ihrer Eigenschaft als Medien der Selbstdarstellung der Konstruktion einer digitalen Identität. Bedingt durch den gesamtgesellschaftlichen Wertewandel hin zu Selbstverwirklichung und Individualisierung, erscheint diese weitaus wichtiger als etwa die Gruppenzugehörigkeit des jeweiligen Individuums.[196] Der niedrigschwellige Zugang zu den sozialen Medien und die im Ausgangspunkt autonome Entscheidung über den veröffentlichten Inhalt bieten bisher nicht vorhandene Möglichkeiten hierzu.[197] Der Nutzer kann über Inhalt, Zeitpunkt und Kontext der Selbstdarstellung frei entscheiden, *idealiter* die „bestmögliche" Version seiner selbst darstellen. Der Ausgangspunkt ist dabei für jeden Nutzer grundsätzlich gleich: Jeder Nutzer kann seine Persönlichkeit, seine Werten und Ideen allen anderen Nutzern des Mediums offenbaren. Ob die digitale Identität mit der reellen Identität übereinstimmt, kann oftmals kaum überprüft werden.

---

[192] *Herberger*, in: Weth/ders./Wächter/Sorge (Hrsg.), Daten- und Persönlichkeitsschutz im Arbeitsverhältnis, 2. Aufl. 2019, A.V. Rn. 20, beschreibt dies als einen „Schneeballeffekt". *Schwartmann/Ohr*, in: Schwartmann (Hrsg.), Praxishandbuch Medien-, IT- und Urheberrecht, 4. Aufl. 2017, 11. Kap. Rn. 2, nutzen den üblichen Begriff „viral".

[193] *Hohlfeld/Godulla/Planer*, in: Hornung/Müller-Terpitz (Hrsg.), Rechtshandbuch Social Media, 2. Aufl. 2021, 2. Kap. Rn. 61, sprechen von einem „fundamentalen Paradigmenwechsel".

[194] *Harding*, in: C. Conrad/S. Grünewald/Kalscheuer/Milker (Hrsg.), Handbuch Öffentlich-rechtliches Äußerungsrecht, 2022, § 2 Rn. 45; *ders.*, Staatliche Öffentlichkeitsarbeit in sozialen Netzwerken, 2023, S. 75; *Neuberger*, in: ders./Gerau (Hrsg.), StudiVZ, 2011, 33 (76 ff.). Zur Selbstdarstellung der Polizei in den sozialen Netzwerken siehe *Bilsdorfer*, Polizeiliche Öffentlichkeitsarbeit in sozialen Netzwerken, 2019, S. 91 f.

[195] Zur Öffentlichkeitsarbeit als Selbstdarstellung des Staates siehe *Gersdorf*, Parlamentsfernsehen des Deutschen Bundestages, 2008, S. 29; *ders.*, in: AfP 2016, 293 (293, 295).

[196] *Pitschas*, in: Hoffmann-Riem/Schmidt-Aßmann/Schuppert (Hrsg.), Reform des Allgemeinen Verwaltungsrechts, 1993, 219 (233 ff.), beschreibt bereits diesen Wertewandel anschaulich und umfassend.

[197] *Hohlfeld/Godulla/Planer*, in: Hornung/Müller-Terpitz (Hrsg.), Rechtshandbuch Social Media, 2. Aufl. 2021, 2. Kap. Rn. 44.

2. Identitätsbildung durch Interaktion

In den sozialen Medien steht einem jedem Nutzer die Möglichkeit zur Verfügung, jederzeit auf der digitalen *ἀγορά* mit anderen Nutzern zu interagieren. Die in sozialen Medien vorhandenen Funktionen der Interaktion ermöglichen es anderen Nutzern, den Inhalt der eigenen Selbstdarstellung unmittelbar und für alle sichtbar zu bewerten. Hierdurch erhält der sich selbst Darstellende eine durch sein sozial-mediales Umfeld selektierte Zusammenstellung an Informationen, aber auch Wertungen und Rückmeldungen.[198] Diese Interaktionen in Form eines durchgehenden Wechselspiels aus Herausbildung und Evaluierung der eigenen Identität führt zu einer fortschreitenden Identitätsbildung.[199]

Eine Neuigkeit stellt dabei die Tatsache dar, dass diese Identitätsbildung nicht mehr im Privaten, sondern vielmehr in der Öffentlichkeit erfolgt.[200] Durch die örtliche Unabhängigkeit erfolgt eine Gruppenbildung unabhängig vom räumlichen Aufenthaltsort der Nutzer.[201] Insoweit werden räumliche Distanzen überwunden, die eine Interaktion und schließlich auch eine Gruppenbildung in früheren Zeiten verunmöglicht hätten. Diese Identitätsbildung kann allerdings zu den bereits beschriebenen Echokammern und Filterblasen führen. Auch dem Extremismus kann dadurch Vorschub geleistet werden. Die herkömmlichen Medien zeigten regelmäßig einen Korridor der gesellschaftlich akzeptieren Meinungen auf. Demgegenüber sorgt die größtmögliche Vernetzung in den neuen Medien dafür, dass Inhaber von Ansichten, die sich am Rand einer Gesellschaft befinden, sich nunmehr mit Gleichgesinnten vernetzen können. Insoweit drohen radikale Ansichten nicht abgelegt zu werden, sondern sich vielmehr wechselseitig zu verstärken.[202]

3. Bedeutung für die regierungsamtliche Öffentlichkeitsarbeit

Die neuen Möglichkeiten der Selbstdarstellung sind für die regierungsamtliche Öffentlichkeitsarbeit von großer Bedeutung. Im Wege der sozialen Öffentlichkeitsarbeit kann das einzelne Regierungsmitglied seine eigene digitale Identität konstruieren, losgelöst von formalen öffentlichen Auftritten und ausschließlich nach seinen eigenen Vorstellungen.[203] Auf eine Vermittlung seiner Persönlichkeit oder seines Verhaltens durch die herkömmlichen Massenmedien ist es nicht mehr angewiesen. Oftmals soll ein „Blick hinter die Kulissen“ Privatheit und Vertrautheit

---

[198] *Schwartmann/Ohr*, in: Schwartmann (Hrsg.), Praxishandbuch Medien-, IT- und Urheberrecht, 4. Aufl. 2017, 11. Kap. Rn. 1.

[199] *Zehe*, in: Hill/Martini/E. Wagner (Hrsg.), Facebook, Google & Co., 2013, 33 (37).

[200] *Neuberger*, in: ders./Gerau (Hrsg.), StudiVZ, 2011, 33 (52); *Pille*, Meinungsmacht sozialer Netzwerke, 2016, S. 95.

[201] *Pille*, Meinungsmacht sozialer Netzwerke, 2016, S. 94.

[202] Siehe hierzu bereits oben Kap. 2 C.II.2.

[203] Vgl. *Harding*, in: C. Conrad/S. Grünewald/Kalscheuer/Milker (Hrsg.), Handbuch Öffentlich-rechtliches Äußerungsrecht, 2022, § 2 Rn. 45.

suggerieren und das Regierungsmitglied „als Menschen" präsentieren.[204] Gleichzeitig werden die Beiträge genutzt, um eine virtuelle Nähebeziehung zum Bürger aufzubauen. Die Inhalte erscheinen auf den jeweils relevanten sozialen Medien schließlich unmittelbar neben Beiträgen von Freunden oder der Familie. Oftmals weisen diese auch einen ähnlichen Inhalt auf, etwa Bilder von Auslandsreisen, aus dem Arbeitsumfeld oder von Freizeitaktivitäten. Wie beschrieben soll die soziale Öffentlichkeitsarbeit einen Blick ins Private ermöglichen. Die Tatsache, dass es sich um personenbezogene regierungsamtliche Öffentlichkeitsarbeit handelt, soll nicht offenkundig sein. Dem Rezipienten wird damit eine Nähe suggeriert, die mit den bisherigen Mitteln regierungsamtlicher Öffentlichkeitsarbeit nicht möglich war.[205] Die sozialen Medien und die darüber verbreitete Öffentlichkeitsarbeit ermöglichen eine unmittelbare und personalisierte Einflussnahme auf die Öffentlichkeit.[206]

Diese Nähe wird durch die entsprechenden Interaktionsmöglichkeiten in den sozialen Medien noch verstärkt. Nie konnten Bürger einem Regierungsmitglied „so nah sein", etwa indem sie den Beitrag unmittelbar bewerten, kommentieren oder teilen. Sogar das Zusenden „privater" Nachrichten ist möglich. Es macht dabei keinen technischen Unterschied, ob der Beitrag eines Freundes bewertet oder kommentiert wird oder der eines Ministers, ob einem Freund eine Nachricht gesendet wird oder dem Bundeskanzler. Die sozialen Medien eröffnen insoweit einen Dialog zwischen Staat und Bürger, der in seiner Offenheit bisher nicht vorhanden war.[207] Es verwundert daher kaum, dass insb. auf dem auf Bildbeiträge ausgelegten sozialen Medium Instagram neben dem Bundeskanzler fast alle Fachminister der Bundesregierung über entsprechende Profile verfügen.

IV. Rolle des Bundespresseamtes

Das Bundespresseamt hat in der sozialen regierungsamtlichen Öffentlichkeitsarbeit in erster Linie die Aufgabe, die jeweiligen Profile der Bundesregierung sowie des Bundeskanzlers auf den sozialen Medien zu pflegen. Die Profile auf Facebook, Instagram, X und YouTube werden vom Bundespresseamt verwaltet.[208] Der Auftritt auf Facebook und YouTube ist auf das Organ Bundesregierung bezogen. Die Profile auf Instagram und X, also diejenigen die sich zur personenbezogenen Öffentlichkeitsarbeit besser eignen, stellen allein den Bundeskanzler dar. Wie es sich bereits zu Beginn des Jahrtausends angedeutet hat, scheint sich das Bundespresseamt zum

[204] Kritisch und mit Beispielen *Friehe*, in: Uhle (Hrsg.), Information und Einflussnahme, 2018, 81 (83); *Müller-Franken*, in: AfP 2016, 301 (308).

[205] Wie hier *Gersdorf*, in: AfP 2016, 293 (293); *Harding*, in: NJW 2019, 1910 (1914).

[206] *Habermas*, in: Seeliger/Sevignani (Hrsg.), Ein neuer Strukturwandel der Öffentlichkeit?, 2021, 470 (496).

[207] *Gersdorf*, in: AfP 2016, 293 (293); *Harding*, in: NJW 2019, 1910 (1914).

[208] Verantwortlich für die „Online-Dienste der Bundesregierung" ist die Leiterin der Abteilung Kommunikation sowie das Referat 401 – Redaktion Digital.

Werbebüro des Bundeskanzlers zurückzuentwickeln. Die mit der digitalen und sozialen Öffentlichkeitsarbeit einhergehenden Erleichterungen scheinen es den einzelnen Presse- und Öffentlichkeitsarbeiten der Bundesministerien weitergehend ermöglicht zu haben, frei vom Bundespresseamt ihre Öffentlichkeitsarbeit zu betreiben.

Ein Beispiel hierfür lässt sich an den Ereignissen um die erneute Kandidatur der damaligen Bundeskanzlerin Merkel für die Bundestagswahl 2017 ausmachen.[209] Am 20. November 2016 um 19:00 Uhr verkündete sie in der Bundesgeschäftsstelle ihrer Partei hinter einem mit Logo und Slogan der Partei versehenen Rednerpult und vor einem Hintergrund, der ebenfalls das Logo der Partei zierte, ihre erneute Kandidatur zur Wahl als Bundeskanzlerin sowie als Vorsitzende der CDU Deutschland. Vorgestellt wurde sie als Vorsitzende der CDU Deutschland, aber auch als Bundeskanzlerin. Die Pressekonferenz dauerte insgesamt 24 Minuten. Sodann wurde um 19:24 Uhr vom Bundespresseamt im Namen der Bundesregierung auf dem sozialen Medium Facebook ein Beitrag veröffentlicht, der aus der einleitenden Textzeile „Aufgrund der vielen Nachfragen:“ und einem Bild Merkels mit dem darauf enthaltenem Text „Kanzlerin Angela Merkel wird 2017 erneut als Bundeskanzlerin kandidieren“ bestand. Inwiefern es sich hierbei um mglw. unzulässigen Wahlkampf des Bundespresseamtes handelt, soll an dieser Stelle noch nicht erörtert werden. Das *do ut des* von Kanzlerschaft und Bundespresseamt erinnert hingegen an die Anfangszeit des Bundespresseamtes unter Adenauer.

V. Zusammenfassung

Die bereits in der digitalen gegenüber der analogen Öffentlichkeitsarbeit angelegten Veränderungen haben sich durch die soziale Öffentlichkeitsarbeit potenziert. Die soziale regierungsamtliche Öffentlichkeitsarbeit hat durch die „Mitmach“-Funktion der sozialen Medien ein neues Niveau an Unmittelbarkeit und Interaktivität erreicht. Die sozialen Medien ermöglichen es, massenmediumsartig zu kommunizieren, ohne auf die Vermittlung durch ein herkömmliches Massenmedium angewiesen zu sein. Für die regierungsamtliche Öffentlichkeitsarbeit bedeutet dies, dass sie nicht mehr auf die Vermittlung und die damit verbundene inhaltliche Einordnung durch die tradierten Massenmedien angewiesen ist. Sie kann selbst die Bürger erreichen. Dabei kommen die technischen Gegebenheiten dem einzelnen Regierungsmitglied entgegen. Sein bereits von sich aus besonders relevanter und damit aufmerksamkeitserregender Beitrag erfährt durch die jeweiligen Algorithmen der Plattformen grundsätzlich eine immer stärker zunehmende Weiterverbreitung. Die

---

[209] Zum Ganzen *Friehe*, in: Uhle (Hrsg.), Information und Einflussnahme, 2018, 81 (82, 120).

Bedeutung regierungsamtlicher Öffentlichkeitsarbeit steigt daher immer weiter an.[210]

Die Inhalte der sozialen regierungsamtlichen Öffentlichkeitsarbeit sind darüber hinaus kaum mit den bisherigen Inhalten der analogen oder digitalen Öffentlichkeitsarbeit vergleichbar. Zwar mag das bewusste Herstellen von persönlicher Nähe und Vertrautheit nichts Neues sein, die sozialen Medien ermöglichen jedoch hier bisher Ungeahntes. Dies liegt zum einen daran, dass sich eines Mediums bedient wird, über das der Bürger sowohl mit dem Staat als auch mit seinen Mitmenschen kommuniziert. Zum anderen spielen aber auch die neu entstandenen Interaktionsmöglichkeiten eine große Rolle. Das niedrigschwellige Bewerten, Kommentieren und Teilen von Beiträgen von Regierungsmitgliedern in den sozialen Medien ist für den einzelnen Nutzer nichts anderes als das Bewerten, Kommentieren oder Teilen von Beiträgen von Freunden. Hat die digitale Öffentlichkeitsarbeit die in der analogen Öffentlichkeitsarbeit angelegten Probleme vergrößert, hat die soziale Öffentlichkeitsarbeit diese Probleme potenziert. Dies gilt insb. für das Gefährdungspotenzial der unmittelbaren Öffentlichkeitsarbeit.

D. Zusammenfassung

Ein Überblick der regierungsamtlichen Öffentlichkeitsarbeit von der Gründung der Bundesrepublik bis heute zeigt auf, dass sich die Öffentlichkeitsarbeit wesentlich fortentwickelte. Die analoge regierungsamtliche Öffentlichkeitsarbeit bestand aus von langer Hand geplanten Kampagnen. Sie ist ein Spiegelbild des analogen Zeitalters und ist auch heute noch überwiegend auf die klassischen Medien und deren Vermittlungsfunktion angewiesen. In der Vermittlungsfunktion verwirklicht sich die als „öffentliche Aufgabe" bezeichnete Informations-, Artikulations- und Gatekeeper-Funktion der Medien im demokratischen Gemeinwesen. Wird durch unmittelbare Öffentlichkeitsarbeit „an den Medien vorbei" Öffentlichkeitsarbeit betrieben, wird jene „öffentliche Aufgabe" umgangen. Unmittelbare Öffentlichkeitsarbeit befindet sich insoweit in einem Spannungsverhältnis zur Rolle der Medien im Staat des Grundgesetzes. Normativ ist dieses Spannungsverhältnis in der Institutsgarantie des Art. 5 Abs. 1 Satz 2 GG verankert. Insb. die unmittelbare analoge Öffentlichkeitsarbeit ist allerdings aufgrund ihres erheblichen Kostenaufwands finanziell limitiert.

Mit Aufkommen des Internets kam zur analogen Öffentlichkeitsarbeit die digitale Öffentlichkeitsarbeit dazu. Die Veränderungen gegenüber der analogen Öffentlichkeitsarbeit sind wesentlich und spiegeln die neuen Rahmenbedingungen der Kommunikation wider. Das Entstehen der Informationsgesellschaft hob den Wert „Information" hervor und sorgte dafür, dass sich auch die regierungsamtliche Öf-

[210] *Harding*, in: C. Conrad/S. Grünewald/Kalscheuer/Milker (Hrsg.), Handbuch Öffentlich-rechtliches Äußerungsrecht, 2022, § 2 Rn. 46, 61.

fentlichkeitsarbeit auf dem „Aufmerksamkeitsmarkt" behaupten musste. Die klassischen Medien verloren mit dem Aufkommen des Internets immer mehr an Bedeutung, da sie mit dem technischen Publizitätspotenzial der neuen Medien kaum mithalten können. Die Bedeutung der neuen Rahmenbedingungen der Kommunikation für die regierungsamtliche Öffentlichkeitsarbeit war enorm und wurde insb. vom Bundespresseamt frühzeitig erkannt. Die unmittelbare Öffentlichkeitsarbeit wurde von der Ausnahme zur Regel, da der limitierende Faktor der Kosten erheblich relativiert wurde. Regierungsamtliche Öffentlichkeitsarbeit wies bereits erste Anzeichen von Partnerschaftlichkeit auf.

Mit der Weiterentwicklung des Internets zum Web 2.0 und dem Siegeszug der sozialen Medien ist die soziale regierungsamtliche Öffentlichkeitsarbeit entstanden. Diese nutzt die Vorteile der sozialen Medien, um ihre Inhalte noch effektiver zu vermitteln. Die Bedeutung dieser Medien als eigene soziale Realität und als Medien der Selbstdarstellung ermöglicht es insb. die personenbezogene Öffentlichkeitsarbeit zu forcieren. Um eine Vielzahl an Menschen zu erreichen, muss kaum mehr auf die klassischen Medien zurückgegriffen werden. Die wechselseitig bestehenden Interaktionsmöglichkeiten in Zusammenarbeit mit den technischen Begebenheiten der sozialen Medien ermöglichen es der regierungsamtlichen Öffentlichkeitsarbeit, wesentlich zu bestimmen, welche Thematiken und Inhalte die öffentliche Meinung prägen sollen. Die soziale Öffentlichkeitsarbeit hat zudem ein neues Niveau an Unmittelbarkeit und Partnerschaftlichkeit erreicht.

Kapitel 3

Verfassungsrechtliche Legitimation regierungsamtlicher Öffentlichkeitsarbeit und ihre kompetenziellen Grundlagen

„Das staatsrechtliche Problem ist nicht die Zulässigkeit, sondern die Grenze derartigen Verwaltens."[1] Mit diesen Worten verdeutlicht kein Geringerer als Paul Kirchhof das aus juristischer Sicht Relevante der regierungsamtlichen Öffentlichkeitsarbeit. Daran orientiert sich auch diese Arbeit. Doch woraus ergeben sich die Grenzen der Öffentlichkeitsarbeit und welche konkreten Anforderungen stellen diese an die Gestaltung ihrer Inhalte? Bevor auf diese Fragen eingegangen werden soll, gilt es sich zu vergegenwärtigen, dass staatliche und daher auch regierungsamtliche Öffentlichkeitsarbeit in gewisser Hinsicht ein Fremdkörper in der Vorstellung einer liberalen Demokratie ist. Wie kann das Volk herrschen, wenn die Regierung auf die Meinung derer einwirkt, an deren Meinung sich die Regierung ausrichten soll? Wie kann eine Wahl demokratische Legitimation beanspruchen, wenn die Gewählten die Wähler beeinflussen und somit für ihre Wiederwahl sorgen können? Haben nicht die zahlreichen europäischen Diktaturen in drastischer Weise aufgezeigt, welche Folgen eintreten können, sollte sich der Staat meinungsbildend betätigen? Und müsste nicht gerade das Grundgesetz als Gegenentwurf zum national-sozialistischen Unrechtsstaat solchen Entwicklungen entgegenstehen?

Angesichts dieser Fragen empfiehlt es sich, die allgemeine Zulässigkeit regierungsamtlicher Öffentlichkeitsarbeit darzulegen, auch wenn sie kein staatsrechtliches Problem (mehr) ist. Ausgangspunkt der Betrachtung muss dabei der Grundsatz der staatsfreien politischen Meinungs- und Willensbildung des Volkes sein. Sodann ist die verfassungsrechtliche Begründung der regierungsamtlichen Öffentlichkeitsarbeit zu beleuchten. Abschließend sind ihre verfassungsrechtlichen Kompetenzgrundlagen zu analysieren. Wie noch zu zeigen sein wird, ergibt sich aus der Begründung ihrer allgemeinen Zulässigkeit und ihrer Kompetenzgrundlagen zugleich eine Bestimmung ihrer Grenzen.

---

[1] *P. Kirchhof*, Verwalten durch „mittelbares" Einwirken, 1977, S. 126.

A. Grundsätzlich staatsfreier Meinungs- und Willensbildungsprozess des Volkes

„Weiterhin ist unbedenklich die sogenannte Öffentlichkeitsarbeit von Regierung und gesetzgebenden Körperschaften," führt das Bundesverfassungsgericht in einem *obiter dictum* in der Parteienfinanzierungsentscheidung 1966 scheinbar ohne Problembewusstsein aus.[2] Dem flüchtigen Leser der Entscheidung drängt sich sofort der Gedanke auf, dass das Gericht seinen zuvor getätigten Ausführungen zu widersprechen scheint. Dort schildert es umfassend seine Vorstellung eines freien sowie offenen Meinungs- und Willensbildungsprozess im Staat des Grundgesetzes. Als essenziell hebt es hervor, dass sich die Willensbildung im Staat vom Volk hin zu den Staatsorganen zu vollziehen habe. Es verwehrt den Staatsorganen, sich bezogen auf den Prozess der Meinungs- und Willensbildung zu betätigen. Dieser Prozess müsse vielmehr „staatsfrei" bleiben.[3]

Demgegenüber bewirkt und bezweckt es die regierungsamtliche Öffentlichkeitsarbeit gerade auf diesen Prozess einzuwirken.[4] Jedenfalls aufgrund dieser Öffentlichkeitsarbeit und insoweit diese sich auswirkt, vollzieht sich die Willensbildung von dem Staatsorgan Regierung hin zum Volk. Dieser Prozess dürfte nicht mehr als staatsfrei i. S. d. vorstehenden Ausführungen zu verstehen sein. Als Rechtsfolge käme nur die generelle Unzulässigkeit staatlicher Öffentlichkeitsarbeit aufgrund eines Verstoßes gegen ebenjenen staatsfreien Meinungs- und Willensbildungsprozess des Volkes in Betracht. Der skizzierte Widerspruch ist in der angesprochenen Entscheidung allerdings nicht derart angelegt, wie es die vorliegende Darstellung suggeriert. Bei einer sorgfältigen und vollständigen Lektüre des Urteils lässt sich erkennen, dass der Prozess der Meinungs- und Willensbildung des Volkes Ausnahmen von seiner Staatsfreiheit zulässt. Das Gericht führt aus, dass der Prozess lediglich „grundsätzlich staatsfrei" sein müsse. Eine Ausnahme komme dann in Betracht, wenn ein besonderer Grund vorliege, der die staatliche Einwirkung auf den Prozess der Meinungs- und Willensbildung des Volkes verfassungsrechtlich legitimiere.[5] Einen konkreten Grund, der die mit der staatlichen Öffentlichkeitsarbeit verbundene Einwirkung legitimiert, nennt das Gericht in der Parteienfinanzierungsentscheidung 1966 jedoch nicht.[6]

---

[2] BVerfGE 20, 56 (100).

[3] BVerfGE 20, 56 (99 f.). Hieraus ergibt sich das vielfach wiedergegebene Diktum der grundsätzlich staatsfreien politischen Meinungs- und Willensbildung des Volkes.

[4] Bereits *Häberle*, in: JuS 1967, 64 (69).

[5] BVerfGE 20, 56 (99).

[6] Wie hier *Zuck*, in: ZRP 1977, 144 (145).

I. Grundsatz der Staatsfreiheit der Meinungs- und Willensbildung des Volkes als Bestandteil des Prinzips der Volkssouveränität

Seine normative Grundlage hat der Grundsatz des staatsfreien Meinungs- und Willensbildungsprozesses des Volkes zuvorderst in Art. 20 Abs. 2 Satz 1 GG. Das dort angeführte Diktum „Alle Staatsgewalt geht vom Volke aus." normiert das Prinzip der Volkssouveränität als Bestandteil und „Herzstück" der Demokratie des Grundgesetzes.[7] Das Volk ist somit nicht nur Inhaber, sondern auch Quelle sämtlicher Staatsgewalt.[8] Das Prinzip der Volkssouveränität erhebt das Volk also zum Legitimitätssubjekt und weist der Staatsgewalt die Rolle als Legitimitätsobjekt zu.[9] Das Prinzip der Volkssouveränität fungiert dabei nicht als Zuständigkeitsregelung, sondern als Legitimations- und Verantwortungsprinzip,[10] denn das eigentliche Legitimitätssubjekt übt die Staatsgewalt (unmittelbar) „nur" durch Wahlen und Abstimmungen aus, Art. 20 Abs. 2 Satz 1 Halbsatz 1 GG. Die Gesetzgebung, die vollziehende Gewalt und die Rechtsprechung sind gem. Art. 20 Abs. 2 Satz 1 Halbsatz 2 GG vom Volk an besondere Organe übertragen. Diesen deutlich umfangreicheren Teil der Staatsgewalt übt das Volk mittelbar aus. Da alle Staatsgewalt aber „vom Volke" auszugehen hat, bedeutet dies für denjenigen Teil der Staatsgewalt, der durch diese besonderen Organe ausgeübt wird, dass ein hinreichend enger Legitimationszusammenhang zum Volk sowie zu einem entsprechenden „Volkswillen" bestehen muss. Nur so kann dieser seine Legitimität erhalten.[11] Die Rückkopplung jeglicher Staatsgewalt auf den Volkswillen ist daher entscheidender Inhalt des Prinzips der Volkssouveränität.[12] In ihr verwirklicht sich die Funktion als Legitimations- und Verantwortungsprinzip. Bereits begriffsnotwendig muss der Volkswille im bzw. vom Volk gebildet werden und darf nicht von staatlicher Seite vorgegeben werden.

Der die Legitimation vermittelnde Volkswille kann sich nur in einem Akt der Ausübung unmittelbarer Staatsgewalt durch das Volk äußern. Als Akte unmittelbarer

---

[7] *Brenner*, in: Stern/Sodan/Möstl (Hrsg.), Staatsrecht Bd. I, 2. Aufl. 2022, § 14 Rn. 62.

[8] *Dreier*, in: ders. (Hrsg.), Grundgesetz Bd. II, 3. Aufl. 2015, Art. 20 (Demokratie) Rn. 84; *Sachs*, in: ders. (Hrsg.), Grundgesetz, 9. Aufl. 2021, Art. 20 Rn. 27.

[9] *Brenner*, in: Stern/Sodan/Möstl (Hrsg.), Staatsrecht Bd. I, 2. Aufl. 2022, § 14 Rn. 62; *Grzeszick*, in: Dürig/Herzog/Scholz, Grundgesetz, 97. EL. Jan. 2022, Art. 20 II Rn. 63; *Robbers*, in: W. Kahl/Waldhoff/Walter (Hrsg.), Grundgesetz, 137. Akt. Dez. 2008, Art. 20 Abs. 1 Rn. 569.

[10] *Dreier*, in: ders. (Hrsg.), Grundgesetz Bd. II, 3. Aufl. 2015, Art. 20 (Demokratie) Rn. 83.

[11] *Grzeszick*, in: Dürig/Herzog/Scholz, Grundgesetz, 97. EL. Jan. 2022, Art. 20 II Rn. 119; *Sachs*, in: ders. (Hrsg.), Grundgesetz, 9. Aufl. 2021, Art. 20 Rn. 35. Siehe auch *Dreier*, in: ders. (Hrsg.), Grundgesetz Bd. II, 3. Aufl. 2015, Art. 20 (Demokratie) Rn. 109 ff.; *Sommermann*, in: v. Mangoldt/F. Klein/Starck, Grundgesetz Bd. 2, 7. Aufl. 2018, Art. 20 Rn. 156 ff.

[12] *Grzeszick*, in: Dürig/Herzog/Scholz, Grundgesetz, 97. EL. Jan. 2022, Art. 20 II Rn. 6. Siehe auch *Dreier*, in: ders. (Hrsg.), Grundgesetz Bd. II, 3. Aufl. 2015, Art. 20 (Demokratie) Rn. 83.

Staatsgewalt stellt Art. 20 Abs. 2 Satz 2 Halbsatz 1 GG zwar Wahlen und Abstimmungen *prima facie* gleichberechtigt nebeneinander, nimmt man aber eine Gesamtbetrachtung des Grundgesetzes vor, offenbart sich eine Grundentscheidung für eine repräsentative Demokratie.[13] Plebiszitäre Elemente sind nur in reduziertem Maße vorgesehen (Art. 28, 118, 118a GG), während die gegenüber den Abstimmungen gesteigerte Bedeutung der Parlamentswahl an vielen Stellen offenkundig ist. Nur der Deutsche Bundestag ist als eines der besonderen Organe i. S. d. Art. 20 Abs. 2 GG unmittelbar legitimiert und seine Legitimation erfolgt durch Wahlen, nicht Abstimmungen. Ihm wird gar ein eigener Abschnitt im Grundgesetz gewidmet, in diesem sowohl der Legitimationsvorgang der Wahl an sich als auch die Abläufe innerhalb des Organs detailliert geregelt sind. Letztlich hebt das Grundgesetz in Art. 38 Abs. 1 Satz 2 GG den Abgeordneten des Deutschen Bundestages als „Vertreter des ganzen Volkes" hervor und spricht ihm die umfassende Freiheit zu, weder an Aufträge noch Weisungen gebunden, sondern nur seinem Gewissen unterworfen zu sein.[14] Die Wahl zum Deutschen Bundestag nimmt also als der fundamentale Akt unmittelbarer Staatsgewalt durch das Volk eine zentrale Rolle in der Legitimationsvermittlung ein.

Der Legitimation vermittelnde Volkswille äußert sich also primär im Wahlakt. Nur in diesem Moment der unmittelbarer Ausübung von Staatsgewalt fallen Volks- und Staatswille zusammen.[15] In allen anderen Fällen wird der Staatswille durch die genannten besonderen Organe gebildet und geäußert. Dies zeigt sich ferner am Verhältnis von Art. 21 Abs. 1 Satz 1 GG zu Art. 20 Abs. 2 GG. Ersterer bezieht sich auf die politische Willensbildung des Volkes, Letzterer auf die Staatsgewalt und den sich dadurch äußernden Staatswille.[16] Damit der sich im Wahlakt äußernde Wille auch demokratische Legitimation entfalten kann, muss er dem Volk hinreichend zurechenbar sein. Diese Zurechnung erfordert, dass der Wille das Ergebnis eines fairen „Volkswillensbildungsprozesses" ist. Dieser hat frei, offen sowie unreglementiert und – worauf bereits die Existenz der Kommunikationsgrundrechte sowie Art. 21 Abs. 1 GG hinweisen – auf gesellschaftlicher Ebene abzulaufen.[17] Der faire, offene und unreglementierte Volkswillensbildungsprozess zeichnet sich also gerade

---

[13] Unter Bezug auf die Entstehungsgeschichte *Dreier*, in: ders. (Hrsg.), Grundgesetz Bd. II, 3. Aufl. 2015, Art. 20 (Demokratie) Rn. 18 ff.

[14] Zum Ganzen *Grzeszick*, in: Dürig/Herzog/Scholz, Grundgesetz, 97. EL. Jan. 2022, Art. 20 II Rn. 111 ff.

[15] BVerfGE 20, 56 (98); *Schmitt Glaeser*, in: Isensee/P. Kirchhof (Hrsg.), Handbuch des Staatsrechts Bd. III, 3. Aufl. 2005, § 38 Rn. 30.

[16] BVerfGE 20, 56 (98); *Schmitt Glaeser*, in: Isensee/P. Kirchhof (Hrsg.), Handbuch des Staatsrechts Bd. III, 3. Aufl. 2005, § 38 Rn. 33; *Stern*, Staatsrecht Bd. I, 2. Aufl. 1984, S. 615 f.

[17] BVerfGE 20, 56 (97 f.); *Lenski*, in: DÖV 2014, 585 (586). Siehe auch *Brenner*, in: Stern/Sodan/Möstl (Hrsg.), Staatsrecht Bd. I, 2. Aufl. 2022, § 14 Rn. 100; *Sachs*, in: ders. (Hrsg.), Grundgesetz, 9. Aufl. 2021, Art. 20 Rn. 18; *Schmitt Glaeser*, in: Isensee/P. Kirchhof (Hrsg.), Handbuch des Staatsrechts Bd. III, 3. Aufl. 2005, § 38 Rn. 28.

durch seine Staatsfreiheit aus,[18] während sich der „Staatswillensbildungsprozess" durch seine rechtliche Unabhängigkeit – auch gegenüber dem Volkswillen – auszeichnet.[19] Der Volkswillensbildungsprozess ist dabei nicht allein auf den Vorgang der Wahl beschränkt, sondern hat die Staatswillensbildung dauerhaft kontrollierend, kritisierend und ggf. revidierend zu begleiten. Das Recht auf demokratische Teilhabe äußert sich nicht nur in der Stimmabgabe am Wahltag.[20]

Die politische Meinungs- und Willensbildung des Volkes als offener und (staats-) freier Prozess ist daher grundlegend für die Wahlen zum Deutschen Bundestag als Regelfall der unmittelbaren Ausübung von Staatsgewalt durch das deutsche Volk. Der in den Wahlen zum Ausdruck kommende Volkswille ist dabei Grundlage der Legitimation jeglicher Staatsgewalt, insb. derjenigen Staatsgewalt, die nur mittelbar durch das Legitimationssubjekt Volk ausgeübt wird.

II. Staatliche Öffentlichkeitsarbeit als Verstoß?

Unter Berücksichtigung der Staatsfreiheit des politischen Meinungs- und Willensbildungsprozesses des Volkes sowie des sie begründenden Prinzips der Volkssouveränität drängt sich die Frage nach der Zulässigkeit der staatlichen und damit auch der regierungsamtlichen Öffentlichkeitsarbeit auf. Die juristische Diskussion hierzu fand schon vor der grundlegenden Öffentlichkeitsarbeitsentscheidung 1977 statt und bezog sich in Teilen bereits konkret auf die Praxis des Bundespresseamtes als Urheber der regierungsamtlichen Öffentlichkeitsarbeit.[21]

1. Grundlegende Kritik an staatlicher Öffentlichkeitsarbeit

Insb. in der frühen Literatur wurde aus dem Prinzip der Volkssouveränität sowie der daraus abgeleiteten Staatsfreiheit der politischen Meinungs- und Willensbildung des Volkes die Unzulässigkeit der regierungsamtlichen Öffentlichkeitsarbeit geschlussfolgert. Helmut Lenz vertritt, dass „Staatsmeinungen" und deren Kundgabe durch Staatsorgane unzulässig seien, da diese als Erzeugnis staatlicher Gewalt zwingend dem Volkswillen nachgelagert sein müssten. Erst aus diesem Volkswillen konstituiere sich die Staatsgewalt. Der Staat sei legitimiert durch die Freiheit des

[18] *W. G. Leisner*, in: Stern/Sodan/Möstl (Hrsg.), Staatsrecht Bd. II, 2. Aufl. 2022, § 31 Rn. 7; *Sachs*, in: ders. (Hrsg.), Grundgesetz, 9. Aufl. 2021, Art. 20 Rn. 18.

[19] *Schmitt Glaeser*, in: Isensee/P. Kirchhof (Hrsg.), Handbuch des Staatsrechts Bd. III, 3. Aufl. 2005, § 38 Rn. 34 f.

[20] BVerfGE 20, 56 (98). Siehe auch *Dreier*, in: ders. (Hrsg.), Grundgesetz Bd. II, 3. Aufl. 2015, Art. 20 (Demokratie) Rn. 77.

[21] Neben den nachfolgenden Nachweisen siehe *Eschenburg*, Probleme der modernen Parteienfinanzierung, 1961, S. 37 ff.; *Leihe*, in: MDR 1969, 445 (447); *Seifert*, Die politischen Parteien im Recht der Bundesrepublik Deutschland, 1975, S. 384 f. So auch der Hinweis in *Sondervotum Geiger* BVerfGE 44, 125 (171).

Meinens und Wollens des Volkes als Souverän, nicht als eine eigene „Meinungserzeugungsorganisation". Machtbildung oder politische Führung durch „Meinungspflege" seien den Trägern der Regierungspolitik verschlossen, weil sich die Meinungsbildung außerstaatlich zu formen habe.[22] Insb. werbende regierungsamtliche Öffentlichkeitsarbeit enthalte stets unzulässige Übergriffe in den Prozess der staatsfreien Meinungs- und Willensbildung. Dem Staat sei bereits die Mitwirkung an der Meinungsbildung verwehrt, er habe die ihre Freiheitlichkeit vielmehr zu garantieren.[23] In eine ähnliche Stoßrichtung zielt Reinhart Rickers Vorwurf, ein Teilhaben des Staates an der Meinungs- und Willensbildung des Volkes kehre den vom Volk zum Staat hin verlaufenden Prozess um. Der Staat dürfe den Meinungs- und Willensbildungsprozess derjenigen nicht (mit-)bestimmen, die diesen erst entwickeln müssten, um dem Staat die erforderliche Legitimation zu verschaffen.[24] In drastischen Worten polemisiert Helmut Ridder:

> „Regierungswerbung stülpt den zu den staatlichen Stellen verlaufenden Meinungsprozess um, verlagert das politische Entscheidungszentrum aus der Gesellschaft in die Regierungssphäre, degradiert die Gesellschaft mündiger Staatsbürger zur pseudoplebiszitär akklamierenden Bevölkerung und gibt am Ende der Wählerschaft bei Wahlen die Gelegenheit, ihrer ‚Verbundenheit mit der (Reichs-)regierung Ausdruck zu geben.'"[25]

Kempen wählt einen differenzierten Begründungsansatz, kommt aber zu einem ähnlichen Ergebnis. Ausgehend von der zutreffenden Beobachtung, dass der Grundsatz des staatsfreien Meinungs- und Willensbildungsprozesses insb. durch die Parlamentsöffentlichkeit gem. Art. 42 Abs. 1 Satz 1 GG durchbrochen wird. Da die Regierung im Parlament fraglos für ihre Vorhaben werben darf, folgert Kempen, dass in diesem Fall „Regierungswerbung" zulässig sei. Entscheidend für deren Zulässigkeit sei, dass die parlamentarische Diskursordnung „propagandafeindliche Vorkehrungen" enthalte, wie etwa das parlamentarische Fragerecht gem. Art. 43 Abs. 1 GG als ein unmittelbares Instrument oppositioneller Gegenrede. Gerade diesen Vorkehrungen dürfe sich die Regierung nicht dadurch entledigen, dass sie sich im Wege der Öffentlichkeitsarbeit unmittelbar an die Bürger wende. Zwar könnten die im Parlamentsrecht enthaltenen Vorkehrungen nicht übertragen werden, es könne jedoch auf deren propaganda- bzw. werbefeindliche Wirkung abgestellt werden. Im Ergebnis führe dies dazu, dass die Regierung im Rahmen der Öffentlichkeitsarbeit informieren, aber nicht werben dürfe.[26]

---

[22] Zum Ganzen *Lenz*, in: JZ 1963, 338 (342 f.).

[23] *Hamann/Lenz*, Grundgesetz, 3. Aufl. 1970, Art. 5 A.1., Art. 21 A.3.a), B.8.

[24] *Ricker*, in: Studienkreis für Presserecht und Pressefreiheit (Hrsg.), Presserecht und Pressefreiheit, 1980, 287 (294).

[25] *Ridder*, in: Ruppert (Hrsg.), Freiheit und Verantwortung in Gesellschaft und Erziehung, 1969, 57 (68), zitierend aus der Verordnung des Reichspräsidenten vom 14. 10. 1933 (RGBl. I S. 729) über die Auflösung des Reichstages.

[26] *Kempen*, in: DÖV 1972, 740 (743); *ders.*, Grundgesetz, amtliche Öffentlichkeitsarbeit und politische Willensbildung, 1975, S. 257 ff.; *ders.*, in: Der Staat 18 (1979), 81 (99 f.).

2. Antikritik

Die Ansichten können sich bereits nicht auf die eingangs aufgeführte Parteienfinanzierungsentscheidung berufen, denn in diesem wird der staatsfreie Meinungs- und Willensbildungsprozess des Volkes als ein Ausnahmen zulassender Grundsatz dargestellt. Das Gericht selbst benennt zwei, das Wahlrecht und die staatliche Öffentlichkeitsarbeit.[27] Sie verkennen zudem, dass das Grundgesetz dem Staat bereits ausdrückliche Publizitätspflichten auferlegt, *nota bene* der von Kempen zurecht angemerkte Art. 42 Abs. 1 Satz 1 GG, und sich jede Ausübung von Staatsgewalt in einer gewissen Weise auf die politische Willensbildung des Volkes auswirkt.[28] Entgegen der zu Missverständnissen einladenden Formulierung „grundsätzlich staatsfrei", verläuft die politische Meinungs- und Willensbildung des Volkes also bereits nach den Vorgaben des Grundgesetzes nicht nur streng in einer Richtung.[29] Vielmehr besteht zwischen dem Staat bzw. staatlichen Organen und der politischen Meinungs- und Willensbildung des Volkes ein Rückkopplungsverhältnis, dessen permanentes wechselseitiges Einwirken sich gegenseitig beeinflusst.[30]

Dies merkt auch ein von Peter Häberle vorgetragener Kritikpunkt an der Vorstellung der politischen Meinungs- und Willensbildung des Volkes, wie sie in der Parteienfinanzierungsentscheidung 1966 geschildert wird, an. Die Karlsruher Richtern fingierten eine Beschränkung der Meinungs- und Willensbildung, die so überhaupt nicht existiere, führt Häberle aus. Das Gericht gehe von einem Dualismus zwischen Staat und Volk sowie Staats- und Volkswillensbildung aus, der weder vom Grundgesetz vorgesehen sei noch so in der Verfassungswirklichkeit praktiziert werde. Vielmehr sei es ein Element der politischen Meinungs- und Willensbildung des Volkes, dass der Staat auf ebenjene einwirke.[31] Ebenso trägt er vor, dass regierungsamtliche Öffentlichkeitsarbeit nicht zwingend der Meinungs- und Willensbildung des Volkes nachfolgen müsse. Bereits die Verfassung legitimiere den Staat. Die Meinungs- und Willensbildung des Volkes äußere sich „lediglich" im Wahlakt, der seinerseits ausschließlich die jeweiligen staatlichen Funktionsträger legitimie-

---

[27] Vgl. *Schürmann*, Öffentlichkeitsarbeit der Bundesregierung, 1992, S. 148.

[28] BVerfGE 44, 125 (140 f.); *Böckelmann/Mahle/Nahr*, in: Langenbucher (Hrsg.), Politik und Kommunikation, 1979, 93 (97); *Häberle*, in: JuS 1967, 64 (67); *Kremmer*, Die rechtliche Problematik des kommunalen Pressewesens, 1980, S. 67; *Starck*, in: Isensee/P. Kirchhof (Hrsg.), Handbuch des Staatsrechts Bd. III, 3. Aufl. 2005, § 33 Rn. 5.

[29] *Gusy*, in: NJW 2000, 977 (978); *Häberle*, in: JuS 1967, 64 (66, 69); *Schmitt Glaeser*, in: Isensee/P. Kirchhof (Hrsg.), Handbuch des Staatsrechts Bd. III, 3. Aufl. 2005, § 38 Rn. 36.

[30] Vgl. BVerfGE 44, 125 (139 ff.); *Schmitt Glaeser*, in: Isensee/P. Kirchhof (Hrsg.), Handbuch des Staatsrechts Bd. III, 3. Aufl. 2005, § 38 Rn. 38; *Schoch*, in: Isensee/P. Kirchhof (Hrsg.), Handbuch des Staatsrechts Bd. III, 3. Aufl. 2005, § 37 Rn. 80; *Stern*, Staatsrecht Bd. I, 2. Aufl. 1984, S. 617. Zum Rückkopplungsverhältnis siehe *Stein/Frank*, Staatsrecht, 21. Aufl. 2010, § 9 V.

[31] *Häberle*, in: JuS 1967, 64 (66, 69). Vgl. auch *Schoch*, in: Isensee/P. Kirchhof (Hrsg.), Handbuch des Staatsrechts Bd. III, 3. Aufl. 2005, § 37 Rn. 80.

re.[32] Häberle ist zuzugestehen, dass die beschriebene Einwirkung auf den Meinungs- und Willensbildungsprozess des Volkes zwar in einem Spannungsverhältnis zum Prinzip der Volkssouveränität steht, mit ihm jedoch nicht unvereinbar ist. In der Einwirkung kann ein permanentes Rückversichern der demokratischen Legitimation durch die staatlichen Funktionsträger zu sehen sein.[33] Dafür spricht, dass sich Staatsorgane durchgehend ihrer Legitimation durch das Volk sicher sein müssen, nicht nur zu Beginn einer Legislaturperiode.

3. Fazit

Anzunehmen, dem Staat sei die Einwirkung auf den Meinungs- und Willensbildungsprozess des Volkes in Gänze verwehrt, kann daher nicht überzeugen. Diese Annahme verkennt, dass das Grundgesetz selbst staatliche Einwirkungen auf die politische Meinungs- und Willensbildung des Volkes zulässt und dass sich staatliche Einwirkungen auch schlichtweg nicht verhindern lassen.[34] Man stelle sich hierfür einmal das Gegenteil vor: Wie soll ein Staat aussehen, der überhaupt nicht auf die politische Meinungs- und Willensbildung des Staatsvolkes einwirkt? Kann ein solcher Staat überhaupt existieren? Die beschriebene Wechselwirkung ist schlichtweg ein Teil der Systemrationalität einer freiheitlichen Demokratie wie sie auch das Grundgesetz für die Bundesrepublik Deutschland vorsieht.[35] Am Konzept der grundsätzlich staatsfreien Meinungs- und Willensbildung des Volkes, wie es in der Parteienfinanzierungsentscheidung 1966 dargelegt wird, ist hingegen trotz der geäußerten Kritik an der Entscheidung festzuhalten. Das vom Bundesverfassungsgericht statuierte Regel-Ausnahme-Verhältnis veranschaulicht, in welcher Form sich die politische Willensbildung im Staat des Grundgesetzes zu vollziehen hat, nämlich im Grundsatz ausgehend vom Volk hin zu den Staatsorganen. Staatliche Einwirkungen müssen die begründungspflichtige Ausnahme bleiben und dürfen den Meinungs- und Willensbildungsprozess des Volkes nicht über Gebühr „verstaatlichen".[36] Der Schwerpunkt des Meinungs- und Willensbildungsprozesses muss auf nichtstaatlicher Ebene ablaufen.

Entscheidend ist nicht, ob es eine „Staatsmeinung" gibt oder ob diese geäußert wird. Die Frage muss vielmehr sein, welche Staatsmeinung in welcher Art und Weise geäußert wird. Der Staat und somit auch die Regierung ist zwar befugt auf den Meinungs- und Willensbildungsprozess des Volkes einzuwirken, bestimmt werden

---

[32] *Häberle*, in: JuS 1967, 64 (67).

[33] So *Stein/Frank*, Staatsrecht, 21. Aufl. 2010, § 9 V.1.

[34] Dies erkennt auch *Ricker* an, *ders.*, in: Studienkreis für Presserecht und Pressefreiheit (Hrsg.), Presserecht und Pressefreiheit, 1980, 287 (295). Vgl. auch *Böckelmann/Mahle/Nahr*, in: Langenbucher (Hrsg.), Politik und Kommunikation, 1979, 93 (95).

[35] *Sommermann*, in: v. Mangoldt/F. Klein/Starck, Grundgesetz Bd. 2, 7. Aufl. 2018, Art. 20 Rn. 160.

[36] Vgl. *Bethge*, in: AfP-Sonderheft 2007, 18 (20); *Schmitt Glaeser*, in: Isensee/P. Kirchhof (Hrsg.), Handbuch des Staatsrechts Bd. III, 3. Aufl. 2005, § 38 Rn. 37.

darf dieser aber nicht. Dieser Prozess muss stets frei, offen und unreglementiert bleiben. I.d.S. ist auch die noch zu besprechende Öffentlichkeitsarbeitsentscheidung 1977 zu verstehen, in der das Gericht den Begriff Staatsfreiheit nicht verwendet, sondern vielmehr auf einen freien, offenen Prozess der Meinungs- und Willensbildung des Volkes abstellt. Die bestehenden wechselseitigen Einwirkungen auf die Meinungs- und Willensbildung des Volkes erkennt das Gericht ebenso an, wie die Notwendigkeit, diese Einwirkungsmöglichkeiten zu begrenzen.[37] An denjenigen Stellen, an denen das Gericht auf die Richtung der Willensbildung abstellt, bezieht es sich primär auf den Vorgang der Wahl als Grundakt demokratischer Legitimation, nicht auf den gesamten Willensbildungsprozess als solchen.[38] Bildlich gesprochen: Wenn politische Vorhaben und Maßnahmen der Regierung Gegenstand der Anklage am Wahltag sind, muss ihr zumindest die Gelegenheit gegeben werden, sich zu verteidigen.[39] Der Regierung wird das Recht zugestanden, „sich zu erklären".[40] Nur der Urteilsspruch in Form der Wahl als Akt kollektiver politischer Willensäußerung muss vom Volk stammen.[41] Im Grundgesetz wird dies durch Art. 20 Abs. 2 Satz 2 GG und Art. 38 Abs. 1 GG aufgezeigt.

III. Zusammenfassung

Der Grundsatz der Staatsfreiheit der politischen Meinungs- und Willensbildung des Volkes ist im Prinzip der Volkssouveränität gem. Art. 20 Abs. 2 Satz 1 GG verankert und somit von herausragender Bedeutung für das demokratische Gemeinwesen im Staat des Grundgesetzes. Die politische Meinungs- und Willensbildung des Volkes als offener und vor allem staatsfreier Prozess ist grundlegend für die Wahlen zum Deutschen Bundestag als Regelfall der unmittelbaren Ausübung von Staatsgewalt durch das deutsche Volk. Soweit in der frühen Literatur unter Verweis auf den Grundsatz der Staatsfreiheit der Willensbildung die regierungsamtliche Öffentlichkeitsarbeit für unzulässig erklärt wurde, kann dies nicht überzeugen. Der Grundsatz der Staatsfreiheit der Willensbildung lässt Ausnahmen zu, diese sind bereits teilweise explizit im Grundgesetz angelegt, lassen sich aber vor allem in der Verfassungswirklichkeit nicht verhindern. Wie noch zu zeigen ist, ist diese staatliche Einwirkung bis zu einem gewissen Maße und auf bestimmten Gebieten sogar geboten.

---

[37] BVerfGE 44, 125 (139 ff.).

[38] Vgl. BVerfGE 44, 125 (140 f.). Wie hier *Schürmann*, Öffentlichkeitsarbeit der Bundesregierung, 1992, S. 148.

[39] Sprachbild nach *Krüger*, in: Quaritsch (Hrsg.), Die Selbstdarstellung des Staates, 1977, 21 (25 f.).

[40] *Gusy*, in: NJW 2000, 977 (978).

[41] Vgl. BVerfGE 44, 125 (141).

B. Rechtfertigung der Einwirkung auf den grundsätzlich staatsfreien politischen Meinungs- und Willensbildungsprozess des Volkes

Nachdem das Bundesverfassungsgericht in der Parteienfinanzierungsentscheidung 1966 die Zulässigkeit der Öffentlichkeitsarbeit ohne Begründung unterstellte, führt es in der Öffentlichkeitsarbeitsentscheidung 1977 drei Begründungsansätze an. Diese besonderen Gründe legitimieren die mit der regierungsamtlichen Öffentlichkeitsarbeit untrennbar verbundene, staatliche Einwirkung auf den grundsätzlich staatsfreien Meinungs- und Willensbildungsprozess des Volkes. Darüberhinausgehend wird Öffentlichkeitsarbeit nicht nur als zulässig, sondern als notwendig erklärt.[42] Die Regierung ist also nicht nur berechtigt, sondern vielmehr verpflichtet, Öffentlichkeitsarbeit zu betreiben.[43] Sie wird seitdem als „Pflichtrecht" der Regierung verstanden.[44]

I. Aufrechterhaltung des „Grundkonsenses"

Das Gericht führt aus, regierungsamtliche Öffentlichkeitsarbeit sei notwendig, da die Demokratie des Grundgesetzes eines weitgehenden Einverständnisses der Bürger mit der vom Grundgesetz geschaffenen Staatsordnung bedürfe. Öffentlichkeitsarbeit habe die Aufgabe diesen „Grundkonsens" lebendig zu erhalten.[45] In der Aufrechterhaltung des beschriebenen Grundkonsenses sieht das Bundesverfassungsgericht also den ersten Rechtfertigungsgrund der mit der regierungsamtlichen Öffentlichkeitsarbeit verbundenen Einwirkung auf den grundsätzlich staatsfreien politischen Meinungs- und Willensbildungsprozess des Volkes.

1. Begriff Grundkonsens

Der angesprochene Grundkonsens beruht auf der Vorstellung, dass die vom Grundgesetz vorgegebene Staatsordnung darauf basiert, dass die Bürger aus innerer Überzeugung an der Staatsordnung teilnehmen und nicht aufgrund der Befolgung eines externen Zwangs. Der deutsche Staat der Gegenwart gründet in der Einigkeit seiner Bürger.[46] Das Grundgesetz in seiner freiheitlich-individuellen Ausrichtung

---

[42] BVerfGE 44, 125 (147).

[43] *Kittler*, in: NJW 2000, 122 (122); *Robbers*, in: W. Kahl/Waldhoff/Walter (Hrsg.), Grundgesetz, 137. Akt. Dez. 2008, Art. 20 Abs. 1 Rn. 637; *Schürmann*, Öffentlichkeitsarbeit der Bundesregierung, 1992, S. 33; *ders.*, in: AfP 1992/1993, 435 (435).

[44] *Gröschner*, in: DVBl. 1990, 619 (620).

[45] BVerfGE 44, 125 (147).

[46] *Uhle*, in: Isensee/P. Kirchhof (Hrsg.), Handbuch des Staatsrechts Bd. IV, 3. Aufl. 2006, § 82 Rn. 1. Vgl. auch *Engel*, in: Isensee/P. Kirchhof (Hrsg.), Handbuch des Staatsrechts Bd. IV, 3. Aufl. 2006, § 80 Rn. 5.

überlässt dem Einzelnen einen zu weiten Freiraum, als dass staatliche imperative Maßnahmen für jenen Zweck Erfolg versprechen. Vielmehr verzichtet das Grundgesetz und damit auch der von ihm verfasste Staat auf eine Rechtspflicht zum Verfassungskonsens.[47] Um es mit Klaus Stern auszudrücken: Im Staat der Gegenwart genügt *oboedientia* allein nicht mehr; sie bedarf der Ergänzung durch *auctoritas*.[48]

Der erste besondere Grund, der nach dem Bundesverfassungsgericht die regierungsamtliche Öffentlichkeitsarbeit legitimiert, ist daher nicht weniger als das Fortbestehen der gesamtstaatlichen Ordnung. Eine funktionierende Demokratie setzt voraus, dass die Minderheit die Entscheidung der Mehrheit akzeptiert. Diese Akzeptanz setzt ihrerseits voraus, dass in der Gesellschaft ein gewisses Maß an gemeinsamen Grundauffassungen über die Art und Ordnung des Zusammenlebens besteht.[49] Fehlt dieses Maß, wird die Minderheit ebenso wenig die Entscheidungen der Mehrheit akzeptieren, wie die Mehrheit die Anliegen der Minderheit. Welche gemeinsamen Grundauffassungen dabei konkret vorhanden sein müssen, kann nicht bestimmt werden und ist darüber hinaus dem stetigen Wandel unterworfen. Jedenfalls ein wichtiger Bestandteil ist das Einverständnis mit der freiheitlich-demokratischen Grundordnung wie sie das Grundgesetz als Reaktion auf das Scheitern der Weimarer Republik und die national-sozialistische Schreckens- und Willkürherrschaft vorgegeben hat.[50]

Hilft die regierungsamtliche Öffentlichkeitsarbeit dabei den beschriebenen Grundkonsens zu erhalten, leistet sie einen Beitrag zum Fortbestehen des Staates. Öffentlichkeitsarbeit kann also als „Beatmung" des staatlichen Gefüges angesehen werden, ohne jene die Existenz des Staates als „geistiges Sein" im gemeinsamen Bewusstsein der Bürger ersticken würde.[51] Es handelt sich dabei um einen fortdauernden Prozess, der eine jede neue Generation von Staatsbürgern aufs Neue überzeugen muss und sich dabei ggf. neuer Mittel und Wege bedienen sowie auf neue Gefahren aufmerksam machen muss. Der beschriebene Grundkonsens ist in der Grundentscheidung des Grundgesetzes für die Demokratie als Staats- und Regierungsform gem. Art. 20 Abs. 1 GG normativ verankert.[52]

---

[47] *Harding*, Staatliche Öffentlichkeitsarbeit in sozialen Netzwerken, 2023, S. 60; *Uhle*, in: Isensee/P. Kirchhof (Hrsg.), Handbuch des Staatsrechts Bd. IV, 3. Aufl. 2006, § 82 Rn. 3.

[48] *Stern*, Staatsrecht Bd. I, 1. Aufl. 1977, S. 225. Ähnlich *Di Fabio*, in: JZ 1993, 689 (690); *Schürmann*, in: NJW 1992, 1072 (1074 f.).

[49] *Böckenförde*, in: Isensee/P. Kirchhof (Hrsg.), Handbuch des Staatsrechts Bd. II, 3. Aufl. 2004, § 24 Rn. 63.

[50] Wie hier *Growe*, Das Regierungsmitglied im parteipolitischen Diskurs, 2020, S. 62. f. Zum normativen Inhalt der freiheitlich-demokratischen Grundordnung siehe etwa BVerfGE 2, 1 (12 f.).

[51] Vgl. *Krüger*, in: Quaritsch (Hrsg.), Die Selbstdarstellung des Staates, 1977, 21 (22). Insoweit trifft auch *Hufens* Metapher der Öffentlichkeitsarbeit als Lebenselixier zu, siehe oben Fn. 1.

[52] *Häberle*, in: JZ 1977, 361 (366); *Jarass*, in: NJW 1981, 193 (194 f.); *Gusy*, in: NJW 2000, 977 (978); *Gröschner*, in: DVBl. 1990, 619 (620); *Zuck*, in: ZRP 1977, 144 (145). Wohl

2. Öffentlichkeitsarbeit als moderne Staatspflege?

Die Ausführungen des Bundesverfassungsgerichts werden vielfach in die Nähe der Staatspflege gerückt, auch wenn der Begriff in den Entscheidungsgründen selbst nicht fällt.[53] Der Begriff der Staatspflege als solcher wurde insb. von Krüger geprägt, geht aber auf Rudolf Smends Staatstheorie der Integrationslehre zurück.[54] Im Überblick dargestellt besagt diese, dass der Staat sich als geistiges Sein nicht in einem Rechtssystem erschöpft, sondern auch und vor allem im gemeinsamen Bewusstsein der Bürger besteht. Smend geht davon aus, dass die Staatlichkeit in diesem gemeinsamen Bewusstsein als solche erkannt und ihr zugestimmt werden müsse, sodass sie sich schließlich ihrerseits verwirklichen könne. Dabei müsse die Staatlichkeit regelmäßig erneuert werden, eine Erneuerung, die vom aktiven und spontanen Bürger ausgehen müsse. Das staatliche Sein sei daher ein ständiger Prozess der Integration aller Bürger.[55] Öffentlichkeitsarbeit sei hierfür notwendig, denn so könne der Staat die Bürger über sich als Staat informieren, sodass sich der bloße Staatsangehörige zum Bürger steigern könne.[56]

Daher wird staatliche bzw. regierungsamtliche Öffentlichkeitsarbeit – jeweils leicht variierend – als ein Nachbar der Staatspflege,[57] als das, was früher unter Staatspflege verstanden wurde,[58] oder als ein Bestandteil der Staatspflege angesehen.[59] Abweichend wird auch auf die Wirkung regierungsamtlicher Öffentlichkeitsarbeit abgestellt und deren Nutzen für den Staat als das bezeichnet, was wiederum Krüger als Staatspflege bezeichnet habe.[60] Schürmann stellt auf den Zweck der Öffentlichkeitsarbeit ab, der dem der Staatspflege ähneln solle. Politischer Apathie und Indifferenz soll entgegengewirkt werden, sodass eine Pflicht der Regierung zur Existenzsicherung der Staatszielbestimmungen und zur Heranführung der Öffentlichkeit an die Lebensbedingungen der Gemeinschaft erwachse.[61] Dem

---

auch *Engel*, in: Isensee/P. Kirchhof (Hrsg.), Handbuch des Staatsrechts Bd. IV, 3. Aufl. 2006, § 80 Rn. 5.

[53] Vgl. *Engel*, in: Isensee/P. Kirchhof (Hrsg.), Handbuch des Staatsrechts Bd. IV, 3. Aufl. 2006, § 80 Rn. 5; *Gusy*, in: NJW 2000, 977 (978); *Stern*, Staatsrecht Bd. I, 2. Aufl. 1984, S. 284.

[54] Zur Staatspflege siehe *Krüger*, Allgemeine Staatslehre, 2. Aufl. 1966, S. 214 ff.; *ders.*, in: Quaritsch (Hrsg.), Die Selbstdarstellung des Staates, 1977, 21 ff.

[55] Grundlegend *Smend*, Staatsrechtliche Abhandlungen, 4. Aufl. 2010, S. 119 ff., 475 ff. Siehe auch *Krüger*, in: Quaritsch (Hrsg.), Die Selbstdarstellung des Staates, 1977, 21 (22, 26).

[56] *Krüger*, in: Quaritsch (Hrsg.), Die Selbstdarstellung des Staates, 1977, 21 (25).

[57] *Krüger*, in: Quaritsch (Hrsg.), Die Selbstdarstellung des Staates, 1977, 21 (23, 25).

[58] *Bethge*, in: JURA 2003, 327 (238); *ders.*, in: AfP-Sonderheft 2007, 18 (18); *ders.*, in: D. Merten/Papier (Hrsg.), Handbuch der Grundrechte Bd. III, 2009, § 58 Rn. 108.

[59] *Schürmann*, Öffentlichkeitsarbeit der Bundesregierung, 1992, S. 170.

[60] *Engel*, in: Isensee/P. Kirchhof (Hrsg.), Handbuch des Staatsrechts Bd. IV, 3. Aufl. 2006, § 80 Rn. 5.

[61] *Schürmann*, Öffentlichkeitsarbeit der Bundesregierung, 1992, S. 170.

vergleichbar sieht Nicolas Harding in der Staatspflege Aufgabe und Ergebnis der Öffentlichkeitsarbeit.[62]

Die Ausführungen des Bundesverfassungsgerichts können durchaus i. S. d. Integrationslehre Smends verstanden werden.[63] Nur wenn man die Existenz des Staates als geistiges Sein im Bewusstsein der Bürger versteht, lassen sich metaphysisch anmutende Formulierungen wie „Einverständnis des Bürgers mit der Staatsordnung", „Grundkonsens", „von dem Bewusstsein der Bürger getragen" oder auch „den vom Grundgesetz verfassten Staat als seinen Staat anzunehmen" begreifen. Staatliche Öffentlichkeitsarbeit zielt demnach auf einen wie auch immer gearteten „Vertrag" zwischen Staatsordnung und Bürger ab, der immer wieder aufs Neue geschlossen werden muss. Dennoch ergeben sich – wie oben in Ansätzen aufgezeigt – zahlreiche kleinteilige Differenzierungen, die weder für sich noch in ihrer Gesamtheit einen maßgeblichen Erkenntnisgewinn für die vorliegende Arbeit vermitteln. Letztlich ist auch der Gedanke der Staatspflege im Demokratieprinzip verortet, sodass eine staatstheoretische Auseinandersetzung an dieser Stelle nicht geführt werden muss.

In einer Demokratie muss der Anstoß zu alledem Vorstehenden aus den Bürgern selbst hervorgehen.[64] Nicht zuletzt die Erfahrungen in der Weimarer Republik haben aufgezeigt, dass eine staatliche Ordnung, die von den Staatsbürgern nicht angenommen wird, keine Zukunft hat. Es ist ein Verdienst der Mütter und Väter des Grundgesetzes, dass dieses von der Mündigkeit eines jeden Bürgers ausgeht und dem Staat die Aufgabe zuweist, jeden einzelnen redlich zu überzeugen, ihn als seinen Staat anzunehmen. Zudem kommt im Begriff „Grundkonsens" ein erfreulicher Aspekt der Gleichstellung zwischen Bürger und Staat zum Ausdruck. Sich aufdrängende Assoziationen zum Vertragsschluss suggerieren Freiwilligkeit und damit eine Anerkennung der Autonomie eines jeden Einzelnen, auch und insb. gegenüber dem Staat.

II. Verantwortliche Teilhabe der Bürger an der politischen Willensbildung

Das Bundesverfassungsgericht geht ferner davon aus, dass die regierungsamtliche Öffentlichkeitsarbeit einen Beitrag zur verantwortlichen Teilhabe der Bürger an der politischen Willensbildung leistet. Indem die Regierung der Öffentlichkeit ihre Politik, Maßnahmen und Vorhaben sowie die künftig zu lösenden Fragen darlege sowie erläutere, werde dem Einzelnen das notwendige Wissen vermittelt, um die getroffenen Entscheidungen, Maßnahmen und Lösungsvorschläge beurteilen, bil-

[62] *Harding*, Staatliche Öffentlichkeitsarbeit in sozialen Netzwerken, 2023, S. 60 ff.

[63] Siehe auch *Hinderks*, in: ZUM 2023, 26 (27 f.).

[64] *Krüger*, in: Quaritsch (Hrsg.), Die Selbstdarstellung des Staates, 1977, 21 (22).

ligen oder verwerfen zu können.[65] Es sei Aufgabe der Öffentlichkeitsarbeit, Zusammenhänge offenzulegen, Verständnis für erforderliche Maßnahmen zu wecken oder um ein konjunkturgerechtes Verhalten zu werben.[66]

1. Verknüpfung staatlicher Informationsarbeit mit dem Demokratieprinzip

Das Gericht nimmt dabei einen Ansatz W. Leisners auf. Er führt aus, dass die freie Entfaltung von Meinungen und Gegenmeinungen mit den Mitteln des Geistes und der Überzeugungskraft wesentlicher Gehalt einer jeden liberalen Demokratie sei. Diese sei aber nur möglich, wenn das hierfür erforderliche Informationsmaterial auch zur Verfügung stehe. Stelle die Regierung nun selbst diese Informationen bereit, sorge sie für den Endzustand, dem die Demokratie zustrebt. Die Information des Volkes über die Regierungstätigkeit diene daher dem Staatsziel Demokratie. Der „Grundsatz der Demokratizität" als oberster Auslegungssatz für alles Verfassungsrecht setze eine Informationsarbeit der Regierung voraus.[67]

Der Beobachtung ist zuzustimmen. Regierungsamtliche Öffentlichkeitsarbeit ist fraglos geeignet, das in einer repräsentativen Demokratie zwangsläufig bestehende Informationsdefizit der Bürger gegenüber den besonderen Organen i. S. d. Art. 20 Abs. 2 Satz 2 Halbsatz 2 zu beheben.[68] Wie beschrieben übt das Volk gem. Art. 20 Abs. 2 Satz 2 Halbsatz 1 GG nur bei Wahlen und Abstimmungen unmittelbare Staatsgewalt aus und ist bei allen anderen Akten der Staatsgewalt auf die Organe i. S. d. Art. 20 Abs. 2 Satz 2 Halbsatz 2 GG angewiesen. Der eigentliche und alltägliche politische Entscheidungsprozess findet also innerhalb jener Organe statt, zu denen der Bürger nicht ohne weiteres Zugang hat. Insb. die dem Entscheidungsprozess zugrundeliegenden Erkenntnisse, Vermutungen und Prognosen müssen dem Bürger aktiv zur Verfügung gestellt werden. Öffentlichkeitsarbeit spielt hierfür eine wichtige Rolle. Politikbezogene Öffentlichkeitsarbeit ist mit der verantwortlichen Teilhabe der Bürger an der politischen Willensbildung in der repräsentativen Demokratie verknüpft, wodurch die grundsätzliche Zulässigkeit regierungsamtlicher Öffentlichkeitsarbeit in Art. 20 Abs. 2 GG und dem darin verwurzelten Grundsatz der Volkssouveränität ankert.[69]

---

[65] BVerfGE 44, 125 (147) unter Verweis auf BVerfGE 20, 56 (100).

[66] BVerfGE 44, 125 (148).

[67] Zum Ganzen *W. Leisner*, Öffentlichkeitsarbeit der Regierung im Rechtsstaat, 1966, S. 82 ff.

[68] Vgl. BVerfGE 44, 125 (147); *Krüger*, in: Quaritsch (Hrsg.), Die Selbstdarstellung des Staates, 1977, 21 (25 f.); *Stern*, Staatsrecht Bd. I, 2. Aufl. 1984, S. 285.

[69] *Engel*, in: Isensee/P. Kirchhof (Hrsg.), Handbuch des Staatsrechts Bd. IV, 3. Aufl. 2006, § 80 Rn. 5; *Häberle*, in: JZ 1977, 361 (366); *Jarass*, in: NJW 1981, 193 (194); *Schürmann*, in: NJW 1992, 1072 (1074).

Regierungsamtliche Öffentlichkeitsarbeit versetzt auch die Opposition, innerhalb und außerhalb des Parlaments, überhaupt erst in die Lage, einen Gegenvorschlag zur politischen Linie der Regierung zu entwickeln. Würde sich die Regierung jeglicher Erklärung ihres Handelns verweigern, wäre damit auch eine effektive Oppositionsarbeit, Bestandteil der freiheitlich-demokratischen Grundordnung und des Demokratieprinzips, erheblich erschwert. Wie soll man Motive, Annahmen oder Prognosen hinterfragen und kritisieren, wenn diese unbekannt sind? Zutreffend wird regierungsamtliche Öffentlichkeitsarbeit daher auch als „oppositionsschaffend" angesehen.[70] Auch unter diesem Gesichtspunkt ist die Öffentlichkeitsarbeit also mit dem Demokratieprinzip verknüpft.

2. Demokratiebezug der Kommunikationsgrundrechte

Eine auf das Demokratieprinzip bezogene Begründung der regierungsamtlichen Öffentlichkeitsarbeit lässt sich zudem anhand der Kommunikationsgrundrechte herleiten. Öffentlichkeitsarbeit bringt Staat und Kommunikationsgrundrechte durch den Demokratiebezug auf dieselbe Ebene.[71] Sie befähigt den Bürger grundsätzlich eigenverantwortlich und frei sowie im Interesse des Demokratieprinzips zu kommunizieren.[72] Gröschner beruft sich auf den in der Öffentlichkeitsarbeitsentscheidung verwendeten Terminus „Konsens". Er führt aus, dass ein solcher immer auf Kommunikation beruhe und daher die objektivrechtliche Begründung der Öffentlichkeitsarbeit um eine subjektivrechtliche Begründung mit den Kommunikationsgrundrechten erweitert werden müsse.[73] Eingangs der nachfolgenden Darstellung ist dennoch hervorzuheben, dass die Kommunikationsgrundrechte den Staat nicht unmittelbar zur Öffentlichkeitsarbeit berechtigen.[74] Die Kommunikationsgrundrechte sind weiterhin auf den einzelnen Bürger bezogen. Nur deren Demokratiebezug kann staatliche Öffentlichkeitsarbeit rechtfertigen.[75]

---

[70] Bereits *W. Leisner*, Öffentlichkeitsarbeit der Regierung im Rechtsstaat, 1966, S. 155 f. Ebenso *Harding*, Staatliche Öffentlichkeitsarbeit in sozialen Netzwerken, 2023, S. 57 f.; *Jerschke*, Öffentlichkeitspflicht der Exekutive und Informationsrecht der Presse, 1971, S. 155; *Schürmann*, Öffentlichkeitsarbeit der Bundesregierung, 1992, S. 156.

[71] *Häberle*, in: JZ 1977, 361 (366).

[72] Grundlegend *Jerschke*, Öffentlichkeitspflicht der Exekutive und Informationsrecht der Presse, 1971, S. 92 ff.

[73] *Gröschner*, in: DVBl. 1990, 619 (620).

[74] Siehe hierzu unten Kap. 3 C.I.

[75] In diesem Fehlverständnis mag *Bethges* Ablehnung dieser Rechtfertigung bestehen, *ders.*, in: JURA 2003, 327 (329); *ders.*, in: AfP-Sonderheft 2007, 18 (19); *ders.*, in: D. Merten/Papier (Hrsg.), Handbuch der Grundrechte Bd. III, 2009, § 58 Rn. 108.

a) Informationsfreiheit

Die Informationsfreiheit gem. Art. 5 Abs. 1 Satz 1 Halbsatz 2 GG verdeutlicht die Bedeutung der Informationserlangung für das Demokratieprinzip.[76] Sie hat aufgrund der gesammelten Erfahrungen mit staatlicher Desinformationspolitik im Nationalsozialismus Eingang in den Grundrechtekatalog gefunden. Besagte Desinformationspolitik bestand dabei nicht nur aus Informationsbeschränkungen, sondern gerade auch aus der staatlichen Meinungslenkung zum Zwecke der politischen Indoktrination. Das Grundgesetz als Gegenentwurf zum nationalsozialistischen Unrechtsregime setzt daher auf ein umfassend und frei informiertes Staatsvolk. Umfassende Information ist *conditio sine qua non* einer jeden demokratischen Öffentlichkeit.[77] Zwar mag es angesichts der Entstehungsgeschichte des Grundrechts irritieren, dass die Information durch den Staat auf das Grundrecht der Informationsfreiheit zurückgeführt wird. Dies verdeutlicht allerdings vielmehr den stattgefundenen Wandel: Der Staat ist als grundsätzlich gleichberechtigter Akteur auf den Informationsmarkt getreten.[78] Erst die Möglichkeit sich zu informieren, befähigt den Einzelnen, eine Meinung zu bilden und diese zu äußern.[79] Aus diesem Grund ist das Grundrecht der Informationsfreiheit gem. Art. 5 Abs. 1 Satz 1 Halbsatz 2 GG als „Meinungsbildungsfreiheit" von ebenso grundlegender Bedeutung für den vom Grundgesetz verfassten Staat wie die Meinungsäußerungsfreiheit gem. Art. 5 Abs. 1 Satz 1 Halbsatz 1 GG.[80] Löst man sich in der Betrachtung von der Entstehungsgeschichte und wendet sich den dem Grundecht immanenten Demokratiebezug zu, erschließt sich die damit einhergehende Rechtfertigung der Öffentlichkeitsarbeit.

b) Meinungsfreiheit

Das Komplementärgrundrecht zur Informationsfreiheit ist das Grundrecht auf freie Meinungsäußerung gem. Art. 5 Abs. 1 Satz 1 Halbsatz 1 GG.[81] In der Tradition

---

[76] Zum Ganzen siehe *Kugelmann*, in: ZGI 2022, 245 f.

[77] BVerfGE 27, 71 (80 ff.); *Dörr*, in: D. Merten/Papier (Hrsg.), Handbuch der Grundrechte Bd. IV, 2011, § 103 Rn. 7; *Grabenwarter*, in: Dürig/Herzog/Scholz, Grundgesetz, 85. EL. Nov. 2018, Art. 5 Abs. 1, Abs. 2 Rn. 986; *Jarass*, in: ders./Pieroth, Grundgesetz, 16. Aufl. 2020, Art. 5 Rn. 21.

[78] Vgl. *Dörr*, in: D. Merten/Papier (Hrsg.), Handbuch der Grundrechte Bd. IV, 2011, § 103 Rn. 2; *Kühling*, in: Gersdorf/Paal (Hrsg.), Informations- und Medienrecht, 42. Ed., Art. 5 GG Rn. 42.

[79] BVerfGE 27, 71, (81); *Hesse*, Grundzüge des Verfassungsrechts, Neudr. d. 20. Aufl. 1999, Rn. 393; *Starck/Paulus*, in: v. Mangoldt/F, Klein/Starck, Grundgesetz Bd. 1, 7. Aufl. 2018, Art. 5 Rn. 102.

[80] BVerfGE 27, 71 (82); *Schmidt-Jortzig*, in: Isensee/P. Kirchhof (Hrsg.), Handbuch des Staatsrechts Bd. VII, 3. Aufl. 2009, § 162 Rn. 2.

[81] *Degenhart*, in: W. Kahl/Waldhoff/Walter (Hrsg.), Grundgesetz, 185. Akt. Juli 2017, Art. 5 Abs. 1 u. 2 Rn. 160; *Grabenwarter*, in: Dürig/Herzog/Scholz, Grundgesetz, 85. EL. Nov. 2018, Art. 5 Abs. 1, Abs. 2 Rn. 985; *Hesse*, Grundzüge des Verfassungsrechts, Neudr. d.

der Aufklärung hat das Bundesverfassungsgericht bereits im zentralen Lüth-Urteil[82] festgestellt, dass die Meinungsfreiheit für die freiheitlich-demokratische Grundordnung schlechthin konstituierend und eines der vornehmsten Menschenrechte überhaupt ist.[83] Der Demokratiebezug wurde der Meinungsäußerungsfreiheit also vom Bundesverfassungsgericht höchstselbst „in die Wiege gelegt". Es kann sich dabei auf Art. 11 der Déclaration des Droits de l'Homme et du Citoyen der französischen Nationalversammlung aus dem Jahr 1789 als gewichtiges historisches Vorbild berufen.[84]

Für einen demokratischen Prozess der politischen Meinungs- und Willensbildung des Volkes ist unabdingbar, dass Meinungen in der Öffentlichkeit frei geäußert werden können.[85] Eine einmal geäußerte Meinung steht niemals für sich allein, sondern entfaltet weitere geistige Wirkung, wirkt also ihrerseits meinungsbildend.[86] Im Zuge dieses aufeinander aufbauenden und sich dadurch gegenseitig beeinflussenden Kommunikations-, Meinungs- und Willensbildungsprozesses, entsteht die freie Öffentliche Meinung. Deren kollektive Kundgabe durch das Volk im Wahlakt gem. Art. 20 Abs. 2 Satz 2 Halbsatz 1 GG vermittelt den besonderen Organen i. S. d. Art. 20 Abs. 2 Satz 2 Halbsatz 2 GG ebenjenes Legitimationsniveau, das gem. Art. 20 Abs. 2 Satz 1 GG erforderlich ist. Für eine effektive Wahrnehmung des Grundrechts auf freie Meinungsäußerung bedarf es der Information, auch mittels regierungsamtlicher Öffentlichkeitsarbeit.

III. Anliegen im sozialen Rechtsstaat

Letztlich, so das Bundesverfassungsgericht, sei regierungsamtliche Öffentlichkeitsarbeit in Form von sachgerechten und objektiv gehaltenen Informationen über das Recht auch ein berechtigtes Anliegen im sozialen Rechtsstaat. Der Bürger werde auf diese Weise über seine Rechten und Pflichten aufgeklärt und es werde ihm er-

---

20. Aufl. 1999, Rn. 393; *Schulze-Fielitz*, in: Dreier (Hrsg.), Grundgesetz Bd. I, 3. Aufl. 2013, Art. 5 I, II Rn. 41.

[82] BVerfG, Urt. v. 15. 1. 1958 – 1 BvR 400/51 = BVerfGE 7, 198.

[83] BVerfGE 7, 198 (208). Siehe auch *Schulze-Fielitz*, in: Dreier (Hrsg.), Grundgesetz Bd. I, 3. Aufl. 2013, Art. 5 I, II Rn. 43; *Starck/Paulus*, in: v. Mangoldt/F. Klein/Starck, Grundgesetz Bd. 1, 7. Aufl. 2018, Art. 5 Rn. 1.

[84] „La libre communication des pensées et des opinions est un des droits les plus précieux de l'Homme: tout Citoyen peut donc parler, écrire, imprimer librement, sauf à répondre de l'abus de cette liberté dans les cas déterminés par la Loi."

[85] Vgl. *Bethge*, in: Sachs (Hrsg.), Grundgesetz, 9. Aufl. 2021, Art. 5 Rn. 15 ff.; *Hillgruber*, in: JZ 2016, 495 ff.; *Schulze-Fielitz*, in: Dreier (Hrsg.), Grundgesetz Bd. I, 3. Aufl. 2013, Art. 5 I, II Rn. 43 ff.; *Stern*, Staatsrecht Bd. I, 2. Aufl. 1984, S.190 f.

[86] BVerfGE 67, 1 (7); *Jarass*, in: ders./Pieroth, Grundgesetz, 16. Aufl. 2020, Art. 5 Rn. 3; *Starck/Paulus*, in: v. Mangoldt/F. Klein/Starck, Grundgesetz Bd. 1, 7. Aufl. 2018, Art. 5 Abs. 1 Rn. 94.

möglicht, von den ihm durch die Rechtsordnung eröffneten Möglichkeiten im persönlichen Bereich Gebrauch zu machen.[87]

1. Voraussetzung des Leistungs- und Verwaltungsstaats

Das Bundesverfassungsgericht geht davon aus, dass das Recht, das den Bürger unmittelbar angeht, der Erläuterung bedarf und der Bürger erst dadurch – sowohl gegenüber dem Staat als auch gegenüber Dritten – seine Rechte effektiv wahrnehmen kann. *Idealiter* erwächst als Konsequenz, dass alle Beteiligten ihre Rechte und Pflichten kennen und sich daher gegenüber Dritten bzw. dem Staat rechtmäßig verhalten, sodass ein Mehr an rechtmäßigem Verhalten insgesamt besteht.[88] Der Hintergrund dieser Ansicht ist, dass es der vom Grundgesetz verfasste Rechtsstaat gebietet, dass die Rechtsordnung nicht nur normativ festgelegt ist und für sich existiert, sondern auch tatsächlich von den Bürgern befolgt wird. Allein mit der notwendigen Verkündung von Gesetzen kann dies nicht erreicht werden, es bedarf weiterer kommunikativer Anstrengungen darüber hinaus.[89] An diesen Punkt ist anzuknüpfen, denn nicht ohne Grund spricht das Gericht von einem Anliegen im sozialen Rechtsstaat. Dieser ist nicht nur Rechtsbewahr-, sondern ebenfalls Leistungs- und Verwaltungsstaat. Er besteht nicht nur aus einer Abwehrfunktion, sondern soll zugleich auch i. S. d. Leistungsverwaltung gewähren, leisten und verteilen.[90] Regelmäßig kann der Staat seine Leistungen jedoch nur dann erbringen, wenn ihm auch klar ist, wer potenzieller Leistungsempfänger ist. Dieser Leistungsempfänger muss also zum Zwecke des Leistungserhalts auf den Staat zugehen. Dies ist ihm jedoch nur möglich, wenn er hinreichend darüber informiert ist, welche Leistungen ihm etwa aus dem Sozialstaatsprinzip zustehen.[91] Der soziale Rechtstaat wiederum muss diese Leistungen für jeden erkennbar und vorhersehbar machen,[92] die Verteilung nach dem allgemeinen Gleichheitssatz planen sowie lenken und letztlich auch garantieren, die Leistungsgewährung durchzusetzen.[93] Der soziale Rechtsstaat hat also eine Informations- und Kommunikationsverantwortung inne.[94] Dabei hat sich die Information als zentrales Steuerungsinstrument im modernen Leistungs- und Verteilungsstaat erwiesen.[95]

---

[87] BVerfGE 44, 125 (148).

[88] Vgl. *Jarass*, in: NJW 1981, 193 (194 f.). Wie hier *Harding*, Staatliche Öffentlichkeitsarbeit in sozialen Netzwerken, 2023, S. 59.

[89] *F. Kirchhof*, in: DÖV 1982, 397 (398). Wie hier *Harding*, Staatliche Öffentlichkeitsarbeit in sozialen Netzwerken, 2023, S. 59.

[90] Vgl. *Stern*, Staatsrecht Bd. I, 2. Aufl. 1984, S. 868 ff.

[91] Vgl. *Hill*, in: JZ 1988, 377 (379).

[92] Vgl. *Jerschke*, Öffentlichkeitspflicht der Exekutive und Informationsrecht der Presse, 1971, S. 83 ff.

[93] Vgl. *Stern*, Staatsrecht Bd. I, 2. Aufl. 1984, S. 869 ff.

[94] Wie hier *Growe*, Das Regierungsmitglied im parteipolitischen Diskus, 2020, S. 67.

[95] *Bumke*, in: Die Verwaltung 37 (2004), 3 (3, 10 f.); *Degenhart*, in: AfP 2010, 324 (326 f.).

2. Voraussetzung einer wirksamen Grundrechtsausübung

Dem Staat obliegt eine Informationspflicht, wenn dies zur wirksamen Grundrechtsausübung erforderlich ist.[96] Der Staat soll an der Grundrechtsausübung mitwirken und um dieser Aufgabe nachzukommen, obliegen ihm Publizitätspflichten. Öffentlichkeitsarbeit ist ein Mittel, um diesen Pflichten nachzukommen.[97] Zurückzuführen ist diese Informationspflicht auf grundrechtliche Schutzpflichten des Staates und die Erkenntnis, dass der Staat diesen Pflichten nicht nur mit Mitteln der Gesetzgebung und der Verwaltung, sondern auch durch Information nachkommen kann.[98] Dergestalt sind auch die Entscheidungen des Bundesverfassungsgerichts zur Volkszählung 1983 und zur AIDS-Aufklärungskampagne zu verstehen. Wird die unterlassene Aufklärung der Öffentlichkeit hinsichtlich der Volkszählung 1983 noch aufgrund ihrer Grundrechtsrelevanz gerügt, ersetzte die Aufklärungskampagne der Bundeszentrale für gesundheitliche Aufklärung gar ein legislatives Tätigwerden zum Zwecke der Erfüllung der aus Art. 2 Abs. 2 Satz 1 GG erwachsenden Schutzpflicht.[99] Die beiden Entscheidungen machen deutlich, dass Öffentlichkeitsarbeit auch aus einer grundrechtlichen Perspektive geboten sein kann. Dies gilt nicht nur für die Kommunikationsgrundrechte.

3. Voraussetzung zur eigenverantwortlichen Problembewältigung

In den „Glykol und Osho"-Beschlüssen vertieft das Bundesverfassungsgericht erneut seine sozialrechtsstaatliche Begründung. Es führt aus, dass die politische Ordnung auf ein hohes Maß an Selbstverantwortung der Bürger bei der Lösung gesellschaftlicher Probleme ausgerichtet sei. Hieraus erwachse die Konsequenz, dass die Bürger vom Staat zur eigenverantwortlichen Mitwirkung an der Problembewältigung zu befähigen seien. Somit entstehe eine Erwartungshaltung bezogen auf Informationen für die persönliche Meinungsbildung und Orientierung, die ansonsten nicht zur Verfügung stünden. Verzichte der Staat in aktuellen Krisen oder kurzfristig auftretenden Herausforderungen auf den Einsatz des Mittels Information, bliebe ein die Rechtsgüter Dritter wenig beeinträchtigendes Mittel zur schnellen und effektiven Krisenbewältigung, ungenutzt. Dies würde zu Legitimationsverlusten führen.[100] Das Bundesverfassungsgericht hat die Staatsaufgabe Information anerkannt und diese als vertiefende Rechtfertigung der Öffentlichkeitsarbeit angeführt.[101]

---

[96] *Schürmann*, in: NJW 1992, 1072 (1074). Wohl ebenso *Hufen*, in: LKRZ 2007, 41 (43).

[97] *Schürmann*, Öffentlichkeitsarbeit der Bundesregierung, 1992, S. 169; *ders.*, in: NJW 1992, 1072 (1074).

[98] Vgl. *Schürmann*, Öffentlichkeitsarbeit der Bundesregierung, 1992, S. 163 f.

[99] *Hufen*, in: LKRZ 2007, 41 (43).

[100] Zum Ganzen BVerfGE 105, 252 (268 ff.); 105, 279 (301 ff.).

[101] *Bethge*, in: VVDStRL 57 (1998), 7 (49 f.); *ders.*, in: JURA 2003, 327 (328); *Di Fabio*, in: JZ 1993, 689 (690 ff.); *ders.*, in: JuS 1997, 1 (1 f.); *Schoch*, in: DVBl. 1991, 667 (667 f.); *Schulze-Fielitz*, in: VVDStRL 55 (1996), 231 (266 f.).

IV. Zusammenfassung

Die mit der regierungsamtlichen Öffentlichkeitsarbeit zwangsläufig einhergehenden staatlichen Einwirkungen auf den grundsätzlich staatsfreien Meinungs- und Willensbildungsprozess des Volkes sind gerechtfertigt. Das Bundesverfassungsgericht führt drei legitimierende, besondere Gründe an, die im Einzelnen Überschneidungspunkte aufweisen: den „Grundkonsens", die verantwortliche Teilhabe der Bürger an der politischen Willensbildung und den sozialen Rechtsstaat. Weitere besondere Gründe der Rechtfertigung ergeben sich aus dem Demokratiebezug der Kommunikationsgrundrechte, insb. der Informationsfreiheit gem. Art. 5 Abs. 1 Satz 1 Halbsatz 2 GG sowie der Meinungsäußerungsfreiheit gem. Art. 5 Abs. 1 Satz 1 Halbsatz 1 GG.

C. Verfassungsrechtliche Kompetenzgrundlagen

Regierungsamtliche Öffentlichkeitsarbeit verstößt nicht gegen den Grundsatz der staatsfreien politischen Meinungs- und Willensbildung des Volkes, sondern ist als grundsätzlich legitimierte staatliche Einwirkung anerkannt. Damit ist hingegen noch nicht geklärt, auf welche kompetenzrechtlichen Grundlagen regierungsamtliche Öffentlichkeitsarbeit zurückzuführen ist. Wie jede staatliche Tätigkeit bedarf auch sie einer sie überhaupt legitimierende verfassungsrechtliche Aufgaben- und Kompetenzzuweisung.[102] Stets gilt: Was dem Staat nicht übertragen ist, ist ihm verboten.[103]

I. Keine Geltung der Meinungsfreiheit

Die Kompetenz kann sich dabei in keinem Fall aus der Meinungsfreiheit gem. Art. 5 Abs. 1 Satz 1 Halbsatz 1 GG oder aus einem der Mediengrundrechte des Art. 5 Abs. 1 Satz 2 GG ergeben. Der gem. Art. 1 Abs. 3 GG an die Grundrechte gebundene Staat kann sich grundsätzlich nicht auf die Grundrechte berufen.[104] Das bekannte Konfusionsargument gilt auch im Rahmen der Öffentlichkeitsarbeit.[105] Diese Selbstverständlichkeit bedarf eigentlich keiner gesonderten Erwähnung, warum sie an dieser Stelle dennoch hervorgehoben wird, liegt an der Bedeutung dieser kompetenzrechtlichen Weichenstellung.

[102] *Lübbe-Wolff*, in: NJW 1987, 2705 (2706).

[103] *Rupp*, in: Isensee/P. Kirchhof (Hrsg.), Handbuch des Staatsrechts Bd. II, 3. Aufl. 2004, § 31 Rn. 30.

[104] Statt aller *Herdegen*, in: Dürig/Herzog/Scholz, Grundgesetz, 94. EL. Jan. 2021, Art. 1 Abs. 3 Rn. 54.

[105] *Bethge*, in: NJW 1985, 721; *ders.*, in: Sachs (Hrsg.), Grundgesetz, 9. Aufl. 2021, Art. 5 Rn. 39. Wie hier *Schürmann*, Öffentlichkeitsarbeit der Bundesregierung, 1992, S. 120 ff.

Mit besagter Weichenstellung tritt ein grundlegender Unterschied zwischen der regierungsamtlichen Öffentlichkeitsarbeit als Teil der staatlichen Aufgabenwahrnehmung und der Meinungsfreiheit als Teil der im Grundgesetz verankerten Freiheitsrechte der Bürger zu Tage, der immer wieder nivelliert wird.[106] Eine umfangreiche Darstellung aller Unterschiede zwischen der staatlichen Aufgabenwahrnehmung und dem Gebrauch von Freiheitsgrundrechten kann und soll an dieser Stelle nicht geleistet werden, ausreichend sei die nachfolgende Darstellung in gebotener Kürze. Nach der Konzeption des Grundgesetzes grenzen die Grundrechte den Bereich des Staates und den Bereich der Bürger in einem für beide Seiten existenziellen Sinne ab. Sie signalisieren dem Staat einerseits Distanz und andererseits Differenz.[107] Diese im Wege von Aufklärung, Konstitutionalisierung und Demokratisierung gezogene Demarkationslinie trennt Staat und Gesellschaft.[108] Dieser Trennungslinie entsprechend herrscht eine verfassungsrechtliche Dichotomie vor. Auf der einen Seite steht die staatliche, an die Grundrechte gebundene und dadurch begrenzte Aufgabenwahrnehmung; auf der anderen der private, durch die Grundrechte legitimierte Freiheitsgebrauch.[109] Die Ausübung von Staatsgewalt ist niemals die Wahrnehmung einer Freiheit, sondern stets ein Tätigwerden aufgrund von dem Staat durch die Verfassung zugewiesenen Kompetenzen.[110] Staatliche Kompetenzausübung ist hinsichtlich ihres Aufgaben- und Kompetenzbezugs immer rechtfertigungsbedürftig, der Gebrauch von grundrechtlichen Freiheiten hingegen niemals.[111] Zum Freiheitsgebrauch berechtigt ist jedoch nur der Bürger als Teil der Gesellschaft, niemals der Staat.[112]

Daraus folgt, dass die Legitimation einer Meinungsäußerung sich allein aus der Vornahme der grundrechtlich geschützten Tätigkeit selbst ergibt. Der Grundrechtsträger handelt sodann in Ausübung seiner grundrechtlich geschützten Freiheit und bedarf keiner darüberhinausgehenden Rechtfertigung. Anders hingegen die regierungsamtliche Öffentlichkeitsarbeit als Akt staatlicher Gewalt. Im Gegensatz zur privaten Meinungsäußerung ergibt sich die Kompetenz zur Öffentlichkeitsarbeit also gerade nicht aus der Vornahme der Tätigkeit. Es bedarf einer gesonderten

---

[106] Vgl. *Sondervotum Wallrabenstein* BVerfG NVwZ 2022, 1113 (1125 Rn. 3). Unklar *Ladeur*, in: DÖV 2002, 1 (4), der „Regierungsmitgliedern das individuelle Recht der Meinungsäußerungsfreiheit im Sinne von Art. 5 Abs. 1 Satz 1 GG – nicht aber dem Staat das Grundrecht der ‚institutionellen' Pressefreiheit –" zugestehen möchte.

[107] *Schmidt-Aßmann*, in: Isensee/P. Kirchhof (Hrsg.), Handbuch des Staatsrechts Bd. II, 3. Aufl. 2004, § 26 Rn. 24 ff.

[108] *Ossenbühl*, in: Horn/Häberle/Schambeck/Stern (Hrsg.), Recht im Pluralismus, 2003, 103 (108). Umfassend *Rupp*, in: Isensee/P. Kirchhof (Hrsg.), Handbuch des Staatsrechts Bd. II, 3. Aufl. 2004, § 31 insb. Rn. 3.

[109] Siehe auch *Harding*, in: NVwZ 2022, 1777 (1778).

[110] BVerfGE 68, 193 (206); *Hartmann*, in: AöR 134 (2009), 1 (5); *Rupp*, in: Isensee/P. Kirchhof (Hrsg.), Handbuch des Staatsrechts Bd. II, 3. Aufl. 2004, § 31 Rn. 30.

[111] *Bethge*, in: D. Merten/Papier (Hrsg.), Handbuch der Grundrechte Bd. III, 2009, § 72 Rn. 35.

[112] *Growe*, Das Regierungsmitglied im politischen Diskurs, 2020, S. 22.

Aufgaben- und Kompetenzzuweisung. Mangels Grundrechtsberechtigung kann die hierfür erforderliche Kompetenz nicht in den Kommunikationsgrundrechten gefunden werden. Von einer „Meinungsfreiheit der Bundesregierung" zu sprechen, ist daher terminologisch verfehlt.[113]

II. Verfassungsrechtliche Aufgabenzuweisung

Im Anschluss an das Vorstehende bleibt darzulegen, woraus sich die verfassungsrechtliche Aufgabenzuweisung für regierungsamtliche Öffentlichkeitsarbeit ergibt. Eine ausdrückliche Aufgabenzuweisung ist aus dem Grundgesetz nämlich nicht ersichtlich.[114]

1. Derivative und akzessorische Kompetenz der Öffentlichkeitsarbeit

Schon die an anderer Stelle besprochene Parteienfinanzierungsentscheidung 1966 beinhaltet die Einschränkung, dass die Öffentlichkeitsarbeit bezogen auf die jeweilige Organtätigkeit das Darlegen und Erläutern der Politik, Maßnahmen und Vorhaben sowie der künftig zu lösenden Fragen gegenüber der Öffentlichkeit umfasst.[115] Inhaltlich versteht das Bundesverfassungsgericht staatliche Öffentlichkeitsarbeit als auf staatliche Aufgaben bezogen. Auch in der Entscheidung zum Verfassungsschutzbericht 1973 verknüpft das Gericht die Öffentlichkeitsarbeit mit der eigentlichen Aufgabenwahrnehmung. Es führt aus, der Bundesminister des Innern habe im Rahmen seiner Pflicht, die freiheitlich-demokratische Grundordnung zu schützen, und der sich daraus ergebenden Zuständigkeit verfassungsfeindliche Gruppen und Aktivitäten zu beobachten, ein entsprechendes Werturteil abgegeben.[116] In diesem Beschluss leitet das Bundesverfassungsgericht zudem die Kompetenz zur Öffentlichkeitsarbeit aus der Kompetenz zur Aufgabenwahrnehmung ab.

Frühe Arbeiten in der Literatur verweisen ebenfalls darauf, dass die Kompetenz der Öffentlichkeitsarbeit sich aus der Kompetenz zur Aufgabenerfüllung ableitet. Lenz proklamiert, dass die Regierung nur „konkrete Organwalterakte und amtliche Verlautbarungen, die für die kompetenzförmige Ausübung der Staatsgewalt rechtsmaßgeblich sind", über den Rundfunk bekanntgeben dürfe.[117] W. Leisner setzt

[113] Siehe BVerwG NJW 1984, 2591: „Das Recht der politischen Meinungsäußerung gehört zu den ureigenen verfassungsmäßigen Rechten der Regierung. Es umfasst auch das ‚Recht zum Gegenschlag', zu dessen Rechtfertigung es deshalb eines Rückgriffs auf Art. 5 GG nicht bedarf."; *Bethge*, in: Sachs (Hrsg.), Grundgesetz, 9. Aufl. 2021, Art. 5 Rn. 40: „Zwar gibt es eine *Meinungsfreiheit der Bundesregierung.*" (Hervorhebung im Original).

[114] Wie hier *Harding*, Staatliche Öffentlichkeitsarbeit in sozialen Netzwerken, 2023, S. 92.

[115] BVerfGE 20, 56 (100).

[116] BVerfGE 40, 287 (293).

[117] *Lenz*, in: JZ 1963, 338 (342 f.).

die gesetzlichen und verfassungsmäßigen Grundlagen der Regierungstätigkeit mit denjenigen der regierungsamtlichen Öffentlichkeitsarbeit gleich.[118] Michael Kloepfer führt bezugnehmend auf die Öffentlichkeitsarbeit des Bundeskartellamtes aus, dass diese als Hilfszuständigkeit kompetenzrechtlich gedeckt sei, weil sie zur hauptsächlichen Aufgabenwahrnehmung des Bundeskartellamtes erforderlich sei.[119] Diese Ansätze führt schließlich Schürmann zusammen. Er legt dar, dass für die regierungsamtliche Öffentlichkeitsarbeit im Grundgesetz keine eigenständige Kompetenzgrundlage, sondern nur eine „Hilfskompetenz" aufgrund einer gesonderten „Hauptkompetenz" bestehe. Die eigentliche Kompetenzgrundlage finde sich (nur) in der jeweiligen Hauptkompetenz. Erst ein von dieser Hauptkompetenz gedecktes staatliches Handeln ermögliche es, die Aufgabenwahrnehmung auch kommunikativ zu begleiten, um die Aufgabe bestmöglich zu erfüllen.[120] Die Kompetenz regierungsamtliche Öffentlichkeitsarbeit zu betreiben ist daher in ihrer Entstehung derivativer und in ihrem Bestand akzessorischer Natur. In ihr verwirklicht sich das Prinzip der derivativen Zuständigkeit. Der Staat des Grundgesetzes hat keine Freiheiten, sondern nur Legitimationsquellen. Diese werden ihm durch das Grundgesetz zugestanden.[121]

2. Begrenzung auf den der Bundesregierung zugewiesenen Aufgaben- und Zuständigkeitsbereich

Somit steht fest, dass sich die Kompetenz eines staatlichen Organs Öffentlichkeitsarbeit zu betreiben aus seiner kompetenzmäßigen Organtätigkeit abgeleitet. Öffentlichkeitsarbeit erfüllt keinen Selbstzweck, sondern ist eine Annexfunktion zur Sachaufgabe, die das staatliche Organ nach der verfassungsrechtlichen Aufgabenzuweisung erfüllen muss.[122] Daher muss sich Öffentlichkeitsarbeit auch immer im Rahmen jener Sachaufgabe halten. Eine über die konkrete Aufgabenzuweisung hinausgehende Öffentlichkeitsarbeit kann auf keinen Kompetenztitel zurückgeführt werden und ist unzulässig.

Für die Öffentlichkeitsarbeit der Bundesregierung hat diese Erkenntnis das Bundesverfassungsgericht bereits festgehalten: „Öffentlichkeitsarbeit der Bundesregierung ist nur zulässig, soweit sie sich im Rahmen des vom Grundgesetz der

---

[118] *W. Leisner*, Die Öffentlichkeitsarbeit der Regierung im Rechtsstaat, 1966, S. 103.

[119] *Kloepfer*, Information als Intervention in der Wettbewerbsaufsicht, 1973, S. 12 ff.

[120] *Schürmann*, Öffentlichkeitsarbeit der Bundesregierung, 1992, S. 123 ff.

[121] *Rupp*, in: Isensee/P. Kirchhof (Hrsg.), Handbuch des Staatsrechts Bd. II, 3. Aufl. 2004, § 31 Rn. 32.

[122] *Gersdorf*, in: AfP 2016, 293 (294); *Gusy*, in: NJW 2000, 977 (978); *ders.*, in: NVwZ 2015, 700 (701); *Harding*, Staatliche Öffentlichkeitsarbeit in sozialen Netzwerken, 2023, S. 92 ff.; *Laude*, Automatisierte Meinungsbeeinflussung, 2021, S. 209; *Murswiek*, in: DÖV 1984, 529 (541); *Möstl*, in: Uhle (Hrsg.), Information und Einflussnahme, 2018, 49 (67).

Bundesregierung zugewiesenen Aufgaben- und Zuständigkeitsbereiches hält."[123] Diese Klarstellung stellt das Gericht seinen weiteren Ausführungen im Abschnitt C.IV.1. der Öffentlichkeitsarbeitsentscheidung 1977 als Kernaussage voran, wie sich etwa aus der einleitenden Formulierung zu Beginn des nachfolgenden Abschnitts C.IV.2. ergibt („All das gilt in besonderem Maße"). Das Gericht unterlässt jedoch eine positive Bestimmung des der Bundesregierung zugewiesenen Aufgaben- und Zuständigkeitsbereiches. Vielmehr hebt es zwei Bereiche hervor, die der Bundesregierung gerade nicht zugewiesen werden: der Bereich der Länder und der Bereich des Parteienwettbewerbs. Die erstgenannte Bereichsausnahme ist im Bundesstaatsprinzip gem. Art. 20 Abs. 1 GG und der darin wurzelnden Eigenstaatlichkeit sowie Eigenverantwortlichkeit der Länder verortet.[124] Die letztgenannte Bereichsausnahme begründet das Gericht mit der Funktion der Öffentlichkeitsarbeit und der Sachverantwortung der Bundesregierung gegenüber dem ganzen Volk und Parlament.[125] Öffentlichkeitsarbeit könne ihre integrative Funktion nicht erfüllen, wenn deren Inhalte sich zugunsten oder zulasten bestimmter politischer Parteien auswirkten.[126] Darin klingt zudem ein Verstoß gegen die Gemeinwohlverpflichtung der Regierung an, die sie als Staatsorgan fraglos trifft.[127]

3. Aufgabe der Staatsleitung als Grundlage der regierungsamtlichen Öffentlichkeitsarbeit

Seit den „Glykol und Osho"-Beschlüssen steht höchstrichterlich bestätigt fest, dass sich die Kompetenz der Regierung Öffentlichkeitsarbeit zu betreiben, aus ihrer Aufgabe der Staatsleitung ergibt.[128] Das Gericht hat dies zwar bisher nur in den Fällen staatlicher Warnungen und in den Äußerungsfällen festgehalten, aufgrund der Weite des Themenkomplexes Öffentlichkeitsarbeit und der daraus gebotenen Ge-

---

[123] BVerfGE 44, 125 (149). Entsprechend muss gelten, dass sich die Öffentlichkeitsarbeit der Landesregierungen im Rahmen der ihnen jeweils von der Landesverfassung zugewiesenen Aufgaben- und Zuständigkeitsbereiche halten muss.

[124] Vgl. *Grzeszick*, in: Dürig/Herzog/Scholz, Grundgesetz, 97. EL. Jan. 2022, Art. 20 IV Rn. 93, 101.

[125] BVerfGE 9, 268 (281).

[126] Vgl. *Häberle*, in: JZ 1977, 361 (364, 366).

[127] Zur Gemeinwohlbindung siehe etwa BVerfGE 12, 354 (364); 33, 125 (159); *Growe*, Das Regierungsmitglied im politischen Diskurs, 2020, S. 41; *Hartmann*, in: AöR 134 (2009), 1 (5 f.).

[128] Ebenso *Bethge*, in: D. Merten/Papier (Hrsg.), Handbuch der Grundrechte Bd. III, 2009, § 72 Rn. 42; *Harding*, Staatliche Öffentlichkeitsarbeit in sozialen Netzwerken, 2023, S. 102 f.; *Jarass*, in: ders./Pieroth, Grundgesetz, 17. Aufl. 2022, Art. 62 Rn. 4; *Schröder*, in: Isensee/P. Kirchhof (Hrsg.), Handbuch des Staatsrechts Bd. III, 3. Aufl. 2005, § 64 Rn. 29. Bereits in Ansätzen BVerwGE 82, 76 (80); 87, 37 (46); BVerwG NJW 1991, 1770 (1772).

samtbetrachtung hat diese kompetenzrechtliche Verankerung auch für die regierungsamtliche Öffentlichkeitsarbeit i. e. S. zu gelten.[129]

Der vom Gericht vorgenommene Umgang mit der Aufgabe der Staatsleitung als Befugnis für grundrechtsrelevantes staatliches Handeln wurde heftig kritisiert.[130] Der Schluss des Gerichts von der Staatsleitung als Aufgaben- auf eine Befugnisnorm für staatliche Warnungen wird gar als „fatal“[131] bzw. „juristische Todsünde“[132] gebrandmarkt. Schließlich müssen sich Grundrechtseingriffe nach überkommener Dogmatik stets auf ein Parlamentsgesetz zurückführen lassen.[133] Die Kritik an der Rechtsprechung zu staatlichen Warnungen muss angesichts des Untersuchungsgegenstandes weder umfangreich dargestellt noch muss diese en détail behandelt werden. Eingegangen werden muss nur auf den Teil der Kritik, der sich mit der Aufgabe der Staatsleitung als solche beschäftigt. Diese bezieht sich vornehmlich auf die vermeintliche inhaltliche Offenheit bzw. Unbestimmtheit des Begriffs.[134] Ihr wird zudem vorgehalten, es handele sich um eine „parakonstitutionelle Kategorie“.[135] Vorliegend ist die Aufgabe der Staatsleitung als mögliche Kompetenzgrundlage der Öffentlichkeitsarbeit i. e. S. zu untersuchen. Ausreichend, um die Kritik für den vorliegenden Zweck zu entkräften, ist bereits der Beleg ihrer Verankerung im Grundgesetz.

a) Verankerung der Aufgabe der Staatsleitung im Grundgesetz

Im die Bundesregierung verfassenden VI. Abschnitt des Grundgesetzes findet sich keine ausdrückliche Normierung oder gar eine Erwähnung der Aufgabe der Staatsleitung. Er regelt vornehmlich die institutionelle Verfasstheit der Bundesre-

---

[129] Wie hier *Epping*, in: ders./Hillgruber (Hrsg.), Grundgesetz, 56. Ed., Art. 65 Rn. 23; *Jarass*, in: ders./Pieroth, Grundgesetz, 17. Aufl. 2022, Art. 62 Rn. 4; *Mager/Holzner*, in: I. v. Münch/Kunig, Grundgesetz Bd. 1, 7. Aufl. 2021, Art. 65 Rn. 36.

[130] BVerfGE 105, 279 (301 ff.). Kritisch *Ohler*, in: ZLR 2002, 631 (635); *Bethge*, in: JURA 2003, 327 (332); *Cremer*, in: JuS 2003, 747 (750); *Sachs*, in: Osterloh/K. Schmidt/Weber (Hrsg.), Staat, Wirtschaft, Finanzverfassung, 2004, 209 (224); *Hellmann*, in: NVwZ 2005, 163 (166); *Klement*, in: DÖV 2005, 507 (515). *Mager*, in: I. v. Münch/Kunig, Grundgesetz Bd. 1, 7. Aufl. 2021, Art. 4 Rn. 68 Fn. 230, gibt einen Überblick über die „[f]ast ausnahmslos krit. Lit.“

[131] *Murswiek*, in: NVwZ 2003, 1 (7).

[132] *P. Huber*, in: JZ 2003, 290 (295).

[133] Hierzu *Grzeszick*, in: Dürig/Herzog/Scholz, Grundgesetz, 97. EL. Jan. 2022, Art. 20 VI Rn. 81; *Kotzur*, in: I. v. Münch/Kunig, Grundgesetz Bd. 1, 7. Aufl. 2021, Art. 20 Rn. 155; *Sommermann*, in: v. Mangoldt/F. Klein/Starck, Grundgesetz Bd. 2, 7. Aufl. 2018, Art. 20 Rn. 276 f.

[134] *Ohler*, in: ZLR 2002, 631 (636): „Blankoscheck“. *Schoch*, in: Isensee/P. Kirchhof (Hrsg.), Handbuch des Staatsrechts Bd. III, 3. Aufl. 2005, § 37 Rn. 113: „holistische Wunderwaffe“. *Ders.*, in: NVwZ 2011, 193 (197): „kryptische Andeutung“ bzw. „vage Großformel“.

[135] *Kersten*, in: Bultmann/Grigoleit/Gusy/ders./Otto/Preschel (Hrsg.), Allgemeines Verwaltungsrecht, 2014, 239 (247).

gierung, namentlich den Begriff im organisatorischen bzw. institutionellen Sinne (Art. 62 GG), ihre Bestellung (Art. 63, 64 GG), wesentliche Prinzipien ihrer Arbeitsweise bzw. Organisation (Art. 65, 69 Abs. 1 GG) sowie die Beendigung ihrer Amtszeit (Art. 67, 68, 69 Abs. 2 GG).[136] Auch in den zahlreichen Erwähnungen der Bundesregierung außerhalb des VI. Abschnitts wird ihr die Aufgabe der Staatsleitung ebenso wenig explizit zugewiesen.[137] Diese Erwähnungen machen jedoch nur einen Teil aller Aufgaben und Befugnisse aus, die dem Verfassungsorgan Bundesregierung als solchem zugewiesen und von ihm wahrzunehmen sind. Diese sind weitreichend und umfassen neben den ausdrücklich zugewiesenen Aufgaben auch bloße Verwaltungstätigkeiten, aber eben auch das „echte Regieren“.[138] Der Bundesregierung kommt die Aufgabe zu, im materiellen bzw. funktionellen Sinne zu regieren.[139] Dieser materielle Regierungsbegriff wird aufgrund seiner Funktion, den Staat konsens- und einheitsstiftend zu führen und zu leiten, vielfach als (politische) Staatsleitung umschrieben.[140] Andeutungsweise kommt diese Aufgabe der politischen Staatsleitung in Art. 65 GG zum Ausdruck, dessen Satz 1 den Bundeskanzler anweist, die „Richtlinien der Politik“ zu bestimmen und ihn hierfür als Verantwortlichen benennt. Art. 65 Satz 2 GG überlässt jedem Bundesminister – innerhalb dieser Richtlinien – die Autonomie innerhalb seines Geschäftsbereiches bei gleichzeitiger Verantwortung hierfür.[141]

Insgesamt ergibt sich die Aufgabe der Staatsleitung aus einer Gesamtbetrachtung des Grundgesetzes.[142] Demnach geht es von einer eigenständigen, hervorgehobenen, verantwortlichen, planenden, initiierenden und informierenden Bundesregierung

[136] *Epping*, in: ders./Hillgruber (Hrsg.), Grundgesetz, 56. Ed., Art. 62 Rn. 10; *Horn*, in: Stern/Sodan/Möstl (Hrsg.), Staatsrecht Bd. II, 2. Aufl. 2022, § 39 Rn. 1, § 45 Rn. 4; *Mager/Holzner*, in: I. v. Münch/Kunig, Grundgesetz Bd. 1, 7. Aufl. 2021, Art. 62 Rn. 10; *Schröder*, in: v. Mangoldt/F. Klein/Starck, Grundgesetz Bd. 2, 7. Aufl. 2018, Art. 62 Rn. 2.

[137] *Horn*, in: Stern/Sodan/Möstl (Hrsg.), Staatsrecht Bd. II, 2. Aufl. 2022, § 39 Rn. 65; *Mager/Holzner*, in: I. v. Münch/Kunig, Grundgesetz Bd. 1, 7. Aufl. 2021, Art. 65 Rn. 40; *Schröder*, in: v. Mangoldt/F. Klein/Starck, Grundgesetz Bd. 2, 7. Aufl. 2018, Art. 62 Rn. 35.

[138] *Detterbeck*, in: Isensee/P. Kirchhof (Hrsg.), Handbuch des Staatsrechts Bd. III, 3. Aufl. 2005, § 66 Rn. 1; *Horn*, in: Stern/Sodan/Möstl (Hrsg.), Staatsrecht Bd. II, 2. Aufl. 2022, § 39 Rn. 2. Eine (Teil-)Übersicht der Aufgaben und Befugnisse bei *Epping*, in: ders./Hillgruber (Hrsg.), Grundgesetz, 56. Ed., Art. 62 vor Rn. 1.

[139] *Detterbeck*, in: Isensee/P. Kirchhof (Hrsg.), Handbuch des Staatsrechts Bd. III, 3. Aufl. 2005, § 66 Rn. 1; *Herzog*, in: Dürig/ders./Scholz, Grundgesetz, 52. EL. Mai 2008, Art. 62 Rn. 51 ff.

[140] *Horn*, in: Stern/Sodan/Möstl (Hrsg.), Staatsrecht Bd. II, 2. Aufl. 2022, § 39 Rn. 65; *Schröder*, in: Isensee/P. Kirchhof (Hrsg.), Handbuch des Staatsrechts Bd. V, 3. Aufl. 2007, § 106 Rn. 1, 4. Umfassend *Magiera*, Parlament und Staatsleitung in der Verfassungsordnung des Grundgesetzes, 1979, S. 44 ff.

[141] Zu weit *Mager/Holzner*, in: I. v. Münch/Kunig, Grundgesetz Bd. 1, 7. Aufl. 2021, Art. 65 Rn. 15, die „Art. 65 und insbes. dessen Satz 2“ als „allgemeine Aufgabennorm und Rechtsgrundlage für staatsleitendes Handeln“ ansehen.

[142] Siehe auch *Harding*, Staatliche Öffentlichkeitsarbeit in sozialen Netzwerken, 2023, S. 103.

aus.[143] Auch ohne explizite Aufgabenzuweisung kommt der Bundesregierung daher die Aufgabe der Staatsleitung zu. Sie ergibt sich kraft ihrer Stellung und Eigenschaft als Organ der Staatsleitung. Entgegen dem Vorwurf ist die Aufgabe der Staatsleitung daher hinreichend im Grundgesetz verankert, der Vorwurf der „Parakonstitutionalität" trägt nicht.

Was konkret unter der Aufgabe der Staatsleitung zu verstehen ist, bleibt indes offen. Ihre normativen Konturen gewinnt sie zwar aus dem Grundgesetz, dieses kann aber nicht alle Facetten der Aufgabenerfüllung im Voraus festlegen.[144] Dies liegt auch daran, dass sich die Anforderungen an die Aufgabe der Staatsleitung ebenso wandeln, wie die Anforderungen an staatliches Handeln insgesamt. Staatsleitung ist ein definitionsfeindlicher, weil sich ständig entwickelnder Begriff, der allenfalls Umschreibungen zugänglich ist.[145] Der Vollständigkeit halber sei erwähnt, dass es sich dabei um keine exklusive Aufgabe der Bundesregierung handelt, sondern letztlich alle Staatsorgane an der Staatsleitung teilhaben.[146] Für die folgende Darstellung ist dies aber ohne Relevanz.

Diejenigen Kritikpunkte, die der Aufgabe der Staatsleitung inhaltliche Offenheit bzw. Unbestimmtheit vorwerfen, haben zwar eine Grundlage, deshalb aber die Aufgabe der Staatsleitung insgesamt abzulehnen, kann nicht überzeugen. Es erfordert eine Vielzahl an unterschiedlichen Teilaufgaben zu erfüllen, die weder für die Zukunft feststehend noch vorhersehbar sind, um einen Staat zu leiten. Die Weite und die Vielfalt einer Aufgabe können nicht als Argumente herangezogen werden, um die Existenz der Aufgabe an sich zu negieren.

b) Zentrale Bedeutung der Öffentlichkeitsarbeit für die Staatsleitung

Das Bundesverfassungsgericht hat die regierungsamtliche Öffentlichkeitsarbeit als „integralen Bestandteil" für die Erfüllung der Aufgabe der Staatsleitung hervorgehoben.[147] Der Hintergrund ihrer zentralen Bedeutung kann anhand von vier

[143] BVerfGE 105, 252 (270); 105, 279 (301); BVerwGE 82, 76 (80); 87, 37 (46); *Müller-Franken/Uhle*, in: Schmidt-Bleibtreu, Grundgesetz, 15. Aufl. 2022, Vorb. Art. 62 Rn. 10 f, Art. 62 Rn. 47 f.; *Schröder*, in: Isensee/P. Kirchhof (Hrsg.), Handbuch des Staatsrechts Bd. III, 3. Aufl. 2005, § 64 Rn. 2 ff. Wie hier *Harding*, Staatliche Öffentlichkeitsarbeit in sozialen Netzwerken, 2023, S. 103.

[144] *Growe*, Das Regierungsmitglied im politischen Diskurs, 2020, S. 71; *Schröder*, in: Isensee/P. Kirchhof (Hrsg.), Handbuch des Staatsrechts Bd. V, 3. Aufl. 2007, § 106 Rn. 4.

[145] *Hermes*, in: Dreier (Hrsg.), Grundgesetz Bd. II, 3. Aufl. 2015, Art. 62 Rn. 31 ff.; *Schröder*, in: Isensee/P. Kirchhof (Hrsg.), Handbuch des Staatsrechts Bd. V, 3. Aufl. 2007, § 106 Rn. 2 ff.

[146] *Horn*, in: Stern/Sodan/Möstl (Hrsg.), Staatsrecht Bd. II, 2. Aufl. 2022, § 45 Rn. 22; *Müller-Franken/Uhle*, in: Schmidt-Bleibtreu, Grundgesetz, 15. Aufl. 2022, Art. 62 Rn. 49; *Schröder*, in: Isensee/P. Kirchhof (Hrsg.), Handbuch des Staatsrechts Bd. III, 3. Aufl. 2005, § 64 Rn. 10. Bereits *W. Leisner*, in: JZ 1968, 727 (728). Umfassend *Magiera*, Parlament und Staatsleitung in der Verfassung des Grundgesetzes, 1979, S. 218 ff.

[147] BVerfGE 105, 252 (270); 105, 279 (306).

wesentlichen Aufgaben verdeutlicht werden, die ihrerseits Bestandteil der Regierungsaufgabe der Staatsleitung sind. Erstens verfügt die Bundesregierung über die „Initiativgewalt". Diese reicht weit über die im Grundgesetz festgelegten Teilinitiativbefugnisse, etwa Art. 76 Abs. 1 GG, hinaus. Sie umfasst als Kernstück die Befugnis und Aufgabe, Vorgänge und Entwicklungen in anderen staatlichen Bereichen sowie in der Gesellschaft aufzugreifen und zur „Staatsaufgabe" zu machen. „Regieren" bedeutet zudem stets vorausschauend und planend vorzugehen. Antizipatorisch müssen Vorgänge und Entwicklungen, die derzeit noch keine Dringlichkeit aufweisen, aber zukünftig von Bedeutung sein können, erkannt und verarbeitet werden. Drittens ist Information Regierungsaufgabe. Vorgänge und Entwicklungen, die die Regierung beobachtet oder aufgreift, mithin also für hinreichend relevant hält, muss sie den Bürgern offenbaren. Diese demokratisch, aber auch sozial- und rechtsstaatlich gebotene Informationspflicht ist konstitutiv für den Staat des Grundgesetzes. Zuletzt muss die Regierung auch die Aufgabe der Integration erfüllen. Einen Staat leiten kann eine Regierung nur, wenn sie und ihre Vorhaben und Initiativen von hinreichend Zustimmung in der Gesellschaft getragen werden.[148]

Die vorstehend beschriebenen Aufgaben können ohne Öffentlichkeitsarbeit nicht oder nur unzureichend erfüllt werden, denn sie erfordern ein staatliches Tätigwerden fernab der tradierten Mittel. Die Bundesregierung muss sich den Mitteln des „entformalisierten Staatshandelns"[149] bedienen, um sie zu erfüllen. Dieses Staatshandeln hat aufgrund der gewandelten Anforderungen an die Staatsleitung eine erhebliche Bedeutungsaufwertung erfahren.[150] Das „formalisierte Staatshandeln" reicht nicht mehr aus. In dieser Art der Aufgabenerfüllung spiegelt sich zudem die grundsätzliche Legitimation der Öffentlichkeitsarbeit wider, wie sie an anderer Stelle bereits ausgebreitet wurde.[151] Nur mittels der Öffentlichkeitsarbeit kann die Regierung also ihrer *politischen* Staatsleitung hinreichend nachkommen.

c) Inhaltliche Entgrenzung der Öffentlichkeitsarbeit

Indem die Kompetenz Öffentlichkeitsarbeit zu betreiben, von der konkreten Sachaufgabe gelöst und in der Aufgabe der Staatsleitung verankert wurde, hat sich das Erfordernis des Aufgabenbezugs erheblich relativiert. Freilich muss die regierungsamtliche Öffentlichkeitsarbeit auch immer noch von einer akzessorischen Aufgabenkompetenz erfasst sein, nur wird diese immer in der Aufgabe der Staatsleitung zu sehen sein. Wie vorstehend skizziert, ist die Aufgabe der politischen Staatsleitung weit zu verstehen. Sie umfasst die Befugnis, Vorgänge und Entwick-

---

[148] Zum Ganzen *Schröder*, in: Isensee/P. Kirchhof (Hrsg.), Handbuch des Staatsrechts Bd. III, 3. Aufl. 2005, § 64 Rn. 27 ff.

[149] Umfassend *Schoch*, in: Isensee/P. Kirchhof (Hrsg.), Handbuch des Staatsrechts Bd. III, 3. Aufl. 2005, § 37 Rn. 22 ff.

[150] *Schoch*, in: Isensee/P. Kirchhof (Hrsg.), Handbuch des Staatsrechts Bd. III, 3. Aufl. 2005, § 37 Rn. 168.

[151] Siehe oben Kap. 3 B.

lungen in Bereichen des Staates sowie der Gesellschaft aufzugreifen. Allein durch das Aufgreifen werden Vorgänge und Entwicklungen somit zur „Staatsaufgabe". Deutlich zeigt sich dies in den „Glykol und Osho"-Beschlüssen, in denen sich das Bundesverfassungsgericht zum Inhalt der Aufgabe der Staatsleitung äußert. Diese ziele auf die in einer Demokratie wichtigen Gewinnung politischer Legitimation ab,[152] es handele sich um die politische Führung und die verantwortliche Leitung des Ganzen der inneren und äußeren Politik.[153] Außerdem tätigt es zu den möglichen Inhalten der Öffentlichkeitsarbeit weitführende Ausführungen, die deren thematische Weite verdeutlichen:

> „Die staatliche Teilhabe an öffentlicher Kommunikation hat sich im Laufe der Zeit grundlegend gewandelt und verändert sich unter den gegenwärtigen Bedingungen fortlaufend weiter. Die gewachsene Rolle der Massenmedien, der Ausbau moderner Informations- und Kommunikationstechniken sowie die Entwicklung neuer Informationsdienste wirken sich auf die Art der Aufgabenerfüllung durch die Regierung aus. Regierungsamtliche Öffentlichkeitsarbeit war herkömmlich insbesondere auf die Darstellung von Maßnahmen und Vorhaben der Regierung, die Darlegung und Erläuterung ihrer Vorstellungen über künftig zu bewältigende Aufgaben und die Werbung um Unterstützung bezogen (vgl. BVerfGE 20, 56 [100]; 44, 125 [147]; 63, 230 [242 f.]). Informationshandeln unter heutigen Bedingungen geht über eine solche Öffentlichkeitsarbeit vielfach hinaus (vgl. auch VerfGH NW, NWVBl. 1992, S.14 [15 f.]). So gehört es in einer Demokratie zur Aufgabe der Regierung, die Öffentlichkeit über wichtige Vorgänge auch außerhalb oder weit im Vorfeld ihrer eigenen gestaltenden politischen Tätigkeit zu unterrichten."[154]

Die Gegenüberstellung der sach- und vorhabenbezogenen „herkömmlichen" Öffentlichkeitsarbeit und ihrem Pendant unter „heutigen Bedingungen" zeigt die Loslösung der Öffentlichkeitsarbeit vom ursprünglich notwendigen Sachbezug deutlich auf. Dabei wird es letztlich im Ermessen der Regierung liegen, über welche Vorgänge außerhalb ihrer eigenen gestaltenden politischen Tätigkeit sie unterrichten möchte.[155] Vielfach werden Vorgänge allein deshalb von der Aufgabe der Staatsleitung umfasst sein, weil die Regierung sie als derart wichtig erachtet, dass sie über sie unterrichtet. Diese eigenständige Legitimationsgewinnung erinnert an die Ausübung grundrechtlich geschützter Freiheiten. Selbiges gilt für den Terminus „staatliche Teilhabe an öffentlicher Kommunikation". Auch damit wird regierungsamtliche Öffentlichkeitsarbeit in die Nähe der freien und offenen Kommunikation Grundrechtsberechtigter gerückt. Mit der Aufgabe der Staatsleitung und der daraus erwachsenden Kompetenz Öffentlichkeitsarbeit auch über Vorgänge außerhalb oder weit im Vorfeld ihrer eigenen gestaltenden politischen Tätigkeit zu betreiben, steht der Bundesregierung nun eine Kompetenz zu, die von der Meinungsfreiheit nur noch schwer zu unterscheiden scheint.

---

[152] BVerfGE 105, 252 (268).

[153] BVerfGE 105, 279 (301).

[154] BVerfGE 105, 252 (268 f.); 279 (301 f.).

[155] *Growe*, Das Regierungsmitglied im politischen Diskurs, 2020, S. 77.

4. Konsequenzen der inhaltlichen Entgrenzung

Angesichts der Weite der Aufgabe der Staatsleitung und der damit verbundenen Vielfalt der Bereiche, die somit grundsätzlich zulässige Inhalte der regierungsamtlichen Öffentlichkeitsarbeit darstellen können, stellt sich die Frage nach den Konsequenzen der inhaltlichen Entgrenzung bzw. der Relativierung des Aufgabenbezugs. Welchen Zweck vermag die zwingende Beschränkung der Öffentlichkeitsarbeit auf den der Regierung zugewiesenen Aufgaben- und Zuständigkeitsbereich noch erfüllen, wenn die Aufgabe der Staatsleitung derart umfassend verstanden wird? Dabei ist eingangs einer Antwort festzuhalten, dass es weder überzeugen kann, sich von dem Kriterium des Aufgabenbezugs als solchem zu lösen noch aus der kompetenzrechtlichen Verankerung in der Aufgabe der Staatsleitung. Nach dem erstgenannten Ansatz stünde der Bundesregierung ein der Meinungsfreiheit entsprechendes Recht auf allgemein-politische Äußerungen zu. Eine solche „Meinungsfreiheit der Bundesregierung" durch die Hintertür kann aber nicht überzeugen, da sie die verfassungsrechtliche Dichotomie zwischen staatlicher Aufgabenwahrnehmung und Grundrechtsausübung auflöst. Der zweitgenannte Ansatz führte dazu, dass die Bundesregierung in den Inhalten, Themen und Bereichen ihrer Öffentlichkeitsarbeit erheblich beschränkt würde. Eine Beschränkung, die sich so nicht mit ihrer materiellen Regierungsfunktion deckt und aufgrund der Aufgabenakzessorietät der Öffentlichkeitsarbeit zum einen systemwidrig und zum anderen in sich widersprüchlich wäre. Beide Ansätze hätten also systemwidrige Rechtsfolgen als Konsequenz.

Es lässt sich jedoch eine systemkohärente Lösung mithilfe der kompetenzrechtlichen Verankerung in der Aufgabe der Staatsleitung finden. Den Staat zu leiten kann nur in denjenigen Bereichen Aufgabe der Regierung sein, in denen dem Staat auch die Befugnis zusteht, überhaupt tätig zu werden. Diese sind freilich vielseitig und können an dieser Stelle nicht vollständig aufgezählt werden. Es bestehen jedoch Aufgaben- und Zuständigkeitsbereiche, die dem Staat ausgehend von den Vorgaben im Grundgesetz bewusst vorenthalten werden. Aus dem Bundesstaatsprinzip und der Eigenstaatlichkeit der Länder kann nur folgen, dass die der Bundesregierung zukommende Aufgabe der Staatsleitung sich nur auf den Bundesstaat bezieht. Die Staatsleitung der Länder obliegt den Landesregierungen. Da sich die Aufgabe der Staatsleitung zudem auf die Bundesregierung als Kollegialorgan bezieht, sorgt die Aufgabenverteilung gem. Art. 65 Satz 2 GG dafür, dass die Öffentlichkeitsarbeit der Bundesministerien grundsätzlich auf ihre Geschäftsbereiche begrenzt sein muss. Ferner bezieht sich die Aufgabe der Staatsleitung nicht auf den Bereich des Parteienwettbewerbs. Letztlich ist dem Staat im Bereich der Massenmedien ein Tätigwerden verwehrt. An diesen Tätigkeitsverboten soll sich die Darstellung der Grenzen der Öffentlichkeitsarbeit im nachfolgenden Teil der Arbeit orientieren.

III. Zusammenfassung

Die verfassungsrechtliche Kompetenzgrundlage für die regierungsamtliche Öffentlichkeitsarbeit kann sich aufgrund des Konfusionsarguments nicht aus der Meinungsfreiheit gem. Art. 5 Abs. 1 Satz 1 Halbsatz 1 GG oder aus den Mediengrundrechten ergeben. Es bedarf einer konkreten verfassungsrechtlichen Aufgabenzuweisung. Ausdrücklich findet sich diese an keiner Stelle im Grundgesetz. Die Kompetenz zur Öffentlichkeitsarbeit ist vielmehr eine derivative und akzessorische Kompetenz, sie ist aus einem bestehenden Kompetenztitel abgeleitet und besteht nur soweit wie der jeweilige Kompetenztitel reicht. Die Bundesregierung ist in der Öffentlichkeitsarbeit inhaltlich auf den ihr vom Grundgesetz zugewiesenen Aufgaben- und Zuständigkeitsbereiches beschränkt. Die zentrale Aufgabenzuweisung ist dabei die der Regierung zukommende Aufgabe der politischen Staatsleitung. Damit ist der Aufgabenbezug als solches zwar erheblich relativiert, hat jedoch nichts an seiner grundsätzlichen Geltung verloren. Soweit die Aufgabe der politischen Staatsleitung auch reichen mag, es bestehen Bereiche, in denen dem Staat und damit auch dem Organ der Staatsleitung, die Tätigkeit verwehrt ist. Diese sind Bereiche, die exklusiv den Ländern vorbehalten sind, der Bereich des Parteienwettbewerbs sowie der Massenmedien.

D. Zusammenfassung und Ausblick

Regierungsamtliche Öffentlichkeitsarbeit verstößt nicht gegen den grundsätzlich staatsfreien politischen Meinungs- und Willensbildungsprozess des Volkes als Ausfluss des Prinzips der Volkssouveränität gemäß Art. 20 Abs. 2 Satz 1 GG. Die mit der Öffentlichkeitsarbeit zwangsläufig verbundenen Einwirkungen auf diesen Prozess sind durch besondere Gründe gerechtfertigt: Die Aufrechterhaltung des Grundkonsens, die verantwortliche Teilhabe der Bürger an der politischen Willensbildung und als Anliegen im sozialen Rechtsstaat.

Wie jedes staatliche Handeln bedarf auch die Öffentlichkeitsarbeit eines entsprechenden Kompetenztitels. Dieser ergibt sich dabei nicht aus der Meinungsfreiheit gem. Art. 5 Abs. 1 Satz 1 Halbsatz 1 GG, sondern aus einem Bezug zu einer der Regierung zukommenden Sachaufgabe. Der Aufgabenbezug der regierungsamtlichen Öffentlichkeitsarbeit ist das entscheidende Kriterium, um ihre Grenzen zu bestimmen.[156] Wenn die Bundesregierung den ihr vom Grundgesetz zugewiesenen Aufgaben- und Zuständigkeitsbereich verlässt, handelt sie *ultra vires.*

---

[156] Ebenso *Degenhart*, in: AfP 2009, 207 (211); *Gersdorf*, in: AfP 2016, 293 (294). Vgl. bereits *W. Leisner*, Öffentlichkeitsarbeit der Regierung im Rechtsstaat, 1966, S. 103: „Eine notwendige Begrenzung (…) wird sich nur da finden lassen, wo der Bezug auf die (…) Regierungsaufgaben verloren geht.“

Der Bundesregierung kommt die Sachaufgabe der politischen Staatsleitung zu. Aus dieser Kompetenz leitet sich ihre Kompetenz zur Öffentlichkeitsarbeit ab. Der Öffentlichkeitsarbeit kommt eine zentrale Bedeutung zu, um diese Aufgabe zu erfüllen. Die aufgrund der Weite der Aufgabe der Staatsleitung einhergehende Relativierung des Aufgabenbezugs und Entgrenzung der zulässigen Inhalte, Themen und Bereiche der Öffentlichkeitsarbeit rechtfertigt weder ein Aufgeben des zwingenden Aufgabenbezugs noch eine kompetenzrechtliche Neuverankerung.

Grenzen regierungsamtlicher Öffentlichkeitsarbeit lassen sich in denjenigen Bereichen finden, in denen der Regierung die Betätigung verwehrt ist. Dies gilt im Falle der Bundesregierung für die Bereiche, die den Ländern zugewiesen sind und für die Bundesministerien für Bereiche, die über den Geschäftsbereich des jeweiligen Ministeriums hinausgehen. Zusätzlich ist der Regierung der Bereich des Parteienwettbewerbs sowie der Massenmedien vorenthalten. Im Rahmen dieser genannten Grenzen gilt es, konkrete Anforderungen an die Öffentlichkeitsarbeit zu formulieren. Diese sollen ihre verfassungsrechtliche Gebotenheit, andererseits jedoch auch die mit ihr zwingend verbundene Einwirkung auf die grundsätzlich staatsfreie Meinungs- und Willensbildung des Volkes berücksichtigen. Darüber hinaus sind die veränderten Kommunikationsbedingungen und ihre Auswirkungen auf die regierungsamtliche Öffentlichkeitsarbeit miteinzubeziehen. Diese in unterschiedliche Richtungen abzielenden Kräfte sind in Ausgleich zu bringen.

Als Maxime sei vorangestellt: Der politische Meinungs- und Willensbildungsprozess in einem demokratischen Staat muss sich grundsätzlich vom Volk hin zu den Staatsorganen vollziehen. Staatliche Einwirkungen auf diesen Prozess bleiben eine begründungspflichtige Ausnahme. Dies zeigt sich nicht zuletzt an der kompetenzrechtlichen Verankerung der Öffentlichkeitsarbeit in der Aufgabe der Staatsleitung und nicht in einem Freiheitsrecht.

Kapitel 4

Verbote der verbands- und organkompetenzwidrigen Öffentlichkeitsarbeit

Art. 20 Abs. 1 GG verfasst die Bundesrepublik Deutschland als einen Bundesstaat. Mit dem Bund und „den Ländern", den Gliedstaaten der Bundesrepublik, bestehen zwei Ebenen der Staatlichkeit. Sämtliche staatlichen Aufgaben müssen zwischen diesen beiden Ebenen in einer Weise verteilt werden, sodass die staatliche Betätigung beider Ebenen miteinander vereinbar bleibt.[1] Ist eine bestimmte Ebene der Staatlichkeit für eine staatliche Aufgabe zuständig, kommt ihr bezogen auf diese Aufgabe die sog. Verbandskompetenz zu.[2] Das Grundgesetz teilt die Verbandskompetenz für staatliche Aufgaben grundlegend in Art. 30 GG – der „allgemeinen Verteilungsregel"[3] – auf. Demnach sind die staatlichen Aufgaben von den Ländern zu erfüllen, sofern das Grundgesetz keine abweichende Regelung trifft oder zulässt.[4] Art. 30 GG konstituiert also eine Dichotomie der föderalen Aufgabenwahrnehmung.[5] Die von der Bundesregierung als oberstes Exekutivorgan des Bundes zu erfüllende Aufgabe der Staatsleitung bezieht sich auf die Leitung der Bundesrepublik Deutschland. Die Leitung der einzelnen Gliedstaaten obliegt den jeweiligen Landesregierungen als jeweils ihrerseits oberste Exekutivorgane.[6]

Die Bundesregierung kann als solche eigenständig Aufgaben wahrnehmen. Sie wird durch das Grundgesetz, wie sich insb. aus Art. 62 GG ergibt, als eigenständiges

[1] *Pietzcker*, in: Isensee/P. Kirchhof (Hrsg.), Handbuch des Staatsrechts Bd. VI, 3. Aufl. 2008, § 134 Rn. 1.

[2] Zur „Verbandskompetenz" bereits *E. Huber*, Wirtschafts-Verwaltungsrecht Bd. 2, 2. Aufl. 1954, S. 716 f.

[3] *Pietzcker*, in: Isensee/P. Kirchhof (Hrsg.), Handbuch des Staatsrechts Bd. VI, 3. Aufl. 2008, § 134 Rn. 8. Ähnliche Formulierungen bei *Gubelt/Hanschel*, in: I. v. Münch/Kunig, Grundgesetz Bd. 1, 7. Aufl. 2021, Art. 30 Rn. 1; *Hellermann*, in: Epping/Hillgruber (Hrsg.), Grundgesetz, 56. Ed., Art. 30 Rn. 1, 3; *Isensee*, in: ders./P. Kirchhof (Hrsg.), Handbuch des Staatsrechts Bd. VI, 3. Aufl. 2008, § 133 Rn. 7.

[4] Zum „Zulassen" einer abweichenden Regelung siehe *Pietzcker*, in: Isensee/P. Kirchhof (Hrsg.), Handbuch des Staatsrechts Bd. VI, 3. Aufl. 2008, § 134 Rn. 13 f.

[5] *Harding*, Staatliche Öffentlichkeitsarbeit in sozialen Netzwerken, 2023, S. 97. Vgl. auch *März*, in: v. Mangoldt/F. Klein/Starck, Grundgesetz Bd. 2, 7. Aufl. 2018, Art. 30 Rn. 2.

[6] In den Stadtstaaten Berlin, Bremen und Hamburg werden diese als Senat, in den Freistaaten Bayern und Sachsen als Staatsregierung bezeichnet. Terminologische Unterschiede werden nachfolgend nicht weiter thematisiert.

oberstes Verfassungsorgan des Bundes verfasst.[7] Art. 62 GG bestimmt sie aber auch als Kollegialorgan, bestehend aus dem Bundeskanzler und den Bundesministern.[8] Art. 65 GG nimmt sich dem daraus resultierenden Erfordernis einer internen Kompetenzverteilung an und regelt die Kompetenzen des Bundeskanzlers, der Bundesminister und der Bundesregierung als solcher im Verhältnis zueinander.[9] Gem. Art. 65 Satz 1 GG bestimmt der Bundeskanzler die Richtlinien der Politik, während Art. 65 Satz 2 GG die Zuständigkeit eines jeden Ministers auf die Leitung seines Geschäftsbereiches beschränkt. Nach Art. 65 Satz 3 GG entscheidet die Bundesregierung über Meinungsverschiedenheiten zwischen den Bundesministern. Zudem beschließt sie ihre Geschäftsordnung, Art. 65 Satz 4 GG. In den Landesverfassungen finden sich im Wesentlichen entsprechende Regelungen.[10] Die in diesem Kapitel gefundenen Ergebnisse dürften sich daher *cum grano salis* auf die landesregierungsamtliche Öffentlichkeitsarbeit übertragen lassen.[11]

Aus der vorstehenden, lediglich oberflächlichen Schilderung der Kompetenzaufteilung lassen sich bereits erste Rückschlüsse für das Verbot der verbands- und organkompetenzwidrigen Öffentlichkeitsarbeit ziehen. Eine verbandskompetenzwidrige Öffentlichkeitsarbeit der Bundesregierung oder ihrer einzelnen Mitglieder liegt vor, wenn eine staatliche Aufgabe wahrgenommen wird, die nach der grundgesetzlichen Kompetenzordnung den Ländern zugeordnet ist, namentlich die Aufgabe der Gliedstaatsleitung. Öffentlichkeitsarbeit, mit der ein Übergriff in diesen Aufgabenbereich einhergeht, ließe sich nicht mehr auf die der Bundesregierung zugewiesenen Aufgabe der Bundesstaatsleitung zurückführen und wäre mithin ein Handeln *ultra vires*. *Vice versa* dürfen Landesregierungen durch ihre Öffentlichkeitsarbeit nicht die Aufgabe der Bundesstaatsleitung wahrnehmen. Herauszuarbeiten bleibt freilich, bei welchem Inhalt sich die Bundesregierung nicht auf ihre Aufgabe der Staatsleitung bzw. eine Landesregierung sich nicht auf ihre Aufgabe der Gliedstaatsleitung berufen kann.

Im Rahmen der organkompetenzwidrigen Öffentlichkeitsarbeit ist zwischen Bundesregierung, Bundeskanzler und Bundesminister zu differenzieren. Als Organ

---

[7] *Epping*, in: ders./Hillgruber (Hrsg.), Grundgesetz, 56. Ed., Art. 62 Rn. 1; *Herzog*, in: Dürig/ders./Scholz, Grundgesetz, 53. EL. Okt. 2008, Art. 62 Rn. 1; *Jarass*, in: ders./Pieroth, Grundgesetz, 17. Aufl. 2022, Art. 62 Rn. 1.

[8] BVerfGE 91, 148 (166); *Epping*, in: ders./Hillgruber (Hrsg.), Grundgesetz, 56. Ed., Art. 62 Rn. 5 f. Umfassend *Herzog*, in: Dürig/ders./Scholz, Grundgesetz, 53. EL. Okt. 2008, Art. 65 Rn. 69 ff.

[9] *Badura*, Staatsrecht, 7. Aufl. 2018, E Rn. 90; *Epping*, in: ders./Hillgruber (Hrsg.), Grundgesetz, 56. Ed., Art. 62 Rn. 1. Siehe auch *Jarass*, in: ders./Pieroth, Grundgesetz, 17. Aufl. 2022, Art. 65 Rn. 1.

[10] Vgl. *Herdegen*, in: Isensee/P. Kirchhof (Hrsg.), Handbuch des Staatsrechts Bd. VI, 3. Aufl. 2008, § 129 Rn. 47 ff. Wie hier *Nellesen*, Äußerungsrechte staatlicher Funktionsträger, 2019, S. 191.

[11] Näher zur landesregierungsamtlichen bzw. kommunalorganschaftlichen Öffentlichkeitsarbeit, *Harding*, Staatliche Öffentlichkeitsarbeit in sozialen Netzwerken, 2023, S. 119 ff.; *Nellesen*, Äußerungsrechte staatlicher Funktionsträger, 2019, S. 190 ff., 213 ff.

der Staatsleitung kommt der Bundesregierung die Aufgabe der Staatsleitung grundsätzlich in vollem Umfang zu. Als Kollegialorgan könnte die Organkompetenz der Bundesregierung allerdings durch vorrangige Kompetenzen des Bundeskanzlers und der Bundesminister beschränkt sein. Eine nähere Bestimmung der Organkompetenz des Bundeskanzlers lässt sich aus Art. 65 Satz 1 GG nicht erkennen, ihr Umfang dürfte sich daher aus seiner Stellung im Verfassungsgefüge bzw. innerhalb des Kollegialorgans Bundesregierung ergeben. Sie und ihre Bedeutung für den Umfang zulässiger Öffentlichkeitsarbeit sind zu ermitteln. Für die Öffentlichkeitsarbeit eines Ministers liegt als Weichensetzung nahe, dass sie thematisch auf seinen Geschäftsbereich, Art. 65 Satz 2 GG, begrenzt ist. Darüber hinaus könnten Aufgaben existieren, die nicht im individualisierten Geschäftsbereich des Ministers, sondern in seiner Amtsstellung wurzeln. Dies gilt es mit Blick auf die thematische Reichweite der zulässigen Öffentlichkeitsarbeit eines Ministers zu analysieren.

A. Verbot der verbandskompetenzwidrigen Öffentlichkeitsarbeit

Das Verbot der verbandskompetenzwidrigen Öffentlichkeitsarbeit ist aus dem Aufgabenbezug der Öffentlichkeitsarbeit sowie dem Bundesstaatsprinzip abzuleiten. Die im Bundesstaatsprinzip verankerte Eigenstaatlichkeit der Länder ordnet ihnen ihre eigene Hoheitsgewalt zu.[12] Das ebenfalls im Bundesstaatsprinzip enthaltene Prinzip der „vertikalen Gewaltengliederung"[13] teilt darüber hinaus die Hoheitsgewalt zwischen dem Bund und den Ländern auf. Jeder Teil der Staatlichkeit hat gegenüber dem anderen einen eigenen, selbständigen Teilbereich der Hoheitsgewalt inne.[14] Im Staat des Grundgesetzes herrscht bundesstaatliche Dichotomie.[15] Die Eigen- und Selbstständigkeit der den Ländern zugeordneten Staatsgewalt führt dazu, dass ihm ein Übergriff in denjenigen Teilbereich der Staatsgewalt, der den Ländern vorbehalten ist, untersagt ist. Dort hat das Grundgesetz die Staatsgewalt den Ländern zugewiesen, mangels Aufgabenzuweisung ist ein Tätigwerden des Bundes unzulässig. Ihm fehlt die Verbandskompetenz. Dieses im Bundesstaatsprinzip wurzelnde und vielerorts im Grundgesetz zum Ausdruck kommende System der Kompetenzverteilung ist auch im Rahmen der regierungsamtlichen Öffentlichkeitsarbeit zu

[12] *Grzeszick*, in: Dürig/Herzog/Scholz, Grundgesetz, 97. EL. Jan. 2022, Art. 20 IV Rn. 13 ff.; *Rux*, in: Epping/Hillgruber (Hrsg.), Grundgesetz, 56. Ed., Art. 20 Rn. 7; *Jarass*, in: ders./Pieroth, Grundgesetz, 16. Aufl. 2020, Art. 20 Rn. 22.

[13] *Di Fabio*, in: Isensee/P. Kirchhof (Hrsg.), Handbuch des Staatsrechts Bd. II, 3. Aufl. 2004, § 27 Rn. 11 ff.; *Grzeszick*, in: Dürig/Herzog/Scholz, Grundgesetz, 97. EL. Jan. 2022, Art. 20 IV Rn. 20.

[14] *Grzeszick*, in: Dürig/Herzog/Scholz, Grundgesetz, 97. EL. Jan. 2022, Art. 20 IV Rn. 38.

[15] *Isensee*, in: ders./P. Kirchhof (Hrsg.), Handbuch des Staatsrechts Bd. VI, 3. Aufl. 2008, § 133 Rn. 95.

wahren.[16] In der Öffentlichkeitsarbeitsentscheidung 1977 hob auch das Bundesverfassungsgericht hervor, dass die föderale Kompetenzaufteilung zwischen Bund und Ländern zu wahren sei.[17] Hieraus ergeben sich jeweils ein Verbot für jede Ebene der Staatlichkeit: Dem Bund ist ein Übergriff in den Länderbereich verboten, den Ländern ein Übergriff in den Bereich des Bundes. Auf das Erfordernis der Kompetenzwahrung bei der Öffentlichkeitsarbeit verweist das Bundesverfassungsgericht in mittlerweile ständiger Rechtsprechung.[18] Dabei ist es irrelevant, ob der in Rede stehende Inhalt der Öffentlichkeitsarbeit i.e.S., den öffentlichen Warnungen oder den Äußerungsfällen zuzuordnen ist.[19]

I. Verbot des Übergriffs in den Länderbereich

Ein Verbot des Übergriffs in den Länderbereich setzt die Konturierung und Abgrenzung eines „Länderbereichs" voraus. Bezogen auf die Öffentlichkeitsarbeit müsste ein eigen- und selbstständiger Kompetenzbereich der Gliedstaaten gegenüber dem bundesstaatlichen Kompetenzbereich bestehen. Hierfür ist ein weiteres Mal auf den zentralen Art. 30 GG einzugehen. Dieser formuliert die Länderzuständigkeit als Regel und die Bundeszuständigkeit als Ausnahme.[20] Die Bundeszuständigkeiten sind vom Enumerationsprinzip geprägt, über die zugewiesenen Zuständigkeiten hinaus existieren keine weiteren. Die übrigen staatlichen Aufgaben verbleiben als Residualkompetenz bei den Ländern.[21] Die Aufgabe der Staatsleitung als kompetenzielle Grundlage der Öffentlichkeitsarbeit wird der Bundesregierung und damit dem Bund durch das Grundgesetz nicht ausdrücklich zugewiesen. Ihre Zuweisung ergibt sich wie bereits beschrieben aus einer Gesamtbetrachtung des Grundgesetzes.[22] Insoweit handelt es sich um eine andere Regelung i.S.d. Art. 30 Halbsatz 2 GG.[23] Begründet eine Angelegenheit die Wahrnehmung der Aufgabe der Staatsleitung, hat sich die

[16] Verfehlt ist es daher, bei der Öffentlichkeitsarbeit die Kompetenzordnung insgesamt zu ignorieren, so etwa *Isensee*, in: ders./P. Kirchhof (Hrsg.), Handbuch des Staatsrechts Bd. VI, 3. Aufl. 2008, § 133 Rn. 112. Siehe auch *Möstl*, in: Uhle (Hrsg.), Information und Einflussnahme, 2018, 49 (71).

[17] BVerfGE 44, 125 (149).

[18] Siehe auch *Harding*, Staatliche Öffentlichkeitsarbeit in sozialen Netzwerken, 2023, S. 97.

[19] BVerfGE 63, 230 (243 f.); 105, 252 (270); 279 (306); 148, 11 (37 Rn. 77); 154, 320 (351 Rn. 94); BVerfG NVwZ 2022, 1113 (1119 Rn. 113).

[20] In absoluten Zahlen dürften allerdings die Bundeskompetenzen die „Regel" und die Länderkompetenzen die „Ausnahme" darstellen, siehe *Harding*, Staatliche Öffentlichkeitsarbeit in sozialen Netzwerken, 2023, S. 97.

[21] *Hellermann*, in: Epping/Hillgruber (Hrsg.), Grundgesetz, 56. Ed., Art. 30 Rn. 2; *Kment*, in: Jarass/Pieroth, Grundgesetz, 17. Aufl. 2022, Art. 30 Rn. 1; *Korioth*, in: Dürig/Herzog/Scholz, Grundgesetz, 46. EL. März 2006, Art. 30 Rn. 1.

[22] Siehe oben Kap. 3 C.II.3.a).

[23] BVerfGE 105; 252 (271); 105, 279 (307).

Aufgabenwahrnehmung inhaltlich auch auf die konkrete Angelegenheit zu beziehen. Entsprechend wird eine Befugnis der Bundesregierung, Öffentlichkeitsarbeit zu betreiben, begründet. Entscheidend ist daher, ob sich aus der Angelegenheit ein Bedürfnis staatsleitender Tätigkeit ergibt. In diesem Fall ist die Verbandskompetenz des Bundes gegeben.

Vorab ist zu klären, welche Angelegenheiten eine Wahrnehmung der Aufgabe der Staatsleitung erforderlich machen. Wie bereits festgestellt, kann die Aufgabe der Staatsleitung nicht definiert, sondern allenfalls mithilfe weiterer Vorschriften des Grundgesetzes konturiert werden.[24] Ebenso wenig werden sich daher die Angelegenheiten abschließend benennen lassen, die eine staatsleitende Betätigung der Bundesregierung erfordern. Womöglich lassen sich diese aber anhand von Vorschriften im Grundgesetz hinreichend thematisch eingrenzen. Davon nicht erfasste Angelegenheiten wären als solche der Länder anzusehen und somit der Thematisierung durch bundesregierungsamtliche Öffentlichkeitsarbeit vorenthalten.

1. Aussagegehalt der Vorschriften über die Gesetzgebungskompetenzen

An wohl keiner Stelle im Grundgesetz werden Zuständigkeiten des Bundes so detailliert aufgezählt wie im Rahmen des VII. Abschnitts.[25] Erkenntnisgewinnbringend könnte sich dabei erweisen, dass im VII. Abschnitts einzelne „Gebiete", also näher bestimmte Einzelmaterien, der Bundesgesetzgebung und damit der Ebene des Bundes zugewiesen werden. Es drängt sich daher auf, die dem Bund zugewiesenen Gebiete in den Art. 73, 74 GG als mögliche thematische Eingrenzung der Angelegenheiten des Bundes im vorstehenden Sinne zu untersuchen.[26] Schließlich ist Gesetzgebung legislative Staatsleitung.[27] Es würde sich also immer dann um eine Angelegenheit des Bundes handeln, wenn die thematisierten Inhalte der Öffentlichkeitsarbeit sich auf die in den Art. 73, 74 GG genannten Gebiete zurückführen lassen. Den Länderbereich würden dann diejenigen Angelegenheiten ausmachen, die

---

[24] Siehe oben Kap. 3 C.II.3.a).

[25] Auch außerhalb des VII. Abschnitts finden sich vereinzelt Gesetzgebungskompetenzen des Bundes, etwa Art. 4 Abs. 3 Satz 2, 21 Abs. 5, 22 Abs. 1 Satz 3, 23 Abs. 1 Satz 2, 38 Abs. 3, 41 Abs 3, 48 Abs. 3 Satz 3 GG.

[26] Das BVerfG sieht in den Kompetenzvorschriften einen Anhaltspunkt für eine gesamtstaatliche Verantwortung der Staatsleitung und somit eine Ermächtigung für ein entsprechendes Informationshandeln, BVerfGE 105, 252 (271); 279 (306). Eingehend sogleich unten Kap. 4 A.I.2.b).

[27] *Sannwald*, in: Schmidt-Bleibtreu, Grundgesetz, 15. Aufl. 2022, Vorb. Art. 70 Rn. 3. Siehe auch *Harding*, Staatliche Öffentlichkeitsarbeit in sozialen Netzwerken, 2023, S. 100: „staatsleitende Projekte [können] häufig nur durch legitimierende Gesetze vollzogen werden"; *Schenke*, in: JZ 2015, 1009 (1012): „Regieren [besteht] heute zu einem wesentlichen Teil in der Einbringung von Gesetzesentwürfen".

sich nicht auf jene Gebiete zurückführen lassen.[28] Ob diese Herangehensweise überzeugen kann, hängt entscheidend davon ab, ob die Gesetzgebungskompetenzen einen Aussagegehalt im vorstehenden Sinne aufweisen.

a) Ausdrückliche und implizite Gesetzgebungskompetenzen

In den Art. 73, 74 GG weist das Grundgesetz dem Bund in unterschiedlichen Gebieten das Recht zur Gesetzgebung zu. Infolgedessen kann der Bund entweder ausschließlich zur Gesetzgebung befugt sein, Art. 71, 73 GG, oder in Konkurrenz zu den Ländern Gesetze erlassen, Art. 72, 74 GG. Das Verhältnis zwischen Bund und Ländern im Rahmen der konkurrierenden Gesetzgebung ist durch Art. 72 GG geprägt, der in seinem Absatz 1 den Ländern dort das Recht zur Gesetzgebung belässt, wo der Bund nicht tätig wurde. Zudem erfordert Art. 72 Abs. 2 GG, dass in einigen konkret benannten Gebieten dem Bund das Recht zur Gesetzgebung nur zusteht, wenn und soweit es die Herstellung gleichwertiger Lebensverhältnisse im Bundesgebiet oder die Wahrung der Rechts- und Wirtschaftseinheit im gesamtstaatlichen Interesse erforderlich macht. Art. 72 Abs. 2 GG verdeutlicht die Subsidiarität der bundesstaatlichen Gesetzgebung in besonderem Maße und ist eine „zusätzliche Schranke“ für eine bundesrechtliche Regelung.[29] Zuletzt ermöglicht Art. 72 Abs. 3 Satz 1 GG den Ländern, von Bundesgesetzen, die bestimmte Gebiete betreffen, abzuweichen.[30] Ferner sind zwei implizite Gesetzgebungskompetenzen des Bundes anerkannt: die Gesetzgebungskompetenzen kraft Sachzusammenhang und die Gesetzgebungskompetenzen kraft Natur der Sache.[31] Die Kompetenzen kraft Sachzusammenhang knüpfen an dem Bund ausdrücklich zugewiesene Gebiete an und erstrecken die Bundeskompetenz auf ein ihm nicht ausdrücklich zugewiesenes Gebiet. Hierfür ist erforderlich, dass das zugewiesene Gebiet verständigerweise nicht geregelt werden kann, ohne dass zugleich das nicht (ausdrücklich) zugewiesene Gebiet (mit-)geregelt wird.[32] Die Gesetzgebungskompetenzen kraft Natur der Sache be-

---

[28] Zur Frage, inwieweit die Länder berechtigt sind völkerrechtliche Verträge abzuschließen, bezieht sich das Grundgesetz ebenfalls auf die Gesetzgebungskompetenzen, Art. 32 Abs. 3 GG.

[29] BVerfGE 106, 62 (135); *Uhle*, in: Dürig/Herzog/Scholz, Grundgesetz, 76. EL. Dez. 2015, Art. 72 Rn. 126.

[30] Der mit der sog. Föderalismusreform I v. 28. 8. 2006 (BGBl. I S. 2034 ff.) neu eingefügte Art. 72 Abs. 3 GG und die darin enthaltene „Abweichungskompetenz“ der Länder ist ohne historisches Vorbild, *Uhle*, in: Dürig/Herzog/Scholz, Grundgesetz, 90. EL. Feb. 2020, Art. 72 Rn. 199. Siehe auch *Degenhart*, in: NVwZ 2006, 1209 (1212); *Ipsen*, in: NJW 2006, 2801 (2803).

[31] Teilweise wird vertreten, eine Kompetenzerstreckung kraft Sachzusammenhang „in die Tiefe“, d. h. bezogen auf Stadien der Vorbereitung und Durchführung, sei eine eigenständige, implizite Kompetenz kraft Annex, *Uhle*, in: Dürig/Herzog/Scholz, Grundgesetz, 53. EL. Okt. 2008, Art. 70 Rn. 65 m. w. N.

[32] Siehe nur BVerfGE 106, 62 (115). Eingehend *Uhle*, in: Dürig/Herzog/Scholz, Grundgesetz, 53. EL. Okt. 2008, Art. 70 Rn. 67 ff., 71 ff. jeweils m. w. N.

gründen hingegen selbst- und eigenständige Kompetenztitel des Bundes.[33] Sie bestehen in denjenigen Gebieten, die jeweils aufgrund ihrer Natur *a priori* den Gesetzgebungszuständigkeiten entrückt, zugleich vom Bund zu regeln sind und letztlich nur vom Bund sinnvoll geregelt werden können.[34]

aa) Bedeutung der ausschließlichen Gesetzgebungskompetenzen

Auf den historischen Hintergrund der Kompetenztitel des Art. 73 GG ist hinzuweisen. Der Parlamentarische Rat verfolgte bei der Zuordnung der Gebiete zur ausschließlichen Gesetzgebung das Motiv, diejenigen Gebiete exklusiv dem Bund zuzuordnen, die sinnvoll nur vom Bund geregelt werden können.[35] Auch das Bundesverfassungsgericht hat in seiner frühen Rechtsprechung dieses Regelungsprinzip erkannt.[36] Ob dieses Motiv nach mehrfacher Änderung des Art. 73 GG heute noch auf alle Kompetenztitel zutrifft, ist zu bezweifeln, bei vielen Kompetenztitel ist das Erfordernis einer bundeseinheitlichen Regelung aber zweifellos zu erkennen.[37] Die überhaupt nicht in den Gesetzgebungsvorschriften des Grundgesetzes erwähnten und daher ausschließlich der Landesgesetzgebung vorbehaltenen Gebiete sind überwiegend regionale oder für die Eigenstaatlichkeit der Länder essenzielle Angelegenheiten und können daher sinnvollerweise nur von den jeweiligen Ländern geregelt werden.[38]

Überträgt man diese die ausschließlichen Gesetzgebungskompetenzen des Bundes und der Länder durchdringenden Zuordnungsprinzipien auf die Aufteilung der Verbandskompetenz im Rahmen der bundes- und landesregierungsamtlichen Öffentlichkeitsarbeit, könnte man einen ersten grundlegenden Rückschluss ziehen. Das Grundgesetz benennt Gebiete, die es eindeutig in der bundesstaatlichen Ebene der Staatlichkeit verortet, namentlich diejenigen, die es gem. Art. 71, 73 GG der ausschließlichen Gesetzgebung des Bundes zuordnet. Umgekehrt thematisiert es andere Gebiete nicht und ordnet sie dadurch ausschließlich der gliedstaatlichen Ebene der Staatlichkeit zu. Der Bund handelte daher im Rahmen seiner Verbandskompetenz, soweit sich die Öffentlichkeitsarbeit inhaltlich auf Gebiete zurückführen

---

[33] Zum Ganzen *Uhle*, in: Dürig/Herzog/Scholz, Grundgesetz, 53. EL. Okt. 2008, Art. 70 Rn. 65. Siehe auch *Kment*, in: Jarass/Pieroth, Grundgesetz, 17. Aufl. 2022, Art. 70 Rn. 9 ff.

[34] Vgl. *Sannwald*, in: Schmidt-Bleibtreu, Grundgesetz, 15. Aufl. 2022, Vorb. Art. 70 Rn. 31; *Seiler*, in: Epping/Hillgruber (Hrsg.), Grundgesetz, 56. Ed., Art. 70 Rn. 22. Umfassend BVerfGE 11, 89 (98 f.); 22, 180 (217) unter Bezugnahme auf *Anschütz*, in: ders./Thoma (Hrsg.), Handbuch des Deutschen Staatsrechts Bd. 1, unveränderter Nachdruck der 1. Aufl. 1930 1998, S. 367.

[35] *Uhle*, in: Dürig/Herzog/Scholz, Grundgesetz, 58. EL. April 2010, Art. 73 Rn. 28, 37.

[36] BVerfGE 18, 407 (414 f.).

[37] Siehe auch *Uhle*, in: Dürig/Herzog/Scholz, Grundgesetz, 58. EL. April 2010, Art. 73 Rn. 37.

[38] *P. Huber/Uhle*, in: Heintzen/Uhle (Hrsg.), Neuere Entwicklungen im Kompetenzrecht, 2014, 83 (85); *Uhle*, in: Dürig/Herzog/Scholz, Grundgesetz, 93. EL. Okt. 2020, Art. 73 Rn. 83.

ließe, die dem Bund als ausschließliche Gesetzgebungskompetenzen zugeordnet sind. Soweit sich die Öffentlichkeitsarbeit aber auf Gebiete bezieht, die vom Grundgesetz nicht der Bundesgesetzgebung, sondern der Gesetzgebung der Länder zugewiesen sind, stünde ebenjenen Länder die Verbandskompetenz für die thematisch einschlägige Öffentlichkeitsarbeit zu. Dem Bund wäre eine entsprechende Öffentlichkeitsarbeit mangels Verbandskompetenz untersagt.

bb) Bedeutung der konkurrierenden Gesetzgebungskompetenzen

Die in Art. 74 GG aufgezählten Gebiete der konkurrierenden Gesetzgebung sind äußerst heterogen und lassen kein sie durchdringendes Prinzip erkennen.[39] Für die in Art. 74 Abs. 1 GG aufgezählten Gebiete steht dem Bund die Kompetenz zu, diese legislativ zu regeln, Art. 70 Abs. 2, 72 Abs. 1 GG. Im Gegensatz zur ausschließlichen Gesetzgebung sind die aufgezählten Gebiete aber nicht grundsätzlich der Zuständigkeit der Länder entzogen. Zwar lässt das Grundgesetz auch im Rahmen der konkurrierenden Gesetzgebung keine Doppelgesetzgebung zu, aus dem Befund im Grundgesetz allein lässt sich aber nicht erkennen, ob den Ländern ein legislatives Tätigwerden verwehrt sein soll. Gem. Art. 72 Abs. 1 GG sind die Länder nämlich nur an einem eigenen gesetzgeberischen Tätigwerden gehindert, solange und soweit der Bund von der zugewiesenen Kompetenz Gebrauch gemacht hat. Darin kommt zum Ausdruck, dass erst ein legislatives Tätigwerden des Bundes die Landesgesetzgebung „sperrt" und noch nicht die im Grundgesetz erfolgte Zuweisung des Gebiets zur konkurrierenden Gesetzgebung. Ferner ist die Sperrwirkung zeitlich („solange") und sachlich („soweit") beschränkt.[40] Art. 72 Abs. 3 GG billigt den Ländern gar in bestimmten Gebieten die Kompetenz zu, von der Bundesgesetzgebung durch eigene Regelungen abzuweichen. Selbst ein legislatives Tätigwerden des Bundesgesetzgebers auf einem Gebiet der konkurrierenden Gesetzgebung schließt eine Landesgesetzgebung daher nicht absolut aus.

Anders als in den Gebieten der ausschließlichen Gesetzgebung ist aus der Zuordnung eines Gebiets zur konkurrierenden Gesetzgebung keine Grundsatzentscheidung zugunsten der einen oder anderen staatlichen Ebene zu erkennen. Insoweit könnten sowohl der Bund als auch die Länder im Rahmen ihrer Verbandskompetenz Öffentlichkeitsarbeit betreiben, sofern diese sich inhaltlich auf die in Art. 74 Abs. 1 GG genannten Gebiete zurückführen lässt.

cc) Bedeutung der impliziten Gesetzgebungskompetenzen

In den Art. 73, 74 GG findet sich kein Kompetenztitel, der den Bereich der Öffentlichkeitsarbeit oder der Staatsleitung ausdrücklich dem Bund zum Zwecke der

---

[39] Ebenso *Uhle*, in: Dürig/Herzog/Scholz, Grundgesetz, 93. EL. Okt. 2020, Art. 73 Rn. 83.

[40] Umfassend zur „Sperrwirkung" *Uhle*, in: Dürig/Herzog/Scholz, Grundgesetz, 76. EL. Dez. 2015, Art. 72 Rn. 78 ff.

Gesetzgebung zuweist. Eine Bundeskompetenz ergibt sich aus den impliziten Gesetzgebungskompetenzen. Dabei ist ein weiteres Mal zwischen der „herkömmlichen“ und der heutigen Öffentlichkeitsarbeit zu differenzieren.[41] Die herkömmliche, also sach- und vorhabenbezogene Öffentlichkeitsarbeit der Bundesregierung ist dem Bund als Kompetenz kraft Sachzusammenhangs zugewiesen,[42] sofern sich das Vorhaben, auf das sich die Öffentlichkeitsarbeit bezieht, auf ein dem Bund zugewiesenes Gebiet zurückführen lässt. Auch in dieser Hinsicht verwirklicht sich die strenge Aufgabenakzessorietät der herkömmlichen Öffentlichkeitsarbeit. Ist der Bund auf einem Gebiet zur Gesetzgebung befugt, erstreckt sich die Befugnis auf die dazugehörige Öffentlichkeitsarbeit als eine „in die Tiefe gehende“ Materie. Vorhabenbezogene Öffentlichkeitsarbeit bezieht sich in besonderem Maße auf die Stadien der Vorbereitung und Durchführung. Öffentlichkeitsarbeit ist verfassungsrechtlich geboten und streng akzessorisch zum Sachvorhaben. Somit steht sie notwendigerweise in einem die Verbandskompetenz des Bundes begründenden Zusammenhang mit dem jeweiligen Sachvorhaben.

Diese Begründung der Verbandskompetenz setzt allerdings einen ausdrücklich dem Bund zugewiesenen Bereich voraus.[43] Sie ist daher nur für die vorhabenbezogene Öffentlichkeitsarbeit tragfähig, da die für die moderne Öffentlichkeitsarbeit nunmehr zentrale Aufgabe der Staatsleitung nicht ausdrücklich im Grundgesetz erwähnt ist.[44] Die Aufgabe der Bundesstaatsleitung ist dem Bund vielmehr als Kompetenz kraft Natur der Sache zugewiesen. Als zentral im bundesstaatlichen Gefüge verwurzelte Aufgabe ist sie aufgrund ihrer Eigenheit *a priori* den geschriebenen Gesetzgebungskompetenzen enthoben. Öffentlichkeitsarbeit als integraler Bestandteil der Staatsleitung ist daher wie auch andere Formen der (bundes-)staatlichen Selbstdarstellung als genuine staatliche Aufgabe dem Bund zugeordnet und kann nur ihm zugeordnet sein.[45] Analog der Aufgabe der Bundesstaatsleitung ist daher die bundesregierungsamtliche Öffentlichkeitsarbeit kraft Natur der Sache eine Bundeskompetenz.[46]

---

[41] Siehe oben Kap. 3 C.II.3.c).

[42] Ebenso *Harding*, Staatliche Öffentlichkeitsarbeit in sozialen Netzwerken, 2023, S. 92 ff.

[43] Dabei handelt es sich um eine zentrale Voraussetzung der Kompetenzerstreckung kraft Sachzusammenhang, siehe nur *Kment*, in: Jarass/Pieroth, Grundgesetz, 17. Aufl. 2022, Art. 70 Rn. 9; *Sannwald*, in: Schmidt-Bleibtreu, Grundgesetz, 15. Aufl. 2022, Vorb. Art. 70 Rn. 28; *Uhle*, in: Dürig/Herzog/Scholz, Grundgesetz, 76. EL. Dez. 2015, Art. 72 Rn. 66.

[44] Dies verkennt *Harding*, Staatliche Öffentlichkeitsarbeit in sozialen Netzwerken, 2023, S. 92 ff.

[45] Vgl. *Degenhart*, in: Sachs (Hrsg.), Grundgesetz, 9. Aufl. 2021, Art. 70 Rn. 31; *Sannwald*, in: Schmidt-Bleibtreu, Grundgesetz, 15. Aufl. 2022, Vorb. Art. 70 Rn. 32.

[46] Diese Parallele zieht auch *Nellesen*, Äußerungsrechte staatlicher Funktionsträger, 2019, S. 189.

b) Bedeutung der Gesetzgebungskompetenzen im Lichte der gewandelten Öffentlichkeitsarbeit

Die Regelungen im VII. Abschnitt des Grundgesetzes bieten daher nur vordergründig einen tauglichen Anknüpfungspunkt, um festzulegen, ob sich die Öffentlichkeitsarbeit des Bundes innerhalb seiner Verbandskompetenz hält. So leuchtet zwar ein, dass von einer Verbandskompetenz des Bundes ausgegangen werden kann, wenn sich ein Inhalt bundesregierungsamtlicher Öffentlichkeitsarbeit thematisch einem der in den Gesetzgebungskompetenzen genannten Gebiete zuordnen lässt. Die Verbandskompetenz ergäbe sich sodann aus der anerkannten, impliziten Bundeskompetenz kraft Sachzusammenhang. Sollte ein Inhalt thematisch nicht den Art. 73, 74 GG zuordenbar sein, kann der Umkehrschluss, die Unzulässigkeit des Inhalts mangels Verbandskompetenz, hingegen nicht überzeugen.

Heutige Öffentlichkeitsarbeit geht über das kommunikative Begleiten von Gesetzgebungsvorhaben hinaus, sie ist nicht mehr streng sach- und vorhabenbezogen, sondern in Inhalt, Form und Mitteln vielseitig.[47] Ihre kompetenzrechtliche Verankerung liegt in der Aufgabe der Staatsleitung. Sie begründet die Verbandskompetenz des Bundes „aus sich heraus“, kraft Natur der Sache, ohne auf die in den Art. 73, 74 GG genannten Gebiete zu rekurrieren. Aufgrund ihrer Verankerung in der Aufgabe der politischen Staatsleitung, der damit verbundenen Entgrenzung der zulässigen Inhalte und ihrer Bedeutung für die Wahrnehmung der Aufgabe der Staatsleitung, kann es nicht überzeugen, ihre zulässigen Inhalte allein an der Zuständigkeitsordnung der Art. 73, 74 GG zu orientieren. Eine Beschränkung auf die ausdrücklichen Gesetzgebungskompetenzen trägt dem Wandel der Öffentlichkeitsarbeit in ihrer Erscheinung nicht hinreichend Rechnung. Die in den ausdrücklichen Gesetzgebungskompetenzen angeführten Gebiete haben keinen hinreichenden Aussagegehalt für die zulässigen Inhalte der bundesregierungsamtlichen Öffentlichkeitsarbeit.

c) Zwischenergebnis

Die ausdrücklichen Gesetzgebungskompetenzen der Art. 73, 74 GG und die darin zum Ausdruck kommende Zuordnung bestimmter Gebiete zur bundesstaatlichen bzw. gliedstaatlichen Ebene haben keinen Aussagegehalt für den Umfang der Verbandskompetenz der regierungsamtlichen Öffentlichkeitsarbeit von Bund und Ländern. Die mit dem Wandel der Öffentlichkeitsarbeit – weg von der strengen Vorhabenbezogenheit, hin zur staatlichen Teilhabe an öffentlicher Kommunikation – verbundene thematische Entgrenzung entwertet den Aussagegehalt der Gesetzgebungsvorschriften. Die Verbandskompetenz des Bundes ergibt sich auch nicht aus Gesetzgebungskompetenzen kraft Sachzusammenhang, sondern aus der Aufgabe der Staatsleitung kraft Natur der Sache.

---

[47] Siehe oben Kap. 3 C.II.3.

2. Aussagegehalt der Aufgabe(n) der Staatsleitung

Mangels Aussagegehalt der ausdrücklichen Gesetzgebungskompetenzen und der Bedeutung der Aufgabe der Staatsleitung auch hinsichtlich der Verbandskompetenz ist auf die der Bundes- und den Landesregierungen jeweils zustehende Aufgabe der Staatsleitung abzustellen. Die Aufgabe der Bundesstaatsleitung steht der Bundesregierung aufgrund ihrer gesamtstaatlichen Verantwortung zu, die sie gegenüber Volk und Parlament wahrnimmt.[48] Die Bundesregierung ist nicht nur aufgrund der von ihr wahrzunehmenden Aufgabe der Staatsleitung grundsätzlich dazu berechtigt, Öffentlichkeitsarbeit zu betreiben. Sie ist auch bezogen auf die vermittelten Inhalte überall dort berechtigt Öffentlichkeitsarbeit zu betreiben, wo ihr die Aufgabe der Staatsleitung zukommt. Entsprechendes gilt für die jeweiligen Landesregierungen. Anknüpfungspunkt, um die Aufgaben der Staatsleitung voneinander abzugrenzen, muss also ihre inhaltliche Reichweite sein. Lassen sich Angelegenheiten bestimmen, die nicht von der Reichweite der Aufgabe der Bundesstaatsleitung erfasst werden, lässt sich die Verbandskompetenz des Bundes von der Kompetenz der Länder abgrenzen. Vorab ist jedoch auf die Wahrnehmung der Aufgaben der Bundesstaats- sowie der Gliedstaatsleitung und deren Verhältnis zueinander einzugehen.

a) Verhältnis der Aufgabe der Bundesstaatsleitung zur Aufgabe der Gliedstaatsleitung

Zwischen der Aufgabe der Bundesstaatsleitung und der Aufgabe der Gliedstaatsleitung wird zwar in den normativen Grundlagen und den jeweiligen Zuständigkeiten eindeutig getrennt, in der Aufgabenwahrnehmung bestehen jedoch regelmäßig Überschneidungen.[49] Insb. gilt dies im Rahmen der Teilaufgabe Öffentlichkeitsarbeit. Die Aufgabe der Staatsleitung ist ihrem Inhalt nach zu einem erheblichen Teil politischer Natur und bezieht sich auf die Bundes- und Landespolitik gleichermaßen. Das Verbot der staatlichen Doppelzuständigkeit, das sich grundsätzlich durch die grundgesetzliche Kompetenzordnung zieht,[50] entfaltet für die Öffentlichkeitsarbeit der Regierungen in Bund und Ländern daher keine Geltung.[51]

---

[48] Vgl. BVerfGE 9, 268 (281); 44, 125 (149); 105, 252 (270); 105, 279 (306).

[49] Wie hier *Pietzcker*, in: Isensee/P. Kirchhof (Hrsg.), Handbuch des Staatsrechts Bd. VI, 3. Aufl. 2008, § 134 Rn. 28. Siehe auch *Isensee*, in: ders./P. Kirchhof (Hrsg.), Handbuch des Staatsrechts Bd. VI, 3. Aufl. 2008, § 133 Rn. 106; *Nellesen*, Äußerungsrechte staatlicher Funktionsträger, 2019, S. 189f.

[50] BVerfGE 36, 193 (202f.); 67, 299 (321); 104, 249 (267); 106, 62 (114); BVerwGE 146, 56 (59 Rn 20); *Hellermann*, in: Epping/Hillgruber (Hrsg.), Grundgesetz, 56. Ed., Art. 30 Rn. 22; *Isensee*, in: ders./P. Kirchhof (Hrsg.), Handbuch des Staatsrechts Bd. VI, 3. Aufl. 2008, § 133 Rn. 98.

[51] Vgl. BVerfGE 105, 252 (271f.); 105, 279 (307). Wie hier *Gubelt/Hanschel*, in: I. v. Münch/Kunig, Grundgesetz Bd. 1, 7. Aufl. 2021, Art. 30 Rn. 59; *Jaeckel*, in: Schmidt-Bleibtreu, Grundgesetz, 15. Aufl. 2022, Art. 30 Rn. 42; *Kment*, in: Jarass/Pieroth, Grundgesetz, 17. Aufl. 2022, Art. 30 Rn. 7.

Auch dies ist Folge der sich wandelnden Öffentlichkeitsarbeit weg von der strengen Vorhabenakzessorietät hin zur „staatlichen Teilhabe an öffentlicher Kommunikation" und der kompetenziellen Verankerung der Öffentlichkeitsarbeit in der Aufgabe der Staatsleitung. Als „andere Regelung" i. S. d. Norm lässt der wortlautoffene Art. 30 GG diese Abweichung von der grundsätzlichen Kompetenzordnung zu. Es wird der einer jeden bundesstaatlichen Ordnung innewohnenden Dynamik Rechnung getragen.[52]

Zwischen Bundestaats- und Gliedstaatsleitung sowie zwischen Bundes- und Landespolitik besteht der typischerweise die grundgesetzliche Kompetenzordnung durchziehende Dualismus nicht in gleichem Maße. Dagegen spricht bereits die Art und Weise, wie die Länder an den Gesetzgebungsverfahren des Bundes durch den Bundesrat mitwirken, Art. 50 GG. Gem. Art. 51 Abs. 1 GG setzt sich der Bundesrat aus Mitgliedern der Landesregierungen zusammen. Die Stimmabgabe einer Landesregierung im Bundesrat, mithin die Mitwirkung an einem Gesetzgebungsvorhaben des Bundes, ist Aufgabe der Landesregierungen. Begründet eine Landesregierung ihre Ablehnung zu einem Bundesgesetz im Wege der Öffentlichkeitsarbeit, handelt sie im Rahmen ihrer verfassungsrechtlichen Aufgabenzuweisung und betreibt dennoch inhaltlich auf die Bundespolitik bezogene Öffentlichkeitsarbeit.[53] Ferner gilt nach Art. 83 GG, dass die Länder die Bundesgesetze grundsätzlich als eigene Angelegenheit ausführen. Der freie „Landesvollzug als Grundregel"[54] wird zwar im Rahmen der Bundesaufsichtsverwaltung gem. Art. 84 GG sowie der Bundesauftragsverwaltung gemäß Art. 85 GG durch Einwirkungsmöglichkeiten des Bundes relativiert. Die „echte" Bundeseigenverwaltung gem. Art. 86 ff. GG bleibt indes die Ausnahme, sowohl im Verfassungstext als auch in der Verfassungswirklichkeit.[55] Sind die Länder für die Ausführung der Bundesgesetze zuständig, sind sie auch von deren tatsächlichen Auswirkungen betroffen. Etwaige Missstände, Unzulänglichkeiten oder in besonderem Maße das Bundesland betreffende Probleme in der Konzeption oder der Umsetzung des Gesetzes darf die Landesregierung im Rahmen der Wahrnehmung ihrer Aufgabe der (Glied-)Staatsleitung aufgreifen und thematisieren. Auch in dieser Hinsicht kann sich die Landesregierung also auf eine Aufgabenzuweisung stützen. Demgegenüber stehen dem Bund ebenfalls zahlreiche Möglichkeiten zu, sich mit Inhalten der Landespolitik zu beschäftigen, aber dennoch im Rahmen seiner Aufgaben und Kompetenzen zu handeln. Im Bereich der konkurrierenden Gesetzgebung besteht die Möglichkeit, dass eine Ländergesetzgebung bereits besteht, der Bund diese aber für unzureichend oder schlichtweg politisch verfehlt hält. Im Rahmen seiner eigenen Gesetzgebung wird er sich dann mit diesen

---

[52] Vgl. *Korioth*, in: Dürig/Herzog/Scholz, Grundgesetz, 46. EL. März 2006, Art. 30 Rn. 26.

[53] *Pietzcker*, in: Isensee/P. Kirchhof (Hrsg.), Handbuch des Staatsrechts Bd. VI, 3. Aufl. 2008, § 134 Rn. 28. Siehe auch *Nellesen*, Äußerungsrechte staatlicher Funktionsträger, 2019, S. 191.

[54] *F. Kirchhof*, in: Dürig/Herzog/Scholz, Grundgesetz, 93. EL. Okt. 2020, Art. 83 Rn. 1.

[55] *Ibler*, in: Dürig/Herzog/Scholz, Grundgesetz, 52. EL. Mai 2006, Art. 86 Rn. 1.

Inhalten der Landespolitik beschäftigen. Ferner kann der Bund Länderpolitik auch im Rahmen der Bundesaufsicht thematisieren. Die Bundesauftragsverwaltung kann ebenfalls eine Öffentlichkeitsarbeit, die Länderinhalte zum Thema hat, gebieten.[56]

Zwischen den unterschiedlichen Aufgaben der Staatsleitung bestehen daher vielfältige Überschneidungen, die in dem oftmaligen Nebeneinander von Bundes- und Landespolitik angelegt sind.[57] Dies lässt bereits darauf schließen, dass es auch in der Öffentlichkeitsarbeit der Bundes- und Landesregierungen dieselben Angelegenheiten thematisiert werden können. Welchem Themenbereich eine Angelegenheit angehört, kann daher kaum entscheidend dafür sein, ob sie eine Wahrnehmung der bundesstaatlichen oder der gliedstaatlichen Aufgabe der Staatsleitung erfordert.

b) Gesamtstaatliche Bedeutung als entscheidendes Merkmal

Der Umfang der Aufgabe der Staatsleitung kann angesichts ihrer Vielseitigkeit weder abschließend definiert noch hinreichend rechtssicher umschrieben werden.[58] Die Herleitung der Aufgabe der Bundesstaatsleitung kann allerdings herangezogen werden, um jedenfalls einen Teil ihres Umfangs zu konturieren. Um bei bestimmen Angelegenheiten die Wahrnehmung der Aufgabe der Staatsleitung aufgrund der gesamtstaatlichen Verantwortung der Regierung zu begründen, müssen diese Angelegenheiten Bedeutung für den Gesamtstaat Deutschland entfalten. Haben Angelegenheiten eine gesamtstaatliche Bedeutung trifft die Bundesregierung die Verantwortung staatsleitend tätig zu werden. Diese Verantwortung hat sie auch durch Öffentlichkeitsarbeit wahrzunehmen.

Um die gesamtstaatliche Bedeutung einer Angelegenheit zu bestimmen, ist auf den Begriff Gesamtstaat Rekurs zu nehmen. Um ihn fruchtbar zu machen, ist auf die Staatstheorie Hans Kelsens einzugehen, demnach oberhalb von Zentralstaat („Oberstaat" in den Worten Kelsens) und Gliedstaaten ein Dritter besteht. Dieser fasst den Zentralstaat und die Gliedstaaten einander ergänzend zusammen und repräsentiert beide als Einheit.[59] Dieser Gesamtstaat ist kein Staat im juristischen Sinne, sondern „ein Theorem, das die Einheit von Bund und Ländern als staatstheoretische Basis verkörpert".[60] Mithilfe dieser Charakterisierung lässt sich das Kriterium der gesamtstaatlichen Bedeutung näher bestimmen. Eine in Rede stehende Angelegenheit muss für eine gedachte Einheit aus Bundes- und Länderebene Bedeutung haben. Sie muss den Bund und zumindest ein Land gleichermaßen betreffen.

---

[56] *Pietzcker*, in: Isensee/P. Kirchhof (Hrsg.), Handbuch des Staatsrechts Bd. VI, 3. Aufl. 2008, § 134 Rn. 28.

[57] Siehe hierzu auch *Möstl*, in: Uhle (Hrsg.), Information und Einflussnahme, 2018, 49 (71).

[58] Siehe hierzu oben Kap. 3 C.II.3.b).

[59] Grundlegend *Kelsen*, Allgemeine Staatslehre, Nachdruck der 1. Aufl. 1925 1993, S. 198 ff.

[60] *Isensee*, in: ders./P. Kirchhof (Hrsg.), Handbuch des Staatsrechts Bd. VI, 3. Aufl. 2008, § 126 Rn. 89 f., § 133 Rn. 116.

Wann eine nach den beschriebenen Maßstäben grundsätzlich im Länderbereich angelegte Angelegenheit zu einer Angelegenheit mit gesamtstaatlicher Bedeutung erwächst, ist indes von den tatsächlichen Begebenheiten des Einzelfalls abhängig. Erkenntnisse zur Konkretisierung des Merkmals der Gesamtstaatlichkeit im hier verwendeten Sinne lassen sich jedoch aus der Rechtsprechung des Bundesverfassungsgerichtes gewinnen. Es hat in diesem Kontext auf einen überregionalen Charakter der Angelegenheit, also einen länderübergreifenden oder das Ausland betreffenden Bezug abgestellt.[61]

aa) Gesamtstaatliche Bedeutung überregionaler Gefahrenlagen

Anlass der verfahrensgegenständlichen Warnung im „Glykol"-Beschluss war eine infolge des sog. „Glykolskandals" innerhalb der (gesamten) deutschen Bevölkerung vorherrschende Verunsicherung betreffend der Qualität deutscher und österreichischer Weine. Eine Existenzgefährdung der in der Weinwirtschaft tätigen deutschen Unternehmen wurde befürchtet.[62] Die verfahrensgegenständlichen Warnungen im „Osho"-Beschluss lassen sich auf ein seinerzeit im Land vorherrschendes gesteigertes öffentliches Interesse an dem Themenkomplex Sekten zurückführen. Im Jahr 1996 setzte der Deutsche Bundestag gar eine Enquete-Kommission „Sogenannte Sekten und Psychogruppen" ein.[63] Die Warnungen fassten u. a. die sog. Osho-Bewegung des indischen Philosophen und Spirituellen Chandra Mohan Jain unter jene Sammelbezeichnung.[64]

Bei beiden Warnungen handelte es sich dem Inhalt nach um Maßnahmen der Gefahrenabwehr, ein Bereich, der nicht dem Bund, sondern den Ländern zugeordnet ist.[65] Dennoch sah das Bundesverfassungsgericht in beiden Verfahren die Verbandskompetenz des Bundes als gegeben an und begründete dies jeweils mit den tatsächlichen Begebenheiten. Der Glykolskandal habe sich überregional ausgewirkt, die gesamte deutsche Öffentlichkeit betroffen und sogar bis ins Nachbarland Österreich gereicht.[66] Die Tätigkeit der Osho-Bewegung habe sich nicht nur auf den

---

[61] BVerfGE 105, 252 (271); 105, 279 (306); BVerfG NVwZ 2022, 1113 (1119 Rn. 1113). Siehe auch *Nellesen*, Äußerungsrechte staatlicher Funktionsträger, 2019, S. 189.

[62] Zum Ganzen BVerfGE 105, 252 (253 ff.).

[63] Zum Endbericht der Kommission siehe BT-Drs. 13/10950.

[64] Zum Ganzen siehe den geschilderten Sachverhalt in BVerfGE 105, 279 (280 ff.).

[65] Zur hierzu geäußerte Kritik siehe *Bethge*, in: D. Merten/Papier (Hrsg.), Handbuch der Grundrechte Bd. III, 2009, § 58 Rn. 113; *Hellmann*, in: NVwZ 2005, 163 (166); *P. Huber*, in: JZ 2003, 290 (295 f.); *Kämmerer*, in: I. v. Münch/Kunig, Grundgesetz Bd. 1, 7. Aufl. 2021, Art. 12 Rn. 97, 100; *Murswiek*, in: NVwZ 2003, 1 (7); *Schoch*, in: Isensee/P. Kirchhof (Hrsg.), Handbuch des Staatsrechts Bd. III, 3. Aufl. 2005, § 37 Rn. 112; *ders.*, in: NVwZ 2011, 193 (197).

[66] BVerfGE 105, 252 (275).

Bereich eines Bundeslandes beschränkt, sondern das gesamte Bundesgebiet betroffen und bis ins Ausland gereicht.[67]

bb) Gesamtstaatliche Bedeutung einer Ministerpräsidentenwahl?

Wie weit die Verbandskompetenz des Bundes im Einzelfall reichen kann, deutet der zuletzt vom Bundesverfassungsgericht entschiedene Äußerungsfall an. Die damalige Bundeskanzlerin äußerte sich zur Ministerpräsidentenwahl in Thüringen.[68] Die Wahl des Ministerpräsidenten ist ein grundlegender Akt der Legitimationsvermittlung der Exekutive durch die vom Volk gewählten Abgeordneten. Sie ist zentral für die Eigenstaatlichkeit und Souveränität der Länder und insoweit tief in deren Bereich der Eigenstaatlichkeit als souveräne Gliedstaaten verwurzelt. Inhaltlich scheint sich die Äußerung daher auf einen der Verbandskompetenz des Bundes vorenthaltenen, „länderexklusiven" Bereich zu beziehen. Die Konsequenz hieraus wäre die Rechtswidrigkeit der Äußerung mangels Verbandskompetenz.[69] Weitet man allerdings den Blick, könnte sich ein anderes Bild ergeben. Besagter Ministerpräsident wurde auch von Abgeordneten gewählt, die einer Partei angehörten, die vom Bundesamt für Verfassungsschutz als sog. Verdachtsfall beobachtet wurde und auch immer noch wird.[70] Die Wahl führte bis in die Regierungskoalition zu erheblichen Verwerfungen und bestimmte tagelang den Diskurs in der Öffentlichkeit.[71] Das Gericht lässt eine gesamtstaatliche Bedeutung der Angelegenheit und eine sich hieraus ergebene Verbandszuständigkeit des Bundes allerdings ausdrücklich offen.[72]

c) Gebotene restriktive Handhabung

Ist die gesamtstaatliche Bedeutung einer Angelegenheit das zentrale Kriterium zur Bestimmung der Bundeskompetenz, gilt im Umkehrschluss, dass dem Bund die Verbandskompetenz bei denjenigen Angelegenheiten fehlt, denen keine gesamtstaatliche Bedeutung beizumessen ist. Angesichts der vorstehend beschriebenen Maßstäbe erscheint allerdings kaum vorstellbar, dass der Bund Öffentlichkeitsarbeit bezogen auf eine Angelegenheit betreibt, die keine gesamtstaatliche Bedeutung

[67] BVerfGE 105, 279 (308).

[68] Zur streitgegenständlichen Äußerung im Wortlaut siehe BVerfG NVwZ 2022, 1113 (1113).

[69] A. A. *Brünger/Sauer*, in: JZ 2022, 952 (956), die die Frage nach der Kompetenz als „falsch gestellt" ansehen, da sich die Kanzlerin zu einem Wahlvorgang äußere. Dabei verkennen diese freilich, dass die Kanzlerin sich mglw. mangels Kompetenz auch nicht unter Beachtung des Neutralitätsgebotes hätte äußern dürfen.

[70] In erster Instanz bestätigt durch VG Köln, Urt. v. 8.3.2022 – 13 K 326/21, juris. Die Kl. soll Berufung eingelegt haben.

[71] Vgl. BVerfG NVwZ 2022, 1113 (1122 f. Rn. 156 ff.). Ebenso *Brünger/Sauer*, in: JZ 2022, 952 (957).

[72] BVerfG NVwZ 2022, 1113 (1124 Rn. 171).

aufweist. Bereits das Befassen mit der Angelegenheit, könnte als Argument für ihre gesamtstaatliche Bedeutung zu sehen sein. Insoweit würde das Kriterium und seine die Verbandskompetenz des Bundes beschränkende Funktion *ad absurdum* geführt werden. Unter Berücksichtigung der Weite der Aufgabe der Staatsleitung und der „Initiativgewalt" der Bundesregierung, die auch das Recht umfasst, Angelegenheit aus der Gesellschaft und anderen Teilen des Gesamtstaates zu thematisieren, droht das Verbot der verbandskompetenzwidrigen Öffentlichkeitsarbeit in Gänze seine Begrenzungswirkung zu verlieren. Auch wenn die inhaltliche Weite der Öffentlichkeitsarbeit zwingende Folge ihrer kompetenziellen Verankerung in der Aufgabe der Staatsleitung ist, darf nicht über ihre Kompetenzbindung hinweggesehen werden. Es bedarf daher einer restriktiven Handhabung des Kriteriums. Dabei sind vorrangig zwei Aspekte in den Blick zu nehmen. Einerseits die Frage, zu welchem Zeitpunkt das Kriterium der gesamtstaatlichen Bedeutung erfüllt sein muss, andererseits die Frage, ob das Kriterium der gesamtstaatlichen Bedeutung nicht relativ zu verstehen ist.

aa) Gesamtstaatliche Bedeutung in zeitlicher Hinsicht

Allein das Thematisieren einer Angelegenheit im Wege der Öffentlichkeitsarbeit kann keine gesamtstaatliche Bedeutung begründen. Die Verbandskompetenz des Bundes setzt eine bereits existente gesamtstaatliche Bedeutung der Angelegenheit voraus. Als staatliches Handeln ist die Öffentlichkeitsarbeit an die staatliche Kompetenzordnung gebunden und kann ihrerseits gerade nicht frei und spontan handeln. Diese Art zu Handeln ist typisch für den Gebrauch von Freiheitsrechten, der seinerseits aber von der staatlichen Kompetenzausübung streng zu trennen ist – auch und insb. im Bereich der Öffentlichkeitsarbeit.[73] Mit dem Akt des Thematisierens einer Angelegenheit oder der Bedeutung, die sie im Anschluss an das Thematisieren erlangt hat, kann eine gesamtstaatliche Bedeutung und damit das Vorliegen der Verbandskompetenz des Bundes nicht begründet werden. Ob eine im Wege der Öffentlichkeitsarbeit thematisierte Angelegenheit gesamtstaatliche Bedeutung hatte und der Bund somit im Rahmen seiner Verbandskompetenz handelte, ist also zum Zeitpunkt der Vornahme des Inhalts der Öffentlichkeitsarbeit zu bestimmen.

bb) Relativität der gesamtstaatlichen Bedeutung

Ob eine Angelegenheit von hinreichender gesamtstaatlicher Bedeutung ist, sodass ein Aufgreifen im Wege der bundesregierungsamtlichen Öffentlichkeitsarbeit gerechtfertigt ist, ist anhand der tatsächlichen Umstände des Einzelfalls zu bestimmen. Zu bestimmen ist dabei nicht nur das Vorliegen einer gesamtstaatlichen Bedeutung, sondern zugleich, ob diese ein für den Einzelfall hinreichendes Maß erreicht. Dabei ist von der Natur der thematisierten Angelegenheit abhängig, welches Maß an Be-

[73] Siehe oben Kap. 3 C.I.

deutung zu verlangen ist. Je tiefer eine Angelegenheit im Kernbereich der Eigenstaatlichkeit der Länder wurzelt, desto gewichtiger muss ihre gesamtstaatliche Bedeutung sein, um eine Verbandskompetenz des Bundes zu begründen. Auf diese Weise wird ein angemessener Ausgleich zwischen der den Ländern zustehenden Eigenstaatlichkeit und der ggf. bestehenden Gebotenheit, auch solche Angelegenheiten im Rahmen der Aufgabe der (Bundes-)Staatsleitung zu thematisieren, gefunden. Die hinreichende Gewichtung der gesamtstaatlichen Bedeutung lässt sich beispielsweise am tatsächlichen Ausmaß der die Angelegenheit betreffenden öffentlichen Diskussion bemessen. Es könnte darauf abgestellt werden, wie viele überregionale Medien sich mit der Angelegenheit befassen und welche Bedeutung sie der Angelegenheit beimessen. Ein großes Ausmaß an Versammlungen, die außerhalb des in Rede stehenden Bundeslandes stattfinden, würden eine hinreichend gewichtige gesamtstaatliche Bedeutung der Angelegenheit ebenfalls indizieren. Gerade die Inanspruchnahme der Versammlungsfreiheit als „ein Stück ursprünglicher ungebändigter unmittelbarer Demokratie“[74] zeugt von der Bedeutung, die einer Angelegenheit auch innerhalb der Zivilgesellschaft zukommt.

3. Fazit

Aus dem Vorstehenden lässt sich nunmehr erkennen, was den „Länderbereich“, auf den sich bundesregierungsamtliche Öffentlichkeitsarbeit inhaltlich nicht beziehen darf, ausmacht. Auf die Vorschriften über die Gesetzgebungskompetenzen, in denen dem Bund eine Vielzahl an unterschiedlichen Gebieten „zugewiesen“ wird, kann nicht rekurriert werden, da sie für die Verbandskompetenz der Öffentlichkeitsarbeit keinen Aussagegehalt aufweisen. Aufgrund inhaltlicher Überschneidungen zwischen Bundes- sowie Gliedstaatsleitung und damit auch zwischen Bundes- sowie Landespolitik sowie der darauf bezogenen Öffentlichkeitsarbeit, lässt sich das Verhältnis vom Bundes- zum Länderbereich im Rahmen der Öffentlichkeitsarbeit weder abschließend noch gebietsbezogen bestimmen.

Zur Begründung der Verbandskompetenz des Bundes ist darauf abzustellen, ob die Angelegenheit, auf die sich die Öffentlichkeitsarbeit inhaltlich bezieht, von hinreichender gesamtstaatlicher Bedeutung ist. Das Kriterium der gesamtstaatlichen Bedeutung ist nach den aufgezeigten Maßstäben restriktiv zu handhaben, um der bundesstaatlichen Kompetenzordnung Rechnung zu tragen. Der Länderbereich besteht aus denjenigen Angelegenheiten, die keine oder jedenfalls keine hinreichende gesamtstaatliche Bedeutung aufweisen. Dann kommt der Bundesregierung keine gesamtstaatliche Verantwortung, mithin dem Bund keine Verbandskompetenz zu.

---

[74] BVerfGE 69, 315 (347); *Hesse*, Grundzüge des Verfassungsrechts, Neudr. d. 20. Aufl. 1999, Rn. 404; *Jarass*, in: ders./Pieroth, Grundgesetz, 17. Aufl. 2022, Art. 8 Rn. 1; *J.-P. Schneider*, in: Epping/Hillgruber (Hrsg.), Grundgesetz, 56. Ed., Art. 8 Rn. 1.

II. Das die Länder betreffende Verbot der vertikalen und horizontalen Kompetenzüberschreitung

Im Überblick sei auf die Bedeutung des Verbots der verbandskompetenzwidrigen Öffentlichkeitsarbeit für die Länder eingegangen. Für die Länder kommen vertikale und horizontale Kompetenzüberschreitungen in Betracht, ihnen ist sowohl ein Übergriff in den Bundesbereich als auch in den Bereich der anderen Länder untersagt. Entsprechend den vorstehenden Ausführungen handelt eine Landesregierung dann im Rahmen ihrer Verbandskompetenz, wenn die thematisierte Angelegenheit eine hinreichende Bedeutung für das (eigene) Bundesland aufweist. Eine verbandskompetenzwidrige Öffentlichkeitsarbeit kommt also insb. bei einer Angelegenheit, die im Bereich eines anderen Landes wurzelt und keine Auswirkungen auf das „eigene" Bundesland hat, in Betracht. Ferner handelt die Landesregierung kompetenzwidrig, wenn sie eine Angelegenheit thematisiert, die zwar gesamtstaatliche Bedeutung hat, aber das der Landesregierung zugehörige Bundesland nicht betrifft. Dies erfordert eine Feststellung der tatsächlichen Verhältnisse im Einzelfall nach den beschriebenen Maßstäben.

III. Zusammenfassung

Das Verbot der verbandskompetenzwidrigen Öffentlichkeitsarbeit beinhaltet ein den Bund betreffendes Verbot des Übergriffs in den Länderbereich und ein die Länder betreffendes Verbot der vertikalen und horizontalen Kompetenzüberschreitung. Der für das erstgenannte Verbot maßgebliche exklusive Länderbereich kann nicht mittels den ausdrücklichen Gesetzgebungskompetenzen bestimmt werden. Eine Begrenzung der bundesregierungsamtlichen Öffentlichkeitsarbeit auf die Gesetzgebungskompetenzen des Bundes trägt der gewandelten Öffentlichkeitsarbeit und ihrer kompetenziellen Verankerung in der Aufgabe der politischen Staatsleitung nicht hinreichend Geltung. Vielmehr ergibt sich der Länderbereich aus der Aufgabe der Staatsleitung, die Bundes- und Landesregierungen jeweils zusteht. Zwischen der Aufgabe der Bundestaatsleitung und den Aufgaben der Gliedstaatsleitung bestehen zwar inhaltliche Übereinstimmungen, sie unterschieden sich aber entscheidend in ihrer Herleitung. Die Aufgabe der Bundesstaatsleitung steht der Bundesregierung aufgrund ihrer gesamtstaatlichen Verantwortung zu. Diese trifft die Bundesregierung immer dann, wenn Angelegenheiten eine hinreichende gesamtstaatliche Bedeutung haben. In diesem Fall steht dem Bund und damit der Bundesregierung die Verbandskompetenz zur Öffentlichkeitsarbeit zu. Ob eine Angelegenheit eine hinreichende gesamtstaatliche Bedeutung aufweist, ist von den tatsächlichen Begebenheiten des Einzelfalls unter Berücksichtigung einer restriktiven Handhabung des Kriteriums abhängig.

Das die Länder betreffende Verbot zeichnet sich im Wesentlichen dadurch aus, dass es den Landesregierungen untersagt, Öffentlichkeitsarbeit bezogen auf Angelegenheiten zu betreiben, die keine hinreichende Bedeutung für das eigene Bundesland haben. Hat eine Angelegenheit nur eine hinreichende Bedeutung für ein anderes Bundesland, handelt es sich um eine horizontale Kompetenzüberschreitung, hat die Angelegenheit nur eine hinreichende Bedeutung für den Bund, handelt es sich um eine vertikale Kompetenzüberschreitung.

B. Verbot der organkompetenzwidrigen Betätigung

Regierungsamtliche Öffentlichkeitsarbeit auf Bundesebene wird im Wesentlichen von drei Akteuren betrieben: der Bundesregierung als Kollegialorgan, dem Bundeskanzler und den Bundesministern respektive ihren Ministerien. Zwischen allen Stühlen scheint das Bundespresseamt zu sitzen. Dieses soll zwischen der ressortübergreifenden Öffentlichkeitsarbeit der Bundesregierung und der ressortbezogenen Öffentlichkeitsarbeit der Bundesministerien koordinieren, ist aber gleichzeitig im Bundeskanzleramt verortet. Die Bundesministerien nutzen ihre Möglichkeiten Öffentlichkeitsarbeit zu betreiben, bewusst selbstständig und eigennützig. Das Bundespresseamt scheint auf seine Rolle als „Werbebüro des Kanzlers" reduziert.[75] Wird eine staatliche Aufgabe – Öffentlichkeitsarbeit als integraler Bestandteil der Aufgabe der Staatsleitung – von drei eigenständigen, staatlichen Funktionsträgern wahrgenommen, drängt sich die Frage auf, wie die Aufgabenwahrnehmung zwischen diesen drei Funktionsträgern aufgeteilt ist. Nochmals: Die Aufgabe der Staatsleitung ist zwar der Bundesregierung zugewiesen und doch teilt Art. 65 GG die Zuständigkeiten innerhalb der Bundesregierung und damit auch die Aufgabe der Staatsleitung zwischen dem Kollegialorgan, dem Bundeskanzler und den Bundesministern auf. Es gilt herauszuarbeiten, wann welcher Akteur zur Wahrnehmung der Aufgabe befugt ist. Sodann kommt ihm im Rahmen der Öffentlichkeitsarbeit auch die Organkompetenz zu. Ein Organ handelt *ultra vires*, wenn er in einer konkreten Angelegenheit nicht zur Wahrnehmung befugt ist und dennoch thematisch einschlägige Öffentlichkeitsarbeit betreibt.

In der Rechtsprechung des Bundesverfassungsgerichts wird auf das Erfordernis einer organkompetenzgemäßen Öffentlichkeitsarbeit ebenfalls eingegangen. Zwar hat das Gericht das Erfordernis in der Öffentlichkeitsarbeitsentscheidung 1977 nur oberflächlich hervorgehoben – wechselseitige Übergriffe in die Kompetenzbereiche anderer Staatsorgane seien zu unterlassen.[76] Doch in den „Glykol und Osho"-Beschlüssen wird es in der gebotenen Tiefe behandelt. Im Verhältnis von Bundeskanzler, Bundesministern und der Bundesregierung als Kollegium gelte Art. 65

[75] Siehe hierzu Kap. 2 A.II., B.IV.2., C.IV.

[76] BVerfGE 44, 125 (149).

GG.[77] Auch in den Äußerungsfällen wird ein Beachten der Organkompetenz eingefordert. Zu ihrer Konturierung wird dabei primär auf den Geschäftsbereich gem. Art. 65 Satz 2 GG rekurriert, aber auch auf über den Geschäftsbereich hinausgehende Aufgaben wird hingewiesen.[78] In dem jüngst entschiedeneren Äußerungsfall wird dem Bundeskanzler eine weitreichende Organkompetenz zugebilligt, die alle der Bundesregierung als Kollegialorgan zugeschriebenen Staatsleitungsaufgaben i.S.e. politischen Allzuständigkeit umfasse.[79]

In der Einleitung zu diesem Kapitel wurden bereits die Weichen für die Ausarbeitung der den Akteuren der Öffentlichkeitsarbeit jeweils zustehenden Organkompetenz gestellt. Die Bundesregierung hat zwar als oberstes eigenständiges Verfassungsorgan des Bundes die Aufgabe der Staatsleitung wahrzunehmen, doch könnte sie in ihrer Organkompetenz durch mglw. vorrangige Kompetenzen des Bundeskanzlers und der Bundesminister beschränkt sein. Dafür ist vorab zu klären, welchen Umfang diese Kompetenzen haben. Sodann erst kann erörtert werden, ob diese Kompetenzen in der Organkompetenz der Bundesregierung aufgehen oder deren Organkompetenz ausschließen. Anhand des Umfangs der jeweiligen Organkompetenz, kann das Verbot der organkompetenzwidrigen Betätigung für jeden Akteur formuliert werden.

I. Organkompetenz eines Bundesministers

Um die Organkompetenz eines Bundesministers bezogen auf die Öffentlichkeitsarbeit zu bestimmen, wird überwiegend auf ein inhaltliches Übereinstimmen der Öffentlichkeitsarbeit mit seinem Geschäftsbereich abgestellt.[80] Dies leuchtet ein: Ist ein Bundesminister gem. Art. 65 Satz 2 GG befugt, seinen Geschäftsbereich selbstständig zu leiten, ist davon fraglos auch das Betreiben von Öffentlichkeitsarbeit umfasst. Dies lässt sich auch mittels Rückgriff auf die Kompetenzgrundlage begründen. Erfordert eine Angelegenheit die Wahrnehmung der Aufgabe der Staatsleitung und lässt sich diese Angelegenheit inhaltlich auf den Geschäftsbereich eines Ministers zurückführen, hat der Minister nach der Kompetenzaufteilung des Art. 65 Satz 2 GG diesen Teilbereich der Aufgabe der Staatsleitung wahrzunehmen. Auch

---

[77] BVerfGE 105, 252 (270); 105, 279 (306). Siehe auch BVerfGE 105, 252 (275): „Der Bundesminister für Jugend, Familie und Gesundheit handelte gem. Art. 65 Satz 2 GG in seinem Geschäftsbereich."

[78] BVerfGE 148, 11 (37 f. Rn. 77); 154, 320 (351 f. Rn. 94). Siehe auch BVerfG NVwZ 2022, 1113 (1116 Rn. 89).

[79] BVerfG NVwZ 2022, 1113 (1116 Rn. 89 f.).

[80] Neben den vorstehenden Nachweisen aus der Rspr. siehe etwa *Badura*, Staatsrecht, 7. Aufl. 2018, E Rn. 89; *Barczak*, in: NVwZ 2015, 1014 (1017); *Harding*, Staatliche Öffentlichkeitsarbeit in sozialen Netzwerken, 2023, S. 104, 111 f.; *Hermes*, in: Dreier (Hrsg.), Grundgesetz Bd. II, 3. Aufl. 2015, Art. 65 Rn. 30; *Horn*, in: Stern/Sodan/Möstl (Hrsg.), Staatsrecht Bd. II, 2. Aufl. 2022, § 39 Rn. 60; *Nellesen*, Äußerungsrechte staatlicher Funktionsträger, 2019, S. 185 f. A. A. *Eder*, „Rote Karte" gegen „Spinner"?, 2017, S. 156.

die Verantwortlichkeit der Bundesminister für seinen Geschäftsbereich kann zur Begründung herangezogen werden.[81]

Seit längerem steht zur Diskussion, ob die Organkompetenz von Bundesministern sich auf bestimmte Inhalte erstrecken kann, die sich nicht auf den Geschäftsbereich zurückführen lassen. In den Äußerungsfällen wurde dies seitens des Bundesverfassungsgericht immer wieder angesprochen, aber nie entschieden. Steht einem Bundesminister die Kompetenz zu, Angriffe gegen die Regierungspolitik auch dann zurückzuweisen, wenn der konkrete Vorwurf sich nicht auf seinen Geschäftsbereich bezieht?[82] Steht einem Bundesminister die Kompetenz zu, Angriffe gegen den Bundespräsidenten zurückzuweisen, wenn dieser die Beachtung der demokratischen Grundregeln einfordert?[83] Ein Begründungsansatz in der Literatur stellt darauf ab, dass ein jeder Bundesminister sich bei einer Beschlussfassung der Regierung auch mit geschäftsbereichsfremden Angelegenheiten befasst. In einem zeitlichen und sachlichem Zusammenhang mit dem Beschluss müsse sich ein Minister daher auch zu Angelegenheiten äußern dürfen, die mit seinem Geschäftsbereich in keinem Zusammenhang stehen.[84] Weitergehend wird aus der Amtsstellung und der damit einhergehenden Amtsautorität eines Ministers eine Pflicht zur Verteidigung freiheitlich-demokratischer Grundwerte abgeleitet.[85]

1. Allgemeine Organkompetenz *qua* Geschäftsbereich

Ist zur Bestimmung der Organkompetenz eines Bundesministers auf seinen Geschäftsbereich abzustellen, ist herauszuarbeiten, wie sich dieser Geschäftsbereich bestimmen lässt. Die Bundesminister werden zwar gem. Art. 62 GG als Teil des Kollegialorgans Bundesregierung aufgeführt, wie viele Bundesminister der Bundesregierung angehören und welcher Geschäftsbereich welchem Minister zugewiesen ist, lässt das Grundgesetz allerdings weitgehend offen.[86] Lediglich vereinzelt werden Minister und von ihnen zu erfüllenden Aufgaben oder Teile ihres Ge-

---

[81] *Harding*, Staatliche Öffentlichkeitsarbeit in sozialen Netzwerken, 2023, S. 112; *Nellesen*, Äußerungsrechte staatlicher Funktionsträger, 2019, S. 186.

[82] Die damalige Ministerin für Bildung und Forschung positionierte sich in einer Pressemitteilung gegen eine Demonstration, die die Migrationspolitik der Bundesregierung kritisierte, BVerfGE 148, 11 (38 Rn. 77).

[83] Der damalige Bundesminister des Innern, für Bau und Heimat kritisierte das Verhalten einer Bundestagsfraktion gegenüber dem Bundespräsidenten, BVerfGE 154, 320 (352 Rn. 94 f.).

[84] *Nellesen*, Äußerungsrechte staatlicher Funktionsträger, 2019, S. 186 f. Zustimmend *Harding*, Staatliche Öffentlichkeitsarbeit in sozialen Netzwerken, 2023, S. 113 f.

[85] *Harding*, Staatliche Öffentlichkeitsarbeit in sozialen Netzwerken, 2023, S. 114, unter Bezugnahme auf den Amtseid, den Regierungsmitglieder gem. Art. 64 Abs. 2 GG i. V. m. Art. 56 GG ableisten müssen.

[86] *Müller-Franken/Uhle*, in: Schmidt-Bleibtreu, Grundgesetz, 15. Aufl. 2022, Art. 62 Rn. 31.

schäftsbereichs benannt.[87] So hat der Bundesminister für Verteidigung die Befehls- und Kommandogewalt über die Streitkräfte und für den Fall, dass der Bund gem. Art. 96 Abs. 2 Satz 1 GG Wehrstrafgerichte errichtet,[88] würden diese zum Geschäftsbereich des Bundesjustizministers gehören, Art. 96 Abs. 2 Satz 4 GG. Der Bundesminister der Finanzen hat gem. Art. 108 Abs. 3 Satz 2 GG Sonderbefugnisse im Rahmen der Finanzverwaltung, gem. Art. 112 Satz 1 GG ein Notbewilligungsrecht für überplanmäßige und außerplanmäßigen Ausgaben des Bundes und gem. Art. 114 Abs. 1 GG die Pflicht zur Rechnungslegung gegenüber Bundestag und Bundesrat.

a) Geschäftsbereich eines Ministers

Um zu erkennen, wie sich der für die Organkompetenz eines Ministers so zentrale Geschäftsbereich gem. Art. 65 Satz 2 GG ergibt, ist auf den systematischen Zusammenhang des Art. 65 Satz 2 GG mit Art. 64 Abs. 1 GG einzugehen. Gem. Art. 65 Satz 2 GG leitet jeder Minister seinen Geschäftsbereich zwar selbstständig, jedoch innerhalb der Richtlinien des Bundeskanzlers. Nur insoweit verwirklicht sich das Ressortprinzip. Demnach wird die Gesamtheit der Regierungsgeschäfte lückenlos zwischen den einzelnen Regierungsmitgliedern verteilt und jedes Einzelmitglied ist allein für das ihm zugewiesene Ressort zuständig.[89] Welcher Minister welches Ressort zugewiesen bekommt, welchen Geschäftsbereich dieser also zu leiten hat, bestimmt der Bundeskanzler weitgehend eigenständig. Es ist Teil der ihm zustehenden Organisationsgewalt, die sich insb. aus Art. 64 Abs. 1 GG ergibt.[90] Der Vorgang hat grundsätzlich im Vorfeld der Regierungsbildung abzulaufen, denn § 2 Abs. 3 BMinG bestimmt, dass die Ernennungsurkunde eines Ministers bereits den ihm übertragenen Geschäftszweig benennen soll.[91] Offen bleibt, wie der Geschäftsbereich en détail bestimmt werden kann, im Einklang mit § 9 GO BReg erfolgt die Festlegung durch den Bundeskanzler in der Staatspraxis nur in den Grundzügen.

---

[87] Vgl. statt aller *Horn*, in: Stern/Sodan/Möstl (Hrsg.), Staatsrecht Bd. II, 2. Aufl. 2022, § 39 Rn. 9.

[88] Von der Kompetenz wurde bislang kein Gebrauch gemacht, *Jachmann-Michel*, in: Dürig/Herzog/Scholz, Grundgesetz, 86. EL. Jan. 2019, Art. 96 Rn. 24; *Kment*, in: Jarass/Pieroth, Grundgesetz, 17. Aufl. 2022, Art. 96 Rn. 3.

[89] *Herzog*, in: Dürig/ders./Scholz, Grundgesetz, 53. EL. Okt. 2008, Art. 62 Rn. 9.

[90] *Herzog*, in: Dürig/ders./Scholz, Grundgesetz, 52. EL. Mai 2008, Art. 64 Rn. 3; *Müller-Franken/Uhle*, in: Schmidt-Bleibtreu, Grundgesetz, 15. Aufl. 2022, Art. 65 Rn. 25, 31. Siehe auch *Harding*, Staatliche Öffentlichkeitsarbeit in sozialen Netzwerken, 2023, S. 111; *Nellesen*, Äußerungsrechte staatlicher Funktionsträger, 2019, S. 186.

[91] Wenngleich es dem Kanzler unbenommen bleibt, die Geschäftsbereiche innerhalb einer Legislaturperiode abzuändern, *Busse*, Bundesministergesetz, 3. Online-Aufl. 2018, § 2 Rn. 5.

aa) Politische Vorwirkung der Festlegungen im Koalitionsvertrag

Die durch den Bundeskanzler vorzunehmende Ressortverteilung ist in hohem Maße politisch geprägt. Die politischen Verhältnisse der Bundesrepublik Deutschland machen regelmäßig Koalitionsregierungen erforderlich. Dann ist die Kanzlermehrheit des Art. 63 Abs. 2 GG nur zu erlangen, wenn sich eine partei- und fraktionsübergreifende Mehrheit findet. Das Grundgesetz setzt eine erfolgreiche und auf Dauer angelegte Mehrheitsfindung bereits vor der ersten Wahlphase voraus. Art. 63 Abs. 1 GG bestimmt nämlich, dass der Bundeskanzler auf Vorschlag des Bundespräsidenten vom Bundestag ohne Aussprache gewählt wird. Der Bundestag darf nicht über den Kandidaten debattieren, das Ergebnis der Willensbildung muss daher bereits feststehen. Somit kann sich der Bundespräsident sicher sein, dass der von ihm vorgeschlagene Kandidat bereits mehrheitsfähig ist. Der Abschluss der vorher stattgefundenen Mehrheitsfindung wird dabei durch einen Koalitionsvertrag der beteiligten Parteien öffentlich bestätigt. Dieser strahlt in der Parteiendemokratie des Grundgesetzes auf die Abgeordneten sowie Regierungsmitglieder aus und bindet diese faktisch-politisch.[92] Die Stimmen der partei- und damit auch fraktionsfremden Abgeordneten „erkauft" sich der Bundeskanzler durch inhaltliche, aber auch organisatorisch-personelle Zugeständnisse an die Koalitionspartner. Letztere manifestieren sich in einer parteibezogenen Ressortverteilung.[93] Im Vertrauen darauf, dass der Bundeskanzler sich im Rahmen der Ministerernennung und in der anschließenden Ressortzuschneidung an die Vorgaben aus dem Koalitionsvertrag hält, wählen diejenigen Abgeordneten, die der die Koalitionsregierung tragenden Parteien angehören, den Bundeskanzler. Insoweit hat der zwischen den die Regierung tragenden Parteien geschlossene, rechtlich unverbindliche Koalitionsvertrag, prädeterminierende Wirkung für die Minister- und Ressortverteilung.[94]

bb) Rechtliche Konstituierung im Wege der Ministerernennung und durch Verkündung des Organisationserlasses

Auch wenn der Geschäftsbereich eines Bundesministers sich aus der Verteilung der Ressorts durch den Koalitionsvertrag ausmachen lässt, verfassungsrechtlicher Verbindlichkeit kann dieser politischen Vereinbarung zwischen Parteien nicht zukommen.[95] Sie kann daher auch keine Relevanz für die Kompetenz der Öffent-

[92] Koalitionsverträge entfalten eine politische Bindungswirkung, denn jeder Vertragsbruch droht den Fortbestand der Koalition zu gefährden, *Epping*, in: ders./Hillgruber (Hrsg.), Grundgesetz, 56. Ed., Art. 63 Rn. 13; *Herzog*, in: Dürig/ders./Scholz, Grundgesetz, 52. EL. Mai 2008, Art. 63 Rn. 13.

[93] Etwa Koalitionsvertrag zwischen SPD, Bündnis 90/Die Grünen und FDP, 2021, S. 176f.

[94] Zum Ganzen siehe auch *Badura*, Staatsrecht, 7. Aufl. 2018, E Rn. 95; *Schenke*, in: JZ 2015, 1009 (1011).

[95] *Badura*, Staatsrecht, 7. Aufl. 2018, E Rn. 95; *Epping*, in: ders./Hillgruber (Hrsg.), Grundgesetz, 56. Ed., Art. 64 Rn. 7.3; *G. v. Schlieffen*, in: Isensee/P. Kirchhof (Hrsg.), Hand-

lichkeitsarbeit entfalten.[96] Verfassungsrechtlich in Erscheinung treten die Bundesminister erst mit dem Ernennungsakt durch den Bundespräsidenten. In diesem Moment übernehmen die Minister die Leitung des ihnen unterstehenden Ministeriums als oberste Bundesbehörde in der Gestaltung der vergangenen Legislaturperiode.[97] Neu zu schaffende oder aufzulösende Ministerien, Änderungen in der Bezeichnung oder in den Aufgaben der Ministerien werden erst durch einen Organisationserlass des Bundeskanzlers rechtlich verbindlich festgelegt, der kurze Zeit nach der Konstituierung der Bundesregierung ergeht. In diesen Erlassen werden einzelne übergeordnete Aufgabenfelder aus den Organisationsplänen einem Ministerium entzogen und einem anderen Ministerium zugewiesen. Die Umsetzung der Änderungen mit allen Einzelheiten obliegt wiederum den jeweiligen Ministern bzw. ihren Ministerien. Aus den Erlassen gehen indes nur Änderungen hervor, stillschweigend werden diejenigen Geschäftsverteilungs- oder Organisationspläne übernommen, die unerwähnt bleiben.[98] Allein aus dem Organisationserlass kann daher der Geschäftsbereich nicht erfasst werden, zusätzlich ist auf den Organisationsplan eines jeden Ministeriums einzugehen.

cc) Zwischenergebnis

Der Geschäftsbereich eines Ministers i. S. d. Art. 65 Satz 2 GG ergibt sich aus dem Geschäftsverteilungs- bzw. Organisationsplan des ihm unterstehenden Ministeriums im Anschluss an seine Ernennung, vorbehaltlich des Organisationserlasses des Bundeskanzlers und der darauf basierenden eventuellen Neufassung ebenjener Geschäftsverteilungs- bzw. Organisationspläne. Die Öffentlichkeitsarbeit eines Bundesministers ist von seiner Organkompetenz gedeckt, wenn sie sie sich inhaltlich auf im Geschäftsverteilungs- bzw. Organisationsplan niedergelegte Aufgaben zurückführen lässt.

b) Geschäftsbereichübergreifende Öffentlichkeitsarbeit

In nur wenigen Fällen wird sich die Öffentlichkeitsarbeit eines Ministers inhaltlich ausschließlich auf seinen Geschäftsbereich beziehen. Gesetzesentwürfe

buch des Staatsrechts Bd. III, 3. Aufl. 2005, § 49 Rn. 21; *Herzog*, in: Dürig/ders./Scholz, Grundgesetz, 52. EL. Mai 2008, Art. 63 Rn. 11 f.

[96] Wie hier *Nellesen*, Äußerungsrechte staatlicher Funktionsträger, 2019, S. 192 f. Irritierend daher *Sondervotum Petermann* ThürVerfGH, Urt. v. 8.6.2016 – VerfGH 25/15, juris Rn. 130 ff.

[97] *Detterbeck*, in: Isensee/P. Kirchhof (Hrsg.), Handbuch des Staatsrechts Bd. III, 3. Aufl. 2005, § 66 Rn. 27; *Herzog*, in: Dürig/ders./Scholz, Grundgesetz, 52. EL. Mai 2008, Art. 65 Rn. 58.

[98] *Busse*, Geschäftsordnung Bundesregierung, 3. Online-Aufl. 2018, § 9 Rn. 2; *Epping*, in: ders./Hillgruber (Hrsg.), Grundgesetz, 56. Ed., Art. 64 Rn. 7 ff. Umfassend *Busse*, in: Der Staat 45 (2006), 245 (248 ff., 251 ff.); *Lehngut/Vogelgesang*, in: AöR 113 (1988), 531 (533 ff.).

etwa können durchaus von mehreren Ministerien erarbeitet werden und wirken sich regelmäßig auf mehrere Geschäftsbereiche aus. Vorhaben zum Umweltschutz werden regelmäßig in einem Zusammenhang mit der Industrie- und Energiepolitik stehen und auch Maßnahmen der Arbeits- und Sozialpolitik haben regelmäßig Überschneidungen mit der Wirtschafts- und Finanzpolitik. Dem Bundesfinanzminister wird gar eine ressortübergreifende Haushaltsverantwortung zugebilligt, die in Art. 112 Satz 1, 114 Abs. 1 GG zum Ausdruck kommt.[99] Zu nennen ist auch die Öffentlichkeitsarbeit des Bundesjustizministeriums zur Verfassungsmäßigkeit eines Gesetzentwurfs oder des Bundesfinanzministeriums zur Finanzierbarkeit eines Vorhabens, die jeweils aus einem anderen Ressort stammen. Von großer praktischer Relevanz ist daher die Frage, wie mit dieser ressort- und damit auch geschäftsbereichübergreifenden Öffentlichkeitsarbeit umzugehen ist. § 25 Abs. 5 GGO, der im Falle der ressortübergreifenden Öffentlichkeitsarbeit eines Ministeriums eine Abstimmung mit dem Bundespresseamt fordert, kann dabei nicht herangezogen werden, um die Zulässigkeit ressortübergreifender Öffentlichkeitsarbeit überhaupt zu begründen. Als Verwaltungsvorschrift ist § 25 Abs. 5 GGO am Grundgesetz zu messen, es kann die höherrangige Verfassung nicht prägen.[100] Sollte eine ressortübergreifende Öffentlichkeitsarbeit unzulässig sein, wäre § 25 Abs. 5 GGO verfassungswidrig. Sollte die ressortübergreifende Öffentlichkeitsarbeit nur eingeschränkt zulässig sein, wäre § 25 Abs. 5 GGO ggf. verfassungskonform auszulegen.

Öffentlichkeitsarbeit, die überhaupt keinen Ressortbezug aufweist ist – vorbehaltlich etwaiger besonderer Kompetenzen, dazu sogleich – mangels Organkompetenz unzulässig. Eine über den eigenen Geschäftsbereich hinausgehende und einen anderen Geschäftsbereich inhaltlich berührende Öffentlichkeitsarbeit bedeutet jedoch nicht, dass diese sich nicht mehr auch auf den eigenen Geschäftsbereich zurückführen lassen kann.[101] Entscheidend für die Eröffnung der Organkompetenz ist vielmehr, dass die Öffentlichkeitsarbeit sich inhaltlich überhaupt auf den eigenen Geschäftsbereich zurückführen lassen kann. Ausreichend muss daher ein inhaltlicher Bezug zum Geschäftsbereich des Ministers sein. Dieser Bezug darf bei einer wer-

---

[99] *Kube*, in: Dürig/Herzog/Scholz, Grundgesetz, 90. EL. Feb. 2020, Art. 112 Rn. 5; *ders.*, in: Dürig/Herzog/Scholz, Grundgesetz, 87. EL. März 2019, Art. 114 Rn. 17; *Schwarz*, in: v. Mangoldt/F. Klein/Starck, Grundgesetz Bd. 3, 7. Aufl. 2018, Art. 114 Rn. 33; *Stern*, Staatsrecht Bd. II, 1980, S. 455 f. So bereits *Fr. Klein*, in: DVBl. 1962, 573 (575 f.).

[100] Vgl. *Epping*, in: ders./Hillgruber (Hrsg.), Grundgesetz, 56. Ed., Art. 65 Rn. 19.3; *Müller-Franken/Uhle*, in: Schmidt-Bleibtreu (Hrsg.), Grundgesetz, 15. Aufl. 2022, Art. 62 Rn. 16. Allgemein zur GGO siehe *Busse*, Geschäftsordnung Bundesregierung, 3. Online-Aufl. 2018, Einl. Rn. 10 ff.

[101] Missverständlich *Harding*, Staatliche Öffentlichkeitsarbeit in sozialen Netzwerken, 2023, S. 112, der auf *Barczak*, in: NVwZ 2015, 1014 (1017), verweist. Der Fundstelle kann dieser Aussagegehalt nicht entnommen werden.

tenden Betrachtung nicht nur unerheblich oder als zum Zwecke der Kompetenzerlangung fingiert anzusehen sein.[102]

2. Besondere Organkompetenzen

Nachfolgend sei auf die vorgetragenen Ansätze zur Begründung einer besonderen Organkompetenz eingegangen. Vorab ist darauf hinzuweisen, dass diejenigen, die eine besondere Organkompetenz als begründet ansehen, vortragen, dass diese nur in Ausnahmefällen wahrgenommen werden könne. Eine Kompetenzbegründung über den Geschäftsbereich und daher über Art. 65 Satz 2 GG hinaus, sei restriktiv zu handhaben, um die grundlegende grundgesetzliche Kompetenzverteilung innerhalb des Kollegialorgans Bundesregierung nicht zu umgehen.[103] Dem ist zuzustimmen. Die ausdrückliche grundgesetzliche Zuständigkeitsverteilung darf durch Praktikabilitätserwägungen und verfassungsimmanenten Wertungen, selbst wenn diese als nachvollziehbar erscheinen, nicht unterlaufen werden. Ausdrückliche Festsetzungen der Verfassung sind zu respektieren.

a) Punktuelle Kompetenzerweiterung im Zusammenhang mit einem Kabinettsbeschluss?

Es ist einem Regierungsmitglied unbenommen einer Kabinettsvorlage nicht zuzustimmen. Im Grundgesetz ist zwar nur allgemein von einer „Entscheidung“ der Bundesregierung die Rede, Art. 65 Satz 3 GG. Bei Entscheidungen der Bundesregierung gilt jedoch das Kabinettsprinzip und dieses setzt alle Regierungsmitglieder als gleichberechtigt voraus.[104] Bereits dies bedingt eine Abstimmung aller Regierungsmitglieder. Die Abstimmung aller Regierungsmitglieder ist dem Kollegialorgan indes nur zurechenbar, wenn an das Abstimmungsverhalten bestimmte Anforderungen geknüpft werden. Zu nennen sind die hinreichende Information der Regierungsmitglieder, ein die Entscheidung eines Kollegialorgans legitimierendes Quorum und schließlich eine die Entscheidung tragende Majorität. Dabei genügt die einfache Mehrheit, der aus dem demokratischen Prinzip des Art. 20 Abs. 1 GG hervorgehender Regelfall.[105] Das Grundgesetz verlangt bei Entscheidungen der

[102] Im Ergebnis wie hier *Harding*, Staatliche Öffentlichkeitsarbeit in sozialen Netzwerken, 2023, S. 112.

[103] *Harding*, in: NVwZ 2021, 147 (148); *ders.*, Staatliche Öffentlichkeitsarbeit in sozialen Netzwerken, 2023, S. 115; *Nellesen*, Äußerungsrechte staatlicher Funktionsträger, 2019, S. 187.

[104] *Epping*, in: ders./Hillgruber (Hrsg.), Grundgesetz, 56. Ed., Art. 62 Rn. 26, 65 Rn. 10. Zum Kabinettsprinzip siehe *Herzog*, in: Dürig/ders./Scholz, Grundgesetz, 52. EL. Mai 2008, Art. 62 Rn. 8.

[105] BVerfGE 91, 148 (166); *Epping*, in: ders./Hillgruber (Hrsg.), Grundgesetz, 56. Ed., Art. 62 Rn. 7; *Müller-Franken/Uhle*, in: Schmidt-Bleibtreu, Grundgesetz, 15. Aufl. 2022, Art. 62 Rn. 18. Zum Grundsatz der einfachen Mehrheit siehe *Grzeszick*, in: Dürig/Herzog/Scholz, Grundgesetz, 97. EL. Jan. 2022, Art. 20 II Rn. 45.

Bundesregierung also keine Einstimmigkeit. Auch in der Geschäftsordnung der Bundesregierung ist „nur" das Mehrheitsprinzip festgelegt, § 24 Abs. 2 GO BReg. Insoweit billigt sowohl das Grundgesetz als auch die Geschäftsordnung eine „Nein"-Stimme durch einen Bundesminister.

Damit ist allerdings noch nicht geklärt, ob der Bundesminister diese Ablehnung auch im Rahmen seiner Öffentlichkeitsarbeit thematisieren darf. Schließlich handelt er im Rahmen der Beschlussfassung als Teil des Kollegialorgans Bundesregierung. Fasst das Kollegium einen Beschluss wirkt dieser zugleich für den Minister. Für eine inhaltlich abweichende Öffentlichkeitsarbeit eines Ministers lässt das Grundgesetz daher keinen Raum. Die Kabinettsdisziplin, verortet im Grundsatz der Organtreue,[106] gebietet eine einstimmige Öffentlichkeitsarbeit im Anschluss an den Kabinettsbeschluss.[107] In der Geschäftsordnung der Bundesregierung verdeutlicht dies § 12 GO BReg in allgemeiner Hinsicht.[108] Im Besonderen normiert § 28 Abs. 2 Satz 1 GO BReg eine Pflicht der Bundesminister, Gesetzesvorlagen der Regierung einheitlich zu vertreten. § 28 Abs. 2 Satz 2 GO BReg untersagt es Bundesministern, sonst gegen die Auffassung der Bundesregierung zu wirken.[109] Auch in der Gemeinsamen Geschäftsordnung der Bundesregierung ist diese Pflicht gem. § 52 Abs. 1 GGO normiert. Aus den von § 26 GO BReg benannten Widerspruchsrechten des Bundesfinanzministers, des Bundesjustizministers sowie des Bundesministers des Innern zu Kabinettsbeschlüssen lässt sich kein „Widerspruchsbegründungsrecht" aller Bundesminister ableiten. Unabhängig von der Frage der verfassungsrechtlichen Zulässigkeit dieser Sonderrechte,[110] wäre dies ein unzulässiger Schritt *a minori ad maius*. Zudem lässt sich dieses Widerspruchsrecht auf den jeweiligen Geschäftsbereich der Minister bzw. ihre besondere Rolle als Inhaber der ressortübergreifenden Haushaltsverantwortung oder sog. Verfassungsminister zurückführen. Dem Widerspruch entsprechende Öffentlichkeitsarbeit wäre daher von der Organkompetenz *qua* Geschäftsbereich gedeckt.[111]

---

[106] Dazu sogleich unten. Siehe zudem die Nachweise in Fn. 116.

[107] Wie hier *Horn*, in: Stern/Sodan/Möstl (Hrsg.), Staatsrecht Bd. II, 2. Aufl. 2022, § 39 Rn. 64; *Schenke*, in: W. Kahl/Waldhoff/Walter (Hrsg.), Grundgesetz, 183. Akt. März 2017, Vorb. Art. 62–69 Rn. 16; *ders.*, Die Verfassungsorgantreue, 1977, S. 22; *Schmidt-Jortzig*, Die Pflicht zur Geschlossenheit der kollegialen Regierung (Regierungszwang), 1973, S. 15, 23, 25 f.

[108] Vgl. *Busse*, Geschäftsordnung Bundesregierung, 3. Online-Aufl. 2018, § 12 Rn. 1.

[109] Vgl. *Busse*, Geschäftsordnung Bundesregierung, 3. Online-Aufl. 2018, § 28 Rn. 3; *Schenke*, in: W. Kahl/Waldhoff/Walter (Hrsg.), Grundgesetz, 183. Akt. März 2017, Vorb. Art. 62–69 Rn. 16; *Schmidt-Jortzig*, Die Pflicht zur Geschlossenheit der kollegialen Regierung (Regierungszwang), 1973, S. 24.

[110] *Hermes*, in: Dreier (Hrsg.), Grundgesetz Bd. II, 3. Aufl. 2015, Art. 65 Rn. 29. Überwiegend wird § 26 GO BReg für verfassungsgemäß erachtet, *Busse*, Geschäftsordnung Bundesregierung, 3. Online-Aufl. 2018, § 26 Rn. 2; *Brinktrine*, in: Sachs (Hrsg.), Grundgesetz, 9. Aufl. 2021, Art. 65 Rn. 40. Eingehend *Oldiges*, Die Bundesregierung als Kollegium, 1983, S. 169 ff.

[111] Vgl. *Epping*, in: ders./Hillgruber (Hrsg.), Grundgesetz, 56. Ed., Art. 62 Rn. 26.1 ff. Zudem oben Kap. 4 B.I.1.b).

b) Vom Geschäftsbereich losgelöste Verteidigungskompetenz?

Eine vom Geschäftsbereich losgelöste Verteidigungskompetenz entweder bezogen auf die Regierungspolitik, andere Regierungsmitglieder oder sonstige Staatsorgane wie etwa den Bundespräsidenten, kann nicht mit „dem Amt" oder gar dem Amtseid des Art. 56 GG begründet werden. „Das Amt" begründet lediglich eine Bindung an die Grundrechte gem. Art. 1 Abs. 3 GG sowie an Recht und Gesetz gem. Art. 20 Abs. 3 GG. Diese verfassungsrechtliche Evidenz hilft nicht weiter. Der Amtseid kann ebenso wenig herangezogen werden. Zum einen ist er rein promissorisch und begründet allein eine ethische Selbstbindung.[112] Zum anderen aber endet jeder Versuch, aus ihm eine rechtliche Bindung zu begründen, in einem argumentativen Zirkelschluss.[113] Im Amtseid schwört der Bundespräsident, respektive i. V. m. Art. 64 Abs. 2 GG jedes Regierungsmitglied, u. a., das Grundgesetz zu wahren und zu verteidigen. Bisweilen wird aus diesem Bestandteil ein aktives Eintreten gegen verfassungsfeindliche Bestrebungen im weitesten Sinne oder für die freiheitlich-demokratische Grundordnung abgeleitet.[114] Dabei wird allerdings verkannt, dass das Vorhaben, das Grundgesetz zu wahren und zu verteidigen, *ad absurdum* geführt wird, wenn zu diesem Zweck gegen andere Vorschriften des Grundgesetzes verstoßen wird. Mit anderen Worten: Der Amtseid setzt eine bestehende verfassungsrechtliche Ordnung voraus und konstituiert diese nicht.[115]

Als Teil des Kollegialorgans Bundesregierung treffen einen jeden Bundesminister intraorganschaftliche Rücksichtnahmepflichten. Zu nennen ist insb. der bereits angesprochene Grundsatz der Organtreue, der aufgrund der Nähe zu den anderen Regierungsmitgliedern und zum Kollegialorgan in gesteigerter Intensität Anwendung findet. Demnach haben Staatsorgane bei der Ausübung ihrer Kompetenzen aufeinander Rücksicht zu nehmen und die Rechtspositionen anderer Organe zu achten.[116] Womöglich lässt sich damit die Kompetenz eines Bundesministers be-

---

[112] *Herzog*, in: Dürig/ders./Scholz, Grundgesetz, 54. EL. Jan. 2009, Art. 56 Rn. 10; *Pieper*, in: Epping/Hillgruber (Hrsg.), Grundgesetz, 56. Ed., Art. 56 Rn. 1; *Stern*, Staatsrecht Bd. II, 1980, S. 207.

[113] *Fink*, in: v. Mangoldt/F. Klein/Starck, Grundgesetz Bd. 2, 7. Aufl. 2018, Art. 56 Rn. 5; *Nellesen*, Äußerungsrechte staatlicher Funktionsträger, 2019, S. 136 f.; *Nierhaus/Brinktrine*, in: Sachs (Hrsg.), Grundgesetz, 9. Aufl. 2021, Art. 56 Rn. 3.

[114] So im Ergebnis *Harding*, Staatliche Öffentlichkeitsarbeit in sozialen Netzwerken, 2023, S. 114. Siehe auch NdsStGH NordÖR 2021, 721 (725).

[115] Der Amtseid hat auch für die Amtsstellung keine konstitutive Wirkung, *Herzog*, in: Dürig/ders./Scholz, Grundgesetz, 54. EL. Jan. 2009, Art. 56 Rn. 4. Ebd. Rn. 20: „Demgegenüber ist mit allem Nachdruck zu betonen, dass der Bundespräsident aus der Eidesformel in der Tat keine Rechte herleiten kann, die ihm das GG nicht schon an anderer Stelle zugestanden hat." Siehe auch *Stern*, Staatsrecht Bd. II, 1980, S. 208.

[116] BVerfGE 90, 286 (337); *Brünger/Sauer*, in: JZ 2022, 952 (955); *Detterbeck*, in: Sachs (Hrsg.), Grundgesetz, 9. Aufl. 2021, Art. 93 Rn. 13; *E. Klein*, in: Isensee/P. Kirchhof (Hrsg.), Handbuch des Staatsrechts Bd. XII, 3. Aufl. 2014, § 279 Rn. 18 ff.; *Stern*, Staatsrecht Bd. I, 2. Aufl. 1984, S. 134 f. Eingehend *Schenke*, Die Verfassungsorgantreue, 1977, der den Grundsatz der Organtreue im hier verwendeten Sinne allerdings als Grundsatz der Solidarität

gründen, Vorwürfe gegen geschäftsbereichsfremde Regierungspolitik, andere Regierungsmitglieder oder sonstige Staatsorgane aufzugreifen sowie diese gegen die Vorwürfe zu verteidigen.

Aufgrund des Grundsatzes der Organtreue ist ein Regierungsmitglied fraglos im Rahmen seiner Öffentlichkeitsarbeit zur besonderen Rücksicht gegenüber der Regierung, anderen Regierungsmitgliedern aber auch sonstigen Staatsorganen verpflichtet. Der Grundsatz der Kabinettssolidarität ist ein Unterfall der Verfassungsorgantreue.[117] Diese Rücksichtnahmepflicht begrenzt allerdings die Kompetenzausübung des verpflichteten Staatsorgans. Es handelt sich im weitesten Sinne um eine „Negativkompetenz". Sie kann nicht dergestalt umgedeutet werden, dass aus ihr eine über den konkreten Geschäftsbereich hinausreichende „Positivkompetenz" erwächst. Angriffe auf die Regierungspolitik ohne Bezug auf den eigenen Geschäftsbereich oder andere Staatsorgane zurückzuweisen, kann somit nicht begründet werden.[118] Die Anwendung des Grundsatzes der Organtreue setzt also eine kompetenzgemäße Öffentlichkeitsarbeit voraus. Er begrenzt kompetenzgemäße Öffentlichkeitsarbeit inhaltlich, er kann den Umfang ihrer zulässigen Inhalte nicht erweitern.

c) Kompetenz für allgemeine Verfassungswerte einzutreten?

Einer besonderen Kompetenz für allgemeine Verfassungswerte einzutreten, etwa die Beachtung der demokratischen Grundregeln einzufordern, muss bereits der berechtigte Vorwurf der Unbestimmtheit gemacht werden. Selbstverständlich hat ein Bundesminister für allgemeine Verfassungswerte einzutreten, diese Aufgabe hat jeder Inhaber eines öffentlichen Amtes. Versteht man die Kompetenz hingegen eng, droht sie sich mit der Aufgabe des Schutzes der freiheitlich-demokratischen Grundordnung zu überlappen, die ihrerseits zuvorderst vom Bundesminister des Innern wahrzunehmen ist.[119] Ist eine bestimmte Aufgabe bereits ausdrücklich einem bestimmten Minister und dessen Geschäftsbereich zugewiesen, spricht dies gegen eine Aufgabenwahrnehmung durch alle anderen Minister „nebenbei". Insoweit droht die ausdrückliche Aufgabenzuteilung durch eine ungeschriebene Kompetenz umgangen zu werden. Ist die Kompetenz also weit zu verstehen, stellt sich die Frage, ob eine derartige Kompetenz überhaupt einen eigenständigen Anwendungsbereich hat.

---

bezeichnet, ebd. S. 22. Siehe auch *Kröger*, Die Ministerverantwortlichkeit in der Verfassungsordnung der Bundesrepublik Deutschland, 1972, S. 7 f., 55; *Schmidt-Jortzig*, Die Pflicht zur Geschlossenheit der Regierung (Regierungszwang), 1973, S. 10 ff.

[117] *Schenke*, in: W. Kahl/Waldhoff/Walter (Hrsg.), Grundgesetz, 183. Akt. März 2017, Vorb. Art. 62–69 Rn. 16.

[118] Siehe aber *Kröger*, Die Ministerverantwortlichkeit in der Verfassungsordnung der Bundesrepublik, 1972, S. 8.

[119] *Gröpl/Zembruski*, in: JURA 2016, 268 (278); *Harding*, Staatliche Öffentlichkeitsarbeit in sozialen Netzwerken, 2023, S. 114; *Nellesen*, Äußerungsrechte staatlicher Funktionsträger, 2019, S. 187.

Dass ein Bundesminister für die Werte des Grundgesetzes einzustehen hat, erfordert bereits die Grundrechtsbindung gem. Art. 1 Abs. 3 GG und die Bindung an Recht und Gesetz, Art. 20 Abs. 3 GG. Das Einstehen für die Bundesrepublik Deutschland als demokratischer und sozialer Bundesstaat, Art. 20 Abs. 1 GG, sowie für die Grundrechte der Art. 1–19 GG geht nach hier vertretener Ansicht schlichtweg in der Amtsstellung und der daraus resultierenden Grundrechts- und Gesetzesbindung auf.

3. Fazit

Die Organkompetenz eines Ministers erstreckt sich inhaltlich auf seinen Geschäftsbereich. Davon ist auch die ihrem Inhalt nach geschäftsbereichübergreifende Öffentlichkeitsarbeit erfasst, sofern ein hinreichender Bezug zum eigenen Geschäftsbereich zu erkennen ist. Darüber hinaus bestehen keine besonderen Organkompetenzen der Bundesminister. Eine alle Minister betreffende, punktuelle Kompetenzerweiterung im Zusammenhang mit einem Kabinettsbeschluss ist ebenso abzulehnen, wie eine vom Geschäftsbereich losgelöste Kompetenz, die Regierungspolitik, die Bundesregierung, andere Regierungsmitglieder oder sonstige Staatsorgane zu verteidigen.

II. Organkompetenz des Bundeskanzlers

Um die Organkompetenz des Bundeskanzlers zu bestimmen, kann mangels aus dem Grundgesetz ersichtlicher Aufgaben- oder Zuständigkeitsbegrenzung nur auf seine Rolle und Stellung innerhalb der Bundesregierung rekurriert werden. Neben den Bundesministern ist der Bundeskanzler gem. Art. 62 GG weiterer konstituierender Teil der Bundesregierung. In der Kanzlerdemokratie des Grundgesetzes[120] hat der Bundeskanzler freilich eine hervorgehobene Position inne.[121] Diese offenbart sich im VI. Abschnitt des Grundgesetzes, aber auch in der Geschäftsordnung der Bundesregierung an einer Vielzahl von Stellen, die nachfolgend nur im Überblick dargestellt werden können.[122] Der Bundeskanzler ist im Verhältnis zu den Ministern

[120] *Brinktrine*, in: Sachs (Hrsg.), Grundgesetz, 9. Aufl. 2021, Art. 64 Rn. 8; *Doering-Manteuffel*, in: Der Staat 30 (1991), 1 ff.; *Hermes*, in: Dreier (Hrsg.), Grundgesetz Bd. II, 3. Aufl. 2015, Art. 64 Rn. 5; *Hesse*, Grundzüge des Verfassungsrechts der Bundesrepublik Deutschland, Neudr. d. 20. Aufl. 1999, Rn. 640; *Horn*, in: Stern/Sodan/Möstl (Hrsg.), Staatsrecht Bd. II, 2. Aufl. 2022, § 39 Rn. 29; *Mager/Holzner*, in: I. v. Münch/Kunig, Grundgesetz Bd. 1, 7. Aufl. 2021, Art. 63 Rn. 8; *Oldiges*, Die Bundesregierung als Kollegialorgan, 1983, S. 133 f.; *Schenke*, in: W. Kahl/Waldhoff/Walter (Hrsg.), Grundgesetz, 170. Akt. Dez. 2014, Art. 64 Rn. 62. Aus der Politikwissenschaft: *Murswieck*, in: Jann/König (Hrsg.), Regieren zu Beginn des 21. Jahrhunderts, 2008, 175 ff.; *Niclauß*, Kanzlerdemokratie, 3. Aufl. 2015.

[121] *Schenke*, in: JZ 2015, 1009 (1009).

[122] Die vom Grundgesetz verfasste Kanzlerdemokratie besteht als Gegenentwurf zur dualistischen Regierungsstruktur in der Weimarer Reichsverfassung. Danach sollte die Staats-

sowie der Bundesregierung als Kollegialorgan in besonderem Maße demokratisch legitimiert. Er verfügt über erhebliche Befugnisse im Rahmen der Organisation der Bundesregierung, aber auch bezüglich der konkreten Aufgabenwahrnehmung durch die einzelnen Bundesminister. Zudem ist der Bundeskanzler das Leitungs- und Vollzugsorgan der Bundesregierung. Aus seiner hervorgehobenen Position lässt sich schließlich ein Rückschluss auf seine Organkompetenz im Rahmen der Öffentlichkeitsarbeit ziehen.

1. Besondere demokratische Legitimation des Bundeskanzlers

Zunächst weist der Bundeskanzler im Verhältnis zu den Bundesministern und der Bundesregierung als solches ein besonderes Maß an demokratischer Legitimation auf. Der Bundeskanzler wird zwar nicht unmittelbar durch das deutsche Volk, aber unmittelbar durch den Deutschen Bundestag, seinerseits das einzige unmittelbar durch das Volk legitimierte Staatsorgan, gewählt, vgl. Art. 63, 67, 68 GG.[123] Die Wahl des Bundeskanzlers ist zudem das verfassungsrechtlich und politisch wichtigste Stadium der Regierungsbildung.[124] Für die Kanzlerwahl verlangt Art. 63 GG grundsätzlich die sog. Kanzlermehrheit,[125] die Mehrheit der Mitglieder des Bundestages, Art. 121 GG. In der dritten Wahlphase muss der Gewählte diese Mehrheit zwar nicht erlangen, um ernannt zu werden, Art. 63 Abs. 3 Satz 1, Satz 3 GG, der Bundespräsident ist gem. Art. 63 Abs. 3 Satz 2 GG jedoch nur dazu verpflichtet, wenn dieser die Kanzlermehrheit erlangt hat. Die von der üblicherweise ausreichenden Mehrheit der abgegebenen Stimmen[126] abweichende Kanzlermehrheit soll den Bundeskanzler ersichtlich durch den Bundestag in seiner Gesamtheit legitimieren und das in ihn gesetzte Vertrauen der Volksvertretung in besonderem Maße

führung beim Reichspräsidenten und -kanzler liegen, die Weimarer Republik entwickelte sich aber mehr und mehr zur Präsidialdemokratie, *Schenke*, in: JZ 2015, 1009 (1009 f.). Siehe auch *Voßkuhle/Schemmel*, in: JuS 2020, 736 (736 f.).

[123] In der Weimarer Republik wurde der Reichspräsident direkt vom Volk gewählt, Art. 41 WRV, dieser ernannte sodann den Reichskanzler, Art. 53 WRV, ohne ein vorheriges Votum des Reichstages. Siehe auch *Schenke*, in: JZ 2015, 1009 (1010); *Voßkuhle/Schemmel*, in: JuS 2020, 736 (737).

[124] *Badura*, Staatsrecht, 7. Aufl. 2018, E Rn. 93; *Mager/Holzner*, in: I. v. Münch/Kunig, Grundgesetz Bd. 1, 7. Aufl. 2021, Art. 63 Rn. 7 f.; *Müller-Franken/Uhle*, in: Schmidt-Bleibtreu, Grundgesetz, 15. Aufl. 2022, Art. 63 Rn. 2; *Voßkuhle/Schemmel*, in: JuS 2020, 736 (737).

[125] BVerfGE 112, 118 (145); *Brocker*, in: Epping/Hillgruber (Hrsg.), Grundgesetz, 56. Ed., Art. 121 vor Rn. 1; *Epping*, in: ders./Hillgruber (Hrsg.), Grundgesetz, 56. Ed., Art. 63 Rn. 15; *Herzog*, in: Dürig/ders./Scholz, Grundgesetz, 52. EL. Mai 2008, Art. 63 Rn. 3; *Müller-Franken/Uhle*, in: Schmidt-Bleibtreu, Grundgesetz, 15. Aufl. 2022, Art. 63 Rn. 17.

[126] Vgl. BVerfGE 105, 197 (222 f.); *Brocker*, in: Epping/Hillgruber (Hrsg.), Grundgesetz, 56. Ed., Art. 42 Rn. 18; *Kaiser*, in: JuS 2017, 221 (222).

verdeutlichen.[127] Es ist daher nur konsequent, wenn das Grundgesetz auch den Entzug des Vertrauens wiederum dem Bundestag zuordnet, wenn auch unter erhöhten Anforderungen.[128] Gem. Art. 67 Abs. 1 Satz 1 GG ist ein konstruktives Misstrauensvotums erforderlich. Demnach reicht es gerade nicht aus, den Bundeskanzler schlichtweg „abzuwählen". Eine Abwahl ist dem Bundestag nur möglich, wenn er fähig ist, auch einen Nachfolger zu wählen. Ein Misstrauensvotum gegenüber einzelnen Ministern ist anders als noch in Art. 54 WRV angesichts des eindeutigen Wortlauts des Art. 67 GG ausgeschlossen. Damit sollte insb. die politische Aufwertung einzelner Minister verhindert sowie die Verantwortlichkeit des Kanzlers gegenüber dem Parlament und damit dem Volk gestärkt werden.[129] Die einzelnen Bundesminister sind auf Vorschlag des Bundeskanzlers gem. Art. 64 Abs. 1 GG vom Bundespräsidenten zu ernennen und zu entlassen, eines bestätigenden Votums des Parlaments bedürfen die Minister weder im Einzelnen noch in ihrer Gesamtheit.[130] Ihre demokratische Legitimation erlangen sie daher wesentlich über den Vorschlag des Bundeskanzlers.[131]

Die Amtszeit der Bundesminister endet im Regelfall mit dem Ende der Amtszeit des Bundeskanzlers, Art. 69 Abs. 2 Halbsatz 2 GG, sonst durch Entlassung durch den Bundespräsidenten auf Vorschlag des Kanzlers, Art. 64 Abs. 1 GG. Während dem Bundeskanzler also nur vom Bundestag – unter erhöhten Anforderungen – die Legitimation entzogen werden kann, sind die Bundesminister in ihrer rechtlichen Existenz vom Bundeskanzler abhängig. Dies zeigt sich nicht zuletzt in der Verpflichtung des Bundespräsidenten, die Minister auf Vorschlag des Kanzlers zu ernennen und zu erlassen.[132] Nichts anderes gilt für die Bundesregierung als Kollegialorgan. Auch sie bedarf zu ihrer Konstituierung keines kreierenden oder bestätigenden Legitimationsaktes durch den Deutschen Bundestag. Als aus Kanzler und Ministern bestehendes Organ erlangt sie ihre rechtliche Existenz mit Ernennung der Minister.[133]

---

[127] Vgl. *Herzog*, in: Dürig/ders./Scholz, Grundgesetz, 52. EL. Mai 2008, Art. 63 Rn. 3; *Müller-Franken/Uhle*, in: Schmidt-Bleibtreu, Grundgesetz, 15. Aufl. 2022, Art. 63 Rn. 1; *Voßkuhle/Schemmel*, in: JuS 2020, 736 (737).

[128] *Herzog*, in: Dürig/ders./Scholz, Grundgesetz, 53. EL. Okt. 2008, Art. 67 Rn. 1. Zurückhaltend *Schenke*, in: JZ 2015, 1009 (1015).

[129] *Herzog*, in: Dürig/ders./Scholz, Grundgesetz, 53. EL. Okt. 2008, Art. 67 Rn. 10; *Schenke*, in: JZ 2015, 1009 (1015); *Pieper*, in: Epping/Hillgruber (Hrsg.), Grundgesetz, 56. Ed., Art. 67 Rn. 1 ff.

[130] *Horn*, in: Stern/Sodan/Möstl (Hrsg.), Staatsrecht Bd. II, 2. Aufl. 2022, § 39 Rn. 20.

[131] *Voßkuhle/Schemmel*, in: JuS 2020, 736 (737).

[132] Näheres zu dieser Organisationsgewalt des Bundeskanzlers sogleich unten Kap. 3 B.II.2.a).

[133] *Herzog*, in: Dürig/ders./Scholz, Grundgesetz, 52. EL. Mai 2008, Art. 64 Rn. 16. Siehe auch *Epping*, in: ders./Hillgruber (Hrsg.), Grundgesetz, 56. Ed., Art. 64 Rn. 4.

2. Besonderen Befugnisse des Bundeskanzlers bezüglich Organisation und Aufgabenwahrnehmung

Die besonderen Befugnisse des Bundeskanzlers innerhalb der Bundesregierung lassen sich am besten mit den bekannten Begriffen Organisationsgewalt und Richtlinienkompetenz kennzeichnen. Diese ermöglichen es dem Bundeskanzler, weitgehend frei über die Organisation der Regierung in sachlicher sowie personeller Hinsicht und über die Art und Weise der Aufgabenwahrnehmung durch die einzelnen Bundesminister zu entscheiden. Mit anderen Worten: Der Bundeskanzler entscheidet – in rechtlicher Hinsicht – im Wesentlichen frei darüber, was von wem in welcher Art und Weise bearbeitet wird.[134]

a) Organisationsgewalt

Die bereits an anderen Stellen angesprochene Organisationsgewalt des Bundeskanzlers befugt diesen, grundsätzlich frei über die Binnenorganisation der Bundesregierung zu entscheiden.[135] Nach seinem Ermessen kann der Bundeskanzler über die Anzahl der Bundesminister und Ministerien entscheiden, deren Zuschneidung ändern, einzelne Sachbereiche aus dem bisherigen Geschäftsbereich eines Ministeriums herausnehmen und einem anderen Ministerium zuweisen etc.[136] Das Ermessen ist in der Staatspraxis nur durch die im Grundgesetz ausdrücklich benannten Minister und die ihnen ebenso ausdrücklich zugeordneten Geschäftsbereiche oder Aufgaben begrenzt.[137] Allgemeine Prinzipien wie etwa die Gewaltenteilung und das Gebot einer funktionsfähigen Regierung dürften das Ermessen ebenfalls rechtlich begrenzen, sind angesichts der ständigen Staatspraxis allerdings zu vernachlässigen.[138] Eine umfassende Organisationsgewalt steht dem Bundeskanzler auch in personeller Hinsicht zu. Die vom Kanzler zur Ministerernennung Vorgeschlagenen hat der Bundespräsident grundsätzlich zu benennen. Ein Weigerungsrecht steht ihm bereits ausweislich des Wortlauts von Art. 64 Abs. 1 GG nur in rudimentärem Ausmaße zu. Er ist dabei allein auf Rechtsgründe beschränkt, die in der Staatspraxis

[134] Freilich unterliegt der Bundeskanzler zahlreichen politischen Bindungen, zu nennen sind insb. der Koalitionsvertrag, die Öffentliche Meinung und Interessen seiner Partei bzw. der Bundestagsfraktion.

[135] Siehe oben Kap. 4 B.I.1.a).

[136] *Schenke*, in: JZ 2015, 1009 (1011); *ders.*, in: W. Kahl/Waldhoff/Walter (Hrsg.), Grundgesetz, 170. Akt. Dez. 2014, Art. 64 Rn. 77; *Voßkuhle/Schemmel*, in: JuS 2020, 736 (737).

[137] *Badura*, Staatsrecht, 7. Aufl. 2018, E Rn. 97; *Epping*, in: ders./Hillgruber (Hrsg.), Grundgesetz, 56. Ed., Art. 64 Rn. 6; *Herzog*, in: Dürig/ders./Scholz, Grundgesetz, 52. EL. Mai 2008, Art. 64 Rn. 4f.

[138] Zu diesen Ermessensgrenzen siehe etwa *Brinktrine*, in: Sachs (Hrsg.), Grundgesetz, 9. Aufl. 2021, Art. 65 Rn. 26; *Detterbeck*, in: Isensee/P. Kirchhof (Hrsg.), Handbuch des Staatsrechts Bd. III, 3. Aufl. 2005, § 66 Rn. 14; *Stern*, Staatsrecht Bd. II, 1980, S. 284.

regelmäßig kaum eine Rolle spielen dürften.[139] Ebenso frei ist der Bundeskanzler in der Entscheidung über die Entlassung der Minister gem. Art. 64 Abs. 1 GG. Sie kann aus politischen oder persönlichen Gründen erfolgen und ist grundsätzlich an keine rechtlichen Anforderungen gebunden. Der Bundespräsident hat dabei dem Entlassungsgesuch des Kanzlers grundsätzlich Folge zu leisten. Auf ein Neues in Betracht kommende Weigerungsgründe des Bundespräsidenten sind in der Staatspraxis noch weniger vorstellbar als die Weigerungsgründe, einen Minister überhaupt zu ernennen.[140] Auch die bereits erwähnte Ausgestaltung des Grundgesetzes, die kein Misstrauensvotum gegenüber einem einzelnen Minister vorsieht, stärkt die Organisationsgewalt des Bundeskanzlers.[141]

In der Geschäftsordnung der Bundesregierung verdeutlicht § 9 Satz 1 GO BReg die Organisationsbefugnisse des Bundeskanzlers und konkretisiert insoweit dessen sachliche Organisationsgewalt: „Der Geschäftsbereich der einzelnen Bundesminister wird in den Grundzügen durch den Bundeskanzler festgelegt.“[142] Die Formulierung „in den Grundzügen“ soll dabei den Bundeskanzler nicht in seiner Organisationsgewalt beschränken, sondern lediglich von der Pflicht entlasten, alle Details der Geschäftsbereiche bestimmen zu müssen. Dies jedoch zu tun, bleibt ihm unbenommen.[143]

b) Richtlinienkompetenz

Die Richtlinienkompetenz des Bundeskanzlers schließt sich an seine Organisationsgewalt an und komplettiert die Befugnisse in inhaltlicher Hinsicht. Sie ist ein wesentliches Instrument zur Ausfüllung und Erfüllung der dem Kanzler zugewiesenen politischen Führungsfunktion.[144] Ihre Verankerung hat sie ersichtlich in Art. 65 Satz 1 GG, demnach der Bundeskanzler die Richtlinien der Politik bestimmt. Ferner wird auf sie in Art. 65 Satz 2 GG Bezug genommen, demnach die Bundesminister

---

[139] *Badura*, Staatsrecht, 7. Aufl. 2018, E Rn. 98; *Herzog*, in: Dürig/ders./Scholz, Grundgesetz, 52. EL. Mai 2008, Art. 64 Rn. 12 ff.; *Mager/Holzner*, in: I. v. Münch/Kunig, Grundgesetz Bd. 1, Art. 64 Rn. 20; *Stern*, Staatsrecht Bd. II, 1980, S. 247 f. Anders noch in der Weimarer Republik, dort stand dem Reichspräsidenten ein Verweigerungsrecht aus politischen Gründen zu, *Schenke*, in: JZ 2015, 1009 (1010 f.); *ders.*, in: W. Kahl/Waldhoff/Walter (Hrsg.), Grundgesetz, 170. Akt. Dez. 2014, Art. 64 Rn. 60.

[140] Siehe hierzu *Herzog*, in: Dürig/ders./Scholz, Grundgesetz, 53. EL. Okt. 2008, Art. 64 Rn. 54.

[141] *Schenke*, in: JZ 2015, 1009 (1015).

[142] *Busse*, Geschäftsordnung Bundesregierung, 3. Aufl. 2018, § 9 Rn. 1.

[143] *Busse*, Geschäftsordnung Bundesregierung, 3. Aufl. 2018, § 9 Rn. 4.

[144] *Badura*, Staatsrecht, 7. Aufl. 2018, E Rn. 96; *Brinktrine*, in: Sachs (Hrsg.), Grundgesetz, 9. Aufl. 2021, Art. 65 Rn. 14; *Müller-Franken/Uhle*, in: Schmidt-Bleibtreu, Grundgesetz, 15. Aufl. 2022, Art. 65 Rn. 11. Vgl. *Hermes*, in: Dreier (Hrsg.), Grundgesetz Bd. II, 3. Aufl. 2015, Art. 65 Rn. 17 ff.; *Herzog*, in: Dürig/ders./Scholz, Grundgesetz, 52. EL. Mai 2008, Art. 65 Rn. 3; *Schenke*, in: JZ 2015, 1009 (1011); *Voßkuhle/Schemmel*, in: JuS 2020, 736 (737).

ihre Geschäftsbereiche nur innerhalb dieser Richtlinien selbstständig leiten. Aus dem Zusammenspiel von Art. 65 Satz 1 GG mit Art. 65 Satz 2 GG lässt sich bereits erkennen, dass die Ressortkompetenz der Minister nur soweit reicht, wie es die Richtlinien des Kanzlers und der Umfang seiner Richtlinienkompetenz zulassen.

Unter dem insoweit unbestimmten Begriff „Richtlinie" sind allgemeine politische Grundsatzentscheidungen des Bundeskanzlers zu verstehen. Diese fungieren ihrerseits als grobe politische Richtschnur für den einzelnen Bundesminister und überlassen ihm daher ein bestimmtes Maß an Eigenständigkeit. Bereits das allgemeine Sprachverständnis impliziert dieses Auslegungsergebnis. Eine Richtlinie gibt die Richtung vor, wie genau das Ziel erreicht wird, bleibt hingegen offen. Unter Berücksichtigung der politischen Führungsfunktion des Bundeskanzlers hat sich die Richtlinienkompetenz allerdings nicht nur auf allgemeine politische Grundsatzentscheidungen zu beschränken. Vielmehr kann auch eine konkrete Einzelfallentscheidung als eine Richtlinie i. S. d. Art. 65 Satz 1 GG anzusehen sein, sofern diese für die politische Führung des Bundeskanzlers als bedeutsam anzusehen ist.[145] Die Richtlinienkompetenz des Bundeskanzlers umfasst daher diejenigen Entscheidungsbefugnisse, die der Bundeskanzler seiner Einschätzung nach bedarf,[146] um seiner politischen Führungsfunktion und seiner Verantwortung für die Regierungspolitik nachzukommen.[147] Art. 65 Satz 1 GG befugt den Bundeskanzler dort zu intervenieren, wo sich das politische Geschehen in eine von ihm ungewollte Richtung entwickelt.[148] Die Ressortkompetenz der Minister ist daher in dem Maße eingeschränkt, wie der Kanzler von seiner Richtlinienkompetenz Gebrauch macht.[149] Um im Sprachbild zu bleiben: Der Kanzler entscheidet nach eigenem Ermessen, welche Breite die von ihm vorgegebene „Richtungs-Linie" hat.

§ 1 Abs. 1 Satz 1 GO BReg stellt bereits eingangs klar, dass die Richtlinien sich auf die innere und äußere Politik beziehen. Die Bedeutung der Richtlinien wird innerhalb der Geschäftsordnung immer wieder hervorgehoben. Gem. § 1 Abs. 2

---

145 Zurückhaltend *Voßkuhle/Schemmel*, in: JuS 2020, 736 (737).

146 Ob eine Entscheidung grundlegende Bedeutung hat, ist dem Ermessen des Kanzlers überlassen, *Badura*, Staatsrecht, 7. Aufl. 2018, E Rn. 96; *Jarass*, in: ders./Pieroth, Grundgesetz, 17. Aufl. 2022, Art. 65 Rn. 3; *Schenke*, in: JZ 2015, 1009 (1011); *ders.*, in: W. Kahl/Waldhoff/Walter (Hrsg.), Grundgesetz, 195. Akt. Dez. 2018, Art. 65 Rn. 83.

147 Zum Ganzen *Brinktrine*, in: Sachs (Hrsg.), Grundgesetz, 9. Aufl. 2021, Art. 65 Rn. 14; *Busse*, in: Höfling/Augsberg/Rixen (Hrsg.), Grundgesetz, 3. EL. 2019, Art. 65 Rn. 4 ff.; *Detterbeck*, in: Isensee/P. Kirchhof (Hrsg.), Handbuch des Staatsrechts Bd. III, 3. Aufl. 2005, § 66 Rn. 15; *Epping*, in: ders./Hillgruber (Hrsg.), Grundgesetz, 56. Ed., Art. 65 Rn. 3; *Horn*, in: Stern/Sodan/Möstl (Hrsg.), Staatsrecht Bd. II, 2. Aufl. 2022, § 39 Rn. 57; *Müller-Franken/Uhle*, in: Schmidt-Bleibtreu, Grundgesetz, 15. Aufl. 2022, Art. 65 Rn. 12; *Stern*, Staatsrecht Bd. II, 1980, S. 292 f., 301 ff.

148 Treffend *Schenke*, in: JZ 2015, 1009 (1012).

149 *Busse*, in: Höfling/Augsberg/Rixen (Hrsg.), Grundgesetz, 3. EL. 2019, Art. 65 Rn. 9; *Schenke*, in: JZ 2015, 1009 (1011 f.); *ders.*, in: W. Kahl/Waldhoff/Walter (Hrsg.), Grundgesetz, 195. Akt. Dez. 2018, Art. 65 Rn. 87 ff. Vgl. auch *Jarass*, in: ders./Pieroth, Grundgesetz, 17. Aufl. 2022, Art. 65 Rn. 3.

GO BReg wird der Bundeskanzler etwa dazu verpflichtet, auf die Durchführung der Richtlinien zu achten. Damit wird verdeutlicht, dass das Grundgesetz eine handlungsfähige Regierung voraussetzt und der Bundeskanzler darauf hinwirken soll sowie dafür die Verantwortung trägt.[150] § 3 GO BReg statuiert eine Pflicht aller Minister, den Bundeskanzler bezogen auf Maßnahmen und Vorhaben, die für die Bestimmung der Richtlinien der Politik von Bedeutung sind, zu informieren. Insoweit werden intraorganschaftliche Rücksichtnahme- bzw. Kooperationspflichten konkretisiert.[151] Die einzelnen Bundesminister sind lediglich im Rahmen des § 4 GO BReg dazu berechtigt, an dem Inhalt der Richtlinien mitzuwirken. Demnach hat ein Minister seine Meinung, eine Erweiterung oder Änderung einer Richtlinie sei erforderlich, dem Bundeskanzler begründet mitzuteilen und zugleich eine Entscheidung zu erbitten. § 4 GO BReg spezifiziert insoweit § 3 GO BReg.[152]

3. Bundeskanzler als Leitungs- und Vollzugsorgan

Als ein aus einzelnen staatlichen Funktionsträgern bestehendes Kollegialorgan bedarf die Bundesregierung eines Teilorgans, das den Vorsitz führt, den Vorgang der intraorganschaftlichen Willensbildung koordiniert sowie leitet und schließlich das Ergebnis des Willensbildungsvorgangs mit Außenwirkung in Vollzug setzt. Wie sich ausdrücklich aus Art. 65 Satz 4 GG, aber auch aus einer Gesamtschau der Verfasstheit des Bundeskanzlers ergibt, ist ihm diese Aufgabe zugewiesen. Er leitet die Geschäfte der Bundesregierung nach der Geschäftsordnung der Bundesregierung, Art. 65 Satz 4 GG. Diese Geschäftsleitungsbefugnis verfasst ihn als Leitungs- und Vollzugsorgan der Bundesregierung.[153] Damit wird die hervorgehobene Stellung des Bundeskanzlers, die sich zudem aus der bereits beschriebenen besonderen demokratischen Legitimation und seinen besonderen Befugnissen ergibt, innerhalb der Bundesregierung ein weiteres Mal unterstrichen.[154] Der in Art. 65 Satz 4 GG enthaltene ausdrückliche Verweis auf die Geschäftsordnung der Bundesregierung deutet bereits darauf hin, dass sich die Einzelheiten der Geschäftsleitungsbefugnis des

[150] Vgl. *Busse*, Geschäftsordnung Bundesregierung, 3. Online-Aufl. 2018, § 1 Rn. 15.

[151] Vgl. *Busse*, Geschäftsordnung Bundesregierung, 3. Online-Aufl. 2018, § 3 Rn. 1.

[152] *Busse*, Geschäftsordnung Bundesregierung, 3. Online-Aufl. 2018, § 4 Rn. 1.

[153] *Detterbeck*, in: Isensee/P. Kirchhof (Hrsg.), Handbuch des Staatsrechts Bd. III, 3. Aufl. 2005, § 66 Rn. 54; *Epping*, in: ders./Hillgruber (Hrsg.), Grundgesetz, 56. Ed., Art. 65 Rn. 14; *Jarass*, in: ders./Pieroth, Grundgesetz, 17. Aufl. 2022, Art. 65 Rn. 4; *Herzog*, in: Dürig/ders./Scholz, Grundgesetz, 53. EL. Okt. 2008, Art. 65 Rn. 119; *Müller-Franken/Uhle*, in: Schmidt-Bleibtreu, Grundgesetz, 15. Aufl. 2022, Art. 62 Rn. 17; *Schröder*, in: Isensee/P. Kirchhof (Hrsg.), Handbuch des Staatsrechts Bd. III, 3. Aufl. 2005, § 64 Rn. 19.

[154] *Hermes*, in: Dreier (Hrsg.), Grundgesetz Bd. II, 3. Aufl. 2015, Art. 65 Rn. 51; *Müller-Franken/Uhle*, in: Schmidt-Bleibtreu, Grundgesetz, 15. Aufl. 2022, Art. 65 Rn. 21; *Schröder*, in: v. Mangoldt/F. Klein/Starck, Grundgesetz Bd. 2, 7. Aufl. 2018, Art. 65 Rn. 42; *Stern*, Staatsrecht Bd. II, 1980, S. 305.

Bundeskanzlers ganz wesentlich nach ebenjener Geschäftsordnung bestimmen. Der Befund in der Geschäftsordnung bestätigt diesen Anschein.[155]

a) Leitungsbefugnisse des Bundeskanzlers nach der Geschäftsordnung der Bundesregierung

§ 6 GO BReg macht deutlich: Der Bundeskanzler leitet die Geschäfte der Bundesregierung nach Maßgabe des IV. Abschnitts ihrer Geschäftsordnung. Von hervorgehobener Relevanz erweist sich dabei § 21 Abs. 1 GO BReg, der die Tagesordnungshoheit beim Bundeskanzler verortet. Diese wird weitgehend als bedeutsamster Bestandteil der Geschäftsleitungskompetenz angesehen.[156] Unmittelbar setzt zwar der Staatssekretär des Bundeskanzleramtes die Sitzungen der Bundesregierung fest, § 21 Abs. 1 Satz 1 Halbsatz 1 GO BReg, und fügt der Einladung eine Tagesordnung bei, § 21 Abs. 1 Satz 2 GO BReg. Er hat sich dabei jedoch an die Anweisung des Bundeskanzlers zu halten, § 21 Abs. 1 Satz 1 Halbsatz 2 GO BReg. Hervorzuheben ist zudem, dass der Bundeskanzler allein und frei über die Tagesordnung entscheidet. Ein Minister hat keinen Anspruch darauf, einen Punkt auf der Tagesordnung festzusetzen.[157] Gem. § 22 Abs. 1 Satz 1 GO BReg übt der Bundeskanzler respektive dessen Stellvertreter die Rolle des Vorsitzenden in den Sitzungen der Bundesregierung aus. Das Recht den Vorsitz zu führen, rührt unmittelbar aus der über Art. 65 Satz 4 GG vermittelten Geschäftsleitungsbefugnis her.[158] Außerdem ist die Stimme des Vorsitzenden, regelmäßig also die des Kanzlers, im Falle einer Stimmengleichheit doppelt zu gewichten, § 24 Abs. 2 Satz 2 GO BReg. Auch diese Vorkehrung hebt die Bedeutung des Kanzlers innerhalb des Kabinetts hervor. Zuletzt bleibt darauf hinzuweisen, dass der Vorsitzende ebenfalls den Wortlaut der Beschlüsse der Bundesregierung festlegt, § 25 GO BReg, sollte eine Beschlussvorlage eine Änderung erfahren haben.[159]

---

[155] *Horn*, in: Stern/Sodan/Möstl (Hrsg.), Staatsrecht Bd. II, 2. Aufl. 2022, § 39 Rn. 43. Siehe auch *Schröder*, in: v. Mangoldt/F. Klein/Starck, Grundgesetz Bd. 2, 7. Aufl. 2018, Art. 65 Rn. 43.

[156] *Busse*, in: Höfling/Augsberg/Rixen (Hrsg.), Grundgesetz, 3. EL. 2019, Art. 65 Rn. 14 f.; *Detterbeck*, in: Isensee/P. Kirchhof (Hrsg.), Handbuch des Staatsrechts Bd. III, 3. Aufl. 2005, § 66 Rn. 61. Siehe auch *Brinktrine*, in: Sachs (Hrsg.), Grundgesetz, 9. Aufl. 2021, Art. 65 Rn. 37; *Horn*, in: Stern/Sodan/Möstl (Hrsg.), Staatsrecht Bd. II, 2. Aufl. 2022, § 39 Rn. 43; *Schröder*, in: v. Mangoldt/F. Klein/Starck, Grundgesetz Bd. 2, 7. Aufl. 2018, Art. 65 Rn. 43.

[157] *Busse*, Geschäftsordnung Bundesregierung, 3. Online-Aufl. 2018, § 21 Rn. 2; *Detterbeck*, in: Isensee/P. Kirchhof (Hrsg.), Handbuch des Staatsrechts Bd. III, 3. Aufl. 2005, § 66 Rn. 61.

[158] *Busse*, Geschäftsordnung Bundesregierung, 3. Online-Aufl. 2018, § 22 Rn. 1; *Schröder*, in: v. Mangoldt/F. Klein/Starck, Grundgesetz Bd. 2, 7. Aufl. 2018, Art. 65 Rn. 42; *Stern*, Staatsrecht Bd. II, 1980, S. 305.

[159] Vgl. *Busse*, Geschäftsordnung Bundesregierung, 3. Online-Aufl. 2018, § 25 Rn. 1 f.

b) Vollzugsbefugnisse des Bundeskanzlers nach der Geschäftsordnung

In § 2 GO BReg wird die Pflicht des Bundeskanzlers normiert, auf die Einheitlichkeit der Geschäftsführung hinzuwirken. Im Wege seiner Leitungs- und Vollzugsbefugnisse hat der Bundeskanzler für eine einheitliche Geschäftsführung der Bundesregierung im Rahmen und im Einklang mit den Richtlinien zu sorgen. Er hat die Befugnisse der Bundesregierung zwar nicht wahrzunehmen, aber letztlich außenwirksam zu vollziehen. Insoweit kann der Bundeskanzler die Politik der Bundesregierung im Einklang mit seinen Richtlinien koordinieren und gestalten.[160] Von besonderer Bedeutung für den Bundeskanzler in seiner Funktion als Vollzugsorgan ist zudem § 28 Abs. 1 GO BReg. Nach Abschluss des intraorganschaftlichen Willensbildungsprozesses durch Beschluss, § 20 GO BReg, ist es die Aufgabe des Bundeskanzlers eine Gesetzesvorlage dem Bundestag zuzuleiten. Insofern übt er das Initiativrecht der Bundesregierung gem. Art. 76 Abs. 1 Var. 1 GG aus, § 28 Abs. 1 Halbsatz 1 GO BReg. Die Bundesregierung handelt insoweit durch den Bundeskanzler. Wenn dies bei so bedeutsamen Angelegenheiten wie Gesetzesvorlagen vorgeschrieben ist, dürfte Entsprechendes *a maiore ad minus* auch bei weniger bedeutsamen Angelegenheiten gelten. Jedenfalls besteht ein Recht des Bundeskanzlers, Angelegenheiten zu vollziehen, sofern er hierbei für die Bundesregierung tätig wird und nicht in den richtlinienfesten Geschäftsbereich eines Ministers eingreift.[161] Dass die Gesetzesvorlage im Bundestag selbst durch den in der Sache zuständigen Bundesminister vertreten wird, § 28 Abs. 1 Halbsatz 2 GO BReg, zeugt von der Beschränkung eines Ministers auf dessen Geschäftsbereich.[162]

c) Zwischenergebnis

Letztlich verwirklicht sich also gerade in der Geschäftsleitungskompetenz des Bundeskanzlers seine Befugnis, die gesamte Politik der Bundesregierung eigenverantwortlich zu bestimmen und zu gestalten.[163] Sie ergänzt die sich aus der Organisationsgewalt, Art. 62, 64 Abs. 1 GG, und der Richtlinienkompetenz, Art. 65 Satz 1 GG, ergebenden organisatorischen und inhaltlichen Befugnisse um eine „verfahrensrechtliche Präponderanz“.[164] Treffend drückt Stern das Verhältnis von

---

[160] *Brinktrine*, in: Sachs (Hrsg.), Grundgesetz, 9. Aufl. 2021, Art. 65 Rn. 12; *Müller-Franken/Uhle*, in: Schmidt-Bleibtreu, Grundgesetz, 15. Aufl. 2022, Art. 65 Rn. 21; *Stern*, Staatsrecht Bd. II, 1980, S. 305.

[161] Vgl. *Busse*, Geschäftsordnung Bundesregierung, 3. Online-Aufl. 2018, § 28 Rn. 1.

[162] *Busse*, Geschäftsordnung Bundesregierung, 3. Online-Aufl. 2018, § 28 Rn. 2.

[163] Ebenso *Kröger*, Die Ministerverantwortlichkeit in der Verfassungsordnung der Bundesrepublik Deutschland, 1972, S. 54.

[164] *Brinktrine*, in: Sachs (Hrsg.), Grundgesetz, 9. Aufl. 2021, Art. 65 Rn. 37; *Busse*, in: Höfling/Augsberg/Rixen (Hrsg.), Grundgesetz, 3. EL. 2019, Art. 65 Rn. 13; *Hermes*, in: Dreier (Hrsg.), Grundgesetz Bd. II, 3. Aufl. 2015, Art. 65 Rn. 51; *Schröder*, in: v. Mangoldt/F. Klein/Starck, Grundgesetz Bd. 2, 7. Aufl. 2018, Art. 65 Rn. 42. Siehe auch *Oldiges*, Die Bundesregierung als Kollegium, 1983, S. 467.

Bundeskanzler zu Bundesregierung aus: „Nicht das Kabinett ist dem Kanzler vorgeordnet, sondern der Kanzler dem Kabinett.“[165]

4. Fazit

Unter Berücksichtigung der Verfasstheit des Bundeskanzlers, seiner besonderen demokratischen Legitimation, seinen besonderen Befugnissen hinsichtlich Organisation und Aufgabenwahrnehmung der Bundesregierung sowie seiner Stellung als Leitungs- und Vollzugsorgan, kann man nur zum Ergebnis kommen, dass die Organkompetenz des Bundeskanzlers im Rahmen der Öffentlichkeitsarbeit unbeschränkt ist.[166] Die Aufgabe der Staatsleitung hat der Bundeskanzler in dem Umfang wahrzunehmen, wie sie auch die Bundesregierung als solche wahrzunehmen hat.[167] Für eine gegenständlich weite Wahrnehmung der Aufgabe der politischen Staatsleitung streitet die besondere demokratische Legitimation des Bundeskanzlers, die in der Kanzlerwahl gem. Art. 64 Abs. 1 GG zum Ausdruck kommt. Wer in besonderem Maße demokratisch legitimiert ist, kann daraus eine besonders weitreichende Befugnis die Aufgabe der politischen Staatsleitung wahrzunehmen, ableiten. Dass jene Befugnis des Bundeskanzlers nicht durch ggf. vorrangige Befugnisse der Bundesminister beschränkt ist, ergibt sich aus seiner übergeordneten Stellung. Auch Aufgaben der Bundesregierung als solche beschränken die Öffentlichkeitsarbeit des Bundeskanzlers nicht gegenständlich, denn aufgrund seiner Stellung als Leitungs- und Vollzugsorgan ist er gerade dazu aufgerufen, die Politik der Bundesregierung auch im Rahmen der Öffentlichkeitsarbeit zu prägen.

III. Organkompetenz der Bundesregierung

Wie bereits beschrieben, steht die Aufgabe der Staatsleitung der Bundesregierung als Kollegialorgan zu.[168] Als Organ der Staatsleitung obliegt ihr die politische Allzuständigkeit,[169] woraus sich grundsätzlich eine gegenständlich allumfassende Befugnis zur Öffentlichkeitarbeit ableiten lässt. Die Öffentlichkeitsarbeit der Bundesregierung wird primär durch das Presse- und Informationsamt der Bundesregierung betrieben. Es ist organisatorisch im Bundeskanzleramt eingegliedert und untersteht dem Bundeskanzler.[170] Angesichts seiner Stellung als Leitungs- und Vollzugsorgan der Bundesregierung verwundert dies nicht. Die Bundesregierung als

[165] *Stern*, Staatsrecht Bd. II, 1980, S. 305 f.

[166] Ebenso *Barczak*, in: NVwZ 2015, 1014 (1017); *Harding*, Staatliche Öffentlichkeitsarbeit in sozialen Netzwerken, 2023, S. 110; *Nellesen*, Äußerungsrechte staatlicher Funktionsträger, 2019, S. 185; *Schürmann*, Öffentlichkeitsarbeit der Bundesregierung, 1992, S. 75.

[167] BVerfG NVwZ 2022, 1113 (1116 Rn. 89). Dazu sogleich unten Kap. 4 B.III.

[168] Siehe oben Kap. 2 C.II.3., Kap. 4 vor A.

[169] *Voßkuhle/Schemmel*, in: JuS 2020, 736 (738).

[170] Siehe hierzu oben Kap. 2 A.II.

solche kann ihre Öffentlichkeitsarbeit auch nicht selbst betreiben, sondern ist auf ein Vollzugsorgan angewiesen.

Eine Begrenzung der Organkompetenz der Bundesregierung erscheint angesichts ihrer politischen Allzuständigkeit also fernliegend. Ob die Bundesregierung bezogen auf eine Angelegenheit kompetenzgemäß Öffentlichkeitsarbeit betrieben hat, würde sich mithin allein in der Frage nach der Verbandskompetenz erschöpfen.[171] Nichtsdestotrotz stellt sich die Frage, wie das Verhältnis der Öffentlichkeitsarbeit der Bundesregierung mit derjenigen der Bundesminister oder des Bundeskanzlers ausgestaltet ist. *In concreto* ist sich der oben aufgeworfenen Frage anzunehmen, ob die im Geschäftsbereich eines Ministers oder in der Rolle und Stellung des Bundeskanzlers verortete Öffentlichkeitsarbeit eine gegenständlich übereinstimmende Öffentlichkeitsarbeit des Kollegiums ausschließt. Schließlich differenziert auch das Grundgesetz ersichtlich zwischen Aufgaben, die einzelnen Ministern, explizit dem Kanzler oder der Regierung als Kollegialorgan zustehen. Angelegenheiten, die einzelnen Ministern zustehen, dürfen nicht kollegialisiert werden.[172] Ein gegenständlicher Vorrang der Öffentlichkeitsarbeit des Bundeskanzlers kann bereits denklogisch nicht bestehen, da dessen Öffentlichkeitsarbeit gegenständlich mit derjenigen der Bundesregierung übereinstimmt. Ferner vollzieht der Bundeskanzler die Öffentlichkeitsarbeit der Bundesregierung. Zudem würde eine damit einhergehende Sperrwirkung eine eigenständige Öffentlichkeitsarbeit der Bundesregierung verunmöglichen.

1. Gegenständlicher Vorrang der Öffentlichkeitsarbeit der Bundesminister?

Harding argumentiert, dass eine Angelegenheit, die in den Geschäftsbereich eines Ministers fällt, dem Aufgabenbereich der Bundesregierung gem. Art. 65 Satz 2 GG entzogen ist. Sie dürfe nur unter Beachtung des § 25 Abs. 2 GGO im Rahmen der Öffentlichkeitsarbeit thematisiert werden.[173] Gem. § 25 Abs. 2 Halbsatz 1 GGO bedürfen solche Inhalte das Einvernehmen des eigentlich sachlich zuständigen Ministers. Bevor darauf eingegangen wird, ob Hardings Ansatz überzeugt, gilt es die Bedeutung des § 25 Abs. 2 GGO zu erfassen.

a) Irrelevanz des § 25 Abs. 2 GGO bezogen auf die Organkompetenz

Fest steht, dass § 25 Abs. 2 GGO aufgrund der Nachrangigkeit der Gemeinsamen Geschäftsordnung der Bundesministerien als bloße Verwaltungsvorschrift die grundgesetzliche Kompetenzverteilung nicht beeinflussen kann. Mit anderen Wor-

---

[171] Siehe hierzu oben Kap. 4 A.I.

[172] *Detterbeck*, in: Isensee/P. Kirchhof (Hrsg.), Handbuch des Staatsrechts Bd. III, 3. Aufl. 2005, § 66 Rn. 46.

[173] *Harding*, Staatliche Öffentlichkeitsarbeit in sozialen Netzwerken, 2023, S. 104.

ten: Lässt das Grundgesetz eine Öffentlichkeitsarbeit der Bundesregierung mit solchen Inhalten, die in den Geschäftsbereich eines Ministers fallen, nicht zu, kann auch § 25 Abs. 2 Halbsatz 1 GGO hieran nichts ändern. Insoweit wäre § 25 Abs. 2 GGO als verfassungswidrige Verwaltungsvorschrift schlichtweg zu ignorieren. § 25 Abs. 2 Halbsatz 1 GGO lässt sich auch nicht dergestalt auslegen, dass das Erteilen des Einvernehmens als eine Art Bevollmächtigung oder sonstige Beauftragung des Bundespresseamtes durch das jeweilige Ministerium zu verstehen ist. In diesem Fall wären die Inhalte der Öffentlichkeitsarbeit immer noch auf das Ministerium zurückzuführen, dieses würde nur die Vertriebsstrukturen des Bundespresseamtes nutzen. Diese Vorgehensweise stellt nämlich § 25 Abs. 2 Halbsatz 2 GGO ausdrücklich vom Erfordernis des Einvernehmens frei. § 25 Abs. 2 Halbsatz 1 GGO ist daher auf den Fall beschränkt, dass das Bundespresseamt Öffentlichkeitsarbeit für die Bundesregierung betreibt, die sich aber inhaltlich auf den Geschäftsbereich eines Ministers bezieht. Aufgrund der verfassungsrechtlichen Irrelevanz des § 25 Abs. 2 GGO und des in § 25 Abs. 2 Halbsatz 1 GGO enthaltenen Einvernehmenserfordernis ist sich als zentrale Frage zu stellen, ob das Bundespresseamt – für die Bundesregierung – überhaupt i. S. d. § 25 Abs. 2 Halbsatz 1 GGO vorgehen darf. Dem wäre nicht so, wenn Art. 65 Satz 2 GG und das darin verankerte Ressortprinzip eine inhaltlich mit dem Geschäftsbereich eines Ministers übereinstimmende Öffentlichkeitsarbeit des Kollegialorgans sperren sollte.

b) Sperrwirkung des Art. 65 Satz 2 GG für die Öffentlichkeitsarbeit der Bundesregierung?

Aus Art. 65 Satz 2 GG eine derartige Sperrwirkung abzuleiten, verkennt jedoch die Bedeutung der Norm. Mit Art. 65 Satz 2 GG wird jeder Bundesminister ermächtigt, seinen Geschäftsbereich weitgehend frei und eigenverantwortlich zu verwalten. Dieser ist zwar durch die Organisationsgewalt und die Richtlinienkompetenz des Bundeskanzlers begrenzt, allerdings frei von sonstigen Ingerenzen, insb. auch von jenen der Bundesregierung. Dieser grundsätzlich eingriffsfreie Geschäftsbereich bedeutet indes nicht, dass darin enthaltene Angelegenheiten und Inhalte nur von dem zuständigen Minister bearbeitet werden dürfen. Wenn dem so wäre, hätte das Grundgesetz etwa das Initiativrecht zur Gesetzgebung gem. Art. 76 Abs. 1 GG auf den jeweils zuständigen Bundesminister beschränkt. Es ist aber der Bundesregierung zugewiesen, Art. 76 Abs. 1 Var. 1 GG, vom Bundeskanzler zu vollziehen, Art. 65 Satz 4 GG i. V. m. § 28 Abs. 1 Halbsatz 1 GO BReg, und dann erst vom zuständigen Bundesminister im Bundestag zu vertreten, § 28 Abs. 1 Halbsatz 2 GO BReg. In dieser Hinsicht haben sich also die Bundesregierung und der Bundeskanzler als ihr Vollzugsorgan mit einer Angelegenheit auseinanderzusetzen, die im Geschäftsbereich eines Ministers wurzelt. Aus der Aufgabenakzessorietät der Öffentlichkeitsarbeit folgt, dass jeder Akt eines (Teil-)Organs mittels Öffentlichkeitsarbeit begleitet werden darf. Die Bundesregierung darf ein Gesetzesvorhaben im Wege der Öffentlichkeitsarbeit sowohl im Entwurfsstadium als auch in der nachfolgenden Umsetzung thematisieren. Art. 65 Satz 2 GG garantiert dem einzelnen Bundesminister seine Öffentlichkeitsarbeit frei von Ingerenzen der Bundesregierung zu betreiben, er garantiert ihm jedoch nicht das Recht, inhaltlich exklusiv Öffentlichkeitsarbeit zu betreiben. Billigte man Art. 65 Satz 2 GG eine derartige Sperrwirkung zu, dürfte eine eigenständige Öffentlichkeitsarbeit der Bundesregierung kaum mehr möglich sein. Schließlich wird sich kaum eine Angelegenheit nicht (auch) auf den Geschäftsbereich eines Ministers zurückführen lassen. Die Öffentlichkeitsarbeit der Bundesregierung wäre allein auf den Bundeskanzler beschränkt.

Art. 65 Satz 2 GG begrenzt die Öffentlichkeitsarbeit eines Bundesministers gegenständlich und bestimmt damit dessen Organkompetenz, nicht aber die gegenständliche Weite der Öffentlichkeitsarbeit der Bundesregierung. Aufgrund ihrer politischen Allzuständigkeit ist diese – im Rahmen der Verbandskompetenz des Bundes – gegenständlich unbegrenzt. Eine gegenständlich auf den Geschäftsbereich eines Bundesministers bezogene Öffentlichkeitsarbeit der Bundesregierung ist nicht von Art. 65 Satz 2 GG gesperrt. Es bedarf daher auch keiner Bezugnahme auf § 25 Abs. 2 Halbsatz 1 GGO, um eine derartige Öffentlichkeitsarbeit zu „rechtfertigen". § 25 Abs. 2 Halbsatz 1 GGO verfolgt einen anderen Zweck.

c) § 25 Abs. 2 Halbsatz 1 GGO als Konkretisierung des Grundsatzes der Organtreue

§ 25 Abs. 2 Halbsatz 1 GGO normiert eine das Bundespresseamt und damit die Öffentlichkeitsarbeit der Bundesregierung betreffende Rücksichtnahmepflicht gegenüber der Öffentlichkeitsarbeit eines Bundesministers. Auf die zunehmend eigenverantwortliche Öffentlichkeitsarbeit der Bundesministerien und das „Kompetenzgerangel" zwischen ihnen und dem Bundespresseamt wurde bereits an anderer Stelle hingewiesen.[174] Das Einvernehmenserfordernis soll ersichtlich die Öffentlichkeitsarbeit der Bundesregierung mit derjenigen der Bundesministerien harmonisieren. Damit wurde Art. 65 Satz 2 GG kohärent umgesetzt, denn ein Ministerium entscheidet grundsätzlich frei darüber, wie es seinen Geschäftsbereich verwirklicht. Dem Bundespresseamt ist eine hierauf bezogene Öffentlichkeitsarbeit nicht untersagt, sie hat nur im Einvernehmen mit der Öffentlichkeitsarbeit des Ministeriums zu erfolgen. Dabei ist davon auszugehen, dass das Ministerium dieses Einvernehmen nur erteilt, wenn es mit dem konkreten Inhalt einverstanden ist. Insoweit stellt § 25 Abs. 2 Halbsatz 1 GGO nichts anderes dar als eine Konkretisierung des Grundsatzes der Organtreue innerhalb der Gemeinsamen Geschäftsordnung der Bundesministerien. Die Kompetenz eines staatlichen Organs – die Bundesregierung – wird aufgrund einer ebenfalls bestehenden Kompetenz eines anderen staatlichen Organs – ein Bundesministerium – begrenzt.[175] Der Grundsatz der Organtreue kann nur dann Anwendung finden, wenn zwei bestehende Kompetenzbereiche in Konflikt geraten.

---

[174] Siehe oben Kap. 2 A.II.2., 3.

[175] Siehe hierzu bereits oben Kap. 4 B.I.2.a), b).

Also setzt § 25 Abs. 2 Halbsatz 1 GGO ersichtlich die Kompetenz der Bundesregierung für eine solche Öffentlichkeitsarbeit voraus.[176]

2. Fazit

Ein gegenständlicher Vorrang der Öffentlichkeitsarbeit eines Bundesministers gegenüber der Öffentlichkeitsarbeit der Bundesregierung besteht nicht. Mangels Relevanz für die verfassungsrechtliche Aufgaben- und Kompetenzverteilung kann hierfür auch nicht auf § 25 Abs. 2 GGO verwiesen werden. Eine für den Vorrang der ministeriellen Öffentlichkeitsarbeit erforderliche Sperrwirkung der Ressortkompetenz besteht nicht. § 25 Abs. 2 Halbsatz 1 GGO stellt sich als Konkretisierung des Grundsatzes der Organtreue bzw. der Kabinettssolidarität dar. Die Öffentlichkeitsarbeit der Bundesregierung ist gegenständlich unbegrenzt. Die Prüfung ihrer Organkompetenz erübrigt sich.

IV. Zusammenfassung

Die Organkompetenz eines Bundesministers ist grundsätzlich auf den Geschäftsbereich begrenzt. Insofern ist sich an der regierungsinternen Kompetenzaufteilung des Art. 65 Satz 2 GG zu orientieren. Er ist jedoch nicht exklusiv auf seinen Geschäftsbereich beschränkt. Auch Angelegenheiten, die im Geschäftsbereich eines anderen Bundesministers wurzeln, kann ein Bundesminister zulässigerweise zum Gegenstand seiner Öffentlichkeitsarbeit machen. Erforderlich ist, dass ein hinreichender Bezug zu seinem Geschäftsbereich besteht. Eine besondere Organkompetenz, sei es im Zusammenhang mit einem Kabinettsbeschluss, eine vom Geschäftsbereich losgelöste Verteidigungskompetenz oder eine Kompetenz für allgemeine Verfassungswerte einzutreten bestehen nicht respektive gehen in der Amtsstellung auf. Die Organkompetenz des Bundeskanzlers ist gegenständlich unbeschränkt und erstreckt sich auf die gesamte Organkompetenz der Bundesregierung, mithin auf alle Aufgaben der Staatsleitung. Dies ergibt sich aus seiner hervorgehobenen Stellung, seinen besonderen Befugnissen hinsichtlich Organisation sowie Aufgabenwahrnehmung und seiner Funktion als Leitungs- sowie Vollzugsorgan der Bundesregierung. Die Öffentlichkeitsarbeit der Bundesregierung als Kollegialorgan ist gegenständlich unbeschränkt. Ein in der Literatur vorgetragener Ansatz, die Öffentlichkeitsarbeit der Bundesminister sei vorrangig, kann nicht überzeugen. Insofern besteht eine ausnahmsweise zulässige staatliche Parallelzuständigkeit zwischen dem Kollegialorgan Bundesregierung und dem Teilorgan Bundesminister.

---

[176] Auch insoweit ist der oben angeführten Argumentation *Hardings*, nur aufgrund von § 25 Abs. 2 GGO dürfe die Bundesregierung eine entsprechende Öffentlichkeitsarbeit betreiben, nicht zu folgen.

Wie sich aus dem Vorstehenden ergibt, ist das Verbot der organkompetenzwidrigen Betätigung im Wesentlichen nur für den einzelnen Bundesminister relevant. Nur dieser kann – im Hinblick auf die Organkompetenz – *ultra vires* handeln. Bei der Öffentlichkeitsarbeit des Bundeskanzlers und der Bundeskanzler erschöpft sich die Frage nach dem Vorliegen der Verbandskompetenz. Handelt es sich um eine Aufgabe der Staatsleitung, ist die Bundesregierung als Organ der Staatsleitung respektive der Bundeskanzler aufgrund seiner hervorgehobenen Stellung und Rolle innerhalb des Kollegialorgans zuständig.

C. Relativierung der Verbote in den neuen Medien?

Angesichts der neuen Formen und Inhalte, die die regierungsamtliche Öffentlichkeitsarbeit in den Neuen Medien angenommen hat, ist die Frage aufgeworfen, ob an den Vorgaben, die sich aus den Verboten der verbands- und der organkompetenzwidrigen Betätigung ergeben, festzuhalten ist. Namentlich Harding hat sich dieser Frage angenommen und kommt in seiner Untersuchung zu dem Ergebnis, dass die von ihm als „netzwerkspezifische Kommunikation" bezeichnete Art der Öffentlichkeitsarbeit in den sozialen Netzwerken unter bestimmten Voraussetzungen die eigentlichen Grenzen überschreiten darf.[177]

I. Anlassbezogene Kompetenzerweiterung bei der netzwerksspezifischen Kommunikation im Rahmen der regierungsamtlichen Öffentlichkeitsarbeit?

Harding führt einleitend aus, dass die sich aus der staatlichen Kompetenzordnung ergebenden Grenzen grundsätzlich auch in den neuen Medien Beachtung finden müssten.[178] Das Erfordernis einer kompetenziellen Grundlage stelle den rechtsstaatlichen Minimalstandard dar,[179] zudem sei der Staat auch in Privatrechtsform an die grundgesetzliche Ordnung gebunden. Es erscheine daher widersprüchlich, staatlichen Hoheitsträgern in den neuen Medien von der Bindung an die Kompetenzordnung zu lösen.[180] Dem stellt Harding jedoch die Kommunikationsbedingungen in den neuen Medien gegenüber, die ein permanentes Öffentlichkeitsforum böten, unmittelbare Kommunikation ermöglichten und eine Bühne für Reaktionen

---

[177] *Harding*, Staatliche Öffentlichkeitsarbeit in den sozialen Netzwerken, 2023, S. 129 ff. Zum Begriff der netzwerksspezifischen Kommunikation siehe *Harding*, Staatliche Öffentlichkeitsarbeit in den sozialen Netzwerken, 2023, S. 85 f.

[178] *Harding*, Staatliche Öffentlichkeitsarbeit in den sozialen Netzwerken, 2023, S. 129 ff.

[179] Zur Formulierung siehe *Ingold*, in: VerwArch 108 (2017), 240 (246).

[180] *Harding*, Staatliche Öffentlichkeitsarbeit in den sozialen Netzwerken, 2023, S. 130.

auf tagespolitische Geschehen schufen.[181] Eine so gestaltete Öffentlichkeitsarbeit könne den politischen Willensbildungsprozess der Adressaten fördern und als Korrektiv gegen falsche oder tendenziöse Inhalte fungieren. Letztlich nutze sie auch den herkömmlichen Medien, da diese auf aktuelle Informationen und Stellungnahmen der Hoheitsträger angewiesen seien.[182] Allerdings bestehe die Gefahr laufender Kompetenzüberschreitungen mangels nötiger Weitsicht oder aufgrund des Verkennens rechtlicher Bindungen.[183] Hieraus folgert Harding, dass die Aufgabenzuweisungsnormen dahingehend zu interpretieren seien, dass es Amtsträgern erlaubt sein müsse, auf an sie adressierte Nachrichten und aktuelle Mitteilungen sowie tagespolitisches Geschehen von überragender Bedeutung zu reagieren.[184] Es handele sich um eine anlassbezogene Kompetenzerweiterung für diese spezifische Kommunikation.[185] An den die Kompetenzerweiterung bewirkenden Anlass seien indes hohe Anforderungen zu stellen, es müsse sich um ein das überregionale Allgemeininteresse betreffendes tagespolitisches Geschehen handeln. Die Kompetenzerweiterung finde zudem ihre Grenze im Aufgabenbereich eines anderen Amtsträgers. Insgesamt sei die anlassbezogene Kompetenzerweiterung restriktiv auszulegen.[186] Harding begründet seinen Ansatz zum einen mit der demokratiesichernden und staatspflegenden Funktion der staatlichen Öffentlichkeitsarbeit,[187] zum anderen hält er es für anachronistisch, die neuen Kommunikationsmöglichkeiten aufgrund von Kompetenzschranken zu begrenzen.[188] Dieser „besonderen Annexkompetenz" komme zudem nur ein geringes Maß an amtlicher Autorität zu. Aufgrund der hohen Frequenz der Beiträge seien diese für sich weniger bedeutsam und auch inhaltlich von niedrigem Stellenwert.[189]

II. Kritische Würdigung

Hardings einleitende Feststellungen sind zweifellos zutreffend. Aus den Bezugnahmen auf die Rechtsprechung des Bundesverfassungsgerichtes sowie aus den kompetenziellen Grundlagen der regierungsamtlichen Öffentlichkeitsarbeit ergibt sich die grundsätzliche Gültigkeit der Kompetenzordnung. Sie ist auch im Rahmen der Öffentlichkeitsarbeit in den neuen Medien zu beachten. Auch den Beobachtungen zu den Kommunikationsbedingungen in den neuen Medien ist – jedenfalls im

[181] *Harding*, Staatliche Öffentlichkeitsarbeit in den sozialen Netzwerken, 2023, S. 131.

[182] *Harding*, Staatliche Öffentlichkeitsarbeit in den sozialen Netzwerken, 2023, S. 131.

[183] *Harding*, Staatliche Öffentlichkeitsarbeit in den sozialen Netzwerken, 2023, S. 132.

[184] *Harding*, Staatliche Öffentlichkeitsarbeit in den sozialen Netzwerken, 2023, S. 132.

[185] *Harding*, Staatliche Öffentlichkeitsarbeit in den sozialen Netzwerken, 2023, S. 133. Siehe hierzu bereits Kap. 4 B.I.2.a).

[186] *Harding*, Staatliche Öffentlichkeitsarbeit in den sozialen Netzwerken, 2023, S. 133.

[187] Siehe hierzu oben Kap. 3 B.I., II.

[188] *Harding*, Staatliche Öffentlichkeitsarbeit in den sozialen Netzwerken, 2023, S. 133.

[189] *Harding*, Staatliche Öffentlichkeitsarbeit in den sozialen Netzwerken, 2023, S. 134.

Ansatz – zuzustimmen. Sie decken sich mit den in der vorliegenden Untersuchung gefundenen Ergebnissen.[190] Dennoch sind die Beobachtungen erheblich etatistisch geprägt und verkennen die neuen Risiken für die staatsfreie politische Meinungs- und Willensbildung des Volkes. Die Vorstellung, dass Amtsträger keine tendenziösen Inhalte oder gar Falschnachrichten verbreiten, mag der berechtigte Anspruch sein, an dem regierungsamtliche Öffentlichkeitsarbeit zu messen ist. Die Verfassungswirklichkeit kann freilich anders aussehen.[191] Zudem wird der grundlegende Konflikt zwischen der unmittelbaren Öffentlichkeitsarbeit und den herkömmlichen Medien verkannt. Freilich waren auch die herkömmlichen Medien auf aktuelle Informationen und Stellungnahmen der Amtsträger angewiesen, doch war diese Beziehung die längste Zeit symbiotisch. Die Amtsträger waren ebenfalls auf die herkömmlichen Medien angewiesen, denn nur so erfuhren ihre Inhalte die größtmögliche Verbreitung. Dieses Gleichgewicht besteht jedoch in den neuen Medien gerade nicht mehr. Unmittelbare regierungsamtliche Öffentlichkeitsarbeit in den neuen Medien steht in Konkurrenz zum Medienwesen.[192] Die Argumentation droht sich zudem zu widersprechen. So soll staatliche Öffentlichkeitsarbeit einerseits Objektivität und Richtigkeit im digitalen Raum garantieren und somit große Bedeutung für die freiheitlich-demokratische Grundordnung sowie die für diese unabdingbare freie Willensbildung haben. Andererseits soll ihr aber keine besondere Autorität zukommen. Nach richtigem Verständnis kommt der Öffentlichkeitsarbeit in den neuen Medien eine besondere Autorität und Authentizität zu, die sich in ihrem Potenzial den grundsätzlich staatsfreien Meinung- und Willensbildungsprozess des Volkes zu beeinflussen, niederschlägt.

Hardings Ansatz kann daher nicht überzeugen. Die veränderten Kommunikationsbedingungen können die staatlichen Kompetenzen nicht erweitern, vielmehr haben sich hieraus neue Gefahren ergeben, die ihrerseits zu untersuchen sind. Eine anlassbezogene Kompetenzerweiterung würde außerdem einen Widerspruch zwischen der „neuen" Öffentlichkeitsarbeit und der herkömmlichen Öffentlichkeitsarbeit implementieren. Angenommen es bestünde ein die Kompetenz eines Bundesministers erweiternder Anlass im Sinne Hardings, dürfte sich ein Minister nur im Wege eines Beitrags auf einem neuen Medium äußern. Eine „herkömmliche" Pressemitteilung, eine Äußerung in einem Interview oder auf einer Pressekonferenz wären jedoch unzulässig. Derartige Widersprüche können nicht überzeugen. Dies hat umso mehr zu gelten, wenn man bedenkt, dass im Falle der unmittelbaren Öffentlichkeitsarbeit die Vermittlungsfunktion der Medien nicht in Anspruch genommen wird und damit deren Filterwirkung entfällt. Die insb. für Bundesminister rechtssicher mithilfe des Geschäftsbereich bestimmbare Organkompetenz droht durch die Kompetenzerweiterung auszufransen. Schließlich hat auch das Bundesverfassungsgericht eine von Externalitäten abhängige Kompetenzerweiterung staatlicher

[190] Siehe oben Kap. 2 B.III.3., C.II.3., III.3.

[191] Siehe hierzu insb. unten Kap. 7 C.III.1.d)aa)(4).

[192] Siehe hierzu oben Kap. 2 A.III.1.a) sowie zu den hieraus erwachsenden Konsequenzen eingehend Kap. 6.

Organe bereits im Rahmen der Diskussion um ein mglw. existierendes Recht des verbalen Gegenschlags klar abgelehnt.[193]

III. Fazit

Die Verbote der verbandskompetenzwidrigen und der organkompetenzwidrigen Öffentlichkeitsarbeit erfahren in den neuen Medien entgegen einem Ansatz in der Literatur keine Relativierung. Sie finden in ihrer ursprünglichen Ausprägung Anwendung.

D. Zusammenfassung

Aus der Aufgabenakzessorietät der regierungsamtlichen Öffentlichkeitsarbeit ergeben sich die Verbote der verbandskompetenzwidrigen und der organkompetenzwidrigen Öffentlichkeitsarbeit. Maßgeblich ist die Aufgabe der Staatsleitung, die je nach staatlicher Ebene unterschiedlichen staatlichen Organen zugewiesen ist. Auf der Ebene des Bundes ist die Aufgabe der Bundesstaatsleitung im Wesentlichen der Bundesregierung zugewiesen, auf der Ebene der Länder den jeweiligen Landesregierungen. Das Verbot der organkompetenzwidrigen Öffentlichkeitsarbeit betrifft die einzelnen Teilorgane eines Kollegialorgans.

Für den Bund äußert sich das Verbot der verbandskompetenzwidrigen Öffentlichkeitsarbeit in einem Verbot des Übergriffs in den Länderbereich. Um diesen Länderbereich hinreichend rechtssicher zu bestimmen, kann nicht auf die Gesetzgebungskompetenzen Rekurs genommen werden. Die mit der Wandlung der Öffentlichkeitsarbeit weg von der strengen Vorhabenbezogenheit hin zur staatlichen Teilhabe an öffentlicher Kommunikation einhergehende thematische Entgrenzung der Öffentlichkeitsarbeit entwertet den Aussagegehalt der Art. 70 ff. GG hierfür. Die Verbandskompetenz des Bundes ergibt sich aus der Aufgabe der Staatsleitung kraft Natur der Sache und nicht aus den Gesetzgebungskompetenzen kraft Sachzusammenhang. Zur Begründung einer Verbandskompetenz des Bundes ist darauf abzustellen, ob die Angelegenheit, auf die sich die Öffentlichkeitsarbeit inhaltlich bezieht, hinreichende gesamtstaatliche Bedeutung hat. Dieses Kriterium ist dabei restriktiv zu handhaben, um der bundesstaatlichen Kompetenzordnung Rechnung zu tragen. Der Länderbereich besteht aus denjenigen Angelegenheiten, die keine oder

---

[193] BVerfGE 148, 11 (30 f. Rn. 60). Zustimmung bei *Friehe*, in: NJW 2018, 934 (934); *Kliegel*, in: Scheffczyk/Wolter (Hrsg.), Linien der Rechtsprechung des Bundesverfassungsgerichts Bd. 4, 2016, 413 (422); *Michl*, in: NVwZ 2018, 491 (492); *Nellesen*, Äußerungsrechte staatlicher Funktionsträger, 2018, S. 201. Differenzierend *Harding*, Staatliche Öffentlichkeitsarbeit in sozialen Netzwerken, 2023, S. 309 f.; *Kuch*, in: JZ 2018, 409 (410). A. A. SaarlVerfGH LVerfGE 25, 458 (466 f.); *Wieland*, in: Krüper (Hrsg.), Die Organisation des Verfassungsstaats, 2019, 533 (548).

jedenfalls keine hinreichende gesamtstaatliche Bedeutung aufweisen. Eine verbandskompetenzwidrige Öffentlichkeitsarbeit einer Landesregierung kommt insb. bei einer Angelegenheit, die im Bereich eines anderen Landes wurzelt und keine Auswirkungen auf das „eigene" Bundesland hat, in Betracht. Ferner handelt eine Landesregierung kompetenzwidrig, wenn sie eine Angelegenheit thematisiert, die zwar gesamtstaatliche Bedeutung hat, aber das Bundesland der Landesregierung nicht betrifft.

Bezogen auf das Verbot der organkompetenzwidrigen Öffentlichkeitsarbeit ist zwischen den einzelnen Ministern, dem Bundeskanzler und dem Kollegialorgan Bundesregierung zu differenzieren. Auf der Landesebene gilt entsprechendes. Die Organkompetenz eines Ministers erstreckt sich gegenständlich auf seinen Geschäftsbereich. Davon ist auch die ihrem Inhalt nach geschäftsbereichsübergreifende Öffentlichkeitsarbeit erfasst, sofern ein hinreichender Bezug zum eigenen Geschäftsbereich zu erkennen ist. Es bestehen keine besonderen Organkompetenzen der Bundesminister außerhalb dieser allgemeinen Organkompetenz. Die Organkompetenz des Bundeskanzlers ist aufgrund seiner hervorgehobenen Rolle und Stellung innerhalb des Kollegialorgans gegenständlich unbeschränkt. Die Organkompetenz des Kollegialorgans ist ebenfalls unbeschränkt. Sie ist insb. nicht durch die Organkompetenz eines Ministers beschränkt, insofern besteht eine ausnahmsweise zulässige staatliche Doppelzuständigkeit. Entsprechendes gilt für die Landesregierungen.

Kapitel 5

Verbot der Wahlwerbung

In diesem Kapitel soll das Verbot der Wahlwerbung als Grenze der regierungsamtlichen Öffentlichkeitsarbeit untersucht werden. Das Verbot der Wahlwerbung und die konkreten Anforderungen, die es an die Öffentlichkeitsarbeit stellt, gehen insb. aus dem bekannten Urteil des Bundesverfassungsgerichts vom 2. März 1977, der Leitentscheidung betreffend regierungsamtliche Öffentlichkeitsarbeit, hervor. In diesem richtungsweisenden Urteil,[1] einem „Markstein in der Geschichte des Parlamentarismus“,[2] zog das Bundesverfassungsgericht einen Schlussstrich unter eine „jahrzehntelange verfassungswidrige Übung“.[3] Es stoppte eine immer mehr um sich greifende „Verfilzung“ von Staat und Parteien.[4] Anklagend stellt das Gericht fest, dass die Grenzen der zulässigen Öffentlichkeitsarbeit in Bund und Ländern in der Vergangenheit bereits mehrfach überschritten wurden.[5]

Das Urteil wurde seinerzeit nicht nur in der juristischen Literatur, sondern auch in der Tagespresse rege diskutiert,[6] was seine politische und gesellschaftliche Relevanz verdeutlicht. Während es im Ergebnis überwiegend als richtig bewertet wurde, unterstellten andere dem Gericht eine Kompetenzüberschreitung.[7] Bis heute finden sich Auseinandersetzungen mit dem Urteil und seinen Entscheidungsgründen,[8] wenngleich die Problematik der regierungsamtlichen Öffentlichkeitsarbeit i. e. S. in den letzten Jahren in den Hintergrund getreten ist.[9]

---

[1] *Seifert*, in: DÖV 1977, 288 (288).

[2] *Häberle*, in: JZ 1977, 361 (361).

[3] *Häberle*, in: JZ 1977, 361 (362). Ähnlich *Leonardy*, in: ZParl 1978, 23 (24, 29).

[4] *Seifert*, in: DÖV 1977, 288 (288).

[5] BVerfGE 44, 125 (153); *Sondervotum Geiger* BVerfGE 44, 125 (166, 168, 171).

[6] Neben den nachfolgenden Verweisen siehe die Nachweise bei *Böckelmann/Nahr*, Staatliche Öffentlichkeitsarbeit im Wandel der politischen Kommunikation, 1979, S. 96 ff.; *Häberle*, in: JZ 1977, 361 (361 Fn. 1 f.).

[7] *Kempen*, in: Der Staat 18 (1979), 81 (101); *Zuck*, in: NJW 1977, 1054. Aus der jüngeren Literatur *Engel*, in: Isensee/P. Kirchhof (Hrsg.), Handbuch des Staatsrechts Bd. IV, 3. Aufl. 2006, § 80 Rn. 13.

[8] *Payandeh*, in: Der Staat 55 (2016), 519 ff.; *Sondervotum Wallrabenstein* BVerfG NVwZ 2022, 1113 (1126 Rn. 10 ff.); *Wieland*, in: Krüper (Hrsg.), Die Organisation des Verfassungsstaats, 2019, 533 ff.

[9] Bereits *Murswiek*, in: DVBl. 1997, 1 (2). Erst waren öffentlichen Warnungen im Fokus, nun die Äußerungsfälle. Die letzten Verfahren über die Zulässigkeit der Öffentlichkeitsarbeit i. e. S.: SachsAnhVerfG JZ 1996, 723; RhPfVerfGH NVwZ 2007, 200; SaarlVerfGH LKRZ

Wie bereits an anderer Stelle erwähnt, ist nach der Rechtsprechung des Bundesverfassungsgerichts der Bereich des Parteienwettbewerbs, des Wahlkampfes und damit auch der Wahlwerbung kein Bestandteil der Aufgabe der Staatsleitung. Damit ist dieser Bereich nicht von den der Bundesregierung vom Grundgesetz zugewiesenen Aufgaben und Zuständigkeiten gedeckt.[10] Regierungsamtliche Wahlwerbung ist ein Handeln *ultra vires*. Es drängt sich nunmehr die Frage auf, wann zulässige Öffentlichkeitsarbeit in unzulässige Öffentlichkeitsarbeit in Form von Wahlwerbung umschlägt. Diese Rechtsprechungslinie des Bundesverfassungsgerichtes war und ist umstritten, wenngleich der mit der regierungsamtlichen Öffentlichkeitsarbeit i. e. S. einhergehende Mitteleinsatz dafür sorgt, dass die Diskussion für die vorliegende Untersuchung nur von untergeordneter Bedeutung ist. In Anlehnung an die indiziengeprägte Feststellung des Verfassungsgerichts sollen die einzelnen Indizien dargestellt werden. Im Anschluss daran ist jeweils zu untersuchen, inwiefern die Anforderungen unter den heutigen Kommunikationsbedingungen Anwendung finden oder ob sie der Überarbeitung bedürfen.[11] Schließlich soll auf das Feststellungskriterium als zusätzliches Kriterium zur Feststellung einer Rechtsverletzung und auf das Verbot der mittelbaren Wahlwerbung, jeweils unter Berücksichtigung der geänderten Kommunikationsbedingungen eingegangen werden.

A. Begründung des Bundesverfassungsgerichts

Nach den Feststellungen des Bundesverfassungsgerichts begrenzen die Prinzipien der Volkssouveränität, der Gewaltenteilung, der Verantwortlichkeit und der Chancengleichheit der Parteien den Inhalt zulässiger regierungsamtlicher Öffentlichkeitsarbeit.[12] Es stellt dabei auf die objektive Eignung des jeweiligen Inhalts, Wahlwerbung darzustellen, ab. Als Maßstab führt das Gericht aus, dass zulässige regierungsamtliche Öffentlichkeitsarbeit dort ihre Grenze finde, wo die Wahlwerbung beginne.[13]

Zur Begründung des Verbots der Wahlwerbung führt das Verfassungsgericht zunächst aus, dass die regierungsamtliche Öffentlichkeitsarbeit schon ihrer Funktion nach auf den Bereich der Sachverantwortung der Regierung gegenüber dem ganzen

---

2010, 376. Mit *Harding*, Staatliche Öffentlichkeitsarbeit in sozialen Netzwerken, 2023, und vorliegender Arbeit könnte die Diskussion neu angestoßen werden.

[10] Siehe oben Kap. 3 C.II.

[11] Vgl. *Schulze-Fielitz*, in: Dreier (Hrsg.), Grundgesetz Bd. I, 3. Aufl. 2013, Art. 5 I, II Rn. 61.

[12] BVerfGE 44, 125 (148 f.).

[13] BVerfGE 44, 125 (149 f.). Ebenso *Morlok*, in: Dreier (Hrsg.), Grundgesetz Bd. II, 3. Aufl. 2015, Art. 38 Rn. 94. Dies verkennt *Payandeh*, demnach sich aus dem Urteil keine Grenzen für die regierungsamtliche Öffentlichkeitsarbeit ableiten lassen, *ders.*, in: Der Staat 55 (2016), 519 (526).

Volk und Parlament beschränkt sei.[14] Öffentlichkeitsarbeit habe sich stets auf das Staatsganze zu beziehen und dürfe keine Werbung für Parteien darstellen. Dass sich der Inhalt der Öffentlichkeitsarbeit i. d. R. mit den programmatischen Inhalten der „Regierungsparteien“ decke, müsse hingenommen werden. Dies sei unvermeidbare Folge der grundgesetzlichen Konzeption, nach der die politischen Parteien als Zwischenglieder oder Mittler zwischen dem Volk und der politischen Führung fungieren.[15] Trotzdem, so das Gericht, dürfe die Öffentlichkeitsarbeit nicht einmal den Anschein erwecken, werbenden Einfluss zugunsten einzelner Parteien zu nehmen oder andere Parteien herabzusetzen. Dies sei mit den Grundsätzen eines freien und offenen Prozesses der Meinungs- und Willensbildung des Volkes[16] und der Gleichberechtigung der Parteien[17] nicht vereinbar.[18]

I. Verbot der Wahlwerbung als Identifikationsverbot i. e. S.

Das Verbot der Wahlwerbung versteht das Bundesverfassungsgericht als Identifikationsverbot. Das Identifikationsverbot, ursprünglich mit Blick auf Art. 4 Abs. 1, Abs. 2 GG als das „Prinzip der Nicht-Identifikation“ entwickelt, wurde von der religiös-weltanschaulichen auf die (partei-)politische Gesinnung erstreckt.[19] Das Gericht stellt in mittlerweile ständiger Rechtsprechung fest, dass Staatsorgane sich nicht mit politischen Parteien oder Wahlbewerbern identifizieren und sie unter Einsatz staatlicher Mittel und Möglichkeiten unterstützen dürfen.[20] Ansonsten drohe eine Einwirkung auf die Willensbildung des Volkes, die in Wahlkampfzeiten gegen die gem. Art. 20 Abs. 2 Satz 1 GG erforderliche Integrität der Willensbildung des Volkes und außerhalb von Wahlkampfzeiten gegen das in Art. 21 Abs. 1 Satz 1 GG verwurzelte Recht der Parteien auf Chancengleichheit im politischen Wettbewerb verstoße.[21]

Der Öffentlichkeitsarbeitsentscheidung 1977 lag dabei ein besonders plakatives Beispiel eines Verstoßes gegen das Identifikationsverbot zugrunde: die Werbung der Regierung für die eigene Wiederwahl. Bestandteil des im Demokratieprinzip gem.

---

[14] Vgl. bereits BVerfGE 9, 268 (281).

[15] BVerfGE 44, 125 (149). Siehe auch *H. Klein*, in: Dürig/Herzog/Scholz, Grundgesetz, 64. EL. Jan. 2012, Art. 21 Rn. 158 f.; *Maurer*, Staatsrecht I, 6. Aufl. 2010, § 11 Rn. 15.

[16] Eingehend BVerfGE 44, 125 (138 ff.).

[17] Eingehend BVerfGE 44, 125 (144 ff.).

[18] BVerfGE 44, 125 (149 f.).

[19] Vgl. *Böckenförde*, in: VVDStRL 28 (1970), 33 (55); *Krüger*, Allgemeine Staatslehre, 2. Aufl. 1966, S. 178 ff.; *Lipphardt*, Die Gleichheit der politischen Parteien vor der öffentlichen Gewalt, 1975, S. 61 f.

[20] BVerfGE 44, 125 (141); 138, 102 (115 Rn. 45); 148, 11 (28 Rn. 53); 154, 320 (337 Rn. 51); BVerfG NVwZ 2022, 1113 (1119 Rn. 114).

[21] BVerfGE 44, 125 (140 f., 144); 138, 102 (111 Rn. 31); 148, 11 (25 Rn. 44); 154, 320 (335 Rn. 47).

Art. 20 Abs. 1 GG enthaltenen Mehrheitsprinzips ist der Grundsatz der Herrschaft auf Zeit, nach dem sich einmal gewählte Volksvertreter und die Regierung regelmäßig auf ein Neues der Legitimation des Souveräns vergewissern müssen.[22] Dadurch wird der Souverän in die Lage versetzt, die besonderen Organe i. S. d. Art. 20 Abs. 2 Satz 2 Halbsatz 2 GG zu kontrollieren und ggf. durch Abwahl zu sanktionieren. Somit verwirklichen sich sowohl die Kontroll- als auch die Innovationsfunktion der demokratischen Wahl.[23] Beide Funktionen sind beeinträchtigt, wenn die nur für eine Legislaturperiode legitimierte Regierung für einen Zeitraum Legitimation beansprucht, der über diese eine Legislaturperiode hinausreicht, indem sie in die neue Legislaturperiode „hineinwirkt". Mit Konstituierung eines neuen Bundestages, Art. 39 Abs. 1 Satz 2 GG, treten die neu gewählten Abgeordneten des Deutschen Bundestages zudem an die Stelle aller bisherigen. Es gilt der Grundsatz der personellen Diskontinuität.[24] Diejenigen Abgeordneten, die den bisherigen Bundeskanzler gem. Art. 63 Abs. 1 GG gewählt haben, verlieren ihr Mandat, sodass auch der Kanzler im Moment der Neukonstituierung seine demokratische Legitimation verliert. Da die einzelnen Bundesminister gem. Art. 64 Abs. 1 GG auf Vorschlag des Bundeskanzlers ernannt werden, also ihrerseits durch den Bundeskanzler legitimiert werden, entfällt auch deren Legitimation.[25]

Schon dieser knappe Exkurs verdeutlicht, weshalb ein Werben der Regierung für die eigene Wiederwahl unzulässig ist. Es besteht keine verfassungsrechtliche Legitimation für die damit verbundene Einwirkung auf den Grundsatz der Staatsfreiheit der politischen Meinungs- und Willensbildung des Volkes. Es verwundert kaum, dass der Zweite Senat in aller Deutlichkeit klarstellt, dass es mit dem nach dem Grundgesetz zeitlich begrenzten Auftrag für Bundestag und -regierung unvereinbar ist, dass die amtierende Bundesregierung sich als Organ zur Wiederwahl stellt und dafür wirbt, dass sie „als Regierung wiedergewählt" wird.[26] Doch auch eine subtilere Identifikation ist der Regierung untersagt. Zwischen Regierung und der die Regierung tragenden Partei ist trotz der Parteiendemokratie des Grundgesetzes und der damit einhergehenden weitreichenden Personenidentität strikt zu trennen. Die über die Wahrnehmung der Amtsgeschäfte hinausgehende Präsentation einzelner Re-

[22] BVerfGE 141, 1 (21 Rn. 53); *Dreier*, in: ders. (Hrsg.), Grundgesetz Bd. II, 3. Aufl. 2015, Art. 20 (Demokratie) Rn. 73; *Grzeszick*, in: Dürig/Herzog/Scholz, Grundgesetz, 97. EL. Jan. 2022, Art. 20 II Rn. 52; *Jarass*, in: ders./Pieroth, Grundgesetz, 17. Aufl. 2022, Art. 20 Rn. 5.

[23] *Badura*, in: AöR 97 (1972), 1 (2); *H. Klein/Schwarz*, in: Dürig/Herzog/Scholz, Grundgesetz, 94. EL. Jan. 2021, Art. 38 Rn. 71.

[24] *Groh*, in: I. v. Münch/Kunig, Grundgesetz Bd. 1, 7. Aufl. 2021, Art. 39 Rn. 14 ff.; *Jarass*, in: ders./Pieroth, Grundgesetz, 17. Aufl. 2022, Art. 39 Rn. 5; *H. Klein*, in: Dürig/Herzog/Scholz, Grundgesetz, 77. EL. Mai 2016, Art. 39 Rn. 48 f.; *Magiera*, in: Sachs (Hrsg.), Grundgesetz, 9. Aufl. 2021, Art. 39 Rn. 12; *Morlok*, in: Dreier (Hrsg.), Grundgesetz Bd. II, 3. Aufl. 2015, Art. 39 Rn. 24.

[25] Umfangreich *Kuch*, in: AöR 142 (2017), 491 (506 ff.). Siehe auch oben Kap. 4 B.II.1.

[26] BVerfGE 44, 125 (141).

gierungsmitglieder „als Person“ ist grundsätzlich kein zulässiger Gegenstand der Öffentlichkeitsarbeit.[27]

II. Verbot der Wahlwerbung als Bewertungsverbot

Das Bundesverfassungsgericht sieht in dem Identifikationsverbot zugleich ein Bewertungsverbot verortet: Das Identifikationsverbot beinhaltet eine negative Wirkung.[28] Dieses Bewertungsverbot ist ebenfalls in der religiös-weltanschaulichen Neutralität des Staates angelegt und lässt sich entsprechend dem vorstehend dargestellten Prinzip der Nicht-Identifikation auf die politische Gesinnung übertragen.[29] Nach dem Bundesverfassungsgericht ist es Staatsorganen untersagt, politische Parteien oder Wahlbewerber zu bekämpfen.[30] Finanzielle Mittel und Möglichkeiten des Staates dürfen nicht parteiisch zu Lasten von politischen Parteien oder Wahlbewerbern eingesetzt werden.[31] Es ist der Regierung nicht nur untersagt sich *mit* einer bestimmten Partei zu identifizieren, sondern ebenfalls, sich *gegen* eine Partei zu identifizieren. Sowohl das Identifikationsverbot i. e. S. als auch das Bewertungsverbot bezwecken daher, dass die vorübergehende Ausübung von Hoheitsgewalt nicht zu einer dauerhaften Perpetuierung von Herrschaftsverhältnissen führt.[32] Während das Identifikationsverbot i. e. S. dabei aber in erster Linie die Möglichkeiten der Regierung begrenzt, dient das Bewertungsverbot vorrangig dem Schutz der „Noch-Nicht-Regierenden“.[33] Diese beiden Zwecke bedingen sich freilich, ein wirksamer Minderheitenschutz erfordert die Beschränkung der Mittel und Möglichkeiten der Mehrheit.

Ein wirksamer Minderheitenschutz ist Bestandteil des Demokratieprinzips.[34] Eine durch das Volk legitimierte Regierung kann nur wirksam kontrolliert werden, wenn dem Volk das Sanktionsinstrument der Abwahl zur Verfügung steht. Nur in diesem Fall kann eine demokratische Wahl ihrer Kontroll- und Innovationsfunktion

---

[27] BVerfGE 154, 320 (337 f. Rn. 51). Bereits *Seifert*, Die politischen Parteien im Recht der Bundesrepublik Deutschland, 1975, S. 416 Fn. 83. Siehe auch *Friehe*, in: Uhle (Hrsg.), Information und Einflussnahme, 2018, 81 (85).

[28] Vgl. *Nellesen*, Äußerungsrechte staatlicher Funktionsträger, 2019, S. 107 ff.

[29] BVerfGE 12, 1 (4); *Lipphardt*, Die Gleichheit der politischen Parteien vor der öffentlichen Gewalt, 1975, S. 61 f. Siehe auch *Seifert*, Die politischen Parteien im Recht der Bundesrepublik Deutschland, 1975, S. 416 Fn. 84: „Es ist überhaupt nicht Aufgabe des Staates, sich über Wert oder Unwert einzelner Parteien zu äußern.“

[30] BVerfGE 44, 125 (141).

[31] BVerfGE 44, 125 (143 f.).

[32] BVerfGE 44, 125 (138 ff.).

[33] *Nellesen*, Äußerungsrechte staatlicher Funktionsträger, 2019, S. 107.

[34] *Grzeszick*, in: Dürig/Herzog/Scholz, Grundgesetz, 97. EL. Jan. 2022, Art. 20 II Rn. 53; *Jarass*, in: ders./Pieroth, Grundgesetz, 16. Aufl. 2020, Art. 20 Rn. 14.

nachkommen.[35] Zu einem Machtwechsel durch Abwahl kann es jedoch nur kommen, wenn die aktuelle Minderheit die ernsthafte Möglichkeit hat, zur zukünftigen Mehrheit zu werden.[36] Nicht zuletzt dient es der Integration in das demokratische Gemeinwesen, wenn auch abweichende Meinungen in der Volksvertretung artikuliert werden und es jeder Minderheit ermöglicht wird, ihre Alternative mehrheitsfähig zu bewerben.[37] Das Bewertungsverbot untersagt es allen Staatsorganen, sich mit politischen Parteien oder einzelnen Wahlbewerbern „negativ" zu identifizieren, also staatliche Mittel und Möglichkeiten zu deren Lasten einzusetzen.[38] Das Bewertungsverbot ist bei der Öffentlichkeitsarbeit i. e. S. indes von lediglich untergeordneter Relevanz, da es sich i. d. R. um aufwertende Selbst- statt um abwertende Fremddarstellung handelt.[39]

III. Verbot der Wahlwerbung als Diskriminierungsverbot

Außerdem versteht das Bundesverfassungsgericht das Verbot der parteiergreifenden Einwirkung als Diskriminierungsverbot. Aufgrund der Formalisierung des Gleichheitssatzes sei jede unterschiedliche Behandlung politischer Parteien, durch die deren Chancengleichheit im politischen Wettbewerb verändert werden kann, untersagt, sofern sie nicht durch einen besonders zwingenden Grund gerechtfertigt werden könne, führt das Gericht stets aus.[40] Das Verbot wurzelt im Parteien- und Wahlrecht und wurde aus der Entscheidung des Grundgesetzes für ein Mehrparteiensystem entwickelt.[41] Ein Mehrparteiensystem kann sich nur entfalten, wenn die unterschiedlichen Parteien nicht nur „auf dem Papier" existieren, sondern ernsthaft gem. Art. 21 Abs. 1 Satz 1 GG bei der politischen Meinungs- und Willensbildung des Volkes mitwirken. Dazu bedarf es Freiheit zum und vor allem Freiheit im Wettbewerb der politischen Parteien um die Stimme des Wählers: Parteienrecht ist Wettbewerbsrecht.[42] Der Staat ist zwar nicht verpflichtet, bestehende Ungleichheiten auszugleichen, er darf sie aber auch nicht verschärfen. Der Parteienwettbewerb soll

---

[35] BVerfGE 44, 125 (146); *Badura*, in: AöR 97 (1972), 1 (2); *H. Klein/Schwarz*, in: Dürig/Herzog/Scholz, Grundgesetz, 94. EL. Jan. 2021, Art. 38 Rn. 71.

[36] Bereits BVerfGE 5, 85 (99); 44, 125 (145).

[37] Vgl. BVerfGE 70, 324 (363); *Grzeszick*, in: Dürig/Herzog/Scholz, Grundgesetz, 97. EL. Jan. 2022, Art. 20 II Rn. 53.

[38] Vgl. BVerfGE 138, 102 (115 Rn. 45); 148, 11 (28 Rn. 53); 154, 320 (337 Rn. 51); BVerfG NVwZ 2022, 1113 (1119 Rn. 114).

[39] Eine Ausnahme stellt das Verfahren BremStGH NVwZ 1985, 649 dar.

[40] Bereits BVerfGE 1, 208 (225); 4, 375 (382); 6, 84 (94); 6, 273 (280); 8, 51 (64 f.); 14, 121 (133); 24, 300 (341).

[41] Nicht ohne Grund spricht Art. 21 GG von „Parteien" im Plural.

[42] Umfassend *Morlok*, in: Häberle/ders./Skouris (Hrsg.), Festschrift für Dimitris Th. Tsatsos, 2003, 408 ff. Vgl. auch *H. Klein*, in: Dürig/Herzog/Scholz, Grundgesetz, 73. EL. Dez. 2014, Art. 21 Rn. 296.

möglichst frei von staatlicher Intervention ablaufen.[43] Im Rahmen der Öffentlichkeitsarbeit erscheint es *prima facie* fernliegend einen Verstoß gegen das Diskriminierungsverbot zu erkennen. Dieses wurde bislang hauptsächlich im Rahmen von Zugangsstreitigkeiten bei öffentlichen Einrichtungen relevant, etwa um einen Parteitag auszurichten oder bei der Zuteilung von Rundfunksendezeiten für Wahlwerbung der Parteien.[44] Die politische Gesinnung, selbst bei festgestellter Verfassungsfeindlichkeit,[45] ist dabei grundsätzlich kein sachlicher Grund für eine Differenzierung.[46] Es müsste sich um Öffentlichkeitsarbeit handeln, die verschiedene Parteien ungleich betrifft, ohne sich mit einer Partei zu identifizieren oder diese abzuwerten und dabei dennoch in den Parteienwettbewerb eingreift. In Betracht käme etwa ein allgemeiner Aufruf an einer Wahl teilzunehmen, der jedoch nur dort veröffentlicht und verbreitet wird, wo eine bestimmte Partei überdurchschnittlich viele Stimmen erhält, sodass zu erwarten ist, dass sich eine dort gestiegene Wahlbeteiligung sich positiv für eine bestimmte Partei auswirkt.[47] Gleichzeitig ist zu erkennen, dass im Grundsatz jeder Verstoß gegen das Identifikations- bzw. das Bewertungsverbot zugleich einen Verstoß gegen das Diskriminierungsverbot bedeutet. Denn von staatlicher Seite wird entweder zugunsten oder zulasten einer bestimmten Partei in den Parteienwettbewerb eingegriffen.

IV. Zusammenfassung

Das Bundesverfassungsgericht versteht das Verbot der Wahlwerbung als Identifikationsverbot i. e. S., als Bewertungsverbot und als Diskriminierungsverbot. Für die regierungsamtliche Öffentlichkeitsarbeit i. e. S. ist das Identifikationsverbot i. e. S., wie es auch in der Öffentlichkeitsarbeitsentscheidung 1977 zur Anwendung kam, von hervorgehobener Bedeutung.

B. Kritik an dem Urteil des Bundesverfassungsgerichts

Die Öffentlichkeitsarbeitsentscheidung 1977 war jedenfalls in der Begründung bereits innerhalb des erkennenden Senats umstritten. Es herrschten divergierende Auffassungen vor, die zu gleich zwei Sondervoten führten. Zum einen sah sich Joachim Rottmann, der weder Begründung noch Ergebnis des Urteils teilte, zu einem

[43] Etwa BVerfGE 42, 53 (59); 52, 63 (89); 73, 40 (89); 78, 350 (358); 85, 264 (297).

[44] *Morlok*, in: Dreier (Hrsg.), Grundgesetz Bd. II, 3. Aufl. 2015, Art. 21 Rn. 95, 99.

[45] BVerwGE 31, 368 (369); *v. Coelln*, in: Gröpl/Windthorst/ders. (Hrsg.), Grundgesetz, 5. Aufl. 2022, Art. 21 Rn. 44; *Ipsen/Koch*, in: Sachs (Hrsg.), Grundgesetz, 9. Aufl. 2021, Art. 21 Rn. 152; *Jarass*, in: ders./Pieroth, Grundgesetz, 16. Aufl. 2020, Art. 21 Rn. 24, 48.

[46] *Nellesen*, Äußerungsrechte staatlicher Funktionsträger, 2019, S. 108, verortet dies unter dem Bewertungsverbot.

[47] So der Sachverhalt in VG Hannover, Urt. v. 9.2.2016 – 1 A 12763/14, juris Rn. 39 ff.

Sondervotum veranlasst, zum anderen erstellte Geiger ein in der Begründung und Kostenentscheidung abweichendes Sondervotum, dem sich Martin Hirsch anschloss. Es verwundert daher kaum, dass auch in der Literatur Kritik an der Auffassung der Senatsmehrheit geäußert wurde. Bemerkenswerterweise wurde das Urteil im Ergebnis ganz überwiegend als richtig bewertet, es lassen sich jedoch in der Begründung bisweilen grundlegende Unterschiede in der Herangehensweise erkennen. Dies ist in erster Linie den weitreichenden Implikationen des Regelwerks der Senatsmehrheit geschuldet.

I. Kritik am Identifikationsverbot

Rottmann lehnt in seinem Sondervotum die Auffassung der Senatsmehrheit, insb. das Identifikationsverbot, ab. Die Senatsmehrheit habe ein Bild der parlamentarischen Demokratie, das der parteienstaatlichen Struktur der Bundesrepublik Deutschland nicht gerecht werde und die Verfassungswirklichkeit seit Entstehen der Bundesrepublik nicht ausreichend widerspiegle, so Rottmann. Die Demokratie des Grundgesetzes sei eine Parteiendemokratie und dessen Staat ein Parteienstaat. Aufgrund der zahlreichen Verschränkungen von Parteien und Staat sowie der hervorgehobenen Stellung der Parteien für das Staatswesen, etwa bei der Aufstellung der Bundestagskandidaten oder der Kanzlerwahl, sei das Verständnis einer parteipolitisch neutralen Regierung faktisch falsch, wirft Rottmann der Senatsmehrheit vor. Die Bundesregierung sei Exekutivausschuss der Regierungspartei bzw. -koalition. Infolge ihrer parteipolitischen Prägung treffe die Regierung als solche auch keine parteipolitische Neutralität im Wahlkampf, eine parteipolitische Betätigung sei vielmehr Bestandteil der Parteiendemokratie des Grundgesetzes.[48]

Diese Ausführungen Rottmanns zur parteienstaatlichen Struktur und der Verfassungswirklichkeit werden vielfach geteilt, sowohl in der Literatur als auch jüngst in einem Sondervotum Astrid Wallrabensteins zu einem Äußerungsfall.[49] Hat Rottmann – dem konkreten Sachverhalt geschuldet – lediglich das aus dem Identifikationsverbot folgende Verbot der regierungsamtlichen Wahlwerbung abgelehnt, zieht eine Vielzahl heutiger Stellungnahmen die parteipolitische Prägung der Regierungen heran, um eine allgemeine Neutralitätspflicht staatlicher Funktionsträger abzulehnen. Die Renaissance von Rottmanns Sondervotum sowie der Problematik in

---

[48] Zum Ganzen *Sondervotum Rottmann* BVerfGE 44, 125 (182 ff.).

[49] *Grimm*, in: Benda/Maihofer/Vogel (Hrsg.), Handbuch des Verfassungsrechts, 2. Aufl. 1994, § 14 Rn. 61 ff.; *Hufen*, in: LKRZ 2007, 41 (42, 47); *Krüper*, in: JZ 2015, 414 (415 ff.); *Payandeh*, in: Der Staat 55 (2016), 519 (540 ff.); *Putzer*, in: DÖV 2015, 417 (422 ff.); *Sondervotum Wallrabenstein* BVerfG NVwZ 2022, 1113 (1126 Rn. 10 ff.); *Wieland*, in: Krüper (Hrsg.), Die Organisation des Verfassungsstaats, 2019, 533 (547 f.); *Zuck*, in: NJW 1977, 1054.

ihrer Gesamtheit ist auf die derzeit vorherrschende „Konjunktur“[50] der Äußerungsfälle zurückzuführen. Die Fragestellung, welchen Grenzen staatliche Amtsinhaber bei ihren Äußerungen hinsichtlich politischer Parteien unterliegen, beschäftigt seit fast einem Jahrzehnt regelmäßig die deutschen Fach- und Verfassungsgerichte. Das dazugehörige Regelwerk hat zwar nur in ihrem Ausgangspunkt – die politische Neutralität staatlicher Amtsinhaber – etwas mit der Öffentlichkeitsarbeit i. e. S. zu tun, dennoch findet sich eine Vielzahl an Gemeinsamkeiten. Die einschlägige Judikatur ist umfangreich,[51] in der Literatur finden sich unzählige Veröffentlichungen.[52] Das Bundesverfassungsgericht hat für den Inhalt amtlicher Äußerungen stets parteipolitische Neutralität verlangt.[53] Die insoweit gesicherte Rechtsprechung könnte jedoch aufgrund von Richterwechseln im Zweiten Senat und des in der jüngsten Entscheidung enthaltenen Sondervotums ins Wanken geraten sein.[54]

1. Vermeintliche Irrelevanz des Identifikationsverbots für das Verbot der Wahlwerbung

Viele im Lager Rottmanns stehende Autoren sehen ein Verbot regierungsamtlicher Wahlwerbung als aus dem Grundgesetz begründet an. Dieses leiten sie jedoch primär aus dem Recht auf Chancengleichheit der Parteien im politischen Wettbewerb ab. Rottmann selbst sieht die Chancengleichheit dann als berührt an, wenn die Regierung Wahlkampfmaterialien in großem Umfang über die „Regierungsparteien“ in den Wahlkampf einführt. Diese Materialien kämen aufgrund ihrer parteiischen Färbung zwangsläufig nur den die Regierung tragenden Parteien zugute und nützten folglich den Oppositionsparteien nicht.[55] Dieser sehr restriktiven Auffassung schließen sich spätere Veröffentlichungen nicht an. Regelmäßig wird die auf einzelne

[50] *Krüper*, in: JZ 2015, 414 (414), verwendete als Erster diese mittlerweile weit verbreitete Formulierung.

[51] Allein aus den Verfassungsgerichtsbarkeiten: BVerfGE 138, 102; 140, 225; 148, 11; 154, 320; BVerfG NVwZ 2022, 1113; BerlVerfGH DÖV 2019, 405; NdsStGH NordÖR 2021, 272; RhPfVerfGH NVwZ-RR 2014, 665; SaarlVerfGH LVerfGE 25, 458; ThürVerfGH LVerfGE 25, 585; NVwZ 2016, 1408; ThürVBl. 2016, 281.

[52] Allein an Monografien: *Dişçi*, Der Grundsatz politischer Neutralität, 2019; *Eder*, „Rote Karte“ gegen „Spinner“?, 2017; *Growe*, Das Regierungsmitglied im parteipolitischen Diskurs, 2020; *Harding*, Staatliche Öffentlichkeitsarbeit in sozialen Netzwerken, 2023; *Nellesen*, Äußerungsrechte staatlicher Funktionsträger, 2019.

[53] BVerfGE 154, 320 wurde so erwartet, *Friehe*, in: NJW 2020, 2103 (2103); *Hillgruber*, in: JA 2020, 718 (720); *Honer*, in: RuP 2020, 419 (420); *Nellesen*, in: NVwZ 2020, 1032 (1033). Der damalige Vorsitzende des Zweiten Senates soll den Fall als „in seiner rechtlichen Dimension überschaubar“ bezeichnet haben, *Friehe*, in: NJW 2020, 2103 (2103); *Nellesen*, in: NVwZ 2020, 1032 (1032).

[54] BVerfG NVwZ 2022, 1113 wurde mit fünf zu drei Stimmen entschieden, es bleibt aber unklar, ob zwei der drei Gegenstimmen nur der Subsumtion der Senatsmehrheit oder dem Regelwerk insgesamt nicht zu folgen vermochten.

[55] *Sondervotum Rottmann* BVerfGE 44, 125 (188 ff., 195 f.).

Parteien bezogene Wahlwerbung durch die Regierung für unzulässig angesehen. Begründet wird dies mit einem Wettbewerbsvorteil für die „Regierungsparteien“. Wendet die Regierung zugunsten der sie tragenden Parteien staatliche Ressourcen auf, verschafft sie diesen Parteien einen Vorteil, den die Oppositionsparteien nicht haben.[56] Der Wahlkampf ist jedoch eine Aufgabe der Parteien und nicht der Regierung.[57] Die Öffentlichkeitsarbeitsentscheidung 1977 wird daher selbst von denjenigen, die der Begründung nicht bzw. nur in Teilen folgen, als im Ergebnis zutreffend erachtet.[58]

2. Bedeutung des Identifikationsverbots für das Verbot der Wahlwerbung

Eine Ablehnung des Identifikationsverbots hat dennoch Folgen für das Verständnis des Verbots der Wahlwerbung. Damit geht nämlich ein grundlegender Dissens über die Frage einher, in welchen Fällen staatliche Ressourcen in Anspruch genommen werden. *In concreto* stellt sich die Frage, ob erst das Ausnutzen finanzieller Mittel einen Wettbewerbsvorteil begründet oder bereits das Ausnutzen einer womöglich bestehenden Amtsautorität.

a) Amtsautorität als Wettbewerbsvorteil

Die Senatsmehrheit der Öffentlichkeitsarbeitsentscheidung 1977 hat dies – dem verfahrensgegenständlichen Sachverhalt geschuldet – nicht eindeutig herausgearbeitet. Teilweise wurde der Wettbewerbsvorteil auf monetäre staatliche Mittel reduziert,[59] teilweise aber auch das Identifikationsverbot bewusst verallgemeinert. Auch die als konkrete Ge- und Verbote zu verstehenden Sätze der Begründung sind allgemein gehalten.[60] Gleichwohl kann auf die Sondervoten zurückgegriffen werden, in denen sich jeweils ein Vertreter der vorstehend skizzierten Ansichten äußert. Zudem haben sich die jeweiligen Ansichten bereits im Anschluss an das Urteil sowie aufgrund jüngerer Stellungnahmen in der Literatur zu den Äußerungsfällen weiter konturiert. Innerhalb desjenigen Lagers, das die Amtsautorität als Wettbewerbs-

[56] *Grimm*, in: Benda/Maihofer/Vogel (Hrsg.), Handbuch des Verfassungsrechts, 2. Aufl. 1994, § 14 Rn. 65; *Honer*, in: RuP 2020, 419 (421); *Hufen*, in: LKRZ 2007, 41 (46); *Krüper*, in: JZ 2015, 414 (416); *Payandeh*, in: Der Staat 55 (2016), 519 (542); *Putzer*, in: DÖV 2015, 417 (423); *Sondervotum Wallrabenstein* BVerfG NVwZ 2022, 1113 (1126 f. Rn. 19 ff.).

[57] *Seifert*, in: DÖV 1977, 288 (289); *Wieland*, in: Krüper (Hrsg.), Die Organisation des Verfassungsstaats, 2019, 533 (548). So bereits *Sondervotum Geiger* BVerfGE 44, 125 (172).

[58] Wohl *Payandeh*, in: Der Staat 55 (2016), 519 (542); *Putzer*, in: DÖV 2015, 417 (423); *Wieland*, in: Krüper (Hrsg.), Die Organisation des Verfassungsstaats, 2019, 533 (548); *Sondervotum Wallrabenstein* BVerfG NVwZ 2022, 1113 (1127 Rn. 21). Im *Sondervotum Rottmann* BVerfGE 44, 125 (181) wird ein Verstoß der Ag. gegen das Grundgesetz, aber keine entsprechende Rechtsverletzung der Ast. bejaht.

[59] BVerfGE 44, 125 (143).

[60] BVerfGE 44, 125 (141, 144).

vorteil ansieht, werden unterschiedliche Begründungsansätze gewählt. Es wird vertreten, dass der Wettbewerbsvorteil aus einer Doppelrolle, die führende Parteipolitiker als staatliche Amtsinhaber einnehmen, entsteht. Das damit verbundene Prestige garantiere bei Wahlkampfaussagen eine besondere Glaubwürdigkeit, Objektivität oder Überparteilichkeit.[61] Eine amtliche Wahlkampfaussage sei daher eine besonders wirksame Wahlkampfmaßnahme.[62] Ähnlich lautet ein Begründungsansatz, der den aus der Amtsautorität abgeleiteten Wettbewerbsvorteil mit einem sog. Amtsbonus[63] oder anhand von Plausibilitätsüberlegungen begründet.[64] Zudem wird vermutet, Regierungsmitglieder hätten einen größeren Einfluss auf die öffentliche Meinungsbildung und besäßen damit einen natürlichen Wettbewerbsvorteil.[65] Jedenfalls komme ihnen ein Mehr an Aufmerksamkeit zu.[66] Teilweise wird die Amtsautorität auch als Wettbewerbsvorteil genannt, ohne eine echte Begründung anzuführen.[67]

b) Kritik am Verständnis der Amtsautorität als Wettbewerbsvorteil

Grundlegend verweigern Teile der frühen Literatur der Konzeption eines Amtsbonus und damit auch eines Vorteils aufgrund von Amtsautorität die Gefolgschaft. W. Leisner führt aus, dass ein solcher Bonus nicht existiere, da die Regierung gerade auch für Missstände verantwortlich gemacht werde und sich daher permanent in einem „Verteidigungsnotstand“ befände.[68] Andere Autoren verweisen darauf, dass die Auswirkung des Amtsbonus bzw. der Amtsautorität auf die politische Willensbildung nicht hinreichend empirisch belegt sei.[69] Es könnte nicht pauschal auf diese Schlagwörter verwiesen werden, um eine allgemeine Neutralitätspflicht zu be-

---

[61] *Friehe*, in: Uhle (Hrsg.), Information und Einflussnahme, 2018, 81 (91 f.); *Morlok*, in: Dreier (Hrsg.), Grundgesetz Bd. II, 3. Aufl. 2015, Art. 38 Rn. 94; *Trute*, in: I. v. Münch/Kunig, Grundgesetz Bd. 1, 7. Aufl. 2021, Art. 38 Rn. 60.

[62] *Sondervotum Geiger* BVerfGE 44, 125 (174 f.).

[63] *Häberle*, in: JZ 1977, 361 (365); *Nellesen*, in: NVwZ 2022, 1127 (1128).

[64] *Hillgruber*, in: Kluth (Hrsg.), „Das wird man ja wohl noch sagen dürfen.“, 2015, 77 (85); *Lindner/Bast*, in: NVwZ 2018, 708 (710).

[65] BVerfGE 138, 102 (114 Rn. 44 f.); *Kliegel*, in: Scheffcyk/Wolter (Hrsg.), Linien der Rechtsprechung des Bundesverfassungsgerichts Bd. 4, 2016, 413 (430).

[66] *Böckelmann/Mahle/Nahr*, in: Langenbucher (Hrsg.), Politik und Kommunikation, 1979, 93 (102); *Friehe*, in: Uhle (Hrsg.), Information und Einflussnahme, 2018, 81 (91 f.); *Morlok*, in: Dreier (Hrsg.), Grundgesetz Bd. II, 3. Aufl. 2015, Art. 38 Rn. 94; *Nellesen*, in: NVwZ 2022, 1127 (1128); *Spitzlei*, in: JuS 2018, 856 (856).

[67] *Engelbert/Kutscha*, in: NJW 1993, 1233 (1236); *Gärditz*, in: NWVBl. 2015, 165 (167); *Klafki*, in: I. v. Münch/Kunig, Grundgesetz Bd. 1, 7. Aufl. 2021, Art. 21 Rn. 50; *Michl*, in: NVwZ 2018, 491 (492).

[68] *W. Leisner*, Öffentlichkeitsarbeit der Regierung im Rechtsstaat, 1966, S. 154 f. Dies übernimmt *Jerschke*, Öffentlichkeitspflicht der Exekutive und Informationsrecht der Presse, 1971, S. 155.

[69] *Kempen*, in: Der Staat 18 (1979), 81 (84 f.); *Meinel*, in: Der Staat 60 (2021), 43 (82).

gründen.[70] Rottmann stellt auf die Verfassungswirklichkeit ab. Die Nutzung der dem Regierungsamt zukommenden Autorität zum Zwecke des Wahlkampfes sei ein wesentlicher und charakteristischer Bestandteil der politischen Ordnung unter Geltung des Grundgesetzes. Insoweit stelle dies einen Teil des Demokratieprinzips in seiner Ausprägung in der Verfassungswirklichkeit dar.[71] Die Regierung werde von bestimmten Parteien getragen und diese wollen „im Amt bleiben". Dies sei eine Selbstverständlichkeit, im Demokratieprinzip angelegt und stimme daher mit dem Grundgesetz überein. Die Nutzung der dem Regierungsamt zukommenden Autorität könne daher keinen verfassungswidrigen Wettbewerbsvorteil begründen.[72] Gegen einen Wettbewerbsvorteil wird außerdem angeführt, dass die von der Gegenansicht geltend gemachte erhöhte Gültigkeitsgewähr aufgrund der Überschneidungen zwischen Parteipolitiker und Amtsträger gerade nicht vorhanden sei. Der Bürger nehme den Amtsinhaber in seiner Doppelrolle wahr und vertraue daher gerade nicht in erhöhtem Maße auf den Inhalt der Aussage.[73] Selbst aus der Inanspruchnahme von Amtsautorität könne kein chancengleichheitswidriger Wettbewerbsvorteil gezogen werden, da jede Äußerung von der Amtsautorität ihres Inhabers profitiere. Sie könne daher überhaupt nicht bewusst genutzt werden. Auch dies sei zwingende Folge der parteilichen Überformung der Staatsämter der bundesrepublikanischen Verfassungswirklichkeit.[74] Ferner hängt sich die Kritik an dem Begriff „Autorität" auf. Amtsautorität sei keine „eigene" Ressource des Staatsamtes, sondern ein Ergebnis der externen Zuschreibung durch den Bürger. Sie könne daher nicht chancengleichheitswidrig in Anspruch genommen werden.[75] Schließlich wird kritisiert, dass der Begriff Amtsautorität zu unbestimmt sei.[76]

c) Stellungnahme zur Kritik

An dieser Stelle kann und soll nicht vollumfassend zu der Frage ausgeführt werden, ob die Parteiendemokratie des Grundgesetzes einer Verpflichtung der Regierung zu parteipolitischer Neutralität entgegensteht.[77] In gebotener Kürze soll auf die wesentlichen Argumente der Gegenansicht eingegangen werden.

---

[70] *Payandeh*, in: Der Staat 55 (2016), 519 (541 f.).

[71] *Sondervotum Rottmann* BVerfGE 44, 125 (184 f.).

[72] *Sondervotum Rottmann* BVerfGE 44, 125 (191).

[73] *Payandeh*, in: Der Staat 55 (2016), 519 (541).

[74] *Putzer*, in: DÖV 2015, 417 (422).

[75] *Krüper*, in: JZ 2015, 414 (415). Dabei verkennt *ders.*, dass es sich bei Amtsautorität um eine normative Ressource *qua* Amt handelt, *Kuch*, in: AöR 142 (2017), 491 (511 Fn. 91).

[76] *Madjarov*, in: GreifRecht 2015, 59 (62).

[77] Zur Parteiendemokratie siehe *Herzog*, Verfassungsrechtliche Grundlagen des Parteienstaates, 1993, insb. S. 8; *H. Klein*, in: Dürig/Herzog/Scholz, Grundgesetz, 73. EL. Dez. 2014, Art. 21 Rn. 161; *Kühne*, in: Neuhaus (Hrsg.), Verfassung und Verwaltung, 1994, 309 (314 f.).

aa) Schluss vom Sein auf das Sollen

Eine derartige Auffassung schließt vom tatsächlichen Sein auf das rechtliche Sollen, gewichtet also den primär in der Verfassungswirklichkeit existierenden Parteienstaat gegenüber den im Grundgesetz angelegten Prozess der Willensbildung vom Volk hin zu den Staatsorganen über.[78] Als Staatsorgan ist die Regierung strikt an das Gemeinwohl gebunden und darf kein Mittel zur Perpetuierung von politischen Herrschaftsverhältnissen werden.[79] Eine solche Perpetuierung bewirkte die regierungsamtliche Wahlwerbung aber. Eine jede Regierung würde ihre Legislaturperiode und die ihr zur Verfügung stehenden Mittel dafür nutzen, sich eine weitere Legislaturperiode zu sichern. Eine Parlamentswahl sowie eine daraus resultierende Regierungsbildung ist aber gerade keine „Machtübergabe" der vorherigen an die nachfolgende Regierung. Es handelt sich um eine jedes Mal aufs Neue stattfindende Betrauung mit öffentlichen Ämtern und Positionen, die von den Inhabern zum Nutzen aller „treuhänderisch" auszuüben sind.[80] Diese Erwartungshaltung muss an Amtsträger in einem demokratischen Gemeinwesen gestellt werden.

Während die tatsächlichen Beobachtungen der parteipolitischen Prägung von Regierungen zutreffend sind, erschöpft sich die Argumentation gegen ein Identifikationsverbot regelmäßig im Verweis auf das Tatsächliche. Den Beobachtungen der Verfassungswirklichkeit stehen Ansätze gegenüber, die die grundgesetzliche Konzeption eines parteipolitisch neutralen Staates darlegen. Dabei wird sich auf das Demokratieprinzip, das Amtsprinzip bzw. die Grundsätze des Berufsbeamtentums, den Grundsatz der Staatsfreiheit der Meinungs- und Willensbildung, die Grundrechte, den Grundsatz der Chancengleichheit sowie das in Art. 3 Abs. 3 GG niedergelegte Benachteiligungs- und Bevorzugungsverbot bezogen.[81] Diese normativen Argumente überwiegen dabei deutlich.[82] Die gelebte Verfassungswirklichkeit kann nicht gegenüber der im Grundgesetz vorgesehenen Konzeption überwiegen.[83] Es würde eine Kapitulation vor der Verfassungswirklichkeit darstellen, ein Identifika-

---

[78] I. d. S. bereits *Häberle*, in: JZ 1977, 361 (362).

[79] *Engelbert/Kutscha*, in: NJW 1993, 1233 (1234, 1236); *Häberle*, in: JZ 1977, 361 (364 f.); *Jarass*, in: NJW 1981, 193 (195).

[80] *Seifert*, Die politischen Parteien im Recht der Bundesrepublik Deutschland, 1975, S. 414. Zum Ganzen siehe *Harding*, Staatliche Öffentlichkeitsarbeit in sozialen Netzwerken, 2023, S. 30 f.

[81] *Dişçi*, Der Grundsatz politischer Neutralität, 2019, S. 123 ff.; *Eder*, „Rote Karte" gegen „Spinner"?, 2017, S. 32 ff.; *Harding*, Staatliche Öffentlichkeitsarbeit in sozialen Netzwerken, 2023, S. 277 ff.; *Nellesen*, Äußerungsrechte staatlicher Funktionsträger, 2019, S. 50 ff. Zum Erfordernis politischer Neutralität in der Parteiendemokratie des Grundgesetzes siehe *Kuch*, in: AöR 142 (2017), 491 (520 ff.).

[82] I. d. S. auch *Lenski*, in: DÖV 2014, 585 (585). Siehe zudem *Harding*, Staatliche Öffentlichkeitsarbeit in sozialen Netzwerken, 2023, S. 30.

[83] Zu *Leibholz'* Parteienstaatsdoktrin eingehend unten Kap. 7 C.I.2.

tionsverbot abzulehnen.[84] Die Wirklichkeit hat das Recht abzubilden, nicht das Recht die Wirklichkeit.[85]

bb) Widerspruch zwischen zulässiger Identifikation, aber Verbot der Mittelnutzung

Zudem erscheint es widersprüchlich, eine Identifikation der Staatsorgane mit einzelnen Parteien als aus dem Demokratieprinzip geboten anzusehen, aber eine hierauf bezogene Nutzung staatlicher Ressourcen zu untersagen. Konsequenterweise müsste eine vollständige Identifikation der Regierung mit den sie tragenden Parteien dazu führen, dass auch die Nutzung staatlicher Ressourcen als zulässig anzusehen wäre.[86] Ein Verstoß gegen das Recht der Parteien auf Chancengleichheit im politischen Wettbewerb könnte sich hieraus nicht ergeben, da der parteipolitische Wettbewerb im Staat des Grundgesetzes „nach den Regeln" des Grundgesetzes abläuft. Sähe das Grundgesetz keine Neutralität der Regierung vor, könnte auch die Inanspruchnahme staatlicher Ressourcen keinen grundgesetzwidrigen Wettbewerbsverstoß begründen. Die insoweit ungleiche Wettbewerbssituation ergäbe sich schließlich aus dem Demokratieprinzip selbst und wäre daher hinzunehmen. Diese Art von politischem Wettbewerb kann aber nicht gewollt sein.[87]

cc) Aufmerksamkeits- und Glaubwürdigkeitsvorsprung der Regierung

Die Inanspruchnahme von Amtsautorität ist wie die Nutzung staatlicher Ressourcen als ein Mittel anzusehen, das den Oppositionsparteien nicht zusteht und daher einen Wettbewerbsvorteil der Regierung sowie der „Regierungsparteien" begründet.[88] Die Besonderheit der Amtsautorität liegt in der Möglichkeit den öffentlichen Diskurs entscheidend zu lenken. Regelmäßig orientiert sich der öffentliche Diskurs an den Maßnahmen und Vorhaben der Regierung, denn (nur) für diese Maßnahmen und Vorhaben besteht eine realistische Chance, dass sie auch umgesetzt werden.[89] So lobenswert konstruktive Oppositionsarbeit auch sein mag, erstes Objekt

---

[84] *Grimm*, in: Benda/Maihofer/Vogel (Hrsg.), Handbuch des Verfassungsrechts, 2. Aufl. 1994, § 14 Rn. 63.

[85] *Seifert*, Die politischen Parteien im Recht der Bundesrepublik Deutschland, 1975, S. 155 ff. Zum Verhältnis von Verfassungsgrundsätzen zur -wirklichkeit im Parteienrecht siehe *Streinz*, in: v. Mangoldt/F. Klein/Starck, Grundgesetz Bd. 2, 7. Aufl. 2018, Art. 21 Rn. 84. Zur „Wirklichkeit" in der Rechtsdogmatik siehe *Gusy*, in: JZ 1991, 213 ff.

[86] Anschauliches Beispiel bei *Nellesen*, in: NVwZ 2022, 1127 (1128).

[87] Vgl. *Seifert*, Die politischen Parteien im Recht der Bundesrepublik Deutschland, 1975, S. 416.

[88] Vgl. *Seifert*, Die politischen Parteien im Recht der Bundesrepublik Deutschland, 1975, S. 414 f.

[89] *Nellesen*, Äußerungsrechte staatlicher Funktionsträger, 2019, S. 24.

der öffentlichen Auseinandersetzung bleibt die Regierungsarbeit. Die Fähigkeit den öffentlichen Diskurs zu bestimmen und zu lenken, begründet einen jedem Regierungsamt zukommenden Aufmerksamkeitsvorschuss.[90] Darüber hinaus ist auch ein Glaubwürdigkeitsvorsprung aus dem Regierungsamt begründet.[91] Die Fähigkeit, die angekündigten Maßnahmen und Vorhaben auch umzusetzen und die damit einhergehende Verantwortlichkeit, sollten diese nicht umgesetzt werden, lässt bei den Bürgern das berechtigte Vertrauen entstehen, dass amtliche Aussagen der Wahrheit entsprechen.[92] Dies lässt sich auch aus der staatlichen Autorität sowie der aus Art. 20 Abs. 3 GG bestehenden Bindung an Recht und Gesetz begründen.[93] Ferner dürfte auch das Prestige eines Regierungsamtes, sinnbildlich belegt durch den Amtseid des Art. 56, 64 Abs. 2 GG, eine besondere Glaubwürdigkeit nahelegen. Kein Oppositionspolitiker muss unter Eid bezeugen, Schaden vom deutschen Volk abzuwenden und seine Pflichten gewissenhaft zu erfüllen, ein jedes Regierungsmitglied hingegen schon. Das Verbreiten von Unwahrheiten durch einen Oppositionspolitiker mag der demokratischen Kultur nicht zuträglich sein, *per se* rechtswidrig ist es nicht. Das Verbreiten von Unwahrheiten durch den Staat ist jedoch grds. unzulässig,[94] denn es verstößt gegen das Prinzip der Wahrheitstreue, einer Konkretisierung der Staatsaufgabe Öffentlichkeit.[95] Hat der Staat berechtigte Gründe eine Information nicht mitzuteilen, hat er zu schweigen.[96] Aus alledem erwächst eine berechtigte Erwartungshaltung des Bürgers auf wahrheitsgemäße Kommunikation – auch im Rahmen der Öffentlichkeitsarbeit. Mit dieser Erwartungshaltung lässt sich der Glaubwürdigkeitsvorsprung amtlicher Äußerungen erklären.

---

[90] Vgl. *Böckelmann/Mahle/Nahr*, in: Langenbucher (Hrsg.), Politik und Kommunikation, 1979, 93 (102). Ähnlich *Harding*, Staatliche Öffentlichkeitsarbeit in sozialen Netzwerken, 2023, S. 30; *Nellesen*, Äußerungsrechte staatlicher Funktionsträger, 2019, S. 23 ff.; *ders.*, in: NVwZ 2022, 1127 (1128).

[91] *Nellesen*, Äußerungsrechte staatlicher Funktionsträger, 2019, S. 22 f., führt dies auf ein grundlegendes Vertrauen der Bürger in den Staat zurück.

[92] *Towfigh/Ulrich*, in: W. Kahl/Waldhoff/Walter (Hrsg.), Grundgesetz, 205. Akt. Juli 2020, Art. 21 Rn. 222.

[93] *Guckelberger*, in: Hill/Schliesky (Hrsg.), Die Vermessung des virtuellen Raums, 2012, 73 (77).

[94] Vgl. BVerfGE 105, 252 (273); *Bilsdorfer*, Polizeiliche Öffentlichkeitsarbeit in sozialen Netzwerken, 2019, S. 232; *Harding*, Staatliche Öffentlichkeitsarbeit in den sozialen Netzwerken, 2023, S. 354; *Schmalenbach*, in: NVwZ 2005, 1357 (1361); *Schürmann*, Öffentlichkeitsarbeit der Bundesregierung, 1992, S. 312. *Mast*, Staatsinformationsqualität, 2020, S. 260 ff., erkennt Ausnahmen in Extremfällen an.

[95] *Jarass*, in: NJW 1981, 193 (195). Siehe bereits BGH NJW 1955, 97 sowie *Bettermann* ebd.

[96] So berechtigt etwa das „Staatswohl“ zur Verweigerung der Aktenherausgabe bzw. der Aussage vor einem Untersuchungsausschuss, niemals aber zur Lüge, BVerfGE 124, 78 (123); 137, 185 (240); 143, 101 (142).

3. Kritik der fehlenden Empirie

Die Tatsache, dass das Bundesverfassungsgericht das Ausmaß der Einwirkung der Öffentlichkeitsarbeit auf die Staatsfreiheit der Willensbildung nicht näher bestimmt, sondern im Wege einer Plausibilitätsbetrachtung unterstellt,[97] wird aus unterschiedlichen Perspektiven als Grundlage für Kritik am Urteil genutzt.

a) Kein Aspekt der Chancengleichheit

Kempens trägt vor, es sei empirisch ungesichert, welche Folgen die Regierungsbeteiligung einer Partei für den politischen Wettbewerb habe. So sei es zwar plausibel, dass sie ihr zugutekomme, Nachteile erscheinen aber ebenfalls möglich, Parteien böten in Regierungsbeteiligung mehr Angriffsfläche.[98] Kempen verweist zudem auf die Parteienfinanzierungsentscheidung 1966, in der nicht zwischen Parteien, die die Regierung tragen, und solchen die in der Opposition sind, unterschieden wurde. Der Staat sei lediglich dazu aufgerufen, die bestehende faktische Ungleichheit der Wettbewerbschancen nicht zu verschärfen.[99] Daher hätte auf das Kriterium der Chancengleichheit zur Abgrenzung zwischen zulässiger und unzulässiger Öffentlichkeitsarbeit nur abgestellt werden können, wenn der Senat – aus Sicht Kempens entgegen der Parteienfinanzierungsentscheidung 1966 – die Regierungsbeteiligung einer Partei doch als maßgeblich angesehen hätte. Zudem hätte empirisch belegt werden müssen, ob sich die Beteiligung an der Regierung positiv oder negativ auswirke. Dies alles sei aber nicht erfolgt. Der Senat hätte daher nicht auf das Kriterium der Chancengleichheit abstellen dürfen, denn dieses verbiete nur die nachweisbare Beeinflussung der Wähler.[100]

b) Mangel an Empirie

Auch Schürmann bemängelt in seiner Monografie, dass die Beeinflussungsmöglichkeiten der Öffentlichkeitsarbeit nicht derart ausgeprägt seien, wie seitens des Gerichts vermutet.[101] Dem Senat unterlaufe ein Abwägungsdefizit, da er nicht ausreichend berücksichtige, dass die staatliche Publizität beeinträchtigt, der politische Diskurs somit gedämpft und der Bürger schließlich fremdbestimmt werde.[102] Das Gericht überschätze die Risiken, unterschätze jedoch die negativen Folgen für die Kommunikationsfreiheiten und die Chancen der die Regierung tragenden Par-

---

[97] *Böckelmann/Mahle/Nahr*, in: Langenbucher (Hrsg.), Politik und Kommunikation, 1979, 93 (107); *Böckelmann/Nahr*, Staatliche Öffentlichkeitsarbeit im Wandel politischer Kommunikation, 1979, S. 67 ff.

[98] *Kempen*, in: Der Staat 18 (1979), 81 (84).

[99] *Kempen*, in: Der Staat 18 (1979), 81 (85), unter Verweis auf BVerfGE 20, 56 (118).

[100] *Kempen*, in: Der Staat 18 (1979), 81 (85 f.).

[101] *Schürmann*, Öffentlichkeitsarbeit der Bundesregierung, 1992, S. 370 ff., 381 f.

[102] *Schürmann*, Öffentlichkeitsarbeit der Bundesregierung, 1992, S. 384 ff.

teien im politischen Wettbewerb im Falle eines Ausbleibens der Öffentlichkeitsarbeit.[103] In dieselbe Kerbe schlägt auch Engel. Das Gericht skizziere lediglich die Möglichkeit einer Verzerrung des Stimmenwettbewerbs, bestimme aber nicht dessen Stärke.[104] Um eine korrekte Abwägung zwischen dem Nutzen regierungsamtlicher Öffentlichkeitsarbeit und der Gefahr der Verzerrung des Stimmenwettbewerbs vorzunehmen, wäre eine konkrete Bestimmung erforderlich gewesen.[105] Nach Engel erschöpfe sich der Effekt von Öffentlichkeitsarbeit im Verhindern der Abwanderung von Stammwählern.[106]

c) Stellungnahme

Die Ansichten verkennen, dass es keiner empirischen Grundlage bedarf, um die Unzulässigkeit staatlichen Handelns zu begründen. Insb. im Wahlrecht gilt bei der Wahlprüfungsbeschwerde zwar der Grundsatz der Mandatsrelevanz, es muss aber nicht empirisch-mathematisch nachgewiesen werden, dass ohne den konkreten Wahlfehler die Sitzverteilung eine andere wäre. Nach dem Grundsatz der potenziellen Kausalität reicht vielmehr aus, dass eine nach der allgemeinen Lebenserfahrung konkrete und nicht ganz fernliegende Möglichkeit besteht.[107] Diesen Gedanken kann man auf die Öffentlichkeitsarbeit übertragen. Bereits der potenzielle (staatliche) Einfluss auf das Wahlergebnis muss rechtliche Relevanz entfalten.[108] Aufgrund der Bedeutung der Wahl in einem demokratischen Rechtsstaat sollte bereits die abstrakte Gefährdung als Schwelle zur Unzulässigkeit eines staatlichen Handelns ausreichen. Dabei erscheint es nach der allgemeinen Lebenserfahrung möglich, dass bei Nutzung der überlegenen Kommunikationsmöglichkeiten der Regierung zugunsten der „Regierungsparteien", ein Vorteil gegenüber den Oppositionsparteien besteht.[109]

Zudem stellt sich die Frage, wie eine solche empirische Grundlage gefunden werden soll. Es müsste der Nachweis erbracht werden, dass (mono-)kausal rückführbar auf die regierungsamtliche Öffentlichkeitsarbeit, eine bestimmte Anzahl an Wählern die die Regierung tragenden Parteien anstelle der Oppositionsparteien

---

[103] *Schürmann*, Öffentlichkeitsarbeit der Bundesregierung, 1992, S. 395; *ders.*, in: NVwZ 1992, 852 (855).

[104] *Engel*, in: Isensee/P. Kirchhof (Hrsg.), Handbuch des Staatsrechts Bd. IV, 3. Aufl. 2006, § 80 Rn. 11, 13.

[105] *Engel*, in: Isensee/P. Kirchhof (Hrsg.), Handbuch des Staatsrechts Bd. IV, 3. Aufl. 2006, § 80 Rn. 11, 14.

[106] *Engel*, in: Isensee/P. Kirchhof (Hrsg.), Handbuch des Staatsrechts Bd. IV, 3. Aufl. 2006, § 80 Rn. 20 f.

[107] BVerfGE 89, 291 (304); *H. Klein/Schwarz*, in: Dürig/Herzog/Scholz, Grundgesetz, 94. EL. Jan. 2021, Art. 41 Rn. 109.

[108] Wie hier *Murswiek*, in: DÖV 1982, 529 (537). I. d. S. auch *Hahn*, in: JZ 1996, 723 (739); *Häberle*, in: JZ 1977, 361 (370); *Schürmann*, Öffentlichkeitsarbeit der Bundesregierung, 1992, S. 358.

[109] *Nellesen*, in: NVwZ 2022, 1127 (1128). Bereits *Sondervotum Geiger* BVerfGE 44, 125 (169 f.); *Studenroth*, in: AöR 125 (2000), 257 (258, 270).

gewählt haben.[110] Die Wahlentscheidung ist jedoch in vielen Fällen von einer überaus großen Anzahl an Einflussfaktoren abhängig, die oft dem einzelnen Wähler selbst nicht bekannt sind. Die menschliche Entscheidungsfindung, insb. bei der Wahlentscheidung, lässt sich in den wenigsten Fällen auf die Frage reduzieren, ob ein bestimmter Inhalt der Öffentlichkeitsarbeit wahrgenommen wurde oder nicht.[111] Dem gegenüber ist darauf hinzuweisen, dass der Staat die bestehende Ungleichheit zwischen den Parteien bereits dann verschärft, wenn er parteiergreifend in den parteipolitischen Wettbewerb zugunsten einer bestimmten Partei einwirkt. Die Verhältnisse werden gerade nicht als gegeben hingenommen, sondern es wird aktiv darauf hingewirkt, dass bestimmte Parteien in ihrer Position eine Verbesserung, andere eine Verschlechterung erfahren. Selbst wenn sich der Effekt der Öffentlichkeitsarbeit darin erschöpfen würde, die Wähler erneut zur Stimmabgabe „i. S. d. Regierung" zu motivieren, läge darin bereits eine unzulässige Perpetuierung von Herrschaftsverhältnissen und ein Verstoß gegen das Prinzip der Volkssouveränität sowie der zeitlich limitierten Herrschaft.

II. Zusammenfassung

Das Verbot der Wahlwerbung als Grenze der Öffentlichkeitsarbeit überzeugt. Weder die Kritik am Identifikationsverbot noch der Vorwurf der fehlenden Empirie tragen. Die Unzulässigkeit regierungsamtlicher Wahlwerbung ergibt sich in einer Gesamtschau aus dem Demokratieprinzip gemäß Art. 20 Abs. 1, Abs. 2 GG, dem Prinzip der Volkssouveränität, Art. 20 Abs. 2 GG, sowie dem Recht der Parteien auf Chancengleichheit im politischen Wettbewerb gem. Art. 21 Abs. 1, 38 Abs. 1 GG. Aus der Verpflichtung der Bundesregierung zu parteipolitischer Neutralität ergibt sich daher ein Betätigungsverbot im Bereich des Parteienwettbewerbs.

C. Zeitlicher Anwendungsbereich des Verbots der Wahlwerbung

Bereits im Anschluss an die Öffentlichkeitsarbeitsentscheidung 1977 wurde in Teilen der Literatur erkannt, dass das Verbot der regierungsamtlichen Wahlwerbung für den Parteienwettbewerb in seiner Gesamtheit zu gelten hat.[112] Das Landesverfassungsgericht Sachsen-Anhalt hat dies in seinem Urteil vom 22. Februar 1996

---

[110] Ebenso SachsAnhVerfG JZ 1996, 723 (725); *Häberle*, in: JZ 1977, 361 (370).

[111] Vgl. hierzu *Sondervotum Geiger* BVerfGE 44, 125 (169 ff.).

[112] *Seifert*, in: DÖV 1977, 288 (289 f.). Vgl. auch *Häberle*, in: JZ 1977, 361 (366 Fn. 75); *Leonardy*, in: ZParl 1978, 23 (24). Zudem bereits *Seifert*, Die politischen Parteien im Recht der Bundesrepublik Deutschland, 1975, S. 151.

klargestellt.[113] Teilweise wird vorgetragen, dass erst seit diesem Urteil feststehe, dass die Regierung sich auch außerhalb der Wahlkampfzeiten parteipolitisch neutral verhalten zu habe.[114] Dem ist aber zu entgegnen, dass sich die allgemeine Geltung des Verbots bereits hinreichend deutlich aus der Öffentlichkeitsarbeitsentscheidung 1977 ergibt.[115]

Der für das Regelwerk der Öffentlichkeitsarbeit relevante Teil der Entscheidungsgründe des Urteils ist in einen „Allgemeinen Teil" (C.IV.1.) und einen „Besonderen Teil" (C.IV.2.–5.) gegliedert. Der allgemein gehaltene Teil entfaltet umfassende Geltung, während der „Besondere Teil" nur unter bestimmten Voraussetzungen Anwendung findet. Das Gericht stellt dabei als allgemeinen Maßstab auf, dass sich die Öffentlichkeitsarbeit im Rahmen des vom Grundgesetz der Regierung zugewiesenen Aufgaben- und Zuständigkeitsbereiches zu halten habe (C.IV.1.). Daraus folgt, dass die Kompetenzordnung zu wahren (Buchstabe a) und das Verbot der Wahlwerbung (Buchstabe b) zu beachten ist. Die adverbiale Bestimmung „stets" verdeutlicht die umfassende Geltung, insb. auch in zeitlicher Hinsicht. Auch die Begründung der Neutralitätspflicht der Regierung zeigt ihre umfassende Geltung auf. Sie wurzelt darin, dass die Regierung dem ganzen Volk und Parlament verantwortlich ist. Dementsprechend hat sich die Öffentlichkeitsarbeit auf das Staatsganze zu beziehen.[116] Eine auf das Staatsganze bezogene Verantwortung kann nicht nur auf die Wahlkampfzeiten beschränkt sein. Wenn sich nun der Senat unter C.IV.3. zu den besonderen Grenzen in Wahlkampfnähe äußert, soll damit nicht ausgesagt werden, dass die Regierung außerhalb des Wahlkampfes nicht zur Neutralität verpflichtet sei. Vielmehr trifft die Regierung im Wahlkampf das besondere Gebot äußerster Zurückhaltung.[117] Außerhalb des Wahlkampfes ist die Regierung in Sachen Öffentlichkeitsarbeit zwar nicht mehr zur äußersten Zurückhaltung verpflichtet, es trifft sie aber weiterhin die allgemeine Neutralitätspflicht. Dennoch sah sich auch das Bundesverfassungsgericht dazu bewogen, die zeitlich umfassende Geltung des Verbots der parteiergreifenden Einwirkung in einem späteren Kammerbeschluss zu akzentuieren.[118] Jedenfalls seit diesem Beschluss ist die zeitlich vollumfassende Geltung des Verbots der regierungsamtlichen Wahlwerbung Konsens.[119]

---

[113] SachsAnhVerfG JZ 1996, 723 (724).

[114] *Hahn*, in: JZ 1996, 726 (726); *Schwarzer*, Staatliche Öffentlichkeitsarbeit, 1999, S. 176; *Sondervotum Wallrabenstein* BVerfG NVwZ 2022, 1113 (1126 Rn. 9).

[115] Ebenso *Mandelartz/Grotelüschen*, in: NVwZ 2004, 647 (650); *Schürmann*, Öffentlichkeitsarbeit der Bundesregierung, 1992, S. 302 ff.

[116] BVerfGE 44, 125 (149 f.).

[117] BVerfGE 44, 125 (151 f.).

[118] BVerfGE 140, 225 (227 Rn. 9).

[119] Siehe BVerfGE 148, 11 (25 f. Rn. 46); 154, 320 (336 Rn. 48); BVerfG NVwZ 2022, 1113 (1114 Rn. 74). Ebenso *Trute*, in: I. v. Münch/Kunig, Grundgesetz Bd. 1, 7. Aufl. 2021, Art. 38 Rn. 60.

D. Indiziengeprägte Feststellung

Wann regierungsamtliche Öffentlichkeitsarbeit in Form von Wahlwerbung vorliegt, beurteilt das Bundesverfassungsgericht anhand von Indizien, die sich u. a. aus dem Inhalt, der äußeren Form oder dem Zeitpunkt der Vornahme des konkreten Inhalts der Öffentlichkeitsarbeit ergeben können.[120] An dieser indiziengeprägten Feststellung soll sich auch vorliegend orientiert werden. Wann noch zulässige Öffentlichkeitsarbeit in Form von „Regierungswerbung" in unzulässige Öffentlichkeitsarbeit in Form von Wahlwerbung umschlägt, ist – wie noch zu zeigen ist – selten eindeutig. Wenn sich das Vorliegen von Wahlwerbung aus der äußeren Form oder dem Zeitpunkt der Vornahme der Öffentlichkeitsarbeit ergeben könnte, ist die Feststellung oftmals mit einer Abwägung zwischen der Gebotenheit der Öffentlichkeitsarbeit und dem Verbot der Wahlwerbung verbunden. Die Notwendigkeit einer Abwägung führt dazu, dass nur von Einzelfall zu Einzelfall entschieden werden kann. Eine Handhabung mittels Indizien überlässt dem Rechtsanwender das hierfür notwendige Maß an Flexibilität.

I. Inhaltliches Indiz

Das Bundesverfassungsgericht führt aus, dass der Inhalt für das Vorliegen von Wahlwerbung spreche, wenn die Bundesregierung sich aktiv mit der parteilichen Ebene vermenge. Dies ist der Fall, wenn sie sich als von bestimmten Parteien getragen darstelle, für diese „Regierungsparteien" werbe oder sich negativ über die Oppositionsparteien bzw. deren Wahlbewerber äußere. Insb. wenn die Regierung ihren Wunsch offenbare, „im Amt bleiben zu wollen", etwa durch ein Beleuchten in der Legislaturperiode erbrachter Leistungen, Erfolge und Errungenschaften, oftmals mit dem Zusatz, dass nur sie dies auch zukünftig garantieren könne, sei das Indiz erfüllt.[121] Wie bereits ausgeführt, wurzelt dieses Verbot im Umstand, dass den Staatsorganen stets nur zeitlich begrenzt Hoheitsgewalt übertragen wird. Eine „Wiederwahl" als Regierung ist aus rechtlicher Perspektive nicht möglich, da sich mit Ende der Legislaturperiode der Bundestag nach dem Grundsatz der Diskontinuität auflöst und erst wieder auf ein Neues konstituieren muss. Nur im Anschluss kann wieder ein Bundeskanzler gewählt werden, Art. 63 Abs. 1, Abs. 2 GG, der seinerseits die Bundesminister dem Bundespräsidenten zur Ernennung vorschlägt, Art. 64 Abs. 1 GG. Ein „Hineinwirken" in die kommende Wahlperiode ist unzulässig. Das inhaltliche Indiz ist ein konkretes Anwendungsbeispiel des Identifikationsverbots i. e. S.[122] Es findet sich daher auch keine Kritik, die sich explizit gegen

[120] BVerfGE 44, 125 (149 f.).

[121] BVerfGE 44, 125 (150). Siehe auch StGH BW ESVGH 31, 81 (87 f.); BremStGH NVwZ 1985, 649 (650 f.).

[122] Zum Ganzen oben Kap. 5 A.I.

einzelne Ausprägungen des inhaltlichen Indizes richtet, vielmehr wird das Identifikationsverbot i. e. S. als Ganzes abgelehnt. An anderer Stelle wurde bereits dargelegt, dass dies nicht überzeugen kann.[123]

II. Formelles Indiz

Die äußere Form und Aufmachung indiziert nach dem Bundesverfassungsgericht das Vorliegen von Wahlwerbung, wenn der informative Gehalt eindeutig hinter die reklamehafte Aufmachung zurücktritt.[124] Werde im Vorfeld der Wahl vermehrt Öffentlichkeitsarbeit betrieben, die weniger der inhaltlichen Information als vielmehr der Bekanntheits- und Beliebtheitssteigerung der einzelnen Regierungsmitglieder diene, liege ein Indiz für Wahlwerbung vor, so das Gericht. Insb. sei dies der Fall, wenn die persönlichen Qualitäten hervorgehoben werden und ein Bild gezeigt werde.[125] Das Gericht stellt in der Anwendung dieser Maßstäbe auf einen geringen Informationsgehalt gegenüber einem hohen Maß an personenbezogener Sympathiewerbung ab.[126] In der Anwendung durch die Landesverfassungsgerichtsbarkeit drückt sich eine reklamehafte Aufmachung etwa durch eine hervorgehobene Verwendung von Bildern oder großformatigen Überschriften aus, die in Kombination an Wahlplakate erinnern sollen.[127]

1. Kritik am formellen Indiz

Es wird vorgetragen, dass die auch in der Vorwahlzeit zulässige, neutrale und objektive Information ebenso geeignet sei, den Wählerwillen zu beeinflussen, wie die unzulässige reklameartige Sympathiewerbung. Ein Untersagen dieser Form der Öffentlichkeitsarbeit sei widersprüchlich.[128] Information und Werbung ließen sich zudem kaum trennen, die vom Gericht entworfenen Kriterien seien impraktikabel.[129] „In der Hitze des Wahlkampfes“ gehe der Sinn für solche Differenzierungen ver-

[123] Siehe oben Kap. 5 B.I.

[124] BVerfGE 44, 125 (150 f.).

[125] BVerfGE 44, 125 (151).

[126] Vgl. BVerfGE 44, 125 (158, 160, 162).

[127] StGH BW ESVGH 31, 81 (87); BremStGH NVwZ 1985, 649 (650); HessStGH NVwZ 1992, 465 (466).

[128] *Böckelmann/Mahle/Nahr*, in: Langenbucher (Hrsg.), 1979, 93 (107 f., 111); *Böckelmann/Nahr*, Staatliche Öffentlichkeitsarbeit, 1979, S. 95; *Schürmann*, Öffentlichkeitsarbeit der Bundesregierung, 1992, S. 393.

[129] *Böckelmann/Mahle/Nahr*, in: Langenbucher (Hrsg.), Politik und Kommunikation, 1979, 93 (111); *Böckelmann/Nahr*, Staatliche Öffentlichkeitsarbeit, 1979, S. 95; *P. Kirchhof*, Verwalten durch „mittelbares“ Einwirken, 1977, S. 126; *Schürmann*, Öffentlichkeitsarbeit der Bundesregierung, 1992, S. 393.; *ders.*, in: NVwZ 1992, 852 (855).

loren.[130] Nach Engel geht das Verbot reklamehafter Öffentlichkeitsarbeit zu weit, denn die größere Manipulationsgefahr werde durch einen größeren Nutzen gerechtfertigt. Die für das Gelingen regulativer Politik erforderlichen Lernvorgänge seien ohne diese Mittel kaum in Gang zu setzen.[131] Prägnant formuliert Hufen seine Kritik und wirft der seinerzeitigen Entscheidung des Bundesverfassungsgericht eine „puritanische Strenge“ und Missbehagen gegenüber allen modernen Formen der Information vor.[132]

2. Stellungnahme

Die geäußerte Kritik trifft nicht zu. Das Urteil mag sich in Teilen zurückhaltend lesen, doch ist auf den exakten Wortlaut der Begründung einzugehen. Das Gericht sieht ein Hineinwirken in den Wahlkampf *erst dann* als indiziert an, wenn der informative Gehalt der Öffentlichkeitsarbeit *eindeutig* hinter ihre reklamehafte Aufmachung zurücktritt. Hufens Kommentar, Information dürfe nach dem Bundesverfassungsgericht vor allem keinen Spaß machen,[133] trifft daher nicht vollumfänglich zu. Das Gericht stellt vielmehr darauf ab, dass der Informationsgehalt nicht vollständig hinter dem Werbegehalt verschwinden darf.[134] Es erkennt dabei durchaus an, dass auch eine objektive Information die Eignung aufweisen kann, den Wählerwillen zu beeinflussen. Schließlich ist in der „heißen Phase“ des Wahlkampfs auch die „nur“ objektive Information ebenfalls untersagt, sofern sie nicht aus aktuellem Anlass geboten ist.

Insoweit vertreten wird, dass sich Information kaum von Werbung trennen lasse und eine Unterscheidung daher nicht zielführend sei, ist dies vielmehr Problembeschreibung als Argument. Das Bundesverfassungsgericht beschreibt umfangreich und anhand der Verwendung von Beispielen den Unterschied zwischen der Steigerung des Bekanntheitsgrades sowie der Sympathiewerbung und der Befriedigung eines von der Sache her gerechtfertigten Informationsbedürfnisses der Bürger. Es differenziert zwischen grundsätzlich unzulässiger Werbung für Parteien, grundsätzlich erlaubter Werbung für die Regierung und in der Vorwahlzeit ausschließlich zulässige, sachlich-neutrale Information aus aktuellem Anlass. Angesichts der engen Voraussetzungen, die das Gericht an die sachlich-neutrale Information aus aktuellem Anlass stellt, dürften die Abgrenzungsprobleme wesentlich geringer sein als von der Kritik dargestellt. Ebenso wenig überzeugt es, mit einem gesteigerten Nutzen der reklamehaften Öffentlichkeitsarbeit zu argumentieren. Die vom Gericht beschrie-

[130] *H. Meyer*, in: Isensee/P. Kirchhof (Hrsg.), Handbuch des Staatsrechts Bd. III, 3. Aufl. 2005, § 46 Rn. 24.

[131] *Engel*, in: Isensee/P. Kirchhof (Hrsg.), Handbuch des Staatsrechts Bd. IV, 3. Aufl. 2006, § 80 Rn. 21.

[132] *Hufen*, in: LKRZ 2007, 41 (44).

[133] *Hufen*, in: LKRZ 2007, 41 (44).

[134] Ebenso *Zuck*, in: ZRP 1977, 144 (147).

bene reklamehafte Öffentlichkeitsarbeit zeichnet sich gerade dadurch aus, dass nur wenig Information vermittelt wird. Dieser geringe Anteil sorgt nicht dafür, die „für den Erfolg regulativer Politik erforderlichen Lernvorgänge in Gang zu setzen", sondern dient allein der Beliebtheitssteigerung.

3. Erste Anpassung durch den Verfassungsgerichtshof Rheinland-Pfalz

Im bereits erwähnten Urteil des Verfassungsgerichtshofs Rheinland-Pfalz aus dem Jahr 2006 war die Frage nach dem Verhältnis von Informations- und Unterhaltungsgehalt entscheidungsrelevant. Die Besonderheit des Verfahrens lag darin, dass der Streitgegenstand kein klassisches Druckerzeugnis war, sondern das Ausrichten einer Veranstaltung im bekannten „Tag der offenen Tür"-Format. Somit kann nicht auf eine extensive Bebilderung oder großformatige Überschriften zur Bestimmung einer möglichen „Reklamehaftigkeit" abgestellt werden.

Der Gerichtshof erkennt zutreffend, dass die Unzulässigkeit der reklamehaften Öffentlichkeitsarbeit daher rührt, dass der informierende Inhalt von Unterhaltungselementen verdrängt wird. Ergibt sich der werbende Charakter einer Druckschrift aus dem reklamehaften Format, muss sich der werbende Charakter einer Veranstaltung folglich aus dem unterhaltenden Programm ergeben. Entscheidend ist also, ob das Programm der Veranstaltung eher einen unterhaltenden oder eher einen informativen Charakter hatte.[135] Nach dem Maßstab, den das Bundesverfassungsgericht festgelegt hat, müsste der unterhaltende Charakter den informativen Charakter ganz überwiegend verdrängen, um eine Unzulässigkeit zu begründen.[136] Gleichzeitig sei es, führt der Verfassungsgerichtshof aus, notwendig, dass sich die Öffentlichkeitsarbeit an die „Kommunikationsformen heutiger ‚Mediendemokratie'" anpasse. Eine Vielfalt an anderen Informations- und Unterhaltungsangeboten erschwere es, Aufmerksamkeit für politische Inhalte zu gewinnen und verkürze die öffentliche Debatte. Der Einfluss politischer „Marketing-Konzepte" und die Bedeutung der „kommunikativen Verpackung" einer Botschaft steige. Dies müsse auch der Urheber von Öffentlichkeitsarbeit bedenken. Als grundsätzlich an alle Bürger adressierte Kommunikation, müsse diese alle unterschiedlichen Wahrnehmungsmuster berücksichtigen.[137]

Hufen, am Verfahren beteiligt als Prozessbevollmächtigter des Antragsgegners, vertieft zentrale Aspekte der Entscheidung. Das Urteil sei von großer Bedeutung für den Einsatz moderner Unterhaltungstechnik bei der regierungsamtlichen Öffentlichkeitsarbeit.[138] Es bestimme Möglichkeiten und Grenzen der Öffentlichkeitsarbeit wirklichkeits- und zeitnäher als noch das Bundesverfassungsgericht in seiner Öf-

---

[135] RhPfVerfGH NVwZ 2007, 200 (202).

[136] RhPfVerfGH NVwZ 2007, 200 (201) unter Verweis auf BVerfGE 44, 125 (149 f.).

[137] RhPfVerfGH NVwZ 2007, 200 (201).

[138] *Hufen*, in: LKRZ 2007, 41 (41).

fentlichkeitsarbeitsentscheidung 1977.[139] Denn der Maßstab des Bundesverfassungsgerichts werde der Realität der modernen Informations- und Kommunikationsgesellschaft nicht gerecht, konstatiert Hufen.[140] Heute stelle sich die Frage, wie regierungsamtliche Öffentlichkeitsarbeit angemessen vermittelt werden könne, führt er fort. In ihrer Wirkung effektive Öffentlichkeitsarbeit müsse dabei mediengerecht erfolgen. In der durch Medien bestimmten Gesellschaft sei eine auf reine Information beschränkte, „sterile" Öffentlichkeitsarbeit nicht mehr vorstellbar. Dies gelte umso mehr, wenn der Inhalt der Öffentlichkeitsarbeit auf ein aktives Mitwirken der Bevölkerung angewiesen sei und nicht „von sich aus" auf die Bevölkerung einwirke.[141] Insgesamt gelte, dass Informationen in ansprechender Weise präsentiert werden müssten und dabei auf die Möglichkeiten der modernen Unterhaltungstechnik zurückgegriffen werden könne und müsse.[142]

4. Zwischenergebnis

Die Anwendung der Maßstäbe des Bundesverfassungsgerichts durch den Verfassungsgerichtshof überzeugt. Das Abstellen auf die „Kommunikationsformen heutiger ‚Mediendemokratie'" und die Rückschlüsse, die die Koblenzer Richter auf die Anwendung der Maßstäbe der Öffentlichkeitsarbeitsentscheidung 1977, ziehen, wissen zu überzeugen. Nun erging das Urteil allerdings im Jahr 2006 und obwohl die Beobachtungen des Verfassungsgerichtshofs zur damaligen Zeit zutrafen, bleiben Fragen offen. Es gilt zum einen zu beachten, dass der Verfahrensgegenstand Teil der analogen Öffentlichkeitsarbeit war und zum anderen, dass sich die Kommunikationsbedingungen seit der Entscheidung erneut tiefgreifend gewandelt haben.

5. Anwendung in den neuen Medien

Unter Berücksichtigung der Inhalte der sozialen Öffentlichkeitsarbeit – exzessive Bebilderung, kontrastreiche Kolorierung – liegt bei einer Anwendung i. S. d. Öffentlichkeitsarbeitsentscheidung 1977 das pauschale Verdikt der Verfassungswidrigkeit nahe.[143] Dafür müsste sich aber das formelle Indiz seinem ursprünglichen Verständnis nach auf die Öffentlichkeitsarbeit in den neuen Medien übertragen lassen. Der Verfassungsgerichtshof Rheinland-Pfalz hat eine erste Anpassung der Maßstäbe vorgenommen und dabei auf die veränderte Medienlandschaft rekurriert. In jedem Fall kann sich nicht ohne eine Auseinandersetzung auf die Position zu-

[139] *Hufen*, in: LKRZ 2007, 41 (42).

[140] *Hufen*, in: LKRZ 2007, 41 (43 f.).

[141] *Hufen*, in: LKRZ 2007, 41 (44).

[142] *Hufen*, in: LKRZ 2007, 41 (45). Insoweit bezieht sich *Hufen* auf die Informationsgesellschaft, siehe oben Kap. 2 B.III.1.a).

[143] Vgl. *Friehe*, in: Uhle (Hrsg.), Information und Einflussnahme, 2018, 81 (85, 120 ff.). Siehe auch *Harding*, Staatliche Öffentlichkeitsarbeit in sozialen Netzwerken, 2023, S. 342.

rückgezogen werden, dass sich sämtliche im Jahr 1977 formulierten Kriterien, darunter also auch das formelle Indiz für das Vorliegen von Wahlwerbung, ohne Weiteres auf die regierungsamtliche Öffentlichkeitsarbeit in den neuen Medien übertragen lassen.[144] Ebenso wenig kann dies damit begründet werden, dass es sich bei der Öffentlichkeitsarbeit im Internet lediglich um ein funktionales Äquivalent zu der Öffentlichkeitsarbeit in der „analogen Welt" handle.[145]

a) Gründe für eine „Lockerung" des formellen Indizes

Die Art und Weise der Kommunikation heute lässt sich nicht mit den Kommunikationsverhältnissen vergleichen, die zum Zeitpunkt der Öffentlichkeitsarbeitsentscheidung 1977 vorherrschten. Die Öffentlichkeitsarbeit hat seitdem zwei maßgebliche Veränderungen erfahren, zum einen zu Beginn der 2000er-Jahre hin zur digitalen Öffentlichkeitsarbeit, zum anderen Mitte/Ende der 2010er-Jahre hin zur sozialen Öffentlichkeitsarbeit.

aa) Neue Realität der Informationsgesellschaft und das Erfordernis einer medien- und zielgruppengerechten Kommunikation

Bereits im Jahr 2007 verwies Hufen auf die neue Realität der modernen Informationsgesellschaft und die damit einhergehenden, geänderten Rahmenbedingungen der Kommunikation.[146] Diese erforderten die Anpassung der politischen Kommunikation und damit auch der regierungsamtlichen Öffentlichkeitsarbeit an die sonstige öffentliche Kommunikation, etwa die der privaten Werbewirtschaft.[147] Gleichzeitig fand eine Bedeutungsverschiebung innerhalb der Medien statt.[148] Regierungsamtliche Öffentlichkeitsarbeit ist nicht mehr in dem Maße auf die herkömmlichen Medien angewiesen, um eine massenhafte Verbreitung ihrer Inhalte zu erreichen. Sie kann das Publizitätspotenzial der neuen Medien nutzen, um selbst genügend Aufmerksamkeit und Reichweite zu generieren.[149] Hierfür ist die mediengerechte Vermittlung des Informationsgehalts ein wesentlicher Bestandteil.[150] Für die Öffentlichkeitsarbeit in den neuen Medien bedeutet dies, dass sie sich den vorherrschenden Kommunikationsbedingungen – insb. in den sozialen Medien – anpassen muss, um ihren Informationsgehalt auch wirklich zu vermitteln und nicht nur

---

[144] So aber *Jensen*, Rechtsprobleme der regierungsamtlichen Öffentlichkeitsarbeit im Internet-Zeitalter, 2006, S. 171 f.; *Knebel/Schoss*, in: DÖV 2016, 105 (108); *Mandelartz/Grotelüschen*, in: NVwZ 2004, 647 (650); *Rath-Glawatz*, in: AfP 1998, 261 (264).

[145] So wohl *T. Groß*, in: DÖV 2001, 159 (160); *Kittler*, in: NJW 2000, 122 (122).

[146] *Hufen*, in: LKRZ 2007, 41 (43).

[147] Siehe oben Kap. 2 B.III.1.a).

[148] Siehe oben Kap. 2 B.III.1.b).

[149] Siehe oben Kap. 2 B.III.1.c).

[150] Vgl. *Hufen*, in: LKRZ 2007, 41 (44). Siehe auch *Harding*, Staatliche Öffentlichkeitsarbeit in sozialen Netzwerken, 2023, S. 342.

zu versenden.[151] Neben diesem Erfordernis der mediengerechten Vermittlung ist auch die zielgruppengerechte Vermittlung zu beachten. Insb. jüngere Bevölkerungsgruppen nutzen vorwiegend die neuen Medien, sowohl zum Zwecke der Kommunikation als auch zum Zwecke der Information. Die „alten" Medien wie (gedruckte) Presseerzeugnisse oder der herkömmliche Rundfunk haben in diesen Bevölkerungsgruppen am stärksten an Bedeutung verloren.[152] Um diese Bevölkerungsgruppen zu erreichen, muss auf die von diesen genutzten Medien zurückgegriffen werden können.

bb) Normative Hintergründe

Das Erfordernis der mediengerechten Vermittlung lässt sich auf die Notwendigkeit regierungsamtlicher Öffentlichkeitsarbeit in der Demokratie des Grundgesetzes zurückführen. Öffentlichkeitsarbeit muss ein gewisses Maß an Wirksamkeit aufweisen, da sie nicht um ihrer selbst willen, sondern zum Zwecke der Information der Bevölkerung betrieben wird. Öffentlichkeitsarbeit ist nur dann wirksam, wenn der verbreitete Inhalt seinen Empfänger auch erreicht. Dies erfordert nach dem Vorstehenden wiederum eine mediengerechte Vermittlung. Die mediengerechte Vermittlung dient der Wirksamkeit und erfüllt somit ein aus dem Demokratie- und Rechtstaatsprinzip erwachsendes Bedürfnis. In den „Glykol und Osho"-Beschlüssen stellt auch das Bundesverfassungsgericht fest, dass sich die gegenwärtigen Kommunikationsbedingungen – die große Rolle der Massenmedien und der Ausbau sowie der moderner Kommunikationstechnologien – auf die Art der Aufgabenerfüllung der Regierung auswirken.[153] Dabei bezieht sich das Gericht zwar auf eine inhaltliche Erweiterung der Öffentlichkeitsarbeit, die zutreffende Beobachtung kann ebenso herangezogen werden, um eine Anpassung ihrer Form zu begründen.

Regierungsamtliche Öffentlichkeitsarbeit muss darauf ausgerichtet sein, die gesamte Bevölkerung zu informieren. Schließlich trägt die Regierung eine Verantwortung gegenüber dem gesamten Volk,[154] dazu zählt sowohl der Leser einer Tageszeitung als auch der Nutzer eines sozialen Mediums. Eine zielgruppengerechte Öffentlichkeitsarbeit in den neuen Medien bewirkt, dass auch diejenigen Kenntnis von den Inhalten erlangen, die sich überwiegend über diese Medien informieren. Neben den bereits vorstehend erwähnten Effektivitätserwägungen, streitet hierfür auch der Grundsatz der Gleichbehandlung, Art. 3 Abs. 1 GG. Öffentlichkeitsarbeit muss den Anspruch haben, sowohl den Nutzer des sozialen Mediums als auch den Zeitungsleser zu erreichen. Schließlich begründen auch Erwägungen der demokratischen Gleichheit, verankert in Art. 20 Abs. 1 GG sowie Art. 38 Abs. 1 Satz 1

---

[151] *M. Köhler/Schuster*, in: dies. (Hrsg.), Handbuch Regierungs-PR, 2006, 13 (28); *Krüdewagen*, Die Selbstdarstellung des Staates, 2002, S. 140.

[152] Siehe oben Kap. 2 C.I.2.

[153] BVerfGE 105, 252 (268 f.); 105, 279 (301 f.).

[154] Vgl. bereits BVerfGE 9, 268 (281); 44, 125 (149).

Var. 1 GG,[155] dass allen Bürgern Inhalte der Öffentlichkeitsarbeit vermittelt werden. Der zu erhaltende Grundkonsens muss zwischen allen Bürgern bestehen und aufrechterhalten werden. Insgesamt muss der Staat daher seine Kommunikation an die geänderten Kommunikationsverhältnisse anpassen dürfen.[156]

b) Gründe für eine „Nachschärfung" des formellen Indizes

Trotz der vorstehenden Gründe kann es nicht überzeugen, sich auf die Position zurückzuziehen, dass das formelle Indiz seine Daseinsberechtigung in Gänze verloren hat. Es mögen Gründe bestehen, warum die sich aus der Öffentlichkeitsarbeitsentscheidung 1977 ergebenden Maßstäbe einer medien- und zielgruppengerechten Modifizierung i. S. e. „Lockerung" bedürfen, es darf aber nicht unterschlagen werden, dass ebenso Gründe für eine Modifizierung i. S. e. „Nachschärfung" bestehen.

aa) Neue, verbesserte Möglichkeiten der Beeinflussung

Die neuen Medien bieten neue und gegenüber den „alten" Medien effektivere Möglichkeiten, den grundsätzlich staatsfreien Willensbildungsprozess des Volkes seitens der Regierung zu beeinflussen. Zunächst ist hervorzuheben, dass die aufgrund der Umgehung der Vermittlungsfunktion der Medien grundsätzlich problematische unmittelbare Öffentlichkeitsarbeit in den neuen Medien nicht mehr faktisch limitiert ist. Das den neuen Medien inhärente Publizitätspotenzial entwertet den bisher limitierenden Kostenfaktor erheblich. Öffentlichkeitsarbeit in den neuen Medien ist somit nicht mehr darauf angewiesen, eine inhaltliche Einordnung durch die herkömmlichen Massenmedien in Kauf zu nehmen, um eine massenhafte Verbreitung ihrer Inhalte zu erreichen. Die neuen Medien und insb. die sozialen Medien ermöglichen es, Öffentlichkeitsarbeit massenmediumsartig, aber ohne Inanspruchnahme der klassischen Massenmedien, zu verbreiten.[157] Das in der unmittelbaren Öffentlichkeitsarbeit angelegte Gefährdungspotenzial ist daher in den neuen Medien, über die ganz überwiegend unmittelbare Öffentlichkeitsarbeit betrieben wird, besonders stark ausgeprägt und daher mit einer besonderer Gewichtung versehen zu berücksichtigen.[158]

---

[155] Hierzu *Grzeszick*, in: Dürig/Herzog/Scholz, Grundgesetz, 97. EL. Jan. 2022, Art. 20 II Rn. 35 ff.; *Kotzur*, in: I. v. Münch/Kunig, Grundgesetz Bd. 1, 7. Aufl. 2021, Art. 20 Rn. 53 ff.; *Morlok*, in: Dreier (Hrsg.), Grundgesetz Bd. II, 3. Aufl. 2015, Art. 38 Rn. 99; *Müller*, in: v. Mangoldt/F. Klein/Starck, Grundgesetz Bd. 2, 7. Aufl. 2018, Art. 38 Rn. 142; *Sachs*, in: ders. (Hrsg.), Grundgesetz, 9. Aufl. 2021, Art. 21 Rn. 16 ff.

[156] *Degenhart*, in: AfP 2010, 324 (330).

[157] Siehe oben Kap. 2 B.III.3.

[158] Zum Gefährdungspotenzial der unmittelbaren Öffentlichkeitsarbeit siehe oben Kap. 2 A.III.1.

bb) Neue alte Ungleichheiten

Auch bisher vorhandene Wettbewerbsvorteile der die Regierung tragenden Parteien müssen in einem neuen Licht betrachtet werden. Das langfristig angelegte Betreiben eines Profils auf einem sozialen Medium bedarf einer entsprechenden personellen und finanziellen Infrastruktur. Auch wenn die digitale und die soziale Öffentlichkeitsarbeit im Verhältnis zur analogen Öffentlichkeitsarbeit mit erheblich weniger finanziellem Aufwand verbunden sind, bleiben strukturelle Wettbewerbsvorteile bestehen.[159] Zwar mag eine Werbekampagne über die sozialen Medien in absoluten Zahlen weniger Kosten verursachen als eine groß angelegte Plakatwerbungs- oder Anzeigenkampagne, dennoch erfordert die Planung einen erheblichen finanziellen und organisatorischen Aufwand. Ggf. muss eine externe Agentur engagiert werden, in jedem Fall werden intern erhebliche Ressourcen gebunden. Gerade die Durchführung bedarf erheblichen personellen Aufwands, Inhalte der Öffentlichkeitsarbeit müssen vorbereitet, auf etwaige Trends oder Ereignisse muss auch kurzfristig reagiert werden können und insb. die Interaktionsmöglichkeiten innerhalb der sozialen Medien erfordern eine umfassende personelle Infrastruktur.

Selbst wenn man ansatzweise „Waffengleichheit" annähme, gälte weiterhin, dass einem Regierungsmitglied aufgrund seiner Doppelrolle, neben seinen privaten bzw. parteipolitischen Möglichkeiten auch immer die staatlichen bzw. regierungsamtlichen Möglichkeiten zustehen.[160] Außerdem stehen die offiziellen Internetseiten der Regierungsmitgliedern, aber auch die offiziellen Profile auf den sozialen Medien, nur den Amtsträgern zu. Schließlich dürfte auch der staatlichen Autorität im anonymen Internet eine besondere Rolle zukommen. Geht man davon aus, dass amtlichen Äußerungen in der „analogen" Welt bereits eine besondere Glaubwürdigkeit zukommt,[161] dürfte dies erst recht im Internet und in den sozialen Medien gelten.[162] Mag das Internet ursprünglich eine romantische Idee eines egalitären Versammlungsorts gewesen sein, ähneln die sozialen Medien heute eher einem mittelalterlichen Marktplatz, mit Marktschreiern, Wunderdoktoren und dem Pranger als der attischen *ἀγορά*. Zwar zeugt die Feststellung, authentische Informationen seien ausschließlich von der Regierung zu beziehen,[163] auch von einer gewissen Naivität, dennoch dürfen die Bürger jedenfalls die Anspruchshaltung haben, dass in den so-

---

[159] *Friehe*, in: Uhle (Hrsg.), Information und Einflussnahme, 2018, 81 (88 ff.); *ders.*, in: NJW 2020, 2103 (2104).

[160] Vgl. *C. Conrad*, in: ders./S. Grünewald/Kalscheuer/Milker (Hrsg.), Handbuch Öffentlich-rechtliches Äußerungsrecht, 2022, § 3 Rn. 113; *Friehe*, in: Uhle (Hrsg.), Information und Einflussnahme, 2018, 81 (100); *Harding*, Staatliche Öffentlichkeitsarbeit in sozialen Netzwerken, 2023, S. 335.

[161] Siehe oben Kap. 5 B.I.2.c).

[162] Vgl. *Friehe*, in: Uhle (Hrsg.), Information und Einflussnahme, 2018, 81 (91); *Harding*, in: NJW 2019, 1910 (1914); *ders.*, Staatliche Öffentlichkeitsarbeit in sozialen Netzwerken, 2023, S. 335.

[163] So *Schürmann*, in: AfP 1992/1993, 435 (436).

zialen Medien amtliche Autorität für inhaltliche Richtigkeit steht.[164] Entsprechendes gilt für einen bestehenden Aufmerksamkeitsvorsprung in den sozialen Medien,[165] der einen „digitalen Standortvorteil" darstellt und sich aufgrund der technischen Begebenheiten immer weiter verstärkt.[166]

cc) Bestätigende Ansätze in der Judikatur des Bundesverfassungsgerichts

Ohne auf technische oder kommunikationswissenschaftliche Details einzugehen, erkennt auch das Bundesverfassungsgericht implizit die vorstehenden Erwägungen an. Anlässlich der Äußerungsfälle wird von Joachim Wieland eingewandt, dass aufgrund der Digitalisierung die Unterschiede in den Kommunikationsmöglichkeiten zwischen Regierung und Opposition nivelliert werden. Das Recht auf Chancengleichheit der Parteien im politischen Wettbewerb erfordere jedenfalls im digitalen Raum keine strikte Anwendung des Neutralitätsgrundsatzes.[167] Das Gericht entgegnet hierauf, dass *gerade* die zusätzlichen digitalen Möglichkeiten der kommunikativen Einwirkung das Risiko erhöhten, dass es zu einer Beeinträchtigung des Rechts auf Chancengleichheit komme. Unter Verweis auf ministerielle Internetseiten, entsprechendes muss für amtliche Profile in den sozialen Medien gelten, wird auf einen neuen Wettbewerbsvorteil *qua* staatlicher Ressource verwiesen.[168] Die Kritik Wielands wird also in ihr Gegenteil verkehrt.[169] Die insb. in den sozialen Medien vorhandenen, verbesserten Möglichkeiten zur personenbezogenen Selbstdarstellung stehen ebenfalls im Widerspruch zur Rechtsprechung des Bundesverfassungsgerichts.[170] Es hat bereits ausgeführt, dass die über die Wahrnehmung von Amtsgeschäften hinausgehende personenbezogene Präsentation einzelner Regierungsmitglieder im Grundsatz kein zulässiger Gegenstand von Öffentlichkeitsarbeit sein könne. Eine Darstellung des Amtsträgers als Person diene immer zugleich dem Parteipolitiker sowie dessen Partei.[171]

---

[164] Vgl. *Guckelberger*, in: Hill/Schliesky (Hrsg.), Die Vermessung des virtuellen Raums, 2012, 73 (77).

[165] Ebenso *Friehe*, in: Uhle (Hrsg.), Information und Einflussnahme, 2018, 81 (91 f.).

[166] Siehe oben Kap. 2 C.II.3.

[167] *Wieland*, in: Krüper (Hrsg.), Die Organisation des Verfassungsstaats, 2019, 533 (548).

[168] BVerfGE 154, 320 (343 Rn. 65).

[169] Zustimmung bei *Friehe*, in: NJW 2020, 2103 (2104).

[170] *Friehe*, in: Uhle (Hrsg.), Information und Einflussnahme, 2018, 81 (100). Ebenso *Harding*, Staatliche Öffentlichkeitsarbeit in sozialen Netzwerken, 2023, S. 342. Zu den neuen Möglichkeiten der Selbstdarstellung siehe oben Kap. 2 C.III.

[171] BVerfGE 154, 320 (337 f. Rn. 51).

c) Maßstäbe des formellen Indizes in den neuen Medien

Das formelle Indiz kann also in den neuen Medien nur mit angepassten Maßstäben angewandt werden. Der Anwendungsmaßstab muss dabei für einen Ausgleich zwischen der notwendigen Anpassung an die Eigenheiten der Kommunikation in den neuen Medien und den darin liegenden Risiken sorgen.[172] *In concreto* ist ein Mittelweg zwischen der verfassungsrechtlich gebotenen medien- und zielgruppengerechten Vermittlung der Inhalte der Öffentlichkeitsarbeit in den neuen Medien und den darin liegenden, erhöhten Risiken für die grundsätzlich staatsfreie politische Willensbildung des Volkes zu finden. Dabei soll unter der Prämisse vorgegangen werden, dass Restriktionen für die Öffentlichkeitsarbeit umso mehr dort gelten zu haben, wo das größte Risiko für den Grundsatz des staatsfreien Prozesses der politischen Willensbildung besteht. Vorab sind die Ansätze Hufens und des rheinland-pfälzischen Verfassungsgerichtshofes kritisch zu würdigen.

aa) Weiter Ansatz Hufens: Unzulässigkeit des politikfreien Entertainments

Nach Hufen ist (nur) Öffentlichkeitsarbeit in Form der reinen Unterhaltung, „politikfreies Entertainment“, unzulässig.[173] Auf den Einzelfall bezogen ist dieser Aussage zwar zuzustimmen, als allgemeine Regel greift sie jedoch zu kurz. Sie negiert die mit den neuen Medien ebenfalls neu aufkommenden Risiken für die grundsätzlich staatsfreie politische Willensbildung. Führt das Bundesverfassungsgericht noch aus, dass Wahlwerbung (erst) dann vorliege, wenn der Informationsgehalt der Inhalte der Öffentlichkeitsarbeit vollständig hinter ihre reklamehafte Aufmachung – also die unterhaltenden Elemente – zurücktrete, kehrt Hufen das Verhältnis in sein Gegenteil um. Unzulässige Wahlwerbung liege (erst) dann vor, wenn überhaupt kein Informationsgehalt mehr vorhanden sei.

Dieser Maßstab ist bereits kaum praktikabel, da sich regelmäßig irgendein Informationsgehalt erkennen lassen wird. Die Begrenzung dürfte kaum Anwendung finden. Sogar die von Hufen selbst angeführten Beispiele für reine Unterhaltungsveranstaltungen, das Ausrichten eines Volksfestes oder einer Sportveranstaltung, zeigen diese Problematik auf. Diese beiden kulturellen Veranstaltungen sind grundsätzlich geeignet, zumindest einen geringen Informationsgehalt über die verfolgte Kulturpolitik der Regierung zu vermitteln.[174] Nach Hufens eigenen Maßstäben läge hier schon keine reine Unterhaltungsveranstaltung vor, sodass es sich grundsätzlich um zulässige Öffentlichkeitsarbeit handelte. Hufen unterläuft außerdem, wie sich insb. aus den übrigen Ausführungen in seiner Entscheidungsbesprechung er-

---

[172] Ebenso *Friehe*, in: Uhle (Hrsg.), Information und Einflussnahme, 2018, 81 (101).

[173] *Hufen*, in: LKRZ 2007, 41 (46).

[174] Dies verkennt auch *Laude*, Automatisierte Meinungsbeeinflussung, 2021, S. 218. Nicht zuletzt die öffentliche Diskussion rund um die Fußballweltmeisterschaft 2022 in Katar hat dies eindrucksvoll bewiesen.

kennen lässt, ein Abwägungsfehler in Form eines Abwägungsdefizits. Er verweist ausschließlich auf Aspekte, die für eine „Lockerung" der Maßstäbe sprechen. Eine Anpassung der Maßstäbe kann aber nicht nur einseitig erfolgen.

bb) Ansatz des rheinland-pfälzischen Verfassungsgerichtshofes: Abstellen auf die dienende Funktion der Unterhaltungselemente

Eine andere Gewichtung nimmt – wie bereits beschrieben – der rheinland-pfälzische Verfassungsgerichtshof vor.[175] Diese stellt einen brauchbaren Ansatz dar, da herausgearbeitet wird, dass die Unterhaltung als Selbstzweck die Unzulässigkeit der regierungsamtlichen Öffentlichkeitsarbeit begründet. Im Gegensatz zu Hufen stellt der Gerichtshof, wie auch seinerzeit das Bundesverfassungsgericht, auf das Verhältnis zwischen Unterhaltung und Information ab. Somit konturiert er einen besser anwendbaren Maßstab. Zudem hebt der Gerichtshof das maßgebliche Argument für die Zulässigkeit der medien- und zielgruppengerechten Vermittlung hervor. Sie dient der Informationsvermittlung an sich und ermöglicht es der Regierung, ihrer Aufgabe zur Öffentlichkeitsarbeit effektiv nachzukommen. Auch der rheinland-pfälzische Verfassungsgerichtshof unterlässt es jedoch, Ausführungen zu den mit dem Aufkommen der Informationsgesellschaft neu vorhandenen Risiken für die grundsätzlich staatsfreie politische Willensbildung der Bürger zu tätigen.

d) Eigener Ansatz

Unter Berücksichtigung des Vorstehenden ist festzuhalten: Das formelle Indiz entfaltet in den neuen Medien ein Komplettverbot der personenbezogenen Selbstdarstellung. Diese liegt vor, wenn Inhalte veröffentlicht werden, die überwiegend dazu dienen, der Öffentlichkeit „die Persönlichkeit" des Amtsinhabers zu präsentieren. Diese Art von Öffentlichkeitsarbeit, mag sie auch in den sozialen Medien die Regel sein, lässt sich nicht durch legitimierende Gründe rechtfertigen und stellt somit eine unzulässige Einwirkung auf die grundsätzlich staatsfreie politische Willensbildung des Volkes dar. Die personenbezogene Darstellung eines Amtsträgers soll die ihm zukommende, erhöhte Aufmerksamkeit nutzen, um die Sympathie und den Bekanntheitsgrad auch und insb. für den Parteipolitiker „hinter dem Amtsträger" zu erhöhen. Somit hätte der Parteipolitiker einen Vorteil gegenüber anderen Wahlbewerbern.

Ebenfalls unzulässig sind diejenigen Inhalte der Öffentlichkeitsarbeit in den neuen Medien, bei denen der vermittelte Informationsgehalt nicht wesentlich die medien- und zielgruppengerechte Darstellung überwiegt. Regierungsamtliche Öffentlichkeitsarbeit darf sich dem Kommunikationsverhalten in den neuen Medien nur insoweit anpassen, wie es der verbesserten Kommunikation ihrer politischen Inhalte dient. Die erheblich größeren Möglichkeiten der Beeinflussung gebieten diese Art

[175] Siehe oben Kap. 5 D.II.3.

der Gewichtung. Die Bundesregierung, der Bundeskanzler oder der einzelne Bundesminister dürfen nicht zu beliebigen Akteuren in den sozialen Medien werden. Ihre Öffentlichkeitsarbeit ist nicht uneingeschränkt zulässig, sondern steht immer im Konflikt mit dem grundsätzlich staatsfreien Willensbildungsprozess des Volkes. Die Zulässigkeit steht unter dem Vorbehalt, dass die damit verbundenen Einwirkungen gerechtfertigt werden. Bei der Anwendung des formellen Indizes ist also weniger auf eine Bebilderung, auf die Verwendung von Überschriften oder auf eine kontrastreiche Kolorierung zu achten, sondern vielmehr darauf, ob die Form dem Inhalt dient, oder ob die Form den Inhalt darstellt. Vereinfacht ausgedrückt: Ein Mehr an kontrastreicher Kolorierung ist nur zulässig, wenn damit ein Mehr an Informationsgehalt einhergeht.[176]

Im vorstehenden Ansatz geht auch das rechtsstaatliche Sachlichkeitsgebot, das bei der primär sich selbst positiv darstellenden regierungsamtlichen Öffentlichkeitsarbeit i.e.S. nur eine untergeordnete Rolle spielt, als allgemeine Grenze staatlicher Öffentlichkeitsarbeit auf.[177] Aus dem Sachlichkeitsgebot werden im Wesentlichen ein Verbot sachfremder Erwägungen und eine Pflicht zur Einhaltung des sachlich gebotenen Rahmens abgeleitet. Der Regierung ist es untersagt, Inhalte der Öffentlichkeitsarbeit zu veröffentlichen, die auf nicht zutreffenden oder nicht nachvollziehbaren Tatsachen fußen und dabei unangemessene Motive miteinfließen zu lassen.[178] Inhalte dürfen weder unsachlich noch herabwertend formuliert sein.[179] Die Regierung unterliegt einer Mäßigungspflicht.[180] Das formelle Indiz stellt mithin die Kehrseite des Sachlichkeitsgebots dar, das im Wesentlichen auf die öffentlichen Warnungen und die Äußerungsfälle Anwendung findet. Durch das Sachlichkeitsgebot soll „negative“ Öffentlichkeitsarbeit begrenzt werden. Durch das formelle Indiz wird nun „positive“ Öffentlichkeitsarbeit unter denselben Gesichtspunkten begrenzt, Öffentlichkeitsarbeit, die primär emotionalisiert, ist zu untersagen.

III. Zeitliches Indiz

Für das Bundesverfassungsgericht kommt als zusätzliches Anzeichen für unzulässige Wahlwerbung eine Zunahme der Öffentlichkeitsarbeit in Wahlkampfnähe in

---

[176] Siehe auch *Harding*, Staatliche Öffentlichkeitsarbeit in sozialen Netzwerken, 2023, S. 342 f.

[177] Zur Herleitung siehe *Harding*, Staatliche Öffentlichkeitsarbeit in sozialen Netzwerken, 2023, S. 348 ff.

[178] Vgl. *Harding*, Staatliche Öffentlichkeitsarbeit in sozialen Netzwerken, S. 358; *Mast*, Staatsinformationsqualität, 2020, S. 205; *Schoch*, in: Isensee/P. Kirchhof (Hrsg.), Handbuch des Staatsrechts Bd. III, 3. Aufl. 2005, § 37 Rn. 144.

[179] BVerfGE 105, 252 (272 f.). Siehe auch *Dişçi*, Der Grundsatz politischer Neutralität, 2019, S. 80; *Eder*, „Rote Karte“ gegen „Spinner“?, 2017, S. 158; *Ferreau*, in: NVwZ 2017, 1259 (1262); *Harding*, Staatliche Öffentlichkeitsarbeit in sozialen Netzwerken, S. 359.

[180] *Mast*, Staatsinformationsqualität, 2020, S. 205 f.

Betracht.[181] Darunter versteht es eine gesteigerte Anzahl von Einzelinhalten ohne akuten Anlass oder den erhöhten Einsatz von Mittel.[182] Dieses zeitliche Indiz und das aus ihm erwachsende Gebot der äußersten Zurückhaltung soll nachfolgend untersucht werden.

1. Gebot der äußersten Zurückhaltung

In der „heißen Phase" des Wahlkampfs gilt nach dem Bundesverfassungsgericht ein „Gebot der äußersten Zurückhaltung", denn in diesem Zeitraum sollen Veröffentlichungen unabhängig von ihrem konkreten Inhalt regelmäßig parteiergreifenden Charakter erlangen.[183] Das Gericht billigt allein informierende, wettbewerbsneutrale Veröffentlichungen soweit ein akuter Anlass besteht.[184] Darunter fasst es etwa die Wiedergabe eines Gesetzestextes, sofern eine Gesetzesänderung jüngst erfolgt ist oder die Aufklärung des Bürgers über (gesundheitliche) Gefahren.[185] In der Öffentlichkeitsarbeitsentscheidung 1983 akzeptierte das Gericht die sachbezogene Erläuterung von Gesetzen anlässlich einer Neuorientierung der Wirtschaftspolitik.[186]

a) Besondere inhaltliche Beschränkungen

Das Gebot der äußersten Zurückhaltung entfaltet sich nach dem Bundesverfassungsgericht insb. in Form einer besonderen inhaltlichen Beschränkung der Öffentlichkeitsarbeit. In der Vorwahlzeit sei auch die sachliche Information des Bürgers – Veröffentlichungen, die weder durch ihren Inhalt noch durch ihre Aufmachung als Werbemaßnahmen zugunsten eigener Machterhaltung oder für eine politische Partei zu erkennen sind – unzulässige Wahlwerbung.[187] Diese Information könne nur im Zusammenhang mit der aus der Verfassungswirklichkeit resultierenden Verflechtung von Regierung und Parteien in der Parteiendemokratie des Grundgesetzes, gewürdigt werden. Ein positives Berichten der Regierung über ihre eigene Tätigkeit komme dabei auch immer den die Regierung tragenden Parteien zugute. Dies sei nur unbedenklich, soweit es nicht in unmittelbarer zeitlicher Nähe zu einer bevorstehenden Wahl geschehe. Denn außerhalb dieser „heißen Phase" wirke es sich nur begrenzt auf das Wahlergebnis aus.[188] In zeitlicher

---

[181] Bereits *Eschenburg*, Probleme der modernen Parteifinanzierung, 1961, S. 37 f., fordert eine Einschränkung der Öffentlichkeitsarbeit ab einem Jahr vor der Wahl. Kritisch hierzu *Leihe*, in: MDR 1969, 445 (447).

[182] BVerfGE 44, 125 (151).

[183] BVerfGE 44, 125 (152).

[184] BVerfGE 44, 125 (153).

[185] BVerfGE 44, 125 (164).

[186] BVerfGE 63, 230 (248 f.).

[187] BVerfGE 44, 125 (151).

[188] BVerfGE 44, 125 (151 f.). Siehe hierzu auch *Studenroth*, in: AöR 125 (2000), 257 (267 f.).

Nähe zu einer Wahl verletze die Regierung hingegen ihre Pflicht, die Wahlentscheidung des Bürgers nicht zugunsten einer Partei oder ihrem eigenen Machterhalt zu beeinflussen. Insb. sei dies der Fall, wenn Arbeits-, Leistungs- oder Erfolgsberichte mit beträchtlichem Aufwand und in erheblicher Menge veröffentlicht werden, führt das Gericht konkretisierend aus.[189]

Als Abwägungsmaßstab gelte: Je näher die regierungsamtliche Öffentlichkeitsarbeit an den Beginn der „heißen Phase" heranrücke, desto weniger könnten Auswirkungen auf das Wahlergebnis ausgeschlossen werden. Die Befugnis der Regierung zur Öffentlichkeitsarbeit trete zunehmend hinter ihre Pflicht, die Willensbildung des Volkes vor Wahlen vor staatlicher Einflussnahme zu bewahren, zurück.[190]

b) Zeitlicher Anwendungsbereich

Das Bundesverfassungsgericht nennt keinen exakten Zeitpunkt, von dem an die Einwirkung auf das Wahlergebnis das Informationsinteresse der Regierung zwingend überwiegt. Lediglich als Orientierungspunkt sei der Zeitpunkt, an dem der Bundespräsident gem. § 16 BWahlG den Wahltag bestimmt, anzusehen.[191] Welchen Startpunkt diese „heiße Phase" hat, wurde trotz der interpretationsoffenen Vorgabe von den Landesverfassungsgerichten i. d. R. einheitlich gehandhabt. Es wurde sich zumeist an einem Zeitraum von fünf bis sechs Monaten, teilweise auch an der Wahlanordnung des Bundespräsidenten, orientiert.[192] Lediglich der Verfassungsgerichtshof des Saarlandes weicht in seinem Urteil vom 1. Juli 2010 ab. In entsprechender Anwendung der Grundsätze – die Festlegung des Wahltermins als Startpunkt – hätte die für die Landtagswahl 2009 besagte „heiße Phase" fast zehn Monate angedauert. Dem Verfassungsgerichtshof war dieser Zeitraum zu lang. Angesichts der aus der Verfassung erwachsenden Notwendigkeit Öffentlichkeitsarbeit zu betreiben und aufgrund der Tatsache, dass nach Landesrecht die Landesregierung den Wahltag bekanntgebe und somit den Beginn der Vorwahlzeit beeinflussen könne, gelte ein Zeitraum von drei Monaten als Vorwahlzeit, so der Gerichtshof.[193]

Das Abweichen kann nicht überzeugen. Zum einen wird verkannt, dass der Landesregierung auch in der Vorwahlzeit die Befugnis zur Öffentlichkeitsarbeit – wenn auch in eingeschränkter Art und Weise – zusteht. Das seitens des Verfassungsgerichtshof angeführte „Notwendigkeits-Argument" ist daher wesentlich ge-

---

[189] BVerfGE 44, 125 (152).

[190] BVerfGE 44, 125 (152).

[191] BVerfGE 44, 125 (153). I. d. R. ist dies ein halbes bis dreiviertel Jahr vorher, vgl. *Seedorf*, in: Schreiber (Hrsg.), BWahlG, 11. Aufl. 2021, § 16 Rn. 2 Fn. 5. Für die Bundestagswahl 2021 hätte dies den Zeitraum vom 8.12.2020–26.9.2021 umfasst, vgl. BGBl. I 2020 S. 2769.

[192] StGH BW ESVGH 31, 81 (86); BremStGH NVwZ 1985, 649 (650); HessStGH NVwZ 1992, 465 (466).

[193] SaarlVerfGH LKRZ 2010, 376 (379).

ringer zu gewichten. Zum anderen irritiert die Eingrenzung auf drei anstelle der üblichen sechs Monate.[194] Insb. hinsichtlich der auf der Landesebene grundsätzlich geltenden Wahlperiode von fünf Jahren,[195] also ein Jahr länger als auf Bundesebene, überzeugt es nicht, das Gebot der äußersten Zurückhaltung auf der Landesebene auf einen kürzeren Zeitraum als auf der Bundesebene zu beschränken.

c) Kritik am Gebot der äußersten Zurückhaltung

Gegenüber dem Gebot der äußersten Zurückhaltung wird der Vorwurf der Kontraproduktivität erhoben. Eine kontinuierliche Beeinflussung der politischen Willensbildung des Volkes außerhalb der Wahlkampfzeit wäre genau so, wenn nicht sogar noch wirksamer, als „nur" eine Beeinflussung kurz vor Ablauf der Legislaturperiode.[196] Zudem können auch „neutrale" Veröffentlichungen eine werbende Wirkung entfalten.[197] Womöglich hätte diese in der Wahlkampfzeit sogar einen noch größeren Effekt, da die Wähler besonders aufnahmebereit sein könnten.[198] Da der politische Willensbildungsprozess ein kontinuierlicher Vorgang sei und besagte „heiße Phase" lediglich den Hochpunkt darstelle, gelte dies umso mehr.[199] Ferner wird vorgetragen, die Annahme, mit zunehmender Nähe des Wahltags verstärke sich die Wirksamkeit von Werbematerial und damit der Wettbewerbsvorteil der die Regierung tragenden Parteien, sei empirisch nicht bewiesen.[200] Öffentlichkeitsarbeit müsste daher entweder insgesamt verboten oder insgesamt erlaubt sein. Das Zeitmoment sei mangels empirischer Grundlage willkürlich.[201] Einem anderen Lager erscheint die Begrenzung zu restriktiv und die parteipolitische Verknüpfung der

---

[194] Ebenso *Mandelartz*, in: LKRZ 2010, 371 (373). A.A. *Barczak*, in: NVwZ 2015, 1014 (1019).

[195] Art. 30 Abs. 1 Satz 1 LV (BW); Art. 16 Abs. 1 Satz 1 BayVerf; Art. 54 Abs. 1 Satz 1 VvB; Art. 62 Abs. 1 Satz 1 BbgVerf; Art. 10 Abs. 1 Satz 1 HmbVerf; Art. 79 Satz 1 HessVerf; Art. 27 Abs. 1 Satz 1 MVVerf; Art. 9 Abs. 1 Satz 1 NdsVerf; Art. 34 Satz 1 NRWVerf; Art. 83 Abs. 1 Satz 1 LV (RP); Art. 67 Abs. 1 Satz 1 SaarlVerf; Art. 44 Abs. 1 Satz 1 SächsVerf; Art. 43 Satz 1 SachsAnhVerf; Art. 19 Abs. 1 Satz 1 SHVerf; Art. 50 Abs. 1 Satz 1 ThürVerf. Lediglich Art. 75 Abs. 1 Satz 1 BremVerf sieht eine Wahlperiode von vier Jahren vor.

[196] *Böckelmann/Mahle/Nahr*, in: Langenbucher (Hrsg.), Politik und Kommunikation, 1979, 93 (107 f.); *Engelbert/Kutscha*, in: NJW 1993, 1233 (1235).

[197] *Hufen*, in: LKRZ 2007, 41 (43); *Häberle*, in: JZ 1977, 361 (367); *Payandeh*, in: Der Staat 55 (2016), 519 (541).

[198] *Engel*, in: Isensee/P. Kirchhof (Hrsg.), Handbuch des Staatsrechts Bd. IV, 3. Aufl. 2006, § 80 Rn. 21.

[199] Bereits in Ansätzen *Häberle*, in: JuS 1967, 64 (68). Schließlich *ders.*, in: JZ 1977, 361 (367 Fn. 81). Ebenso *Schürmann*, Öffentlichkeitsarbeit der Bundesregierung, 1992, S. 393 f.

[200] *Böckelmann/Nahr*, Staatliche Öffentlichkeitsarbeit, 1979, S. 95; *Böckelmann/Mahle/Nahr*, in: Langenbucher (Hrsg.), Politik und Kommunikation, 1979, 93 (111); *Schürmann*, Öffentlichkeitsarbeit der Bundesregierung, 1992, S. 394.

[201] *Schürmann*, Öffentlichkeitsarbeit der Bundesregierung, 1992, S. 394; *ders.*, in: NVwZ 1992, 852 (855).

Amtsinhaber vernachlässigend.[202] Die aus diesen Einwänden gezogenen Konsequenzen sind ebenso vielfältig wie die Einwände selbst. So wird einerseits vertreten, die regierungsamtliche Öffentlichkeitsarbeit für zwei bis drei Monate vor der Wahl – außer es handle es sich um Fälle des offensichtlichen Notstands – in Gänze zu untersagen.[203] Andererseits wird das zeitliche Indiz auch in seiner Gesamtheit abgelehnt und auf das Verbot eines kollusiven Zusammenwirkens zwischen Regierung und Partei bzw. des strategischen Verhaltens einer Regierung abgestellt.[204] Differenzierend wird vertreten, dass das Kriterium nur Anwendung auf ein Staatsorgan finden solle, das sich zur Wiederwahl stelle.[205]

d) Stellungnahme

In Wahlkampfzeiten spitzt sich der politische Diskurs zu.[206] Je näher der Wahltag rückt, desto mehr verschwimmen die Grenzen zwischen Parteipolitiker und Amtsträger. Als Konsequenz hieraus wirken sich die überlegenen Mittel und Möglichkeiten der Regierung sowie der sie tragenden Parteien im politischen Wettbewerb noch stärker aus. Auftritte des Bundeskanzlers als Parteipolitiker sind während der Legislaturperiode, abgesehen von Parteitagen, eher selten. Demgegenüber stellen amtliche Auftritte, etwa im Rahmen von NATO- sowie G7-Gipfeln, Treffen des Europäischen Rats, Staatsbesuchen etc. die Regel dar. Sie generieren zudem aufgrund ihrer oft gesamt- und zwischenstaatlichen Bedeutung erhebliche Aufmerksamkeit. Durch die mediale Verarbeitung dieser Ereignisse und seiner eindeutig amtlichen Einbettung wird der Bundeskanzler zu dieser Zeit in der Öffentlichkeit primär als Amtsinhaber wahrgenommen. Dies kehrt sich jedoch in Zeiten des Wahlkampfes um. Der Amtswalter tritt zunehmend hinter den Parteipolitiker und Wahlbewerber zurück. Der Bundeskanzler muss Wahlkampfveranstaltungen besuchen, sich im verbalen Duell mit seinen politischen Gegnern messen etc. All dies muss dabei in seiner Eigenschaft als Parteipolitiker und Wahlbewerber erfolgen, denn ein Werben für sich in seiner Rolle als Kanzler ist angesichts des Identifikationsverbotes unzulässig. Demgegenüber ist das Werben mit seinem Amt sowie seiner Amtsführung in seiner Rolle als Wahlbewerber zulässig, auch wenn dies bei einer undifferenzierten und oberflächlichen Betrachtung als Werbung für die eigene Wiederwahl wahrgenommen werden kann. Die oftmals bewusste sowie gewollte

---

[202] *Engel*, in: Isensee/P. Kirchhof (Hrsg.), Handbuch des Staatsrechts Bd. IV, 3. Aufl. 2006, § 80 Rn. 21; *Payandeh*, in: Der Staat 55 (2016), 519 (540 f.); *Wieland*, in: Krüper (Hrsg.), Die Organisation des Verfassungsstaats, 2019, 533 (574 f.). Bereits in Ansätzen *Leihe*, in: MDR 1969, 445 (447).

[203] *H. Meyer*, in: Isensee/P. Kirchhof (Hrsg.), Handbuch des Staatsrechts Bd. III, 3. Aufl. 2005, § 46 Rn. 24, verweist auf den Reaktorunfall von Tschernobyl.

[204] *Engel*, in: Isensee/P. Kirchhof (Hrsg.), Handbuch des Staatsrechts Bd. IV, 3. Aufl. 2006, § 80 Rn. 44; *Schürmann*, Öffentlichkeitsarbeit der Bundesregierung, 1992, S. 396 f.

[205] *Hufen*, in: LKRZ 2007, 41 (47).

[206] *Holznagel*, in: JZ 2012, 165 (166).

Rollenvermischung zwischen Amtsinhaber und Wahlbewerber tritt niemals so deutlich zu Tage wie im Wahlkampf selbst.[207] Was für den Bundeskanzler gilt, kann auch auf die einzelnen Minister und die die Regierung tragenden Parteien übertragen werden. Noch mehr als bisher werden sich die die Regierung tragenden Parteien als die erfahrenen „Regierungsparteien" darstellen und darum werben, weiterhin das Vertrauen der Wähler zu erhalten.

Zur Kritik der fehlenden Empirie lässt sich das bereits an anderer Stelle Ausgeführte vorbringen. Es bedarf keiner exakten empirischen Grundlage, um die Unzulässigkeit staatlichen Handels zu begründen. Ausreichend ist ein Abstellen auf die allgemeine Lebenserfahrung und Plausibilitätserwägungen, sofern ein Kausalzusammenhang nur schwer bis gar nicht nachgewiesen werden kann. In einem demokratisch so sensiblen Thema ist eine abstrakte Gefährdung ausreichend, um daraus an den Staat gerichtete Gebote und Verbote abzuleiten.[208]

Schürmann führt aus, dass werbende Öffentlichkeitsarbeit unabhängig vom Zeitpunkt ihrer Veröffentlichung entweder insgesamt zu verbieten oder insgesamt zu erlauben sei. Dies lässt jedoch die Vielschichtigkeit des Themenkomplexes außer Acht. Werbende Öffentlichkeitsarbeit ist dann untersagt, wenn sie einen parteipolitischen Bezug aufweist. Dies mag in einigen Fällen offensichtlich sein, ist aber regelmäßig anhand von Indizien und schließlich im Wege einer Abwägung zu bestimmen. Diese Vorgehensweise rührt aus dem Umstand her, dass die Regierung zum einen zur Öffentlichkeitsarbeit, zum anderen aber auch verpflichtet ist, die Willensbildung des Volkes vor staatlicher Lenkung zu bewahren. Diesem Spannungsverhältnis lässt sich durch ein Abwägen eher Rechnung tragen als durch eine strenge Grenzziehung. Der Vorwurf der Willkür trifft dabei nicht zu, da die Vorwahlzeit für alle Beteiligten vorhersehbar und berechenbar ist. Zudem werden auch die Interessen der Regierung hinreichend berücksichtigt, sie darf immer noch informierend und wettbewerbsneutral Öffentlichkeitsarbeit betreiben, es muss jedoch ein akuter Anlass bestehen. Ein unbeschränktes Komplettverbot der Öffentlichkeitsarbeit zwei oder drei Monate vor der Wahl wäre ebenfalls zu undifferenziert.[209] Die vom Bundesverfassungsgericht statuierte Ausnahme für wettbewerbsneutrale Informationen aus akutem Anlass kommt zu sach- und interessensgerechteren Ergebnissen. Die Ausnahme ist dabei bestimmt genug formuliert sowie durch die bestehende Judikatur hinreichend konkretisiert. Die gegen das zeitliche Indiz vorgebrachten Einwände können nicht überzeugen, vielmehr zeigt ihre kritische Betrachtung die Notwendigkeit des Gebots der äußerten Zurückhaltung auf.

---

[207] Vgl. bereits *Leihe*, in: MDR 1969, 445 (447).

[208] Zum Ganzen oben Kap. 5 B.I.3.c).

[209] Siehe hierzu aber unten Kap. 5 D.III.4.e).

2. Anwendung auf eine Landesregierung in Bezug auf eine Bundestagswahl

Der Verfassungsgerichtshofs Rheinland-Pfalz sah sich dazu bewogen, das Gebot auf eine Landesregierung in Bezug auf eine Bundestagswahl nur in abgeschwächter Form anzuwenden. Weil eine Bundestagswahl kein Votum über die jeweilige Landesregierung darstelle, habe die Öffentlichkeitsarbeit einer Landesregierung in der „heißen Phase“ des Bundestagswahlkampfes nicht in dem Maße einen wahlwerbenden Effekt wie die Öffentlichkeitsarbeit der Bundesregierung, führt der Gerichtshof aus. Die Öffentlichkeitsarbeit von Landesregierungen bleibe daher – vorbehaltlich der sonstigen Grenzen – auch in der Zeit vor der Bundestagswahl zulässig, außer parteibezogene Sympathieeffekte für die Bundestagswahl seien gerade das Ziel und nicht nur ein möglicher Nebeneffekt jener Öffentlichkeitsarbeit.[210]

Der Entscheidung ist zuzustimmen. In der Tat scheint es der Fall zu sein, dass eine Bundestagswahl kein Votum über die Landesregierung darstellt, während es umgekehrt durchaus der Fall sein kann. Womöglich liegt es daran, dass eine Landtagswahl oft eine Gelegenheit darstellt, einer in der Bundesregierung vertretenen Partei ein schlechtes Zwischenzeugnis auszustellen, auch wenn hierfür die „unschuldige“ Landespartei die Konsequenzen tragen muss.[211] Ebenfalls mag eine Rolle spielen, dass die Bundespolitik in der öffentlichen Meinungsbildung deutlich präsenter ist, daher vorhandene Missstände immer auch auf die Landesebene und damit die Landespolitik projektiert werden. Die Gründe hierfür könnten etwa in den Art. 83 ff. GG liegen, demnach grundsätzlich die Länder für die Verwaltung und damit die Ausführung (auch) der Bundesgesetze zuständig sind. Schließlich hat die Bundespolitik unbestreitbar einen stärkeren Einfluss auf das einzelne Bundesland als das einzelne Bundesland, etwa über den Bundesrat, auf die Bundespolitik. Sofern die parteibezogenen Sympathieeffekte für die Bundestagswahl nicht erkennbares Ziel der Öffentlichkeitsarbeit sind, spricht nichts dafür sie in der „heißen Phase“ der Bundestagswahlen dem Gebot der äußersten Zurückhaltung zu unterwerfen.

3. Anwendung des Gebots bei der digitalen Öffentlichkeitsarbeit

Digitale Öffentlichkeitsarbeit wird überwiegend über amtliche Internetseiten betrieben. Diese können u. a. als eine Art Archiv der Öffentlichkeitsarbeit verstanden werden. Sofern einzelne Inhalte nicht bewusst gelöscht oder auf sonstige Weise nicht mehr wahrnehmbar gemacht werden, verbleiben diese Inhalte grundsätzlich auch

[210] Zum Ganzen RhPfVerfGH NVwZ 2007, 200 (202).

[211] Dieses Phänomen findet auch regelmäßig bei den Midterm Congressional Elections in den USA statt, *Campbell*, in: The Journal Of Politics 47 (1985), 1140 ff.

Wochen, Monate oder gar Jahre später noch für jeden auffindbar.[212] Insb. Suchmaschinen erleichtern das Auffinden maßgeblich.

a) Grundlegende Problematik

In der Wahlkampfzeit ergibt sich daher die Problemstellung, wie mit dem Gebot der äußersten Zurückhaltung und dessen Voraussetzung der zwingend anlassbezogenen Veröffentlichung umzugehen ist. Aufgrund der beschriebenen Archivwirkung sind Inhalte der digitalen Öffentlichkeitsarbeit, nachdem sie hochgeladen und veröffentlicht wurden, dauerhaft abrufbar, also auch wenn ein akuter Anlass niemals bestand – und auch nicht bestehen musste, weil der Inhalt noch vor der Vorwahlzeit veröffentlicht wurde. Wird der ursprünglich zulässige Beitrag jedoch in der „heißen Phase" wahrgenommen, ohne dass ein akuter Anlass besteht, liegt das Verdikt der nachträglichen Unzulässigkeit des Inhalts nahe. Auch denkbar ist der Fall, dass ein Inhalt während der Vorwahlzeit aus einem akuten Anlass veröffentlicht wird, der akute Anlass jedoch im Laufe der Vorwahlzeit an Aktualität verliert. Wird dieser Inhalt daraufhin wahrgenommen, erscheint dessen Unzulässigkeit ebenfalls angezeigt.

b) Naheliegende Lösungsmöglichkeit

Eine Lösungsmöglichkeit liegt nahe: Entweder die amtlichen Internetseiten bzw. diejenigen Bestandteile der amtlichen Internetseiten, die auf entsprechende Inhalte der Öffentlichkeitsarbeit verweisen, müssen für die Dauer der „heißen Phase" abgeschaltet werden oder diejenigen Inhalte, die nach den oben genannten Maßstäben nachträglich unzulässig werden, müssen der öffentlichen Wahrnehmung entzogen werden. Eine Wahrnehmung der Inhalte wäre dann nicht mehr möglich und dem Gebot der äußersten Zurückhaltung nachgekommen. Diese Vorgehensweise ist jedoch mit erheblichen Nachteilen verbunden. Ein „Abschalten" der Internetseiten in der Vorwahlzeit käme einem Komplettverbot der Öffentlichkeitsarbeit gleich. Dabei kann Öffentlichkeitsarbeit jedoch auch in der Vorwahlzeit zulässig sein, aus dem Gebot der äußersten Zurückhaltung folgt kein Totalverbot.[213] Darüber hinaus ist das Löschen einzelner Inhalte mit einem kaum zu überblickenden Aufwand verbunden, der sich darüber hinaus auch nicht auf eine einmalige Durchsicht der Inhalte beschränkt, sondern fortdauernd vorzunehmen ist. Kontinuierlich müssten die aus akutem Anlass veröffentlichten Beiträge unter dem Gesichtspunkt der fortdauernden Aktualität des Anlasses überprüft werden. Die Inhalte wären schließlich zu entfernen, sobald der Anlass an Aktualität verloren hat.

---

[212] *Mandelartz/Grotelüschen*, in: NVwZ 2004, 647 (648). Siehe auch oben Kap. 2 B.III.1.c).

[213] Siehe auch oben Kap. 5 D.III.1.

c) „Aufgesuchte" und „aufgedrängte" Öffentlichkeitsarbeit

Mit Mandelartz ist hierbei jedoch auf einen entscheidenden Unterschied hinzuweisen. Zwischen Plakaten, Anzeigen oder Beilagen in Tageszeitungen etc. und veröffentlichten Inhalten auf einer Internetseite besteht der Unterschied, dass die Inhalte auf der Internetseite grundsätzlich vom Bürger bewusst aufgesucht werden, während die sonstigen Inhalte dem Bürger in gewissem Maße „aufgedrängt" werden. Das Bereithalten eines Inhalts auf einer Internetseite ist insoweit mit dem Zusenden von Infomaterial auf entsprechende Bitte eines Bürgers vergleichbar.[214] Entscheidet sich der Bürger bewusst dazu, sich über ein Thema zu informieren und dazu Informationen der Regierung zu beziehen, soll ihm das auch und womöglich sogar gerade in der Vorwahlzeit möglich sein. Dies hat jedenfalls zu gelten, solange es auf dem Meinungs- und Informationsmarkt ausreichend Alternativen gibt. Inhalte der Öffentlichkeitsarbeit auf amtlichen Internetseiten sind daher in der Vorwahlzeit weder zu entfernen noch auf sonstigem Wege der Wahrnehmung durch den Bürger vorzuenthalten. Es liegt außerdem nahe, dass viele der „archivierten" Inhalte der Öffentlichkeitsarbeit nicht mehr derart auf die Meinungsbildung einwirken wie noch bei ihrer Veröffentlichung. Womöglich hat der Inhalt aufgrund einer entsprechenden öffentlichen Einordnung bereits einen Großteil seiner Beeinflussungswirkung verloren, sodass auch aus diesem Gesichtspunkt eine Entfernung des Inhalts sich nicht als zwingend erweist. In einigen Fällen dürfte das Thema zudem erheblich an Relevanz verloren haben.

d) Keine vollständige Abkehr vom Gebot der äußersten Zurückhaltung

Mandelartz geht allerdings so weit, dass er die aufgesuchte Öffentlichkeitsarbeit von den Beschränkungen der Vorwahlzeit insgesamt freistellen möchte, es sei denn diese werde aktiv beworben.[215] Auf amtlichen Internetseiten könnten also auch noch in der Vorwahlzeit Inhalte der digitalen Öffentlichkeitsarbeit vertrieben werden, soweit diese nicht aus inhaltlichen oder formellen Gründen Wahlwerbung darstellen.

Diese Weite kann nicht überzeugen. Es ist zwischen einem bereits vorhandenen Inhalt der Öffentlichkeitsarbeit, der lediglich „auf ein Neues" wahrgenommen wird, und einem Inhalt, für den zum Zeitpunkt der Veröffentlichung bereits kein akuter Anlass bestand, zu differenzieren. Ersterer war jedenfalls zum Zeitpunkt seiner Veröffentlichung nach den überkommenen Grenzen als rechtmäßig zu betrachten und die sich zu stellende Frage muss sein, ob der Inhalt aufgrund des Übergangs in die

[214] *Mandelartz*, in: DÖV 2009, 509 (515f.); *ders./Grotelüschen*, in: NVwZ 2004, 647 (650). Dies übernehmen *Harding*, Staatliche Öffentlichkeitsarbeit in sozialen Netzwerken, 2023, S. 336f.; *Jensen*, Rechtsprobleme regierungsamtlicher Öffentlichkeitsarbeit im Internet-Zeitalter, 2006, S. 172. Auch das BVerfG scheint die Zusendung von Informationsmaterial auf Anfrage als weniger problematisch anzusehen, vgl. BVerfGE 63, 230 (248).

[215] *Mandelartz*, in: DÖV 2009, 509 (517); *ders./Grotelüschen*, in: NVwZ 2004, 647 (650).

Vorwahlzeit *ex nunc* rechtswidrig wurde. Letzterer ist hingegen bereits *ex tunc* rechtswidrig. Die sich zu stellende Frage lautet, ob der Inhalt allein aufgrund seiner digitalen Veröffentlichung rechtmäßig wird. Würde derselbe Inhalt in einer Tageszeitung veröffentlicht, handelte es sich um unzulässige Wahlwerbung. Den tatsächlichen Unterschieden zwischen der „aufgesuchten" und der „aufgedrängten" Öffentlichkeitsarbeit ist bereits dadurch zur Genüge getan, dass keine Pflicht besteht, die Beiträge zu entfernen. Ein vollumfassendes Befreien von den vorwahlzeitlichen Beschränkungen privilegierte die regierungsamtliche Öffentlichkeitsarbeit über Gebühr. In der Vorwahlzeit hat das Interesse der Regierung an einer Information der Bevölkerung zurückzutreten.[216] Des Weiteren ist auch in der „nur" digitalen Öffentlichkeitsarbeit das gegenüber der analogen Öffentlichkeitsarbeit gesteigerte Publizitätspotenzial sowie das aufgrund der überwiegend unmittelbaren Öffentlichkeitsarbeit gesteigerte Gefährdungspotenzial zu berücksichtigen. Zuletzt verkennt Mandelartz, dass auch die „nur" aufgesuchte Öffentlichkeitsarbeit das Potenzial zur massenhaften Verbreitung, etwa durch die Bürger selbst, besitzt.[217]

e) Fazit

Hinsichtlich der digitalen Öffentlichkeitsarbeit sind die Betreiber von amtlichen Internetseiten weder verpflichtet ihre Internetseite noch Teile davon „abzuschalten" und somit der Wahrnehmung durch den Bürger zu entziehen. Dasselbe gilt für Beiträge der digitalen Öffentlichkeitsarbeit, die bei einer entsprechenden Wahrnehmung als nachträglich unzulässig angesehen werden müssen. Allerdings gelten für die Neuveröffentlichung von Inhalten der digitalen Öffentlichkeitsarbeit die mit dem Gebot der äußersten Zurückhaltung einhergehenden inhaltlichen Beschränkungen. Auch der bestehende Unterschied zwischen „aufgesuchter" und „aufgedrängter" Öffentlichkeitsarbeit erfordert an dieser Stelle keine Differenzierung.

4. Anwendung des Gebots der äußersten Zurückhaltung bei der sozialen Öffentlichkeitsarbeit

Offen bleibt, welche Auswirkungen das Gebot der äußersten Zurückhaltung auf die soziale Öffentlichkeitsarbeit entfaltet. Auch hier stellt sich die Frage, ob die Profile auf den sozialen Medien kurzfristig und vorübergehend abzuschalten sind, nur deren Nutzung an die speziellen Einschränkungen gebunden ist oder ob das Gebot der äußersten Zurückhaltung überhaupt Anwendung findet.

---

[216] Vgl. *Friehe*, in: Uhle (Hrsg.), Information und Einflussnahme, 2018, 81 (108 f.).

[217] Siehe oben Kap. 2 B.III.2.

a) *Keine nur aufgesuchte Öffentlichkeitsarbeit*

Die Differenzierung zwischen „aufgesuchter" und „aufgedrängter" Öffentlichkeitsarbeit könnte übertragen werden. Inhalte der sozialen Öffentlichkeitsarbeit scheinen dem Bürger auch nicht „aufgedrängt" zu werden, vielmehr müssen diese von ihm aktiv „aufgesucht" werden. In den sozialen Medien stünde dem „Aufsuchen" das „Folgen", „Abonnieren" etc. gleich. Durch die mediumsspezifische Kundgabe der Bereitschaft und des Willens die Inhalte der Öffentlichkeitsarbeit im Rahmen der technischen Vorkehrungen des sozialen Mediums wahrzunehmen, verhält sich der Nutzer nicht anders als derjenige, der eine amtliche Internetseite und deren Inhalte aufsucht oder derjenige, der Inhalte des Bundespresseamtes anfordert.

Diese Betrachtungsweise lässt sich aber mit der Funktionsweise von sozialen Medien nicht vereinbaren. Werden Inhalte der sozialen Öffentlichkeitsarbeit veröffentlicht, ist es aufgrund der zahlreichen Interaktions- und Weiterverbreitungsmöglichkeiten anderer Nutzer nicht nur möglich, sondern seitens der Profilinhaber auch beabsichtigt, dass dritten Nutzern, also solchen, die nicht in einer dem „Aufsuchen" entsprechenden Form mit ihrem Profil interagiert haben, die Inhalte angezeigt werden.[218] Erst recht ist dies der Fall, wenn die Beiträge durch die Zuwendung von Finanzmittel an das das soziale Medium betreibende Unternehmen eine verstärkte Verbreitung erfahren. Diese Fälle sind nicht mit der „aufgesuchten" Öffentlichkeitsarbeit, sondern vielmehr mit der „aufgedrängten" Öffentlichkeitsarbeit zu vergleichen.[219] Es kann sich daher nicht darauf berufen werden, dass entsprechend der digitalen Öffentlichkeitsarbeit die Inhalte der Öffentlichkeitsarbeit in den sozialen Medien erst „aufgesucht" werden müssen, um wahrgenommen werden zu können.[220] Die Anwendung des Gebots der äußersten Zurückhaltung lässt sich nicht mit dieser Begründung ablehnen.

b) *Temporal und medial eingeschränktes Komplettverbot*

Friehe vertritt demgegenüber, dass die Aktivitäten der Regierung in den sozialen Medien sechs Wochen vor dem Wahltermin vollumfänglich einzustellen sind.[221] Dies gelte für diejenige staatliche Ebene, bei der Wahlen anstehen. Die Bundesregierung

---

[218] Ein Fallbeispiel: Nutzer A kommentiert oder „teilt" einen Beitrag des Bundeskanzlers. Nutzer B, der nur Nutzer A „folgt", kann somit den Kommentar und/oder den Beitrag des Bundeskanzlers wahrnehmen, ohne aktiv seinen Willen erklärt zu haben, dass er ebenjene Beiträge wahrnehmen möchte.

[219] Wie hier *Friehe*, in: Uhle (Hrsg.), Information und Einflussnahme, 2018, 81 (108 Fn. 95).

[220] Ebenso *Harding*, in: NJW 2019, 1910 (1914); *ders.*, Staatliche Öffentlichkeitsarbeit in sozialen Netzwerken, 2023, S. 338 f.; *Laude*, Automatisierte Meinungsbeeinflussung, 2019, S. 218.

[221] *Friehe*, in: Uhle (Hrsg.), Information und Einflussnahme, 2018, 81 (108). Ähnlich bereits *H. Meyer*, in: Isensee/P. Kirchhof (Hrsg.), Handbuch des Staatsrechts Bd. III, 3. Aufl. 2005, § 46 Rn. 24.

müsse also ihre Öffentlichkeitsarbeit über die sozialen Medien nicht aufgrund einer Landtags- oder Kommunalwahl einstellen und eine Landesregierung sei dem Gebot der äußersten Zurückhaltung grundsätzlich nicht wegen einer anstehenden Bundestagswahl unterworfen.[222] Friehe geht, indem er ein Komplettverbot ausspricht, einerseits inhaltlich über die Vorgaben des Bundesverfassungsgerichts hinaus und begrenzt, indem er das Komplettverbot auf sechs Wochen beschränkt, andererseits den temporalen Geltungsbereich. Zur Begründung führt er aus, dass die Transparenz des Regierungshandelns aufgrund der kurzen Dauer des Komplettverbotes sowie der zu diesem Zeitpunkt der Legislaturperiode bereits schwindenden politischen Umsetzungsmöglichkeiten nur unwesentlich eingeschränkt werde. Zudem dürfe die Regierung gerade nicht Bilanz durch Arbeits-, Leistungs- und Erfolgsberichten ziehen.[223] Mit der Schnelllebigkeit der digitalen Welt sei es jedoch nicht zu vereinbaren, den Zeitraum nach der überkommenen Methode zu bestimmen. Eine regelmäßig mehrere Monate andauernde Vorwahlzeit sei zu lange. Vielmehr sei sich an der Sondernutzung des öffentlichen Straßenraums für Wahlplakate zu orientieren, nach der einschlägigen Rechtsprechung der Verwaltungsgerichte sei diese grundsätzlich über sechs Wochen zu gewähren.[224]

c) Hardings Beschränkung auf unaufschiebbare Informationsmaßnahmen und netzwerkspezifische Kommunikation

Auch Harding untersucht die Anwendung des Gebots der äußersten Zurückhaltung im Rahmen der sozialen Öffentlichkeitsarbeit und hinterfragt im Rahmen seiner Untersuchung Friehes medial und temporal beschränktes Komplettverbot der regierungsamtlichen Öffentlichkeitsarbeit. Er hält das Verbot für zu einschneidend und führt zwei Ausnahmen vom Komplettverbot an. So müssten einerseits „unaufschiebbare Informationsmaßnahmen" und andererseits „netzwerkspezifische Kommunikation" vom Gebot der äußersten Zurückhaltung freigestellt sein.[225] Jene punktuelle Kompetenzerweiterung sei jedoch zurückhaltend anzuwenden, um einen Missbrauch zu verhindern. Anlass für eine solche Kompetenzerweiterung könnten etwa tagespolitische Ereignisse von erheblicher Relevanz sein, bei denen ein Schweigen des Amtsinhabers als unangemessen bewertet werden würde, aber auch öffentliche Kritik am Amtsinhaber, seinen politischen Entscheidungen oder eine mediale Konfrontation. Nach Hardings Ansatz ist daher im Wesentlichen nur die proaktive Öffentlichkeitsarbeit vom Komplettverbot umfasst.[226]

---

[222] *Friehe*, in: Uhle (Hrsg.), Information und Einflussnahme, 2018, 81 (109 f.), unter Verweis auf RhPfVerfGH NVwZ 2007, 200 (201).

[223] *Friehe*, in: Uhle (Hrsg.), Information und Einflussnahme, 2018, 81 (108 f.), unter Verweis auf BVerfGE 44, 125 (152).

[224] *Friehe*, in: Uhle (Hrsg.), Information und Einflussnahme, 2018, 81 (109).

[225] Zum Begriff „netzwerkspezifische Kommunikation" siehe oben Kap. 4 C.I.

[226] Zum Ganzen *Harding*, Staatliche Öffentlichkeitsarbeit in sozialen Netzwerken, 2023, S. 340 f.

d) *Kritische Würdigung*

Friehes Ansatz stellt ein Komplettverbot der Öffentlichkeitsarbeit dar, wenngleich das Verbot medial („Social-Media-Aktivitäten") und temporal („etwa sechs Wochen vor dem Wahltermin") beschränkt ist. Da es sich um ein nur medial beschränktes Komplettverbot handelt, kann nicht damit argumentiert werden, dass die Regierung somit ihrer Pflicht zur Öffentlichkeitsarbeit überhaupt nicht mehr nachkommen kann. Andere Medien bleiben nutzbar. Zudem führt Friehe präventiv an, dass die Notwendigkeit der Öffentlichkeitsarbeit vor der Wahl zunehmend an Bedeutung verliere, da keine ernsthafte politische Gestaltung mehr erfolge. Demgegenüber verwirft Harding ein Komplettverbot der sozialen Öffentlichkeitsarbeit und billigt auch in der Vorwahlzeit eine Reaktionskompetenz im Falle von besonderen Ereignissen oder persönlicher Betroffenheit. Beide Ansätze sind nachfolgend zu untersuchen.

aa) Plausibilität *Friehes* Beobachtung

Friehes Beobachtung ist aus zweierlei Gründen plausibel. Der erste Grund ist praktischer Natur. Das Führen von Wahlkampf ist zeitintensiv, sodass die inhaltlich-politische Arbeit zwangsläufig leidet. Wer auf Marktplätzen Reden hält, kann keine Gesetzesentwürfe erarbeiten, keine Gespräche auf höherer Ebene führen etc. Der zweite und wohl gewichtigere Grund beruht aber auf parteipolitischen und wahltaktischen Erwägungen. Aufgrund der anstehenden Wahl geht es allen Parteien darum, ihr Profil zu schärfen, ihre Stammwähler zu mobilisieren und ggf. neue Wähler für sich zu gewinnen. In Koalitionsregierungen sind umgesetzte politische Vorhaben allerdings i. d. R. Kompromisse, die kurzfristig oftmals zu allseitiger Unzufriedenheit führen. Vorliegend bedeutete dies, dass ein Kompromiss zwar dem Koalitionsfrieden zuträglich sein mag, im Vorfeld von Wahlen sich aber keine Partei Unzufriedenheit weder in der Fraktion noch in der Parteibasis und erst recht nicht bei ihren Wählern leisten kann. Bei allen Beteiligten dürfte daher eine erheblich reduzierte Kompromissbereitschaft bestehen, die sich in entsprechend reduzierter politischer Handlungsfähigkeit äußert. Darauf aufbauend scheint Friehe eine Abwägung vorzunehmen, bei der auf der einen Seite die Pflicht der Regierung, Transparenz durch Öffentlichkeitsarbeit herzustellen, und auf der anderen Seite der Grundsatz der Staatsfreiheit der politischen Willensbildung des Volkes, insb. im Vorfeld von Wahlen, zu berücksichtigen ist. Beide Aspekte stehen sich grundsätzlich gleichberechtigt gegenüber, letzterer gewinnt aber mit sich näherndem Wahltermin stetig an Bedeutung. Die Möglichkeit einer staatlichen Beeinflussung des Wahlergebnisses nimmt nämlich zu. Zusätzlich ist die Herstellung von Transparenz geringer zu gewichten, da – wie oben skizziert – die Regierung in den letzten Wochen der Amtszeit kaum mehr politisch gestaltet und ihr daher ein geringeres Interesse an der Transparentmachung „ihrer" Politik zusteht.

bb) *Friehes* Parallelwertung zum Straßenrecht erscheint konstruiert

Im Gegensatz zur Orientierung an der Festlegung des Wahltermins durch den Bundespräsidenten gem. § 16 BWahlG wirkt der Vergleich mit dem Anspruch auf Sondernutzung des öffentlichen Straßenraums für Wahlplakate allerdings konstruiert. Es lassen sich keine überzeugenden Parallelen erkennen: Einerseits wird staatliches Handeln begrenzt, andererseits der Rechtskreis bürgerlicher Vereinigungen, vgl. § 2 Abs. 1 PartG, erweitert. Auf der einen Seite steht das Verbot regierungsamtlicher Öffentlichkeitsarbeit, da hierdurch die Gefahr besteht, dass auf die grundsätzlich staatsfreie politische Willensbildung Einfluss genommen wird, auf der anderen Seite steht der Anspruch auf Sondernutzung, der die Mitwirkung der politischen Parteien an der politischen Willensbildung gewährleisten soll. Ob der Zeitraum von sechs Wochen für ein Komplettverbot überzeugt, steht auf einem anderen Blatt, mit einer Parallelbetrachtung zum Anspruch auf Sondernutzung im Straßenrecht kann er jedenfalls nicht begründet werden.

cc) Keine normative Begründung

Eine Begründung für das aus dem Gebot der äußersten Zurückhaltung folgende Komplettverbot der sozialen Öffentlichkeitsarbeit bleibt Friehe ebenfalls schuldig. Die von ihm gemachten Beobachtungen (Zuspitzung des Diskurses, Zurücktreten des Informations- und Transparenzinteresse) sind korrekt, allerdings begründet das Gebot der äußersten Zurückhaltung nur inhaltliche Einschränkungen, kein Verbot der Öffentlichkeitsarbeit allgemein. Außerdem lässt Friehes Begründung außer Acht, dass es innerhalb der sechs Wochen zu einem Ereignis kommen könnte, das es aufgrund seiner Bedeutung erforderlich macht, dass die Regierung alle ihre kommunikativen Möglichkeiten nutzt, um die Bevölkerung zu informieren.[227] Dabei ist eine umfassende Nutzung aller zur Verfügung stehenden Kanäle, also auch der sozialen Medien, verfassungsrechtlich geboten.[228]

dd) Geltung des Gebots der äußersten Zurückhaltung in seiner ursprünglichen zeitlichen Ausprägung

Schließlich sei darauf hingewiesen, dass es nicht überzeugt, das Gebot der äußersten Zurückhaltung in seiner ursprünglichen Ausprägung nur in den letzten sechs Wochen des Wahlkampfes auf die soziale Öffentlichkeitsarbeit anzuwenden.[229] Richtigerweise ist das Gebot in seiner ursprünglichen Ausprägung ab sechs Monate vor dem Wahltermin auch in den sozialen Medien zu beachten. Dabei gilt ebenfalls:

---

[227] Jüngere Beispiele hierfür sind der Ausbruch der Coronapandemie oder der russische Überfall auf die Ukraine. Dies merkt auch *Harding* an, *ders.*, Staatliche Öffentlichkeitsarbeit in sozialen Netzwerken, 2023, S. 340.

[228] Siehe oben Kap. 5 D.II.5.a)bb).

[229] Ebenfalls entgegen *Laude*, Automatisierte Meinungsbeeinflussung, S. 218.

Je näher der Wahltermin rückt, desto strenger ist das Gebot anzuwenden. Friehes Methodik würde Widersprüche in das Regelwerk implementieren, so wäre eine Zeitungsanzeige, die drei Monate vor der Wahl erscheint und die Arbeits- und Sozialpolitik der Legislaturperiode erläutert, mangels Anlass unzulässig, erschiene sie als Inhalt in den sozialen Medien, wäre sie zulässig. Zusätzlich erscheint die Herangehensweise aufgrund der verbesserten Möglichkeiten der Beeinflussung fragwürdig. Hier kann nicht, wie es bei Friehe anklingt, mit der Schnelllebigkeit der digitalen Welt argumentiert werden, denn diese mindert nicht die Einflussmöglichkeiten der sozialen Öffentlichkeitsarbeit, sondern stellt lediglich ein Merkmal der geänderten Kommunikationsbedingungen dar. Außerdem mag die Schnelllebigkeit den einzelnen Beitrag betreffen, ist ein Thema im öffentlichen Diskurs allerdings relevant, ändert daran auch die Schnelllebigkeit in den sozialen Medien nichts. Es bleibt im öffentlichen Diskurs verortet.

ee) *Harding* entkernt das Gebot der äußersten Zurückhaltung

Hardings Freistellung der netzwerkspezifischen Kommunikation vom Komplettverbot der sozialen Öffentlichkeitsarbeit kann nicht überzeugen. Das von ihm selbst erkannte und hervorgehobene inhärente Missbrauchsrisiko überwiegt die geschilderte Notwendigkeit der Freistellung. Wie beschrieben spitzt sich mit zunehmender Nähe des Wahltermins der Wahlkampf zu. Damit steigt das Missbrauchsrisiko regierungsamtlicher Öffentlichkeitsarbeit zum Zwecke der Wahlwerbung, während die Notwendigkeit der inhaltlich zulässigen Öffentlichkeitsarbeit absinkt. Insb. unter Berücksichtigung der angeführten Anlässe droht die Ausnahme der netzwerkspezifischen Kommunikation vielmehr zur Regel zu werden. In der Wahlkampfzeit ist es regelmäßig der Fall, dass Amtsträger gerade auch in ihrer Eigenschaft als Amtsträger sowie für ihre im Rahmen ihrer Amtszeit getroffenen politischen Entscheidungen kritisiert werden. Es handelt sich um ein typisches Mittel oppositioneller Wahlwerbung, sich als Alternative zu präsentieren und auf vermeintliche Fehler der Amtsträger hinzuweisen. Stünde dem Amtsinhaber das Recht zu, in seiner Rolle als Amtsinhaber zu reagieren, würde das Gebot der äußersten Zurückhaltung entkernt. Es handelt sich dabei mitnichten um eine „kategorische Schlechterstellung" der Amtsinhaber, denn diese können in ihrer Rolle als Parteipolitiker reagieren und auf die Kritik eingehen bzw. auf ihre Erfolge verweisen. Diese Möglichkeit steht ihnen weiterhin zu und wird durch das Gebot der äußersten Zurückhaltung in keiner Weise berührt. Angesichts der Weite der von Harding genannten Anlässe erscheint zudem fraglich, ob seine Anpassung des Gebots der äußersten Zurückhaltung überhaupt Wirkung entfaltet. Darüber hinaus dürfte seine Anpassung auch das Gebot der äußersten Zurückhaltung in seiner ursprünglichen Anwendung erheblich relativieren.

e) Eigener Ansatz

Zu klären bleibt, ob das Gebot der äußersten Zurückhaltung ein Verbot sozialer Öffentlichkeitsarbeit begründet. Die abstrakte Gefährdung des Grundsatzes der Staatsfreiheit der politischen Willensbildung der Bürger gepaart mit den erhöhten Einwirkungsmöglichkeiten über die sozialen Medien, müsste die mit einer Stilllegung der Öffentlichkeitsarbeit verbundenen Beeinträchtigung des Informations- und Transparenzinteresses überwiegen. Dieser These ist aus den bereits vorstehend angeführten Gründen für einen kurzen Zeitraum vor der Wahl grundsätzlich zuzustimmen. Die Anwendung des Gebots der äußersten Zurückhaltung in der „heißen" Phase des Wahlkampfes führt grds. zu einem medial sowie temporal beschränkten Verbot der Nutzung sozialer Medien zum Zwecke der Öffentlichkeitsarbeit. Die von Friehe vorgeschlagenen sechs Wochen lassen sich zwar nicht mithilfe einer Parallelbetrachtung zum Anspruch auf Sondernutzung aus dem Straßenrecht begründen, stehen aber für einen angemessenen Ausgleich zwischen der Beeinträchtigung des Informations- und Transparenzinteresses und der abstrakten Gefährdung des Grundsatzes der Staatsfreiheit der politischen Meinungs- und Willensbildung.

Es verbleibt nunmehr noch die insb. auch von Harding aufgeworfene Frage, ob die Notwendigkeit auf kurzfristig auftretende Krisen vollumfassend zu reagieren, einer Stilllegung entgegensteht, ob also der Regierung eine Art Krisenkommunikationskompetenz in den sozialen Medien verbleiben soll. Eine solche steht der Bundes- und den Landesregierungen bereits mit dem sog. Verlautbarungsrecht nach geltendem Recht zu, allerdings unter Inanspruchnahme der herkömmlichen Massenmedien.[230] So berechtigt etwa § 10 ZDF-Staatsvertrag die Regierungen in Katastrophenfällen oder bei anderen vergleichbaren erheblichen Gefahren für die Sicherheit oder Ordnung Sendezeit in Anspruch zu nehmen. Eine ähnliche Regelung findet sich in § 10 Deutschlandradio-Staatsvertrag und auch in den Medienstaatsverträgen zwischen den Ländern Berlin und Brandenburg sowie zwischen Hamburg und Schleswig-Holstein bzw. dem sonstigen Landesrecht.[231] Im geltenden Medienstaatsvertrag aller Bundesländer wird in § 7 Abs. 3 MStV auf das Verlautbarungsrecht verwiesen, es also ebenfalls als gegeben vorausgesetzt. Unbenommen bleibt der Bundesregierung, eine Regierungserklärung abzugeben oder alle anderen Mittel und Möglichkeiten zur Kommunikation zu nutzen. Bereits aus dieser knappen Übersicht lässt sich erkennen, dass bei einem kurzfristig auftretenden Katastrophenfall den Bundes- und Landesregierungen genügend Mittel und Möglichkeiten zur Verfügung stehen, um die Bevölkerung zu informieren. Die Stilllegeverpflichtung kann daher nicht bereits

---

[230] Zum Verlautbarungsrecht siehe *Holznagel*, in: JZ 2012, 165 (168).

[231] § 5 Abs. 1 LMedienG (BW); Art. 5 Abs. 6 Satz 1, 2 BayMG; § 53 Abs. 1 Satz 1 MStV BB/BE; § 20 Abs. 1 BremLMG; § 10 Satz 1 MStV HSH; § 29 Satz 1 HPRG; § 31 Satz 1 RundfG M-V; § 21 Satz 1 NMedienG; § 36 Abs. 1 LMG NRW; § 18 Abs. 1 Satz 1 LMG (RLP); § 19 Abs. 1, 4 SMG; § 21 Satz 1 SächsPRG; § 28 Satz 1 MedienG LSA; § 28 Satz 1 ThürLMG.

deshalb abgelehnt werden, weil der Regierung ansonsten keine bzw. kaum mehr Möglichkeiten zustünden, die Bevölkerung zu informieren.

Fraglich bleibt nur noch, ob die verfassungsrechtlich gebotene Verpflichtung alle Bürger, also insb. auch diejenigen, die sich schwerpunktmäßig über die sozialen Medien informieren, zu erreichen, der Stilllegeverpflichtung entgegensteht. Wird die soziale Öffentlichkeitsarbeit eingestellt, wird der einzelne Bürger zwar nicht mehr unmittelbar durch die Regierung über die sozialen Medien informiert, ihm verbleibt aber weiterhin die mittelbare Öffentlichkeitsarbeit. Zwar hat das Presse- und Rundfunkwesen in den letzten Jahren an Bedeutung verloren, von der medialen Bildfläche verschwunden sind sie dennoch nicht. Vielfach haben sie das Publizitätspotenzial der sozialen Medien erkannt und informieren ebenfalls über sie. Mittelbar ist also weiterhin eine medien- und zielgruppengerechte Vermittlung der Inhalte der Öffentlichkeitsarbeit möglich. Die mittelbare Öffentlichkeitsarbeit war die längste Zeit der Bundesrepublik die Regel, auch in diesen Zeiten gab es kurzfristig auftretende Krisen und Katastrophen, die eine Information der gesamten Bevölkerung erfordert haben.

f) Fazit

Das Gebot der äußersten Zurückhaltung findet auch in den sozialen Medien in seinem ursprünglichen, aus der Öffentlichkeitsentscheidung 1977 hervorgehenden Maßstab Anwendung. Zusätzlich begründet es das Verbot der Nutzung sozialer Medien zum Zwecke der Öffentlichkeitsarbeit die letzten sechs Wochen vor dem Wahltermin. Es dürfen weder Inhalte der Öffentlichkeitsarbeit veröffentlicht noch darf mit anderen Nutzern des jeweiligen sozialen Mediums interagiert werden. Ausnahmen bestehen nicht. Eine Verpflichtung zum Entzug der Wahrnehmungsmöglichkeit einzelner Inhalte oder gar des Profils als Ganzen lässt sich aus dem Gebot der äußersten Zurückhaltung jedoch auch in den letzten Wochen vor der Wahl nicht begründen.

IV. Zusammenfassung

Das inhaltliche Indiz ist als Kerngehalt des Identifikationsverbots in seiner ursprünglichen Anwendung durch das Bundesverfassungsgericht auf die digitale und soziale Öffentlichkeitsarbeit zu übertragen.

Das formelle Indiz hingegen kann nicht mehr dergestalt angewendet werden, wie noch in der Öffentlichkeitsarbeitsentscheidung 1977. Die Anwendung in den neuen Medien erfordert eine Berücksichtigung der neuen Realität der Informationsgesellschaft und das Erfordernis einer medien- und zielgruppengerechten Vermittlung. Dennoch dürfen auch verbesserte Möglichkeiten der Beeinflussung sowie bestehende Ungleichheiten in den Kommunikationsmöglichkeiten nicht vernachlässigt werden. Nach hier vertretenem Ansatz ist aus dem formellen Indiz ein Verbot der personenbezogenen Selbstdarstellung und das Erfordernis des Überwiegens des Informationsgehalts gegenüber der medien- und zielgruppengerechten Gestaltung abzuleiten.

Das zeitliche Indiz und das darin enthaltene Gebot der äußersten Zurückhaltung entfaltet in den neuen Medien weitreichende Folgen. Zum einen ist es in seinem ursprünglichen Regelungsgehalt weiterhin auf alle Inhalte der analogen, digitalen und sozialen Öffentlichkeitsarbeit anwendbar. Es besteht jedoch keine Pflicht, Inhalte der digitalen und sozialen Öffentlichkeitsarbeit in der heißen Phase des Wahlkampfes der Wahrnehmung durch die Bevölkerung entziehen. In den letzten sechs Wochen vor dem Wahltermin ist es der Regierung hingegen untersagt, soziale Öffentlichkeitsarbeit aktiv zu betreiben.

E. Feststellungskriterium

Allein das Vorliegen der Indizien ist nach dem Bundesverfassungsgericht noch nicht ausreichend, um einen Verfassungsverstoß auch festzustellen. Das Gericht führt in Abschnitt C.V. der Öffentlichkeitarbeitsentscheidung 1977 aus, dass die Feststellung eines Verfassungsverstoßes eine ins Gewicht fallende Häufung und Massivität offenkundiger Grenzüberschreitungen erfordere.[232] Aufgrund der Schwierigkeit der Abgrenzung zwischen zulässiger Öffentlichkeitsarbeit und unzulässiger Wahlwerbung im Einzelfall, sei dieses Feststellungskriterium zusätzlich zu berücksichtigen.[233]

I. Funktion und Merkmale des Feststellungskriteriums

Aus dem Wortlaut der Entscheidungsgründe ergibt sich weder die Funktion des Kriteriums noch wie seine Merkmale zu verstehen sind.[234] Unter Berücksichtigung der einleitenden Feststellungen im Abschnitt C.V. scheint der objektive Rechtsverstoß von einer solchen ins Gewicht fallenden Häufung und Massivität offenkundiger Grenzüberschreitungen, abzuhängen.[235] Andererseits ist das Organstreitverfahren gerade keine abstrakte Kontrolle der objektiven Verfassungsmäßigkeit eines bestimmten Organhandelns,[236] sodass das einschränkende Kriterium auch als

[232] BVerfGE 44, 125 (156).

[233] BVerfGE 44, 125 (155 f.).

[234] Ebenso *Schürmann*, Öffentlichkeitsarbeit der Bundesregierung, 1992, S. 356: „Das Gericht hat (…) der Rechtsprechung wie auch der Literatur ein Rätsel aufgegeben".

[235] BVerfGE 44, 125 (155).

[236] BVerfGE 73, 1 (30); 104, 151 (193 f.); 117, 359 (370); *Morgenthaler*, in: Epping/Hillgruber (Hrsg.), Grundgesetz, 56. Ed., Art. 93 Rn. 17.

Voraussetzung für die Feststellung der Rechtsverletzung des Antragsstellers anzusehen sein könnte. Dergestalt ist auch § 67 Satz 1 BVerfGG auszulegen.[237] Hinsichtlich der Merkmale bleibt offen, ob diese kumulativ erfüllt sein müssen, ob das Merkmal der Häufung die Bejahung des Kriteriums bei einem einzelnen Inhalt der Öffentlichkeitsarbeit ausschließt und ob das Merkmal der Massivität sich auf den konkreten Inhalt oder den Mitteleinsatz bezieht.[238]

1. Anwendbarkeit bei einem einzelnen Inhalt

In der Anwendung des Feststellungskriterium war unklar, ob bei einem einzelnen unzulässigen Inhalt der Öffentlichkeitsarbeit die Feststellung eines Verfassungsverstoßes mangels „Häufung offenkundiger Grenzüberschreitungen" ausgeschlossen ist.[239] Der Verfassungsgerichtshof des Saarlandes beanstandete nur eine einzelne Ausgabe einer von der Landesregierung herausgegebenen Druckschrift und verneinte daher eine „Häufung" verfassungsrechtlicher Grenzüberschreitungen.[240] Betreffend der Massivität der Grenzüberschreitungen sah er den konkreten Inhalt als wesentlich an.[241] Demgegenüber rügte der Staatsgerichtshof Baden-Württemberg ausdrücklich „eine Anzeige" der Landesregierung.[242] Außerdem, so der Staatsgerichtshof, könne bei einer festgestellten staatlichen Wahlwerbung in der Vorwahlzeit auf das Kriterium verzichtet werden.[243] Zur Feststellung der Häufung und der Massivität eines Inhalts der Öffentlichkeitsarbeit orientiert sich der Staatsgerichtshof bei der einzelnen Anzeige am konkreten Inhalt, bei den Druckschriften an Kosten und Auflagenzahlen.[244] Vergleichbar argumentiert der Staatsgerichtshof Bremen. Er führt aus, dass inhaltlich eindeutig parteiliche, staatliche Wahlkampfaussagen nicht erst massenhaft verbreitet werden müssen, um die Schwelle zur Unzulässigkeit zu übertreten.[245] Es gelte der Grundsatz, dass je stärker parteiergreifend der konkrete Inhalt sei, desto geringere Anforderungen an das zusätzliche Kriterium zu stellen seien.[246] Die verfahrensgegenständlichen Inhalte der Öffentlichkeitsarbeit, der Staatsgerichtshof bezeichnet diese selbst als „eindeutig parteiergreifende Wahlkampfaussagen", die „ohne Verbrämung in der bevorstehenden Bundestagswahl die

---

[237] *Bethge*, in: Schmidt-Bleibtreu/Fr. Klein/ders., Bundesverfassungsgerichtsgesetz, 51. EL. Mai 2017, § 67 Rn. 6; *Walter*, in: ders./B. Grünewald (Hrsg.), Bundesverfassungsgerichtsgesetz, 15. Ed., § 63 Rn. 1 ff., § 67 Rn. 3.

[238] Vgl. *Zuck*, in: ZRP 1977, 144 (147).

[239] Ebenso *Schürmann*, Öffentlichkeitsarbeit der Bundesregierung, 1992, S. 356.

[240] SaarlVerfGH NJW 1980, 2181 (2183). So bereits *Zuck*, in: ZRP 1977, 144 (147).

[241] SaarlVerfGH NJW 1980, 2181 (2183).

[242] StGH BW ESVGH 31, 81 (81).

[243] StGH BW ESVGH 31, 81 (87).

[244] StGH BW ESVGH 31, 81 (86 ff.).

[245] BremStGH NVwZ 1985, 649 (650).

[246] BremStGH NVwZ 1985, 649 (651).

SPD unterstützen und die CDU bekämpfen sollen", stellen dabei nach zutreffender Ansicht des Staatsgerichtshofes parteiliche Wahlkampfaussagen dar.[247]

Der Verfassungsgerichtshof des Saarlandes hat seine ursprüngliche Rechtsprechung mittlerweile durch eine jüngere Entscheidung revidiert. Nunmehr liege bei eindeutiger Wahlwerbung oder bei Arbeits-, Leistungs- und Erfolgsberichten in der Vorwahlzeit von vorneherein keine zulässige Öffentlichkeitsarbeit vor, sodass es auch keiner gesonderten quantitativen Prüfung bedürfe. Ansonsten könnte die Regierung die Grenzen der Öffentlichkeitsarbeit dadurch umgehen, dass Inhalte vereinzelt bleiben.[248]

2. Murswieks Erläuterung

Dietrich Murswiek führt zur Erläuterung des Merkmals aus, dass das Kriterium ein Anwendungsfall des judicial self restraint sei.[249] Nicht jede parteiergreifende Einwirkung führe zu einer Verletzung des Rechts auf Chancengleichheit, sondern nur diejenige, die so gewichtig sei, dass sie auf das Wahlergebnis Einfluss haben könne. Der Einfluss müsse dabei nicht konkret nachgewiesen werden.[250] Dies ergebe sich aus der Rechtsnatur des Organstreits sowie aus § 67 BVerfGG, denn allein über eine Verletzung der Neutralitätspflicht als objektiver Rechtssatz könne nicht entschieden werden. Der objektive Rechtsverstoß müsse immer zugleich auch eine Verletzung des Rechts der Antragstellerin bewirken.[251] Murswiek trägt weiter vor, dass die Merkmale Massivität und Häufung nicht als selbstständige Merkmale, sondern als Konkretisierungen der Gewichtigkeit des Verstoßes zu verstehen seien.[252] Erst ein „ins Gewicht fallen" ermögliche eine Feststellung der Verletzung der Chancengleichheit.[253] Massivität beziehe sich dabei auf den aufgewendeten Mitteleinsatz für die unzulässige(n) Inhalte der Öffentlichkeitsarbeit, Häufung auf deren Anzahl.[254] Dabei sei nicht ausgeschlossen, dass auch ein einzelner grenzüberschreitender Inhalt ins Gewicht fallen könne, Massivität und Häufung müssten nicht kumulativ gegeben

---

[247] BremStGH NVwZ 1985, 649 (650).

[248] SaarlVerfGH LKRZ 2010, 376 (379).

[249] *Murswiek*, in: DÖV 1982, 529 (531 ff.); *Schürmann*, Öffentlichkeitsarbeit der Bundesregierung, 1992, S. 359. Kritisch zum Begriff, *Robbers*, in: W. Kahl/Waldhoff/Walter (Hrsg.), Grundgesetz, 165. Akt. Jan. 2014, Art. 20 Abs. 2 Rn. 3233 ff.; *Voßkuhle*, in: v. Mangoldt/F. Klein/Starck, Grundgesetz Bd. 3, 7. Aufl. 2018, Art. 93 Rn. 36.

[250] Dies übernimmt SachsAnhVerfG JZ 1996, 723 (725).

[251] Zum Ganzen *Murswiek*, in: DÖV 1982, 529 (537 f.). Übernommen von HessStGH NVwZ 1992, 465 (467); SachsAnhVerfG JZ 1996, 723 (725 f.); OVG Münster NVwZ-RR 1989, 141 (151).

[252] A. A. *Mandelartz*, in: LKRZ 2010, 371 (373).

[253] Ebenso *Schürmann*, Öffentlichkeitsarbeit der Bundesregierung, 1992, S. 357 f.

[254] *Murswiek*, in: DÖV 1982, 529 (538 f.). Ebenso *Schürmann*, Öffentlichkeitsarbeit der Bundesregierung, 1992, S. 361.

sein, sondern seien vielmehr alternativ zu verstehen.[255] Zusätzlich, schließt er seine Erläuterung ab, hätten die Merkmale Häufung und Massivität die Funktion, zulässige Inhalte der Öffentlichkeitsarbeit, die weder ihres konkreten Inhalts wegen noch anhand ihrer Aufmachung oder Form als Wahlwerbung anzusehen seien, aufgrund ihrer Anzahl und zeitlichen Nähe zum Wahltermin als Mittel der Wahlwerbung zu qualifizieren.[256]

3. Kritik am Feststellungskriterium

Das Feststellungskriterium hat neben Anwendungsschwierigkeiten auch zu grundlegender Kritik geführt. Rüdiger Zuck sieht die seiner Ansicht nach enthaltene Einschränkung der Prüfung als nicht überzeugend an, da sie auf die Kausalitätsreihe der (erfolgreichen) Wahlprüfung bezogen sei, das Bundesverfassungsgericht die unzulässige Wahlwerbung aber aus der zulässigen Öffentlichkeitsarbeit ausgegrenzt habe. Letztere sei an Sachbedingungen gebunden. Er lehnt das zusätzliche Kriterium zur Feststellung eines Verfassungsverstoßes daher in Gänze ab.[257] Nach Murswiek besteht lediglich keine rechtliche Grundlage für die Beschränkung auf die Offenkundigkeit der Grenzüberschreitungen. Es sei nicht ersichtlich, weshalb die Regierung, die in Möglichkeiten der Selbstdarstellung der Opposition weit überlegen sei, an der Wahrnehmung ihrer Kompetenz mehr als nur marginal behindert sei, wenn sie nur eindeutig neutrale Informationsmaterialien in Wahlkampfzeiten einsetzen dürfe. Zwar sei eindeutig neutrale Öffentlichkeitsarbeit auch in Wahlkampfzeiten nicht erforderlich, jedoch habe die Regierung das Risiko zu tragen, dass eine Grenzüberschreitung festgestellt werde.[258] Ähnlich beklagt Ladeur jene „salvatorische Klausel", die Regierungen aufgrund der Einschränkung auf offenkundige Grenzüberschreitungen lediglich zu einer anderen Wortwahl zwinge.[259]

4. Stellungnahme

Ob gegen objektives Verfassungsrecht verstoßen wurde, kann nicht vom Übertreten einer Schwelle der richterlichen Selbstbeschränkung abhängig gemacht werden. Dennoch kann es nicht überzeugen, das Feststellungskriterium in Gänze abzulehnen. Angesichts der oft fließenden Grenzen zwischen zulässiger Öffentlichkeitsarbeit und unzulässiger staatlicher Wahlwerbung, der inhärent politischen Entscheidung und seiner Öffentlichkeitswirksamkeit bedarf es hier einer besonderen

---

[255] *Murswiek*, in: DÖV 1982, 529 (539).

[256] *Murswiek*, in: DÖV 1982, 529 (540).

[257] *Zuck*, in: ZRP 1977, 144 (147).

[258] *Murswiek*, in: DÖV 1982, 529 (536).

[259] *Ladeur*, in: DVBl. 1984, 224 (225).

richterlichen Zurückhaltung.[260] Daher ist das Kriterium nicht in Gänze zu verwerfen, sondern inhaltlich und damit bezogen auf seine einzelnen Merkmale einer kritischen Prüfung zu unterziehen. Richtig ist, dass etwa das Merkmal der Häufung nicht zwingend erfüllt sein muss, um zur Feststellung einer Rechtsverletzung zu kommen. Entgegen Zuck und der mittlerweile aufgegebenen Ansicht des Verfassungsgerichtshofs des Saarlandes kann es also nicht darauf ankommen, dass mindestens zwei unterschiedliche unzulässige Inhalte der Öffentlichkeitsarbeit Teil des Verfahrens sind. Auch ein einzelner unzulässiger Inhalt der Öffentlichkeitsarbeit kann zur Feststellung einer Rechtsverletzung des Antragstellers führen. Zuck missversteht das Kriterium zudem, wenn er hinsichtlich der Massivität auf den konkreten Inhalt abstellt. Nach richtiger Ansicht Murswieks bezieht sich das Merkmal der Massivität auf den Mitteleinsatz.[261]

Unzulässige Öffentlichkeitsarbeit in Form von Wahlwerbung fällt dann ins Gewicht, wenn sie entweder aus mehreren unterschiedlichen, aber jeweils für sich unzulässigen Inhalten besteht und/oder einen hohen Mittelaufwand verursachte. Gleichzeitig kann aber auch ein einzelner Inhalt, der keine besonders hohen Kosten verursachte, hinreichend ins Gewicht fallen, wenn er bezogen auf seinen konkreten Inhalt als besonders deutliche staatliche Wahlwerbung anzusehen ist. Im Falle eines besonders offenkundigen und daher entsprechend vorwerfbaren objektiven Verfassungsverstoßes darf sich die verfassungsgerichtliche Prüfung keine Zurückhaltung auferlegen. Es handelt sich dann um erster Linie um eine rechtliche und keine politische Fragestellung, sodass die Begründung für die Zurückhaltung entfällt. Eine einmalig ausgestrahlte Fernsehansprache des Bundeskanzlers kurz vor der Bundestagswahl, in der er als Bundeskanzler ausdrücklich für seine „Wiederwahl“ wirbt, muss ausreichen, um von den Oppositionsparteien erfolgreich gerügt werden zu können.

Entgegen der Ansicht des Bundesverfassungsgerichts bedarf es allerdings einer derartigen Offenkundigkeit der Grenzüberschreitung nicht. Gegen das Merkmal der Offenkundigkeit lässt sich mit Murswiek zurecht einwenden, dass gegenüber der Exekutive die berechtigte Erwartung besteht, dass offenkundige Wahlwerbung schon überhaupt nicht vorgenommen wird und entsprechende Inhalte vorher einer Prüfung unterzogen werden.[262] Die einzelnen Pressestellen und Öffentlichkeitsreferate der Ministerien und erst recht das Bundespresseamt verfügen über die entsprechende Infrastruktur solche Prüfungen vorzunehmen oder extern vornehmen zu lassen. Die zahlreichen ergangenen Entscheidungen haben die Merkmale in der Zwischenzeit hinreichend konkretisiert, sodass nicht *in dubio pro imperio* entschieden werden muss.

---

[260] Vgl. *Voßkuhle*, in: v. Mangoldt/F. Klein/Starck, Grundgesetz Bd. 3, 7. Aufl. 2018, Art. 93 Rn. 53; *Walter*, in: Dürig/Herzog/Scholz, Grundgesetz, 80. EL. Juni 2017, Art. 93 Rn. 123.

[261] *Murswiek*, in: DÖV 1982, 529 (538).

[262] *Murswiek*, in: DÖV 1982, 529 (536).

II. Anwendung in den neuen Medien

Schließlich ist auch die Anwendung des Feststellungskriteriums in den neuen Medien zu untersuchen. Die Aspekte, die für eine Anwendung des Kriteriums sprechen, lassen sich grundsätzlich auch auf die neuen Medien übertragen. Es stellt sich allerdings die Frage, wie mit den Merkmalen der Häufigkeit und der Massivität umzugehen ist.

1. Grundlegende Problematik

Inhalte der digitalen und der sozialen Öffentlichkeitsarbeit werden einmalig erstellt und anschließend durch das Hochladen auf die amtliche Internetseite oder das amtliche Profil auf einem sozialen Medium veröffentlicht. Der eigentliche Vervielfältigungsakt erfolgt erst auf Seiten des Empfängers, sodass auch das quantitative Ausmaß der Vervielfältigung vom Verhalten des Empfängers abhängig ist. Deshalb können die Inhalte der Öffentlichkeitsarbeit mit einem erheblich geringerem Aufwand an finanziellen Mitteln als bisher erstellt und im Anschluss massenhaft „verbreitet" werden.[263] Sieht man das Merkmal der Häufung dann als erfüllt an, wenn eine große Anzahl an (unterschiedlicher) unzulässiger Inhalte der Öffentlichkeitsarbeit vorliegen,[264] ergeben sich keine neuen Fragestellungen.[265] Ein einzelner unzulässiger Inhalt auf einem sozialen Medium erfüllt das Merkmal der Häufung nicht, zehn oder zwanzig unterschiedliche unzulässige Inhalte auf mehreren sozialen Medien hingegen durchaus.

Für das Merkmal der Massivität ergeben sich allerdings neue, bisher ungeklärte Fragestellungen. Ursprünglich war das Vorliegen des Merkmals anhand zweier Parameter zu bestimmen,[266] zum einen die Höhe der aufgewendeten Mittel, bei Druckerzeugnissen also insb. die Druck- und Versandkosten, zum anderen das Ausmaß bzw. der Umfang der einzelnen Inhalte, bei Druckerzeugnissen also regelmäßig die Auflage.[267] Beide Kriterien scheinen bei der Öffentlichkeitsarbeit in den neuen Medien nicht mehr zielführend zu sein. Die Kosten der Digitalveröffentlichung sind um eine Vielzahl geringer als die Kosten für eine Veröffentlichung in physischer Form. Das Erstellen und Veröffentlichen eines Beitrags in einem sozialen Medium verursacht wesentlich geringere Kosten als eine breit angelegte Plakatkampagne oder eine sonstige Anzeigenkampagne. Das Merkmal der Massivität wäre

---

[263] Siehe dazu oben Kap. 2 B.III.1.c).

[264] SaarlVerfGH NJW 1980, 2181 (2183); LKRZ 2010, 376 (379); *Murswiek*, in: DÖV 1982, 529 (538 f.); *Zuck*, in: ZRP 1977, 144 (147).

[265] A. A. *Jensen*, Rechtsprobleme der regierungsamtlichen Öffentlichkeitsarbeit im Internet-Zeitalter, 2006, S. 172, der allerdings „Massivität und Häufigkeit" vermengt.

[266] Eine a. A. stellt auf den Inhalt ab, SaarlVerfGH, NJW 1980, 2181 (2183); *Zuck*, in: ZRP 1977, 144 (147).

[267] BremStGH NVwZ 1985, 649 (650); *Murswiek*, in: DÖV 1982, 529 (538 f.). Wohl auch StGH BW ESVGH 31, 81 (86 ff.); SaarlVerfGH LKRZ 2010, 376 (379).

nur noch bei langfristig angelegten, extern geplanten Kampagnen erfüllt, sodass grundsätzlich nur noch diese Kampagnen rügefähig wären. Insb. ein einzelner Inhalt dürfte das Merkmal der Massivität in seinem herkömmlichen Verständnis kaum erfüllen.

Außerdem werden Inhalte der digitalen und sozialen Öffentlichkeitsarbeit grundsätzlich nur einmalig veröffentlicht. Der Vervielfältigungsakt ist von den für den Veröffentlichungsakt aufgewendeten Mitteln losgelöst. Im Gegensatz zur früheren Art der Verbreitung der Öffentlichkeitsarbeit scheint sich die Situation umgekehrt zu haben, nicht mehr der Urheber kann die Wahrnehmungsmöglichkeiten seines Inhalts beeinflussen können, sondern es entscheidet der potenzielle Empfänger selbst. Es liegt der Schluss nahe, dass der Bürger nicht mehr mit Informationen überschwemmt wird und daher das Kriterium der Massivität seine eigentliche Bedeutung verliert.[268]

2. Digitaler Standortvorteil als neuer Wettbewerbsvorteil

In den neuen Medien verfügt die Regierung jedoch über einen „digitalen Standortvorteil“. Inhalte der digitalen und insb. der sozialen Öffentlichkeitsarbeit erfahren grundsätzlich bereits eine größere Erst- und darüber hinaus auch noch eine größere Weiterverbreitung. Dieser digitale „Standortvorteil“ ist neben den ursprünglichen Wettbewerbsvorteil der Regierung – die Möglichkeit über gegenüber der Opposition weit überlegene finanzielle Mittel zu verfügen – getreten und hat im Digitalen erheblich an Bedeutung gewonnen.[269] Für Inhalte der Öffentlichkeitsarbeit müssen daher in den neuen Medien nicht erst massiv Mittel aufgewendet werden, sodass diese eine große Verbreitung erfahren.[270] Das Potenzial zur massenhaften Verbreitung ist in den technischen Vorkehrungen angelegt. Es kann daher hinsichtlich der Massivität nicht auf eine erhebliche Mittelaufwendung zum Zwecke der Verbreitung, sondern es muss unmittelbar auf die Kenntniserlangung der Inhalte der Öffentlichkeitsarbeit durch die jeweiligen Empfänger ankommen. Die neuen Medien verfügen über die technischen Vorkehrungen, um zu ermitteln, wie oft ein bestimmter Inhalt der regierungsamtlichen Öffentlichkeitsarbeit wahrgenommen wurde und wie oft sowie in welcher Art und Weise mit dem Inhalt interagiert wurde.

---

[268] *Jensen*, Rechtsprobleme regierungsamtlicher Öffentlichkeitsarbeit im Internet-Zeitalter, 2006, S. 172.

[269] Zum Ganzen siehe oben Kap. 2 C.II.3.

[270] Gleichwohl bestehen Möglichkeiten in den sozialen Medien die eigenen Beiträge kostenpflichtig zu bewerben. In diesem Fall ist die Mittelaufwendung selbstredend zu berücksichtigen.

3. Zugriffshäufigkeit als maßgeblicher Wert

Um zu bestimmen, wann eine ins Gewicht fallende Massivität unzulässiger Inhalte in den neuen Medien vorliegt, ist auf den Wert der Zugriffshäufigkeit zurückzugreifen. Diese legt u. a. dar, wie oft ein Inhalt von Nutzern abgerufen bzw. wahrgenommen wurde. Die Zugriffshäufigkeit ist das kontemporäre Äquivalent der Auflage eines Druckerzeugnisses, ermöglicht darüber hinaus allerdings noch weitere, deutlich präzisere Feststellungen.

Entgegen Marco Arne Jensen kann ein Abstellen auf die Zugriffshäufigkeit nicht mit dem Hinweis abgelehnt werden, dass somit die Unzulässigkeit eines Inhalts der Öffentlichkeitsarbeit vom Verhalten der Bürger abhängig gemacht werde.[271] Dieser Hinweis offenbart ein Fehlverständnis des Feststellungskriteriums. Das Kriterium setzt die Unzulässigkeit einzelner Inhalte der Öffentlichkeitsarbeit voraus und begründet diese nicht. Die Frage, ob die Grenzüberschreitungen aufgrund ihrer Häufung und Massivität ins Gewicht fallen, setzt denklogisch die Feststellung voraus, dass es sich bei den Inhalten bereits um Grenzüberschreitungen handelt. Wird ein unzulässiger Inhalt veröffentlicht, kann sich die Regierung als dessen Urheber nicht darauf berufen, dass das Ausmaß der Verbreitung, d. h. die Massivität der Grenzüberschreitung, in den Händen der Empfänger liegt. In dieser Hinsicht besteht – untechnisch gesprochen – eine Garantenstellung aus rechtswidrigem Vorverhalten.[272] Überschreitet ein unzulässiger Inhalt aufgrund des massenhaften Zugriffs verschiedener Nutzer in den sozialen Medien die Massivitätsschwelle, hat die Regierung als Urheber das Risiko hierfür geschaffen und für die Verwirklichung des Risikos einzustehen.

Eine ins Gewicht fallende Massivität und Häufigkeit der Grenzüberschreitungen ist Voraussetzung für eine Feststellung der Rechtsverletzung des Antragstellers im Organstreitverfahren. Da es sich bei dem verletzten Recht regelmäßig um das Recht auf Chancengleichheit im politischen Wettbewerb handelt, ist es geboten, auf die Zugriffshäufigkeit abzustellen. Anhand dieser kann *cum grano salis* die Anzahl potenzieller Wähler nachgewiesen werden, die den einzelnen Inhalt der Öffentlichkeitsarbeit wahrgenommen haben. Somit kann das Gewicht der Einwirkung auf die politische Willensbildung und die Chancengleichheit der Parteien im politischen Wettbewerb präziser bestimmt werden, als lediglich auf die aufgewendeten Mittel abzustellen.

---

[271] *Jensen*, Rechtsprobleme regierungsamtlicher Öffentlichkeitsarbeit im Internet-Zeitalter, 2006, S. 173.

[272] Eine Art Garantenstellung andeutend, BVerfGE 44, 125 (154).

III. Zusammenfassung

Die im Feststellungskriterium enthaltene Beschränkung auf offensichtliche Grenzüberschreitungen überzeugt nicht. Die darin zum Ausdruck kommende Nachsicht gegenüber der Regierung ist eine nicht gebotene Privilegierung. Die Regierung als Urheber trägt das Risiko rechtswidriger Inhalte, sie verfügt über hinreichende finanzielle und personelle Infrastruktur, um sich der Rechtmäßigkeit ihrer Inhalte zu versichern. Die Kriterien der Häufung und Massivität müssen nicht kumulativ erfüllt sein, um eine hinreichende „Gewichtigkeit" des Verstoßes zu begründen, sodass die Feststellung der Rechtsverletzung ausgesprochen werden kann. Aufgrund der Veränderungen in der digitalen und sozialen Öffentlichkeitsarbeit ist das Kriterium der Massivität nicht mehr anhand der aufgewendeten finanziellen Mittel bzw. des Umfangs der Inhalte insgesamt, sondern in erster Linie an den Zugriffszahlen zu bestimmen. Unterstützend kann auf den erheblichen Einsatz von finanziellen Mitteln zur Bewerbung der Inhalte hingewiesen werden.

F. Verbot der mittelbaren Wahlwerbung

In der Öffentlichkeitsarbeitsentscheidung 1977 hatte das Bundesverfassungsgericht nicht nur über die unmittelbare Wahlwerbung durch die Bundesregierung, sondern auch über eine ihr zurechenbare, mittelbare Wahlwerbung durch die die Regierung tragenden Parteien zu entscheiden. Das Bundespresseamt sowie die Presse- und Öffentlichkeitsarbeitsreferate der Ministerien hatten den die Regierung tragenden Parteien Material der Öffentlichkeitsarbeit in großer Anzahl zur Verbreitung überlassen. Die Parteien und deren Mitglieder haben diese Materialien dann im politischen Wettbewerb vor den Bundestagswahlen 1976 zum Zwecke der Wahlwerbung verwendet.[273]

Das Bundesverfassungsgericht hat auch dieses mittelbare Einwirken der Regierung auf den Wahlkampf als unzulässig angesehen.[274] Es spricht eine die Regierung betreffende Verpflichtung aus, Vorkehrungen dagegen zu treffen, dass die sie tragenden Parteien solche Materialien zum Zwecke der Wahlwerbung verwenden. Außerdem formuliert es an die Parteien die Erwartungshaltung, dass jene Materialien nicht verwendet werden.[275] Ein Beispiel, wie der Verpflichtung nachgekommen werden kann, lässt sich in der nachfolgenden Öffentlichkeitsentscheidung 1983 ausmachen. Ausweislich der Feststellungen des Gerichts hatte die Bundesregierung dargelegt, dass sie ihr Informationsmaterial nur herausgegeben hatte, wenn die

[273] Vgl. BVerfGE 44, 125 (128 f.).

[274] BVerfGE 44, 125 (153).

[275] BVerfGE 44, 125 (154). Es handelt sich um eine unverbindliche Aufforderung, *Schürmann*, Öffentlichkeitsarbeit der Bundesregierung, 1992, S. 354.

Empfänger ausdrücklich versicherten, das Material nicht für die Wahlwerbung, sondern nur zur Eigeninformation zu verwenden.[276]

Nachfolgend soll neben einer Schilderung der Begründung des Verbots auch seine umfassende zeitliche Geltung dargestellt werden. Im Anschluss auf eine Bestandsaufnahme der mittelbaren Wahlwerbung in den neuen Medien ist zu hinterfragen, ob die seinerzeit angeführte Begründung für das Verbot auch unter den heutigen Kommunikationsbedingungen Anwendung finden kann.

I. Begründung des Bundesverfassungsgerichts

Das Gericht führt zunächst aus, dass sich die politischen Ziele der Regierung und der die Regierung tragenden Parteien grundsätzlich deckten und somit auch die regierungsamtliche Öffentlichkeitsarbeit weitgehend mit der von den die Regierung tragenden Parteien vorgeschlagenen und verfolgten Politik (und deren Öffentlichkeitsarbeit) übereinstimme. Daher eigne sich Material der werbenden regierungsamtlichen Öffentlichkeitsarbeit zusätzlich als Wahlkampfmaterial für ebenjene „Regierungsparteien", nicht jedoch für die Oppositionsparteien.[277] Die die Regierung tragenden Parteien könnten daher im Wahlkampf auf aus öffentlichen Mitteln finanzierte Materialien zurückgreifen, während dies den Oppositionsparteien faktisch verwehrt sei. Dies verstoße gegen das Recht der Parteien auf Chancengleichheit im politischen Wettbewerb.[278]

Dem Bundesverfassungsgericht ist sowohl hinsichtlich seiner Ausgangsbeobachtung als auch seiner Schlussfolgerung zuzustimmen. Es erscheint fernliegend, dass Inhalte der werbenden regierungsamtlichen Öffentlichkeitsarbeit nicht so gestaltet werden können, dass sie sich mit dem Wahlprogramm einer in einer Koalitionsregierung vertretenen Partei und deren Öffentlichkeitsarbeit zumindest in Teilen deckten. Bereits dann besteht der seitens des Gerichts beschriebene Wettbewerbsvorteil. Der daraus resultierende Verstoß gegen die Chancengleichheit der Parteien im politischen Wettbewerb leuchtet ebenfalls ein. Können bestimmte Parteien auf staatliche und damit aus Haushaltsmitteln finanzierte Materialien zurückgreifen, während dies anderen Parteien sinnvollerweise nicht möglich ist, ist dies ein staatlich verursachter Vorteil im Wettbewerb der politischen Parteien. Die Oppositionsparteien müssen hingegen auf ihre Kosten eigene Materialien produzieren. Diejenigen Aufwendungen, welche die bevorteilten Parteien dadurch einsparen können, dass sie auf das Material der regierungsamtlichen Öffentlichkeitsarbeit zugreifen können, können diese anderweitig zu ihren Gunsten verwenden. Insoweit schafft der Staat

---

[276] BVerfGE 63, 230 (249). Wie hier *Schürmann*, Öffentlichkeitsarbeit der Bundesregierung, 1992, S. 43.

[277] BVerfGE 44, 125 (153).

[278] BVerfGE 44, 125 (154).

ungleiche Bedingungen im Wettbewerb zwischen den Parteien, ohne dass ein Rechtfertigungsgrund ersichtlich ist.[279]

II. Zeitlicher Anwendungsbereich des Verbots

Aus der Öffentlichkeitsarbeitsentscheidung 1977 scheint hervorzugehen, dass das Verbot der mittelbaren Wahlwerbung lediglich in Wahlkampfzeiten gelte.[280] Wie bereits dargelegt,[281] verkürzt diese Lesart allerdings die Allgemeingültigkeit des Urteils.[282] Es besteht kein Grund, dass den Parteien außerhalb von Wahlkampfzeiten der vorstehend beschriebene Wettbewerbsvorteil zugutekommen soll. Die auf den Wahlkampf bezogenen Ausführungen des Bundesverfassungsgerichtes lassen sich einerseits mit dem konkreten Sachverhalt, andererseits wohl mit der seinerseits bestehenden Rechtsprechung des Bundesverfassungsgerichts zur Zulässigkeit der staatlichen Parteienfinanzierung erklären. Diese beschränkte sich im Wesentlichen auf die Wahlkampfkostenerstattung nach § 18 PartG i.d.F. vom 24. Juli 1967.[283] Diese Wahlkampfkostenerstattung wurde ihrerseits auch ausdrücklich in der Öffentlichkeitsarbeitsentscheidung 1977 als derjenige Bestandteil der Chancengleichheit der Parteien im politischen Wettbewerb hervorgehoben, der unterlaufen und gestört zu werden drohte.[284] Die Beschränkung staatlicher finanzieller Zuwendungen an die Parteien auf die Wahlkampfkostenerstattung gab das Bundesverfassungsgericht jedoch in einer späteren Entscheidung zur Parteienfinanzierung auf und revidierte seine frühere Rechtsprechung ausdrücklich.[285] Der Fokus auf die Erstattung der den Parteien im Wahlkampf entstehenden Kosten ist daher überholt.

Es besteht mithin die Problematik, dass den die Regierung tragenden Parteien die gesamte Legislaturperiode über mehr Mittel zur Verfügung stehen als den Oppositionsparteien. Dies begünstigt eine unzulässige Perpetuierung von Herrschaftsverhältnissen. Die bei der Abgrenzung zwischen (noch) zulässiger „Regierungswerbung“ und (schon) unzulässiger „Regierungsparteienwerbung“ notwendige Abwägung zwischen der Notwendigkeit Öffentlichkeitsarbeit einerseits und dem grund-

---

[279] Das BVerfG verlangt nach st.Rspr. die Rechtfertigung durch einen „zwingenden“ Grund, jüngst BVerfG NVwZ 2022, 1113 (1116f. Rn. 92).

[280] BVerfGE 44, 125 (153): „Während der (…) Vorwahlzeit darf die Bundesregierung (…) sich künftig nicht mehr (…) in den Wahlkampf einschalten. Dies darf auch nicht mittelbar in der Form geschehen, dass dafür geeignete Druckwerke zur Verwendung im Wahlkampf zur Verfügung gestellt werden.“

[281] Siehe oben Kap. 5 C.

[282] BVerfGE 44, 125 (154): „Die Bundesregierung muss (…) Vorkehrungen dagegen treffen, dass die von ihr (…) hergestellten Druckwerke nicht (…) zur Wahlwerbung eingesetzt werden.“

[283] Vgl. BVerfGE 20, 56 (113ff.); 24, 300 (355ff.).

[284] BVerfGE 44, 125 (154).

[285] BVerfGE 85, 264 (285ff.).

sätzlich staatsfreien Willensbildungsprozess des Volkes andererseits, muss bei der mittelbaren Wahlwerbung gerade nicht vorgenommen werden. Die die Regierung tragenden Parteien können wie die Oppositionsparteien umfassend mit ihren politischen Inhalten, sogar mit ihrer faktischen Regierungsbeteiligung werben. Schließlich dürfen auch die Oppositionsparteien die „Regierungsparteien" für Missstände verantwortlich machen. Es ist der Regierung jedoch untersagt, in diesen grundsätzlich waffengleichen politischen Wettbewerb verfälschend einzugreifen. Das Verbot der mittelbaren Wahlwerbung ist daher nicht nur auf die unmittelbare Vorwahlzeit beschränkt, sondern bezieht sich auf die Mitwirkung der Parteien an der politischen Willensbildung insgesamt.

III. Bestandsaufnahme der mittelbaren Wahlwerbung in den neuen Medien

Mittelbare Wahlwerbung zeichnet sich dadurch aus, dass die die Regierung tragenden Parteien und deren Mitglieder Inhalte der regierungsamtlichen Öffentlichkeitsarbeit zum Zwecke der parteibezogenen Wahlwerbung nutzen. Auf die neuen Medien übertragen ist dies der Fall, wenn Inhalte der digitalen oder sozialen Öffentlichkeitsarbeit über Internetseiten oder Profile auf sozialen Medien der Parteien oder deren Mitglieder verbreitet werden. In Betracht kommen hierfür zwei Alternativen der mittelbaren Wahlwerbung, zum einen die Erstveröffentlichung eines Inhalts der Öffentlichkeitsarbeit durch einen Parteipolitiker, zum anderen die Weiterverbreitung eines bereits veröffentlichten Inhalts, etwa im Wege eines Reposts oder Zitats auf X.[286]

Die erstgenannte Alternative findet sich insb. auf gemischt genutzten Profilen von Regierungsmitgliedern. Dabei handelt es sich um Profile von Regierungsmitgliedern bzw. Parteipolitikern, die weder ausgehend vom Profil noch bei einer Gesamtschau des Inhalts eindeutig der amtlichen oder der parteipolitischen Sphäre zuordenbar sind.[287] Welcher Sphäre der einzelne Beitrag zuzuordnen ist, ist vom Inhalt des jeweiligen Beitrags abhängig.[288] Regelmäßig stehen eindeutig parteipolitisch geprägte Beiträge neben offensichtlichen Inhalten der regierungsamtlichen Öffentlichkeitsarbeit.[289]

---

[286] Bei einem Repost wird der Post eines Dritten den eigenen Followern sichtbar gemacht. Bei einem Zitat wird dem fremden Post darüber hinaus ein eigener Zusatz beigefügt. In anderen sozialen Netzwerken finden sich ähnliche Funktionen.

[287] BVerfG NVwZ 2022, 1113 (1116 Rn. 83).

[288] Bei den Äußerungsfällen ist entscheidend, ob der Amtsträger seine Aussagen in spezifischer Weise mit der Autorität des Regierungsamtes unterlegt, BVerfGE 138, 102 (119 f. Rn. 59); 154, 320 (341 f. Rn. 61 f.); BVerfG NVwZ 2022, 1113 (1116 Rn. 83).

[289] Siehe zum Ganzen insb. zur Zulässigkeit dieser Art der Nutzung, unten Kap. 7.

Die Weiterverbreitung von Beiträgen, die ihrem konkreten Inhalt nach als Inhalte der regierungsamtlichen Öffentlichkeitsarbeit anzusehen sind, ist weit verbreitet. Es macht dabei keinen Unterschied, ob es sich um gemischt genutzte Profilen von Regierungsmitgliedern handelt oder um „reine“ Parteipolitiker ohne staatliches Amt. Neben schlichten Reposts, die den Zweck verfolgen, dem jeweiligen Inhalt der Öffentlichkeitsarbeit eine größere Reichweite zu ermöglichen, findet sich auch Zitate. Darin werden zusätzlich zum eigentlichen Inhalt weitergehende Erläuterungen des Vorhabens des Ministeriums bzw. der Regierung angeführt oder es wird die eigene Partei sowie deren Bedeutung innerhalb der Regierung hervorgehoben.

IV. Übertragbarkeit der das Verbot tragenden Erwägungen

Bevor untersucht werden kann, zu welchen konkreten Folgen das Verbot der mittelbaren Wahlwerbung in den neuen Medien führt, muss analysiert werden, ob die das Verbot tragenden Erwägungen noch zeitgemäß sind. Womöglich haben die eingetretenen tatsächlichen Änderungen im Kommunikationsverhalten die Wettbewerbsvorteile der die Regierung tragenden Parteien nivelliert, sodass die Begründung des Verbots der Wahlwerbung entfiele.

1. Nivellierung der Vervielfältigungs- und Verbreitungskosten

Die mit der Digitalisierung eingetretenen Veränderungen im Kommunikationsverhalten ermöglichen es, Öffentlichkeitsarbeit mit einem erheblich geringerem Kostenaufwand als bisher zu betreiben. Insb. die bei der analogen Öffentlichkeitsarbeit den Großteil ausmachenden Vervielfältigungs- und Verbreitungskosten entfallen bei der digitalen und sozialen Öffentlichkeitsarbeit fast vollständig. Dies gilt nicht nur für die regierungsamtliche Öffentlichkeitsarbeit und die im Falle einer entsprechenden Verwendung durch die die Regierung tragenden Parteien daraus folgende mittelbare Wahlwerbung, sondern ebenso für die Wahlwerbung der Oppositionsparteien. Auch die Oppositionsparteien können das Publizitätspotenzial der neuen Medien nutzen, sodass es insoweit für eine Nivellierung der Chancengleichheit der Parteien im politischen Wettbewerb sorgt. Weder die die Regierung tragenden Parteien noch die Oppositionsparteien müssen erhebliche finanzielle Mittel aufwenden, um ihre werbenden Inhalte über ihre Internetseite oder über Profile in den sozialen Medien an den Adressaten zu vermitteln.[290] Der einst bestehende Wettbewerbsvorteil hat sich aufgelöst und kann nicht mehr zur Begründung des Verbots der mittelbaren Wahlwerbung herangezogen werden.

[290] Zum Ganzen siehe oben Kap. 2 B.III.1.c), 3.

2. Fortbestehende Problematik der einseitig nutzbaren Materialien

Jedoch darf sich nicht nur auf die Vervielfältigungs- und Verbreitungskosten fokussiert werden. Trotz Nivellierung der Vervielfältigungs- und Verbreitungskosten besteht die grundlegende Erwägung fort, dass Inhalte der regierungsamtlichen Öffentlichkeitsarbeit grundsätzlich nur für die die Regierung tragenden Parteien zum Zwecke der Wahlwerbung einsetzbar sind. Zwar sind Synergieeffekte zwischen der Regierung und den die Regierung tragenden Parteien in der Parteiendemokratie des Grundgesetzes angelegt und daher grundsätzlich hinzunehmen, dies gilt jedoch nicht, sofern es zu einer dem Staat zurechenbaren Verfälschung des Wettbewerbsverhältnisses zwischen den einzelnen Parteien kommt. Dies wäre der Fall, sofern die Parteien bzw. deren Mitglieder Inhalte der Öffentlichkeitsarbeit, also aufbereitete Texte, Grafiken, Fotos etc. von der Regierung überlassen bekämen. Die einzelnen Ministerien können auf eine umfangreiche Infrastruktur in den Presse- und Öffentlichkeitsarbeitsreferaten zurückgreifen, von den Möglichkeiten des Bundespresseamtes ganz zu schweigen. Die Verwendung dieser von staatlicher Seite hergestellten Inhalte zum Zwecke der Wahlwerbung wäre ein Wettbewerbsvorteil der die Regierung tragenden Parteien. Die jeweilige Partei, die den Inhalt der Öffentlichkeitsarbeit zum Zwecke der Wahlwerbung nutzt, muss geringe bis keine Mittel für die Herstellung ebenjenes Inhalts aufwenden. Die insoweit ersparten Aufwendungen kann sie anderweitig, etwa zur Herstellung eigener Materialien der Wahlwerbung nutzen. Anders die Oppositionspartei, sie muss weiterhin allein aus ihren finanziellen Möglichkeiten Wahlwerbung produzieren. Sie kann nicht auf die Inhalte der regierungsamtlichen Öffentlichkeitsarbeit zurückgreifen.[291]

Auch in den neuen Medien besteht daher der Wettbewerbsvorteil der die Regierung tragenden Parteien fort, wenn auch in geringerem Maße. Die die Regierung tragenden Parteien können weiterhin mit geringstem Kostenaufwand Materialien der regierungsamtlichen Öffentlichkeitsarbeit als eigene Wahlwerbung nutzen, während dies den Oppositionsparteien faktisch verwehrt bleibt. Dennoch erstreckt sich der Wettbewerbsvorteil „nur noch" auf die Herstellungskosten und somit weniger auf die Vervielfältigungs- und Verbreitungskosten.

3. Zwischenergebnis

Die Erwägungen, die seinerzeit das Verbot der mittelbaren Wahlwerbung getragen haben, finden in den neuen Medien nur teilweise Anwendung. Da in den neuen Medien praktisch keine Vervielfältigungs- oder Verbreitungskosten mehr anfallen, besteht der Wettbewerbsvorteil der die Regierung tragenden Parteien in dieser Hinsicht nicht mehr fort. Allerdings eignen sich die Inhalte der regierungsamtlichen Öffentlichkeitsarbeit immer noch nur zum Zwecke der Wahlwerbung für die die

[291] Insoweit trifft die ursprüngliche Begründung des BVerfG weiterhin zu, siehe oben Kap. 5 F.I.

Regierung tragenden Parteien. Die Oppositionsparteien müssen eigene Inhalte auf eigene Kosten herstellen. Die ersparten Aufwendungen der die Regierung tragenden Parteien begründen einen chancengleichheitswidrigen Wettbewerbsvorteil. Dieser wiegt allerdings weniger schwer als noch bei der analogen Öffentlichkeitsarbeit.

V. Konkrete Ausgestaltung

Unter Berücksichtigung des Vorstehenden ergeben sich zwei konkrete Fragestellungen. Zum einen ist zu klären, ob die Erstveröffentlichung eines Inhalts der regierungsamtlichen Öffentlichkeitsarbeit über ein der parteipolitischen Sphäre zuzuordnendes Profil auf einem sozialen Medium gegen das Verbot der mittelbaren Wahlwerbung verstößt. Zum anderen stellt sich die Frage, wie mit der bloßen Weiterverbreitung eines Inhalts der regierungsamtlichen Öffentlichkeitsarbeit durch ein solches Profil umzugehen ist.

1. Erstveröffentlichung

Die Erstveröffentlichung eines Inhalts der regierungsamtlichen Öffentlichkeitsarbeit durch ein Profil auf einem sozialen Medium, ist dann als mittelbare Wahlwerbung anzusehen, wenn das Profil als parteipolitisch einzuordnen ist und der Inhalt einen amtlichen Ursprung hat, aber dem Parteipolitiker zur Erstverwendung überlassen wurde. In diesem Fall realisiert sich die drohende Verletzung der Chancengleichheit der Parteien im politischen Wettbewerb. Die jeweilige Partei bzw. der Wahlbewerber eignet sich einen Inhalt der regierungsamtlichen Öffentlichkeitsarbeit zu und nutzt diesen chancengleichheitswidrig zum Zwecke der Wahlwerbung. Das Bundespresseamt sowie die Ministerien haben Vorkehrungen dagegen zu treffen, dass die von ihnen produzierten Inhalte nicht den Parteien bzw. deren Mitgliedern zum Zwecke der Wahlwerbung überlassen werden. Denkbar sind entsprechende Arbeitsanweisungen innerhalb der Behörde.

Die staatlich produzierten Inhalte müssen exklusiv amtlich verwendet werden. Beispielsweise wäre es mit dem Verbot der mittelbaren Wahlwerbung unvereinbar, wenn bei einem Termin des Bundeskanzlers, den er auch als Bundeskanzler wahrnimmt, über das Bundespresseamt ein Fotograf engagiert wird und ein Teil der entstandenen Bilder über das amtliche Profil, ein anderer Teil über das parteipolitische Profil veröffentlicht wird.

Hervorzuheben ist, dass es sich nur dann um mittelbare Wahlwerbung handelt, wenn der erstveröffentlichte Inhalt bei einer formalen und urheberbezogenen Betrachtungsweise einen Inhalt der regierungsamtlichen Öffentlichkeitsarbeit darstellt. Entsprechend den Ausführungen in der Öffentlichkeitsarbeitsentscheidung 1977 und unter Berücksichtigung der Nivellierung der Vervielfältigungs- und Verbreitungskosten handelt es sich nur dann um ein chancengleichheitswidriges Verhalten, wenn es sich um von der Regierung „hergestellte“ Inhalte handelt, die den jeweiligen Parteien bzw. deren Mitgliedern zur Verfügung gestellt werden und erst dann durch diese verbreitet werden. Es handelt sich um keine mittelbare Wahlwerbung, wenn Mitglieder der Regierung über ihre parteipolitischen oder gemischt genutzten Profile Inhalte erstveröffentlichen, die zwar inhaltlich der regierungsamtlichen Öffentlichkeitsarbeit zuzuordnen sind, aber außerhalb der amtlichen Sphäre, etwa in deren Abgeordnetenbüro, ihren Ursprung haben. Die Zulässigkeit dieses Verhaltens ist noch gesondert zu untersuchen,[292] um mittelbare Wahlwerbung im vorstehenden Sinne handelt es sich aber nicht. Der „Herstellungsakt“ und die damit verbundene Mittelaufwendung erfolgt in der parteipolitischen Sphäre und stellt somit kein chancengleichheitswidriges Verhalten dar.

2. Weiterverbreitung

Zu klären ist ferner, ob die bloße Weiterverbreitung eines Inhalts der Öffentlichkeitsarbeit mittelbare Wahlwerbung darstellen kann. Je nach sozialem Medium gibt es hierfür unterschiedliche, aber dennoch im Wesentlichen gleichlaufende Mechanismen. Nach der technischen Ausgestaltung eines Reposts bleibt der ursprüngliche Urheber weiterhin zu erkennen. Der einzelne Inhalt der Öffentlichkeitsarbeit wird sich seitens des Weiterverbreitenden also nicht angeeignet. Es könnte daher ein grundsätzlich zulässiges Werben mit der Regierungsbeteiligung darstellen. Dies wäre als Folge der faktischen Übereinstimmung zwischen Partei- und Regierungsprogrammen in der Parteiendemokratie des Grundgesetzes hinzunehmen.

Andererseits scheint es aber den die Regierung tragenden Parteien und deren Mitgliedern auf ein Neues und in vertiefter Art und Weise möglich, die bereits in der Öffentlichkeitsarbeitsentscheidung 1977 deutlich kritisierte Rolle als „Hilfsvertriebsorganisationen“ der Regierung einzunehmen.[293] Durch ein planmäßiges Interagieren mit den Inhalten der Öffentlichkeitsarbeit kann deren Verbreitung auch hinsichtlich der Funktionsweise der mediumsspezifischen Algorithmen erheblich vorangetrieben werden, was im Ergebnis den die Regierung tragenden Parteien zugutekommt. Ein Verschleiern des Urhebers ist nach den vorstehenden Maßstäben nicht erforderlich und wohl auch seitens der Parteien nicht erwünscht, sodass man von der vermeintlichen Unparteilichkeit und Glaubwürdigkeit der staatlichen Information profitieren kann.

Ein Unterschied zur bereits anfänglich unzulässigen Erstveröffentlichung liegt allerdings darin, dass die Inhalte als grundsätzlich zulässige Öffentlichkeitsarbeit veröffentlicht werden und sich eine etwaige Unzulässigkeit erst nachträglich sowie aufgrund des Verhaltens Dritter ergäbe. Im Gegensatz zur direkten Abgabe an die Parteien sowie deren Mitglieder lässt sich hier keine Garantenstellung begründen.

---

[292] Siehe unten Kap. 7 C.II.3.c).

[293] *Leonardy*, in: ZParl 1978, 23 (29).

Ein rechtswidriges Vorverhalten liegt nicht vor und auch die Schaffung einer besonderen „Gefahrenquelle", zu deren Überwachung der Urheber verpflichtet werden könnte, erscheint fernliegend. Lässt sich Letzteres bei der „internen" Abgabe von Materialien an die Parteien bzw. deren Mitglieder angesichts des inhärenten Missbrauchsrisikos bejahen, ist dies bei der zulässigen Eigen- und Erstveröffentlichung nicht der Fall. Inhalte in den sozialen Medien sollen zwar eine möglichst umfangreiche Erst-, aber auch Weiterverbreitung erfahren, die konkrete Weiterverbreitung erfolgt allerdings regelmäßig unabhängig vom Verhalten desjenigen, der den Inhalt erstveröffentlicht hat.

Einen Vorwurf, den man in diesen Fällen gegenüber einem Urheber regierungsamtlicher Öffentlichkeitsarbeit allenfalls erheben könnte, wäre, dass die Weiterverbreitung durch Dritte und damit auch Parteipolitiker überhaupt zugelassen wird. Die Möglichkeit hierzu lässt sich regelmäßig ausschließen. Damit würde allerdings eine erhebliche Beeinträchtigung der Effektivität der regierungsamtlichen Öffentlichkeitsarbeit in den neuen Medien einhergehen. Da diese ihrer verfassungsrechtlich gebotenen ist, erscheint die Zulässigkeit eines solchen Ausschlusses äußerst fragwürdig. Letztlich wäre ein solcher Ausschluss auch ineffektiv, da Umgehungsmöglichkeiten bestünden. So ist beispielsweise bei technischem Ausschluss der Repost-Funktion die Weiterverbreitung mittels eines Screenshots weiterhin möglich. Ein Verbot der Weiterverbreitung müsste daher bei den einzelnen Parteien selbst ansetzen. Ob man, um die regierungsamtliche Öffentlichkeitsarbeit zu begrenzen, die Möglichkeiten der Parteien Wahlwerbung zu betreiben, begrenzen möchte, erscheint widersprüchlich. Die politische Willensbildung soll gerade auf gesellschaftlicher Ebene erfolgen. Die Parteien sind gem. Art. 21 Abs. 1 Satz 1 GG hierzu ausdrücklich aufgerufen. Wohl auch aus diesem Grund hat das Bundesverfassungsgericht an die Parteien nur eine unverbindliche Erwartungshaltung gestellt. Eine Regulierung der regierungsamtlichen Öffentlichkeitsarbeit darf nicht zu einer Beschränkung der Möglichkeiten zur Wahlwerbung durch die politischen Parteien führen.

Das Verbot der mittelbaren Wahlwerbung in seiner konkreten Ausgestaltung in den neuen Medien verpflichtet daher Regierungsmitglieder grundsätzlich nicht, technischen Vorkehrungen innerhalb eines sozialen Mediums zu nutzen, um die Weiterverbreitung von Inhalten der sozialen Öffentlichkeitsarbeit zu begrenzen. Eine Ausnahme hiervon besteht allerdings für Regierungsmitglieder, die über zwei Profile auf einem sozialen Medium verfügen und diese getrennt in der Rolle als Amtsinhaber bzw. Parteipolitiker betreiben. Aufgrund der Personenidentität sind in diesem Fall besondere Anforderung an das Regierungsmitglied in seiner Rolle als Parteipolitiker gestellt werden.[294]

[294] Siehe hierzu unten Kap. 7 C.II.3.c).

3. Fazit

Das Verbot der mittelbaren Wahlwerbung findet bei der Öffentlichkeitsarbeit in den neuen Medien insoweit Anwendung wie seine tragenden Erwägungen auf die geänderten Kommunikationsbedingungen übertragbar sind. Daher ist die Erstveröffentlichung eines Inhalts der Öffentlichkeitsarbeit dann unzulässig, wenn der Inhalt seitens des Bundespresseamtes oder eines Ministeriums dem exklusiv parteipolitischen Profil zur Verwendung überlassen wurde. In diesem Fall realisiert sich die Gefahr des chancengleichheitswidrigen Wettbewerbsvorteils kraft ersparter Aufwendungen. Darüber hinaus ist aber weder die Veröffentlichung eines Inhalts auf einem gemischt genutzten Profil noch die Weiterverbreitung eines Inhalts durch ein parteipolitisch oder gemischt genutztes Profil untersagt.

G. Zusammenfassung

Das aus der Öffentlichkeitsarbeitsentscheidung 1977 und zahlreichen weiteren Entscheidungen der Landesverfassungsgerichte und -gerichtshöfe hervorgehende Regelwerk der regierungsamtlichen Öffentlichkeitsarbeit kann im Grundsatz auch auf die Öffentlichkeitsarbeit in den neuen Medien übertragen werden.

An dem Verbot der Wahlwerbung in seinen Ausprägungen als Identifikations-, Bewertungs- und Diskriminierungsverbot ist festzuhalten. Die geäußerte Kritik am Identifikationsverbot, die für die regierungsamtliche Öffentlichkeitsarbeit i. e. S. nur von untergeordneter Bedeutung ist, trifft nicht zu. Die Vorgehensweise des Bundesverfassungsgerichts, anhand dreier Indizien festzustellen, ob unzulässige Wahlwerbung vorliegt, überzeugt. Sie gewährleistet die notwendige Flexibilität in der Rechtsanwendung. Das Verbot der Wahlwerbung selbst ist nach mittlerweile ganz herrschender Ansicht während der gesamten Legislaturperiode auf die Regierung anwendbar, nicht nur während des Wahlkampfes. Das inhaltliche Indiz ist in seiner ursprünglichen Prägung ebenso auf die digitale und soziale Öffentlichkeitsarbeit anwendbar, es bedarf keiner Anpassung. Anders hingegen das formelle Indiz sowie das zeitliche Indiz. Unter Berücksichtigung der geänderten Kommunikationsbedingungen entfaltet das formelle Indiz in den neuen Medien ein Komplettverbot der personenbezogenen Selbstdarstellung. Zudem untersagt es Inhalte der Öffentlichkeitsarbeit, bei denen der vermittelte Informationsgehalt nicht wesentlich die medien- und zielgruppengerechte Darstellung überwiegt. Das im zeitlichen Indiz enthaltene Gebot der äußersten Zurückhaltung beschränkt, wie auch bereits in der Öffentlichkeitsarbeitsentscheidung 1977 hervorgehoben, die zulässigen Inhalte regierungsamtlicher Öffentlichkeitsarbeit ab sechs Monate vor dem Wahltermin auf sachliche und wettbewerbsneutrale Informationen. Eine Verpflichtung, amtliche Internetseite oder Teile davon „abzuschalten“ und dadurch der Wahrnehmung durch den Bürger zu entziehen, lässt sich nicht ableiten. Das Gebot untersagt jedoch die

Nutzung sozialer Medien zum Zwecke der Öffentlichkeitsarbeit sechs Wochen vor dem Wahltermin.

Das Feststellungskriterium wie es in der Öffentlichkeitsarbeitsentscheidung 1977 ausformuliert wird, ist nach richtigem Verständnis auch bei einem einzelnen Inhalt der Öffentlichkeitsarbeit anwendbar. Es muss erfüllt sein, um die subjektive Rechtsverletzung im Rahmen eines Organstreitverfahrens festzustellen. Es überzeugt jedoch nicht in Gänze. Nach richtiger Auffassung bedarf es nicht der Beschränkung auf die Offenkundigkeit der Grenzüberschreitung. Mit dieser Maßgabe lässt sich das Kriterium auf die Öffentlichkeitsarbeit in den neuen Medien übertragen. Eine entscheidende Rolle für die Bestimmung der Massivität der Grenzüberschreitung spielt nunmehr die Zugriffshäufigkeit auf den einzelnen Inhalt.

Das ebenfalls vom Bundesverfassungsgericht ausgesprochene Verbot der mittelbaren Wahlwerbung überzeugt. Wie auch das Verbot der (unmittelbaren) Wahlwerbung ist es zeitlich nicht auf den Wahlkampf beschränkt. Die das Verbot tragenden Erwägungen sind jedoch nur beschränkt auf die neuen Medien zu übertragen. Denn die Vervielfältigungs- und Verbreitungskosten haben sich nivelliert. Die Problematik der einseitig nutzbaren Inhalte der regierungsamtlichen Öffentlichkeitsarbeit besteht hingegen fort. Die konkrete Ausgestaltung des Verbots in den neuen Medien hat zur Folge, dass die Bundesregierung die Verpflichtung trifft, die Erstveröffentlichung von Inhalten, die der regierungsamtlichen Öffentlichkeitsarbeit zuzurechnen sind, durch die die Regierung tragenden Parteien zu verhindern. Das Verbot verpflichtet aber nicht zur Verhinderung der Weiterverbreitung von einmal veröffentlichten Inhalten der regierungsamtlichen Öffentlichkeitsarbeit.

Kapitel 6

Verbot der rundfunk- oder pressemäßigen Betätigung

Im Bereich der Massenmedien besteht für den Staat ein grundsätzliches Betätigungsverbot. Das allgemein anerkannte, medienrechtliche Prinzip der „Staatsfreiheit" bzw. „Staatsferne" prägt das Verhältnis vom Staat zu den Medien wesentlich.[1] Für das Massenmedium Rundfunk verdeutlicht dies eine Aussage aus einem Sondervotum zur 2. Rundfunkentscheidung des Bundesverfassungsgerichts:

> „Die Veranstaltung von Rundfunk ist eine öffentliche Aufgabe. Daran ist mit dem Urteil des Bundesverfassungsgerichts vom 28. Februar 1961 (BVerfGE 12, 205 [243, 246]) festzuhalten. Sie kann nach Art. 5 GG nicht Sache des Staates sein, also weder unmittelbar noch mittelbar zur staatlichen Aufgabe gemacht werden. Art. 5 verweist sie in den Raum der Gesellschaft."[2]

Für das Massenmedium Presse hebt dies das Bundesverfassungsgericht in seinem für die Rolle des Pressewesens im Staat des Grundgesetzes so wegweisenden Spiegel-Urteil hervor:

> „So wichtig die der Presse zufallende ‚öffentliche Aufgabe' auch ist, so wenig kann sie von der organisierten Staatlichkeit erfüllt werden. Presseunternehmen müssen sich im gesellschaftlichen Raum frei bilden können. Sie arbeiten nach privatwirtschaftlichen Grundsätzen und in privatrechtlichen Organisationsformen. Sie stehen miteinander in geistiger und wirtschaftlicher Konkurrenz, in die die öffentliche Gewalt grundsätzlich nicht eingreifen darf."[3]

Diese beiden Grundaussagen veranschaulichen den rechtlichen Aussagegehalt des Grundsatzes der Staatsfreiheit der Medien in einem für die vorliegende Arbeit relevanten Sinne. Der Tätigkeitsbereich der Massenmedien ist der Gesellschaft vorbehalten, es handelt sich um keine staatliche Aufgabe. Mangels staatlicher Aufgabenzuweisung kann sich die Regierung daher nicht auf die Aufgabe der Staatsleitung berufen, wenn sie sich im Bereich ebenjener Massenmedien betätigt. Ein derartiges Handeln ist *ultra vires.* Aufgrund der beschriebenen Aufgabenakzessorietät der regierungsamtlichen Öffentlichkeitsarbeit werden Inhalte also dann unzulässig, wenn sie einer staatlichen Betätigung im Bereich der Medien gleich-

---

[1] Siehe nur *Kühling*, in: Gersdorf/Paal (Hrsg.), Informations- und Medienrecht, 42. Ed., Art. 5 Rn. 96.

[2] *Sondervotum Geiger, Rinck, Wand* BVerfGE 31, 314 (337).

[3] BVerfGE 20, 162 (175).

stehen. Das Verhältnis regierungsamtlicher Öffentlichkeitsarbeit zu den staatsfreien Medien wurde in der bisherigen Diskussion nicht hinreichend berücksichtigt, da sich die längste Zeit entweder kein Konflikt ergab[4] oder die juristische Fragestellung sich als trivial erwies.[5]

Mit den veränderten Kommunikationsverhältnissen ist dem Verhältnis jedoch gesteigerte Aufmerksamkeit zuzuwenden. Es wurde bereits dargelegt, dass es das Publizitätspotenzial der neuen Medien ermöglicht, einen Inhalt massenmediumsartig, aber ohne Inanspruchnahme der klassischen Massenmedien, zu verbreiten. Die regierungsamtliche Öffentlichkeitsarbeit selbst kann zum Massenmedium werden. Dann droht sie jedoch jenen Tätigkeitsbereich zu übernehmen, der dem Staat nach dem Grundsatz der Staatsfreiheit der Medien vorenthalten ist.

Für die nachfolgende Untersuchung stellen sich also im Wesentlichen zwei Fragen. Zum einen muss ermittelt werden, welche „neuen" Inhalte der Öffentlichkeitsarbeit als Rundfunk oder Presse anzusehen sind oder bei entsprechender Ausgestaltung sein können. Zum anderen gilt es die überkommende Dogmatik des Betätigungsverbots hinsichtlich der veränderten Kommunikationsverhältnisse zu hinterfragen. Hierfür sind die verfassungsrechtliche Grundlage und das rechtliche Gehalt darzustellen.

A. Staatsfreiheit des Rundfunks

Der Grundsatz der Staatsfreiheit des Rundfunks lässt sich auf eine wohl einmalige Fülle an Entscheidungen des Bundesverfassungsgerichts zurückführen. *Andreas Paulus* zählte in seinem Sondervotum zum Urteil vom 25. März 2014 bereits vierzehn sog. Rundfunkentscheidungen,[6] seitdem sind zwei weitere hinzugekommen.[7] Die seit der 1. Rundfunkentscheidung vom 28. Februar 1961 bestehende Rechtsprechungsgeschichte umspannt über 50 Jahre und weit über 100 Bände der amtlichen Entscheidungssammlung. Es werden Begriffe wie „Richterverfassungsrecht",[8] „Verfassungsrichterrecht"[9] oder „Bundesverfassungsgerichtspositivis-

---

[4] So ist das BVerfG in BVerfGE 44, 125 nicht auf die Staatsfreiheit der Presse eingegangen, weil die Druckerzeugnisse nicht periodisch, sondern nur einmalig herausgegeben wurden.

[5] Seit dem Versuch *Adenauers* einen staatlichen Fernsehsender zu etablieren, ist die Rechtslage betreffend staatlich veranstalteten Rundfunk eindeutig. Jeder weitere Versuch wäre sofort unterbunden worden.

[6] *Sondervotum Paulus* BVerfGE 136, 9 (68).

[7] BVerfG, Urt. v. 18.7.2018 – 1 BvR 1675/16, 745, 836, 981/17 = BVerfGE 149, 222; Beschl. v. 20.7.2021 – 1 BvR 2756, 2775, 2777/20 = BVerfGE 158, 339. *Cornils*, in: Stern/Sodan/Möstl (Hrsg.), Staatsrecht Bd. IV, 2. Aufl. 2022, § 120 Rn. 2, benennt ebenfalls sechzehn Entscheidungen.

[8] *Rossen*, Freie Meinungsbildung durch den Rundfunk, 1988, S. 317.

[9] *Stern*, Staatsrecht Bd. IV/1, 2006, S. 1647.

mus“[10] verwendet, um die Beziehung zwischen der Rundfunkfreiheit und dem Bundesverfassungsgericht zu verdeutlichen. Der Befund an genuin rundfunkverfassungsrechtlicher Literatur ist nicht zu überblicken.

Wie kaum eine andere Norm im Grundgesetz ist die Rundfunkfreiheit nach Art. 5 Abs. 1 Satz 2 Var. 2 GG durchformt, analysiert und geprägt worden. Zweifellos ist ein eigenes „Rundfunkverfassungsrecht“ entstanden,[11] das vorliegend allerdings allenfalls oberflächlich behandelt wird. Das verfassungsrechtliche Verständnis von Rundfunk lässt sich in Deutschland zudem nicht ohne einen Rückblick auf den Nationalsozialismus, in dem der Rundfunk in Gänze zum Propagandainstrument eines historisch einzigartigen Unrechtsstaates pervertiert wurde, durchdringen.[12] Eine Vereinnahmung des Rundfunks durch den Staat ist aus historischer Sicht zwingend zu verhindern und jeder Tendenz hierzu entschieden entgegenzutreten.[13]

I. Verfassungsrechtliche Herleitung

Obwohl in seiner Existenz allgemein anerkannt,[14] ist der Grundsatz in seiner Herleitung „irritierend umstritten“.[15] Um aber den rechtlichen Gehalt des Grundsatzes zutreffend erfassen zu können, ist sich im Überblick dessen verfassungsrechtliche Herleitung zu vergegenwärtigen.

1. Herleitung anhand des Vielfaltsgebots

Überwiegend wird der Grundsatz der Staatsfreiheit des Rundfunks mit der Sondersituation, in der sich der Rundfunk befindet, und einem daraus resultierenden Vielfalts- bzw. Pluralitätsgebot begründet. Der Ansatz entstammt der Rechtsprechung des Bundesverfassungsgerichts, wird aber in der Literatur vielfach aufge-

---

[10] *Grabenwarter*, in: Dürig/Herzog/Scholz, Grundgesetz, 85. EL. Nov. 2018, Art. 5 Abs. 1, Abs. 2 Rn. 522.

[11] *Cornils*, in: Stern/Sodan/Möstl (Hrsg.), Staatsrecht Bd. IV, 2. Aufl. 2022, § 120 Rn. 2; *Grabenwarter*, in: Dürig/Herzog/Scholz, Grundgesetz, 85. EL. Nov. 2018, Art. 5 Abs. 1, Abs. 2 Rn. 517.

[12] *Cornils*, in: Stern/Sodan/Möstl (Hrsg.), Staatsrecht Bd. IV, 2. Aufl. 2022, § 120 Rn. 5; *P. Huber*, in: Detterbeck/Rozek/v. Coelln (Hrsg.), Das Recht als Medium der Staatlichkeit, 2009, 497 (497); *Schuler-Harms*, in: Herdegen/Masing/Poscher/Gärditz (Hrsg.), Handbuch des Verfassungsrechts, 2021, § 25 Rn. 17.

[13] Dies beabsichtigten bereits die westlichen Siegermächte durch die Schaffung der Rundfunkanstalten, BVerfGE 12, 205 (210); *Rauchhaus*, Rundfunk und Staat, 2014, S. 30 ff.; *Schuler-Harms*, in: Herdegen/Masing/Poscher/Gärditz (Hrsg.), Handbuch des Verfassungsrechts, 2021, § 25 Rn. 18 ff.

[14] Vgl. *Gersdorf*, Staatsfreiheit des Rundfunks in der dualen Rundfunkordnung der Bundesrepublik Deutschland, 1991, S. 57.

[15] *Möllers*, in: AfP 2013, 457 (457).

nommen und geteilt.[16] Das Gericht vertritt diesen Herleitungsansatz bereits seit seiner 1. Rundfunkentscheidung und ist von diesem auch nicht abgewichen, nachdem besagte Sondersituation zumindest in Teilen entfallen war.

a) Sondersituation des Rundfunks

Das Bundesverfassungsgericht verdeutlicht die Sondersituation des Rundfunks im Wege eines Vergleichs mit dem Pressewesen. Beide gehören zu den „unentbehrlichen modernen Massenkommunikationsmitteln, durch die Einfluss auf die öffentliche Meinung genommen und die öffentliche Meinung mitgebildet wird".[17] Das historisch in der Gesellschaft verankerte sowie pluralistisch aufgebaute Pressewesen ist seit jeher frei und grds. unreglementiert. Es bringt in Anzahl und Meinungstendenz vielfältige Erzeugnisse hervor, die auf einem „Markt der Meinungen" weitgehend gleichberechtigt konkurrieren.[18] Das Rundfunkwesen stand demgegenüber seit seiner Einführung in der Weimarer Republik bis zum Zeitpunkt der 1. Rundfunkentscheidung im Wesentlichen unter staatlicher Kontrolle.[19] Es unterscheidet sich also bereits der historische Hintergrund beider Massenmedien.

Darüber hinaus waren auch die seinerzeitigen Marktbedingungen in Gänze verschieden. Auf dem Rundfunkmarkt bestanden sowohl in finanzieller als auch in technischer Hinsicht erhebliche Marktzutrittsschranken. Einen überregionalen Rundfunksender zu betreiben, erforderte eine hohe Investition und aufgrund der Frequenzknappheit in der Übertragungstechnik war auch die Anzahl möglicher Sender tatsächlich limitiert.[20] Aufgrund dieser Sondersituation, schlussfolgert das Gericht, erwachse die Gefahr, dass der Rundfunk entweder dem Staat oder einer

[16] *Bethge*, Verfassungsrechtsprobleme der Reorganisation des öffentlich-rechtlichen Rundfunks, 1978, S. 18 f.; *ders.*, in: Sachs (Hrsg.), Grundgesetz, 9. Aufl. 2021, Art. 5 Rn. 96; *Cornils*, Ausgestaltungsgesetzesvorbehalt und staatfreie Normsetzung im Rundfunkrecht, 2011, S. 113; *ders.*, in: Stern/Sodan/Möstl (Hrsg.), Staatsrecht Bd. IV, 2. Aufl. 2022, § 120 Rn. 88; *v. d. Decken*, in: Schmidt-Bleibtreu, Grundgesetz, 15. Aufl. 2022, Art. 5 Rn. 32; *Hain*, in: Spindler/Schuster (Hrsg.), Recht der elektronischen Medien, 4. Aufl. 2019, Erster Teil C. Rn. 99; *Holznagel*, in: MMR 2011, 300 (301); *Jarass*, Die Freiheit des Rundfunks vom Staat, 1981, S. 30; *Paulus/Nölscher*, in: ZUM 2017, 177 (179 f.); *Rauchhaus*, Rundfunk und Staat, 2014, S. 82; *Schulze-Fielitz*, in: Dreier (Hrsg.), Grundgesetz Bd. I, 3. Aufl. 2013, Art. 5 I, II Rn. 46; *Starck/Paulus*, in: v. Mangoldt/F. Klein/Starck, Grundgesetz Bd. 1, 7. Aufl. 2018, Art. 5 Rn. 173; *Stender-Vorwachs*, „Staatsferne" und „Gruppenferne" in einem außenpluralistisch organisierten dualen Rundfunksystem, 1988, S. 40; *Wendt*, in: I. v. Münch/Kunig, Grundgesetz Bd. 1, 7. Aufl. 2021, Art. 5 Rn. 89.

[17] BVerfGE 12, 205 (260).

[18] Vgl. BVerfGE 57, 295 (322 f.).

[19] Siehe auch BVerfGE 12, 205 (208 ff.); *Cornils*, in: Stern/Sodan/Möstl (Hrsg.), Staatsrecht Bd. IV, 2. Aufl. 2022, § 120 Rn. 5; *Jarass*, Die Freiheit der Massenmedien, 1978, S. 85; *Schuler-Harms*, in: Herdegen/Masing/Poscher/Gärditz (Hrsg.), Handbuch des Verfassungsrechts, 2021, § 25 Rn. 15; *Stern*, Staatsrecht Bd. IV/1, 2006, S. 1644 f.

[20] BVerfGE 12, 205 (261); 31, 314 (326). In Retrospektive BVerfGE 73, 118 (121).

gesellschaftlichen Gruppe ausgeliefert werde.[21] Der Rundfunk könne und dürfe gerade nicht „dem freien Spiel der Kräfte überlassen werden".[22] Aus dem staatsbezogenen Teil dieses Auslieferungsverbots ist schließlich das „Gebot der Staatsfreiheit des Rundfunks" entstanden.[23]

b) Aktualisierte Herleitung aus dem Vielfaltsgebot

Als sich zum Zeitpunkt der 3. Rundfunkentscheidung[24] der Wegfall der technischen Sondersituation abzeichnete,[25] hat das Gericht seinen Ansatz dennoch bestätigt.[26] Selbst bei einem Wegfall der technischen Beschränkungen und einer Nivellierung der finanziellen Marktzugangsschranken sei nicht gesichert, dass ein Meinungsmarkt entstehe, der dem des Pressewesens entspreche, führt es aus. Zugleich sei der Rundfunk besonders wirkmächtig und dessen Möglichkeiten der Konzentration von Meinungsmacht sowie die ihm innewohnende Missbrauchsgefahr zum Zwecke der einseitigen Einflussnahme auf die öffentliche Meinung müssten stets berücksichtigt werden.[27] Fehlentwicklungen könnten zudem nur bedingt und erschwert rückgängig gemacht werden.[28] Der Rundfunk, so das Gericht, komme seiner Aufgabe im demokratischen Gemeinwesen nur nach, wenn er umfassend informiere, also die gesamte in der Öffentlichkeit vertretene Meinungsvielfalt darstelle.[29] Das Vielfaltsgebot weist also einen Demokratiebezug auf und steht in normativer Hinsicht dem Demokratieprinzip nahe.[30]

In der 12. Rundfunkentscheidung[31] waren die durch die Digitalisierung verursachten Veränderungen in der Medienwelt nicht mehr zu übersehen. Trotzdem führt das Bundesverfassungsgericht bereits im 1. Leitsatz aus, dass die aufgestellten Anforderungen zur Sicherung der Rundfunkfreiheit nicht überholt seien. Es vertieft seine Argumentation dabei mit Hinweisen auf die Eigenheiten des Mediums

---

[21] BVerfGE 12, 205 (262); 31, 314 (325); 73, 118 (153); 90, 60 (88); 121, 30 (52).

[22] BVerfGE 31, 314 (325).

[23] Erstmals ausdrücklich in der 2. Rundfunkentscheidung, BVerfG, Urt. v. 27.7.1971 – 2 BvF 1/68, 2 BvR 702/68 = BVerfGE 31, 314, erwähnt, ebd. (329).

[24] BVerfG, Urt. v. 16.6.1981 – 1 BvL 89/78 = BVerfGE 57, 295.

[25] Aus der 4. Rundfunkentscheidung, BVerfG, Urt. v. 4.11.1986 – 1 BvF /84 = BVerfGE 73, 118, ergibt sich, dass die Sondersituation lediglich in technischer Hinsicht abgemildert wurde, ebd. (121 ff., 154). Die hohen finanziellen Marktzugangsschranken bestanden weiterhin, ebd. (123 f., 154).

[26] BVerfGE 57, 295 (322).

[27] St.Rspr. seit BVerfGE 57, 295 (322 ff.). Jüngst BVerfGE 158, 389 (417 f. Rn. 78).

[28] St.Rspr. seit BVerfGE 57, 295 (323). Jüngst BVerfGE 158, 389 (418 Rn. 78).

[29] St.Rspr. seit BVerfGE 57, 295 (319 f.). Jüngst BVerfGE 158, 389 (416 Rn. 76).

[30] Ob es in Art. 5 Abs. 1 Satz 2 Var. 2 GG oder Art. 20 Abs. 1 GG verankert ist, kann daher offengelassen werden, ebenso *Rauchhaus*, Rundfunk und Staat, 2014, S. 76 Fn. 34; *Reffken*, Politische Parteien und ihre Beteiligungen an Medienunternehmen, 2007, S. 274.

[31] BVerfG, Urt. v. 11.9.2007 – 1 BvR 2270/05, 809, 830/06 = BVerfGE 119, 181.

Rundfunk und des neuen Rundfunkmarktes, die jeweils die Eignung aufwiesen, die inhaltliche Vielfalt zu gefährden.[32] In den beiden jüngsten Rundfunkentscheidungen weist das Gericht unter Bezugnahme auf die Markt- und Kommunikationsbedingungen im Internet im Allgemeinen sowie in den sozialen Medien im Speziellen, auf neue potenzielle Vielfaltsdefizite und die Bedeutung einer ausgestaltenden Rundfunkordnung hin.[33] Trotz mehrmaliger, grundlegender Änderungen der Markt- und Kommunikationsbedingungen hat das Bundesverfassungsgericht an seiner ursprünglichen Interpretation eines Rundfunkverfassungsrechts festgehalten.

2. Alternative Herleitungsansätze

Abweichend und ergänzend zum Vielfaltsgebot finden sich weitere Herleitungsansätze für den Grundsatz der Staatsfreiheit des Rundfunks. Insb. Wilhelm Kewenig verankert ihn im Staatsstrukturprinzip der Gewaltenteilung.[34] Im Ausgangspunkt geht Kewenig davon aus, dass die horizontale Gewaltenteilung im Staat des Grundgesetzes weder in der Verfassungswirklichkeit noch in der Verfassung selbst vollständig durchgehalten werde. Die Aufgabe des Parlamentes – als Organ der Legislative die Regierung zu kontrollieren – werde lediglich von einem (partei-) politisch abgrenzbaren Teil des Organs erfüllt, der Opposition.[35] Die ihr zugänglichen verrechtlichten Kontrollinstrumente seien aufgrund der Stellung der Opposition als Parlamentsminderheit gleichwohl wenig effektiv. Um dennoch wirksam Kontrolle auszuüben, müsse sie daher auf andere Mittel zurückgreifen, darunter die Massenkommunikationsmittel.[36] Mit ihnen könne die öffentliche Meinung beeinflusst und zumindest mittels politischen Drucks eine effektive Kontrolle ermöglicht werden.[37] Aufgrund des faktischen Übereinstimmens von Parlamentsmehrheit und Regierung erfordere eine effektive Kontrolle die Staats- bzw. Regierungsfreiheit jener Massenkommunikationsmittel.[38]

Umfangreich begründet Hubertus Gersdorf die Staatsfreiheit des Rundfunks anhand des in Art. 20 Abs. 2 Satz 1 GG verorteten Prinzips der Volkssouveränität.[39]

---

[32] BVerfGE 119, 181 (215 ff.). Bestätigt in BVerfGE 121, 30 (51); 136, 9 (28 Rn. 29).

[33] BVerfGE 149, 222 (261 f. Rn. 79 f.); 158, 389 (419 Rn. 80 f.).

[34] *Kewenig*, Zu Inhalt und Grenzen der Rundfunkfreiheit, 1978, S. 62 ff. Zustimmend *Jarass*, Die Freiheit des Rundfunks vom Staat, 1981, S. 17; *P. Lerche*, in: Bullinger/Kübler (Hrsg.), Rundfunkorganisation und Kommunikationsfreiheit, 1979, 15 (77 Fn. 229).

[35] *Kewenig*, Zu Inhalt und Grenzen der Rundfunkfreiheit, 1978, S. 62 f. Siehe auch *Grzeszick*, in: Stern/Sodan/Möstl (Hrsg.), Staatsrecht Bd. II, 2. Aufl. 2022, § 33 Rn. 23. „Opposition" ist kein grundgesetzlicher Rechtsbegriff, parlamentarische Minderheitenrechte sind stets an Quoren gebunden, vgl. BVerfGE 142, 24 (58 f. Rn. 91 ff.).

[36] *Kewenig*, Zu Inhalt und Grenzen der Rundfunkfreiheit, 1978, S. 63 f.

[37] *Kewenig*, Zu Inhalt und Grenzen der Rundfunkfreiheit, 1978, S. 64 f.

[38] *Kewenig*, Zu Inhalt und Grenzen der Rundfunkfreiheit, 1978, S. 65 f.

[39] Vorarbeiten von *Eberle*, Rundfunkübertragung, 1989, S. 95; *Jarass*, Die Freiheit des Rundfunks vom Staat, 1981, S. 16 f.; *Starck*, Rundfunkfreiheit als Organisationsproblem,

Demnach sei die öffentliche Meinung ein zentraler Faktor der notwendigen Rückkopplung des Handelns staatlicher Funktionsträger an den Souverän.[40] Zu den Rückkopplungsbedingungen zählten insb. die Trennung zwischen Volks- und Staatswillensbildung sowie das Erfordernis, dass der Staatswille „aus" dem Volkswillen gebildet werde.[41] Der Rundfunk schließe dabei als wichtiger „Rückkopplungskanal" eine „Kommunikationslücke" zwischen Volk und Staat.[42] Seine Funktion als Rückkopplungskanal könne der Rundfunk allerdings nur erfüllen, wenn der Staat diesen Rückkopplungsprozess nicht selbst betreibe.[43] Zudem verortet Gersdorf den Grundsatz im Prinzip der Chancengleichheit bei der politischen Mitwirkung: Jede staatliche Intervention bezogen auf einen bestimmten Meinungsinhalt beeinträchtige das Recht des jeweiligen Meinungsinhabers, gleichberechtigt am öffentlichen Diskurs teilzuhaben.[44]

Hendrik Reffken zieht das im Demokratieprinzip verankerte Gebot eines offenen Kommunikationsprozesses zwischen Staat und Gesellschaft zur Herleitung heran. Eine staatliche Beteiligung am Kommunikationsprozess sei nur insoweit zulässig, wie dessen Offenheit nicht gefährdet werde.[45] Eine Gefährdung trete indes ein, sobald sich ein staatlicher Akteur als Medienunternehmer beteiligt. Sodann dominiere dieser aufgrund seiner überlegenen finanziellen und personellen Mitteln sowie der ihm zukommenden Autorität diesen Kommunikationsprozess. Dies sei nur zu verhindern, indem eine Beteiligung des Staates untersagt werde.[46]

Vielfach wird der Grundsatz der Staatsfreiheit des Rundfunks auch unmittelbar in der Rundfunkfreiheit gem. Art. 5 Abs. 1 Satz 2 Var. 2 GG verankert.[47] Dies gelte

---

1973, S. 17 f. Siehe auch *Jensen*, Rechtsprobleme regierungsamtlicher Öffentlichkeitsarbeit im Internet-Zeitalter, 2006, S. 58; *Schneider-Freyermuth*, in: ZUM 2000, 564 (565).

[40] *Gersdorf*, Staatsfreiheit des Rundfunks in der dualen Rundfunkordnung der Bundesrepublik Deutschland, 1991, S. 59.

[41] *Gersdorf*, Staatsfreiheit des Rundfunks in der dualen Rundfunkordnung der Bundesrepublik Deutschland, 1991, S. 64 ff.

[42] *Gersdorf*, Staatsfreiheit des Rundfunks in der dualen Rundfunkordnung der Bundesrepublik Deutschland, 1991, S. 69 f.

[43] *Gersdorf*, Staatsfreiheit des Rundfunks in der dualen Rundfunkordnung der Bundesrepublik Deutschland, 1991, S. 71 f.

[44] *Gersdorf*, Staatsfreiheit des Rundfunks in der dualen Rundfunkordnung der Bundesrepublik Deutschland, 1991, S. 77. Siehe auch *Jensen*, Rechtsprobleme regierungsamtlicher Öffentlichkeitsarbeit im Internet-Zeitalter, 2006, S. 58.

[45] *Reffken*, Politische Parteien und ihre Beteiligungen an Medienunternehmen, 2007, S. 275 f.

[46] *Reffken*, Politische Parteien und ihre Beteiligungen an Medienunternehmen, 2007, S. 276 f.

[47] *Badura*, Rundfunkfreiheit und Finanzautonomie, 1986, S. 41; *Eberle*, Rundfunkübertragung, 1989, S. 95; *Jarass*, Die Freiheit der Massenmedien, 1978, S. 193 f.; *ders.*, Die Freiheit des Rundfunks vom Staat, 1981, S. 11; *Paschke*, Medienrecht, 3. Aufl. 2009, § 4 Rn. 237; *Rauchhaus*, Rundfunk und Staat, 2014, S. 82; *Stern*, Staatsrecht Bd. IV/1, 2006, S. 1697.

jedenfalls in abwehrrechtlichen Konstellationen für den subjektiv-rechtlichen Gehalt.[48] Die enge Verknüpfung aller Kommunikationsgrundrechte mit dem Demokratieprinzip bewirke zudem, dass die sonstigen im Demokratieprinzip verankerten Ansätze der Gewaltenteilung, der Volkssouveränität und der Chancengleichheit bei der politischen Mitwirkung auch in den objektiv-rechtlichen Gehalt der Rundfunkfreiheit hineinwirkten.[49]

3. Fazit

Für die vorliegende Untersuchung ist es wenig zielführend, die unterschiedlichen Ansätze zur Herleitung umfangreich zu untersuchen, auf Stärken und Schwächen der jeweiligen Ansichten hinzuweisen und schlussendlich eine Entscheidung zu treffen. Es genügt anzuerkennen, dass der Grundsatz der Staatsfreiheit des Rundfunks je nach Ausgangslage und Betrachtungswinkel aus einem unterschiedlichen verfassungsrechtlichen Ansatz begründet erscheint. Gleichwohl kann dieser wiederum aus einem anderen Blickwinkel mit berechtigter Kritik versehen werden. Die unterschiedlichen im Grundgesetz verankerten Ansätze zur Herleitung des Grundsatzes der Staatsfreiheit des Rundfunks sind daher vielmehr als sich wechselseitig ergänzend heranzuziehen.[50]

II. Rechtlicher Gehalt

Der rechtliche Gehalt des Grundsatzes der Staatsfreiheit des Rundfunks braucht vorliegend nicht in Gänze dargestellt werden. Unter Berücksichtigung des Untersuchungsgegenstandes ist lediglich sein Aussagehalt für die regierungsamtliche Öffentlichkeitsarbeit darzulegen und zu untersuchen. Im Wesentlichen wird sich auf seine Ausprägung als (striktes) Betätigungsverbot konzentriert.

1. Persönlicher Anwendungsbereich

Der Grundsatz der Staatsfreiheit des Rundfunks ist primär an den Staat adressiert, dies bedingt bereits dessen Entstehungsgeschichte sowie dessen Herleitungsansät-

---

[48] So etwa *Eberle*, Rundfunkübertragung, 1989, S. 95; *Jarass*, Die Freiheit der Massenmedien, 1978, S. 85; *Rauchhaus*, Rundfunk und Staat, 2014, S. 82.

[49] *Gersdorf*, Staatsfreiheit des Rundfunks in der dualen Rundfunkordnung der Bundesrepublik Deutschland, 1991, S. 79. Vgl. auch *Grabenwarter*, in: Dürig/Herzog/Scholz, Grundgesetz, 85. EL. Nov. 2018, Art. 5 Abs. 1, Abs. 2 Rn. 830; *Kunisch*, Rundfunk im Internet und der Grundsatz der Staatsfreiheit des Rundfunks, 2011, S. 171 f.

[50] Wie hier *Jarass*, Die Freiheit des Rundfunks vom Staat, 1981, S. 17; *Wojahn*, Die Organisationsstrukturen der Hauptorgane der Landesmedienanstalten unter dem Grundsatz der Staatsfreiheit, 2002, S. 37 f.

ze.[51] Für Regierungen in Bund und Ländern als Urheber regierungsamtlicher Öffentlichkeitsarbeit ist der persönliche Anwendungsbereich fraglos eröffnet.

2. Regelungsinhalt

In seinem Kern hat der Grundsatz der Staatsfreiheit des Rundfunks eine „einfache Rechtsfolge“.[52] Er statuiert ein absolutes Funktionsverbot: Der Staat darf von Verfassungs wegen keinen Rundfunk betreiben.[53] Ein staatlicher Rundfunk soll endgültig und generell ausgeschlossen sein,[54] denn auch der Staat und seine Repräsentanten sind nicht gefeit davor, den Rundfunk sowie die damit verbundene Meinungsmacht ihren Interessen unterzuordnen.[55] Auch ihrem konkreten Inhalt nach zulässige Öffentlichkeitsarbeit verstößt gegen jenes Funktionsverbot, denn in diesem Fall betreibt die Regierung Öffentlichkeitsarbeit in Form von staatlichem Rundfunk.[56] Der Regelungsinhalt ist lediglich in diesem Kerngehalt für die vorliegende Untersuchung von Relevanz und wird daher hierauf begrenzt.[57]

---

[51] Vgl. BVerfGE 12, 205 (263); *Gersdorf*, Staatsfreiheit des Rundfunks in der dualen Rundfunkordnung der Bundesrepublik Deutschland, 1991, S. 104; *Rauchhaus*, Rundfunk und Staat, 2014, S. 198; *Wojahn*, Die Organisationsstrukturen der Hauptorgane der Landesmedienanstalten unter dem Grundsatz der Staatsfreiheit, 2002, S. 71.

[52] *Möllers*, in: AfP 2013, 457 (457).

[53] BVerfGE 31, 314 (329); 83, 238 (230); 90, 60 (88); 121, 30 (52, 61); *Cornils*, in: Stern/Sodan/Möstl (Hrsg.), Staatsrecht Bd. IV, 2. Aufl. 2022, § 119 Rn. 117; *Degenhart*, in: D. Merten/Papier (Hrsg.), Handbuch der Grundrechte, 2011, § 105 Rn. 36; *Fechner/Arnhold*, in: NVwZ 2016, 891 (893 f.); *Grabenwarter*, in: Dürig/Herzog/Scholz, Grundgesetz, 85. EL. Nov. 2018, Art. 5 Abs. 1, Abs. 2 Rn. 830; *Jarass*, in: ders./Pieroth, Grundgesetz, 17. Aufl. 2022, Art. 5 Rn. 103; *Jensen*, Rechtsprobleme regierungsamtlicher Öffentlichkeitsarbeit im Internet-Zeitalter, 2006, S. 53; *Stern*, Staatsrecht Bd. IV/1, 2006, S. 1697; *Wolf*, in: C. Conrad/S. Grünewald/Kalscheuer/Milker (Hrsg.), Handbuch Öffentlich-rechtliches Äußerungsrecht, 2022, § 4 Rn. 116.

[54] *Degenhart*, in: AfP 2010, 324 (326); *Jarass*, Die Freiheit des Rundfunks vom Staat, 1981, S. 11 f.

[55] Vgl. BVerfGE 90, 60 (88); 121, 30 (52); 136, 9 (36); *Degenhart*, in: AfP 2010, 324 (329).

[56] Dies verkennt *Gersdorf*, der in zirkulärer Weise unzulässigen Staatsrundfunk verneint, wenn dem Inhalt nach zulässige Öffentlichkeitsarbeit vorliege, *ders.*, Parlamentsfernsehen des Deutschen Bundestages, 2008, S. 52; *ders.*, in: AfP 2016, 293 (295 f.). Vielmehr liegt in jenem Fall unzulässige Öffentlichkeitsarbeit in Form von staatlichem Rundfunk vor, vgl. *Goerlich/Laier*, in: ZUM 2008, 475 (483 f.); *Koreng*, in: AfP 2009, 117 (121). Zur ähnlich gelagerten Thematik im Rahmen der Staatsfreiheit der Presse siehe unten Kap. 6 B.II.1.b).

[57] Ebenso *Jensen*, Rechtsprobleme regierungsamtlicher Öffentlichkeitsarbeit im Internet-Zeitalter, 2006, S. 49 ff.

3. Sachlicher Anwendungsbereich

Ist dem Staat von Verfassungs wegen die Veranstaltung von Rundfunk in Gänze untersagt, kann für die Bestimmung des sachlichen Anwendungsbereich nur der verfassungsrechtliche Rundfunkbegriff maßgeblich sein.[58]

a) Allgemeingültiger verfassungsrechtlicher Rundfunkbegriff?

Das Grundgesetz definiert den Rundfunk ebenso wenig wie die anderen Massenkommunikationsmittel des Art. 5 Abs. 1 Satz 2 GG. Zwar findet sich etwa in § 2 Abs. 1 Satz 1 MStV eine Begriffsbestimmung, diese legt allerdings den einfachgesetzlichen Rundfunkbegriff fest. Dieser und der verfassungsrechtliche Rundfunkbegriff müssen weder inhaltsgleich sein noch sind sie es.[59] Während Letzterer den Begriff in seiner die Verfassung prägenden Bedeutung vorgibt, bestimmt Ersterer lediglich Teilinhalte davon, um diese unter Verfolgung eines bestimmten Zwecks auszugestalten.[60] Der einfachgesetzliche Rundfunkbegriff ist für dessen verfassungsrechtliche Definition ohne verbindliche Aussagekraft.[61] Der Begriff ist autonom und allein unter Rückgriff auf die Verfassung zu bestimmen.[62]

Eine solche Bestimmung des verfassungsrechtlichen Rundfunkbegriffs ist hingegen mit erheblichen Schwierigkeiten verbunden. Zwar finden sich in der Literatur zahlreiche ähnlich formulierte Definitionsansätze, die jedoch angesichts der Fortentwicklungen im Kommunikationsverhalten und in der Medienwelt überholt zu sein scheinen. Diese Ansätze gehen davon aus, dass Rundfunk jede an die Allgemeinheit gerichtete Übermittlung bzw. Verbreitung von Darbietungen mittels elektrischer Schwingungen oder elektromagnetischer Wellen ist.[63] Dem gegenüber hat ausge-

[58] *Wolf*, in: C. Conrad/S. Grünewald/Kalscheuer/Milker (Hrsg.), Handbuch Öffentlichrechtliches Äußerungsrecht, 2022, § 4 Rn. 118, stellt ohne Begründung ebenfalls auf den verfassungsrechtlichen Begriff ab.

[59] BVerwG NJW 2006, 632 (633); *Grabenwarter*, in: Dürig/Herzog/Scholz, Grundgesetz, 85. EL. Nov. 2018, Art. 5 Abs. 1, Abs. 2 Rn. 636; *Martini*, in: Gersdorf/Paal (Hrsg.), Informations- und Medienrecht, 42. Ed., § 2 MStV Rn. 1; *Starck/Paulus*, in: v. Mangoldt/F. Klein/Starck, Grundgesetz Bd. 1, 7. Aufl. 2021, Art. 5 Rn. 178.

[60] *Bethge*, in: Sachs (Hrsg.), Grundgesetz, 9. Aufl. 2021, Art. 5 Rn. 90a; *Grabenwarter*, in: Dürig/Herzog/Scholz, Grundgesetz, 85. EL. Nov. 2018, Art. 5 Abs. 1, Abs. 2 Rn. 639. Siehe auch *Schulz*, in: Binder/Vesting (Hrsg.), Rundfunkrecht, 4. Aufl. 2018, § 2 RStV Rn. 11 f.

[61] *Brand*, Rundfunk im Sinne des Art. 5 Abs. 1 Satz 2 GG, 2002, S. 38 ff.; *v. Coelln*, in: Bayerische Landeszentrale für Medien (Hrsg.), BLM-Symposium Medienrecht 2010, 2011, 17 (19 f.); *Jarass*, in: AfP 1998, 133 (133).

[62] *Grabenwarter*, in: Dürig/Herzog/Scholz, Grundgesetz, 85. EL. Nov. 2018, Art. 5 Abs. 1, Abs. 2 Rn. 638.

[63] *Bethge*, in: Sachs (Hrsg.), Grundgesetz, 9. Aufl. 2021, Art. 5 Rn. 90a; *Brand*, Rundfunk im Sinne des Art. 5 Abs. 1 Satz 2 GG, 2002, S. 152; *Grabenwarter*, in: Dürig/Herzog/Scholz, Grundgesetz, 85. EL. Nov. 2018, Art. 5 Abs. 1, Abs. 2 Rn. 603; *Hamacher*, Der Rundfunkbegriff im Wandel des deutschen und europäischen Rechts, 2015, S. 55; *Jarass*, in: ders./Pieroth, Grundgesetz, 17. Aufl. 2022, Art. 5 Rn. 47; *Kube*, in: Isensee/P. Kirchhof (Hrsg.),

rechnet das Bundesverfassungsgericht eine Definition stets unterlassen.[64] Es zieht sich vielmehr auf den Standpunkt zurück, dass sich der Begriff des Rundfunks im Verfassungsrecht überhaupt nicht abschließend definieren lasse.[65]

b) Dynamischer und entwicklungsoffener Rundfunkbegriff

Hintergrund dieser Zurückhaltung ist, dass nach der „klassischen" Rundfunkdefinition das Merkmal der Übermittlung bzw. Verbreitung mit konkreten technischen Vorgängen verknüpft wird. Sind diese einmal festgelegt, ist die Definition ständig davon bedroht, aufgrund des technischen Fortschritts ihre Konturen zu verlieren oder gar zu veralten.[66] Der tatsächlich veranstaltete Rundfunk droht dem verrechtlichen Rundfunk zu „entwachsen".

Aufgrund ihrer „dienenden Funktion"[67] soll die Rundfunkfreiheit die Vielfalt der Meinungen innerhalb dieses so wirkmächtigen Massenmediums im gesamtgesellschaftlichen Interesse gewährleisten. Diese Aufgabe könnte sie aber gerade in den neuen und ggf. noch wirkmächtigeren Formen des Mediums nicht mehr wahrnehmen, wenn sie von den technischen Neuerungen „überholt" würde. Um dem entgegenzuwirken, ist der verfassungsrechtliche Rundfunkbegriff im Einklang mit der Rechtsprechung des Bundesverfassungsgerichtes entwicklungsoffen und dynamisch zu verstehen.[68] Dies umfasst neben neuen Übertragungstechniken auch neue Formen und Inhalte. Entscheidend ist, ob diejenigen Funktionen ausgeübt werden, die seinerzeit auch der herkömmliche Rundfunk ausgeübt hat.[69] Die gebotene Entwicklungsoffenheit untersagt es, (technische) Merkmale des ursprünglichen Rundfunks unreflektiert als *conditio sine qua non* zu übernehmen. Dies gilt insb. für Rundfunk unter den Kommunikationsbedingungen in den neuen Medien. Weder Elemente der

---

Handbuch des Staatsrechts Bd. IV, 3. Aufl. 2006, § 91 Rn. 13; *Rauchhaus*, Rundfunk und Staat, 2014, S. 144; *Schemmer*, in: Epping/Hillgruber (Hrsg.), Grundgesetz, 56. Ed., Art. 5 Rn. 66; *Schulze-Fielitz*, in: Dreier (Hrsg.), Grundgesetz Bd. I, 3. Aufl. 2013, Art. 5 I, II Rn. 99; *Stern*, Staatsrecht Bd. IV/1, 2006, S. 1663.

[64] Wie hier *Jarass*, in: AfP 1998, 133 (133, 135); *Kunisch*, Rundfunk im Internet und der Grundsatz der Staatsfreiheit des Rundfunks, 2011, S. 35.

[65] BVerfGE 83, 238 (302).

[66] Vgl. die Darstellung bei *Stern*, Staatsrecht Bd. IV/1, 2006, S. 1664 ff.

[67] St.Rspr. seit BVerfGE 57, 295 (319).

[68] BVerfGE 74, 297 (350); 83, 238 (299, 302); *Degenhart*, in: D. Merten/Papier (Hrsg.), Handbuch der Grundrechte Bd. IV, 2011, § 105 Rn. 27; *P. Huber*, in: Detterbeck/Rozek/ v. Coelln (Hrsg.), Das Recht als Medium der Staatlichkeit, 2009, 497 (501); *Jarass*, in: AfP 1998, 133 (133); *Kühling*, in: Gersdorf/Paal (Hrsg.), Informations- und Medienrecht, 42. Ed., Art. 5 Rn. 60; *Schulze-Fielitz*, in: Dreier (Hrsg.), Grundgesetz Bd. I, 3. Aufl. 2013, Art. 5 I, II Rn. 100; *Stern*, Staatsrecht Bd. IV/1, 2006, S. 1668.

[69] BVerfGE 119, 181 (218). Vgl. auch BVerfGE 83, 238 (302); *Gersdorf*, Der verfassungsrechtliche Rundfunkbegriff im Lichte der Digitalisierung der Telekommunikation, 1995, S. 86; *Jarass*, in: AfP 1998, 133 (133); *Möllers*, in: AfP 2008, 241 (242 f.).

Interaktivität noch Möglichkeiten des Empfängers, die Rundfunkprogramme inhaltlich oder zeitlich zu selektieren, schließen die Rundfunkeigenschaft aus.[70]

c) *Rundfunktypische Breitenwirkung, Aktualität und Suggestivkraft als wesentliches Merkmal*

Um der dienenden Funktion der Rundfunkfreiheit und dem daraus resultierenden offenen sowie dynamischen Rundfunkbegriff gerecht zu werden,[71] darf sich das Begriffsverständnis weder auf die bisherigen Verbreitungstechniken noch die bisherigen Verbreitungsmodalitäten reduzieren. Entscheidend muss vielmehr sein, dass dem verbreiteten Inhalt die rundfunktypische Breitenwirkung, Aktualität und Suggestivkraft zukommt.[72] Eine Begriffsbestimmung anhand der rundfunktypischen Wirkung, basierend auf den gegenüber der Presse und der Individualkommunikation wirkmächtigeren Verbreitungstechniken und -modalitäten,[73] entspricht der Bedeutung des Rundfunks für die Demokratie des Grundgesetzes eher als eine starre Definition anhand historischer Vorstellungen.[74] Letztlich gründet sich die gesamte rechtliche Ausgestaltung der Rundfunkfreiheit auf ihrer besonderen Bedeutung für die politische Meinungs- und Willensbildung des Volkes.[75] Es erscheint insoweit nur konsequent, auch für die Begriffsbestimmung auf diese Bedeutung zu rekurrieren.

Hierfür ist auf den Tripel Breitenwirkung, Aktualität und Suggestivkraft zurückzugreifen. Dieser wurde vom Bundesverfassungsgericht als wesentliches, seine besondere Rolle unter den Medien begründendes Merkmal des Rundfunks benannt.[76] Die Breitenwirkung des Rundfunks liege in seiner großen Reichweite und der darin begründeten Möglichkeit, große Teile der Bevölkerung in ihrer Meinungsbildung zu beeinflussen. Seine Aktualität liege in der Möglichkeit, Inhalte sehr schnell, ggf.

---

[70] *Brand*, Rundfunk im Sinne des Art. 5 Abs. 1 Satz 2 GG, 2002, S. 85 ff., 94 ff., 105 ff.; *Hamacher*, Der Rundfunkbegriff im Wandel des deutschen und europäischen Rechts, 2015, S. 308 f., 322 f.; *Kunisch*, Rundfunk im Internet und der Grundsatz der Staatsfreiheit des Rundfunks, 2011, S. 56 ff., 60 ff., 74 ff.; *Schulze-Fielitz*, in: Dreier (Hrsg.), Grundgesetz Bd. I, 3. Aufl. 2013, § 5 I, II Rn. 100; *Stern*, Staatsrecht Bd. IV/1, 2006, S. 1668.

[71] Auch *Gersdorf*, Der verfassungsrechtliche Rundfunkbegriff im Lichte der Digitalisierung der Telekommunikation, 1995, S. 89, sieht die dienende Funktion als Ausgangspunkt der Begriffsbestimmung an.

[72] *Degenhart*, in: W. Kahl/Waldhoff/Walter (Hrsg.), Grundgesetz, 185. Akt. Juli 2017, Art. 5 Abs. 1 u. 2 Rn. 197; *Grabenwarter*, in: Dürig/Herzog/Scholz, Grundgesetz, 85. EL. Nov. 2018, Art. 5 Abs. 1, Abs. 2 Rn. 653; *Jensen*, Rechtsprobleme regierungsamtlicher Öffentlichkeitsarbeit im Internet-Zeitalter, 2006, S. 138; *Möllers*, in: AfP 2008, 241 (248).

[73] Wie hier *Hamacher*, Der Rundfunkbegriff im Wandel des deutschen und europäischen Rechts, 2015, S. 48.

[74] Vgl. *Jäkel*, in: AfP 2012, 224 (227 f.); *Starck/Paulus*, in: v. Mangoldt/F. Klein/Starck, Grundgesetz Bd. 1, 7. Aufl. 2018, Art. 5 Rn. 176.

[75] *Kube*, in: Isensee/P. Kirchhof (Hrsg.), Handbuch des Staatsrechts Bd. IV, 3. Aufl. 2006, § 91 Rn. 13.

[76] St.Rspr. seit BVerfGE 90, 60 (87). Jüngst BVerfGE 158, 389 (417 Rn. 77).

sogar zeitgleich an die Rezipienten zu vermitteln. Seine Suggestivkraft ergebe sich aus der Möglichkeit unterschiedliche Kommunikationsformen so zu verknüpfen, dass der zur Vermittlung bestimmten Information ein besonderer Wert, eine besondere Authentizität zugutekomme.[77] Ob an den Rundfunkbegriff zusätzliche inhaltliche Anforderungen zu stellen sind, etwa die Eignung der jeweiligen Inhalte zur öffentlichen Meinungsbildung[78] oder das Erfordernis einer planhaften Programmaufstellung[79] bzw. einer redaktionellen Darbietung,[80] kann für die vorliegende Untersuchung dahinstehen. Inhalte der Öffentlichkeitsarbeit dürften diese Anforderungen regelmäßig erfüllen. Jedenfalls deren Vorliegen dürfte die rundfunktypische, besondere Suggestivkraft indizieren.

Mithilfe des Tripels lassen sich außerdem die zwingenden Vorgaben des Art. 5 Abs. 1 Satz 2 Var. 2 GG zutreffend erfassen. Aus der systematischen Unterscheidung innerhalb des Art. 5 Abs. 1 GG zwischen der Individualkommunikation in dessen Satz 1 und der Massenkommunikation in dessen Satz 2 ergibt sich, dass die in Art. 5 Abs. 1 Satz 2 GG niedergelegte Rundfunkfreiheit von der Individualkommunikation abzugrenzen ist.[81] Dies leistet die Eignung zur Breitenwirkung, denn Individualkommunikation kann die erforderliche Reichweite nicht erreichen.[82] Das Merkmal der Aktualität dient der Abgrenzung des Rundfunks zu den anderen in Art. 5 Abs. 1 Satz 2 GG angeführten Massenkommunikationsmitteln. Einem Film oder einem Presseerzeugnis – jedenfalls im klassischen Sinne – fehlt die schnelle, unter Umständen gar sofortige Übermittlung des Inhalts. Wenngleich die Digitalisierung der Filmbranche und des Pressewesens das Merkmal der Aktualität in seiner Bedeutung als Abgrenzungskriterium relativiert hat, bleibt insb. die Direktberichterstattung dem Rundfunk vorbehalten. Das Merkmal der besonderen Suggestivkraft bleibt hingegen in seiner Bedeutung in Gänze bestehen.[83] Selbst Digitalausgaben des Pressewesens

---

[77] BVerfGE 119, 181 (215). Vgl. auch *Eberle*, in: Dittmann/Fechner/Sander (Hrsg.), Der Rundfunkbegriff im Wandel der Medien, 1997, 149 (150).

[78] So *Gersdorf*, Der verfassungsrechtliche Rundfunkbegriff im Lichte der Digitalisierung der Telekommunikation, 1995, S. 143; *Hamacher*, Der Rundfunkbegriff im Wandel des deutschen und europäischen Rechts, 2015, S. 55; *Koreng*, in: AfP 2009, 117 (119 f.); *Rauchhaus*, Rundfunk und Staat, 2014, S. 142; *Stern*, Staatsrecht Bd. IV/1, 2006, S. 1672.

[79] *Bullinger*, in: AfP 1996/1997, 1 (7); *ders./Mestmäcker*, Multimediadienste, 1997, S. 52 ff.; *Degenhart*, in: MMR 1998, 137 (138); *Jarass*, in: AfP 1998, 133 (135 f.).

[80] *Jarass*, in: AfP 1998, 133 (135); *ders.*, in: ders./Pieroth, Grundgesetz, 17. Aufl. 2022, Art. 5 Rn. 47; *Kühling*, in: Gersdorf/Paal (Hrsg.), Informations- und Medienrecht, 42. Ed., Art. 5 GG Rn. 62. Wohl auch *Wendt*, in: I. v. Münch/Kunig, Grundgesetz Bd. 1, 7. Aufl. 2021, Art. 5 Rn. 99.

[81] *Brand*, Rundfunk im Sinne des Art. 5 Abs. 1 Satz 2 GG, 2002, S. 44; *Jarass*, in: AfP 1998, 133 (134).

[82] Insoweit steht die Breitenwirkung auch für das „klassische" Rundfunkmerkmal der Allgemeinheit, siehe oben Kap. 6 A.II.3.a).

[83] *Gersdorf*, in: Dittmann/Fechner/Sander (Hrsg.), Der Rundfunkbegriff im Wandel der Medien, 1997, 137 (141). Vgl. auch *Koreng*, in: AfP 2009, 117 (119 f.), der zum Zwecke der Abgrenzung zwischen Presse und Rundfunk auf den Grad der Meinungsrelevanz (i. S. d. Suggestivkraft im hier verstanden Sinne) abstellt.

setzen weiterhin darauf, überwiegend Textelemente anzubieten, die „aktiv“ gelesen statt „passiv“ gehört und/oder geschaut werden müssen. Der intellektuell fordernde und somit zur kritischen Rezeption anregende Vorgang des Lesens steht der Annahme einer rundfunktypischen besonderen Suggestivkraft entgegen.[84] Demgegenüber erwecken die technischen Möglichkeiten des Rundfunks, insb. die Möglichkeit kombinierte Bild- und Ton-Aufnahmen in Echtzeit an den Rezipienten zu übermitteln, einen größtmöglichen Anschein an Authentizität.[85] Der Rezipient wähnt sich selbst „vor Ort“ und meint seiner eigenen Wahrnehmung vertrauen zu können.[86] Bei einem Presseerzeugnis ist er hingegen darauf angewiesen, der Nacherzählung eines Dritten zu vertrauen.

Ein neuerer Beschluss des Bundesverfassungsgerichts scheint ebenfalls in diese Richtung zu deuten. Darin führt das Gericht zum Verhältnis von „neuer“ Presse und „neuem“ Rundfunk aus, dass die Verbreitung von Informationen nicht schon immer dann Rundfunk sei, wenn sie sich dafür elektronischer Informations- und Kommunikationssysteme bediene.[87] Ersichtlich folgt also auch das Bundesverfassungsgericht nicht der Ansicht, dass zwischen Rundfunk und Presse anhand der Gegenständlichkeit des Übermittlungs- oder Trägermediums abzugrenzen ist.[88]

d) Zwischenergebnis

Über den verfassungsrechtlichen Rundfunkbegriff und dessen Reichweite in den neuen Medien ist noch nicht das letzte Wort gesprochen – auch nicht durch die vorliegende Arbeit. Um allerdings den sachlichen Anwendungsbereich dieses absoluten staatlichen Funktionsverbotes zu bestimmen, war es nötig sich der Thematik, wenn auch nur in gebotener Kürze, anzunehmen. Für die vorliegende Arbeit soll eine wirkungsbasierte Betrachtungsweise den Rundfunk und damit den Anwendungsbereich des Funktionsverbotes kennzeichnen.

---

[84] *Bullinger*, in: JZ 1996, 385 (387 f.); *ders./Mestmäcker*, Multimediadienste, 1997, S. 63; *Degenhart*, in: W. Kahl/Waldhoff/Walter (Hrsg.), Grundgesetz, 185. Akt. Juli 2017, Art. 5 Abs. 1 u. 2 Rn. 197; *Gersdorf*, Legitimation und Legitimierung von Onlineangeboten des öffentlich-rechtlichen Rundfunks, 2009, S. 106; *Grabenwarter*, in: Dürig/Herzog/Scholz, Grundgesetz, 85. EL. Nov. 2018, Art. 5 Abs. 1, Abs. 2 Rn. 252, 267; *J. Kahl*, Elektronische Presse und Bürgerjournalismus, 2013, S. 108; *Starck/Paulus*, in: v. Mangoldt/F. Klein/Starck, Grundgesetz Bd. 1, 7. Aufl. 2018, Art. 5 Rn. 177.

[85] Darauf weist auch immer wieder das BVerfG hin, BVerfGE 97, 228 (256); 103, 44 (67); 119, 181 (215).

[86] BVerfGE 97, 228 (256); *Jäckel*, Medienwirkungen, 5. Aufl. 2011, S. 178.

[87] BVerfGE 152, 152 (194 Rn. 95). Ähnlich bereits BVerfG-K NJW 2017, 1537 (1538).

[88] Siehe zu dieser Ansicht aber *Brand*, Rundfunk im Sinne des Art. 5 Abs. 1 Satz 2 GG, 2002, S. 122; *v. Coelln*, in: Bayerische Landeszentrale für Medien (Hrsg.), BLM-Symposium Medienrecht 2010, 2011, 17 (28 ff.); *Jarass*, in: ders./Pieroth, Grundgesetz, 17. Aufl. 2022, Art. 5 Rn. 47; *Schemmer*, in: Epping/Hillgruber (Hrsg.), Grundgesetz, 56. Ed., Art. 5 Rn. 67; *Schulze-Fielitz*, in: Dreier (Hrsg.), Grundgesetz Bd. I, 3. Aufl. 2013, Art. 5 I, II Rn. 91, 93, 99.

4. Fazit

Die Staatsfreiheit des Rundfunks hat bezüglich regierungsamtlicher Öffentlichkeitsarbeit grundsätzlich folgenden Inhalt: Jeder Inhalt, der als Rundfunk anzusehen ist, dessen Gestaltung also die rundfunktypische Breitenwirkung, Aktualität und Suggestivkraft aufweist, ist als Verstoß gegen den Grundsatz der Staatsfreiheit des Rundfunks in seiner Ausprägung als absolutes Funktionsverbot verfassungswidrig. Für die neuen Medien hat dies zur Folge, dass nicht allein aus der (digitalen) Verbreitung eines Inhalts von Rundfunk ausgegangen werden kann. Vielmehr ist unter Bezugnahme auf den jeweiligen Inhalt eine Einzelfallprüfung vorzunehmen.[89]

III. Anwendung auf die Öffentlichkeitsarbeit in den neuen Medien

Der Subsumtion einzelner ausgewählter Inhalte unter den Rundfunkbegriff ist als Vorfrage voranzustellen, ob das absolute Funktionsverbot auch in den neuen Medien geltungsgleich Anwendung findet oder es aufgrund der geänderten Kommunikationsbedingungen der Anpassung bedarf. Dann erst ist zu klären, welche Inhalte der regierungsamtlichen Öffentlichkeitsarbeit in den neuen Medien unter den hier vertretenen Rundfunkbegriff fallen.

1. Übertragbarkeit des Grundsatzes

Zu Beginn der „Online-Aktivitäten" des Staates wurde der Frage nach der Übertragbarkeit des Grundsatzes der Staatsfreiheit kaum die gebotene Aufmerksamkeit gewidmet.[90] Jensen nimmt sich der Thematik hinsichtlich der regierungsamtlichen Öffentlichkeitsarbeit an und vertritt, das Funktionsverbot auch auf „Internet-Rundfunk" zu übertragen.[91] Die spätere Diskussion entzündete sich im Wesentlichen an der Zulässigkeit des Video-Podcasts Merkels, einem prägenden Inhalt der digitalen Öffentlichkeitsarbeit.[92] Ob der Podcast dem verfassungsrechtlichen

[89] Vgl. *Jensen*, Rechtsprobleme der regierungsamtlichen Öffentlichkeitsarbeit im Internet, 2006, S. 124; *Koreng*, in: AfP 2009, 117 (121); *Rauchhaus*, Rundfunk und Staat, 2014, S. 231 f.

[90] Jeweils knapp *Eifert*, in: VerwArch 93 (2002), 561 (571); *T. Groß*, in: DÖV 2001, 159 (161); *Roßnagel*, in: NVwZ 2000, 622 (624); *Schulze-Fielitz*, in: AfP 1998, 447 (451, 456). Implizit *Rath-Glawatz*, in: AfP 1998, 261 (264). Wie hier *Jensen*, Rechtsprobleme regierungsamtlicher Öffentlichkeitsarbeit im Internet-Zeitalter, 2006, S. 140; *Rauchhaus*, Rundfunk und Staat, 2014, S. 236.

[91] *Jensen*, Rechtsprobleme regierungsamtlicher Öffentlichkeitsarbeit im Internet-Zeitalter, 2006, S. 118 ff.

[92] Siehe hierzu oben Kap. 2 B.IV.2.c).

Rundfunkbegriff unterfällt, wird dabei unterschiedlich beantwortet.[93] Einen eigenen Ansatz zum Umgang mit der Frage, welche Geltung der Grundsatz der Staatsfreiheit des Rundfunks im Internet unter Berücksichtigung der dortigen Kommunikationsverhältnisse entfaltet, erarbeitet – soweit ersichtlich – erstmals Alexandra Rauchhaus.[94] Diesem gilt es sich daher gesondert anzunehmen.

a) Anwendung nach Maßgabe der Staatsfreiheit der Presse

Rauchhaus führt eingangs aus, dass das Angebot an Inhalten im Internet weitaus vielfältiger sei als das im herkömmlichen Rundfunk. Gleichzeitig bestünden jedoch diese Vielfalt mindernde Faktoren. Zum einen herrsche eine sog. Ko-Orientierung vor, ein wechselseitiges Beobachten sowie Angleichen von Inhalten zwischen Anbietern und Nachfragern. Diese führe im Ergebnis dazu, dass immer dieselben Inhalte verbreitet werden. Zum anderen haben Medienunternehmen, die bereits in den klassischen Medien eine bedeutsame Stellung gehabt hätten, diese auch in den neuen Medien übernommen. Diese Stellung haben sie durch Möglichkeiten der Querfinanzierung weiter behaupten und ausbauen können.[95] Im Ergebnis sei der Inhalt im Internet dennoch deutlich vielfältiger als noch im herkömmlichen Rundfunk. Für die regierungsamtliche Öffentlichkeitsarbeit bedeute dies, dass deren Inhalte nur „ein Programm unter vielen“ seien und nicht etwa mit einem eigenen Fernsehkanal der Bundesregierung gleichstünden.[96] Zudem verweist Rauchhaus auf erheblich niedrigere Marktzugangshürden im Internet, da einerseits die Frequenzknappheit in Gänze entfallen sei und andererseits Inhalte mit erheblich weniger (finanziellem) Aufwand produziert werden könnten.[97] Im Internet bestünde die Situation, die in der 1. Rundfunkentscheidung dem Pressemarkt attestiert wurde.[98] Aus dieser Vergleichbarkeit zieht sie den Schluss, dass im Internet der Grundsatz der Staatsfreiheit des Rundfunks zwar anzuwenden sei,[99] jedoch nach Maßgabe des Regelungsinhalts der Staatsfreiheit der Presse.[100]

---

[93] Dagegen *P. Huber*, in: Detterbeck/Rozek/v. Coelln (Hrsg.), Das Recht als Medium der Staatlichkeit, 2009, 497 (501); *Koreng*, in: AfP 2009, 117 (121). Dafür *Müller-Franken*, in: AfP 2016, 301 (307); *Rauchhaus*, Rundfunk und Staat, 2014, S. 218; *Wolf*, in: C. Conrad/S. Grünewald/Kalscheuer/Milker (Hrsg.), Handbuch Öffentlich-rechtliches Äußerungsrecht, 2022, § 4 Rn. 118.

[94] Diesen übernimmt *Wolf*, in: C. Conrad/S. Grünewald/Kalscheuer/Milker (Hrsg.), Handbuch Öffentlich-rechtliches Äußerungsrecht, 2022, § 4 Rn. 118 ff.

[95] *Rauchhaus*, Rundfunk und Staat, 2014, S. 227 f. Vorarbeiten bei *Neuberger/Lobigs*, Die Bedeutung des Internets im Rahmen der Vielfaltssicherung, 2010, S. 35 f.

[96] *Rauchhaus*, Rundfunk und Staat, 2014, S. 229 f.

[97] *Rauchhaus*, Rundfunk und Staat, 2014, S. 230 f.

[98] *Rauchhaus*, Rundfunk und Staat, 2014, S. 232 ff.

[99] *Rauchhaus*, Rundfunk und Staat, 2014, S. 234 ff.

[100] *Rauchhaus*, Rundfunk und Staat, 2014, S. 238 ff. Zum Regelungsinhalt des Grundsatzes der Staatsfreiheit der Presse siehe unten Kap. 6 B.II.

b) Stellungnahme

Die Ausgangsbeobachtungen von Rauchhaus sind zutreffend.[101] In seiner ursprünglichen Idee vereint das Internet ein scheinbar unendliches Angebot an Inhalten mit der Möglichkeit diese – beispielsweise mithilfe von Suchmaschinen – auch wahrnehmen zu können.[102] Während ein Presseerzeugnis oder eine Rundfunkveranstaltung für den Herstellungs- und/oder den Verbreitungsakt erhebliche finanzielle Mittel erfordert, kann dies im Internet durch kaum mehr als einen Laptop oder ein Smartphone verwirklicht werden. Es bedarf gerade keiner Druckerei und keines Fernsehstudios mehr, um Medienunternehmer zu werden.[103] Auch der von Rauchhaus gezogene Schluss überzeugt *prima facie*. Liegt die Situation des Pressemarktes vor, überzeugt es die für den Pressemarkt geltenden Regelungen anzuwenden. Der Verbindungsteil des Ansatzes ist allerdings zu hinterfragen. *In concreto* ist zu analysieren, ob die Kommunikationsverhältnisse im Internet wirklich denen des Pressemarkts entsprechen.

aa) In den neuen Medien vorhandene Vielfaltsdefizite

Berücksichtigt man die bereits von Rauchhaus angeführten vielfaltsmindernden Umstände scheint sich ein anderes Bild zu ergeben. Der Analyse ist voranzustellen, dass eine große Menge an Inhalten nicht zugleich inhaltliche Vielfalt i. S. d. Rundfunkrechts bedeutet.[104] Eine Vielzahl an geäußerten Meinungen und verbreiteten Inhalten kann nur dann echte Vielfalt bedeuten, wenn sich diese Vielzahl auf der Empfängerseite widerspiegelt.[105] Sie muss auch wahrgenommen werden.

(1) Intensivierte Ko-Orientierung durch Algorithmen

Die angesprochene Ko-Orientierung, die ausweislich Rauchhaus' Ausführungen wohl noch als (menschliche) Entscheidung eines Medienunternehmers zu verstehen war, erfolgt heute durch Suchmaschinen und in den sozialen Medien mittels Such- und Vorschlagsalgorithmen. Diese filtern und werten Inhalte nach deren Attraktivität und machen als attraktiv bewertete Inhalte in stärkerem Maße den Nutzern zu-

---

[101] Vgl. bereits *v. Coelln*, in: AfP 2008, 433 (437); *Degenhart*, in: AfP-Sonderheft 2007, 24 (29 f.); *Dierking/Möller*, in: MMR 2007, 426 (428 ff.); *Jensen*, Rechtsprobleme der regierungsamtlichen Öffentlichkeitsarbeit im Internet-Zeitalter, 2006, S. 122 ff.; *Jäkel*, in: AfP 2012, 224 (229); *Müller-Terpitz*, in: AfP 2008, 335 (340).

[102] *Dörr/Natt*, in: ZUM 2014, 829 (830 f.).

[103] Vgl. Bericht der Enquete-Kommission Künstliche Intelligenz – Gesellschaftliche Verantwortung und wirtschaftliche, soziale und ökologische Potenziale, BT-Drs. 19/23700, S. 449; *v. Coelln*, in: AfP 2008, 433 (438); *Neuberger/Lobigs*, Die Bedeutung des Internets im Rahmen der Vielfaltssicherung, 2010, S. 27 f., 34 ff. Eingehend hierzu *J. Kahl*, Elektronische Presse und Bürgerjournalismus, 2013.

[104] *Langbauer/Ripel*, in: MMR 2015, 572 (573).

[105] Daher kann sich auch aus einem Überangebot an Inhalten eine die Regulierung rechtfertigende Sonderstellung ergeben, entgegen *Degenhart*, in: AfP-Sonderheft 2007, 24 (29).

gänglich als unattraktiv bewertete.[106] Die daraus resultierende stärkere Nachfrage nach den bereits als attraktiv bewerteten Inhalten führt in einen sich selbst verstärkenden Kreislauf. Die vielfaltsmindernde Wirkung der Ko-Orientierung hat sich durch diese Algorithmen weiter verstärkt. Werden Inhalte anhand ihrer Relevanz bzw. der jeweiligen Präferenz des Nutzers selektiert, steht dies dem Idealbild eines vielfaltorientierten Rundfunks diametral entgegen.[107]

(2) Plattformökonomie begünstigt vielfaltsmindernde Konzentrationsprozesse

Die ebenfalls von Rauchhaus beobachteten Konzentrationsprozesse haben durch den Wandel des Internets hin zur sog. Plattformökonomie stark zugenommen.[108] Es gibt nur wenige soziale Medien, die maßgeblich für die öffentliche Meinung sind, weil sie von einer hinreichend großen Anzahl an Menschen genutzt werden.[109] Einige der führenden sozialen Medien sind zudem konzernverbunden.[110] Eigentliche Meinungsvielfalt kann sich nur innerhalb der wenigen Plattformen stattfinden, diese arbeiten aber – wie bereits dargestellt – durch ihre Such- und Vorschlagsalgorithmen einer auch tatsächlich wahrgenommenen Meinungsvielfalt entgegen.[111] Innerhalb der durch die Algorithmen vorgegebenen Rahmenbedingungen gelten also gerade nicht alle Meinungen als grundsätzlich gleichwertig.[112] Die Konsequenzen wurden an anderer Stelle in dieser Arbeit bereits skizziert.[113] Die sozialen Medien bilden die grundsätzlich vorhandene Meinungsvielfalt nicht entsprechend ab, sondern zeigen den Nutzern überwiegend solche Meinungen an, die bereits mit deren Ansichten und Interessen übereinstimmen.[114] Die Wahrnehmung verengt sich und es bilden sich

---

[106] Zu diesem „systemimmanenten bias“ siehe umfassend *Hartl*, Suchmaschinen, Algorithmen und Meinungsmacht, 2017, S. 38 ff. Vgl. auch Bericht der Enquete-Kommission Künstliche Intelligenz – Gesellschaftliche Verantwortung und wirtschaftliche, soziale und ökologische Potenziale, BT-Drs. 19/23700, S. 422; *Drexl*, in: ZUM 2017, 529 (531 f.); *Dörr/Natt*, in: ZUM 2014, 829 (829); *Klaes*, in: ZUM 2009, 135 (140).

[107] Vgl. *Drexl*, in: ZUM 2017, 529 (536); *Dörr/Natt*, in: ZUM 2014, 829 (835 ff.); *Kühling*, in: Gersdorf/Paal (Hrsg.), Informations- und Medienrecht, 42. Ed., Art. 5 GG Rn. 8, 99e; *ders./Gauß*, in: ZUM 2007, 881 (883 ff.); *N. Wimmer/Nawrath*, in: MMR 2021, 435 (437).

[108] Vgl. bereits *Kube*, in: Isensee/P. Kirchhof (Hrsg.), Handbuch des Staatsrechts Bd. IV, 3. Aufl. 2006, § 91 Rn. 7.

[109] Bereits *Kunisch*, Rundfunk im Internet und der Grundsatz der Staatsfreiheit des Rundfunks, 2011, S. 74.

[110] Meta Platforms, Inc. betreibt Facebook und Instagram, Alphabet Inc. betreibt YouTube und Google.

[111] *Dörr/Holznagel/Picot*, in: ZUM 2016, 920 (924). Siehe bereits *Zehe*, in: Hill/Martini/E. Wagner (Hrsg.), Facebook, Google & Co., 2013, 33 (51 f.).

[112] Vgl. *Dörr/Natt*, in: ZUM 2014, 829 (830).

[113] Vgl. oben Kap. 2 C.II.

[114] Zur Funktionsweise der Algorithmen bei Facebook, X und Instagram siehe *Laude*, Automatisierte Meinungsbeeinflussung, 2021, S. 22 ff.

Filterblasen und Echokammern innerhalb der sozialen Medien.[115] Zudem fördern diese Kommunikationsbedingungen besonders schrille Meinungen, krude Unwahrheiten und böswillige Verschwörungstheorien, da in jenen Filterblasen und Echokammern jegliches Korrektiv in Form einer abweichenden Meinung fehlt.[116]

(3) Ökonomischer Aspekt der Vielfaltsreduzierung

Auch das Finanzierungsmodell der Plattformökonomie mindert die inhaltliche Vielfalt innerhalb einer Plattform.[117] Das mit der Werbefinanzierung einhergehende Vielfaltsdefizit in Form einer ökonomisch bedingten Angewiesenheit auf massenattraktive Inhalte war bereits im herkömmlichen Rundfunk vorhanden.[118] Es ist auch in den neuen Medien nicht entfallen,[119] sondern hat sich unter einem anderen Gesichtspunkt weiterentwickelt. Insb. soziale Medien verlangen grundsätzlich keine Gebühr für die Nutzung ihrer Plattform. Sie finanzieren ihr Geschäftsmodell im Wesentlichen über Werbeanzeigen. Diese Werbeanzeigen können auf den einzelnen Nutzer individualisiert angepasst werden und sind somit aufgrund geringerer Streuverluste für die Werbekunden der Plattform äußerst attraktiv.[120] Eine hinreichend präzise Anpassung der Werbung erfordert dabei eine umfangreiche Datenerhebung, die ihrerseits nur hinreichend aussagekräftig ist, wenn durch genügend homogene Datensätze belegt wird, dass zu Nutzer N_A die Werbeanzeige W_A passt.[121] Entsprechend homogene Datensätze könnten aber seitens der Plattform nur gesammelt werden, wenn die Nutzer auch homogene Inhalte wahrnehmen. Soziale Medien haben daher kein intrinsisches Interesse, Meinungsvielfalt zu gewährleisten bzw. diese Meinungsvielfalt auch tatsächlich sichtbar zu machen. In der für Werbekunden idealen und daher ökonomisch potentesten Plattform bekäme jeder Nutzer nur diejenigen Inhalte angezeigt, die exakt seinen Ansichten und Interessen entsprächen, sodass die zugehörigen Werbeanzeigen optimal angepasst werden könnten.

---

[115] *Dörr/Holznagel/Picot*, in: ZUM 2016, 920 (927); *Drexl*, in: ZUM 2017, 529 (531); *Kühling*, in: Gersdorf/Paal (Hrsg.), Informations- und Medienrecht, 42. Ed., Art. 5 GG Rn. 99e.

[116] *Drexl*, in: ZUM 2017, 529 (529 f.); *Kühling*, in: Gersdorf/Paal (Hrsg.), Informations- und Medienrecht, 42. Ed., Art. 5 GG Rn. 99e. Zum Ganzen siehe bereits oben Kap. 2 C.II.2.

[117] In Ansätzen bereits *Brinkmann*, in: ZUM 2013, 193 (194 f.); *Kunisch*, Rundfunk im Internet und der Grundsatz der Staatsfreiheit des Rundfunks, 2011, S. 74.

[118] BVerfGE 119, 181 (215 f.); *Sjurts*, in: Friedrichsen/Seufert (Hrsg.), Effiziente Medienregulierung, 2004, 71 (77 ff.).

[119] Dies erkennt auch *Rauchhaus*, Rundfunk und Staat, 2014, S. 231.Vgl. auch *Brinkmann*, in: ZUM 2013, 193 (195); *Kunisch*, Rundfunk im Internet und der Grundsatz der Staatsfreiheit des Rundfunks, 2011, S. 74, *Langbauer/Ripel*, in: MMR 2015, 572 (572).

[120] Vgl. Bericht der Enquete-Kommission Künstliche Intelligenz – Gesellschaftliche Verantwortung und wirtschaftliche, soziale und ökologische Potenziale, BT-Drs. 19/23700, S. 418.

[121] Für einen Überblick über die Wirkungsweise in wirtschaftlicher Hinsicht siehe *Drexl*, in: ZUM 2017, 529 (533).

(4) Besonderes Missbrauchspotenzial in den neuen Medien

Entsprechend dem Absinken der inhaltlichen Vielfalt steigt das Missbrauchspotenzial der neuen Medien,[122] auch durch staatliche Akteure.[123] Ebenso wenig wie staatliche Akteure im herkömmlichen Rundfunk davor gefeit waren, diesen politisch zu instrumentalisieren und ihren Interessen unterzuordnen, sind sie heute immun davor, die neuen Medien politisch zu instrumentalisieren und ihre spezifischen Wirkweisen zu ihrem Machterhalt oder -ausbau zu nutzen.[124] Die Begriffe Fake News und alternative Fakten als Inbegriff der kontrafaktischen Politik haben nicht ohne Grund Einzug in den allgemeinen Sprachgebrauch gefunden und unterscheiden sich aufgrund ihrer immanent politischen Zwecksetzung auch von den herkömmlichen Falschnachrichten bzw. „Zeitungsenten".[125] Gerade die Informationsverbreitung über das Internet wird für den wachsenden Erfolg populistischer Bewegungen, die oftmals unter Missachtung von Fakten vermeintlich einfache Lösungen für komplexe Probleme anbieten, verantwortlich gemacht.[126] Auch die Nutzung neuartiger Kommunikationsphänomene wie sog. Social Bots können es staatlichen Akteuren ermöglichen, mithilfe der jeweiligen Algorithmen der sozialen Medien die Meinungsvielfalt erheblich zu beeinträchtigen bzw. zu beeinflussen.[127] Bei Social Bots handelt sich um echte Personen imitierende, grundsätzlich autonom handelnde und mit einer künstlichen Intelligenz versehene Computerprogramme, die auch eingesetzt werden, um bewusst gegen politische Kontrahenten in sozialen Medien vorzugehen.[128] Teilweise können diese erheblichen Einfluss auf den demokratischen Willensbildungsprozess ausüben.[129]

In den letzten beiden Rundfunkentscheidungen hat auch das Bundesverfassungsgericht die vorstehenden Erwägungen explizit hervorgehoben, um die Notwendigkeit einer positiv ausgestaltenden Rundfunkordnung zu unterstreichen.[130] Mit dieser Notwendigkeit einer vielfaltssichernden Rundfunkordnung geht implizit die

---

[122] Vgl. *Drexl*, in: ZUM 2017, 529 (532); *Schneiders*, in: ZUM 2021, 480 (483).

[123] Siehe hierzu LG München I, Urt. v. 10.2.2021 – 37 O 15720/20 = MMR 2021, 431, welches *Google* untersagte, Inhalte des BMG vorrangig als Suchergebnisse anzuzeigen. Begründet wurde dies auch aufgrund einer drohenden Reduzierung der Medien- und Meinungsvielfalt, LG München I MMR 2021, 431 (435).

[124] Vgl. *Möllers*, in: AfP 2013, 457 (459).

[125] *Drexl*, in: ZUM 2017, 529 (541), bezeichnet Fake News zutreffend als „Kampfbegriff im politischen Meinungskampf". Vgl. auch *Fechner*, in: Uhle (Hrsg.), Information und Einflussnahme, 2018, 157 (161).

[126] *Drexl*, in: ZUM 2017, 529 (529 f., 534).

[127] Umfassend *Laude*, Automatisierte Meinungsbeeinflussung, 2021, S. 30 ff., 47 ff., 207 ff.

[128] *Laude*, Automatisierte Meinungsbeeinflussung, 2021, S. 30 ff.; *Löber/Roßnagel*, in: MMR 2019, 493 (494); *Milker*, in: ZUM 2017, 216 (216); *V. Volkmann*, in: MMR 2018, 58 (58 f.).

[129] *Laude*, Automatisierte Meinungsbeeinflussung, 2021, S. 45 f.; *Löber/Roßnagel*, in: MMR 2019, 493 (494); *Milker*, in: ZUM 2017, 216 (221 f.); *Schröder*, in: DVBl. 2018, 465 (465 f.).

[130] BVerfGE 149, 222 (261 f. Rn. 79 f.); 158, 389 (419 Rn. 80 f.).

fortdauernde Geltung des Grundsatzes der Staatsfreiheit des Rundfunks in seinem Kerngehalt einher.[131] Der Rundfunk als Ganzes und damit auch der Rundfunk im Internet kann also auch weiterhin nicht „dem freien Spiel der Kräfte" überlassen werden, damit ist zwingend auch ein Verbot des staatlichen Rundfunks umfasst.

(5) Zwischenergebnis

Die Situation in den neuen Medien hat sich gegenüber der Beobachtung von Rauchhaus in ihr Gegenteil verkehrt. Wie von ihr selbst als Möglichkeit anerkannt, unterliegt die Medienlandschaft einer so starken Dynamik, dass die damalige Bewertung zum heutigen Zeitpunkt nicht mehr aufrechterhalten werden kann.[132] Auch das Internet kann den Staat nicht aus seiner Pflicht zur Vielfaltssicherung entlassen.[133] Pluralismussicherung ist keine historische Episode.[134]

bb) Verkürztes Verständnis

Unabhängig von den bestehenden Vielfaltsdefiziten im Internet verkennt Rauchhaus zudem die vollständige Bedeutung der Staatsfreiheit des Rundfunks unter Berücksichtigung aller seiner Herleitungsansätze. Aus den Herleitungsansätzen ist ersichtlich, dass die Staatsfreiheit des Rundfunks eng mit dem Grundsatz der staatsfreien politischen Willensbildung des Volkes verknüpft ist.[135] Dieser ist ebenfalls in demokratischen Prinzipien, insb. dem Prinzip der Volkssouveränität, verankert.[136] Erneut sei darauf hingewiesen, dass dieser Grundsatz es staatlichen Funktionsträgern nicht in Gänze untersagt, ihre „Meinung" zu äußern und somit Einfluss auf den politischen Willensbildungsprozess des Volkes auszuüben. Eine Teilnahme am politischen Willensbildungsprozess der Bürger ist vielmehr verfassungsrechtlich geboten. Das Prinzip der Volkssouveränität untersagt es dem Staat jedoch, einen bestimmenden Einfluss auf diesen Prozess auszuüben. Der Prozess als solcher muss frei, offen und unreglementiert bleiben.[137] Diese Freiheit geht verloren, wenn sich der Staat eines so wirkmächtigen Kommunikationsmittel wie dem des Rundfunks bedient.[138] Der Rundfunk, der als Verbindungorgan bzw. Rückkopplungskanal zwischen Volk und Staat fungieren soll, ist zudem in besonderem Maße an der politischen Willensbildung beteiligt. Er ist eben nicht nur ein Medium,

[131] Ebenso *Jensen*, Rechtsprobleme regierungsamtlicher Öffentlichkeitsarbeit im Internet-Zeitalter, 2006, S. 140.

[132] *Rauchhaus*, Rundfunk und Staat, 2014, S. 236, 252. Trotz dieser bekannten Problematik übernimmt diesen Ansatz *Wolf*, in: C. Conrad/S. Grünewald/Kalscheuer/Milker (Hrsg.), Handbuch Öffentlich-rechtliches Äußerungsrecht, 2022, § 4 Rn. 118 ff.

[133] *Drexl*, in: ZUM 2017, 529 (543).

[134] *Brinkmann*, in: ZUM 2013, 193 (199).

[135] Ebenso *Bethge*, in: AfP-Sonderheft 2007, 18 (20).

[136] Siehe oben Kap. 3 A.I.

[137] Siehe oben Kap. 3 A.II.2.

[138] *Degenhart*, in: AfP 2010, 324 (329).

sondern zugleich auch ein „Faktor“ der Willensbildung.[139] Insoweit würde der Staat ein Maß an Einfluss auf den Willensbildungsprozess ausüben, der mit seiner grundsätzlichen Staatsfreiheit nicht mehr vereinbar ist.[140] Es bleibt dabei, dass staatliche Einwirkungen auf den politischen Meinungs- und Willensbildungsprozess des Volkes der Rechtfertigung bedürfen.[141] Die grundsätzliche Unzulässigkeit der Einwirkung muss der Ausgangspunkt einer jeden Betrachtung der Thematik sein, nicht umgekehrt.

Lediglich der Vollständigkeit halber sei darauf hingewiesen, dass die Staatsfreiheit der Medien und dabei insb. des Rundfunks ein zentrales Anliegen des historischen Verfassungsgebers war.[142] Eine politische Instrumentalisierung des Rundfunks sollte ausgeschlossen werden, dieser Aspekt hat auch heute nicht an Bedeutung verloren.[143] Dies muss in besonderem Maße für das als absolut zu verstehende Funktionsverbot auf dem Gebiet des Rundfunks gelten.

cc) Fazit

Die Vorstellung, das Internet als „plurales Medium par excellence“[144] sorge für eine Inhalts- und Kommunikationsvielfalt, die eine staatliche Regulierung obsolet macht, hat sich nicht bestätigt. Im Gegenteil haben sich im Zuge der fortlaufenden Ökonomisierung des Internets bestehende Vielfaltsdefizite weiter intensiviert. Jedenfalls in seinem Kerngehalt gilt die Staatsfreiheit des Rundfunks daher fort. Auch im Internet, in den neuen Medien und insb. in den in besonderem Maße an Vielfaltsdefiziten leidenden sozialen Medien ist dem Staat die Veranstaltung von Rundfunk verwehrt. Regierungsamtliche Öffentlichkeitsarbeit in den neuen Medien, die so ausgestaltet ist, dass sie den verfassungsrechtlichen Rundfunkbegriff erfüllt, ist ebenso verfassungswidrig wie es ein Fernsehsender „Bundesregierungs-TV“ wäre. Zudem streiten zentrale Erwägungen wie das Prinzip der Volkssouveränität gegen die Zulässigkeit jeglicher Veranstaltung von Rundfunk durch den Staat. Der historische Hintergrund der Medienverfassung unterstreicht dieses Ergebnis.

---

[139] St.Rspr. seit BVerfGE 12, 205 (260).

[140] Auf den Herleitungsansatz *Gersdorfs*, der auf das Prinzip der Volkssouveränität als „Kern des Grundsatzes der Staatsfreiheit [des Rundfunks]“ abstellt, sei erneut hingewiesen, *ders.*, Staatsfreiheit des Rundfunks in der dualen Rundfunkordnung der Bundesrepublik Deutschland, 1991, S. 70ff.

[141] BVerfGE 20, 56 (99). Vgl. hierzu auch *Gersdorf*, Staatsfreiheit des Rundfunks in der dualen Rundfunkordnung der Bundesrepublik Deutschland, 1991, S. 65f.

[142] Etwa *Koreng*, in: AfP 2009, 117 (118).

[143] Daher kann *Möllers* Ansatz, der Video-Podcast *Merkels* sei unproblematisch, da man die Bundeskanzlerin als solche wahrnehme, nicht überzeugen, *ders.*, in: AfP 2013, 457 (461). Gerade weil man einen staatlichen Funktionsträger (als solchen) wahrnimmt, besteht ein Konflikt mit der Staatsfreiheit. Konsequenterweise müsste jegliche Art des regierungsamtlichen Rundfunks zulässig sein, solange die Regierung ausdrücklich auf ihr Auftreten als solches hinweist. Damit wäre die Staatsfreiheit des Rundfunks entkernt.

[144] Erstmals *Degenhart*, in: AfP-Sonderheft 2007, 24 (30).

2. Subsumtion einzelner Inhalte unter den Rundfunkbegriff

Nachfolgend sollen einzelne Inhalte der digitalen und sozialen Öffentlichkeitsarbeit auf ihre Rundfunkeigenschaft hin untersucht werden. Der Subsumtion sind indes folgende Maßgaben voranzustellen: Inhalte der digitalen und sozialen Öffentlichkeitsarbeit weisen aufgrund des Publizitätspotenzial des Internets zweifelsfrei die rundfunkspezifische Breitenwirkung und Aktualität auf.[145] Zudem ist regierungsamtliche Öffentlichkeitsarbeit als solche auf Breitenwirkung und Aktualität angelegt, denn nur auf diese Weise kann sie ihrem Wirksamkeitserfordernis hinreichend nachkommen.[146] In der Auseinandersetzung kann sich daher auf das Merkmal der rundfunktypischen Suggestivkraft konzentriert werden. Dabei gilt die Prämisse, dass das Internet sich besonders dazu eignet, wirkmächtig aufbereitete Informationen zu verbreiten.[147] Denn es birgt die technischen Voraussetzungen, vielfältige und zum Teil komplex verkettete audiovisuell aufbereitete Informationen zur Verfügung zu stellen.

Aufgrund des hier vertretenen Rundfunkbegriffs verbieten sich pauschale Zuordnungen. Ebenso wenig wie das Internet als Ganzes, kann auch eine amtliche Internetseite oder das Profil des Bundeskanzlers auf einem sozialen Medium nicht als Rundfunk i. S. d. Verfassungsrechts angesehen werden. Es kommt stets auf die jeweiligen Inhalte, die über die Internetseite oder das Profil veröffentlicht werden, an. Diese müssen jeweils für sich die rundfunkspezifische, besondere Suggestivkraft erfüllen.

a) „KanzlerGESPRÄCH“ und andere Livestreams

Unproblematisch unter den Rundfunkbegriff fallen Livestreams, also die Übertragung eines Bewegtbildes mit Ton in Echtzeit über das Internet.[148] Bundeskanzler Scholz veranstaltet regelmäßig ein sog. „KanzlerGESPRÄCH“, bei dem er Fragen von anwesenden Bürgern beantwortet. Diese Veranstaltung wird über die amtliche Internetseite der Bundesregierung in Echtzeit verbreitet.[149] Die

---

[145] Vgl. oben Kap. 2 B.III.1.c).

[146] Vgl. oben Kap. 3 B.III., Kap. 5 D.II.5.a)bb).

[147] Vgl. *Dörr/Holznagel/Picot*, in: ZUM 2016, 920 (937). Auch das BVerfG hebt die Wirkungsmöglichkeiten seit BVerfGE 119, 181 (215) hervor. Jüngst BVerfGE 158, 339 (419 Rn. 79).

[148] *Degenhart*, in: W. Kahl/Waldhoff/Walter (Hrsg.), Grundgesetz, 185. Akt. Juli 2017, Art. 5 Abs. 1 u. 2 Rn. 314.

[149] Die Veranstaltung beschreibt sich wie folgt: „Das KanzlerGESPRÄCH ist eine Reihe von Bürgerdialogen vor Ort in allen Bundesländern. 90 Minuten hat der Kanzler Zeit für die Fragen der Bürgerinnen und Bürger. Alle Fragen können gestellt werden. Der Kanzler möchte wissen, was die Menschen bewegt und was ihre Anliegen an die Politik sind.“ Sie kann zudem auch auf Abruf wahrgenommen werden.

Parallelen zu herkömmlichen Fernsehsendungen bedürfen kaum der Erörterung.[150] Zeitlich unmittelbar nachfolgende Bezugnahmen in der Tagespresse auf ein „KanzlerGESPRÄCH“ verdeutlichen dessen Einfluss auf die öffentliche Meinung.[151] Ob der Livestream dabei über eine amtliche Internetseite oder über ein soziales Medium verbreitet wird, kann grundsätzlich keinen Unterschied machen, da sich an der Eignung zur besonderen Suggestivkraft nichts ändert. Zu thematisieren ist allenfalls der Unterschied, dass bei Livestreams auf sozialen Medien die Zuschauer je nach Plattform unterschiedlich ausgeprägte Möglichkeiten zur Interaktion haben, sei es durch unmittelbare Bewertungen, Kommentare oder gar die Möglichkeit sich selbst in den Livestream „hineinzuwählen“ und somit Teil der Sendung zu werden. Solche Interaktionsmöglichkeiten bestanden im herkömmlichen Rundfunk nicht bzw. nur in rudimentärer Form. Dennoch können solche Interaktionsmöglichkeiten nicht dazu führen, dass die rundfunktypische Suggestivkraft bei einem Livestream entfällt.[152] Vielmehr dürfte das unmittelbare sowie aktive Eingehen auf die geäußerten Belange der Rezipienten „auf Augenhöhe“ durch ein Regierungsmitglied in besonderem Maße für Authentizität und Glaubwürdigkeit sorgen und somit in besonderem Maße die rundfunktypische Suggestivkraft aufweisen.[153]

b) „Kanzler kompakt“ und andere Abrufvideos

Für die Einordnung von Podcasts kann weitgehend auf das Vorstehende Bezug genommen werden. Die technische Ausgestaltung als Abrufdienst ändert grundsätzlich nichts an der Rundfunkeigenschaft eines Inhalts. Das „KanzlerGESPRÄCH“ stellt also auch in seiner Ausgestaltung als Abrufvideo Rundfunk dar. Außerdem betreibt Scholz einen Video-Podcast namens „Kanzler kompakt“. Dieser ist in folgender Weise aufgebaut: Nach einer mit anregender Musik untermalter und ansprechend gestalteter Intro-Sequenz, wird der Bundeskanzler je nach Kameraperspektive frontal oder schräg von vorne gefilmt. Der Bundeskanzler steht vor einem neutralgehaltenen Hintergrund sowie jeweils einer Flagge der Bundesrepublik Deutschland und der Europäischen Union. In nüchtern-sachlichem Ton äußert sich der Bundeskanzler in wenigen Minuten zu aktuellen Themen und Ereignissen und trägt seine Sichtweise vor.[154] „Kanzler kompakt“ wird über die Internetseite der

---

[150] Zu den entsprechenden „Bürgerdialogen“ *Merkels* siehe *Rauchhaus*, Rundfunk und Staat, 2014, S. 218 f.; *Hamacher*, Der Rundfunkbegriff im Wandel des deutschen und europäischen Rechts, 2015, S. 294 f.

[151] *Doll*, welt.de; *Fuhr*, faz.net.

[152] Vgl. *Hamacher*, Der Rundfunkbegriff im Wandel des deutschen und europäischen Rechts, 2015, S. 323; *Kunisch*, Rundfunk im Internet und der Grundsatz der Staatsfreiheit des Rundfunks, 2011, S. 60 ff.

[153] Wie hier *Harding*, in: NJW 2019, 1910 (1914).

[154] Der Podcast beschreibt sich wie folgt: „Politische Entscheidungen nachvollziehbar, verständlich und transparent erklären – das ist Bundeskanzler Olaf Scholz wichtig. In seiner Videoserie ‚Kanzler kompakt‘ beantwortet er Fragen, die die Bürgerinnen und Bürger ganz aktuell bewegen. ‚Kanzler kompakt‘ geht regelmäßig am Samstagvormittag online.“

Bundesregierung und die Profile des Bundeskanzlers in den sozialen Medien verbreitet.

Ob dieser Podcast die rundfunktypische Suggestivkraft entfaltet, ist fraglich. Dagegen spricht sicherlich die kurze Dauer und sein sachlich-nüchterner Aufbau. Abgesehen von der durchaus ansprechend gestalteten Intro-Sequenz finden sich nämlich keine „besonderen“ filmtechnischen Elemente, wie schnelle Schnitte, musikalische Untermalung etc. Dem gegenüber steht jedoch – wie bereits vorstehend thematisiert – die persönliche, auf Vertrauensbildung abzielende, scheinbar persönliche und individualisierte Ansprache durch den Bundeskanzler. Diese Wirkung wird verstärkt durch den hoheitlich anmutenden Hintergrund sowie das entsprechende Auftreten des Bundeskanzlers. Dazu bestimmt der Bundeskanzler die allgemeine Thematik des Podcasts bis hin zur exakten Wortwahl. Wie auch der Podcast seiner Vorgängerin ist auch der jetzige Podcast darauf ausgelegt, regelmäßig neue Folgen zu veröffentlichen. Auch die planmäßige Veröffentlichung im Rahmen eines im Voraus festgelegten Redaktionsplans streitet daher für eine besondere Suggestivkraft. „Kanzler kompakt“ ist daher Rundfunk im verfassungsrechtlichen Sinne.

c) Inhalte auf sozialen Medien

Inhalte auf sozialen Medien sind hinsichtlich ihrer Rundfunkeigenschaft differenziert zu beurteilen. Selbstverständlich gilt, dass das zusätzliche Bereitstellen eines Inhalts, der bereits als Rundfunk im verfassungsrechtlichen Sinne zu klassifizieren ist, auf einem sozialen Medium nichts an seiner Rundfunkqualität ändert. Ob ein Inhalt über eine amtliche Internetseite oder ein amtliches Profil auf einem sozialen Medium verbreitet wird, kann keinen Unterschied machen. Angesichts der besseren Verbreitungsmöglichkeiten, den gesteigerten Vielfaltsdefiziten und damit gesteigerter Suggestivkraft in sozialen Medien erscheint diese Betrachtung gar zwingend.

Differenzierter zu betrachten sind originäre Inhalte auf den sozialen Medien, da sich der typische Aufbau des Inhalts und damit auch seine potenzielle Suggestivkraft je nach Medium unterscheiden. Ein typischer Beitrag auf X oder Facebook besteht überwiegend aus Text, dem oftmals ein Bild als unterstützender oder belegender Inhalt angefügt wird. Insoweit gleichen die Inhalte eher einem Zeitungsartikel als einer Fernsehsendung. Die dem Rundfunk inhärente besondere Suggestivkraft ist bei einem solchen „digitalen Druckerzeugnis“ geringer ausgeprägt. Das Beifügen von Fotos oder Grafiken ändert nichts an dem Befund, da diese sich auch in herkömmlichen Presseerzeugnissen finden. Entsprechendes gilt für die typischen Inhalte auf Instagram. Diese legen zwar an sich einen stärkeren Fokus auf das Bild, stehen aber dennoch in einem engen Zusammenhang mit der Bildbeschreibung. Es ist davon auszugehen, dass viele Inhalte ihren eigentlichen Aussagegehalt erst aus dem Zusammenhang des Bildes mit der in Textform gefassten Bildbeschreibung offenbaren. Insoweit gleichen diese Inhalte vielmehr herkömmlichen Broschüren als einer Fernsehsendung.

Als problematischer erweisen sich solche Inhalte, die ohne oder nur mit sehr wenig Text versehen sind. Sie übermitteln ihren Aussagegehalt im Wesentlichen durch Bewegtbilder, kombiniert mit eingesprochenen oder direkt aufgenommenen Tonaufnahmen. Insb. auf Instagram finden sich zahlreiche solcher Videos, die in Teilen deutlich ansprechender gestaltet sind als die bereits angesprochene Videoreihe „Kanzler kompakt". Sie bedienen sich den üblichen Elementen von Rundfunksendungen wie schnellen Schnitten, musikalischer Untermalung etc. Dennoch ist zwischen Videos zu differenzieren, die sich ausdrücklich an den Zuschauer wenden und solchen, die ohne direkte Ansprache des Zuschauers etwa eine Auslandsreise oder eine Regierungserklärung beleuchten. In denjenigen Videos, mit denen sich etwa der Bundeskanzler ausdrücklich an den Rezipienten wendet, kommt die Suggestivkraft der amtlichen Authentizität sowie Autorität besonders zum Ausdruck. Sie kann in diesen Fällen ein Gewicht entfalten, das eine Subsumtion unter den hier vertretenen Rundfunkbegriff rechtfertigt. Wenn Videos sich hingegen darauf beschränken, bereits Geschehenes wiederzugeben, ohne eine echte Aufbereitungsleistung vorzunehmen, wird nicht gleichermaßen auf den Rezipienten eingewirkt. Die Aufbereitungsleistung muss indes nicht zwingend aus einer Kommentierung bestehen. Auch die konkreten Schnittfolge, die musikalische Untermalung, die Auswahl von Inhalten, die Entscheidung das Gezeigte gerade nicht zu kommentieren etc. sind jeweils geeignet, auf den Rezipienten einzuwirken.[155] Da diese Form der Aufbereitung allerdings in ihrer Einwirkungsintensität hinter der direkten Ansprache zurückbleibt, muss die filmtechnische Aufbereitungsleistung von solchem Gewicht sein, dass sie mit der direkten Ansprache vergleichbar ist. Ob dies der Fall ist, kann notwendigerweise nur im Rahmen einer Abwägungs- und Wertungsentscheidung im konkreten Fall unter Berücksichtigung aller Umstände des Einzelfalles erfolgen.

d) Fazit

Unter den verfassungsrechtlichen Rundfunkbegriff fallen das „KanzlerGESPRÄCH" in seiner Ausgestaltung als Livestream und als Abrufvideo. Auch „Kanzler kompakt" ist als Rundfunk anzusehen und daher unzulässig. Irrelevant ist, ob die Verbreitung über die Internetseite der Bundesregierung oder über die Profile auf den sozialen Medien des Bundeskanzlers erfolgt. Die sonstigen Inhalte auf den sozialen Medien unterfallen als primär textbasierte Inhalte regelmäßig nicht dem Rundfunkbegriff, allenfalls Videos mit direkter Ansprache oder solche mit einer in ihrer Wirkung vergleichbaren filmtechnischen Aufbereitung können Rundfunk darstellen.

---

[155] So auch die Argumentation um die Einordnung des Parlamentsfernsehens des Bundestages als Rundfunk, *Gersdorf*, Parlamentsfernsehen des Deutschen Bundestages, 2008, S. 43 f.; *Goerlich/Laier*, in: ZUM 2008, 475 (482); *Rauchhaus*, Rundfunk und Staat, 2014, S. 148 ff. Siehe auch BVerfGE 12, 205 (260): „Jedes Rundfunkprogramm wird durch die Auswahl und Gestaltung der Sendungen eine gewisse Tendenz haben". Ebenso *Brand*, Rundfunk im Sinne des Art. 5 Abs. 1 Satz 2 GG, 2002, S. 114 f.

IV. Zusammenfassung

Der Grundsatz der Staatsfreiheit des Rundfunks untersagt es nach seinem Kerngehalt dem Staat, Rundfunk zu betreiben. Dieses absolute Funktionsverbot entfaltet auch in den neuen Medien Geltung. Es ist nicht durch Änderungen in den Kommunikationsverhältnissen entfallen. Vielmehr dürften die sich in den neuen Medien angelegten Vielfaltsdefizite in den letzten Jahren weiter verstärkt haben. Einzelne Inhalte der Öffentlichkeitsarbeit in den neuen Medien, insb. die von der Bundesregierung bzw. dem Bundeskanzler veranstalteten Livestreams und einzelne Abrufvideos, erfüllen den in dieser Arbeit vertretenen verfassungsrechtlichen Rundfunkbegriff. Sie sind daher als staatlich veranstalteter Rundfunk verfassungswidrig.

B. Staatsfreiheit der Presse

Auch das Pressewesen hat „staatsfrei" zu sein. Doch während die Dogmatik rund um das Rundfunkwesen von einer Fülle an Entscheidungen des Bundesverfassungsgerichts geprägt ist, schweigt das höchste deutsche Gericht weitgehend zur Staatsfreiheit des Pressewesens.[156] In die Bresche gesprungen ist – auf den ersten Blick etwas irritierend – der Erste Senat des Bundesgerichtshofs anhand des Wettbewerbsrechts. Der Bundesgerichtshof konturiert in seiner Rechtsprechung das Diktum dabei nicht nur in wettbewerbsrechtlicher, sondern gerade auch in verfassungsrechtlicher Hinsicht.[157] In der Sache hatte der Bundesgerichtshof über die Rechtmäßigkeit der Zeitschrift „Crailsheimer Stadtblatt"[158] sowie der Internetseiten „dortmund.de"[159] und „muenchen.de"[160] zu entscheiden. Dabei handelte es sich jeweils um Inhalte der kommunalen Öffentlichkeitsarbeit. Die wettbewerbs- bzw. lauterkeitsrechtliche Einkleidung rührt daher, dass der Bundesgerichtshof den Grundsatz der Staatsfreiheit der Presse als Marktverhaltensregelung i. S. d. § 4 Nr. 11 UWG a. F. bzw. § 3a UWG ansieht.[161] Mit genuin lauterkeitsrechtlichen Fragen soll

---

[156] Vgl. *Cornils*, in: Stern/Sodan/Möstl (Hrsg.), Staatsrecht Bd. IV, 2. Aufl. 2022, § 119 Rn. 111; *Degenhart*, in: AfP 2020, 185 (187).

[157] Die verfassungsrechtlichen Konkretisierungen haben vereinzelte Kritik erfahren, vehement *Schoch*, in: AfP 2019, 93 (94, 102 f.). Überwiegend werden die Ausführungen aber geteilt, *Alexander*, in: NJW 2019, 770 (770); *Müller-Franken*, in: AfP 2019, 103 (104, 107, 113); *Degenhart*, in: AfP 2020, 185 (187, 191).

[158] BGH, Urt. v. 20. 12. 2018 – I ZR 112/17 = GRUR 2019, 189. Zudem bereits BGH, Urt. v. 22. 9. 1972 – I ZR 73/71 = GRUR 1973, 520.

[159] BGH, Urt. v. 14. 7. 2022 – I ZR 97/21 = NVwZ 2022, 1402.

[160] BGH, Urt. v. 13. 7. 2023 – I ZR 152/21 = WRP 2023, 1083.

[161] Erstmals BGH GRUR 2012, 728 (728 f. Rn. 11). Bestätigt in BGH GRUR 2019, 189 (191 Rn. 19); NVwZ 2022, 1402 (1403 Rn. 21); WRP 2023, 1083 (1085). Kritisch *Alexander*, in: NJW 2019, 770 (770); *ders.*, in: GRUR 2022, 1343 (1344); *Beater*, in: WRP 2022, 1202 (1204 ff.); *Fabi/Struß*, in: GRUR 2020, 144 (149 ff.); *Schoch*, in: AfP 2019, 93 (94 f.).

sich vorliegend freilich nicht auseinandergesetzt werden. Vielmehr ist nachfolgend darzustellen, inwiefern der Grundsatz der Staatsfreiheit der Presse aus dem Verfassungsrecht herzuleiten ist. Unter Berücksichtigung seiner verfassungsrechtlichen Verankerung ist dessen rechtlicher Gehalt zu bestimmen. Sodann erst ist zu untersuchen, welche Anforderungen das Erfordernis einer staatsfreien Presse an die regierungsamtliche Öffentlichkeitsarbeit stellt.

I. Verfassungsrechtliche Herleitung

Der Grundsatz der Staatsfreiheit der Presse wird ganz überwiegend aus der objektiv-rechtlichen Komponente des Art. 5 Abs. 1 Satz 2 Var. 1 GG hergeleitet.[162] Die Pressefreiheit gewährleistet über den individuellen Grundrechtsschutz hinaus auch die fortdauernde Existenz der Freien Presse als Institution.[163] Diese Institutsgarantie steht der Presse aufgrund ihrer Funktion zu, die sie in der liberalen Demokratie des Grundgesetzes zu erfüllen hat.[164] Ihre „öffentliche Aufgabe“[165] wurde bereits an anderer Stelle beleuchtet,[166] sodass sich an dieser Stelle auf die Feststellung beschränkt werden kann, dass diese *conditio sine qua non* einer liberalen Demokratie nicht von der staatlichen Gewalt erfüllt werden kann. Presseunternehmen agieren als privatwirtschaftliche Akteure nach privatwirtschaftlichen Grundsätzen.[167]

Dabei handelt es sich keineswegs um eine bloße Beschreibung des *status quo*, sondern um eine verfassungsrechtlich zwingende Vorgabe.[168] Nur durch ihre ge-

---

[162] BGH GRUR 2019, 189 (191 Rn. 19); NVwZ 2022, 1402 (1403 Rn. 21); *Beater*, in: WRP 2022, 1202 (1204); *Bethge*, in: Sachs (Hrsg.), Grundgesetz, 9. Aufl. 2021, Art. 5 Rn. 72; *Cornils*, in: Stern/Sodan/Möstl (Hrsg.), Staatsrecht Bd. IV, 2. Aufl. 2022, § 119 Rn. 113; *Fabi/Struß*, in: GRUR 2020, 144 (147); *Katz*, in: DÖV 2019, 261 (262); *Ludyga*, in: ZUM 2016, 706 (708); *Papier/Schröder*, in: DVBl. 2017, 1 (4 f.); *Ricker*, in: AfP 1980/1981, 320 (324 f.); *ders.*, Freiheit und Aufgabe der Presse, 1983, 32 (46 ff.); *Schwarz/Dorsch*, in: NVwZ 2022, 1329 (1330); *Trute*, in: D. Merten/Papier (Hrsg.), Handbuch der Grundrechte Bd. IV, 2011, § 104 Rn. 33; *v. Wallenberg*, in: NJW 2022, 3191 (3191).

[163] St.Rspr. seit BVerfGE 10, 118 (121).

[164] BVerfGE 66, 116 (133).

[165] BVerfGE 20, 162 (175). Nach *Cornils*, in: Löffler, Presserecht, 6. Aufl. 2015, § 3 Rn. 26, stimmen die verfassungsrechtlich gewährleistete Funktion der Presse und die beschriebene „öffentlichen Aufgabe“ überein.

[166] Siehe oben Kap. 2 A.III.1.a)aa), bb), cc).

[167] BVerfGE 12, 162 (175); 52, 283 (296); 66, 116 (133); BGH GRUR 2019, 189 (193 Rn. 31); *Cornils*, in: Löffler, Presserecht, 6. Aufl. 2015, Einl. Rn. 139; *Jarass*, Die Freiheit der Massenmedien, 1978, S. 60; *Müller-Franken*, in: K&R 2018, 73 (73); *ders.*, in: AfP 2019, 103 (107); *Schürmann*, in: AfP 1992/1993, 435 (436); *Trute*, in: D. Merten/Papier (Hrsg.), Handbuch der Grundrechte Bd. IV, 2011, § 104 Rn. 33.

[168] *Bullinger*, in: Isensee/P. Kirchhof (Hrsg.), Handbuch des Staatsrechts Bd. VII, 3. Aufl. 2009, § 163 Rn. 44; *Cornils*, in: Löffler, Presserecht, 6. Aufl. 2015, § 3 Rn. 25; *Degenhart*, in: AfP 2010, 324 (325); *Kühling*, in: Gersdorf/Paal (Hrsg.), Informations- und Medienrecht,

sellschaftliche Verankerung kann das Pressewesen seiner Verbindungs- und Kontrollfunktion im Staat des Grundgesetzes in einer Weise nachkommen, die der Grundsatz der staatsfreien politischen Willensbildung erfordert.[169] Der vorstehend nur knapp angerissene Demokratiebezug der Pressefreiheit zeigt zudem auf, dass diejenigen Herleitungsansätze für die Staatsfreiheit des Rundfunks, die sich nicht konkret auf den Rundfunk und dessen Sondersituation beziehen, sich auf die Staatsfreiheit der Presse übertragen lassen.[170] Der Grundsatz der Staatsfreiheit der Presse lässt sich daher aus dem Grundgesetz herleiten, grundlegende Kritik an seiner Existenz kann nicht überzeugen und ist daher auch vereinzelt geblieben.

II. Rechtlicher Gehalt

Entsprechend den Ausführungen zur Staatsfreiheit des Rundfunks ist der Grundsatz auf die Regierung als Teil des Staates persönlich anzuwenden. Darzustellen bleiben dessen konkrete Regelungsinhalt und sachlicher Anwendungsbereich.

1. Regelungsinhalt

Im Gegensatz zu seinem rundfunkverfassungsrechtlichen Pendant entfaltet der Grundsatz der Staatsfreiheit der Presse nur ein grundsätzliches Funktionsverbot. Dem Staat ist die Betätigung „in engen Grenzen" erlaubt.[171] Zulässigkeitsvoraussetzung der staatlichen Betätigung ist, dass sich am Bild einer eigenständigen, privatwirtschaftlich organisierten und vor allem staatsfreien Presse keine substanziellen Änderungen ergeben. Dieses Bild müssen weiterhin hinreichend viele miteinander konkurrierende, vom Staat unabhängige Presseerzeugnisse prägen.[172] Eine sub-

---

42. Ed., Art. 5 GG Rn. 96; *Müller-Franken*, in: AfP 2019, 103 (107). A. A. *R. Groß*, Presserecht, 3. Aufl. 1999, AT Rn. 82.

[169] *Alexander*, in: NJW 2019, 770 (770); *Degenhart*, in: AfP 2009, 207 (209); *B. Klein*, Konkurrenz auf dem Markt der geistigen Freiheiten, 1990, S. 280; *Papier/Schröder*, in: DVBl. 2017, 1 (5); *R. Wimmer*, in: NJW 1982, 2793 (2797 f.).

[170] Auf die „demokratiestaatliche Funktion der Medienfreiheiten" zur Begründung der staatlichen Funktionsverbote verweist *Degenhart*, in: K&R Beihefter 1/2016, 1 (10); *ders.*, in: W. Kahl/Waldhoff/Walter (Hrsg.), Grundgesetz, 185. Akt. Juli 2017, Art. 5 Abs. 1 u. 2 Rn. 253. Vgl. auch *Fabi/Struß*, in: GRUR 2020, 144 (147); *Ricker*, in: AfP 1980/1981, 320 (321 ff.); *ders.*, Freiheit und Aufgabe der Presse, 1983, 32 (36 ff.). Zum Ganzen siehe oben Kap. 6 A.I.2.

[171] BGH GRUR 2012, 728 (728 Rn. 9); GRUR 2019, 189 (191 Rn. 18); NVwZ 2022, 1402 (1403 Rn. 21); *Degenhart*, in: AfP 2010, 324 (326); *ders.*, in: K&R-Beihefter 1/2006, 1 (10); *H. Köhler*, in: GRUR 2019, 265 (265).

[172] BVerfGE 12, 205 (260); BGH GRUR 2019, 189 (193 Rn. 32); NVwZ 2022, 1402 (1405 Rn. 39); *Degenhart*, in: AfP 2009, 207 (209, 211); *ders.*, in: AfP 2010, 324 (325); *ders.*, in: K&R-Beihefter 1/2006, 1 (10 f.); *Ricker*, in: AfP 1980/1981, 320 (322).

stanzielle Änderung hingegen ergibt sich, wenn der Staat auf dem Pressemarkt als (echter) Konkurrent auftritt, also eine staatliche Publikation die Eignung aufweist, „funktionales Äquivalent" zu einem privaten Presseerzeugnis zu sein. Es darf nicht der Eindruck einer staatlichen informativen Vollversorgung erweckt werden, die den Konsum (und den zwingend vorgelagerten Erwerb) privater Presseerzeugnisse entbehrlich erscheinen lässt.[173] Staatlichen Publikationen darf allenfalls eine Ergänzungsfunktion zukommen.[174]

a) Generell (un-)zulässige Publikationen

Aus diesen abstrakten Maßstäben können bereits konkrete Schlussfolgerungen für einzelne Publikationstypen staatlicher Urheberschaft gezogen werden. Uneingeschränkt zulässig sind amtliche Veröffentlichungen i. e. S.[175] Damit sind Publikationen gemeint, die explizit sowie exklusiv dem Staat zugeordnet sind und diesem aus Gründen der Rechtsstaatlichkeit auch zugeordnet sein müssen.[176] Das Gebot der Rechtsklarheit verpflichtet den Staat zur Bekanntmachung von Staatsakten, sodass jeder Bürger die Möglichkeit zur inhaltlichen Kenntnisnahme hat.[177] Das Veröffentlichen solcher Publikationen ist eine genuin staatliche Aufgabe und damit ausschließlich in der staatlichen Sphäre verortet. Sie kann daher nicht in Konkurrenz zu privaten Presseunternehmen treten. Ein einleuchtendes Beispiel ist die gem. Art. 82 Abs. 1 Satz 1 GG erforderliche Verkündung von Gesetzen im Bundesgesetzblatt und die damit verbundene Herausgabe ebenjenes. Mangels potenziellem Konkurrenzverhältnis können solche Publikationen das Institut Freie Presse schon nicht berühren und sind somit vom Regelungsinhalt des „Verbots der Staatspresse" ausgenommen.[178] Das Funktionsverbot ist insoweit teleologisch zu reduzieren.

---

173 BGH GRUR 2019, 189 (194 Rn. 40); NVwZ 2022, 1402 (1407 Rn. 52); *Beater*, in: WRP 2022, 1202 (1206); *Müller-Franken*, in: K&R 2018, 73 (74, 76); *ders.*, Verfassungsrechtliche Fragen zur Online-Informationstätigkeit von Kommunen, 2018, S. 58 f.; *Papier/Schröder*, in: DVBl. 2017, 1 (6, 8); *Schulze-Fielitz*, in: Dreier (Hrsg.), Grundgesetz Bd. I, 3. Aufl. 2013, Art. 5 I, II Rn. 230; *v. Wallenberg*, in: NJW 2022, 3191 (3192).

174 *Degenhart*, in: AfP 2009, 207 (211); *Schürmann*, in: AfP 1992/1993, 435 (436).

175 Zu diesen siehe auch *Ricker/Licht*, in: Ricker/Weberling (Hrsg.), Handbuch des Presserechts, 7. Aufl. 2021, 12. Kap. Rn. 19.

176 Wie hier *B. Klein*, Konkurrenz auf dem Markt der geistigen Freiheiten, 1990, S. 281.

177 Siehe exemplarisch *Grzeszick*, in: Dürig/Herzog/Scholz, Grundgesetz, 97. EL. Jan. 2022, Art. 20 VII Rn. 51 f.

178 Zum Ganzen *R. Groß*, Presserecht, 3. Aufl. 1999, AT Rn. 82; *Jarass*, Die Freiheit der Massenmedien, 1978, S. 75, 271; *Katz*, in: DÖV 2019, 261 (269); *B. Klein*, Konkurrenz auf dem Markt der geistigen Freiheiten, 1990, S. 284; *Ludyga*, in: ZUM 2016, 706 (709); *Papier/Schröder*, in: DVBl. 2017, 1 (5); *Plenge*, Die Zulässigkeit staatlicher Zeitungen und Zeitschriften, 1975, S. 106; *Ricker*, in: AfP 1980/1981, 320 (322); *ders.*, Freiheit und Aufgabe der Presse, 1983, 83 (90); *Schoch*, in: AfP 2019, 93 (99 f.); *Schubert*, Die verfassungsrechtliche Vereinbarkeit des kommunalen Amtsblattes mit der Lokalpresse, 1974, S. 68 ff.; *Schürmann*, in: AfP 1992/1993, 435 (436); *R. Wimmer*, in: NJW 1982, 2793 (2797).

Demgegenüber wäre eine von staatlichen Organen herausgegebene „Deutschlandzeitung", die sich weder anhand des Inhalts noch anhand des Formats von privatwirtschaftlichen Presseerzeugnissen unterscheidet, in jedem Fall unzulässig. Kennzeichnend hierfür wäre etwa das Berichten über nationale sowie internationale, wirtschaftliche, politische sowie kulturelle Ereignisse ohne jeglichen Aufgabenbezug zum herausgebenden staatlichen Organ und das redaktionelle Verarbeiten von Fremdinformationen.[179] Diese „echte" Pressearbeit ist nach der Vorgabe des Art. 5 Abs. 1 Satz 2 Var. 1 GG allein der privaten Presse vorbehalten.[180] Jeder Übergriff des Staates in diese der gesellschaftlichen Sphäre zugeordneten Aufgabe würde einerseits einen Verstoß gegen den objektiv-rechtlichen Gehalt der Pressefreiheit bedeuten und wäre andererseits in keinem Fall vom Aufgabenbezug der Öffentlichkeitsarbeit gedeckt.[181]

Weder die Herausgabe des Bundesgesetzblattes oder anderen amtlichen Veröffentlichungen i. e. S. noch der Vertrieb einer (fiktiven) Deutschlandzeitung sind für den Untersuchungsgegenstand von Relevanz. Zu untersuchen ist die regierungsamtliche Öffentlichkeitsarbeit in ihren derzeitigen Erscheinungsformen. In einem nächsten Schritt ist daher zu klären, ob die regierungsamtliche Öffentlichkeitsarbeit i. e. S. überhaupt in Konflikt mit der Staatsfreiheit der Presse geraten kann. Nur wenn dies der Fall ist, kann ermittelt werden, welche konkreten rechtlichen Anforderungen hinsichtlich des Grundsatzes der Staatsfreiheit der Presse an die regierungsamtliche Öffentlichkeitsarbeit zu stellen sind.

b) Besteht ein eigenständiger Regelungsgehalt für die regierungsamtliche Öffentlichkeitsarbeit?

Bei Öffentlichkeitsarbeit handelt sich um die Erfüllung einer staatlichen Aufgabe, die aus dem Demokratie- und Rechtstaatsprinzip erwächst.[182] Wie die beschriebenen amtlichen Veröffentlichungen i. e. S. könnte sie daher ausschließlich in der staatlichen Sphäre verortet sein. Es dürfte dann an einem Konkurrenzverhältnis zum Pressewesen fehlen, denn dieses kann selbstredend keine (unmittelbare) regie-

---

[179] *Degenhart*, in: AfP 2010, 324 (239). Aus kommunalrechtlicher Perspektive *Beater*, in: WRP 2022, 1202 (1206); *Katz*, in: DÖV 2019, 261 (270); *R. Wimmer*, in: NJW 1982, 2793 (2797).

[180] BGH GRUR 2019, 189 (194 Rn. 38); *Degenhart*, in: AfP 2009, 207 (211); *Grabenwarter*, in: Dürig/Herzog/Scholz, Grundgesetz, 82. EL. Jan. 2018, Art. 5 Abs. 1, Abs. 2 Rn. 376; *Müller-Franken*, in: K&R 2018, 73 (74, 76); *Papier/Schröder*, in: DVBl. 2017, 1 (5); *Rudolph*, Erhalt von Vielfalt im Pressewesen, 2009, S. 345; *Schoch*, in: AfP 2019, 93 (102).

[181] Wie hier *Degenhart*, in: AfP 2009, 207 (211): „für periodische Presse besteht *auch* aufgrund des fehlenden Aufgabenbezugs das bereits genannte Funktionsverbot." (Hervorhebung nur hier). Zur Aufgabenakzessorietät der regierungsamtlichen Öffentlichkeitsarbeit siehe oben Kap. 3 C.II.

[182] *Kittler*, in: NJW 2000, 122 (122); *Schoch*, in: AfP 2019, 93 (100); *Schürmann*, in: AfP 1992/1993, 435 (436).

rungsamtliche Öffentlichkeitsarbeit betreiben.[183] Ein Konkurrenzverhältnis entstünde nur wenn einzelne Inhalte der Öffentlichkeitsarbeit als „pressetypisch" zu klassifizieren wären. Allerdings wären diese dann bereits mangels Aufgabenbezug kompetenzwidrig und insgesamt unzulässig. Ein Verstoß gegen den Grundsatz der Staatsfreiheit der Presse unter dem Gesichtspunkt des Verstoßes gegen das Funktionsverbot könnte insoweit zwar auch begründet werden, hätte aber gegenüber dem Kompetenzverstoß keinen eigenständigen Regelungsgehalt.[184]

aa) Erfordernis einer in ihrer Intensität begrenzten regierungsamtlichen Öffentlichkeitsarbeit

Die vorstehend geschilderte Sichtweise verkennt indes, dass auch die von einem Aufgabenbezug gedeckte und daher inhaltlich zulässige Öffentlichkeitsarbeit in Konflikt mit dem Grundsatz der Staatsfreiheit der Presse treten kann. Regierungsamtliche Öffentlichkeitsarbeit wirkt immer auf die politische Meinungs- und Willensbildung des Volkes ein. Bereits in dieser Hinsicht strahlt sie aus der staatlichen in die gesellschaftliche Sphäre hinein und befindet sich in einem Spannungsverhältnis mit dem grundsätzlich staatsfreien Meinungs- und Willensbildungsprozess des Volkes.[185] Da der Staat auf diesen Prozess zwar einwirken, ihn aber weder bestimmen noch beherrschen darf, kann der Aufgabenbezug nicht die einzige Grenze sein, an der regierungsamtliche Öffentlichkeitsarbeit zu messen ist.[186] Es entkernte den Gehalt des Grundsatzes der staatsfreien Willensbildung, billigte man staatlichen Organen im Rahmen ihrer Kompetenz unbegrenzte Einwirkung auf den (grundsätzlich staatsfreien!) Meinungs- und Willensbildungsprozess des Volkes zu.

Ersichtlich bedarf es also über den Kompetenzbezug hinaus einer Begrenzung der Einwirkungsintensität. Daher untersagt der Grundsatz der Staatsfreiheit der Presse dem Staat den Rückgriff auf dieses Massenmedium – jedenfalls grundsätzlich – auch dann, wenn Öffentlichkeitsarbeit verbreitet werden soll, die allein nach ihrem konkreten Inhalt als zulässig zu bewerten wäre. Letztlich soll damit die staatliche Nutzung eines besonders wirkmächtigen Massenkommunikationsmittels verhindert werden, um dem Grundsatz des staatsfreien Meinungs- und Willensbildungsprozess des Volkes Rechnung zu tragen. Dieses beschriebene Element der Risikovorsorge ist wesentlich für das Medienverfassungsrecht.[187]

---

[183] *Schoch*, in: AfP 2019, 93 (99 f.).

[184] So ein Großteil der Literatur, etwa *Cornils*, in: Stern/Sodan/Möstl (Hrsg.), Staatsrecht Bd. IV, 2. Aufl. 2022, § 119 Rn. 119; *Fabi/Struß*, in: WRP 2020, 144 (148 f.); *Gersdorf*, in: AfP 2016, 293 (295); *R. Groß*, Presserecht, 3. Aufl. 1999, AT Rn. 82; *N. Wimmer/Nawrath*, in: MMR 2021, 435 (436).

[185] *Papier/Schröder*, in: DVBl. 2017, 1 (5).

[186] *Degenhart*, in: AfP 2009, 207 (211). Vgl. auch *ders.*, in: AfP 2010, 324 (325 f., 329).

[187] Zum Ganzen siehe *Schulz*, in: AfP 2013, 464 (466).

bb) Konkurrenz des Pressewesens zu inhaltlich zulässiger regierungsamtlicher Öffentlichkeitsarbeit

Regierungsamtliche Öffentlichkeitsarbeit und das Pressewesen stehen nicht in einem derartigen Exklusivitätsverhältnis zueinander, wie die beschrieben amtlichen Veröffentlichungen i. e. S. und das Pressewesen.[188] Vielmehr können sie sich auf dem Meinungsmarkt begegnen.[189] Zwischen regierungsamtlicher Selbstdarstellung und pressemäßiger Fremddarstellung bestehen nämlich thematische Überschneidungen. Sie unterscheiden sich allenfalls in ihrer Stoßrichtung. Öffentlichkeitsarbeit erläutert die Vorhaben der Regierung dergestalt, dass einerseits die politischen Beweggründe sowie andererseits die beabsichtigten und erwarteten Auswirkungen (i. d. R. positiv) dargelegt werden. Demgegenüber hinterfragen Presseerzeugnisse staatliche Vorhaben *idealiter* dem Grunde nach und ziehen die von der Regierung vorhergesagten Auswirkungen in Zweifel. In dieser Fremddarstellung verwirklicht sich die von Art. 5 Abs. 1 Satz 2 Var. 1 GG der Presse aufgegebene und ihre besondere Rolle im demokratischen Gemeinwesen überhaupt erst rechtfertigende Kontrollfunktion.[190] Billigte man dem Staat eine in Art und Umfang grenzenlose Selbstdarstellung zu, geriete diese zwangsläufig mit der von Art. 5 Abs. 1 Satz 2 GG geforderten Kontrollfunktion in Konflikt.[191] Der Staat verfügt gegenüber privaten Medien über einen Vorteil an Mitteln und Möglichkeiten und ist zugleich nicht darauf angewiesen kostendeckend oder gar profitabel „am Markt" zu agieren. Zudem kommen staatlichen Informationen besondere Autorität und Authentizität zu.[192] Im Falle unbegrenzter Öffentlichkeitsarbeit wäre es nur eine Frage der Zeit, bis das Institut der Freien Presse ernsthaft gefährdet wäre.[193] In jedem Fall bestünde die reelle Gefahr einer Substituierung der Presse durch regierungsamtliche Öffentlichkeitsarbeit.[194] Im Sinne der Risikovorsorge hat die Staatsfreiheit der Presse auch hier entgegenzuwirken.[195]

---

[188] Diese undifferenzierte Gleichsetzung findet sich immer wieder, etwa bei *B. Klein*, Konkurrenz auf dem Markt der geistigen Freiheiten, 1990, S. 284.

[189] Vgl. BGH GRUR 2019, 189 (191 Rn. 19); *Degenhart*, in: AfP 2009, 207 (208).

[190] Anschaulich *Degenhart*, in: K&R-Beihefter 1/2016, 1 (16). Siehe auch *Müller-Franken*, in: K&R 2018, 73 (76).

[191] Siehe oben Kap. 2 A.III.1.a)dd).

[192] Vgl. BGH GRUR 2019, 189 (193 Rn. 32); *Degenhart*, in: AfP 2010, 324 (329); *Ricker*, in: AfP 1980/1981, 320 (322); *ders.*, Freiheit und Aufgabe der Presse, 1983, 83 (39).

[193] Vgl. *Papier/Schröder*, in: DVBl. 2017, 1 (5 f.). In besonderem Maße gilt dieser Aspekt für die kommunale Öffentlichkeitsarbeit, *Ludyga*, in: ZUM 2016, 706 (709).

[194] *Papier/Schröder*, in: DVBl. 2017, 1 (6, 8). Siehe auch *B. Klein*, Konkurrenz auf dem Markt der geistigen Freiheiten, 1990, S. 284 f.; *Ricker*, in: Studienkreis Presserecht und Pressefreiheit (Hrsg.), Presserecht und Pressefreiheit, 1980, 287 (300), mit Blick auf die Lokalpresse.

[195] *Müller-Franken*, Verfassungsrechtliche Fragen der Online-Informationstätigkeit von Kommunen, 2018, S. 55.

Daher kann auch eine kompetenzgedeckte Öffentlichkeitsarbeit mit dem Pressewesen konkurrieren und in Konflikt mit dem Institut der Freien Presse geraten.[196] Eine teleologische Reduktion des Grundsatzes wie bei den beschriebenen amtlichen Veröffentlichungen i. e. S. ist daher nicht angezeigt, vielmehr gilt es in einem nächsten Schritt einen eigenständigen Regelungsinhalt zu ermitteln.

c) Eigener Ansatz

Der umfassende Gewährleistungsumfang der Institutsgarantie bewahrt die Freie Presse nicht nur vor unmittelbaren Eingriffen,[197] sondern soll darüberhinausgehend auch alle „mittelbaren und subtilen Einflussnahmen des Staates“[198] verhindern. Der Bundesgerichtshof konstatiert daher zutreffend, dass auch ein ausuferndes Informationshandeln des Staates das Institut der Freien Presse beeinträchtigen kann.[199] Als Bestandteil des Informationshandeln des Staates hat sich daher auch Öffentlichkeitsarbeit in Art, Frequenz und Umfang zurückzuhalten.[200] Angesichts der vorstehend beschriebenen Möglichkeiten der Beeinträchtigung des umfassend zu verstehenden Gewährleistungsumfang der Institutsgarantie kann als Konsequenz nur gelten, dass auch ihrem konkreten Inhalt nach zulässige Öffentlichkeitsarbeit bei einer wertenden Gesamtbetrachtung nicht die Eignung aufweisen darf, private Pressetätigkeit obsolet zu machen oder zu verdrängen.[201] In jedem Fall unzulässig ist eine Öffentlichkeitsarbeit, die sich offen als „Gegenmedium“ zum Pressewesen inszeniert, etwa indem der Freien Presse als Ganzes pauschal unwahres Berichten, Aktivismus und Parteilichkeit vorgeworfen wird.[202]

---

[196] Wie hier *Ricker/Licht*, in: Ricker/Weberling (Hrsg.), Handbuch des Presserechts, 7. Aufl. 2021, 9. Kap. Rn. 5d. Wohl auch *Bethge*, in: Sachs (Hrsg.), Grundgesetz, 9. Aufl. 2021, Art. 5 Rn. 80; *Papier/Schröder*, in: DVBl. 2017, 1 (8); *Schulze-Fielitz*, in: Dreier (Hrsg.), Grundgesetz Bd. I, 3. Aufl. 2013, Art. 5 I, II Rn. 230.

[197] BVerfGE 20, 162 (175); 52, 283 (296).

[198] BGH GRUR 2019, 189 (191 Rn. 18) unter Verweis auf BVerfGE 121, 30 (53); BGH WRP 2023, 1083 (1085 Rn. 34).

[199] BGH GRUR 2019, 189 (193 Rn. 32); NVwZ 2022, 1402 (1405 Rn. 37); WRP 2023, 1083 (1085 f. Rn. 34).

[200] Vgl. BGH GRUR 2019, 189 (193 Rn. 31); NVwZ 2022, 1402 (1405 Rn. 34); *Degenhart*, in: AfP 2009, 207 (211 f.); *Kühling*, in: Gersdorf/Paal (Hrsg.), Informations- und Medienrecht, 42. Ed., Art. 5 GG Rn. 96.

[201] Vgl. *Degenhart*, in: AfP 2009, 207 (212); *Ludyga*, in: ZUM 2016, 706 (709); *Müller-Franken*, Verfassungsrechtliche Fragen der Online-Informationstätigkeit von Kommunen, 2018, S. 56; *ders.*, in: K&R 2018, 73 (76).

[202] Das Verhalten *Trumps* stellt ein anschauliches Beispiel für einen Verstoß dar. Sein Feldzug auf X gegen die u. a. als „Fake News“ und „enemy of the American People“ titulierten Medien offenbart eine entsprechende Ausrichtung seiner Öffentlichkeitsarbeit.

aa) Indiziengeprägte Feststellung des Gesamtcharakters der Publikation

Die Notwendigkeit einer substanziellen Veränderung des Pressewesens hat zur Folge, dass für die Feststellung eines Verstoßes gegen die Staatsfreiheit der Presse sich nicht auf einen einzelnen (Teil-)Inhalt der Öffentlichkeitsarbeit bezogen werden kann. Stets muss die übergeordnete Publikation als Ganzes betrachtet und bewertet werden.[203] Von einem einzelnen Inhalt kann weder eine Substitutions- noch eine Verdrängungswirkung ausgehen. Der Gesamtcharakter der Publikation muss die Eignung aufweisen, die Institutsgarantie der Freien Presse zu gefährden.[204] Wann der Gesamtcharakter der Publikation diese Eignung aufweist, kann indes nicht allgemeingültig festgestellt werden, sondern bedarf der Betrachtung und Entscheidung im Einzelfall. Als Indizien für eine Verdrängung sind etwa eine in besonderem Maße auf Periodizität ausgelegte Öffentlichkeitsarbeit,[205] das Übernehmen von pressetypischen Gestaltungsmöglichkeiten wie Kommentare oder Interviews im Rahmen der eigenen Öffentlichkeitsarbeit,[206] das Hervorheben der eigenen Informationsangebote[207] oder das Überhöhen des Informationswertes der eigenen Öffentlichkeitsarbeit gegenüber der (sonstigen) Pressetätigkeit zu nennen. Auch publikationsfremde Umstände können berücksichtigt werden, etwa eine Bevorzugung oder Überhöhung der eigenen Öffentlichkeitsarbeit gegenüber dem Pressewesen im Rahmen der Versorgung mit Nachrichtenmaterial[208] oder eine wesentliche Abnahme der mittelbaren bei einer gleichzeitigen Zunahme der unmittelbaren Öffentlichkeitsarbeit. Dies indiziert die Eignung der im Rahmen der unmittelbaren Öffentlichkeitsarbeit veröffentlichten Publikationen, eine Substitution oder Verdrängung privater Presseerzeugnisse zu bewirken.[209]

---

[203] A. A. „mangels Praktikabilität“ wohl nur *v. Wallenberg*, in: NJW 2022, 3191 (3193).

[204] BGH GRUR 2019, 189 (194 Rn. 40); NVwZ 2022, 1402 (1406 Rn. 40); WRP 2023, 1083 (1086 Rn. 41); *Degenhart*, in: K&R-Beihefter 1/2016, 1 (16 f.); *ders.*, in: W. Kahl/Waldhoff/Walter (Hrsg.), Grundgesetz, 185. Akt. Juli 2017, Art. 5 Abs. 1 u. 2 Rn. 255; *Katz*, in: DÖV 2019, 261 (269); *Müller-Franken*, Verfassungsrechtliche Fragen der Online-Informationstätigkeit von Kommunen, 2018, S. 59; *Papier/Schröder*, in: DVBl. 2017, 1 (8).

[205] BGH GRUR 2019, 189 (194 Rn. 41); NVwZ 2022, 1402 (1407 Rn. 53). Periodisch erscheinende Inhalte haben eine besonders nachhaltige Einwirkungsmöglichkeit auf ihre Rezipienten, *Ricker*, in: Studienkreis Presserecht und Pressefreiheit (Hrsg.), Presserecht und Pressefreiheit, 1980, 287 (295).

[206] BGH GRUR 2019, 189 (194 Rn. 41); NVwZ 2022, 1402 (1407 Rn. 53); WRP 2023, 1083 (1087 Rn. 43); *Müller-Franken*, Verfassungsrechtliche Fragen der Online-Informationstätigkeit von Kommunen, 2018, S. 58 f. Siehe auch *Möllers*, Zur Vereinbarkeit des von der juris GmbH betriebenen digitalen Magazins Libra mit dem verfassungsrechtlichen Grundsatz der Staatsfreiheit der Presse, 2023, S. 8 f.

[207] BGH NVwZ 2022, 1402 (1407 Rn. 54); WRP 2023, 1083 (1086 Rn. 42); *Beater*, in: WRP 2022, 1202 (1207).

[208] *B. Klein*, Konkurrenz auf dem Markt der geistigen Freiheiten, 1990, S. 287.

[209] Fragwürdig ist daher das Reduzieren der mittelbaren Öffentlichkeitsarbeit im Rahmen der Öffentlichkeitsarbeit *Merkels*, siehe *Schomburg/Mykhalchyshyn/Herber*, in: Birkner (Hrsg.), Medienkanzler, 2016, 263 (285 f.).

bb) Bezugnahme auf den jeweils relevanten Pressemarkt

Um einen Verstoß gegen den Grundsatz der Staatsfreiheit der Presse festzustellen, ist jeweils auf den konkret betroffenen Pressemarkt abzustellen.[210] Zum einen kann auf diese Weise die Einwirkungsintensität auf den politischen Meinungs- und Willensbildungsprozess hinreichend präzise gewichtet werden. Entscheidend muss sein, ob es sich bei der Öffentlichkeit um eine „leise Stimme unter vielen" oder um einen „bestimmenden Wort- und Meinungsführer" handelt. Zum anderen kann dadurch der Grad der Gefahr, der den sonstigen am „Meinungsmarkt" tätigen Presseerzeugnissen durch die Öffentlichkeitsarbeit droht, ermittelt werden. Je mehr private Presseerzeugnisse auf dem jeweiligen Teilpressemarkt existieren, desto geringer ist die mit der regierungsamtlichen Öffentlichkeitsarbeit verbundene Einwirkungsintensität zu gewichten und desto geringer ist der Grad der Gefahr anzusehen, der den sonstigen Presseerzeugnissen droht. Bei der Öffentlichkeitsarbeit der Bundesregierung, die aufgrund ihrer gesamtstaatlichen Bedeutung den überregionalen Pressemarkt berührt, ist die Intensität der Beeinträchtigung grds. gering zu gewichten.[211] Bei der Öffentlichkeitsarbeit einer Landesregierung ist der Teilpressemarkt kleiner, sodass die Beeinträchtigung stärker zu gewichten ist. Bei kommunaler Öffentlichkeitsarbeit ist die Beeinträchtigungsschwelle angesichts der regelmäßig defizitären Lokalpresse sehr niedrig.[212]

2. Sachlicher Anwendungsbereich

Der Grundsatz der Staatsfreiheit der Presse untersagt eine staatliche Publikation, wenn diese als ein funktionales Äquivalent zu einem privaten Presserzeugnis anzusehen ist. Entscheidend für die sachliche Eröffnung des Anwendungsbereichs muss daher sein, dass es sich bei der Publikation ihrer generellen Art nach um ein funktionales Äquivalent zu einem privaten Presseerzeugnis handeln kann. Die staatliche Publikation muss, losgelöst vom konkreten Einzelfall, aus Konsumentensicht grundsätzlich die Eignung aufweisen, ein privates Presseerzeugnisses substituieren zu können.

---

[210] *B. Klein*, Konkurrenz auf dem Markt der geistigen Freiheiten, 1990, S. 284. Siehe auch *Degenhart*, in: K&R-Beihefter 1/2016, 1 (15).

[211] Ebenso *Gersdorf*, in: AfP 2016, 293 (300).

[212] Vgl. BGH GRUR 2019, 189 (193 Rn. 32); *Katz*, in: DÖV 2019, 261 (267); *Ricker*, in: Studienkreis Presserecht und Pressefreiheit (Hrsg.), Presserecht und Pressefreiheit, 1980, 287 (287 f.); *v. Wallenberg*, in: NJW 2022, 3191 (3192 f.).

a) Eignung einer staatlichen Publikation als funktionales Äquivalent

Handelt es bei der staatlichen Publikation um ein zur Vervielfältigung an die Allgemeinheit bestimmtes Druckerzeugnis,[213] erfüllt es die Merkmale des überkommenen verfassungsrechtlichen Pressebegriffs. In diesem Fall kann die Publikation ihrer Art nach zweifellos ein privates Druckerzeugnis substituieren. An den Inhalt der Publikation sind dabei nach richtigem, inhaltsneutralem Verständnis keinerlei Anforderungen zu stellen.[214] Der verfassungsrechtliche Pressebegriff ist weit und formal zu verstehen.[215]

Die mit der Eignung als funktionales Äquivalent verknüpfte und damit über den verfassungsrechtlichen Pressebegriff hinausgehende Eröffnung des Anwendungsbereichs hat eine weitreichende Folge. Die vieldiskutierte Frage, ob Inhalte in den neuen Medien überhaupt unter den Pressebegriff fallen können,[216] ist für die sachliche Eröffnung des Anwendungsbereichs ohne Relevanz. Auch über das Internet veröffentlichte und abrufbare Informationsangebote sind nicht von vorneherein aus dem Anwendungsbereich ausgenommen. Sie müssen lediglich ihrer Art nach die Eignung aufweisen, ein funktionales Äquivalent zu einem herkömmlichen Presseerzeugnis zu sein. Der Schutzzweck des Grundsatzes der Staatsfreiheit der Presse gebietet diese Erweiterung des Anwendungsbereichs, denn die dem Pressewesen drohenden negativen Auswirkungen gleichen sich. Es ist irrelevant, ob die Information über eine (analoge) staatliche Publikation oder über ein (digitales) staatliches Informationsangebot bezogen wird. Entscheidend ist, dass die Möglichkeit besteht, dass der Konsument des staatlichen Informationsangebots sich für ausreichend informiert hält und daher den Konsum des privaten Presseerzeugnisses unterlässt. Sowohl bei einem herkömmlichen staatlichen Druckerzeugnis als auch bei einem

---

[213] So die gängige Definition eines Presseerzeugnisses siehe *Bethge*, in: Sachs (Hrsg.), Grundgesetz, 9. Aufl. 2021, Art. 5 Rn. 68; *Schulze-Fielitz*, in: Dreier (Hrsg.), Grundgesetz Bd. I, 3. Aufl. 2013, Art. 5 I, II Rn. 89; *Starck/Paulus*, in: v. Mangoldt/F. Klein/Starck, Grundgesetz Bd. 1, 7. Aufl. 2018, Art. 5 Rn. 128; *Wendt*, in: I. v. Münch/Kunig, Grundgesetz Bd. 1, 7. Aufl. 2021, Art. 5 Rn. 59. Das BVerfG teilt diese Definition implizit, vgl. BVerfGE 95, 28 (35).

[214] BVerfGE 25, 296 (307); 95, 28 (35 f.); 101, 361 (389); *Badura*, Staatsrecht, 7. Aufl. 2018, C Rn. 67; *Bethge*, in: Sachs (Hrsg.), Grundgesetz, 9. Aufl. 2021, Art. 5 Rn. 69; *Grabenwarter*, in: Dürig/Herzog/Scholz, Grundgesetz, 82. EL. Jan. 2018, Art. 5 Abs. 1, Abs. 2 Rn. 241; *Schulze-Fielitz*, in: Dreier (Hrsg.), Grundgesetz Bd. I, 3. Aufl. 2013, Art. 5 I, II Rn. 94; *Starck/Paulus*, in: v. Mangoldt/F. Klein/Starck, Grundgesetz Bd. 1, 7. Aufl. 2018, Art. 5 Rn. 130; *Wendt*, in: I. v. Münch/Kunig, Grundgesetz Bd. 1, 7. Aufl. 2021, Art. 5 Rn. 61.

[215] BVerfGE 34, 269 (283); 66, 116 (134); 95, 28 (35); *Badura*, Staatsrecht, 7. Aufl. 2018, C Rn. 67; *Bethge*, in: Sachs (Hrsg.), Grundgesetz, 9. Aufl. 2021, Art. 5 Rn. 68; *Grabenwarter*, in: Dürig/Herzog/Scholz, Grundgesetz, 82. EL. Jan. 2018, Art. 5 Abs. 1, Abs. 2 Rn. 239.

[216] Siehe nur *Cornils*, in: Stern/Sodan/Möstl (Hrsg.), Staatsrecht Bd. IV, 2. Aufl. 2022, § 119 Rn. 74 ff.; *Degenhart*, in: AfP 2020, 185 (187); *Rath-Glawatz*, in: Jacobs/Loschelder (Hrsg.), Berufung als Beruf, 2008, 163 (179 ff.); *Schulze-Fielitz*, in: Dreier (Hrsg.), Grundgesetz Bd. I, 3. Aufl. 2013, Art. 5 I, II Rn. 91; *Starck/Paulus*, in: v. Mangoldt/F. Klein/Starck, Grundgesetz Bd. 1, 7. Aufl. 2018, Art. 5 Rn. 132; *Wendt*, in: I. v. Münch/Kunig, Grundgesetz Bd. 1, 7. Aufl. 2021, Art. 5 Rn. 59.

digitalen staatlichen Informationsportal droht die Substituierung eines privaten Presseerzeugnisses durch ein staatliches Informationsangebot.[217] Aufgrund des Publizitätspotenzials der neuen Medien und dem damit einhergehenden Wettbewerbsvorteil gegenüber den herkömmlichen Printmedien erscheint die Gleichsetzung des Gefährdungspotenzial vielmehr zwingend geboten.[218]

Dies bestätigend sei darauf hingewiesen, dass Presseerzeugnisse sowohl inhaltsgleich als auch mit ergänzenden Zusatzinhalten digital vertrieben werden. Das Pressewesen hat längst erkannt, dass auch und insb. digitale Angebote für sie eine ernsthafte Konkurrenz darstellen.[219] Die stattgefundene Auseinandersetzung rund um die mittlerweile abgeschaltete Internetseite „Libra – das Rechtsbriefing", die von der sich mehrheitlich in staatlichem Eigentum befindender juris GmbH verantwortet wurde, hat verdeutlicht, dass die Konkurrenz auch von staatlicher Seite ausgehen kann. In besonderem Maße ist dies der Fall, wenn die digitalen Angebote sich typischer Gestaltungselemente eines Presserzeugnisses bedienen, wie dies bei Libra der Fall war.[220]

Im Gegensatz zum absoluten Funktionsverbot im Bereich des Rundfunks ist eine trennscharfe Abgrenzung des sachlichen Anwendungsbereichs des grundsätzlichen Funktionsverbots im Bereich des Pressewesens daher weder möglich noch nötig. Die hieraus erwachsende Konsequenz, dass viele Formen von staatlichen Informationsangeboten am Grundsatz der Staatsfreiheit der Presse zu messen sind, mag aufgrund ihrer Weite zunächst verwundern. Letztlich zeigt dies aber nur das bereits beschriebene Spannungsverhältnis auf, das zwischen unmittelbarer Öffentlichkeitsarbeit und den staatsfreien Medien in einer liberalen Demokratie aufgrund der Umgehung der Vermittlungs- und Kontrollfunktion besteht.[221]

b) Sachlicher Anwendungsbereich im Falle von Öffentlichkeitsarbeit

Im Falle von Öffentlichkeitsarbeit ist der sachliche Anwendungsbereich daher regelmäßig eröffnet. In jedem Fall gilt dies für die analoge unmittelbare Öffent-

---

[217] *Degenhart*, in: K&R-Beihefter 1/2016, 1 (15); *Schwarz/Dorsch*, in: NVwZ 2022, 1329 (1330).

[218] Gerade weil es ausgeschlossen erscheint, dass Tageszeitungen einen ähnlich umfassenden Service bieten können wie (amtliche) Internetseiten, sind Letztere (erst recht) geeignet das Institut der Freien Presse zu beeinträchtigen, entgegen *H. Köhler*, in: GRUR 2019, 265 (267).

[219] Daher sind elf Zeitungsverlage gegen die Tagesschau-App des öffentlich-rechtlichen Rundfunks vorgegangen, zur umfangreichen Verfahrensgeschichte siehe *Martini*, in: Gersdorf/Paal (Hrsg.), Informations- und Medienrecht, 42. Ed., § 2 MStV Rn. 162. Siehe auch *Dörr/E. E. Wagner/Natt*, in: ZUM 2017, 81 ff.

[220] *Möllers*, Zur Vereinbarkeit des von der juris GmbH betriebenen digitalen Magazins Libra mit dem verfassungsrechtlichen Grundsatz der Staatsfreiheit der Presse, 2023, S. 19.

[221] Zu diesem „Gefährdungspotenzial" der unmittelbaren regierungsamtlichen Öffentlichkeitsarbeit siehe Kap. 2 A.III.1.a), B.V., C.V.

lichkeitsarbeit in Form von Druckerzeugnissen, die regelmäßig die Merkmale des überkommenen Pressebegriffs erfüllen. Als funktionale Äquivalente kommen dazu auch die entsprechenden Angebote der digitalen Öffentlichkeitsarbeit wie etwa amtliche Internetseiten in Betracht. Zutreffend hat daher auch der Bundesgerichtshof eine kommunale Internetseite als mögliches funktionales Äquivalent zu einem privaten Presseerzeugnis angesehen und am Grundsatz der Staatsfreiheit der Presse gemessen. Eine Bestimmung der Reichweite des Pressebegriffs in den neuen Medien hat der Bundesgerichtshof für nicht notwendig angesehen und daher explizit offengelassen.[222] Diese auch hier vertretene Sichtweise stimmte mit der seinerzeit ganz überwiegend geäußerten Ansicht im Schrifttum sowie einzelnen Entscheidungen von Instanzgerichten überein.[223] Ebenso hat das Landgericht Bonn einen Großteil der Inhalte auf dem Nationalen Gesundheitsportal „gesund.bund.de“, also Inhalte der digitalen Öffentlichkeitsarbeit, für unzulässig erklärt.[224]

Für die soziale regierungsamtliche Öffentlichkeitsarbeit kann nur Entsprechendes gelten. Amtliche Profile auf sozialen Medien sind als digitale Informationsangebote ihrer Art nach grundsätzlich geeignet, funktionales Äquivalent zu einem privaten Presseerzeugnis zu sein. Für die sachliche Eröffnung des Anwendungsbereichs ist dies ausreichend.

3. Zusammenfassung

Der Grundsatz der Staatsfreiheit der Presse hat bezogen auf regierungsamtliche Öffentlichkeitsarbeit einen eigenständigen Regelungsinhalt. Er begrenzt insb. ihrem konkreten Inhalt nach zulässige – mit einem Aufgabenbezug versehene und daher grundsätzlich kompetenzrechtlich gedeckte – Öffentlichkeitsarbeit. Neben seiner unstreitigen persönlichen Anwendbarkeit ist der Grundsatz auch auf sämtliche Formen der Öffentlichkeitsarbeit anwendbar. Dies gilt auch und insb. für die digitale sowie soziale Öffentlichkeitsarbeit. Denn diese Formen können die Eignung aufweisen, ein funktionales Äquivalent zu einem privaten Presseerzeugnis zu sein.

Zur Feststellung eines Verstoßes der Öffentlichkeitsarbeit gegen den Grundsatz der Staatsfreiheit muss stets auf die übergeordnete Publikation Bezug genommen

---

[222] BGH NVwZ 2022, 1402 (1405 Rn. 36 f.); WRP 2023, 1083 (1085 Rn. 33). Zustimmung bei *Alexander*, in: GRUR 2022, 1343 (1344); *Beater*, in: WRP 2022, 1202 (1207).

[223] LG Dortmund KommJur 2020, 52 (52); OLG Hamm MMR 2021, 984 (985); LG München I MMR 2021, 355 (356); OLG München MMR 2021, 979 (979 f.); *Degenhart*, in: K&R-Beihefter 1/2016, 1 (5 f.); *ders.*, in: AfP 2020, 185 (187 f.); *Ettig*, in: ZUM-RD 2021, 560 (560 f.); *Musiol*, in: GRUR-Prax 2021, 36; *Müller-Franken*, Verfassungsrechtliche Fragen zur Online-Informationstätigkeit von Kommunen, 2018, S. 52; *ders.*, in: K&R 2018, 73 (75); *ders.*, in: AfP 2019 103 (113); *Papier/Schröder*, in: DVBl. 2017, 1 (9); *Peter*, in: GRUR 2022, 624 (628); *Wolf*, in: C. Conrad/S. Grünewald/Kalscheuer/Milker (Hrsg.), Handbuch Öffentlich-rechtliches Äußerungsrecht, 2022, § 4 Rn. 108. A. A. nur *H. Köhler*, in: GRUR 2019, 265 (267).

[224] LG Bonn, Urt. v. 28.6.2023 – 1 O 79/21 = WRP 2023, 1137.

werden. Sodann ist im Wege einer indiziengeprägten Gesamtbetrachtung unter Berücksichtigung des jeweils relevanten Teilpressemarktes zu ermitteln, ob diese Publikation die Eignung aufweist, private Pressetätigkeit obsolet zu machen oder zu verdrängen. Ist dies der Fall, ist die übergeordnete Publikation aufgrund eines Verstoßes gegen den Grundsatz der Staatsfreiheit der Presse verfassungswidrig.

III. Anwendung auf die Öffentlichkeitsarbeit in den neuen Medien

Bevor einzelne Inhalte der Öffentlichkeitsarbeit in den neuen Medien unter den Regelungsinhalt des Grundsatzes der Staatsfreiheit subsumiert werden, soll sich ein weiteres Mal der Frage nach der Übertragbarkeit des Grundsatzes angenommen werden.

1. Übertragbarkeit des Grundsatzes

Die Übertragbarkeit des Grundsatzes ist aus zweierlei Gründen indiziert. Zum einen ist der Grundsatz im Pressewesen im Gegensatz zu seinem Pendant im Rundfunkwesen nicht an die Existenz einer Sondersituation geknüpft, die durch die geänderten Kommunikationsverhältnisse in den neuen Medien entfallen sein könnte. Er ist vielmehr aus dem objektiv-rechtlichen Gehalt des Art. 5 Abs. 1 Satz 2 Var. 1 GG begründet. Die aus dem Demokratieprinzip erwachsende Notwendigkeit der Gewährleistung einer Freien Presse ist durch den Aufstieg der neuen Medien nicht entfallen. Zum anderen wurde vorstehend im Einklang mit der Rechtsprechung des Bundesgerichtshofs und der herrschenden Meinung in der Literatur festgestellt, dass auch digitale Informationsangebote die Eignung aufweisen können, private Presseerzeugnisse zu ersetzen. Die damit verbundene Erstreckung des sachlichen Anwendungsbereichs des Grundsatzes der Staatsfreiheit der Presse auf staatliche digitale Informationsangebote deutet bereits darauf hin, dass der Grundsatz als solcher auch in den neuen Medien Anwendung findet. Es lassen sich keine Gründe erkennen, die Öffentlichkeitsarbeit in den neuen Medien von den mit dem Grundsatz einhergehenden Beschränkungen freizustellen.[225]

Nach den vorstehenden Ausführungen steht fest, dass ein ausuferndes Informationshandeln des Staates die Institutsgarantie der Freien Presse beeinträchtigen kann. Zur fortdauernden Gewährleistung der Institutsgarantie erfordert es der Grundsatz der Staatsfreiheit der Presse, dass sich regierungsamtliche Öffentlichkeitsarbeit in Art, Frequenz und Umfang zurückhält. Nimmt man hingegen die Kommunikati-

---

[225] Vielmehr will ein Teil der Literatur gerade in den neuen Medien (nur) den Grundsatz der Staatsfreiheit der Presse anwenden, *Rauchhaus*, Rundfunk und Staat, 2014, S. 238 ff., *Wolf*, in: C. Conrad/S. Grünewald/Kalscheuer/Milker (Hrsg.), Handbuch Öffentlich-rechtliches Äußerungsrecht, 2022, § 4 Rn. 124.

onsverhältnisse in den neuen Medien und deren Bedeutung für die Öffentlichkeitsarbeit in den Blick, finden sich zudem Gründe, weshalb der Grundsatz der Staatsfreiheit der Presse für die Öffentlichkeitsarbeit in den neuen Medien in besonderem Maße Beachtung finden muss.

a) Vertiefung des Gefährdungspotenzials durch digitale Öffentlichkeitsarbeit

Wie bereits an anderen Stelle hervorgehoben,[226] ermöglicht das Publizitätspotenzial der neuen Medien eine scheinbar unendliche Menge an Informationen dauerhaft, jederzeit, überall und unmittelbar zum Konsum zur Verfügung zu stellen. Während die analoge unmittelbare Öffentlichkeitsarbeit insb. aus finanziellen Gründen limitiert war und deshalb die Ausnahme darstellte,[227] hat das Publizitätspotenzial der neuen Medien ebenjene Form der Öffentlichkeitsarbeit aus einer Randerscheinung zu einem zumindest gleichrangigem Bestandteil erhoben. Die neuen Medien ermöglichen es der Regierung, sich im Rahmen der Öffentlichkeitsarbeit massenmediumsartig, aber ohne Inanspruchnahme eines Massenmediums, an die Bevölkerung zu wenden. Mit dieser neuen Kommunikationsmacht der Regierung geht eine Vertiefung des Gefährdungspotenzial für die Institutsgarantie der Freien Presse einher.[228] Insb. das mit dem Aufstieg der Informationsgesellschaft verbundene Zeitungssterben zeigt eindrucksvoll die Schwierigkeiten auf, denen Presserzeugnisse in der digitalisierten Informationsgesellschaft ausgesetzt sind.[229]

In den Blick zu nehmen sind ferner die Art und Weise wie Informationen im Internet gesucht und gefunden werden.[230] Die hierfür regelmäßig genutzten Suchmaschinen differenzieren nicht zwischen Inhalten des Pressewesens oder solchen der regierungsamtlichen Öffentlichkeitsarbeit. Beide sind jeweils potenzielle Suchergebnisse. Der Such- und Vorschlagsalgorithmus bewertet dann seinerseits die Attraktivität des jeweiligen Inhalts und listet diese auf. Sucht man beispielsweise mithilfe der führenden Suchmaschine Google nach „Bürgergeld" der mit dem Zwölften Gesetz zur Änderung des Zweiten Buches des Sozialgesetzbuchs und anderer Gesetze vom 12. Dezember 2022 (BGBl. I S. 2328) neu geregelten Grundsicherung, bekommt man folgende Suchergebnisse. Die Internetseiten der Bundesagentur für Arbeit, des Bundesministeriums für Arbeit und Soziales sowie der Bundesregierung werden als erste Suchergebnisse angezeigt. Daneben, in der gesonderten Rubrik „Schlagzeilen", finden sich Inhalte herkömmlicher Medien. Dieses

---

[226] Siehe oben Kap. 2 B.III.1.c).

[227] Siehe oben Kap. 2 A.III.2.

[228] Siehe oben Kap. 2 B.III.3.

[229] Siehe oben Kap. 2 B.III.1.b).

[230] Siehe auch *Wolf*, in: C. Conrad/S. Grünewald/Kalscheuer/Milker (Hrsg.), Handbuch Öffentlich-rechtliches Äußerungsrecht, 2022, § 4 Rn. 112.

kurze Beispiel verdeutlicht, in welchem Ausmaß Inhalte digitaler Öffentlichkeitsarbeit in Konkurrenz zu privaten Presserzeugnissen stehen.

b) Presseähnlichkeit sozialer Öffentlichkeitsarbeit

Die mit der sozialen Öffentlichkeitsarbeit einhergehenden Veränderungen sind bezogen auf die indiziengeprägte Feststellung der Presseähnlichkeit von hervorgehobener Relevanz. Es lassen sich große Übereinstimmungen zwischen den aufgezählten Indizien und den Eigenheiten des Kommunikationsverhaltens in den sozialen Medien erkennen.[231]

aa) In besonderem Maße auf Periodizität angelegt

Öffentlichkeitsarbeit hat sich u. a. in ihrer Frequenz zurückzuhalten, sodass eine in hohem Maße auf Periodizität angelegte Öffentlichkeitsarbeit ihre Presseähnlichkeit und damit den Verstoß gegen den Grundsatz der Staatsfreiheit der Presse indiziert. Dieses Indiz scheint bei der sozialen Öffentlichkeitsarbeit regelmäßig erfüllt zu sein. Über die sozialen Medien wird mindestens täglich, wenn nicht sogar mehrmals am Tag, ein neuer Inhalt veröffentlicht. Wenn etwa Axel Beater bezugnehmend auf die Periodizität der Veröffentlichungen hervorhebt, dass „Onlineportale (…) umso eher als ein funktionales Äquivalent zur privaten Presse angesehen werden [müssen], je stärker sie den Tagebuchcharakter einer Zeitung haben und je höher die zeitliche Frequenz ist, in der sie maßgeblich überarbeitet und aktualisiert werden“,[232] trifft diese Aussage exakt auf die soziale regierungsamtliche Öffentlichkeitsarbeit zu. Sie ist in besonderem Maße auf Periodizität angelegt.

bb) Vermehrtes Verwenden pressetypischer Gestaltungsmittel

Der „Tagebuchcharakter“ sozialer Öffentlichkeitsarbeit ergibt sich dabei nicht nur aus der Frequenz der Veröffentlichung von Inhalten. Er kann sich auch aus deren konkreter Gestaltung ergeben. Tagebucheintragsähnlich bestehen die Inhalte der sozialen Öffentlichkeitsarbeit oftmals aus vermeintlich exklusiven Einblicken in die Regierungsarbeit, die eine besondere Intimität der vermittelten Information suggerieren. Es handelt sich um einen „Blick hinter die Kulissen“, also das Zugänglichmachen von Inhalten, die weder unmittelbar noch allgemein zugänglich sind.[233] Diese besonderen Einblicke waren ursprünglich Journalisten vorenthalten, die sie dann im Rahmen von Porträts oder Reportagen weiterverarbeiteten. Dieses Musterbeispiel der mittelbaren Öffentlichkeitsarbeit offenbart ihren wechselseitigen

---

[231] Siehe auch *Ladeur*, in: Paschke/Berlit/C. Meyer/Kröner (Hrsg.), Gesamtes Medienrecht, 4. Aufl. 2021, 4. Abschnitt Rn. 36.

[232] *Beater*, in: WRP 2022, 1402 (1407 f.).

[233] Zu diesen neuen Möglichkeiten der Selbstdarstellung insgesamt siehe oben Kap. 2 C.III.3.

Nutzen. Der Journalist kann seinen exklusiven „Zugang zum Machthaber“[234] für seine journalistische Arbeit nutzen und daraus einen Vorteil im publizistischen Wettbewerb ziehen. Der Machthaber kann seinerseits einen Vorteil aus der Arbeit des Journalisten ziehen. Der dem Journalisten und insoweit mittelbar der Öffentlichkeit gewährte Einblick wird nämlich mitnichten so authentisch sein, wie es der Anschein suggerieren mag. Vielmehr soll der Journalist ein vom Machthaber eigens entworfenes Bild an die Öffentlichkeit übermitteln.[235] Im Rahmen der sozialen Öffentlichkeitsarbeit kann dieser Zugang ohne Inanspruchnahme eines Journalisten eröffnet werden. Insofern geht dem Journalisten und damit insb. auch dem Pressewesen als solchem, der beschriebene Vorteil im publizistischen Wettbewerb jedenfalls teilweise verloren. Als Medien der Selbstdarstellung sind die sozialen Medien darüber hinaus hierfür auch besonders geeignet. Das entworfene Bild kann an die Öffentlichkeit übermittelt werden, ohne die Filterfunktion der herkömmlichen Medien in Kauf zu nehmen.[236] Die journalistische Fremddarstellung tritt in Konkurrenz zur staatlichen Selbstdarstellung.[237]

Auch andere Gestaltungsmittel des Pressewesens werden in der sozialen regierungsamtlichen Öffentlichkeitsarbeit übernommen. Etwa „Q&A-Formate“, bei denen ausgewählte Fragen der Nutzer von dem Inhaber des Profils beantwortet werden, sind typisch für die sozialen Medien. Deren technischen Möglichkeiten erleichtern diese Form der Interaktivität erheblich. Im Rahmen dieser Formate wird ein Interview simuliert, wenngleich das Regierungsmitglied sowohl die Rolle des Interviewers als auch des Interviewten übernimmt. Die Fragen mögen von echten Nutzern stammen, durch die Auswahl der Fragen kann das Regierungsmitglied allerdings einen entscheidenden Einfluss auf deren Inhalt nehmen. Kritische Nachfragen auf ausweichende oder vermeintlich unzureichende Antworten unterbleiben freilich.[238]

---

[234] *Schmitt*, Gespräch über die Macht und Zugang zum Machthaber, 3. Aufl. 2017.

[235] Ein anschauliches Beispiel hierfür stellt ein am 15.2.2023 im „heute journal“ veröffentlichtes Porträt über den Bundesminister für Wirtschaft, Klima und Energie dar. Der Videobeitrag beginnt mit einem zu seinem Dienstwagen rennenden Minister, da – so der Minister – im Ministerium schon der nächste Termin warte. Ein Voiceover kommentiert treffend: „Er selbst liebt solche Bilder. Ein Minister, der sich keine Pause leisten kann.“

[236] Wäre der angesprochene Beitrag als Inhalt der unmittelbaren Öffentlichkeitsarbeit erschienen, wäre der einordnende Kommentar freilich unterblieben.

[237] Siehe hierfür bereits oben Kap. 6 B.II.1.b).

[238] Etwa mit Beitrag auf Instagram v. 2.3.2023 hat der Bundeskanzler ein solches „Q&A“ hochgeladen. Darin wurde er u.a. gefragt, ob der sog. Kohleausstieg bis 2030 stattfinden werde oder warum so wenig Sozialwohnungen gebaut würden. Auf diese Fragen gibt der Bundeskanzler keine definitive Antwort, sondern verweist auf Vorhaben der Bundesregierung und allgemeine Voraussetzungen hierfür.

cc) Erleichtertes Hervorheben eigener Informationsangebote begünstigt staatliche informative Vollversorgung

Aufgrund der Interkonnektivität von im Internet veröffentlichten Inhalten kann im Wege einer Verlinkung auf andere Inhalte der Öffentlichkeitsarbeit verwiesen werden. Dies erinnert an eine Fuß- oder Endnote und scheint den jeweiligen Inhalt durch eine Fundstelle oder Quelle zu belegen. Somit wird der konkreten Aussage Objektivität verliehen. Der konkrete Aussagegehalt eines Inhalts der Öffentlichkeitsarbeit wird mit einem anderen Inhalt der Öffentlichkeitsarbeit „belegt". Der Verweis hat jedoch noch eine weitere aus dem Blickwinkel der Staatsfreiheit der Presse zu problematisierende Folge. Man stelle sich folgende Situation vor: Ein Nutzer nimmt in einem sozialen Medium einen Inhalt der Öffentlichkeitsarbeit zu einer bestimmten Thematik wahr. Dieser weckt sein Interesse. Er trifft sodann die Entscheidung, sich weitergehend mit der Thematik zu beschäftigen. Ihm drängen sich sodann zwei Optionen auf. Einerseits könnte er auf private Presseerzeugnisse zugreifen. Diese müsste er aktiv aufsuchen und dafür i. d. R. den virtuellen Raum des sozialen Mediums verlassen. Oft müsste er zudem den Zugang zu der weitergehenden Information in den Onlineausgaben der Presseerzeugnisse käuflich erwerben. Alternativ könnte er schlichtweg über die bereits angegebene Verlinkung auf die weiterführenden Inhalte der Öffentlichkeitsarbeit zugreifen. Im naheliegenden Fall, dass sich der Nutzer für die zweite Alternative entscheidet, hätte das Freie Pressewesen zumindest im konkreten Fall einen potenziellen Leser an ein staatliches Informationsangebot verloren. Indem die Öffentlichkeitsarbeit neben der Erstinformation auch noch dazugehörige Hintergrundinformationen anbietet und aufgrund von Verlinkungen jene Hintergrundinformationen einfach zugänglich hervorhebt, nähert sie sich der unzulässigen informativen Vollversorgung an. Diese ist aber gem. Art. 5 Abs. 1 Satz 2 Var. 1 GG der Freien Presse vorbehalten.

dd) Mit den sozialen Medien einhergehende Reichweite

Die Regierung war zur Übermittlung ihrer Inhalte die längste Zeit auf die mittelbare Öffentlichkeitsarbeit und damit auf die Vertriebskanäle der herkömmlichen Massenmedien angewiesen.[239] Selbst die verbesserten Möglichkeiten zur unmittelbaren Kommunikation, die mit der digitalen Öffentlichkeitsarbeit einhergingen, lassen sich nicht der Reichweite vergleichen, die amtlich genutzten Profilen in den sozialen Medien zukommt. Diese große Reichweite ermöglicht es erst, die mittelbare Öffentlichkeitsarbeit zugunsten der unmittelbaren Öffentlichkeitsarbeit in einer rechtserheblichen Weise zu vernachlässigen. Das Zusammenwirken von großer Reichweite und großem Nutzungsanteil hat die Regierung endgültig in die Lage versetzt, auf die herkömmlichen Massenmedien für ihre Öffentlichkeitsarbeit zu verzichten. Die sozialen Medien sind in dieser Hinsicht zudem anders zu bewerten als amtliche Internetseiten. Letztere müssen, wenn auch erleichtert durch die Nut-

---

[239] Siehe oben Kap. 2 A.III.2.

zung einer Suchmaschine, „aufgesucht werden“, indem nach der konkreten Thematik gesucht wird. Inhalte der sozialen Öffentlichkeitsarbeit hingegen werden den Nutzern aufgrund der Vorschlagsalgorithmen der sozialen Medien mitunter angezeigt, ohne dass der Nutzer diese bewusst aufgesucht hat.[240]

ee) Zusammenfassung und Gesamtbetrachtung

Ersichtlich ist, dass die soziale Öffentlichkeitsarbeit und die mit ihr einhergehenden Sonderformen der Regierungskommunikation die Eignung als funktionales Äquivalent für ein privates Presseerzeugnis indizieren. Von den beschriebenen publikations- bzw. inhaltsimmanenten Indizien scheint jedes erfüllt zu sein. Insb. die stete Versorgung der Nutzer von sozialen Medien mit Informationen „nebenbei“ birgt die Gefahr, dass diese sich hinreichend informiert fühlen und daher auf den Konsum von privaten Presseerzeugnissen verzichten.

c) Anwendung bei der sozialen Öffentlichkeitsarbeit

Aus dem Vorstehenden darf jedoch nicht der pauschale Schluss gezogen werden, dass soziale Öffentlichkeitsarbeit bereits *per se* presseähnlich sei und daher immer gegen den Grundsatz der Staatsfreiheit der Presse verstoße. Wie bereits an anderer Stelle ausgeführt, müssen die neue Realität der Informationsgesellschaft und die damit einhergehenden Änderungen der Kommunikationsverhältnisse berücksichtigt werden.[241] Es muss ein Ausgleich zwischen der Notwendigkeit auch über die sozialen Medien Öffentlichkeitsarbeit zu betreiben und einer ebenfalls gebotenen mediumstypischer Gestaltung ebenjener sowie des Verbots presseähnlicher Öffentlichkeitsarbeit gefunden werden. Dafür kann es angezeigt sein, die Gewichtung einzelner Indizien im Rahmen der Gesamtbetrachtung zu verändern.[242] Von einer ggf. erfolgenden Anpassung sind die publikationsfremden Indizien derweil nicht erfasst. Diese entfalten auch und insb. im Rahmen der sozialen regierungsamtlichen Öffentlichkeitsarbeit uneingeschränkt Geltung. Zu keinem Zeitpunkt darf der Anschein entstehen, dass ein Regierungsmitglied die mittelbare Öffentlichkeitsarbeit zugunsten der unmittelbare Öffentlichkeitsarbeit in rechtserheblicher Weise vernachlässigt. Dabei ist zu berücksichtigen, dass erst die mit den sozialen Medien einhergehende Kommunikationsmacht es überhaupt ermöglicht, die eigene Öffentlichkeitsarbeit als „Gegenmedium“ zu inszenieren.

---

[240] Siehe oben Kap. 2 C.II.3.

[241] Siehe oben Kap. 5 D.II.5.a)aa).

[242] Der BGH lässt bei Online-Informationsangeboten von Kommunen etwa das Verhältnis von inhaltlich zulässigen zu unzulässigen Beiträgen außer Acht, da Online-Informationsangebote mit einer Druckschrift mangels Kapazitätsbeschränkung nicht vergleichbar sind, BGH NVwZ 2022, 1402 (1407 Rn. 54). Das OLG München sieht die Frequenz der Veröffentlichungen als unbeachtlich an, OLG München MMR 2021, 979 (982).

aa) Risikoorientierte Anpassung der indiziengeprägten Feststellung: spezifisch presseähnliche Indizien und mediumstypische Indizien

Unter der Berücksichtigung des Schutzzwecks des Grundsatzes der Staatsfreiheit der Presse ist eine risikoorientierte Anpassung der indiziengeprägten Feststellung des Gesamtcharakters einer Publikation vorzunehmen. Es ist danach zu differenzieren, ob die Presseähnlichkeit und damit das Risiko für das Institut Freie Presse unmittelbar aus dem jeweiligen Indiz herrührt oder vielmehr auf den veränderten Kommunikationsverhältnissen beruht. Im erstgenannten Fall ist dem Indiz das Risiko für das Institut Freie Presse immanent. Es handelt es sich um ein spezifisch presseähnliches Indiz. Spiegeln sich hingegen (nur) die veränderten Kommunikationsverhältnisse in einem Indiz wider wird das bereits bestehende Risiko für das Pressewesen verdeutlicht. Dieses Risiko ergibt sich indes aus der Digitalisierung der Medienwelt und dem Publizitätspotenzial der neuen Medien im Allgemeinen. Ein solches Indiz ist mediumstypisch. Aus der Gebotenheit der mediumstypischen Kommunikation folgt, dass ein mediumstypisches Indiz nicht alleinstehend für die Feststellung der Presseähnlichkeit einer Publikation herangezogen werden kann. Erst im Zusammenhang mit einem spezifisch presseähnlichen Indiz wird es relevant. In diesem Fall vertieft die Öffentlichkeitsarbeit mithilfe des Publizitätspotenzial der neuen Medien ein von ihr selbst geschaffenes Risiko für das private Pressewesen.

Zu klären bleibt, welche der aufgezählten Indizien spezifisch presseähnlich und welche mediumstypisch sind. Für die Einordnung als spezifisch presseähnlich gilt, dass das Risiko für das Institut Freie Presse unmittelbar aus dem jeweiligen Indiz herrühren muss. Das kann nur zur Folge haben, dass sich das Risiko aus dem konkreten Inhalt der Öffentlichkeitsarbeit ergeben muss, ohne dass auf äußere Umstände zurückgegriffen wird. Unter Berücksichtigung der vorstehenden Schilderungen ergibt sich aus einem Inhalt der Öffentlichkeitsarbeit dann eine spezifische Presseähnlichkeit, wenn pressetypische Gestaltungsmittel verwendet oder eigene Informationsangebote dergestalt hervorgehoben werden, dass sich der Eindruck einer informativen Vollversorgung ergibt. Demgegenüber sind diejenigen Indizien als mediumstypisch anzusehen, bei denen sich die Gefährdung aus dem Publizitätspotenzial der neuen Medien ergibt. Dieses Potenzial ist im Wesentlichen für die Art und Weise der Verbreitung der Inhalte von Bedeutung. Die jeweiligen Indizien hierfür sind die Periodizität und die Reichweite der Öffentlichkeitsarbeit. In diesen spiegelt sich die Kommunikationsmacht wider, die seitens der Regierung mit dem Publizitätspotenzial der neuen Medien erlangt wurde. Diese verbreitungsbezogenen Indizien sind nur im Zusammenhang mit den inhaltsbezogenen Indizien zu berücksichtigen.

bb) Indiziengeprägte Feststellung in zwei Schritten

Die Anwendung der Indizien zur Feststellung der Presseähnlichkeit einer Gesamtpublikation der sozialen Öffentlichkeitsarbeit erfolgt daher in zwei Schritten. In einem ersten Schritt müssen konkrete Inhalte identifiziert werden, die entweder pressetypische Gestaltungsmittel enthalten und/oder eigene Informationsangebote weiterführend hervorheben. Sind diese identifiziert, kann im Anschluss untersucht werden, ob diese in besonderem Maße auf Periodizität angelegt sind und/oder eine große Reichweite haben. Sodann kann im Rahmen einer wertenden Gesamtbetrachtung entschieden werden, ob die jeweils relevante Gesamtpublikation – bei der sozialen Öffentlichkeitsarbeit i. d. R. das Profil auf einem sozialen Medium – Presseähnlichkeit aufweist und daher gegen den Grundsatz der Staatsfreiheit der Presse verstößt. Dabei gilt der Maßstab, dass je größer die Anzahl der identifizierten Inhalte und je höher die Frequenz der Veröffentlichung bzw. deren Reichweite ist, desto naheliegender auch die Presseähnlichkeit der Gesamtpublikation ist.

2. Eignung des Profils @bundeskanzler als funktionales Äquivalent

Eine umfassende Untersuchung aller Inhalte der Öffentlichkeitsarbeit im Lichte des Grundsatzes der Staatsfreiheit der Presse und dessen Erscheinungsform als Verbot der presseähnlichen Öffentlichkeitsarbeit kann an dieser Stelle nicht geleistet werden. Zur Verdeutlichung des vorstehenden Maßstabs soll sich dennoch beispielhaft einer Gesamtpublikation angenommen werden. Aufgrund seiner Relevanz soll das amtliche Profil des Bundeskanzlers auf dem sozialen Medium Instagram untersucht werden. Aus Gründen der Überschaubarkeit soll sich dabei auf 25 Beiträge im Zeitraum vom 17. Februar 2023 bis zum 6. März 2023 beschränkt werden.

a) Erster Schritt: Identifikation von Inhalten

Unter den analysierten Einzelinhalten lassen sich zwei Inhalte pressetypischer Art identifizieren. Dabei handelt es sich um zwei „Q&A"-Formate. Im Rahmen der Einzelinhalte wird zwar auf weiteres einschlägiges Informationsangebot der Bundesregierung verwiesen, jedoch nicht im Rahmen einer Verlinkung. Vielmehr wird auf eine Verlinkung in der allgemeinen Profilbeschreibung verwiesen. Dies ist auf die konkreten technischen Begebenheiten des Mediums zurückzuführen, denn dieses lässt es nicht zu, (aktive) Hyperlinks in Inhaltsbeschreibungen einzufügen. Dies ist nur bei sog. Story-Beiträgen, die lediglich für 24 Stunden zugänglich sind und danach automatisch entfernt werden, möglich. Bei einzelnen Beiträgen auf dem Profil des Bundeskanzlers sind entsprechende Verlinkungen auf eigenes Informationsmaterial vorhanden. Durch die allgemeine Verlinkung in der Profilbeschreibung wird man hingegen auf die Rubrik „Instagram" der Internetseite der Bundesregierung weitergeleitet. Die Rubrik wird wie folgt beschrieben: „Hier finden Sie eine Übersicht der Artikel, die wir Ihnen auf dem Instagram-Account des Bundeskanzlers empfohlen haben." Es handelt sich dabei um Inhalte mittelbarer und unmittelbarer Öffentlichkeitsarbeit, i. d. R. Verweise auf Interviews mit dem Rundfunk- oder Pressewesen. Auf Interviews im Rundfunk wird per weitere Verlinkung verwiesen, die Interviews im Pressewesen werden im Wortlaut abgedruckt oder ebenfalls per

Verlinkung zugänglich gemacht. Auch die dargestellten Inhalte der unmittelbaren Öffentlichkeitsarbeit werden durch Verlinkungen zugänglich gemacht.

Als Zwischenergebnis ist festzuhalten, dass die Anzahl an identifizierten Inhalten gering ist. Insb. die technischen Vorkehrungen verhindern das unmittelbare Hervorheben eigener Informationsangebote mittels Verlinkungen. Die durch Verlinkung in der Profilbeschreibung mittelbar hervorgehobenen eigenen Informationsangebote sind dabei ganz überwiegend Inhalte der mittelbaren Öffentlichkeitsarbeit. Die Gefahr einer informativen Vollversorgung durch regierungsamtliche Öffentlichkeitsarbeit erwächst hieraus nicht. Allenfalls die unmittelbaren Verlinkungen im Rahmen der Story-Beiträge sind zu problematisieren, deren Bedeutung ist aber als gering zu bewerten, da sie nach 24 Stunden automatisch entfernt werden.

b) Zweiter Schritt: Periodizität bzw. Reichweite der identifizierten Beiträge

Die identifizierten Inhalte wurden in einem Abstand von lediglich zwei Tagen veröffentlicht. Dieser geringe Abstand deutet auf eine periodische Veröffentlichung hin. Sie weisen im Verhältnis zu anderen Inhalten auf dem Profil auch eine höhere Interaktionsquote auf, sodass auf eine größere Reichweite geschlossen werden kann. Die Interaktionsquote selbst ist jedoch nicht außergewöhnlich hoch. Bei „Story-Beiträgen" ist naturgemäß von einer hohen Frequenz der Veröffentlichung auszugehen, da diese nur höchstens 24 Stunden zugänglich sind und daher täglich neu veröffentlicht werden müssen. Ihre Reichweite lässt sich jedoch nicht ohne Rückgriff auf die internen Daten des Profilinhabers ermitteln, sodass vorliegend nur Vermutungen ausgesprochen werden können. Da diese Beiträge nur wahrgenommen werden können, wenn diese durch Nutzer aktiv aufgerufen werden, ist deren Reichweite tendenziell geringer einzuschätzen als die der allgemeinen Beiträge. Als Zwischenergebnis des zweiten Schritts ist festzuhalten, dass die identifizierten Inhalte periodisch veröffentlicht wurden und dabei eine leicht überdurchschnittliche Reichweite aufweisen.

c) Wertende Gesamtbetrachtung

In der Stichprobe haben lediglich zwei der untersuchten Inhalte ein spezifisch presseähnliches Indiz verwirklicht. Somit wurde eine absolut sowie relativ geringe Anzahl an Inhalten identifiziert. Diese sind zwar periodisch veröffentlicht und weisen eine überdurchschnittliche Reichweite auf, die nur geringe Anzahl wird damit aber nicht aufgewogen. Ferner streitet gegen eine Eignung zur Presseäquivalenz, dass der Zugriff auf weiterführende Informationen nicht unmittelbar in den jeweiligen Inhalten verankert ist und dass die weiterführenden Informationen ihrerseits ganz überwiegend aus Inhalten mittelbarer Öffentlichkeitsarbeit bestehen. Der Kanzler vernachlässigt die mittelbare Öffentlichkeitsarbeit keineswegs, sondern hebt sie und damit auch das jeweilige Presseerzeugnis hervor. Hinzukommt, dass der relevante Pressemarkt hier der gesamtdeutsche Pressemarkt ist. An eine Feststellung der Presseähnlichkeit sind daher hohe Anforderungen zu stellen. Nach der hier vorgenommenen Stichprobe ist das Profil des Bundeskanzlers auf Instagram nicht als presseäquivalent anzusehen. Es verstößt daher nicht gegen den Grundsatz der Staatsfreiheit der Presse und das darin verankerte Verbot der presseähnlichen Öffentlichkeitsarbeit. Der Vollständigkeit halber sei darauf hingewiesen, dass es sich bei der vorliegenden Stichprobe lediglich um die Momentaufnahme eines Profils handelt. Es ist nicht ausgeschlossen, dass eine ähnliche Prüfung in der Zukunft zu einem anderen Ergebnis kommt. Die hier vorgenommene Prüfung sollte vielmehr auch die Anwendung des Maßstabs verdeutlichen.

IV. Zusammenfassung

Aus dem Grundsatz der Staatsfreiheit der Presse erwächst ein grundsätzliches Verbot der Betätigung des Staates auf dem Bereich des Pressewesens. Im Gegensatz zu seinem rundfunkrechtlichen Pendant ist es jedoch nicht als absolutes Betätigungsverbot, sondern vielmehr als Konkurrenzverbot ausgestaltet. Dem Staat ist also (nur) in denjenigen Bereichen des Pressewesens die Betätigung untersagt, in denen er in Konkurrenz zum freien Pressewesen treten kann. Die überwiegend in der Literatur vertretene Ansicht, der Grundsatz der Staatsfreiheit der Presse habe bezogen auf die regierungsamtliche Öffentlichkeitsarbeit keinen eigenständigen Anwendungsbereich, trifft nicht zu. Insb. ihrem konkreten Inhalt nach zulässige Öffentlichkeitsarbeit findet in dem Verbot der presseähnlichen Öffentlichkeitsarbeit eine Grenze. Das Verbot presseähnlicher Öffentlichkeitsarbeit untersagt den Vertrieb einer presseähnlichen Gesamtpublikation. Die Ermittlung der Presseähnlichkeit erfolgt im Wege einer indiziengeprägten Feststellung des Gesamtcharakters der Publikation. Diese ist bei der sozialen Öffentlichkeitsarbeit aufgrund der Gebotenheit der mediumstypischen Gestaltung in angepasster Form anzuwenden.

C. Zusammenfassung

Die in Art. 5 Abs. 1 Satz 2 GG gewährleisteten Mediengrundrechte verorten den Betrieb der Massenmedien im Bereich der Gesellschaft. Das Rundfunk- und Pressewesen ist eine gesellschaftliche und keine staatliche Aufgabe. Dieser als „Staatsfreiheit der Massenmedien" bekannte Grundsatz begrenzt nicht nur die staatliche Ausgestaltung der Gewährleistungsgehalte der jeweiligen Mediengrundrechte, sondern untersagt dem Staat darüber hinaus auch die Tätigkeit in diesem Bereich. Dies gilt auch für die regierungsamtliche Öffentlichkeitsarbeit.

Deutlich zeigt sich dies im absoluten Funktionsverbot des Staates im Bereich des Rundfunks. Vom Staat betriebener oder veranstalteter Rundfunk ist verfassungswidrig. Maßgeblich für den Eintritt der Rechtsfolge des absoluten Funktionsverbots ist, dass es sich bei dem untersuchten Inhalt um Rundfunk im verfassungsrechtlichen Sinne handelt. Aufgrund der gebotenen Entwicklungsoffenheit und Dynamik des verfassungsrechtlichen Rundfunkbegriffs sind Inhalte der regierungsamtlichen Öffentlichkeitsarbeit dann als Rundfunk anzusehen, wenn sie die rundfunktypische besondere Suggestivkraft, Breitenwirkung und Aktualität aufweisen. Im Rahmen der digitalen und sozialen Öffentlichkeitsarbeit ist vom Vorliegen der letzten beiden Merkmale des Tripels stets auszugehen. Ob auch die besondere Suggestivkraft vorliegt, ist vom Einzelfall abhängig. Fallen indes Inhalte der Öffentlichkeitsarbeit unter den verfassungsrechtlichen Rundfunkbegriff sind diese aufgrund eines Verstoßes gegen das absolute Funktionsverbot verfassungswidrig. Derzeit trifft das vor allem auf die Inhalte „KanzlerGESPRÄCH" und „Kanzler kompakt" zu.

Im Bereich des Pressewesens ist das Funktionsverbot als Konkurrenzverbot zu verstehen. Dem Staat ist die Betätigung im Bereich des Pressewesens „in engen Grenzen" erlaubt. Die staatliche Betätigung darf zu keinem funktionalen Äquivalent eines privaten Presseerzeugnisses werden. Das Betätigungsverbot auf dem Bereich des Pressewesens entfaltet für die regierungsamtliche Öffentlichkeitsarbeit entgegen der herrschenden Meinung einen eigenständigen Regelungsgehalt. Auch inhaltlich zulässige, von einem Aufgabenbezug gedeckte Öffentlichkeitsarbeit kann gegen den Grundsatz der Staatsfreiheit der Presse verstoßen. Wann eine staatliche Betätigung ein funktionales Äquivalent darstellt, ist im Wege einer indiziengeprägten Feststellung des Gesamtcharakters der jeweiligen Publikation unter Bezugnahme auf den jeweils relevanten Pressemarkt vorzunehmen. Die staatliche Betätigung muss dabei nicht zwingend die Merkmale des verfassungsrechtlichen Pressebegriffs erfüllen. Entscheidend ist vielmehr, dass die staatliche Publikation, gleich welcher Form, die grundsätzliche Eignung als funktionales Äquivalent aufweist. Somit kann sie in Konkurrenz zu einem privaten Presseerzeugnis treten. Das Verbot der presseähnlichen Öffentlichkeitsarbeit ist im Rahmen der digitalen Öffentlichkeitsarbeit in besonderem Maße zu beachten. Bei der sozialen Öffentlichkeitsarbeit ist im Rahmen der indiziengeprägten Feststellung zwischen spezifisch presseähnlichen und mediumstypischen Indizien zu differenzieren. Sodann ist die Feststellung der Presseähnlichkeit in einem Zweischritt vorzunehmen.

Kapitel 7

Gemischtnutzung von Profilen auf sozialen Medien

Tobias Growe resümiert in seiner im Jahr 2020 veröffentlichten Monografie „Das Regierungsmitglied im parteipolitischen Diskurs“, dass die Zulässigkeit einer entsprechenden Stellungnahme maßgeblich von ihrer Äußerungssphäre abhänge.[1] In den Äußerungsfällen entscheidet die Sphäre über das anzuwendende Regelwerk. Die Folgen sind weitreichend: Ist die Äußerung als amtlich zu klassifizieren, also in der amtlichen Sphäre verortet, kommt das äußerungsrechtliche Regelwerk zur Anwendung. Dieses erfordert eine kompetenzrechtliche Aufgabenzuweisung und misst die Zulässigkeit der Äußerung u. a. an den engen Grenzen der parteipolitischen Neutralität und der Sachlichkeit.[2] Ist die Äußerung als parteipolitisch zu klassifizieren, ergibt sich ihre Zulässigkeit aus dem Grundrecht der Meinungsfreiheit gem. Art. 5 Abs. 1 Satz 1 Halbsatz 1 GG. Allein die Schranke des Art. 5 Abs. 2 GG ist dann maßgeblich. Dies kann man als „Alles-Oder-Nichts-Lösung“ kritisieren,[3] ist aber schlichtweg der Dichotomie zwischen staatlicher Aufgabenwahrnehmung und grundrechtlichem Freiheitsgebrauch geschuldet.[4] Nicht weniger relevant ist die Zuordnung im Rahmen der regierungsamtlichen Öffentlichkeitsarbeit i. e. S. Nur wenn ein Inhalt der regierungsamtlichen Sphäre zuzuordnen ist, findet das in dieser Arbeit bisher dargelegte Regelwerk Anwendung.

In einigen Äußerungsfällen, in denen die verfahrensgegenständliche Äußerung über ein Profil auf einem sozialen Medium veröffentlicht oder weiterverbreitet wurde, wird dieses Profil als offizielles Publikationsorgan eingeordnet, das daher (nur) amtliche Verlautbarungen verbreitet.[5] Sodann kann ohne eine komplexe Abgrenzung der Sprecherrollen das äußerungsrechtliche Regelwerk angewandt werden.

---

[1] *Growe*, Das Regierungsmitglied im parteipolitischen Diskurs, 2020, S. 153.

[2] Grundlegend BVerfGE 138, 102; RhPfVerfGH NVwZ-RR 2014, 665; *Barczak*, in: NVwZ 2015, 1014 ff.; *Nellesen*, Äußerungsrechte staatlicher Funktionsträger, 2019.

[3] *Tanneberger/Nemeczek*, in: NVwZ 2015, 215 (216).

[4] Auf Art. 5 Abs. 1 Satz 1 Halbsatz 1 GG kann sich nur als Parteipolitiker, niemals als Regierungsmitglied berufen werden, BVerfG-K NJW 2011, 511 (512 Rn. 23); SaarlVerfGH LVerfGE 25, 458 (465 f.); *Nellesen*, Äußerungsrechte staatlicher Funktionsträger, 2019, S. 26 ff. Siehe zudem Kap. 3 C.I.

[5] BVerfG NVwZ 2022, 1113 (1115 Rn. 81); NdsStGH NordÖR 2021, 272 (279); ThürVerfGH, NVwZ 2016, 1408 (1411); *Nellesen*, Äußerungsrechte staatlicher Funktionsträger, 2019, S. 92.

Notwendig hierfür ist, dass es sich eindeutig aus der Benennung,[6] Beschreibung[7] und/oder aus einer Gegenüberstellung mit einem ebenfalls eingerichteten „privaten" Profil derselben Person[8] ergibt, dass das in Rede stehende Profil in amtlicher Funktion genutzt wird. Die Aufteilung in ein amtlich und ein anderweitig genutztes Profil gibt in denjenigen Fällen den Prüfungsmaßstab vor, in denen die verfahrensgegenständliche Äußerung über das amtliche Profil verbreitet wird.[9]

Für die regierungsamtliche Öffentlichkeitsarbeit i. e. S. kann nichts Abweichendes gelten. Das in dieser Arbeit dargelegte Regelwerk findet auf Inhalte Anwendung, die über ein als (regierungs-)amtlich zu klassifizierendes Profil veröffentlicht werden. Allerdings ist die Trennung in ein amtliches und ein anderweitig, i. d. R. parteipolitisch genutztes Profil – wie noch zu zeigen sein wird – nicht üblich.[10] Die bereits aus den Äußerungsfällen bekannten Abgrenzungsprobleme und die damit verbundene Rechtsunsicherheit bezogen auf die Zulässigkeit einzelner Inhalte stellt sich daher auch bei der Öffentlichkeitsarbeit i. e. S.

Einem Regierungsmitglied sind in seiner Rolle als Parteipolitiker bei der Nutzung seines Profils in den neuen Medien kaum Grenzen gesetzt. Er kann sich schließlich auf sein Grundrecht der Meinungsfreiheit berufen. Die Möglichkeit, die – auch in dieser Arbeit dargestellten – Anforderungen an die Öffentlichkeitsarbeit durch die Gemischtnutzung eines Profils auf einem sozialen Medium zu umgehen, drängt sich auf. Das Missbrauchspotenzial droht die gestellten Anforderungen zu entwerten. Deshalb ist sich diesem anzunehmen. Im Anschluss an die nachfolgende Bestandsaufnahme soll die Zulässigkeit der Gemischtnutzung eines Profils auf einem sozialen Medium untersucht werden.

---

[6] Die Verwendung der Amtsbezeichnung allein belegt dies noch nicht, BVerfGE 138, 102 (119 f. Rn. 59); 154, 320 (341 f. Rn. 61); BVerfG NVwZ 2022, 1113 (1116 Rn. 83); RhPfVerfGH NVwZ-RR 2014, 665 (667); HessVGH HSGZ 2017, 289 (291); *Barczak*, in: NVwZ 2015, 1014 (1016); *Dişçi*, Der Grundsatz politischer Neutralität, 2019, S. 212; *Nellesen*, Äußerungsrechte staatlicher Funktionsträger, 2019, S. 84 ff. Anders bei der ausschließlichen Verwendung der Amtsbezeichnung, BerlVerfGH DÖV 2019, 405 (407). In sozialen Medien die Verwendung der Amtsbezeichnung als ausreichend ansehend, *Harding*, in: C. Conrad/S. Grünewald/Kalscheuer/Milker (Hrsg.), Handbuch Öffentlich-rechtliches Äußerungsrecht, 2022, § 2 Rn. 54; *Laude*, Automatisierte Meinungsbeeinflussung, 2021, S. 217.

[7] Dies gilt etwa für die Beschreibung als „offizielles Profil", BerlVerfGH DÖV 2019, 405 (407); HessVGH HSGZ 2017, 289 (291). Ebenso, wenn das Profil „Einblicke in den Alltag des (…) Ministerpräsidenten" gewähren soll, NdsStGH NordÖR 2021, 272 (279).

[8] So der Fall in NdsStGH NordÖR 2021, 272 (279).

[9] Eine amtliche Äußerung über das andere Profil bleibt denkbar, da sich die Amtlichkeit der Äußerung auch aus deren Inhalt ergeben kann, BVerfGE 138, 102 (118 ff. Rn. 57 ff.).

[10] So auch *Harding*, in: NJW 2019, 1910 (1913).

A. Bestandsaufnahme

Zur Verdeutlichung der vorstehend beschriebenen Problematik sollen die reichweitenstärksten Profile von Mitgliedern des Kabinetts Scholz I auf den sozialen Medien X und Instagram vorgestellt werden. Dabei ist zum einen auf die Profilbenennung und die dazugehörige Profilbeschreibung, zum anderen auf den Inhalt der über das Profil verbreiteten Beiträge einzugehen.

I. Bundesgesundheitsminister

Der Bundesminister für Gesundheit betreibt in beiden sozialen Medien jeweils ein Profil. Unter „Prof. Karl Lauterbach" auf X beschreibt er sich als „SPD Bundestagsabgeordneter, Bundesgesundheitsminister" und gibt an, dass er sein Profil „selbst und privat" betreibe. Auf Instagram beinhaltet die Profilbenennung den Namen sowie das ihn als Mitglied des Bundestages ausweisende Kürzel „mdB". Dort beschreibt er sich als „Bundesgesundheitsminister, Arzt, Epidemiologe, SPD-Bundestagsabgeordneter". Die über die Profile veröffentlichten Inhalte umfassen Erläuterungen zu Gesetzesvorhaben der Bundesregierung und Inhalte der Öffentlichkeitsarbeit des Ministeriums, etwa Bilder von einem Treffen mit Pflegeverbänden mit einem Logo des Ministeriums im Hintergrund. Außerdem werden Beiträge des Bundesministeriums für Gesundheit im Wege eines Reposts oder eines Zitats weiterverbreitet.

II. Bundesfinanzminister

Ebenfalls über jeweils ein Profil verfügt der Bundesminister für Finanzen. Sowohl auf X als auch auf Instagram werden Vor- und Nachname als Profilbenennung verwendet, in den Profilbeschreibungen werden sowohl das staatliche als auch das parteipolitische Amt angeführt. Als Inhalte finden sich Beiträge über den Haushaltsplan, aber auch Hinweise auf Inhalte der Partei, der der Bundesfinanzminister angehört. Neben Erläuterungsvideos oder Bildern mit Hinweisen zu konkreten politischen Vorhaben des Ministeriums oder der Bundesregierung werden auch Beiträge, die die Bedeutung der Partei in der Koalitionsregierung hervorheben, veröffentlicht. Auch Beiträge der Bundestagsfraktion oder eines Landesverbands werden weiterverbreitet. Auf X gibt der Bundesfinanzminister an, dass sein Profil von ihm selbst und einem „Team (TL)" verwaltet wird.[11] Das Kürzel findet sich zudem bei Beiträgen auf Instagram, sowohl bei solchen mit regierungsamtlichen als auch bei solchen mit parteipolitischen bzw. mandatsbezogenen Inhalten.

---

[11] Das Bundesministerium der Finanzen hat dem Verf. mitgeteilt, keinen Zugriff auf die Profile zu haben. Das „Team Lindner" muss daher aus Partei- oder Abgeordnetenmitarbeitern bestehen, näheres unten Kap. 7 C.I., II.

III. Bundeskanzler

Der Bundeskanzler verfügt pro Medium jeweils über zwei Profile. In jeweils einem wird die Amtsbezeichnung bereits in der Profilbenennung verwendet, in dem jeweils anderen nur der Vor- und Nachname. Jedenfalls lassen die jeweiligen Beschreibungen zweifelsfrei erkennen, dass die mit der Amtsbezeichnung benannten Profile als amtlich und die mit dem eigenen Namen benannten Profile als parteipolitisch bzw. mandatsbezogen zu verstehen sind. So beschreibt sich das Profil „bundeskanzler" auf Instagram als „Offizieller Instagram-Kanal des Bundeskanzlers", das Profil „Bundeskanzler Olaf Scholz" auf X verweist auf ein anderes Profil auf dem Medium als „privates" Profil. Ein Überblick über die amtlichen Profile ergibt, dass über diese nur Beiträge verbreitet werden, deren Inhalt der regierungsamtlichen Öffentlichkeitsarbeit zuzuordnen ist. Auf den nichtregierungsamtlichen Profilen wird diese Trennung hingegen nicht durchgehalten. Beispielsweise beinhaltet ein Beitrag auf Instagram ein Bild des Bundeskanzlers hinter einem mit dem Logo der G7-Präsidentschaft Deutschlands für das Jahr 2022 versehenden Rednerpult. Ersichtlich wird der Bundeskanzler in amtlicher Funktion gezeigt. Auch der dazugehörige Text nimmt auf einen Beschluss der Bundesregierung Bezug. Das nichtregierungsamtliche Profil auf X verbreitet hauptsächlich Beiträge des amtlichen Profils mittels Reposts weiter.[12]

IV. Außenministerin

Die Außenministerin hat mit ihrem Amtsantritt ein neues Profil auf X mit dem Namen „Außenministerin Annalena Baerbock" erstellt. Ihr bis dahin genutztes Profil wurde „archiviert", ist aber weiterhin online. Wie bei den amtlichen Profilen des Bundeskanzlers weist neben der Benennung auch die Profilbeschreibung auf die amtliche Natur dieses Profils hin.[13] In ihrem ersten Beitrag macht die Außenministern zudem deutlich, dass sie dieses Profil als Außenministerin nutzen werde.[14] Es werden keine parteipolitischen bzw. mandatsbezogenen Inhalte über X verbreitet.[15] Auf Instagram trägt das Profil allein den Namen der Außenministerin, in der Profilbeschreibung ist ausschließlich die Amtsbezeichnung aufgeführt. Abgesehen von vier aufeinanderfolgenden Beiträgen parteipolitischem Inhalts,[16] finden sich ausschließlich Beiträge regierungsamtlichen Inhalts.

---

[12] Dazu siehe unten Kap. 7 C.II.3.c).

[13] Die Beschreibung lautet: „Offizieller Twitter Account von Außenministerin Annalena Baerbock".

[14] Beitrag v. 10.12.2021 um 17:03 Uhr: „Ab heute twittere ich in meinem Amt als Außenministerin von diesem Account."

[15] Das Abgeordnetenbüro *Baerbocks* hat dem Verf. mitgeteilt, keinen Zugriff auf die Profile zu haben.

[16] Beiträge v. 28.1.2022, 29.1.2022, 30.1.2022.

V. Zusammenfassung

Über die Profile des Bundesgesundheitsministers und des Bundesfinanzministers werden sowohl Inhalte der regierungsamtlichen Öffentlichkeitsarbeit als auch parteipolitische bzw. mandatsbezogene Inhalte veröffentlicht. Angesichts der beschriebenen Inhalte handelt es sich um gemischt genutzte Profile. Existiert nur ein Profil auf einem sozialem Medium, lässt sich eine Gemischtnutzung kaum vermeiden, es sei denn man fokussierte sich ausschließlich auf die amtliche Nutzung. Eine organisatorische Trennung der Profile, wie sie der Bundeskanzler vorgenommen hat, scheint jedenfalls der Verbreitung nichtregierungsamtlicher Inhalten über das amtliche Profil vorzubeugen. Eine Gemischtnutzung erscheint jedoch auf dem nichtregierungsamtlichen Profil denkbar. Die Außenministerin hat ihr Profil amtlich gewidmet. Auch dies scheint einer Verbreitung nichtregierungsamtlicher Inhalte über das amtliche Profil vorzubeugen. Entsprechend der vereinzelten widmungsfremden Nutzung öffentlicher Einrichtungen, die weder eine Entwidmung noch eine Widmungserweiterung bedeuten,[17] sind die vereinzelt gebliebenen Beiträge parteipolitischen Inhalts nicht geeignet, die Widmung des Profils zu verändern.[18]

B. Zulässigkeit der Gemischtnutzung eines Profils in einem sozialen Medium

Angesichts der Bestandsaufnahme stellt sich die Frage nach der Zulässigkeit dieser Gemischtnutzung. Sollte sie unzulässig sein, ergäbe sich als praktische Konsequenz für die regierungsamtliche Öffentlichkeitsarbeit, dass immer ein amtliches Profil des jeweiligen Ministers existieren müsste. Nur über dieses Profil dürften Inhalte der Öffentlichkeitsarbeit verbreitet werden. Parteipolitische oder mandatsbezogene Inhalte müssten über ein parteipolitisches oder mandatsbezogenes Profil verbreitet werden. Die Thematik wurde vereinzelt bereits erkannt und analysiert. Vorgebrachte Ansätze für eine Unzulässigkeit sollen daher einer kritischen Würdigung unterzogen werden.

I. Gemischtnutzung als Verstoß gegen das Gebot der Kommunikatorklarheit

Den wohl ersten Denkanstoß in diese Richtung gibt Tobias Mast in einem Kommentar zum Urteil des thüringischen Verfassungsgerichtshofs vom 8. Juni 2016

---

[17] VGH München NVwZ-RR 2014, 110 (110f. Rn. 11); *Traub*, in: Dietlein/Ogorek (Hrsg.), Kommunalrecht Hessen, 25. Ed., § 20 HGO Rn. 12.

[18] Zu den Profilen auf sozialen Medien als öffentliche Einrichtungen siehe unten Kap. 7 C.III.1.c)aa).

vor. Ausgangspunkt seiner Überlegung ist die bereits eingangs erwähnte und den Äußerungsfällen inhärente, präjudizierende Einordnung einer Äußerung in die amtliche oder parteipolitische Sphäre. Mit dieser Einordnung gehe ein beträchtliches Maß an Rechtsunsicherheit einher, führt Mast aus.[19] Es diente der Rechtssicherheit, leitete man aus dem Rechtstaats- und Demokratieprinzip neben den Geboten der Sachlichkeit, inhaltlichen Richtigkeit und Vollständigkeit auch ein „Gebot der Kommunikatorklarheit" ab.[20] Die zuerst genannten Gebote seien schon aus der „Glykol-Entscheidung" anerkannt,[21] das zuletzt genannte Gebot verpflichte staatliche Akteure, wenn sie als solche kommunizieren, dies hinreichend deutlich zu machen.[22] Mast bezog sich ersichtlich nur auf die Äußerungsfälle, jedoch dürfte dieses Gebot seine Wirkung auch auf die regierungsamtliche Öffentlichkeitsarbeit i. e. S. entfalten. Auch diese ist Kommunikation. Eine entsprechende Kommunikatorklarheit würde gebieten, dass Inhalte der Öffentlichkeitsarbeit nur von solchen Profilen veröffentlicht werden dürften, die auch hinreichend deutlich machen, dass sie (nur) zur Verbreitung von regierungsamtlicher Öffentlichkeitsarbeit dienen.[23]

II. Gemischtnutzung als unvereinbar mit dem Neutralitätsgebot

Unter Bezugnahme auf das Gebot parteipolitischer Neutralität begründet Harding die Unzulässigkeit der Gemischtnutzung eines Profils auf einem sozialen Medium. In den sozialen Medien müsse ein Profil in seiner Gesamtheit entweder als amtlich oder als privat typisiert werden, so Harding.[24] Dies begründet er mit strukturellen Unterschieden, die Öffentlichkeitsarbeit in den sozialen Medien gegenüber herkömmlicher Öffentlichkeitsarbeit aufweist. Damit gingen stärkere Einwirkungsmöglichkeiten der Regierung auf die grundsätzlich staatsfreie politische Willensbildung des Volkes einher.[25] Die tatsächliche Konsequenz einer zwingenden, eindeutigen Zuordnung der Profile läge in einem Verbot der Gemischtnutzung. Die

---

[19] *Mast*, in: K&R 2016, 542 (543). Daher wird sie vielfach abgelehnt, *Krüper*, in: JZ 2015, 414 (415 ff.); *Madjarov*, in: GreifRecht 2016, 59 (62); *Putzer*, in: DÖV 2015, 417 (423); *Tanneberger/Nemeczek*, in: NVwZ 2015, 215 (216).

[20] *Mast* erläutert das Gebot eingehend in seiner Monografie, *ders.*, Staatsinformationsqualität, 2020, S. 324 ff. Auf eine Trennung von Profilen in sozialen Medien geht er indes nicht weiter ein.

[21] *Mast* bezieht sich auf BVerfGE 105, 252, den Anfang einer Reihe von Entscheidungen zu staatlichen Warnungen: BVerfGE 105, 279; BVerfG-K NJW 2002, 3458; BVerfGE 113, 63; BVerfG-K NJW 2011, 511; BVerfGE 148, 40. Siehe hierzu oben Kap. 1 C.VI.

[22] *Mast*, in: K&R 2016, 542 (543).

[23] Knapp *Mast*, Staatsinformationsqualität, 2020, S. 337.

[24] *Harding*, in: NJW 2019, 1910 (1913); *ders.*, in: C. Conrad/S. Grünewald/Kalscheuer/Milker (Hrsg.), Handbuch Öffentlich-rechtliches Äußerungsrecht, 2022, § 2 Rn. 48. Ebenso *Laude*, Amtliche Meinungsbeeinflussung, 2021, S. 217.

[25] Zutreffend *Harding*, in: NJW 2019, 1910 (1914). Siehe auch oben Kap. 2 C.II.3., III.3.

Verbreitung eines parteipolitischen Inhalts über das amtliche Profil sei als regierungsamtliche Wahlwerbung unzulässig.[26] Jeder Amtsträger müsse sich grundsätzlich zwei Profile einrichten.[27]

III. Gebot der organisatorischen Trennung

Friehe vertritt, dass (regierungs-)amtliche und nichtamtliche Profile sowie deren jeweilige Redaktionen getrennt werden müssen.[28] Diese organisatorische Trennung verhindere ein unzulässiges Zusammenwirken von Regierung und Parteien.[29] Friehe nimmt insoweit auf Schürmann Bezug. Dieser kommt in seiner Untersuchung der Öffentlichkeitsarbeit der Bundesregierung zum Ergebnis, dass allein das kollusive Zusammenwirken der Bundesregierung mit einer oder mehreren Parteien verboten ist. Dieses soll wiederum aus abgestimmten Aktionen, dem Verteilen von amtlichem Material auf Wahlkampfveranstaltungen und/oder einem einheitlichen Sprachgebrauch bestehen.[30] Daran anknüpfend führt Friehe fort, dass durch die Trennung einem Missbrauch öffentlicher Mittel zum Zwecke der Parteiarbeit vorgebeugt werde.[31] Zudem stelle sie klar, welcher rechtlicher Maßstab für einen jeweiligen Beitrag gelte.[32] Schließlich sei es unzulässig, wenn auf ein Profil sowohl Regierungsmitarbeiter als auch „Parteifunktionäre" Zugriff haben, denn Parteien dürften nicht im Namen der Regierung und die Regierung nicht im Namen von Parteien auftreten.[33]

---

[26] *Harding*, in: NJW 2019, 1910 (1915); *ders.*, in: C. Conrad/S. Grünewald/Kalscheuer/Milker (Hrsg.), Handbuch Öffentlich-rechtliches Äußerungsrecht, 2022, § 2 Rn. 58. Siehe auch *Laude*, Amtliche Meinungsbeeinflussung, 2021, S. 217 f.

[27] *Harding*, in: NJW 2019, 1910 (1915); *Laude*, Amtliche Meinungsbeeinflussung, 2021, S. 225.

[28] *Friehe*, in: Uhle (Hrsg.), Information und Einflussnahme, 2018, 81 (105 ff.).

[29] *Friehe*, in: Uhle (Hrsg.), Information und Einflussnahme, 2018, 81 (105).

[30] *Schürmann*, Öffentlichkeitsarbeit der Bundesregierung, 1992, S. 396.

[31] *Friehe*, in: Uhle (Hrsg.), Information und Einflussnahme, 2018, 81 (105 f.).

[32] *Friehe*, in: Uhle (Hrsg.), Information und Einflussnahme, 2018, 81 (106). Ebenso *Harding*, in: C. Conrad/S. Grünewald/Kalscheuer/Milker (Hrsg.), Handbuch Öffentlich-rechtliches Äußerungsrecht, 2022, § 2 Rn. 48, an. Siehe auch oben Kap. 7 vor A. sowie Kap. 7, Fn. 2.

[33] *Friehe*, in: Uhle (Hrsg.), Information und Einflussnahme, 2018, 81 (106).

IV. Kritische Würdigung

Ob, wie von Mast angedacht, auf die – zurecht sehr kritisch rezipierte[34] – Glykol-Rechtsprechung zurückgegriffen werden kann, erscheint zweifelhaft. Zwar hatte diese auch regierungsamtliche Öffentlichkeitsarbeit zum Gegenstand,[35] jedoch tätigt das Bundesverfassungsreicht in besagtem Beschluss sowie in allen weiteren Entscheidungen zu staatlichen Warnungen nur Aussagen zu den inhaltlichen Anforderungen an das staatliche Informationshandeln. Die Gemischtnutzung von Profilen in sozialen Medien zeichnet sich allerdings nicht durch den Inhalt der über solche Profile verbreiteten Öffentlichkeitsarbeit aus, sondern dadurch, dass dasselbe Profil je nach verbreitetem Inhalt einmal regierungsamtlich und einmal parteipolitisch betrieben wird. Zur Durchdringung der Thematik ist weniger am verbreiteten Inhalt, sondern vielmehr am Modus der Verbreitung anzusetzen.

Im Übrigen zeichnen sich die Ausführungen im Glykol-Beschluss in erster Linie durch eine in hohem Maße wettbewerbsrechtlich geprägte Argumentation aus. Insoweit das Gericht zu den rechtlichen Vorgaben für Informationshandeln ausführt, wird stets auf den Wettbewerb oder den Markt rekurriert.[36] Die Ausführungen sind zu sehr auf die Situation eines Unternehmens im marktwirtschaftlichen Wettbewerb bezogen, als dass sie eine so weitreichende Geltung im Sinne Masts entfalten könnten. Insofern das Bundesverfassungsgericht in einem nachfolgenden Beschluss ausdrücklich auf das Medium (Verfassungsschutzbericht) und den Kommunikator (Landesamt für Verfassungsschutz Nordrhein-Westfalen) eingeht, soll damit primär die faktische Wirkung des staatlichen Informationshandeln im konkreten Fall unterstrichen werden.[37] Außerdem kann ein Verfassungsschutzbericht, im Gegensatz zu einem Profil auf einem sozialen Medium, nicht gemischt genutzt werden. Zuzustimmen ist Mast aber, insofern er das Gebot im Rechtstaatsprinzip verortet sieht. An dieser normativer Verankerung ist anzuknüpfen.[38]

Der Ansatz aus dem Neutralitätsgebot begründet die zwingende Zuordnung des Profils zu einer Sphäre nur vordergründig anhand einer normativen Erwägung. Im Wesentlichen stützt er sich auf Praktikabilitätserwägungen. Dem Ansatz liegt die Vorstellung zugrunde, dass das Neutralitätsgebot nur dann effektiv Anwendung finden kann, wenn Profile auf sozialen Medien eindeutig zuordenbar sind. So zutreffend die sonstigen Beobachtungen, insb. zu den Besonderheiten der Öffentlichkeitsarbeit in den sozialen Medien auch sein mögen, über die Grundmängel der Ausgangsprämisse helfen diese nicht hinweg. Das Abstellen auf die Effektivität des Neutralitätsgebots weist eine zirkuläre Argumentationsstruktur auf, da im Falle einer

[34] Der beteiligte Präsident des BVerfG *Papier* attestiert der Rechtsprechung „durchweg negativen Anklang“ gefunden zu haben, *ders.*, in: D. Merten/ders. (Hrsg.), Grundfragen der Grundrechtsdogmatik, 2007, 81 (87).

[35] Siehe oben insb. Kap. 1 C.VI., aber auch Kap. 1 B.III.2.c), C.IV.2.

[36] BVerfGE 105, 252 (265 ff.).

[37] BVerfGE 113, 63 (77 f.).

[38] Siehe unten Kap. 7 C.III.1.

nichtamtlichen Äußerung das Neutralitätsgebot schon keine Anwendung fände. Das Erfordernis einer eindeutigen Zuordnung müsste aus sich heraus begründet werden können.

Auch Friehes Argumente sind allesamt praktischer Natur, dementsprechend können sie allenfalls auf ihre Praktikabilität hin überprüft werden. Die Verkündung der erneuten Kandidatur Merkels für die Bundestagswahl 2017 auf dem Profil der Bundesregierung im engen Zusammenhang mit der Verkündung im Konrad-Adenauer-Haus dürfte eine abgestimmte Aktion zwischen Partei und Regierung und somit ein unzulässiges Zusammenwirken im Sinne Friehes darstellen.[39] Dies geschah trotz der Amtlichkeit des Profils der Bundesregierung. Insoweit scheint die These bereits tatsächlich entkräftet zu sein. Ferner bestehen bei einer organisatorischen Trennung jeweils ein Profil, das ausschließlich mit Mitteln der Partei oder des Abgeordneten betrieben wird, und ein Profil, das ausschließlich mit Mitteln der Regierung betrieben wird. Ein zusätzlicher Kommunikationskanal könnte den Missbrauch staatlicher Mittel zugunsten einer Partei vielmehr begünstigen. Eine Trennung der Redaktionen verspricht nur hinsichtlich der mittelbaren Wahlwerbung Abhilfe. Der „internen" Weitergabe von Inhalten kann durch eine Trennung der Redaktionen insoweit vorgebeugt werden, als dass klare Zuständigkeiten, Arbeitsanweisungen und Verantwortlichkeiten bestehen. Richtig ist, dass im Fall eines eindeutig amtlichen Profils der rechtliche Maßstab klar ist.[40] Offen bleibt Friehes Begründung für die Unzulässigkeit des gemischten Zugriffs auf ein Profil, ebenso wie die Frage, was er unter „Parteifunktionären" versteht.

V. Zusammenfassung

Keiner der Ansätze vermag in Gänze zu überzeugen. Allerdings ist dem Hinweis auf das Rechtstaatsprinzip, den tatsächlichen Kommunikationsstrukturen in den sozialen Medien und auch dem Hinweis auf ein unzulässiges Zusammenwirken von Partei und Regierung nachzugehen. Letzterer stellt jedenfalls implizit auf Art. 21 Abs. 1 GG und das Verhältnis von Parteien zum Staat ab. Es bietet sich an, die Ansätze zu kombinieren.

Ein unzulässiges Zusammenwirken kann darüber hinaus zwischen dem Regierungsmitglied und den ihm in seiner Rolle als Mitglied des Bundestages zustehenden Mitarbeitern erfolgen.[41] Es kann davon ausgegangen werden, dass die Profile auf den sozialen Medien – jedenfalls auch – durch Angestellte verwaltet werden. Zu be-

---

[39] Näher zu diesem Zusammenwirken oben Kap. 2 C.IV.

[40] Vgl. die insoweit knappen Ausführungen in BerlVerfGH DÖV 2019, 405 (407); NdsStGH NordÖR 2021, 272 (279); ThürVerfGH NVwZ 2016, 1408 (1411).

[41] *Friehe* nimmt sich diesem Problem nur unter dem Gesichtspunkt Parteipolitiker- und Abgeordnetenprofil an, *ders.*, in: Uhle (Hrsg.), Information und Einflussnahme, 2018, S. 106 f. Fn. 89.

stätigen ist dies für die Profile des Bundesfinanzministers. Auch der Bundeskanzler lässt sein parteipolitisches Profil auf X betreuen.[42]

C. Eigener Ansatz

Aufbauend auf der Bestandsaufnahme sowie den vorstehend beschriebenen Ansätzen soll anhand eines eigenen Ansatzes untersucht werden, ob die Gemischtnutzung eines Profils in einem sozialen Medium durch ein Regierungsmitglied zulässig ist oder ob konkrete normative Erwägungen ihrer Zulässigkeit entgegenstehen. Dabei ist zwischen den Möglichkeiten der Gemischtnutzung zu differenzieren. Es bestehen unterschiedliche Möglichkeiten der Vermengung eigentlich voneinander getrennter Aufgaben- und Zuständigkeitsbereiche: die Gemischtnutzung eines Profils unter Verwendung personeller Ressourcen aus der eigenen Partei, die Gemischtnutzung unter Verwendung personeller Ressourcen aus dem Abgeordnetenamt und die eigenständige Gemischtnutzung. Diese drei Möglichkeiten sind jeweils für sich auf ihre (Un-)Zulässigkeit zu analysieren.

I. Nutzung von Parteifunktionären

Einwände gegen die Nutzung von Parteimitarbeitern zum Zwecke der regierungsamtlichen Öffentlichkeitsarbeit könnten sich aus dem verfassungsrechtlichen Status der Parteien ergeben. Sollte sich aus diesem Status ein bestimmtes Verhältnis der Parteien zum Staat und seinen Staatsorganen ergeben, dass durch die Gemischtnutzung beeinträchtigt würde, spräche dies für ein Verbot der Gemischtnutzung. Eine Beeinträchtigung kommt in erster Linie durch die Nutzung von „Parteifunktionären", also Personen, die ausschließlich der Partei zuzuordnen sind, zum Zwecke der regierungsamtlichen Öffentlichkeitarbeit in Betracht.

Vorab ist sich also dem verfassungsrechtlichen Status der Parteien zu widmen. Den Parteien wurde mit Art. 21 GG ein eigener Artikel im Grundgesetz „gewidmet", nachdem ihr Ansehen lange mit einer historischen Hypothek belastet war, die bis in die Weimarer Republik hineinwirkte.[43] Art. 130 Abs. 1 WRV – die einzige Erwäh-

---

[42] Es handelt sich um das in der Beschreibung angegebene „Team Olaf Scholz". Es ist davon auszugehen, dass es sich dabei nicht um das Bundespresseamt handelt, da dieses bereits seine amtlichen Profile verwaltet und eine Betreuung des parteipolitischen Profils ein eklatanter Verstoß gegen das Identifikationsverbot i. e. S. wäre.

[43] *Grzeszick/Rauber*, in: Schmidt-Bleibtreu, Grundgesetz, 15. Aufl. 2022, Art. 21 Rn. 1 f.; *Morlok*, in: Dreier (Hrsg.), Grundgesetz Bd. II, 3. Aufl. 2015, Art. 21 Rn. 8; *Oberreuter*, in: Mintzel/ders. (Hrsg.), Parteien in der Bundesrepublik Deutschland, 2. Aufl. 1992, 15 (16 ff.); *Ossenbühl*, in: BayVBl. 2000, 161 (161).

nung der Parteien in der Weimarer Reichsverfassung – stellt die Parteien nur en passant und misstrauisch als schädlichen Einflussnehmer auf den Beamten dar.[44]

1. Aussagegehalt des Art. 21 GG

Art. 21 GG, der in seinen Grundlagen seit dem 23. Mai 1949 unverändert geblieben ist,[45] begründet den verfassungsrechtlichen Status der Parteien. Bereits in der Ausarbeitung des Grundgesetzes herrschte Konsens über das Verhältnis der Parteien zum Staat vor. Allen Beteiligten war klar, dass die Parteien keine Staatorgane werden sollen.[46] Auch hier verwirklicht sich das Grundgesetz als Gegenentwurf zum Nationalsozialismus, der offenbart hat, welche Folgen die Vereinnahmung des Staates durch eine Partei haben kann.[47]

a) Art. 21 GG als Konsequenz aus dem in Art. 20 GG enthaltenen Demokratieprinzip

Art. 21 GG ist eng mit dem in Demokratieprinzip des Grundgesetzes verbunden. Art. 21 GG folgte ursprünglich nur dem zentralen Art. 20 GG nach.[48] Art. 21 Abs. 1 GG gibt den Parteien die essenzielle Aufgabe auf, an der politischen Willensbildung des Volkes mitzuwirken, sie versetzen das Volk erst in die Lage, die gem. Art. 20 Abs. 2 Satz 1 GG von ihm ausgehende Staatsgewalt effektiv auszuüben.[49] Letztlich belegt auch die Entstehungsgeschichte die enge Verknüpfung mit der Demokratievorstellung. Der Parlamentarische Rat beabsichtigte, durch Art. 21 GG die Bundesrepublik Deutschland als Parteiendemokratie zu definieren.[50] Art. 21 GG ist also

---

[44] *Badura*, Staatsrecht, 7. Aufl. 2018, D Rn. 25; *H. Klein*, in: Dürig/Herzog/Scholz, Grundgesetz, 64. EL. Jan. 2012, Art. 21 Rn. 65 ff.; *Menzel*, in: DÖV 1966, 585 (586); *Ossenbühl*, in: BayVBl. 2000, 161 (161); *Robbers*, in: W. Kahl/Waldhoff/Walter (Hrsg.), Grundgesetz, 137. Akt. Dez. 2008, Art. 20 Abs. 1 Rn. 658; *Streinz*, in: v. Mangoldt/F. Klein/Starck, Grundgesetz Bd. 2, 7. Aufl. 2018, Art. 21 Rn. 4.

[45] *Heintzen*, in: Stern/Sodan/Möstl (Hrsg.), Staatsrecht Bd. II, 2. Aufl. 2022, § 32 Rn. 23.

[46] *C. Schmid*, Erinnerungen, 1979, S. 397.

[47] Vgl. § 1 Abs. 1 des Gesetzes zur Sicherung der Einheit von Partei und Staat v. 1. 12. 1933 (RGBl. I S. 1016): „Nach dem Sieg der nationalsozialistischen Revolution ist die Nationalsozialistische Deutsche Arbeiterpartei die Trägerin des deutschen Staatsgedankens und mit dem Staat unlöslich verbunden."

[48] *Towfigh/Ulrich*, in: W. Kahl/Waldhoff/Walter (Hrsg.), Grundgesetz, 205. Akt. Juli 2020, Art. 21 Rn. 254. Die Position wurde bewusst gewählt, *Matz*, in: JöR n. F. 1 (1951), 202 (205). Erst durch das Gesetz zur Änderung des Grundgesetzes v. 27. 10. 1994 (BGBl. I S. 3146) wurde Art. 20a GG eingefügt.

[49] Vgl. BVerfGE 11, 266 (273); 91, 276 (285); *Grzeszick/Rauber*, in: Schmidt-Bleibtreu, Grundgesetz, 15. Aufl. 2022, Art. 21 Rn. 17; *H. Klein*, in: Dürig/Herzog/Scholz, Grundgesetz, 64. EL. Jan. 2012, Art. 21 Rn. 159.

[50] *C. Schmid*, Erinnerungen, 1979, S. 397.

die Konsequenz aus dem Demokratieprinzip des Art. 20 GG.[51] Gustav Radbruch hat noch das „Versteckspiel des Staatsrechts gegenüber den Parteien" beklagt,[52] mit Art. 21 GG fand es sein Ende.

b) Aufbau des Art. 21 GG

Art. 21 Abs. 1 Satz 1 GG normiert die Aufgabe der Parteien und lässt auf ihre Funktion im Staat des Grundgesetzes schließen: die Mitwirkung an der politischen Willensbildung des Volkes.[53] Art. 21 Abs. 1 Satz 2 GG normiert die Gründungsfreiheit der Parteien und der nachfolgende Satz 3 verpflichtet sie zur innerparteilichen Demokratie. Zudem sind die Parteien gem. Art. 21 Abs. 1 Satz 4 GG hinsichtlich der Herkunft sowie Verwendung ihrer Mittel und über ihr Vermögen zur Publizität verpflichtet. Art. 21 Abs. 2–4 GG normieren als Ausdruck der „wehrhaften Demokratie" die Möglichkeit, verfassungswidrige Parteien zu verbieten oder aus der staatlichen Parteienfinanzierung auszuschließen.[54] Trotz des „Endes des Versteckspiels" und den in Art. 21 GG enthaltenen Klarstellungen blieben insb. in der Anfangszeit der Bundesrepublik wesentliche Fragen zum verfassungsrechtlichen Status der Parteien offen. Gerade die Stellung der Parteien im Staat des Grundgesetzes war umstritten.[55]

2. Stellung der Parteien im Staat des Grundgesetzes

Maßgeblichen Anteil an der Klärung der Frage, wie die Parteien im Staat des Grundgesetzes verfasst waren, hatte das Wirken Gerhard Leibholz. Leibholz hat den Begriff „Parteienstaat"[56] als bedeutender Staatsrechtler und durch seine Tätigkeit am Bundesverfassungsgericht in den Jahren 1951–1971 erheblich geprägt.[57] Seine

---

[51] *Ossenbühl*, in: BayVBl. 2000, 161 (161); *Grzeszick/Rauber*, in: Schmidt-Bleibtreu, 15. Aufl. 2022, Art. 21 Rn. 18; *Ipsen/Koch*, in: Sachs (Hrsg.), Grundgesetz, 9. Aufl. 2021, Art. 21 Rn. 7; *Streinz*, in: v. Mangoldt/F. Klein/Starck, Grundgesetz Bd. 2, 7. Aufl. 2018, Art. 21 Rn. 7.

[52] *Radbruch*, in: Anschütz/Thoma (Hrsg.), Handbuch des Deutschen Staatsrechts Bd. 1, 1. Aufl. 1930 unveränderter Nachdruck 1998, S. 289 f.

[53] Vgl. *H. Klein*, in: Dürig/Herzog/Scholz, Grundgesetz, 64. EL. Jan. 2012, Art. 21 Rn. 150.

[54] BVerfGE 5, 85 (139); 40, 287 (291); *Jarass*, in: ders./Pieroth, Grundgesetz, 17. Aufl. 2022, Art. 21 Rn. 46; *H. Klein*, in: Dürig/Herzog/Scholz, Grundgesetz, 82. EL. Jan. 2018, Art. 21 Rn. 490 f.

[55] Vgl. *Kluth*, in: Epping/Hillgruber (Hrsg.), Grundgesetz, 56. Ed., Art. 21 Rn. 65. Zum Streit in der Weimarer Republik siehe *Streinz*, in: v. Mangoldt/F. Klein/Starck, Grundgesetz Bd. 2, 7. Aufl. 2018, Art. 21 Rn. 4.

[56] Erstmals *Koellreutter*, Der deutsche Staat als Bundesstaat und Parteienstaat, 1927. Auch erwähnt von *Thoma*, in: Anschütz/ders. (Hrsg.), Handbuch des Deutschen Staatsrechts Bd. 1, 1. Aufl. 1930 unveränderter Nachdruck 1998, S. 190 f.

[57] *Badura*, Staatsrecht, 7. Aufl. 2018, D Rn. 25; *Klafki*, in: I. v. Münch/Kunig, Grundgesetz Bd. 1, 7. Aufl. 2021, Art. 21 Rn. 15 Fn. 67; *Ossenbühl*, in: BayVBl. 2000, 161 (161); *Towfigh/*

Position im Zweiten Senat als Berichterstatter des Dezernats Parlaments-, Parteien- und Wahlrecht ermöglichte ihm maßgeblichen Einfluss auf die einschlägige Rechtsprechung.[58]

a) Leibholz' Lehre vom Parteienstaat

Nach Leibholz gibt das Grundgesetz in seiner Fixierung auf den Abgeordneten die Verfassungswirklichkeit nicht hinreichend wieder. Vielmehr seien allein die politischen Parteien die politischen Entscheidungsträger, sodass sie Elemente des staatlichen Bereichs und der staatlichen Willensbildung seien. Der Abgeordnete sei gerade kein Vertreter des ganzen Volkes, sondern der ihn entsendenden Partei. Er sei an die Partei gebunden und von ihr abhängig. Auch seine Legitimation durch das Volk erfahre er als Vertreter seiner Partei, führt Leibholz fort. Insgesamt haben die Parteien einen so großen Einfluss auf die Ausübung von Staatsgewalt, dass sie das Volk im Art. 20 Abs. 2 GG ersetzen. Jedenfalls werde das Volk erst durch die Parteien politisch handlungsfähig. Das Parlament vollziehe nur bereits gefasste Parteibeschlüsse. Art. 21 GG habe somit den modernen demokratische Parteienstaat legalisiert.[59]

b) Kritik

Leibholz zog unter Berücksichtigung der Verfassungswirklichkeit Rückschlüsse auf das Recht, wendete die Verfassungswirklichkeit also als Auslegungsmethode für das Verfassungsrecht an.[60] Seine Erkenntnisse widersprechen dabei in Teilen deutlich der Entstehungsgeschichte des Grundgesetzes.[61] Auch mit dem Wortlaut und der Bedeutung der Art. 20 Abs. 2, 38 Abs. 1 Satz 2 GG ist die Lehre vom Parteienstaat schlichtweg unvereinbar.[62] Leibholz „opfert" den Verfassungstext auf dem Altar der

Keesen, in: W. Kahl/Waldhoff/Walter (Hrsg.), Grundgesetz, 205. Akt. Juli 2020, Art. 21 Rn. 192, 194.

[58] *V. Arnim*, in: Morlok/Poguntke/Sokolov (Hrsg.), Parteienstaat – Parteiendemokratie, 2018, 9 (9 f.); *Grimm*, in: Benda/Maihofer/Vogel (Hrsg.), Handbuch des Verfassungsrechts, 2. Aufl. 1994, § 14 Rn. 24; *Kunig*, in: Isensee/P. Kirchhof (Hrsg.), Handbuch des Staatsrechts Bd. III, 3. Aufl. 2005, § 40 Rn. 3.

[59] Zum Ganzen siehe *Leibholz*, in: DVBl. 1950, 194 ff.; *ders.*, in: 38. DJT 1950, C 2 ff.; *ders.*, in: DVBl. 1951, 1 ff.; *ders.*, Strukturprobleme der modernen Demokratie, 3. Aufl. 1967, 71 ff., 78 ff. Grundlegend bereits *ders.*, Das Wesen der Repräsentation unter besonderer Berücksichtigung des Repräsentativsystems, 1. Aufl. 1929.

[60] *Leibholz*, in: DVBl. 1951, 1 (6). Siehe auch *H. Klein*, in: Dürig/Herzog/Scholz, Grundgesetz, 73. EL. Dez. 2014, Art. 21 Rn. 181.

[61] Siehe oben Kap. 7 C.I.1.a).

[62] *Grimm*, in: Benda/Maihofer/Vogel (Hrsg.), Handbuch des Verfassungsrechts, 2. Aufl. 1994, § 14 Rn. 26; *Ipsen/Koch*, in: Sachs (Hrsg.), Grundgesetz, 9. Aufl. 2021, Art. 21 Rn. 12 f.; *H. Klein*, in: Dürig/Herzog/Scholz, Grundgesetz, 73. EL. Dez. 2014, Art. 21 Rn. 182; *Kluth*, in: Epping/Hillgruber (Hrsg.), Grundgesetz, 56. Ed., Art. 21 Rn. 65; *Streinz*, in: v. Mangoldt/F. Klein/Starck, Grundgesetz Bd. 2, 7. Aufl. 2018, Art. 21 Rn. 8, 12.

Verfassungswirklichkeit.[63] Der Begriff Parteienstaat mag sich dazu eignen, die politischen Verhältnisse in der Demokratie des Grundgesetzes, insb. auch in der heutigen Zeit, kritisch zu beschreiben, rechtliche Folgen können aus den tatsächlichen Verhältnissen indes nicht abgeleitet werden.[64] Der Begriff sollte vielmehr als Mahnung und Warnung dienen, den Parteien eben nicht unbegrenzten Einfluss auf die staatliche Willensbildung zu gewähren, sondern auf dem Prinzip der Volkssouveränität zu beharren.[65]

3. Lehre vom Parteienstaat und das Bundesverfassungsgericht

In der frühen Rechtsprechung des Bundesverfassungsgerichts finden sich einzelne Bezugnahmen auf Leibholz' Lehre. Angesichts der als inkonsistent zu bewertenden frühen Rechtsprechung,[66] liegt der Schluss nahe, dass sich Leibholz innerhalb seines Senats und trotz seiner Rolle als Berichterstatter nie vollständig durchsetzen konnte.[67]

a) Anfängliche Rezeption

Bereits in einem seiner ersten Urteile tätigt das Bundesverfassungsgericht Aussagen zu Stellung und Status der Parteien, die aus Leibholz' Abhandlungen übernommen scheinen. Es führt aus, dass heute jede Demokratie zwangsläufig ein Parteienstaat sei und daher auch das Grundgesetz die Parteien gem. Art. 21 GG in den Rang einer verfassungsmäßigen Institution erhoben habe. Dadurch habe es den modernen demokratischen Parteienstaat legalisiert.[68] Die die Wählergruppen repräsentierenden Parteien stünden daher im inneren Bereich des Staates und ihm gerade nicht gegenüber. Sie seien zwar keine obersten Staatsorgane im herkömmlichen Sinne, aber dennoch Staatsorgane bzw. „Kreationsorgane" im Sinne Georg Jellineks.[69]

Im ersten Parteiverbotsverfahren der Bundesrepublik äußert sich das Gericht zur Bedeutung der Partei für die Rolle des Abgeordneten und lässt erneut die Einflüsse Leibholz' Lehre erkennen. Der Abgeordnete erfülle eine Doppelrolle, zum einen als Vertreter des ganzen Volkes nach Art. 38 Abs. 1 Satz 2 GG und zum anderen als

---

[63] *Ossenbühl*, in: BayVBl. 2000, 161 (162).

[64] *H. Klein*, in: Dürig/Herzog/Scholz, Grundgesetz, 73. EL. Dez. 2014, Art. 21 Rn. 180.

[65] Vgl. *Badura*, Staatsrecht, 7. Aufl. 2018, D Rn. 25; *Ipsen/Koch*, in: Sachs (Hrsg.), Grundgesetz, 9. Aufl. 2021, Art. 21 Rn. 14; *Morlok*, in: Dreier (Hrsg.), Grundgesetz Bd. II, 3. Aufl. 2015, Art. 21 Rn. 25; *Streinz*, in: v. Mangoldt/F. Klein/Starck, Grundgesetz Bd. 2, 7. Aufl. 2018, Art. 21 Rn. 30.

[66] *Ossenbühl*, in: BayVBl. 2000, 161 (163); *Stern*, Staatsrecht Bd. I, 2. Aufl. 1984, S. 457.

[67] Vgl. *Häberle*, in: JuS 1967, 64 (74); *Menzel*, in: DÖV 1966, 585 (596).

[68] BVerfGE 1, 208 (224 f.).

[69] BVerfGE 1, 208 (225).

besonderer Vertreter seiner Partei nach Art. 21 GG. Art. 21 GG und Art. 38 GG seien dabei prinzipiell unvereinbar.[70] Diese Unvereinbarkeit wird durch das Gericht durch eine normative Abwertung und Neudeutung des Art. 38 Abs. 1 Satz 2 GG aufgelöst.[71] Das Gericht führt aus, dass Art. 38 Abs. 1 Satz 2 GG ein „Satz aus dem gesicherten ideologischen Bestand des Verfassungsrechts der liberalen Demokratie" sei. Diesen habe „der Verfassungsgesetzgeber als herkömmlich und daher unbedenklich übernommen".[72] Die Bezeichnung des Staat des Grundgesetzes als moderner demokratischer Parteienstaat wird in mehreren nachfolgenden Entscheidungen beibehalten.[73] Dennoch werden die Parteien nunmehr als Verfassungs- und nicht mehr als Staatsorgane bezeichnet und eingeordnet.[74]

b) Abkehr

Ausgerechnet in einem Urteil zur staatlichen Parteienfinanzierung distanziert sich der Zweite Senat vom Parteienstaat und wendet sich dem Bürgerstaat zu.[75] Das Gericht führt unter Bezugnahme auf und im Einklang mit den vorstehend angeführten Urteilen einleitend aus, dass Parteien keine obersten Staatsorgane seien. Dann divergiert das Gericht aber von Leibholz' Lehre und verortet die Parteien ausdrücklich als im gesellschaftlich-politischen Bereich wurzelnde Gruppen. Sie wirkten zwar in den Bereich der institutionalisierten Staatlichkeit hinein, gehörten diesem aber als Zwischenglieder zwischen den Bürgern und dem Staat gerade nicht an.[76] Das Gericht offenbart nunmehr ein historisch-ideelles Parteienverständnis.[77] Die durch Art. 21 GG erfolgte Konstitutionalisierung der Parteien bewirkt zwar deren Verankerung in der Verfassung, entgegen Leibholz aber gerade nicht im staatlichen Bereich. Dies hat das Bundesverfassungsgericht in nachfolgenden Entscheidungen immer wieder bestätigt, etwa in der Öffentlichkeitsarbeitsentscheidung 1977, mit dem die Parteienstaatslehre vertretenden Sondervotum Rottmanns

---

[70] BVerfGE 2, 1 (72).

[71] Wie hier *H. Klein*, in: Isensee/P. Kirchhof (Hrsg.), Handbuch des Staatsrechts Bd. III, 3. Aufl. 2005, § 51 Rn. 5.

[72] BVerfGE 2, 1 (72). Nahezu wortgleich *Leibholz*, in: 38. DJT 1950, C 1 (3); *ders.*, in: DVBl. 1950, 194 (195); *ders.*, in: DVBl. 1951, 1 (6).

[73] BVerfGE 4, 27 (28); 11, 266 (273). Vgl. wieder *Leibholz*, in: 38. DJT 1950, C 1 (8 ff.); *ders.*, in: DVBl. 1950, 194 (195 f.); *ders.*, in: DVBl. 1951, 1 (3 f.).

[74] BVerfGE 4, 27 (30); 5, 85 (134, 388); 7, 99 (103); 11, 239 (241); 11, 266 (273); 14, 121 (129).

[75] Ebenso *Grimm*, in: Benda/Maihofer/Vogel (Hrsg.), Handbuch des Verfassungsrechts, 2. Aufl. 1994, § 14 Rn. 27; *Häberle*, in: JuS 1967, 64 (74); *Menzel*, in: DÖV 1966, 585 (596). *Leibholz* hat aufgrund einer Selbstablehnung nicht mitgewirkt, BVerfGE 20, 26.

[76] BVerfGE 20, 56 (101).

[77] *Ossenbühl*, in: BayVBl. 2000, 161 (161). Politische Parteien entstanden aus der Bürgerschaft, die monarchistische Staatlichkeit hatte an einer Politisierung, Parlamentarisierung und Demokratisierung der Öffentlichkeit freilich kein Interesse, siehe bereits *Triepel*, Die Staatsverfassung und die politischen Parteien, 1927, S. 8 f.

als umfangreiches Gegenargument.[78] Zwei spätere Urteile zu Parteispenden und schließlich die Parteienfinanzierungsentscheidung 1992 haben jeden Zweifel beseitigt.[79] In Letzterem heißt es unmissverständlich im ersten Leitsatz: „Die vom Grundgesetz vorausgesetzte Staatsfreiheit der Parteien erfordert nicht nur die Gewährleistung ihrer Unabhängigkeit vom Staat, sondern auch, dass die Parteien sich ihren Charakter als frei gebildete, im gesellschaftlich-politischen Bereich wurzelnde Gruppe bewahren."[80]

4. Grundsatz der Staatsfreiheit der Parteien

Das Bundesverfassungsgericht hat mit dem Grundsatz der Staatsfreiheit der Parteien seinen eigenen Maßstab aufgestellt. Dieser lässt sich auf eine umfangreiche Rechtsprechungslinie des Bundesverfassungsgerichts zurückführen, die Fragen der Parteienfinanzierung,[81] mehrere Parteiverbotsverfahren[82] sowie ein Verfahren zur Frage nach der Zulässigkeit der Beteiligung von Parteien an Rundfunkunternehmen[83] umfasst. Das Gericht muss von Vorarbeiten Konrad Hesses beeinflusst worden sein, worauf insb. gleichlautende Formulierungen hinweisen.[84] Diese Rechtsprechungslinie des Gerichts wurde durch die beschriebene Vielzahl an unterschiedlichen Sachverhalten hinreichend konturiert und wird heute von der Literatur ganz überwiegend geteilt.[85] Allenfalls finden sich kritische Einwände, die die darin zum Ausdruck kommende Dichotomie zwischen Staat und Gesellschaft kritisieren.[86]

---

[78] Vgl. *Häberle*, in: JZ 1977, 361 (361 f., 364); *Ossenbühl*, in: BayVBl. 2000, 161 (164).

[79] BVerfG, Urt. v. 24.7.1978 – 2 BvF 1/78 = BVerfGE 52, 63; Urt. v. 14.7.1986 – 2 BvE 2/84, 2 BvR 442/84 = BVerfGE 73, 40; Urt. v. 9.4.1992 – 2 BvE 2/89 = BVerfGE 85, 264.

[80] BVerfGE 85, 264 (264). Vgl. bereits BVerfGE 52, 63 (86, 92); 73, 40 (40, 65, 84, 95 ff., 100, 116).

[81] BVerfGE 20, 56; 52, 63; 73, 40; 85, 264.

[82] BVerfGE 2, 1; BVerfG, Urt. v. 17.8.1965 – 1 BvB 2/51 = BVerfGE 5, 85; Beschl. v. 18.3.2003 – 2 BvB 1, 2, 3/01 = BVerfGE 107, 339; Urt. v. 17.1.2017 – 2 BvB 1/13 = BVerfGE 144, 20.

[83] BVerfG, Urt. v. 12.3.2008 – 2 BvF 4/03 = BVerfGE 121, 30.

[84] Vgl. *Hesse*, in: VVDStRL 17 (1959), 11 (27 ff.). Wie hier *Waldhoff*, in: Herdegen/Masing/Poscher/Gärditz (Hrsg.), Handbuch des Verfassungsrechts, 2021, § 10 Rn. 28.

[85] *Badura*, Staatsrecht, 7. Aufl. 2018, D Rn. 20; *Grzeszick/Rauber*, in: Schmidt-Bleibtreu, Grundgesetz, 22. Aufl. 2022, Art. 21 Rn. 30; *Ipsen/Koch*, in: Sachs (Hrsg.), Grundgesetz, 9. Aufl. 2021, Art. 21 Rn. 9; *Jarass*, in: ders./Pieroth, Grundgesetz, 17. Aufl. 2022, Art. 21 Rn. 1; *H. Klein*, in: Dürig/Herzog/Scholz, Grundgesetz, 73. EL. Dez. 2014, Art. 21 Rn. 261; *Kluth*, in: Epping/Hillgruber (Hrsg.), Grundgesetz, 56. Ed., Art. 21 Rn. 65; *Morlok*, Parteiengesetz, 2. Aufl. 2013, Einleitung Rn. 1; *Streinz*, in: v. Mangoldt/F. Klein/Starck, Grundgesetz Bd. 2, 7. Aufl. 2018, Art. 21 Rn. 8.

[86] *Grimm*, in: Benda/Maihofer/Vogel (Hrsg.), Handbuch des Verfassungsrechts, 2. Aufl. 1994, § 14 Rn. 18 ff.; *Ipsen*, in: JZ 1992, 753 (756); *Tsatsos/H.-R. Schmidt/Steffen*, in: ZRP 1993, 95 (95 f.); *U. Volkmann*, in: ZRP 1992, 325 (327). Antikritik bei *H. Klein*, in: Dürig/

a) *Verfassungsrechtlicher Maßstab*

Gem. Art. 20 Abs. 1, Abs. 2 GG hat der Meinungs- und Willensbildungsprozess vom Volk hin zu den Staatsorganen grundsätzlich staatsfrei und offen zu sein. Art. 21 Abs. 1 Satz 1 GG gibt den Parteien auf, an diesem Prozess mitzuwirken. Aus dessen Staatsfreiheit sowie der Aufgabe der Mitwirkung hieran folgt ein Verbot der staatlich-institutionellen Verfestigung der Parteien.[87] Der Grundsatz der Staatsfreiheit der Parteien ist also eng mit der politischen Meinungs- und Willensbildung des Volkes verknüpft, die nicht nur „im", sondern auch „durch" das Volk erfolgen soll. Die Mitwirkung der Parteien findet in erster Linie anhand von Wahlen statt. Diese sind in einer organisierten Staatlichkeit ohne Parteien schlichtweg nicht möglich.[88] Als Zwischenglieder bzw. Mittler zwischen dem Volk und den Staatsorganen stellen die Parteien die Verbindung zwischen dem Volk und ebenjenen Staatsorganen her und erhalten diese fortwährend.[89] Der gem. Art. 20 Abs. 1, Abs. 2 GG grundsätzlich staatsfrei zu haltende Meinungs- und Willensbildungsprozess des Volkes verliert im Falle einer staatlich-institutionellen Verfestigung der Parteien seine Staatsfreiheit.[90] Eine staatliche Inkorporation der Parteien ist also untersagt.

Das Bundesverfassungsgericht hat sich in der Parteienfinanzierungsentscheidung 1992 von seiner Fixierung auf den Wahlkampf als Mitwirkungsakt der Parteien an der politischen Willensbildung des Volkes gelöst und sich damit bereits früher vertretenen Ansichten angenähert.[91] Es erkennt zutreffend, dass die Mitwirkung der Parteien an der politischen Willensbildung des Volkes auch außerhalb von Wahlkämpfen erfolgt.[92] Folglich gibt das Gericht auch die Begrenzung staatlicher Parteienfinanzierung auf die Wahlkampfkostenerstattung auf.[93] Dennoch, so das Gericht, erlaube der Grundsatz der Staatsfreiheit der Parteien nur deren Teilfinanzierung.[94] Das Gericht löst die Staatsfreiheit der Parteien ferner teilweise aus ihrer bisherigen dogmatischen Verankerung. Die Staatsfreiheit der Parteien ergibt sich nunmehr aus ihrer notwendigen gesellschaftlichen Verwurzelung und ihrer grundsätzlichen Angewiesenheit auf eine Rückversicherung bei ihren Mitgliedern und

---

Herzog/Scholz, Grundgesetz, 64. EL. Jan. 2012, Art. 21 Rn. 154; *Ossenbühl*, in: BayVBl. 2000, 161 (163).

[87] Umfangreich BVerfGE 20, 56 (97 ff.).

[88] St.Rspr. bereits seit BVerfGE 1, 208 (223 ff.). Vgl. auch BVerfGE 73 40 (85); 85, 264 (288).

[89] St.Rspr. siehe nur BVerfGE 20, 56 (101); 44, 125 (145). Jüngst BVerfG NVwZ 2022, 1113 (1114 Rn. 71).

[90] BVerfGE 73, 40 (87); 85, 264 (287). Vgl. bereits *Hesse*, in: VVDStRL 17 (1959), 11 (34).

[91] Etwa *Häberle*, in: JuS 1967, 64 (68).

[92] BVerfGE 85, 264 (285 f.). Zustimmend *Ipsen*, in: JZ 1992, 753 (756); *U. Volkmann*, in: ZRP 1992, 325 (327).

[93] BVerfGE 85, 264 (286).

[94] BVerfGE 85, 264 (287).

Wählern.[95] Selbst als das Bundesverfassungsgericht sich in einem späteren Verfahren gezwungen sah, den Parteien eine „Staatsnähe“ zu attestieren, wurde auf die Abgrenzung zum staatlichen Gefüge ausdrücklich hingewiesen.[96]

Parteien sind also im gesellschaftlich-politischen wurzelnde Gruppen, die nach den Vorgaben des Grundgesetzes in den Bereich der institutionalisierten Staatlichkeit hinwirken, ihm aber nicht angehören dürfen. Jede Einfügung der Parteien in den Bereich der organisierten Staatlichkeit ist unzulässig.[97] Sie dürfen weder der staatlichen Vor- oder Fürsorge überlassen werden noch in irgendeiner sonstigen Art und Weise vom Staat abhängig sein.[98] Art. 21 GG untersagt dabei nicht nur eine Einfügung der Parteien in den Bereich der organisierten Staatlichkeit, sondern verbietet bereits eine Verflechtung der Parteien mit einzelnen Verfassungsorganen.[99]

b) Anwendung durch das Bundesverfassungsgericht

In der Parteienfinanzierungsentscheidung 1966 leitet das Bundesverfassungsgericht zwei konkrete Folgen aus dem Grundsatz der Staatsfreiheit der Parteien ab: die grundsätzliche Unzulässigkeit der staatlichen Parteifinanzierung und die ausnahmsweise Zulässigkeit des Wahlkampfkostenersatzes.[100] Letzteres begründet es mit der Bedeutung des Wahlaktes in der Demokratie des Grundgesetzes sowie mit einer den Staatsorganen zukommenden Verpflichtung, die notwendigen Voraussetzungen für den Wahlvorgang zu schaffen.[101] Darunter fasst das Gericht auch das (finanzielle) Ermöglichen eines angemessenen Wahlkampfes.[102] Der Grundsatz der Staatsfreiheit gebietet zudem, dass der Staat keinen Einfluss darauf nimmt, wer an eine Partei spendet. Die aufgrund der steuerlichen Begünstigung mittelbar gewährten Finanzhilfen dürfen nur dergestalt erfolgen, dass der politische Prozess in seiner Offenheit gewahrt bleibt.[103] In der Parteienfinanzierungsentscheidung 1992 erkennt das Gericht, dass der Grundsatz der Staatsfreiheit zwar die fortdauernde Verankerung der Parteien in der Gesellschaft und ihre darauf beruhende Staatsferne gebietet,[104]

---

[95] *Ipsen*, in: JZ 1992, 753 (756); *Tsatsos/H.-R. Schmidt/Steffen*, in: ZRP 1993, 95 (96); *U. Volkmann*, in: ZRP 1992, 325 (327).

[96] BVerfGE 121, 30 (54 f.).

[97] St.Rspr. seit BVerfGE 20, 56 (101 f.). Jüngst BVerfG NVwZ 2022, 1113 (1114 Rn. 71). Vgl. wieder *Hesse*, in: VVDStRL 17 (1959), 11 (33).

[98] St.Rspr. seit BVerfGE 20, 56 (102, 111).

[99] BVerfGE 20, 56 (111).

[100] BVerfGE 20, 56 (113).

[101] BVerfGE 20, 56 (114 f.).

[102] BVerfGE 20, 56 (113). Bestätigt in BVerfGE 24, 300 (348 ff.).

[103] BVerfGE 52, 63 (92); 73, 40 (86 ff.); 85, 264 (288). Vgl. bereits BVerfGE 24, 300 (360).

[104] BVerfGE 85, 264 (283).

sieht den Staat aber grundsätzlich nicht daran gehindert, den Parteien für ihre allgemeine politische Tätigkeit finanzielle Mittel zur Verfügung zu stellen.[105]

Der Grundsatz der Staatsfreiheit begründete in einem Parteiverbotsverfahren die Verfahrenseinstellung aufgrund des Vorliegens eines nicht behebbaren Verfahrenshindernisses.[106] In der Beobachtung einer Partei durch V-Leute staatlicher Behörden, die gleichzeitig im Bundes- oder eines Landesvorstands der Partei Ämter bekleideten, liege eine schwerwiegende Beeinträchtigung der Staatsfreiheit, führt das Gericht aus.[107] Staatliche Präsenz auf der Führungsebene einer Partei mache eine staatliche Einflussnahme auf deren Willensbildung und Tätigkeit unumgänglich.[108] Ausreichend sei bereits die bloße Präsenz von „doppelfunktionalen", also sowohl mit dem Staat als auch der betroffenen Partei rechtlich und faktisch zusammenhängenden, „Verbindungs-Personen".[109]

Eine Gesamtbetrachtung der Rechtsprechung des Bundesverfassungsgerichts zum Grundsatz der Staatsfreiheit der Parteien zeigt auf, dass es aus dem Grundsatz differenzierte Anforderungen an das Verhalten der Staatsorgane ableitet. Es fordert dabei stets eine strikte Trennung zwischen Staat und Partei, auch bei personenbezogenen Übereinstimmungen.

5. Subsumtion der Gemischtnutzung unter den Maßstab der Staatsfreiheit

Die den gemischt genutzten Profilen zugrundeliegende Problematik ist das Erfüllen einer staatlichen Aufgabe durch eine Partei respektive durch Personen, die einer Partei zuzuordnen sind. In der Parteiendemokratie des Grundgesetzes ist dies grundsätzlich hinzunehmen. Die Mehrheitsparteien haben aufgrund ihrer hervorgehobenen Rolle und nach Maßgabe des zwischen ihnen geschlossenen Koalitionsvertrages ein faktisches Zugriffsrecht auf die staatlichen Spitzenämter.[110] Bei einer näheren Betrachtung der konkreten Art und Weise der Aufgabenerfüllung ergeben sich jedoch Einwände, die nachfolgend dargestellt werden.

---

[105] BVerfGE 85, 264 (285 f.). Vgl. hierzu *Ipsen*, in: JZ 1992, 753 (756); *U. Volkmann*, in: ZRP 1992, 325 (325 f.).

[106] Der Antrag der Ag. wurde nicht mit der gem. § 15 Abs. 4 Satz 1 BVerfGG erforderlichen Mehrheit abgelehnt, BVerfGE 107, 339 (356 ff.).

[107] Zum Ganzen siehe BVerfGE 107, 339 (365 ff.).

[108] BVerfGE 107, 339 (366).

[109] BVerfGE 107, 339 (368).

[110] BVerfGE 13, 54 (81); 20, 56 (101); 44, 125 (137); 52, 63 (83); 121, 30 (55); *Grzeszick/Rauber*, in: Schmidt-Bleibtreu, Grundgesetz, 15. Aufl. 2022, Art. 21 Rn. 22; *H. Klein*, in: Dürig/Herzog/Scholz, Grundgesetz, 64. EL. Jan. 2012, Art. 21 Rn. 196 ff.; *Kluth*, in: Epping/Hillgruber (Hrsg.), Grundgesetz, 56. Ed., Art. 21 Rn. 88; *Towfigh/Ulrich*, in: W. Kahl/Waldhoff/Walter (Hrsg.), Grundgesetz, 205. Akt. Juli 2020, Art. 21 Rn. 215 ff.

a) Unzulässiger Durchgriff der Partei auf die staatliche Aufgabenerfüllung

Der Staat handelt durch das Amt und den Amtsträger.[111] Im Falle der Öffentlichkeitsarbeit betrifft dies das Bundespresseamt, das Pressearbeits- und Öffentlichkeitsarbeitsreferat des jeweiligen Ministeriums oder den jeweiligen Amtsträger selbst. Das Regierungsmitglied hat seine staatlichen Aufgaben in seiner Rolle als Amtsträger wahrzunehmen und wird dabei als Amtsträger wahrgenommen. Es hat dabei auf diejenigen Ressourcen zurückzugreifen, die ihm *qua* Amt zur Verfügung stehen. Diese werden im Haushaltsplan durch das Parlament in Wahrnehmung seiner Etathoheit sowie für die Exekutive grundsätzlich bindend festgelegt.[112]

Verfügt ein Regierungsmitglied in seiner Rolle als Parteivorsitzender über (zusätzliche) Mitarbeiter, sind diese nicht dem staatlichen Amt, sondern dem Parteiamt zugeordnet. Wirken diese Mitarbeiter an der regierungsamtlichen Öffentlichkeitsarbeit mit, nehmen sie eine staatliche Aufgabe wahr. Gegen die vom Grundgesetz vorgesehene Konzeption, dass Parteien nur dann „im Staat“ tätig werden dürfen, wenn ein staatliches Amt „zwischengeschaltet“ ist, wird auf diese Weise verstoßen.[113] Das Grundgesetz eröffnet den Parteien zwar hinsichtlich der Personalauswahl ein faktisches Zugriffrecht auf die Staatsämter, allerdings kein unmittelbares Durchgriffsrecht.[114] Sogar der Abgeordnete, der über einen Listenplatz ins Parlament einzieht und daher von der Partei entsandt zu sein scheint, ist aufgrund des in Art. 38 Abs. 1 GG verankerten freien Mandats vor dem Zugriff seiner Partei bewahrt.[115]

Es bedarf zudem immer eines parteipolitischen Nominierungs- und eines staatlichen Konstituierungsaktes.[116] Offen zu Tage tritt dies in der Konstituierung der Bundesregierung. Derjenige von den Parteien vor der Wahl ausgerufene Kanzlerkandidat, der nach der Bundestagswahl eine politische Mehrheit hinter sich weiß, wird vom Bundespräsidenten dem Bundestag vorgeschlagen und von diesem ge-

---

[111] *P. Kirchhof*, in: Isensee/ders. (Hrsg.), Handbuch des Staatsrechts Bd. V, 3. Aufl. 2007, § 99 Rn. 93. Vgl. auch *Depenheuer*, in: Isensee/P. Kirchhof (Hrsg.), Handbuch des Staatsrechts Bd. III, 3. Aufl. 2005, § 36 Rn. 1; *Krüger*, Allgemeine Staatslehre, 2. Aufl. 1966, S. 253 f.

[112] BVerfGE 20, 56 (91); *Heun*, in: Dreier (Hrsg.), Grundgesetz Bd. III, 3. Aufl. 2018, Art. 110 Rn. 29; *Hillgruber/Drüen*, in: v. Mangoldt/F. Klein/Starck, Grundgesetz Bd. 3, 7. Aufl. 2018, Art. 110 Rn. 64 ff.; *Kube*, in: Dürig/Herzog/Scholz, Grundgesetz, 70. EL. Dez. 2013, Art. 110 Rn. 35, 64 f.

[113] Entgegen *Laude*, Automatisierte Meinungsbeeinflussung, 2021, S. 217 f., ist diese Art der Aufgabenwahrnehmung kein zulässiges Hineinwirken der Parteien in die staatliche Sphäre (mehr).

[114] *Grimm*, in: Benda/Maihofer/Vogel (Hrsg.), Handbuch des Verfassungsrechts, 2. Aufl. 1994, § 14 Rn. 60.

[115] Die Gleichstellung von Listen- und Direktkandidaten ist rechtlich geboten, *Trute*, in: I. v. Münch/Kunig, Grundgesetz Bd. 1, 7. Aufl. 2021, Art. 38 Rn. 127.

[116] *Grimm*, in: Benda/Maihofer/Vogel (Hrsg.), Handbuch des Verfassungsrechts, 2. Aufl. 1994, § 14 Rn. 64.

wählt, Art. 63 Abs. 1 GG. Ebenfalls Folge jener politischen Absprache zur Kanzlerwahl ist, dass die an der Absprache beteiligten Parteien ihrerseits diejenigen Minister „bestimmen", die der Kanzler dem Bundespräsidenten gem. Art. 64 Abs. 1 GG vorschlägt und von diesem schließlich ernannt werden.[117] Insoweit trennt das Grundgesetz zwischen der Parteien- und der Regierungssphäre.

Haben Parteimitarbeiter nun Zugriff auf ein gemischt genutztes Profil und wirken sie auf diesem Wege an der Verbreitung von Inhalten der Öffentlichkeitsarbeit mit, nehmen sie eine staatliche Aufgabe ohne „zwischengeschaltetes" Amt wahr. Diese systemwidrige Art der Aufgabenwahrnehmung führt dazu, dass die Partei aus ihrer gesellschaftlich-politischen Funktion herausgelöst und in die institutionalisierte Staatlichkeit eingefügt wird. Der hierfür erforderliche staatliche Konstituierungsakt unterbleibt. In jedem Fall handelt es sich um eine unzulässige Verflechtung der voneinander strikt getrennt zu haltenden Sphären.

b) Aufgabe der Vermittlungsfunktion

Die beschriebene Verflechtung von Partei und Staat erfolgt im Rahmen der politischen Willensbildung des Volkes. Hieran haben die Parteien gem. Art. 21 Abs. 1 Satz 1 GG mitzuwirken. Dem Staat hingegen ist aufgrund der vom Grundgesetz grundsätzlich vorgegebenen Richtung der Willensbildung vom Volk hin zu den Staatsorganen nur die Einwirkung gestattet, sofern ein legitimierender Grund vorliegt. Nehmen die Parteien im Rahmen der regierungsamtlichen Öffentlichkeitsarbeit eine staatliche Aufgabe wahr, wirken sie aber nicht mehr an der politischen Willensbildung *mit*, sondern vielmehr auf diese *ein*. Die Parteien sollen in der Demokratie des Grundgesetzes aber eine Vermittlungsfunktion zwischen dem Volk und den Staatsorganen wahrnehmen. Es soll in der Rolle als Partei sowohl vom Volk hin zu den Staatsorganen als auch von den Staatsorganen hin zum Volk vermittelt werden.[118] Erfüllt eine Partei im staatlichen Gefüge eine staatliche Aufgabe, kann sie diese Vermittlungsfunktion nicht mehr wahrnehmen. Sie wurde in die staatliche Sphäre eingefügt. Infolgedessen hat sie ihre Vermittlerstellung verloren und ist zum eigentlichen Kommunikator der regierungsamtlichen Öffentlichkeitsarbeit geworden.

c) Verlust der Verankerung in der Gesellschaft

Durch den faktischen Eintritt in das staatliche Gefüge findet eine mit dem Bild der Partei, als eine in der Gesellschaft verwurzelten Gruppe, nicht zu vereinbarende „Metamorphose hin zu einem Staatsorgan" statt.[119] Der Grundsatz der Staatsfreiheit

---

[117] Zur politischen Bindung des Kanzlers siehe *Ossenbühl*, in: BayVBl. 2000, 161 (162).

[118] Ähnlich *Ipsen/Koch*, in: Sachs (Hrsg.), Grundgesetz, 9. Aufl. 2021, Art. 21 Rn. 11.

[119] *Ipsen/Koch*, in: Sachs (Hrsg.), Grundgesetz, 9. Aufl. 2021, Art. 21 Rn. 11. Vgl. auch *Ossenbühl*, in: BayVBl. 2000, 161 (164).

erfordert jedoch die fortdauernde Verankerung in der Gesellschaft. Die Parteien müssen sich ihren Charakter als frei gebildete, im gesellschaftlich-politischen Bereich wurzelnde Gruppen durchgängig bewahren. Mit der vorstehend beschriebenen Integration der Partei in das staatliche Gefüge lassen sich diese Anforderungen aber nicht vereinbaren.

6. Fazit

Aus der Staatsfreiheit der Parteien ergibt sich die Unzulässigkeit des Verbreitens von Inhalten der Öffentlichkeitsarbeit über ein gemischt genutztes Profil auf einem sozialen Medium, insoweit dies durch oder mithilfe von eindeutig einer Partei zuzuordnenden Personen erfolgt oder sonst auf Infrastruktur der Partei zurückgegriffen wird.

II. Nutzung von Abgeordnetenmitarbeitern

Weiterhin offen bleibt die Zulässigkeit der Nutzung von Mitarbeitern oder sonstiger Infrastruktur, die dem Regierungsmitglied gewährt werden, wenn es zugleich Mitglied des Bundestages ist. Obwohl dies weder für Minister[120] noch Bundeskanzler[121] eine zwingende Voraussetzung ist, ist dies regelmäßig der Fall.[122] Zur Verdeutlichung: Die 24. Bundesregierung bestand neben dem Bundeskanzler aus fünfzehn Ressortministern, lediglich drei dieser Minister sind keine Mitglieder des Deutschen Bundestages. Bislang einziger Bundeskanzler ohne Bundestagsmandat war Kurt Georg Kiesinger. Die Verfassungsmäßigkeit dieses Nebeneinanders von Staats- und Abgeordnetenamt wird zwar vereinzelt bestritten,[123] soll an dieser Stelle

---

[120] *Brinktrine*, in: Sachs (Hrsg.), Grundgesetz, 9. Aufl. 2021, Art. 64 Rn. 13; *Epping*, in: ders./Hillgruber (Hrsg.), Grundgesetz, 56. Ed., Art. 65 Rn. 1; *Mager/Holzner*, in: I. v. Münch/Kunig, Grundgesetz Bd. 1, 7. Aufl. 2021, Art. 64 Rn. 16. Siehe bereits *Nawiasky*, Die Grundgedanken des Grundgesetzes, 1950, S. 104.

[121] *Austermann*, in: DÖV 2013, 865 (867); *Brinktrine*, in: Sachs (Hrsg.), Grundgesetz, 9. Aufl. 2021, Art. 63 Rn. 18; *Hermes*, in: Dreier (Hrsg.), Grundgesetz Bd. II, 3. Aufl. 2015, Art. 63 Rn. 13; *Herzog*, in: Dürig/ders./Scholz, Grundgesetz, 52. EL. Mai 2008, Art. 63 Rn. 22; *Mager/Holzner*, in: I. v. Münch/Kunig, Grundgesetz Bd. 1, 7. Aufl. 2021, Art. 63 Rn. 18; *Schröder*, in: v. Mangoldt/F. Klein/Starck, Grundgesetz Bd. 2, 7. Aufl. 2018, Art. 63 Rn. 22.

[122] *Epping*, in: DÖV 1999, 529 (530); *Eschenburg*, Der Sold des Politikers, 1959, S. 85; *Herzog*, in: Dürig/ders./Scholz, Grundgesetz, 52. EL. Mai 2008, Art. 64 Rn. 13; *Schröder*, in: v. Mangoldt/F. Klein/Starck, Grundgesetz Bd. 2, 7. Aufl. 2018, Art. 64 Rn. 8; *Stern*, Staatsrecht Bd. II, 1980, S. 291. Bereits *Nawiasky*, Die Grundgedanken des Grundgesetzes, 1950, S. 84, 104.

[123] *Dittmann*, in: ZRP 1978, 52 (54f.); *Epping*, in: DÖV 1999, 529 (537ff.); *ders.*, in: v. Mangoldt/F. Klein/Starck, Grundgesetz Bd. 2, 7. Aufl. 2018, Art. 66 Rn. 18ff.; *H. Meyer*, in: H.-P. Schneider/Zeh (Hrsg.), Parlamentsrecht und Parlamentspraxis, 1989, § 4 Rn. 30ff.; *I. v. Münch*, in: NJW 1998, 34 (35).

aufgrund der ständig gelebten Staatspraxis aber nicht weiter thematisiert werden.[124] Es ist vielmehr auf das Verhältnis zwischen Regierungsamt und Abgeordnetenmandat einzugehen, genauer auf die Frage, ob die den Abgeordneten gewährten Mittel einer Zweckbindung unterliegen. Bestünde eine solche Zweckbindung und verstieße die Nutzung der Mittel zum Zwecke der regierungsamtlichen Öffentlichkeitsarbeit gegen diese, wäre ein Missbrauchsvorwurf begründet. Dann stünde auch die Unzulässigkeit der Gemischtnutzung in dieser Hinsicht fest.

1. Staatliche Mittelgewährung an die Abgeordneten

Den Abgeordneten werden nach Maßgabe des Grundgesetzes sowie des Abgeordnetengesetzes staatliche Mittel gewährt. Verfassungsrechtlich normiert Art. 48 GG diese Ansprüche; einfachgesetzlich sind für die Mittelwährung an die aktiven Abgeordneten insb. §§ 11–17 AbgG zu nennen.[125] Vorliegend sind lediglich die sog. Abgeordnetenentschädigung gem. § 11 AbgG und die sog. Amtsausstattung, § 12 AbgG, von Relevanz.

a) Verfassungsrechtlicher Maßstab

Vorab ist der verfassungsrechtliche Maßstab der staatlichen Mittelgewährung an die Abgeordneten, wie er aus Art. 48 GG hervorgeht, darzulegen.

aa) Historischer Hintergrund

Art. 32 der Reichsverfassung von 1871 sah neben einem Besoldungs- auch ein Entschädigungsverbot für die Abgeordneten vor. Erst im Jahr 1906 wurde eine Entschädigung verfassungsrechtlich ermöglicht. In der parlamentarischen Frühzeit Deutschlands berechtigte allerdings der aufgrund der Abgeordnetentätigkeit hinzunehmende Verdienstausfall nicht zur Entschädigung. Das Mandat wurde als (reines) Ehrenamt und das Parlament als Honoratiorenparlament verstanden. Auf diesem Wege sollte dem Proletariat der Weg ins Parlament faktisch verschlossen werden, nachdem ihn die Allgemeinheit des Wahlrechts rechtlich eröffnet hatte.[126] Art. 40 WRV gewährte zwar eine Entschädigung nach Maßgabe eines Reichsge-

---

[124] In Bremen und Hamburg ist eine Inkompatibilität in den Landesverfassungen verankert, Art. 108 BremVerf; Art. 39 Abs. 1 HmbVerf.

[125] Im Überblick *Sinner*, in: Austermann/Schmahl (Hrsg.), Abgeordnetenrecht, 2. Aufl. 2023, § 11 AbgG Rn. 37.

[126] Zum Ganzen siehe *Sondervotum Seuffert* BVerfGE 40, 296 (338 f.); *nicht die Entscheidung tragendes Votum* BVerfGE 118, 277 (341); *v. Arnim/Drysch*, in: W. Kahl/Waldhoff/Walter (Hrsg.), Grundgesetz, 199. Akt. Juli 2019, Art. 48 Rn. 40 ff.; *H. Klein/Schwarz*, in: Dürig/Herzog/Scholz, Grundgesetz, 99. EL. Sep. 2022, Art. 48 Rn. 3 f.; *Schulze-Fielitz*, in: Dreier (Hrsg.), Grundgesetz Bd. II, 3. Aufl. 2015, Art. 48 Rn. 1; *Trute*, in: I. v. Münch/Kunig, Grundgesetz Bd. 1, 7. Aufl. 2021, Art. 48 Rn. 3, 22.

setzes, weiterhin wurde die Mitgliedschaft im Parlament aber als Ehrenamt angesehen. Sie gewährte einen Anspruch auf Freistellung von Aufwendungen, jedoch keineswegs auf Bezahlung eines Arbeitslohns.

bb) Wandlung der Abgeordnetenentschädigung

Die Abgeordnetenentschädigung wurde im Laufe der fortschreitenden Demokratisierung und Parlamentarisierung „Opfer" der sich wandelnden Umstände. In einem modernen, die Allgemeinheit repräsentierenden und notwendigerweise funktionsfähigen Parlament entspricht das Abgeordnetenmandat in tatsächlicher Hinsicht eher einem Beruf als einem Ehrenamt. Dem Abgeordneten ist es kaum möglich, seinen bisherigen Beruf in gleichem Umfang fortzuführen. Ferner bestehen erhebliche berufsbezogene Unterschiede. Einem selbstständig tätigen Abgeordneten mag es möglich sein, seine Arbeitszeit frei und somit neben der Mandatsarbeit auszuüben, einem Abgeordneten im Angestelltenverhältnis ist dies kaum möglich. Dass es Abgeordnete i. d. R. beabsichtigen, dem Bundestag über mehrere Legislaturperioden anzugehören, sodass die Unterbrechung des Erwerbslebenslaufs regelmäßig längere Zeit umfasst, vertieft diese Problematik nur noch. Gleichzeitig ist eine personelle Kontinuität der Abgeordneten wünschenswert, da sie der Effektivität der parlamentarischen Arbeit und somit der Funktionsfähigkeit des Parlaments zuträglich ist.[127] Angesichts dieser Entwicklung musste die Aufwandsentschädigung mehr und mehr den Charakter einer Entlohnung annehmen,[128] wenngleich der Abgeordnete in keinem Arbeitsverhältnis zum Parlament oder Staat steht.[129] Art. 48 Abs. 3 Satz 1 GG garantiert daher unter Berücksichtigung seines historischen Hintergrund und dessen Wandlung, mehr als eine bloße Aufwandsentschädigung i. e. S. Sie soll den Abgeordneten umfassend alimentieren.

cc) Wortlaut des Art. 48 Abs. 3 Satz 1 GG

Art. 48 Abs. 3 Satz 1 GG spricht dem Abgeordneten einen Anspruch auf eine angemessene, die Unabhängigkeit sichernde Entschädigung zu. Die beiden Wortbestandteile „Ent" und „Schädigung" deuten auf den Ausgleich eines Verlustes hin, den der Abgeordnete für die Ausübung seines Mandates erleidet.[130] Art. 48 Abs. 3

---

[127] Zum Ganzen BVerfGE 40, 296 (312 ff.); 118, 277 (324 f., 329); *v. Arnim/Drysch*, in: W. Kahl/Waldhoff/Walter (Hrsg.), Grundgesetz, 199. Akt. Juli 2019, Art. 48 Rn. 60 ff.; *H. Klein/Schwarz*, in: Dürig/Herzog/Scholz, Grundgesetz, 99. EL. Sep. 2022, Art. 48 Rn. 115 f.; *Schulze-Fielitz*, in: Dreier (Hrsg.), Grundgesetz Bd. II, 3. Aufl. 2015, Art. 48 Rn. 19; *Trute*, in: I. v. Münch/Kunig, Grundgesetz Bd. 1, 7. Aufl. 2021, Art. 48 Rn. 3.

[128] *Austermann*, in: ders./Schmahl (Hrsg.), Abgeordnetenrecht, 2. Aufl. 2023, Vorb. § 11 AbgG Rn. 1. Im Entwurf der Fraktionen CDU/CSU und SPD zur Änderung des Abgeordnetengesetzes wird die Abgeordnetentätigkeit als „Beruf sui generis" bezeichnet, BT-Drs. 18/477, S. 8.

[129] Vgl. *Sondervotum Seuffert* BVerfGE 40, 296 (334 ff.).

[130] *Determann*, in: BayVBl. 1997, 385 (385).

Satz 1 GG orientiert sich ersichtlich an der Formulierung in Art. 40 WRV,[131] geht aber mit den konkretisierenden Merkmalen „angemessen" und „die Unabhängigkeit sichernde" darüber hinaus.[132] Es bestehen daher Zweifel, ob Art. 48 Abs. 3 Satz 1 GG überhaupt vom Leitbild des Mandats als Ehrenamt ausgeht.[133]

dd) Verhältnis von Art. 48 Abs. 3 GG zu anderen Verfassungsnormen

Art. 48 GG konkretisiert gemeinsam mit Art. 46, 47 GG die in Art. 38 Abs. 1 GG allgemein dargelegte, verfassungsrechtliche Stellung des Abgeordneten des Deutschen Bundestages.[134] Die in Art. 38 Abs. 1 GG verankerte Freiheit des Mandats wird durch Art. 48 Abs. 3 GG finanziell abgesichert. Der Abgeordnete soll unabhängig von seiner individuellen finanziellen Betroffenheit Entscheidungen treffen können.[135] Art. 48 Abs. 3 GG betrifft dabei nicht nur die Ausübung des Mandats. Kann sich ein Staatsbürger aufgrund finanzieller Unzulänglichkeiten schon faktisch nicht zur Wahl aufstellen, sind die Allgemeinheit und die Freiheit der Wählbarkeit betroffen. Können sich hingegen nur wohlhabende Staatsbürger zur Wahl aufstellen, sind die Allgemeinheit und Gleichheit des passiven Wahlrechts betroffen.[136] Insoweit lässt sich die Entschädigung auch auf das in Art. 20 Abs. 1 GG wurzelnde Prinzip der demokratischen Gleichheit zurückführen, das die staatsbürgerliche Gleichheit der politischen Mitwirkungsrechte erfordert.[137] Diese ist verletzt, wenn für einen Teil der Staatsbürgerschaft die aktive Mitwirkung in der Volksvertretung aufgrund finanzieller Hindernisse nicht möglich ist. Schließlich erfordert das in Art. 38 Abs. 1 GG

---

[131] *V. Arnim/Drysch*, in: W. Kahl/Waldhoff/Walter (Hrsg.), Grundgesetz, 199. Akt. Juli 2019, Art. 48 Rn. 47; *Schulze-Fielitz*, in: Dreier (Hrsg.), Grundgesetz Bd. II, 3. Aufl. 2015, Art. 48 Rn. 1.

[132] Nach *Sondervotum Seuffert* BVerfGE 40, 296 (338) ist Art. 48 Abs. 3 Satz 1 GG eine „Absage des Grundgesetzes an das Honoratiorenparlament".

[133] So BVerfGE 118, 227 (328). A. A. *nicht die Entscheidung tragendes Votum* BVerfGE 118, 227 (343).

[134] *H. Klein/Schwarz*, in: Dürig/Herzog/Scholz, Grundgesetz, 99. EL. Sep. 2022, Art. 48 Rn. 23; *Trute*, in: I. v. Münch/Kunig, Grundgesetz Bd. 1, 7. Aufl. 2021, Art. 48 Rn. 1.

[135] *Sondervotum Seuffert* BVerfGE 40, 296 (336); BVerfGE 102, 224 (239); *v. Arnim/Drysch*, in: W. Kahl/Waldhoff/Walter (Hrsg.), Grundgesetz, 199. Akt. Juli 2019, Art. 48 Rn. 115; *Kluth*, in: Schmidt-Bleibtreu, Grundgesetz, 15. Aufl. 2022, Art. 48 Rn. 1; *Magiera*, in: Sachs (Hrsg.), Grundgesetz, 9. Aufl. 2021, Art. 48 Rn. 1; *Storr*, in: v. Mangoldt/F. Klein/Starck, Grundgesetz Bd. 2, 7. Aufl. 2018, Art. 48 Rn. 47.

[136] *V. Arnim*, in: H.-P. Schneider/Zeh (Hrsg.), Parlamentsrecht und Parlamentspraxis, 1989, § 16 Rn. 9; *ders./Drysch*, in: W. Kahl/Waldhoff/Walter (Hrsg.), Grundgesetz, 199. Akt. Juli 2019, Art. 48 Rn. 117; *H. Klein/Schwarz*, in: Dürig/Herzog/Scholz, Grundgesetz, 99. EL. Sep. 2022, Art. 48 Rn. 23 ff.; *Schulze-Fielitz*, in: Dreier (Hrsg.), Grundgesetz Bd. II, 3. Aufl. 2015, Art. 48 Rn. 8.

[137] *Böckenförde*, in: Isensee/P. Kirchhof (Hrsg.), Handbuch des Staatsrechts Bd. II, 3. Aufl. 2004, § 24 Rn. 41; *Grzeszick*, in: Dürig/Herzog/Scholz, Grundgesetz, 97. EL. Jan. 2022, Art. 20 II Rn. 35; *Sachs*, in: ders. (Hrsg.), Grundgesetz, 9. Aufl. 2021, Art. 20 Rn. 19.

enthaltene Prinzip der demokratischen Repräsentation,[138] dass ein sozial einseitiges und die Gesellschaft nicht angemessen widerspiegelndes Parlament aus „Vielverdienern" zu verhindern ist.[139] „Jedermann muss ohne Rücksicht auf soziale Unterschiede, insbesondere auf seine Abstammung, seine Herkunft, seine Ausbildung oder sein Vermögen die gleiche Chance haben, Mitglied des Parlaments zu werden."[140]

ee) Inhalt des Entschädigungsanspruchs nach Art. 48 Abs. 3 Satz 1 GG

Der Anspruch selbst ist zweigeteilt.[141] Zum einen besteht er aus der sog. Grundentschädigung, einer allgemeinen Alimentation des Abgeordneten für die Dauer der Parlamentszugehörigkeit und in begrenztem Maße darüber hinaus.[142] Die Grundentschädigung umfasst das Gewähren einer ausreichenden Existenzgrundlage, die insb. auch der Bedeutung des Amtes als solchem gerecht werden muss.[143] Sie muss zudem objektiv geeignet sein, schädliche Einflussnahme auf den Abgeordneten zu verhindern.[144] Gleichzeitig darf sie aber nicht so großzügig bemessen sein, dass der Abgeordnete zum Zwecke ihrer Bewahrung seiner Fraktion bzw. seiner Partei blinden Gehorsam leistet und insoweit Art. 38 Abs. 1 Satz 2 GG konterkariert wird.[145] Die pauschalisierte Grundentschädigung gleicht den Verlust aus, den der Abgeordnete dadurch erleidet, dass er nicht mehr in einem regulären Beruf tätig sein kann.[146] Zum anderen wird eine Aufwandsentschädigung i. e. S.,[147] die am tatsäch-

---

[138] BVerfGE 102, 224 (237).

[139] *H. Klein/Schwarz*, in: Dürig/Herzog/Scholz, Grundgesetz, 99. EL. Sep. 2022, Art. 48 Rn. 26; *Schmahl*, in: AöR 130 (2005), 114 (123 f.); *Schulze-Fielitz*, in: Dreier (Hrsg.), Grundgesetz Bd. II, 3. Aufl. 2015, Art. 48 Rn. 8.

[140] BVerfGE 40, 296 (318).

[141] *V. Arnim/Drysch*, in: W. Kahl/Waldhoff/Walter (Hrsg.), Grundgesetz, 199. Akt. Juli 2019, Art. 48 Rn. 192; *Badura*, Staatsrecht, 7. Aufl. 2018, E Rn. 32; *Determann*, in: BayVBl. 1997, 385 (385); *Schmahl*, in: AöR 130 (2005), 114 (124); *Schulze-Fielitz*, in: Dreier (Hrsg.), Grundgesetz Bd. II, 3. Aufl. 2015, Art. 48 Rn. 21.

[142] BVerfGE 40, 296 (315); 76, 256 (341 ff.). Ähnlich bereits BVerfGE 4, 144 (151); 32, 157 (164). Siehe auch *Butzer*, in: Epping/Hillgruber (Hrsg.), Grundgesetz, 56. Ed., Art. 48 Rn. 16.

[143] BVerfGE 40, 296 (316).

[144] BVerfGE 40, 296 (319).

[145] BVerfGE 20, 56 (103); 32, 157 (163 f.); 102, 224 (239 ff.) 118, 227 (328 f.); *Determann*, in: BayVBl. 1997, 385 (387); *Magiera*, in: Sachs (Hrsg.), 9. Aufl. 2021, Art. 48 Rn. 17; *Röper*, in: ZParl 2005, 425 (427); *Schmahl*, in: AöR 130 (2005), 114 (127); *Schulze-Fielitz*, in: Dreier (Hrsg.), Grundgesetz Bd. II, 3. Aufl. 2015, Art. 48 Rn. 23; *Schwarz*, in: NVwZ 2016, 97 (99); *Trute*, in: I. v. Münch/Kunig, Grundgesetz Bd. 1, 7. Aufl. 2021, Art. 48 Rn. 28. Siehe bereits *Eschenburg*, Der Sold des Politikers, 1959, S. 84.

[146] *Determann*, in: BayVBl. 1997, 385 (385).

[147] *V. Arnim/Drysch*, in: W. Kahl/Waldhoff/Walter (Hrsg.), Grundgesetz, 199. Akt. Juli 2019, Art. 48 Rn. 301; *Butzer*, in: Epping/Hillgruber (Hrsg.), Grundgesetz, 56. Ed., Art. 48 Rn. 24; *H. Klein/Schwarz*, in: Dürig/Herzog/Scholz, Grundgesetz, 99. EL. Sep. 2022,

lichen Mandatsaufwand des Abgeordneten orientiert, aber in ihrer Höhe pauschalisiert ist,[148] gewährt. Sie gleicht den Verlust aus, den der Abgeordnete dadurch erleidet, dass er als Abgeordneter tätig wird.[149] Sie ist en détail im Abgeordnetengesetz geregelt.

b) Maßstab aus dem Abgeordnetengesetz

Die Grundentschädigung, in § 11 AbgG als Abgeordnetenentschädigung bezeichnet, ist dort näher bestimmt. Sie orientiert sich an den Bezügen eines Richters an einem obersten Gerichtshof des Bundes, § 11 Abs. 1 Satz 1 AbgG und beträgt monatlich 10.083,47 Euro, § 11 Abs. 1 Satz 2 AbgG. Sie wird nach § 11 Abs. 4 Satz 1 AbgG jährlich an den Nominallohnindex (§ 11 Abs. 4 Satz 2 AbgG) angepasst. § 11 Abs. 2 AbgG gewährt Abgeordneten, die eine hervorgehobene Funktion im Bundestag ausüben, eine Amtszulage. Die Aufwandsentschädigung i. e. S., in § 12 Abs. 1 Satz 1 AbgG als Amtsausstattung bezeichnet, umfasst gem. § 12 Abs. 1 Satz 2 AbgG Geld- und Sachleistungen. Als Geldleistungen wird nach § 12 Abs. 2 AbgG eine monatliche Pauschale zum Ausgleich der in § 12 Abs. 2 Satz 1 Nr. 1–4 AbgG näher bestimmten Kosten gewährt und der Abgeordnete erhält gem. § 12 Abs. 3 AbgG Aufwendungen für die Beschäftigung von Mitarbeitern ersetzt. Die Sachleistungen werden in § 12 Abs. 4 Satz 1 AbgG geregelt, dort normiert etwa § 12 Abs. 4 Satz 1 Nr. 1 AbgG den Anspruch auf das Abgeordnetenbüro.

2. Zweckbindung der gewährten Mittel

Im Anschluss an die Darstellung der gewährten Mittel ist zu ermitteln, ob eine Zweckbindung besteht. Ein Missbrauch der gewährten Mittel setzt eine Zweckbindung ebenjener voraus. Auch hierfür ist auf den verfassungsrechtlichen Befund sowie auf den Befund, der sich aus dem Abgeordnetengesetz ergibt, einzugehen.

a) Verfassungsrechtlicher Befund

Art. 48 Abs. 3 Satz 1 GG und der aus ihm hervorgehende, vorstehend dargelegte verfassungsrechtliche Maßstab der Abgeordnetenentschädigung ist hinsichtlich einer möglichen Zweckbindung der gewährten Mittel zu untersuchen.

Art. 48 Rn. 195; *Schulze-Fielitz*, in: Dreier (Hrsg.), Grundgesetz Bd. II, 3. Aufl. 2015, Art. 48 Rn. 32.

[148] BVerfGE 40, 296 (328).

[149] *Determann*, in: BayVBl. 1997, 385 (385).

aa) Auslegung des Art. 48 Abs. 3 Satz 1 GG

Schon die Position im Abschnitt „Der Bundestag“ legt eine Verknüpfung der Entschädigung mit der Abgeordnetentätigkeit nahe. Unmittelbar vor Art. 48 GG befinden sich Art. 46, 47 GG. Die in ihnen verankerten, klassischen Abgeordnetenrechte der Indemnität und Immunität bzw. zur Zeugnisverweigerung sowie das Beschlagnahmeverbot dienen der Abgeordnetentätigkeit und sind eng mit ihr verbunden.[150] Art. 48 GG schließt besagten III. Abschnitt ab und kann daher nur im Zusammenhang mit Art. 46, 47 GG verstanden werden. Der Abgeordnete wird als Mitglied des Bundestages entschädigt. Die in Art. 48 Abs. 3 Satz 1 GG enthaltenen Konkretisierungen beeinflussen nicht nur den Umfang der Entschädigung, sondern regeln zugleich deren Zweck: Die Unabhängigkeit des Abgeordneten soll sichergestellt werden. An diesem Leitprinzip hat sich die gesamte Auslegung des Art. 48 Abs. 3 GG zu orientieren.[151] Die Entschädigung soll den Abgeordneten in die Lage versetzen, die sich aus seinem grundgesetzlichen Status ergebenden Rechte und Pflichten, etwa die parlamentarische Tätigkeit,[152] frei auszuüben.[153] Im Einklang mit dem hier gefundenen Auslegungsergebnis wird in der Literatur angemerkt, dass die Entschädigung nicht zu anderen Zwecken als dem Abgeordnetenamt genutzt werden dürfe.[154]

Der Aufwendungsersatz i. e. S. ist ersichtlich mandatsbezogen. Ein Anspruch auf Erstattung der aufgewendeten Aufwendungen kann nur bestehen, wenn die Aufwendungen aufgrund und zum Zwecke der Abgeordnetentätigkeit getätigt wurden. Dann erleidet er einen „Schaden“, dessen „Ent-Schädigung“ Art. 48 Abs. 3 Satz 1 GG vorsieht.[155] Auch im Auftragsrecht des Zivilrechts ist gem. § 670 BGB Vor-

---

[150] Zu Art. 46 GG siehe *Schulze-Fielitz*, in: Dreier (Hrsg.), Grundgesetz Bd. II, 3. Aufl. 2015, Art. 46 Rn. 2, 8. Zu Art. 47 GG siehe *ders.*, in: Dreier (Hrsg.), Grundgesetz Bd. II, 3. Aufl. 2015, Art. 47 Rn. 1, 5.

[151] *H. Klein/Schwarz*, in: Dürig/Herzog/Scholz, Grundgesetz, 99. EL. Sep. 2022, Art. 48 Rn. 28; *Sinner*, in: Austermann/Schmahl (Hrsg.), Abgeordnetenrecht, 2. Aufl 2023, § 11 AbgG Rn. 31 Fn. 79.

[152] *V. Arnim/Drysch*, in: W. Kahl/Waldhoff/Walter (Hrsg.), Grundgesetz, 199. Akt. Juli 2019, Art. 48 Rn. 155. Aber BVerfGE 40, 296 (312): „theoretisch die Freiheit (…) seine Aktivitäten (…) bis über die Grenze der Vernachlässigung seiner Aufgabe hinaus einzuschränken“.

[153] BVerfGE 4, 144 (150); 20, 56 (103); 32, 157 (164); *Magiera*, in: Sachs (Hrsg.), Grundgesetz, 9. Aufl. 2021, Art. 48 Rn. 17; *Sinner*, in: Austermann/Schmahl (Hrsg.), Abgeordnetenrecht, 2. Aufl. 2023, § 11 AbgG Rn. 31.

[154] *Butzer*, in: Epping/Hillgruber (Hrsg.), Grundgesetz, 56. Ed., Art. 48 Rn. 18.1; *Magiera*, in: Sachs (Hrsg.), Grundgesetz, 9. Aufl. 2021, Art. 48 Rn. 20; *Schulze-Fielitz*, in: Dreier (Hrsg.), Grundgesetz Bd. II, 3. Aufl. 2015, Art. 48 Rn. 27.

[155] Siehe auch *Butzer*, in: Epping/Hillgruber (Hrsg.), Grundgesetz, 56. Ed., Art. 48 Rn. 27; *Jarass*, in: ders./Pieroth, Grundgesetz, 17. Aufl. 2022, Art. 48 Rn. 9; *Kluth*, in: Schmidt-Bleibtreu, Grundgesetz, 15. Aufl. 2022, Art. 48 Rn. 15 f.; *Magiera*, in: Sachs (Hrsg.), Grundgesetz, 9. Aufl. 2021, Art. 48 Rn. 24.

aussetzung der Ersatzfähigkeit gemachter Aufwendungen, dass sie zum Zwecke der Ausführung des Auftrags gemacht wurden.[156]

bb) Judikatur des Bundesverfassungsgerichts

Das Bundesverfassungsgericht hat den Entschädigungsanspruch gem. Art. 48 Abs. 3 Satz 1 GG mit der Mandatsarbeit des Abgeordneten verknüpft. Die Grundentschädigung dürfe allein der Unterhaltssicherung und nicht anderen Zwecken dienen, führt das Gericht deutlich aus.[157] Hinsichtlich Zusatzzahlungen an Abgeordnete, die besondere parlamentarische Funktionen ausüben,[158] hebt das Gericht erneut die Konnexität zwischen der Entschädigung und dem Aufwand, der mit dem Abgeordnetenmandat einhergeht, hervor. Die Grundentschädigung schließe alle weiteren Leistungen aus, die keinen Ausgleich für sachlich begründeten, also mit dem Mandat verbundenen finanziellen Aufwand darstellen.[159] Eine Ausnahme gelte nur für den Parlamentspräsidenten sowie dessen Stellvertreter.[160] Hinsichtlich der Abgeordnetenentschädigung i. e. S. macht das Gericht deutlich, dass nur der wirklich entstandene, sachlich angemessene und mit dem Mandat einhergehende besondere Aufwand ersatzfähig sei.[161] In einem knapp drei Jahre später ergehenden Beschluss bestätigte es seine Feststellungen. Allein der sachlich begründete und mit dem Mandat verbundene finanzielle Aufwand könne mit der Aufwandsentschädigung ausgeglichen werden.[162] Auch aus späteren, allgemein gehaltenen Aussagen zur Stellung des Abgeordneten lässt sich eine Konnexität zwischen Mandatsausübung und Finanzierung ausmachen.[163] Die Ausübung des Mandats beanspruche den einzelnen Abgeordneten zeitlich so sehr, dass es ihm regelmäßig unmöglich sei, seinen Lebensunterhalt anderweitig zu bestreiten, so das Gericht, dies rechtfertige die staatliche Finanzierung seines Lebensunterhalts.[164]

---

[156] Exemplarisch BGH NJW-RR 2016, 1387 (1389 Rn. 17). Zudem *F. Schäfer*, in: Säcker/Rixecker/Oetker/Limperg (Hrsg.), Bürgerliches Gesetzbuch, 9. Aufl. 2023, § 670 Rn. 26 ff.

[157] BVerfGE 40, 296 (315 f.).

[158] Zur Zulässigkeit siehe BVerfG, Urt. v. 21.7.2000 – 2 BvH 3/91 = BVerfGE 102, 224.

[159] BVerfGE 40, 296 (318). Diese Gleichbehandlung hat Kritik erfahren, *Sondervotum Seuffert* BVerfGE 40, 296 (339 ff.); *H. Klein/Schwarz*, in: Dürig/Herzog/Scholz, Grundgesetz, 99. EL. Sep. 2022, Art. 48 Rn. 176 f.; *Stern*, Staatsrecht Bd. I, 2. Aufl. 1984, S. 1057; *Trute*, in: I. v. Münch/Kunig, Grundgesetz Bd. 1, 7. Aufl. 2021, Art. 48 Rn. 30. Eine Relativierung erfolgte in BVerfGE 102, 224 (242 ff.).

[160] BVerfGE 40, 296 (318).

[161] BVerfGE 40, 296 (328).

[162] BVerfGE 49, 1 (1 f.).

[163] Vgl. etwa BVerfGE 76, 256 (343).

[164] BVerfGE 118, 277 (326).

cc) Zwischenergebnis

Die Auslegung des Art. 48 Abs. 3 Satz 1 GG weist auf eine Bindung der Abgeordnetenentschädigung an die Mandatsarbeit hin. Auch die Rechtsprechung des Bundesverfassungsgerichtes versteht Art. 48 Abs. 3 Satz 1 GG und die darin enthaltene Abgeordnetenentschädigung ersichtlich zweckgebunden.

b) Befund aus dem Abgeordnetengesetz

Sodann ist auf den Befund im Abgeordnetengesetz einzugehen. Von Relevanz erscheinen die bereits an anderer Stelle erwähnten §§ 11, 12 AbgG.

aa) Befund in § 11 AbgG

Der Wortlaut des § 11 Abs. 1 Satz 1 AbgG ist wenig ergiebig, da die in Art. 48 Abs. 3 Satz 1 GG enthaltenen Konkretisierungen fehlen. Freilich gilt für § 11 AbgG als konkretisierende Ausführungsvorschrift zu Art. 48 Abs. 3 GG das oben Gesagte.[165] Allein das *telos* lässt weitere Rückschlüsse zu. § 11 AbgG ist darauf gerichtet, dass jeder Abgeordnete frei von wirtschaftlichen oder politischen Zwängen sein Mandat wahrzunehmen kann.[166] Insoweit besteht ein Mandatsbezug. Ferner gewährt § 11 Abs. 2 AbgG u. a. den jeweiligen Ausschussvorsitzenden eine Amtszulage.[167] Damit hat auch der einfache Gesetzgeber verdeutlicht, dass Abgeordnete, die aufgrund ihrer parlamentarischen Ämter eine besonders zeitintensive Mandatstätigkeit wahrnehmen, ebenfalls von einer Zulage profitieren sollen.[168] Auch insoweit besteht ersichtlich eine Verbindung zwischen der Entschädigung und der Mandatsarbeit.

bb) Befund in § 12 AbgG

§ 12 Abs. 1 Satz 1 AbgG stellt ausdrücklich klar, dass nur die durch das Mandat veranlassten Aufwendungen ersatzfähig sind. Näher wird dies in § 12 Abs. 2 Satz 1 AbgG, der die Verwendungszwecke der auszuzahlenden Kostenpauschale regelt, dargelegt. Gem. § 12 Abs. 2 Satz 1 Nr. 1 AbgG sollen die Bürokosten des Wahlkreisbüros ausgeglichen werden. Das Wahlkreisbüro dient der unmittelbaren Re-

---

[165] *Braun/Jantsch/Klante*, Abgeordnetengesetz, 2002, § 11 Rn. 56; *Sinner*, in: Austermann/Schmahl (Hrsg.), Abgeordnetenrecht, 2. Aufl. 2023, § 11 AbgG Rn. 20f.

[166] *Sinner*, in: Austermann/Schmahl (Hrsg.), Abgeordnetenrecht, 2. Aufl. 2023, § 11 AbgG Rn. 34.

[167] Die Norm geht damit über BVerfGE 40, 296 (318); 102, 224 (244ff.) hinaus. Zur Verfassungsmäßigkeit siehe *Sinner*, in: Austermann/Schmahl (Hrsg.), Abgeordnetenrecht, 2. Aufl. 2023, § 11 AbgG Rn. 54ff.

[168] Entwurf der Fraktionen CDU/CSU und SPD zur Änderung des Abgeordnetengesetzes, BT-Drs. 18/477, S. 9. Vgl. bereits Bericht und Empfehlungen der Unabhängigen Kommission zu Fragen des Abgeordnetenrechts, BT-Drs. 17/12500, S. 35f. Zudem *Sinner*, in: Austermann/Schmahl (Hrsg.), Abgeordnetenrecht, 2. Aufl. 2023, § 11 AbgG Rn. 45.

präsentation des Abgeordneten in seinem Wahlkreis, also vor „seiner“ Wählerschaft.[169] Es erlaubt dem Abgeordneten, den Kontakt zu den Wählern in seinem Wahlkreis zu halten und somit seiner Funktion als Volksvertreter sowie Verbindungsglied zwischen Parlament und Bürger nachzukommen. Auch dabei handelt es sich ersichtlich um Mandatsarbeit.[170] Nichts anderes ergibt sich aus § 12 Abs. 2 Satz 1 Nr. 3 AbgG, der Fahrtkosten für Fahrten in Ausübung des Mandats ausgleicht. Zudem stellt § 12 Abs. 2 Satz 1 Nr. 4 AbgG klar, dass sich der Verwendungszweck der Kostenpauschale auf andere mandatsbedingte Kosten richtet. Eine allgemeine Finanzierung von Partei- oder Wahlkampfaufgaben fällt nicht unter § 12 Abs. 2 Satz 1 Nr. 4 AbgG.[171]

§ 12 Abs. 3 Satz 1 AbgG bestimmt, dass die Mitarbeiter den Abgeordneten bei seiner parlamentarischen Arbeit unterstützen sollen. § 12 Abs. 3 AbgG ist dabei im Zusammenhang mit § 12 Abs. 2 Satz 1 Nr. 4 AbgG zu lesen, sodass nur mandatsbedingte Kosten für Mitarbeiter ersatzfähig sind.[172] Daher dürfen auch die Mitarbeiter, für deren Beschäftigung der Abgeordnete Aufwendungen tätigt und sich diese gem. § 12 Abs. 3 Satz 1 AbgG ersetzen lässt, nicht für Parteiaufgaben eingesetzt werden.[173] Aufgrund § 12 Abs. 3 AbgG dürfen diese Mitarbeiter zudem nicht für der Person des Abgeordneten zuzuordnende Zwecke, etwa rein privater oder beruflicher Natur, eingesetzt werden.[174] Redundant führt der mit dem Einunddreißigsten Gesetz zur Änderung des Abgeordnetengesetzes vom 14. November 2020 (BGBl. I S. 2394) eingefügte § 12 Abs. 3 Buchstabe a Satz 1 AbgG aus, dass nicht der parlamentarischen Arbeit dienende Tätigkeiten der Mitarbeiter nicht erstattungsfähig sind. Bei § 12 AbgG handelt sich insgesamt um Leistungen zur Deckung des mandatsbedingten Aufwandes.[175]

---

[169] Zur Repräsentationsfunktion eines Abgeordneten siehe *H. Klein/Schwarz*, in: Dürig/Herzog/Scholz, Grundgesetz, 94. EL. Jan. 2021, Art. 38 Rn. 217; *Magiera*, in: Sachs (Hrsg.), Grundgesetz, 9. Aufl. 2021, Art. 38 Rn. 45; *Morlok*, in: Dreier (Hrsg.), Grundgesetz Bd. II, 3. Aufl. 2015, Art. 38 Rn. 135; *Trute*, in: I. v. Münch/Kunig, Grundgesetz Bd. 1, 7. Aufl. 2021, Art. 38 Rn. 100.

[170] BVerfGE 134, 141 (173 Rn. 96); 140, 1 (33 Rn. 92); 146, 327 (362 Rn. 86). Bereits *H. Meyer*, in: VVDStRL 33 (1975), 69 (95).

[171] *Schwarz*, in: Austermann/Schmahl (Hrsg.), Abgeordnetenrecht, 2. Aufl. 2023, § 12 AbgG Rn. 16.

[172] *Schwarz*, in: Austermann/Schmahl (Hrsg.), Abgeordnetenrecht, 2. Aufl. 2023, § 12 AbgG Rn. 18.

[173] *Braun/Jantsch/Klante*, Abgeordnetengesetz, 2002, § 12 Rn. 44.

[174] *Braun/Jantsch/Klante*, Abgeordnetengesetz, 2002, § 12 Rn. 45; *Schwarz*, in: Austermann/Schmahl (Hrsg.), Abgeordnetenrecht, 2. Aufl. 2023, § 12 AbgG Rn. 19.

[175] *Austermann*, in: ders./Schmahl (Hrsg.), Abgeordnetenrecht, 2. Aufl. 2023, Vorb. § 11 AbgG Rn. 4; *Schwarz*, in: Austermann/Schmahl (Hrsg.), Abgeordnetenrecht, 2. Aufl. 2023, § 12 AbgG Rn. 1.

cc) Judikatur des Bundesverfassungsgerichts

In einem Organstreitverfahren machte eine nicht im Bundestag vertretene politische Partei eine Verletzung ihres Rechts auf Chancengleichheit mit u. a. der Rüge geltend, dass Abgeordnetenmitarbeiter in Wahlkreisbüros beschäftigt waren. Als nicht im Bundestag vertretene Partei steht ihr diese Möglichkeit ersichtlich nicht zu.[176]

Das Bundesverfassungsgericht führt aus, dass § 12 Abs. 3 Satz 1 AbgG lediglich einen Anspruch auf Ersatz des mandatsbedingten Aufwandes begründe. Die Verwendung von Abgeordnetenmitarbeitern für die Partei oder im Wahlkampf sei nicht ersatzfähig und eine entsprechende Verwendung der hierfür bereitgestellten finanziellen Mittel missbräuchlich.[177] Parteipolitisches Engagement eines Abgeordnetenmitarbeiters sei von der Unterstützung bei der Mandatsarbeit zu trennen.[178] Es bestätigt diese Sichtweise in einer späteren Entscheidung.[179] Da eine trennscharfe Abgrenzung zwischen Wahlkampf und Mandatstätigkeit aber nicht immer möglich sei, sei der Einsatz von Mitarbeiter zu billigen, solange ein hinreichender Mandatsbezug bestehen bleibe.[180] Dennoch gebiete es der Umfang der zur Verfügung gestellten Mittel bei einem gleichzeitig bestehenden Transparenzdefizits, auf eine strenge Einhaltung der gesetzlichen Vorgaben zu pochen.[181] Dies gelte in besonderem Maße für Abgeordnetenmitarbeiter, denn die unvermeidbaren Überschneidungen zwischen Mandatstätigkeit im Wahlkreis und Wahlkampf sowie die persönlichen Interessen der Mitarbeiter seien in hohem Maße missbrauchsanfällig.[182]

dd) Zwischenergebnis

Eine eindeutige Zweckbindung lässt sich für die Aufwandsentschädigung i. e. S. nach § 12 AbgG ausmachen. Erstattungsfähige Aufwendungen müssen der Mandatstätigkeit des Abgeordneten dienen. Hinsichtlich der Grundentschädigung gem. § 11 AbgG ist das Ergebnis weniger deutlich. Der Wortlaut des Art. 48 Abs. 3 Satz 1 GG und dessen Regelungszweck im System des Grundgesetzes legen aber nahe, dass auch die Grundentschädigung ausschließlich der Mandatstätigkeit des Abgeordneten dienen soll. Dies unterstützt § 11 Abs. 2 AbgG. Alle gewährten Mittel sind für die Mandatsarbeit einzusetzen.

---

[176] BVerfG, Beschl. v. 15. 7. 2015 – 2 BvE 4/12 = BVerfGE 140, 1.

[177] BVerfGE 140, 1 (34 Rn. 94).

[178] BVerfGE 140, 1 (35 Rn. 100).

[179] BVerfGE 146, 327 (361 f. Rn. 85 f., 364 Rn. 90).

[180] BVerfGE 146, 327 (363 Rn. 88).

[181] BVerfGE 146, 327 (372 Rn. 112).

[182] BVerfGE 146, 327 (372 f. Rn. 113).

3. Verstoß gegen die Zweckbindung

Für einen begründeten Missbrauchsvorwurf müsste gegen die Zweckbindung verstoßen werden. Ein Verstoß liegt vor, wenn dem Abgeordneten gewährte Mittel zum Zwecke der regierungsamtlichen Öffentlichkeitsarbeit genutzt werden. Dies ist der Fall, wenn Abgeordnetenmitarbeiter an der Erstellung oder Verbreitung von Inhalten beteiligt sind. Dies liegt bei gemischt genutzten Profilen nahe, kann aber auch bei getrennten Profilen vorkommen.

a) Rollentrennung wird missachtet

Eine in der Öffentlichkeit als „Politiker" wahrgenommene Person kann aus rechtlicher Perspektive mehrere Rollen einnehmen. Die in der bürgerlichen Sphäre wurzelnde Rolle als Parteipolitiker ist die erste. Sie zeichnet sich durch Staatsferne und Grundrechtsberechtigung aus. Der Parteipolitiker ist Staatsbürger, ihm kommt das Wahlrecht in aktiver und passiver Form zu. Er kann sich daher zum Abgeordneten des Deutschen Bundestages wählen lassen. Gelingt ihm dies, nimmt er eine zweite Rolle ein. Mit Konstituierung des Bundestages, Art. 39 Abs. 1 Satz 2 GG, erlangt der Gewählte Abgeordnetenstatus.[183] Er übt sodann gem. Art. 48 Abs. 2 GG das Abgeordnetenamt aus, das ihm wiederum einen eigenen verfassungsrechtlichen Status gewährt.[184] Nur diese Abgeordnetenrechte schützen seine Amtstätigkeit. Auf Grundrechte kann er sich als solcher und im Rahmen seiner Mandatsarbeit nicht berufen.[185] Der Abgeordnete ist als Organwalter des Staatsorgans Bundestag nicht mehr staatsfern, sondern als Mitglied des Bundestages ein Teil des Staates.[186] Als solches wählt er schließlich den Bundeskanzler, Art. 63 Abs. 1 GG, der seinerseits die sonstigen Mitglieder der Bundesregierung dem Bundespräsidenten zur Ernennung vorschlägt, Art. 64 Abs. 1 GG. Es kann also eine dritte Rolle eingenommen werden, die des Regierungsmitglieds. Ein solches ist weder grundrechtsberechtigt noch Teil des Organs Bundestag. Die Abgeordnetentätigkeit ist von der Regierungsarbeit zudem aus Gründen der Gewaltenteilung zu trennen. Art. 20 Abs. 2 Satz 2 GG differenziert ausdrücklich zwischen besonderen Organen der Gesetzgebung und der vollziehenden Gewalt; trennt also hinsichtlich der Funktion zwischen Gesetzgebung und Gesetzesvollzug und bezogen auf die Organisation zwischen Organen der Gesetzgebung und des Gesetzesvollzugs.[187]

---

[183] *Morlok*, in: Dreier (Hrsg.), Grundgesetz Bd. II, 3. Aufl. 2015, Art. 38 Rn. 144.

[184] BVerfGE 4, 144 (149); 20, 56 (103); 60, 374 (379); *H. Klein/Schwarz*, in: Dürig/Herzog/Scholz, Grundgesetz, 94. EL. Jan. 2021, Art. 38 Rn. 218; *Morlok*, in: Dreier (Hrsg.), Grundgesetz Bd. II, 3. Aufl. 2015, Art. 38 Rn. 146.

[185] BVerfGE 6, 445 (447 f.); 108, 251 (266); 118, 277 (319 f., 327 f.); *H. Klein/Schwarz*, in: Dürig/Herzog/Scholz, Grundgesetz, 94. EL. Jan. 2021, Art. 38 Rn. 218; *Morlok*, in: Dreier (Hrsg.), Grundgesetz Bd. II, 3. Aufl. 2015, Art. 38 Rn. 146.

[186] *Butzer*, in: Epping/Hillgruber (Hrsg.), Grundgesetz, 56. Ed., Art. 38 Rn. 116.

[187] *Grzeszick*, in: Dürig/Herzog/Scholz, Grundgesetz, 97. EL. Jan. 2022, Art. 20 V Rn. 9 ff.

Betreibt ein Regierungsmitglied Öffentlichkeitsarbeit, hat es die ihm in seiner Rolle als Regierungsmitglied zustehenden Mittel zu nutzen. Jeder Minister verfügt in seinem Ministerium über ein Presse- und Öffentlichkeitsarbeitsreferat, der Bundeskanzler über das Bundespresseamt. Im Staat des Grundgesetzes ist das Prinzip der Gewaltenteilung aufgrund des Nebeneinanders von Mandatsträgerschaft und Regierungsamt nicht streng durchzuhalten.[188] Der die Gewalten teilende Graben verläuft vielmehr zwischen der Opposition einerseits und der Regierung sowie der sie tragenden Mehrheitsfraktionen andererseits.[189] Dennoch entfaltet das Prinzip der Gewaltenteilung Geltung. Als Mittel spezifischer Kontrolle staatlichen Handelns verstärkt es die in Art. 20 GG niedergeschriebenen Staatstrukturprinzipien der Demokratie und der Rechtsstaatlichkeit.[190] Es muss gerade in denjenigen Fällen Beachtung finden, in denen es zu faktischen Überschneidungen kommt.

Öffentlichkeitsarbeit als Regierungstätigkeit stellt keine Mandatsarbeit dar. Aufgrund des Prinzips der Gewaltenteilung ist diese Rollentrennung zwingend zu beachten. Dies gilt erst recht, wenn der Abgeordnete zugleich Mitglied der Regierung ist und es somit bereits aufgrund der Personenidentität zu Überschneidungen kommt. Eine Verwendung von Abgeordnetenmitarbeitern zum Zwecke der regierungsamtlichen Öffentlichkeitsarbeit ist daher zweckwidrig. Es verstößt gegen Art. 48 Abs. 3 Satz 1 GG, § 12 Abs. 3 Satz 1 AbgG und droht aufgrund des Mittelmissbrauchs die nicht die Regierung tragenden Parteien in ihrem Recht auf Chancengleichheit im politischen Wettbewerb zu verletzen.

b) Parallelwertung zum rechtswidrigen Einsatz von Abgeordnetenmitarbeitern im Wahlkampf

Im Wahlkampf tritt der Abgeordnete nicht mehr als Abgeordneter, sondern in seiner Rolle als Wahlbewerber bzw. Parteipolitiker auf. Abgrenzungsschwierigkeiten und eine oftmals andere Wahrnehmung sind aufgrund der Verfassungswirklichkeit hinzunehmen. Sie dürfen allerdings nicht dazu führen, dass man die aus Gründen der Chancengleichheit gebotene Rollentrennung aufgibt. Ist es Abgeordnetenmitarbeitern während ihrer Arbeitszeit verwehrt, den Abgeordneten in seiner Rolle als Parteipolitiker zu unterstützen, vgl. § 12 Abs. 3 Buchstabe a Satz 1 AbgG, muss dies auch für die Unterstützung des Abgeordneten in seiner Rolle als Regierungsmitglied gelten. In beiden Fällen begibt sich der Abgeordnetenmitarbeiter in eine für ihn fremde und ihm verschlossene Sphäre.

---

[188] *Grzeszick*, in: Dürig/Herzog/Scholz, Grundgesetz, 97. EL. Jan. 2022, Art. 20 V Rn. 93.

[189] *Grzeszick*, in: Dürig/Herzog/Scholz, Grundgesetz, 97. EL. Jan. 2022, Art. 20 V Rn. 24; *ders.*, in: Stern/Sodan/Möstl (Hrsg.), Staatsrecht Bd. II, 2. Aufl. 2022, § 33 Rn. 23; *Morlok*, in: Dreier (Hrsg.), Grundgesetz Bd. II, 3. Aufl. 2015, Art. 38 Rn. 148, Art. 44 Rn. 11; *Stern*, Staatsrecht Bd. I, 2. Aufl. 1984, S. 794.

[190] *Grzeszick*, in: Dürig/Herzog/Scholz, Grundgesetz, 97. EL. Jan. 2022, Art. 20 V Rn. 88. Siehe auch *ders.*, in: Stern/Sodan/Möstl (Hrsg.), Staatsrecht Bd. II, 2. Aufl. 2022, § 33 Rn. 35 ff.

Zudem entfaltet regierungsamtliche Öffentlichkeitsarbeit, ähnlich wie die Mandatsarbeit im Wahlkreis, eine Doppelwirkung. Sowohl bei der Mandatsarbeit im Wahlkreis als auch bei der Öffentlichkeitsarbeit kommt die Arbeit des Abgeordnetenmitarbeiters auch dem Parteipolitiker zugute. Wenn das Bundesverfassungsgericht zutreffend hervorhebt, dass bei einer Vermischung von Mandatsarbeit mit Wahlkampftätigkeit in besonderem Maße ein Missbrauchsrisiko besteht, kann bei einer Vermischung von Mandatsarbeit mit Öffentlichkeitsarbeit nichts anderes gelten. In beiden Fällen handelt es sich um eine nichtmandatsbezogene Tätigkeit. Der Einsatz des Abgeordnetenmitarbeiters ist insoweit zweck- und damit rechtswidrig.

Darüber hinaus wird bei der Öffentlichkeitsarbeit wie bei der Mandatsarbeit im Wahlkreis dem Staat zurechenbar auf die grundsätzlich staatsfreie politische Willensbildung des Volkes eingewirkt, sodass ein Konflikt mit dem Prinzip der Volkssouveränität besteht. Neben der objektiv-rechtlichen Frage nach der Vereinbarkeit mit dem Prinzip der Volkssouveränität stellt sich dann auch die Frage nach der Verletzung des Rechts auf Chancengleichheit der Parteien im politischen Wettbewerb, Art. 21 Abs. 1, 38 Abs. 1 GG. Auch in dieser Hinsicht gleicht der Einsatz zum Zwecke der Öffentlichkeitsarbeit dem unzulässigen Einsatz zu Wahlkampfzwecken.

c) Sonderfall der faktischen Nutzung als regierungsamtliches Profil

In besonderen Fällen kann auch bei organisatorisch voneinander getrennten Profilen ein Verstoß gegen die Zweckbindung vorliegen. Ein Verstoß liegt dann vor, wenn das parteipolitische Profil von Abgeordnetenmitarbeitern verwaltet, aber *de facto* als „zweites" regierungsamtliches Profil genutzt wird. Diese Nutzung als weiteres regierungsamtliches Profil kann sich nur aus dem verbreiteten Inhalt ergeben. Der Missbrauchsvorwurf ist begründet, wenn das Regierungsmitglied seine ihm in seiner Rolle als Abgeordneten zustehenden Mitarbeiter zur faktischen Werbeagentur für sich in seiner Rolle als Regierungsmitglied „umwidmet". Schließlich besteht die Zweckbindung der Abgeordnetenmitarbeiter weiterhin fort. Eine „Umwidmung" kommt in Betracht, wenn über das parteipolitische Profil nur noch vereinzelt oder gar keine Inhalte mehr veröffentlicht werden, die der Mandatsarbeit des Abgeordneten zuzuordnen sind. Umgekehrt kann das vereinzelte Verbreiten bzw. Weiterverbreiten eines Inhalts der Öffentlichkeitsarbeit durch ein parteipolitisches Profil keinen Missbrauchsvorwurf begründen. Aufgrund des in der parteidemokratischen Verfassungswirklichkeit gelebten Nebeneinanders von hervorgehobener parteipolitischer Position und staatlichem Amt wird und darf es zu Überschneidungen kommen. Einem Regierungsmitglied ist es seiner Rolle als Parteipolitiker grundsätzlich freigestellt, in welcher Form es in den Wahlkampf eingreift,[191] es darf also auch mit seiner Regierungsbeteiligung und -tätigkeit werben.

---

[191] BVerfGE 138, 102 (117 Rn. 50 ff.); 148, 11 (31 f. Rn. 62); 154, 320 (339 Rn. 54).

Zwischen den beiden beschriebenen Extremfällen muss ein Mittelweg gefunden werden. Für einen differenzierten Lösungsweg kann sich an der Rechtsprechung des Bundesverfassungsgerichts zur Unterstützung durch Abgeordnetenmitarbeiter bei der Wahrnehmung des Abgeordnetenmandats im Wahlkreis orientiert werden. Das Gericht stellt darauf ab, dass die Unterstützung durch Abgeordnetenmitarbeitern bei Tätigkeiten des Abgeordneten, bei denen es zu faktischen Überschneidungen zwischen Mandatsarbeit und Wahlkampf kommt, zulässig ist, sofern ein hinreichender Mandatsbezug bestehe.[192]

Dieser Ansatz kann auf das beschriebene Problem übertragen werden. Ein parteipolitisches Profil, das Inhalte regierungsamtlicher Öffentlichkeitsarbeit verbreitet, ist zulässig, solange ein hinreichender Mandatsbezug des Profils erkennbar bleibt. Ist aber ein Großteil der verbreiteten Inhalte des Profils der regierungsamtlichen Öffentlichkeitsarbeit zuzuordnen und muss bei einer wertenden Gesamtbetrachtung aller relevanten Umstände des Einzelfalles konstatiert werden, dass das Profil nur dazu dient, Öffentlichkeitsarbeit zu verbreiten und ihr somit eine größere Reichweite zu verhelfen. Dann ist ein hinreichender Mandatsbezug nicht mehr erkennbar. Die das Profil verwaltende Mitarbeiter werden sodann ohne hinreichenden Mandatsbezug eingesetzt. In einem solchen Fall liegt ein Missbrauch der dem Abgeordneten gewährten Mittel vor.[193]

4. Fazit

Die den Abgeordneten gewährten Mittel sind an die Mandatsarbeit gebunden. Eine darüberhinausgehende Verwendung der Mittel, etwa um Inhalte der Öffentlichkeitsarbeit zu verbreiten, ist unzulässig. Diese Verwendung verstößt gegen Art. 48 Abs. 3 Satz 1 GG, §§ 11, 12 AbgG und begründet einen Verstoß gegen das Recht auf Chancengleichheit im Wettbewerb, Art. 21 Abs. 1, 38 Abs. 1 GG. Es ist unzulässig, ein gemischt genutztes Profil auf einem sozialen Medium mithilfe von Abgeordnetenmitarbeitern zu betreiben oder ein parteipolitisches Profil dergestalt zu betreiben, dass es nach den genannten Maßstäben als regierungsamtliches Profil anzusehen ist.

III. Gemischtnutzung als solche

Wie vorstehend herausgearbeitet wurde, ist die Gemischtnutzung eines Profils auf einem sozialen Medium durch ein Regierungsmitglied unzulässig, wenn entweder ausschließlich der Partei des Regierungsmitglieds zuzuordnende Personen oder dem Regierungsmitglied als Abgeordneter zuzuordnende Mitarbeiter an der Verbreitung

---

[192] Insb. BVerfGE 146, 327 (372 f. Rn. 112 f.). Siehe oben Kap. 7 C.II.2.b)dd).

[193] Dies scheint für das parteipolitische Profil des Bundeskanzlers auf X zutreffen, siehe oben Kap. 7 A.III.

von Öffentlichkeitsarbeit mitwirken. Zu klären bleibt, ob grundlegende Einwände gegen das Betreiben eines gemischt genutzten Profils auf einem sozialen Medium durch ein Regierungsmitglied bestehen. Diese Einwände müssen sich dabei aus der Gemischtnutzung selbst ergeben. In diesem Fall wäre die Gemischtnutzung durch ein Regierungsmitglied auch dann unzulässig, wenn nur dieses bzw. ihm in seiner Rolle als Exekutivorgan zuzuordnende Personen Zugriff auf das Profil hätte, also weder Partei- noch Abgeordnetenmitarbeiter an der Verbreitung regierungsamtlicher Öffentlichkeitsarbeit beteiligt wären.[194]

1. Sich aus dem Rechtsstaatsprinzip ergebende Anforderungen

Als es sich abzeichnete, dass die Digitalisierung einen immer größeren Stellenwert, u. a. für die staatliche Verwaltung einnehmen werde, wurden erste Stimmen laut, die es zur Aufgabe des Rechtsstaatsprinzips machten, das staatliche Informations- und Kommunikationshandeln der Verwaltung zu disziplinieren.[195] In Zuge dessen hat sich das Informationsverwaltungsrecht herausgebildet, welches das Informationsverhalten der Behörden gegenüber den Bürgern regelt.[196] Die verfassungsrechtliche Anforderungen an die staatliche Kommunikation gegenüber dem Bürger unter Berücksichtigung der geänderten Kommunikationsbedingungen der Informationsgesellschaft lassen sich insb. aus den „Glykol und Osho"-Beschlüssen des Bundesverfassungsgerichtes ablesen. Demnach muss eine staatliche Aufgabe vorliegen, die staatliche Zuständigkeitsordnung eingehalten sowie die Anforderungen an die Sachlichkeit und Richtigkeit der Informationen beachtet werden.[197] Diese „rechtlichen Vorgaben für das staatliche Informationshandeln" stellen aber nur Anforderungen an den konkreten Inhalt, nicht aber an den Kommunikator oder an die Art und Weise wie der Kommunikator seine Sprecherrolle offenbaren muss.[198] Fraglich bleibt also, ob sich aus dem Rechtsstaatsprinzip solche Anforderungen ableiten lassen.

---

[194] Diese Form der Gemischtnutzung scheint der Bundesgesundheitsminister auf seinem Profil auf X zu betreiben.

[195] *Pitschas*, in: Hoffmann-Riem/Schmidt-Aßmann/Schuppert (Hrsg.), Reform des Allgemeinen Verwaltungsrechts, 1993, 219 (242).

[196] *Pitschas*, in: Hoffmann-Riem/Schmidt-Aßmann/Schuppert (Hrsg.), Reform des Allgemeinen Verwaltungsrechts, 1993, 219 (242); *Voßkuhle*, in: Leipold (Hrsg.), Rechtsfragen des Internet und der Informationsgesellschaft, 2002, 97 (98).

[197] BVerfGE 105, 252 (268 ff.); 105, 279 (306 ff.).

[198] Siehe oben Kap. 7 B.IV.

a) Erfordernis einer ex ante bestehenden Zuständigkeit

Im Verwaltungsorganisationsrecht ist das Gebot der Klarheit der Kompetenzordnung als Ausfluss aus dem Rechtsstaatsprinzip anerkannt.[199] Dieses Gebot erfordert, dass Zuständigkeiten klar verteilt und für den Bürger klar zu durchschauen sein müssen.[200] Das Rechtsstaatsprinzip selbst bindet die öffentliche Gewalt in all ihren Äußerungen durch eine klare Kompetenzzuordnung und Funktionentrennung.[201] Auch für regierungsamtliche Kommunikation muss daher gelten, dass sie als solche erkennbar sein muss.[202]

Die Gemischtnutzung eines Profils hingegen vermengt die Zuständigkeit des Regierungsmitglieds für „seine" Öffentlichkeitsarbeit mit der „Unzuständigkeit" des Parteipolitikers oder des Abgeordneten hierfür. Für den Bürger als den jeweiligen Empfänger der Kommunikationsbotschaft ist dies kaum zu erkennen. Im Falle eines gemischt genutzten Profils wird ein Beitrag, der inhaltlich der Öffentlichkeitsarbeit zuzuordnen ist, von dem Regierungsmitglied verbreitet, während ein Beitrag mit parteipolitischem Inhalt von dem Regierungsmitglied in seiner Rolle als Parteipolitiker verbreitet wird. Es ändert sich die Sprecherrolle, nicht aber das Profil. Aufgrund der Gemischtnutzung kann nicht *ex ante* auf die jeweilige Sprecherrolle geschlossen werden. Sie und somit die Zuständigkeit für den konkreten Kommunikationsinhalt ergibt sich vielmehr *ex tunc* aus dem kommunizierten Inhalt selbst. Wird über das Profil ein Inhalt der regierungsamtlichen Öffentlichkeitsarbeit verbreitet, wird sich als Regierungsmitglied geäußert. Wird Wahlwerbung verbreitet, wird sich als Parteipolitiker geäußert. Diese rückwirkende Zuständigkeitsbegründung verbietet jedoch das Gebot der Klarheit der Kompetenzordnung. Die Zuständigkeiten müssen zum Zeitpunkt der Vornahme des staatlichen Handels eindeutig verteilt sein. Im Gegensatz zu denjenigen Äußerungsfällen, in denen sich die Amtlichkeit bzw. Privatheit der Äußerung aus den konkreten äußeren Umständen ergibt,[203] kann bei einer Verbreitung der Äußerung über die soziale Medien gerade nicht auf diese äußeren Umstände rekurriert werden, da der einzige äußere Umstand das Profil auf dem sozialen Medium selbst ist. Dessen Zuordnung steht jedoch gerade in Rede.[204]

---

[199] BVerfGE 137, 108 (144 Rn. 82); *Schmidt-Aßmann*, in: Isensee/P. Kirchhof (Hrsg.), Handbuch des Staatsrechts Bd. II, 3. Aufl. 2004, § 26 Rn. 79. Ähnlich *Schulze-Fielitz*, in: Dreier (Hrsg.), Grundgesetz Bd. II, 3. Aufl. 2015, Art. 20 (Rechtsstaat) Rn. 206.

[200] Vgl. BVerfGE 119, 331 (366).

[201] BVerfGE 33, 125 (158).

[202] *Schürmann*, Öffentlichkeitsarbeit der Bundesregierung, 1992, S. 311.

[203] BVerfGE 138, 102; 154, 320; BVerfG NVwZ 2022, 1113.

[204] Ebenso *Harding*, in: C. Conrad/S. Grünewald/Kalscheuer/Milker (Hrsg.), Handbuch Öffentlich-rechtliches Äußerungsrecht, 2022, § 2 Rn. 53.

b) Erfordernis einer klaren Rollenverteilung

Im Verwaltungsverfahrensrecht ist anerkannt, dass der rechtsstaatliche Verfahrensgedanke die Kommunikationsbeziehungen zwischen Staat und Bürger überschaubar sowie verlässlich machen soll.[205] Soll zwischen Staat und Bürger ein „organisiertes Gespräch“[206] stattfinden, braucht es eine klare und für alle Beteiligten eindeutig erkennbare Rollenverteilung.[207] Auch dieser Aspekt kann auf die regierungsamtliche Öffentlichkeitsarbeit und die Gemischtnutzung eines Profils auf einem sozialen Medium übertragen werden. Nur der für den Staat auftretende Amtsträger kann mehrere Rollen einnehmen, nämlich entweder die Rolle als Regierungsmitglied oder die Rolle als Parteipolitiker. Wird ein Kommunikationsvehikel genutzt, um einerseits regierungsamtliche, andererseits parteipolitische Inhalte zu verbreiten, ist die Rollenverteilung zunächst nicht erkennbar, sondern ergibt sich erst aus dem Kommunikationsinhalt. Eine überschaubare und verlässliche Kommunikationsbeziehung zwischen Staat und Bürger muss die Rollenverteilung jedoch bereits zu Beginn des Kommunikationsvorgangs als feststehend offenbart haben. Sie gehört insoweit zu den Organisationsvoraussetzungen des „Gesprächs“. Regierungsamtliche Öffentlichkeitsarbeit ist zwar kein Verwaltungshandeln i. e. S., dennoch bedarf es eine Über- und vor allem Durchschaubarkeit der Kommunikationsbeziehung zwischen Staat und Bürger. Für die soziale Öffentlichkeitsarbeit kann dies nur bedeuten, dass sich für den einzelnen Bürger bereits aus dem Profil selbst ergibt, ob dieses amtlich oder parteipolitisch genutzt wird.[208] Dies ist nur durch ein Verbot der Gemischtnutzung möglich.

c) Verbot des Missbrauchs der Organisationsform

Aus dem Rechtsstaatsprinzip wird schließlich das Verbot des Missbrauchs der Organisationsform abgeleitet.[209] Dieses soll verhindern, dass sich der Staat in einer Art und Weise organisiert, die eine Herabsetzung rechtsstaatlicher Standards, insb. die Minderung materieller Rechtsbindungen, das Verwischen von Verantwortlichkeiten sowie das Verringern der Rechtsschutzmöglichkeiten des Bürgers, zur Folge

[205] *Schmidt-Aßmann*, in: Isensee/P. Kirchhof (Hrsg.), Handbuch des Staatsrechts Bd. II, 3. Aufl. 2004, § 26 Rn. 76.

[206] *Krebs*, in: Isensee/P. Kirchhof (Hrsg.), Handbuch des Staatsrechts Bd. V, 3. Aufl. 2007, § 108 Rn. 94.

[207] Vgl. *Schulz*, in: AfP 2013, 464 (467).

[208] *Harding*, in: NJW 2019, 1910 (1913), stellt auf den Zeitpunkt „im Vorwege des Abonnierens“ ab.

[209] Zum Formenmissbrauch durch öffentlich-rechtlichen Vertrag siehe *Bullinger*, Vertrag und Verwaltungsakt, 1962, S. 92 f. Zum Formenmissbrauch durch eine die wirtschaftlichen Verhältnisse berücksichtigende „Steuer-Gebühr“ siehe *W. Leisner*, in: H. Conrad/Jahrreiß/Mikat/Mosler/Nipperdey/Salzwedel (Hrsg.), Gedächtnisschrift Hans Peters, 1967, 730 (746).

hat.[210] Zwar manifestierte sich das Verbot bisher im Wesentlichen in der Maxime „Keine Flucht ins Privatrecht" im Zusammenhang mit dem Betrieb kommunaler öffentlicher Einrichtungen, doch mglw. lassen sich die zugrundeliegenden Erwägungen auf die Gemischtnutzung eines Profils auf einem sozialen Medium übertragen.

aa) Profile auf sozialen Medien als öffentliche Einrichtungen

Profile auf sozialen Medien könnten als (digitale) öffentliche Einrichtungen verstanden werden. Um sich dem Begriff der digitalen öffentlichen Einrichtung anzunähern, gilt es sich zunächst der herkömmlichen öffentlichen Einrichtung zu widmen. Ohne den Begriff mit einer Legaldefinition zu versehen, finden sich in allen Kommunalverfassungen Bezugnahmen.[211] In unterschiedlicher Terminologie, aber mit gleichem rechtlichen Gehalt wird den Einwohnern einer Gemeinde ein Benutzungsrecht dieser Einrichtungen eingeräumt.[212]

Was unter einer öffentlichen Einrichtung zu verstehen ist, kann nicht im Wege einer allgemeingültigen Definition festgehalten werden. Die unterschiedlichen Ansätze in der Literatur zur Begriffsbestimmung sind vielschichtig und verstehen den Begriff der öffentlichen Einrichtung allesamt sehr weit.[213] Eine präzise Definition erscheint unmöglich.[214] Öffentliche Einrichtungen sind ein „historisch gewachsenes Sammelsurium höchst unterschiedlicher Gebilde", die jedoch ein entscheidendes Wesensmerkmal aufweisen: den Widmungsakt.[215] Der Widmungsakt ist Voraussetzung für die „Öffentlichkeit" der Einrichtung.[216] Auch in der jüngeren

[210] *Krebs*, in: Isensee/P. Kirchhof (Hrsg.), Handbuch des Staatsrechts Bd. V, 3. Aufl. 2007, § 108 Rn. 92. Umfassend *Ehlers*, Verwaltung in Privatrechtsform, 1984, S. 251 ff. Zur Grundrechtsbindung im Verwaltungsprivatrecht siehe zudem BerlVerfGH DVBl. 2000, 51 (55); BGH NJW 1985, 197 (200); *Bull*, in: Geis/Lorenz (Hrsg.), Staat Kirche Verwaltung, 2001, 745 (551).

[211] § 10 GemO (BW); Art. 21 BayGO; § 12 BbgKVerf; § 20 VerfBrhv; § 19 HGO; § 14 KV M-V; § 30 NKomVG; § 8 GO NRW; § 14 GemO (RLP); § 19 KSVG (SL); § 10 SächsGemO; § 24 KVG LSA; § 18 GO (SH); § 14 ThürKO.

[212] *Axer*, in: NVwZ 1996, 114 (114); *Boehme-Neßler*, in: NVwZ 2001, 374 (379); *Frey*, in: DÖV 2005, 411 (411).

[213] *Ossenbühl*, in: DVBl. 1973, 289 (289); *Scholz*, Das Wesen und die Entwicklung der gemeindlichen öffentlichen Einrichtungen, 1967, S. 32 f., 244. Ähnlich lautende Definitionen bei *Peters*, in: Dietlein/Heusch (Hrsg.), Kommunalrecht Nordrhein-Westfalen, 26. Ed., § 8 GO NRW Rn. 7 ff.; *Stepanek*, in: Dietlein/Suerbaum (Hrsg.), Kommunalrecht Bayern, 20. Ed., Art. 21 BayGO Rn. 4 ff.

[214] *Axer*, Die Widmung als Schlüsselbegriffs des Rechts der öffentlichen Sachen, 1994, S. 143 f.

[215] *Axer*, Die Widmung als Schlüsselbegriffs des Rechts der öffentlichen Sachen, 1994, S. 144.

[216] *Axer*, Die Widmung als Schlüsselbegriffs des Rechts der öffentlichen Sachen, 1994, S. 145 ff.; *ders.*, in: NVwZ 1996, 114 (115 f.); *Ossenbühl*, in: DVBl. 1973, 289 (289 f.);

Rechtsprechung wird sich im Wesentlichen nur noch auf das Vorliegen eines Widmungsakt bezogen.[217] Dieser kann ausdrücklich und in Rechtsform durch das Beschließen einer Satzung oder das Erlassen eines Verwaltungsaktes, aber auch konkludent erfolgen. Ein konkludenter Widmungsakt ergibt sich aus Indizien wie die ständige Praxis, Zweckbestimmungen oder sonstige, einen Widmungswillen offenbarende Verwaltungshandlungen.[218]

(1) Fortentwicklung des Einrichtungsbegriffs

Dem von Peter Axer beschriebenen „Sammelsurium" wurden aufgrund der Digitalisierung von Staat und Verwaltung weitere Zutaten hinzugefügt. Rasch war allgemein anerkannt, dass auch kommunale Internetseiten öffentliche Einrichtungen der jeweiligen Gemeinden sind.[219] Nichts anderes dürfte also für Profile von Gemeinden auf sozialen Medien gelten, sofern ein entsprechender Widmungsakt erkennbar ist. Neben der Übertragung der öffentlichen Einrichtung aus der analogen in die digitale Welt, wurde der Begriff aber auch aus seiner historisch begründeten, in der Selbstverwaltungsgarantie der Gemeinden wurzelnden Verankerung gelöst.[220]

Rechtsfortbildend bezeichnet das Bundesverwaltungsgericht eine im Internet veröffentlichte Datenbank als „öffentliche Einrichtung im untechnischen Sinne".[221] Eine Besonderheit dieser Datenbank liegt darin, dass sie sich im Gegensatz zur herkömmlichen öffentlichen Einrichtung nicht nur an die Einwohner einer einzelnen Gemeinde richtet, sondern an alle deutschen Staatsbürger und wohl auch noch darüber hinaus.[222] Außerdem wurde die Internetseite zum Zeitpunkt des Rechtsstreits nicht von einer Gemeinde verwaltet, sondern von der Koordinierungsstelle Magdeburg, einer unselbstständigen Arbeitsgruppe beim Kultusministerium des Landes

Scholz, Das Wesen und die Entwicklung der gemeindlichen öffentlichen Einrichtungen, 1967, S. 203.

[217] Exemplarisch OVG Lüneburg NordÖR 2018, 429 (430).

[218] *Axer*, Die Widmung als Schlüsselbegriffs des Rechts der öffentlichen Sachen, 1994, S. 145 f.; *Ossenbühl*, in: DVBl. 1973, 289 (290); *Scholz*, Das Wesen und die Entwicklung der gemeindlichen öffentlichen Einrichtungen, 1967, S. 203; *Stelkens*, in: ders./Bonk/Sachs, Verwaltungsverfahrensgesetz, 10. Aufl. 2023, § 35 Rn. 325.

[219] OVG Münster MMR 2015, 775 (776); *Duckstein/Gramlich*, in: SächsVBl. 2004, 121 (127 f.); *Frevert/O. Wagner*, in: NVwZ 2011, 76 (79); *Frey*, in: DÖV 2005, 411 (411 f.). *Boehme-Neßler*, in: NVwZ 2001, 374 (379), begründet dies noch etwas ungelenk mit dem Vorhandensein von kommunalen Servern.

[220] Zur öffentlichen Einrichtung als „historisch gewachsenes Institut der kommunalen Selbstverwaltung" siehe *Scholz*, Das Wesen und die Entwicklung der gemeindlichen öffentlichen Einrichtungen, 1967, S. 34 ff.

[221] BVerwGE 151, 228 (237 Rn. 28). Das erstinstanzliche Gericht sprach noch von einer „öffentliche Einrichtung", VG Magdeburg ZOV 2013, 185 (188).

[222] Es handelt sich um die der Provenienzforschung dienende Lost Art-Datenbank. Diese soll den Eigentümern die Wiedererlangung von den Nationalsozialisten geraubter oder sonst unrechtmäßig entzogener Kulturgüter erleichtern.

Sachsen-Anhalt.[223] Es handelte sich um staatliches Informationshandeln auf Länderebene und nicht um kommunale Daseinsvorsorge.[224]

Die Verwaltungsgerichte München und Mainz knüpfen in nachfolgenden Urteilen an das Bundesverwaltungsgericht und die Rechtsfigur der öffentlichen Einrichtung im untechnischen Sinne an und ordnen das Profil einer öffentlich-rechtlichen Rundfunkanstalt auf einem sozialen Medium unter Bezugnahme auf das Bundesverwaltungsgericht als öffentliche Einrichtung im untechnischen Sinne ein.[225] Leicht abweichend, aber unter Bezugnahme auf das Verwaltungsrecht Mainz, bezeichnet auch das Verwaltungsgericht Leipzig ein solches Profil als virtuelle öffentliche Einrichtung.[226] Das Verwaltungsgericht Hamburg bezeichnet das Profil der Polizei Hamburg auf X ebenfalls als virtuelle öffentliche Einrichtung.[227] Schließlich sind nach Fiete Kalscheuer und Annika Jacobsen auch originär staatliche Profile auf einem sozialen Medium öffentliche Einrichtungen.[228]

(2) Keine Beschränkung der öffentlichen Einrichtungen auf solche kommunaler Trägerschaft

Letztlich überzeugt es, den für die Öffentlichkeit einsehbaren Bereich eines Profils auf einem sozialen Medium, das der Verbreitung regierungsamtlicher Öffentlichkeitsarbeit dient, als öffentliche Einrichtungen anzusehen. Ob man nun von einer virtuellen öffentlichen Einrichtung oder von einer öffentlichen Einrichtung im untechnischen Sinne spricht, mag zwar für eine Abgrenzung vom herkömmlichen Begriffsverständnis förderlich sein. Wirklich zwingend erscheint dies indes nicht. Das historisch begründete Verständnis der rein kommunalen öffentlichen Einrichtungen ist im digitalen Raum überholt, wenngleich eine solche Einrichtung natürlich weiterhin vorliegen kann. Im Gegensatz zur klassischen öffentlichen Einrichtung, die nur von Einwohnern der Gemeinde genutzt werden soll und sinnvollerweise auch nur von diesen genutzt werden kann, steht das Profil eines Regierungsmitglieds auf einem sozialen Medium jedem offen, unabhängig von dessen Einwohnereigenschaft.[229] Ein jeder Nutzer kann sich über das Profil informieren und/oder mit den Inhalten der Öffentlichkeitsarbeit interagieren. Insoweit hat der das Profil Verantwortende eine Plattform zur Information und Kommunikation geschaffen. Damit erfüllt das Regierungsmitglied nicht nur die in seinem Aufgabenkreis wurzelnde

---

[223] Seit dem 1.1.2015 verantwortet die Deutsches Zentrum Kulturverluste, eine rechtsfähige Stiftung bürgerlichen Rechts des Bundes, der Länder und der drei kommunalen Spitzenverbände, die Internetseite.

[224] Siehe BVerwGE 151, 228 (240 Rn. 35, 244 Rn. 42).

[225] VG München MMR 2018, 418 (418); VG Mainz ZUM-RD 2018, 710 (713).

[226] VG Leipzig, Urt. v. 11.9.2019 – 1 K 1642/18, juris Rn. 58.

[227] VG Hamburg MMR 2021, 1009 (1011).

[228] *Kalscheuer/Jacobsen*, in: NJW 2018, 2358 (2360 f.).

[229] *Herbig*, Die öffentlichen Einrichtungen im sozialen Rechtsstaat der Gegenwart, 1970, S. 58, verweist bereits darauf, dass bei Einrichtungen unter der Trägerschaft des Bundes oder der Länder kein örtlicher Bezug zu den Benutzern besteht oder gefordert ist.

Pflicht Öffentlichkeitsarbeit zu betreiben, sondern betreibt zudem informationelle Daseinsvorsorge.[230]

(3) In Betracht kommende Widmungsakte

Ob ein Profil auf einem sozialen Medium „öffentlich" i. S. d. Rechts der öffentlichen Einrichtungen ist, bestimmt sich also danach, ob das Profil eine solche Widmung erfahren hat. Entsprechend der Bestimmung, ob eine über das Profil verbreitete Äußerung in amtlicher oder parteipolitischer Funktion getätigt wurde, kann hierfür auf die Benennung und Beschreibung des Profils abgestellt werden.[231] Die Benennung weist darauf hin, in welcher Rolle das Profil verwaltet wird. Ein als „Bundeskanzler" benanntes Profil indiziert daher die regierungsamtliche Nutzung. Die Beschreibung ist mindestens als Offenlegung des Zwecks oder Verkündung der Nutzungsabsicht des Profils zu verstehen. Freilich kann diese Verkündung auch in einem klarstellenden Beitrag auf dem sozialen Medium erfolgen.[232]

Sind Profilbenennung sowie -beschreibung zweideutig und findet sich darüber hinaus kein klarstellender Inhalt, ist entsprechend dem Kriterium der Zulassungspraxis auf die verbreiteten Inhalte einzugehen. Dabei muss ebenfalls gelten, dass bereits das einmalige Verbreiten eines Inhalts der regierungsamtlichen Öffentlichkeitsarbeit dazu führt, dass das Profil amtlich gewidmet wird. Die „rechtsschöpferische Selbstbindung"[233] des das Profil Verwaltenden tritt entsprechend den Grundsätzen der Selbstbindung der Verwaltung bereits bei einmaligem Handeln ein.[234] Indem der Profilinhaber entweder die Kommentarfunktion unter seinen Beiträgen zur Verfügung stellt oder sogar aktiv mit Beiträgen Dritter interagiert, bindet sich der Inhaber außerdem an den einmal zugelassenen Austausch. Ein späterer Entzug der Kommentarfunktion, sei es individualisiert oder generell, ist mit der einmal an den Tag gelegten Praxis nicht zu vereinbaren.

(4) @realDonaldTrump als „designated public forum"

Das Vorstehende bestätigend sei auf ein Verfahren aus den Vereinigten Staaten von Amerika hingewiesen. Im Verfahren Knight First Amendment Institute at Columbia University v. Trump war u. a. zu klären, wie das Profil des 45. Präsidenten der

[230] Den Aspekt der Daseinsvorsorge als entscheidend ansehend, *Ossenbühl*, in: DVBl. 1973, 289 (289).

[231] Siehe hierzu oben Kap. 7 vor A.

[232] So bei dem Profil der Außenministerin auf X, siehe oben Kap. 7 A.IV.

[233] *Axer*, in: NVwZ 1996, 114 (116).

[234] BVerwG NJW 1970, 1563 (1564); *Heun*, in: Dreier (Hrsg.), Grundgesetz Bd. I, 3. Aufl. 2015, Art. 3 Rn. 58; *Kischel*, in: Epping/Hillgruber (Hrsg.), Grundgesetz, 56. Ed., Art. 3 Rn. 112.

Vereinigten Staaten auf X einzuordnen ist.[235] Obwohl dem Präsidenten während seiner Amtszeit das offizielle Profil des amerikanischen Präsidenten zur Verfügung stand, nutzte er weiterhin sein bereits existierendes Profil, um auch, aber nicht ausschließlich Inhalte zu verbreiten, die der regierungsamtlichen Öffentlichkeitsarbeit zuzuordnen sind.[236] Es handelt sich also um eine Gemischtnutzung eines Profils auf einem sozialen Medium durch einen Amtsinhaber.[237] Die auch regierungsamtliche Nutzung führt nach dem Votum der Richterin Naomi Buchwald dazu, dass der von ihr als „interactive space" bezeichnete Bereich des Profils als „designated public forum" unter die „public forum doctrine" des Obersten Gerichtshof der Vereinigten Staaten fällt.[238] Der „interactive space" ist der interaktive Bereich, den ein veröffentlichter Beitrag auf X eröffnet. Nutzern ist es dadurch möglich, mit dem ursprünglichen Beitrag nach Maßgabe der technischen Möglichkeiten zu interagieren. Außerdem können sie mit in Bezug auf den ursprünglichen Beitrag veröffentlichten Beiträgen Dritter interagieren.[239]

Insofern Parallelen zwischen der „public forum doctrine" und dem deutschen Recht der öffentlichen Einrichtungen bestünden, indizierten diese die Subsumtion von gemischtgenutzten Profile unter den Rechtsbegriff öffentliche Einrichtung. Hinsichtlich der Vergleichbarkeit ist einerseits auf den Begriff in seinem natürlichen Wortsinne, andererseits den konkreten Rechtsbegriff einzugehen. Letzterer ist hinsichtlich seiner Voraussetzungen und Rechtsfolgen zu untersuchen. „Public" im hier verstandenen Sinne – public office, public property etc. – ist als öffentlich gemäß der Bedeutung in öffentlicher Einrichtung zu verstehen. „Forum" hat nach dem Wörterbuch Merriam-Webster die Bedeutung eines Orts des kommunikativen Austauschs. I. d. S. ist auch der Rechtsbegriff „public forum" dort definiert. Ausgehend von seiner Bedeutung scheint der Begriff „public forum" also eine öffentliche Einrichtung darzustellen, die eine konkrete Zweckbindung aufweist, nämlich eine solche des kommunikativen Austauschs. „Forum" im rechtlichen Sinne setzt wie-

---

[235] Knight First Amendment Inst. at Columbia Univ. v. Trump, 302 F.Supp.3d 541 (S.D.N.Y. 2018). Bestätigt durch Knight First Amendment Inst. at Columbia Univ. v. Trump, 928 F.3d 226 (2d Cir. 2019).

[236] Knight First Amendment Inst. at Columbia Univ. v. Trump, 302 F.Supp.3d 541, 552 (S.D.N.Y. 2018): „President Trump uses @realDonaldTrump (…) to announce, describe and defend his policies; to promote the Administration's legislative agenda; to announce official decisions; to engage with foreign leaders; to publicize state visits, to challenge media organizations whose coverage of his Administration he believes to be unfair; and for other statements, including on occasion statements unrelated to government business."

[237] Deutlich im Berufungsurteil, Knight First Amendment Inst. at Columbia Univ. v. Trump, 928 F.3d 226, 230 (2d Cir. 2019): „We do not consider or decide whether an elected official violates the Constitution by excluding persons from a wholly private social media account. (…) We do conclude (…) that the First Amendment does not permit a public official who utilizes a social media account for all manner of purposes to exclude persons."

[238] Knight First Amendment Inst. at Columbia Univ. v. Trump, 302 F.Supp.3d 541, 549, 565 ff. (S.D.N.Y. 2018).

[239] Knight First Amendment Inst. at Columbia Univ. v. Trump, 302 F.Supp.3d 541, 566 (S.D.N.Y. 2018).

derum voraus, dass der in Rede stehende Raum im staatlichen Eigentum oder jedenfalls unter staatlicher Kontrolle steht.[240] Damit korrespondiert im Recht der öffentlichen Einrichtung die zwingende öffentliche Trägerschaft einer jeden Einrichtung. Diese muss sich zwar nicht zwingend in der öffentlich-rechtlichen Form der Inhaberschaft äußern, setzt aber in jedem Fall die staatliche Kontrolle über die Einrichtung voraus.[241] Ein „designated public forum" wiederum erfordert, dass der Staat die Nutzung durch die Öffentlichkeit zum Zwecke des kommunikativen Austauschs freigegeben hat.[242] Der Regierung muss es gerade darauf ankommen, den Ort generell zur Verfügung zu stellen.[243] Dieser Akt der Freigabe bzw. des Zur-Verfügung-Stellens erinnert an den Widmungsakt. In beiden Fällen setzt der Staat eine Zweckbestimmung fest und bindet sich insoweit an sein Verhalten.[244]

Ist der Anwendungsbereich der „public forum doctrine" eröffnet, ist der Regierung die „viewpoint discrimination", also eine Standpunktdiskriminierung, untersagt. Diese liegt vor, wenn eine Meinungsäußerung wegen ihrer konkreten Zielrichtung untersagt wird, obwohl sie generell-thematisch im Einklang mit anderen, zugelassenen Äußerungen ist.[245] Das Verbot der Standpunktdiskriminierung ist daher, wie auch der Grundsatz der Selbstbindung der Verwaltung, eine konkrete Ausgestaltung des Verbots widersprüchlichen Verhaltens. Ist ein „designated public forum" oder eine öffentliche Einrichtung zum allgemeinpolitischen Austausch zugelassen, darf der Staat die Nutzung nicht aufgrund bestimmter politischer Ansichten untersagen. Insoweit entfaltet sich jeweils ein Akt rechtsschöpferischer Selbstbindung.[246] Die Begrenzung des Verbots widersprüchlichen Verhaltens auf die Zulassung einzelner und bestimmter Meinungsinhalte ist darauf zurückzuführen, dass unter die „public forum doctrine" nur Räume zum Zwecke des kommunikativen Austauschs fallen, während die Selbstbindung der Verwaltung bei öffentlichen

---

[240] Knight First Amendment Inst. at Columbia Univ. v. Trump, 302 F.Supp.3d 541, 566 (S.D.N.Y. 2018).

[241] *Herbig*, Die öffentlichen Einrichtungen im sozialen Rechtsstaat der Gegenwart, 1970, S. 57 ff.

[242] Knight First Amendment Inst. at Columbia Univ. v. Trump, 302 F.Supp.3d 541, 573 (S.D.N.Y. 2018): „which the state has opened for use by the public as a place for expressive activity."

[243] Knight First Amendment Inst. at Columbia Univ. v. Trump, 302 F.Supp.3d 541, 574 (S.D.N.Y. 2018): „must intend to make the property ‚generally available,' to a class of speakers."

[244] Knight First Amendment Inst. at Columbia Univ. v. Trump, 302 F.Supp.3d 541, 574 (S.D.N.Y. 2018): „‚governmental intent' serving as ‚the touchstone for determining whether a public forum has been created.'"

[245] Knight First Amendment Inst. at Columbia Univ. v. Trump, 302 F.Supp.3d 541, 575 (S.D.N.Y. 2018): „‚[v]iewpoint discrimination … is presumed impermissible when directed against speech otherwise within the forum's limitations.'"

[246] Im Berufungsurteil Knight First Amendment Inst. at Columbia Univ. v. Trump, 928 F.3d 226, 234 (2d Cir. 2019): „once the President has chosen a platform and opened up its interactive space (…), he may not selectively exclude those whose views he disagrees with."

Einrichtungen nach deutschem Verständnis weiter gefasst ist. Gegen eine Vergleichbarkeit spricht dies freilich nicht.

Bereits der vorstehende, rudimentär vorgenommene Vergleich zwischen der Rechtsfigur „public forum doctrine“ und dem der öffentlichen Einrichtung zeigt Übereinstimmungen und Gemeinsamkeiten auf. Diese unterstützen die These, dass es sich bei Profilen von Regierungsmitgliedern auf sozialen Medien um öffentliche Einrichtungen handelt, sobald ein Beitrag über jenes Profil veröffentlicht wird, dessen Inhalt der Öffentlichkeitsarbeit zuzuordnen ist.

bb) Zwischenergebnis

Das Profil eines Regierungsmitglieds auf einem sozialen Medium ist als öffentliche Einrichtung zu verstehen. Das Verbot des Missbrauchs der Organisationsform ist auf den Betrieb eines gemischt genutzten Profils auf einem sozialen Medium übertragbar.

d) Umgehung materieller Rechtsbindungen

Für den Betrieb eines Profils auf einem sozialen Medium bestehen in zahlreichen Rechtsgebieten materielle Rechtsbindungen. An dieser Stelle eine umfassende Aufzählung und Prüfung vorzunehmen, erwiese sich indes als nicht zielführend. Jede Norm, die auf den Parteipolitiker Anwendung findet, fände über die gem. Art. 20 Abs. 3 Halbsatz 2 GG festgesetzte Bindung der Exekutive an Recht und Gesetz auch auf das Regierungsmitglied Anwendung. Ein relevanter Unterschied ließe sich daher nur ermitteln, wenn Rechtsbindungen existierten, die nur das Regierungsmitglied, aber nicht den Parteipolitiker träfen. Ins Auge springen die Grundrechte, denn während die soziale Öffentlichkeitsarbeit als originär staatliches Handeln gem. Art. 1 Abs. 3, 20 Abs. 3 Halbsatz 2 GG an die Grundrechte gebunden ist, ist der Betrieb eines Profils auf einem sozialen Medium in der Rolle als Parteipolitiker aus grundrechtlicher Perspektive dem Betrieb durch eine Privatperson gleichzusetzen.[247] Die Grundrechte entfalten keine unmittelbare Bindungswirkung, vielmehr kann sich das Regierungsmitglied in seiner Rolle als Parteipolitiker auf die Grundrechte berufen.

Die Grundrechtsbindung des Regierungsmitglieds entfaltet sich bei der sozialen Öffentlichkeitsarbeit auf zwei Ebenen. Zum einen begrenzt die Grundrechtsbindung den konkreten Inhalt der Öffentlichkeitsarbeit. Dies stellt natürlich keine Neuerung dar, denn bereits im Themenkomplex der staatlichen Warnungen wurde sich umfassend damit auseinandergesetzt, inwiefern die Grundrechte Dritter die Öffent-

---

[247] Zur Anwendbarkeit der Grundrechte nach dem Grundgesetz siehe *Harding*, Staatliche Öffentlichkeitsarbeit in sozialen Netzwerken, 2023, S. 137 ff.

lichkeitsarbeit inhaltlich begrenzen.[248] Zum anderen aber begrenzen sie die Interaktionsmöglichkeiten des Regierungsmitglieds mit anderen, grundrechtsberechtigten Nutzern. Dies stellt eine Neuerung dar, denn echte Interaktionsmöglichkeiten zwischen Staat und Bürger waren der Öffentlichkeitsarbeit die längste Zeit fremd oder aufgrund tatsächlicher Schwierigkeiten nur rudimentär vorhanden. Erst der Siegeszug der sozialen Medien ermöglichte es der Öffentlichkeitsarbeit, die Interaktionsmöglichkeiten dieser Mitmach-Medien zum Zwecke der verbesserten Kommunikation und damit der effektiveren Öffentlichkeitsarbeit zu nutzen.[249] An die Frage nach der Grundrechtsrelevanz schließen sich die Folgefragen an, wer im Falle einer grundrechtsrelevanten Interaktion verantwortlich ist und auf welchem Wege der betroffene Bürger Rechtsschutz erlangen kann.

aa) Interaktionsmöglichkeiten bei der sozialen Öffentlichkeitsarbeit

Die Interaktionsmöglichkeiten sind durch die technischen Vorkehrungen auf den sozialen Medien determiniert. Generell lassen sie sich aber in zwei Gruppen einteilen: inkludierende und exkludierende Interaktionsmöglichkeiten. Zu den inkludierenden gehören alle seitens des sozialen Mediums vorgesehenen Möglichkeiten des Bewertens, Kommentierens oder Weiterverbreitens von Beiträgen. Zur zweiten Gruppe gehören Interaktionsmöglichkeiten, die nach Maßgabe der technischen Vorkehrungen innerhalb des Mediums bestimmten Nutzern die Wahrnehmung von Beiträgen verwehren. Ein Beispiel ist das Blockieren als eine Art digitales Hausverbot. Zudem ist es möglich, einzelne Beiträge von anderen Nutzern, die diese als Reaktion auf einen eigenen Beitrag veröffentlicht haben, auszublenden. Dritte können diesen Beitrag dann nicht mehr wahrnehmen. Alternativ besteht die Möglichkeit, Beiträge nach einem bestimmten Muster auszublenden, etwa wenn diese „beleidigende“ Inhalte enthalten oder wenn diese bestimmte, vorher festgelegte Begriffe enthalten. Zuletzt besteht die Vorkehrung, einzelne Beiträge anderer Nutzer zum Zwecke der Überprüfung an das Medium zu melden. Im Falle eines beanstandeten Verstoßes gegen die Nutzungsbedingungen des Mediums wird der Beitrag des Nutzers sodann durch das Medium entfernt oder zumindest für Dritte ausgeblendet.

(1) Bindung an das allgemeine Persönlichkeitsrecht

Grundrechtliche Relevanz könnten dabei parteiergreifende Interaktionen entfalten, sofern diese sich entgegen dem Bürger positionieren. Tritt der Amtsträger im Rahmen seiner Öffentlichkeitsarbeit auf diesem Wege „mit dem Bürger ins Gespräch“, kann sich der Bürger auf sein in Art. 2 Abs. 1 GG i. V. m. Art. 1 Abs. 1 GG verankertes allgemeines Persönlichkeitsrecht berufen. Dieses umfasst u. a. ein Recht

---

[248] Siehe dazu umfassend *Harding*, Staatliche Öffentlichkeitsarbeit in sozialen Netzwerken, 2023, S. 137 ff.

[249] Siehe oben Kap. 2 C.I.3., III.2.

auf Selbstdarstellung der eigenen Person in der Öffentlichkeit.[250] Der Grundrechtsträger soll grundsätzlich selbst darüber entscheiden dürfen, ob und wie er in der Öffentlichkeit wahrgenommen wird,[251] wenngleich ihm nicht die alleinige Verfügungsmacht darüber zusteht.[252] Zudem ist der damit verwandte Schutz des sozialen Geltungsanspruchs i. S. d. persönlichen Ehre Teilgehalt des allgemeinen Persönlichkeitsrechtes.[253] Er schützt vor Äußerungen, die geeignet sind, sich abträglich auf das Bild des Grundrechtsträgers in der Öffentlichkeit auszuwirken.[254] Derartige Äußerungen beeinträchtigen die freie Entfaltung der Persönlichkeit, da denkbar ist, dass infolge eines darauf beruhenden Ansehensverlustes der Grundrechtsträger Beeinträchtigungen in seinem sozialen Umgang hinnehmen muss. Dies würde den Grundrechtsträger an seiner freien Entfaltung innerhalb der Gesellschaft hindern.[255] Wie auch für den Schutz der Selbstdarstellung gilt, dass eine Ehrverletzung nicht dadurch begründet werden kann, dass der Grundrechtsträger geltend macht, sein selbst definiertes Bild in der Öffentlichkeit sei missachtet worden. Der konkrete Inhalt des sozialen Geltungsanspruchs ist objektiv zu bestimmen und richtet sich nach einem verselbstständigten sozialen Abbild des Grundrechtsträgers.[256] Im hier verstandenen Sinne gilt dies freilich nur für Äußerungen, die einem Staatsorgan zuzurechnen sind.[257] Der Schutz durch das allgemeine Persönlichkeitsrecht ist dabei

---

[250] BVerfGE 35, 202 (220); 54, 148 (154); 119, 1 (14); *Di Fabio*, in: Dürig/Herzog/Scholz, Grundgesetz, 39. EL. Juli 2001, Art. 2 Abs. 1 Rn. 166; *Gersdorf*, in: ders./Paal (Hrsg.), Informations- und Medienrecht, 42. Ed., Art. 2 GG Rn. 8; *Hofmann*, in: Schmidt-Bleibtreu, Grundgesetz, 15. Aufl. 2022, Art. 2 Rn. 14.

[251] BVerfGE 114, 339 (346); 152, 152 (187 Rn. 82); *Heckmann*, in: Stern/Sodan/Möstl (Hrsg.), Staatsrecht Bd. IV, 2. Aufl. 2022, § 102 Rn. 23; *Jarass*, in: ders./Pieroth, Grundgesetz, 17. Aufl. 2022, Art. 2 Rn. 44; *Rixen*, in: Sachs (Hrsg.), Grundgesetz, 9. Aufl. 2021, Art. 2 Rn. 71.

[252] BVerfGE 97, 125 (149); 120, 180 (198); *Dreier*, in: ders. (Hrsg.), Grundgesetz Bd. I, 3. Aufl. 2013, Art. 2 I Rn. 72 ff.; *Hofmann*, in: Schmidt-Bleibtreu, Grundgesetz, 17. Aufl. 2022, Art. 2 Rn. 14; *Jarass*, in: ders./Pieroth, Grundgesetz, 17. Aufl. 2022, Art. 2 Rn. 73; *Kube*, in: Isensee/P. Kirchhof (Hrsg.), Handbuch des Staatsrechts Bd. VII, 3. Aufl. 2009, § 148 Rn. 43.

[253] BVerfGE 93, 266 (290); 152, 152 (186 Rn. 80); *Di Fabio*, in: Dürig/Herzog/Scholz, Grundgesetz, 39. EL. Juli 2001, Art. 2 Abs. 1 Rn. 168 f.; *Dreier*, in: ders. (Hrsg.), Grundgesetz Bd. I, 3. Aufl. 2013, Art. 2 I Rn. 77; *Heckmann*, in: Stern/Sodan/Möstl (Hrsg.), Staatsrecht Bd. IV, 2. Aufl. 2022, § 102 Rn. 20 f.; *Kube*, in: Isensee/P. Kirchhof (Hrsg.), Handbuch des Staatsrechts Bd. VII, 3. Aufl. 2009, § 148 Rn. 60 ff.; *Kunig/Kämmerer*, in: I. v. Münch/Kunig, Grundgesetz Bd. 1, 7. Aufl. 2021, Art. 2 Rn. 68 ff.; *Rixen*, in: Sachs (Hrsg.), Grundgesetz, 9. Aufl. 2021, Art. 2 Rn. 74.

[254] BVerfGE 99, 185 (193); 152, 152 (186 Rn. 80).

[255] BVerfGE 99, 185 (193 f.); 152, 152 (186 Rn. 80).

[256] Ausdrücklich in BVerfG-K NJW 1989, 3269 (3269). Im Übrigen siehe oben Fn. 252.

[257] So bisher in BVerfG-K NJW 1989, 3269; NJW 2002, 3458; NJW 2011, 511. Vgl. hierzu auch *Di Fabio*, in: Dürig/Herzog/Scholz, Grundgesetz, 39. EL. Juli 2001, Art. 2 Abs. 1 Rn. 171.

zukunftsoffen und entwicklungsfähig, da sich mögliche Gefährdungen stets neu ergeben können.[258]

Der einem Nutzer in einem sozialen Medium zukommende Schutz in seinem vollen Gehalt kann nur im Zusammenhang mit dem sozialen Medium verstanden werden. So ist in eine Wertung miteinzubeziehen, dass sich der Grundrechtsträger bei den vorstehend geschilderten Interaktionsfällen bereits in die Öffentlichkeit begibt, indem er mit dem Inhalt der Öffentlichkeitsarbeit interagiert. Die Entscheidung in der (digitalen) Öffentlichkeit wahrgenommen zu werden, hat der Nutzer also bereits getroffen. Er kann sich diesbezüglich nicht auf sein Recht auf Selbstdarstellung der eigenen Person berufen.[259] Dies gilt in Ansätzen auch für die Frage, wie der Nutzer in der Öffentlichkeit wahrgenommen wird. Zeichnet sich der Kommentar des Nutzers selbst durch eine in hohem Maße verrohte Sprache, einen objektiv falschen Inhalt oder eine besonders kontroverse Ansicht aus, sind dies Aspekte, die jeweils für sich genommen bereits die Eignung aufweisen, das Ansehen einer Person in der Öffentlichkeit zu schmälern. In diesem Fall kann dem Grundrechtsträger vorgehalten werden, bereits über das „wie" seiner Wahrnehmung in der Öffentlichkeit disponiert zu haben.

Dennoch obliegt dem Staat als Grundrechtsgebundenem auch in diesem Fall die Pflicht, den womöglich bereits eingetretenen Ansehensverlust nicht zu vertiefen. Die Pflicht des Staates, den sozialen Geltungsanspruch i. S. d. persönlichen Ehre zu achten, gilt auch dann, wenn der Nutzer sich einer verrohten Sprache bedient. Ein verbales Recht auf Gegenschlag steht dem Staat nicht zu.[260] „*Quod licet bovi non licet iovi*".[261] Erst recht gilt dies natürlich für Kommentare eines Nutzers, die jene Eignung nicht aufweisen.

Das Bundesverfassungsgericht hat diesbezüglich bereits in einem Kammerbeschluss entschieden, dass es das allgemeine Persönlichkeitsrecht dem Staat verbietet, sich ohne rechtfertigenden Grund herabsetzend über einen Bürger zu äußern, etwa eine von diesem vertretene Meinung abschätzig zu kommentieren.[262] Eine „Desavouierung der eigenen Position", die aus einer „Makulatur der eigenen Meinung

[258] BVerfGE 54, 148 (153 f.); 72, 155 (170); 120, 274 (303); *Di Fabio*, in: Dürig/Herzog/Scholz, Grundgesetz, 39. EL. Juli 2001, Art. 2 Abs. 1 Rn. 147; *Dreier*, in: ders. (Hrsg.), Grundgesetz Bd. I, 3. Aufl. 2013, Art. 2 I Rn. 69; *Kube*, in: Isensee/P. Kirchhof (Hrsg.), Handbuch des Staatsrechts Bd. VII, 3. Aufl. 2009, § 148 Rn. 37.

[259] Vgl. BVerfG-K NJW 2011, 740 (742 f. Rn. 56); *Hofmann*, in: Schmidt-Bleibtreu, Grundgesetz, 17. Aufl. 2022, Art. 2 Rn. 14.

[260] BVerfGE 148, 11 (30 f. Rn. 60); NdsStGH NordÖR 2021, 272 (276); *Eder*, „Rote Karte" gegen „Spinner"?, 2017, S. 180; *Michl*, in: NVwZ 2018, 491 (492); *Nellesen*, Äußerungsrechte staatlicher Funktionsträger, 2019, S. 201; *ders.*, in: C. Conrad/S. Grünewald/Kalscheuer/Milker (Hrsg.), Handbuch Öffentlich-rechtliches Äußerungsrecht, 2022, § 6 Rn. 41. A. A. BVerwG NJW 1984, 2591; SaarlVerfGH LVerfGE 25, 458 (466 f.); *Wieland*, in: Krüper (Hrsg.), Die Organisation des Verfassungsstaats, 2019, 533 (548 f.).

[261] *Friehe*, in: NJW 2018, 934 (934).

[262] BVerfG-K NJW 2011, 511 (511 Rn. 21).

durch den Staat" anstelle einer inhaltlichen Auseinandersetzung mit dieser besteht, muss seitens des Grundrechtsträgers nicht hingenommen werden.[263] Unzulässig ist es zudem, die von der Regierung vertretene Ansicht als die einzig legitime und vertretbare Ansicht darzustellen.[264]

Die sozialen Medien eignen sich aufgrund ihrer Kommunikationsstruktur dabei besonders für ein solches „An-den-Pranger-Stellen".[265] Es besteht stets die Möglichkeit, dass sich aus den Eigenheiten der dortigen Kommunikationsverhältnisse eine unkontrollierbare Eigendynamik ergibt.[266] Zudem werden kontroverse Beiträge, die regelmäßig eine Vielzahl an Interaktionen hervorrufen, seitens des netzwerksspezifischen Algorithmus als besonders „wahrnehmenswert" eingestuft. Der sich daraus ergebende Aufmerksamkeitskreislauf verbreitet einen das allgemeine Persönlichkeitsrecht betreffenden Inhalt der sozialen Öffentlichkeitsarbeit in erhöhtem Maße.[267] Mit dem erhöhten Risiko korrespondiert die Verantwortung des Staates, grundrechtsschonend vorzugehen und im Rahmen der sozialen Öffentlichkeitsarbeit in besonderem Maße auf das allgemeine Persönlichkeitsrecht derjenigen zu achten, mit denen er oder seine Organe interagieren.[268] Wird im Rahmen der sozialen Öffentlichkeitsarbeit mit Grundrechtsträgern durch ein Bewerten, Kommentieren, Weiterverbreiten derer Kommentare etc. interagiert, begrenzt deren Recht auf Selbstdarstellung der eigenen Person die regierungsamtliche Öffentlichkeitsarbeit in ihrer konkreten Gestaltung.

(2) Bindung an die Informationsfreiheit

Die Informationsfreiheit gem. Art. 5 Abs. 1 Satz 1 Halbsatz 2 GG begründet zwar keinen originären,[269] aber einen derivativen Anspruch auf Information.[270] Sie ge-

---

[263] BVerfG-K NJW 2011, 511 (512 Rn. 22).

[264] Vgl. BVerfG-K NJW 2011, 511 (512 Rn. 24).

[265] Vgl. *Bertram*, in: NJW 2011, 513.

[266] Siehe oben Kap. 2 C.II.2., 3.

[267] Siehe auch *Harding*, Staatliche Öffentlichkeitsarbeit in sozialen Netzwerken, 2023, S. 161 ff.

[268] Dies hat das BVerfG für mit dem Fortschritt der Aufnahmetechniken wachsende Möglichkeiten der Gefährdung des Rechts am eigenen Bildes entschieden, BVerfGE 101, 361 (380); 120, 180 (198); *Heckmann*, in: Stern/Sodan/Möstl (Hrsg.), Staatsrecht Bd. IV, 2. Aufl. 2022, § 102 Rn. 26. *Hofmann*, in: Schmidt-Bleibtreu, Grundgesetz, 17. Aufl. 2022, Art. 2 Rn. 14, nimmt ausdrücklich Bezug auf die sozialen Medien.

[269] BVerfGE 103, 44 (59 f.); *Schemmer*, in: Epping/Hillgruber (Hrsg.), Grundgesetz, 56. Ed., Art. 5 Rn. 32; *Starck/Paulus*, in: v. Mangoldt/F. Klein/Starck, Grundgesetz Bd. 1, 7. Aufl. 2018, Art. 5 Rn. 117; *Wendt*, in: I. v. Münch/Kunig, Grundgesetz Bd. 1, 7. Aufl. 2021, Art. 5 Rn. 53.

[270] *Bethge*, in: Sachs (Hrsg.), Grundgesetz, 9. Aufl. 2021, Art. 5 Rn. 59a f.; *Germelmann*, in: Stern/Sodan/Möstl (Hrsg.), Staatsrecht Bd. IV, 2. Aufl. 2022, § 118 Rn. 46 f.; *Grabenwarter*, in: Dürig/Herzog/Scholz, Grundgesetz, 85. EL. Nov. 2018, Art. 5 Abs. 1, Abs. 2 Rn. 1023; *Jarass*, in: ders./Pieroth, Grundgesetz, 17. Aufl. 2022, Art. 5 Rn. 28; *Schulze-Fielitz*, in: Dreier (Hrsg.), Grundgesetz Bd. I, 3. Aufl. 2013, Art. 5 I, II Rn. 244 f.

währt ein gegen den Staat gerichtetes Zugangsrecht, wenn eine im staatlichen Verantwortungsbereich liegende Informationsquelle zur öffentlichen Zugänglichkeit bestimmt ist.[271] Inhalte der sozialen Öffentlichkeitsarbeit sind daher von der Informationsfreiheit umfasst, sofern es sich bei dem Profil eines Regierungsmitglieds um eine im staatlichen Verantwortungsbereich liegende Informationsquelle handelt, die zur öffentlichen Zugänglichkeit bestimmt ist.

Die staatliche Verantwortung für das Profil eines Regierungsmitglied braucht ebenso wenig ausgeführt werden, wie die Tatsache, dass es sich bei einem sozialem Medium bzw. bei einem Profil auf einem sozialen Medium um eine öffentlich zugängliche Informationsquelle handelt.[272] Der Informationsbegriff i. S. d. Informationsfreiheit ist umfassend zu verstehen.[273] Entschließt sich ein Regierungsmitglied diese Informationsquelle zu eröffnen, korrespondiert damit gem. Art. 5 Abs. 1 Satz 1 Halbsatz 2 GG das Recht eines jeden Grundrechtsträgers, sich ungehindert aus dieser zu informieren. Nicht zuletzt die enge Verknüpfung der Informationsfreiheit mit dem „Demokratiegrundrecht" der Meinungsfreiheit und der der Informationsfreiheit inhärente Demokratiebezug gebieten dieses Verständnis.[274] Insb. Inhalte der Öffentlichkeitsarbeit weisen in besonderem Maße die Eignung auf, auf die politische Meinungsbildung ihrer Empfänger einzuwirken und werden auch zu diesem Zweck veröffentlicht.

Schließlich wird die verfassungsrechtliche Rechtfertigung der Öffentlichkeitsarbeit auch mit der Informationsfreiheit begründet.[275] Es erschiene widersprüchlich, die Informationstätigkeit des Staates mit der Bedeutung eines Grundrecht zu begründen, die Früchte dieser Informationstätigkeit allerdings nicht vom Schutzbereich ebenjenes Grundrecht erfasst zu sehen. Es besteht für Jedermann das Recht sich ungehindert über regierungsamtliche Öffentlichkeitsarbeit in den sozialen Medien zu informieren. Das Recht erstreckt sich dabei auf Beiträge Dritter, die mit den Inhalten der Öffentlichkeitsarbeit interagiert haben. Diese Beiträge sind ebenso geeignet die politische Willensbildung zu beeinflussen. Die Informationsfreiheit gem. Art. 5 Abs. 1 Satz 1 Halbsatz 2 GG bindet und begrenzt die Interaktionsmöglichkeiten der Regierung im Rahmen der sozialen Öffentlichkeitsarbeit.

---

[271] BVerfGE 103, 44 (60).

[272] *Germelmann*, in: Stern/Sodan/Möstl (Hrsg.), Staatsrecht Bd. IV, 2. Aufl. 2022, § 118 Rn. 28; *Grabenwarter*, in: Dürig/Herzog/Scholz, Grundgesetz, 85. EL. Nov. 2018, Art. 5 Abs. 1, Abs. 2 Rn. 1008; *Starck/Paulus*, in: v. Mangoldt/F. Klein/Starck, Grundgesetz Bd. 1, 7. Aufl. 2018, Art. 5 Rn. 106, 109; *Wendt*, in: I. v. Münch/Kunig, Grundgesetz Bd. 1, 7. Aufl. 2021, Art. 5 Rn. 50.

[273] *Germelmann*, in: Stern/Sodan/Möstl (Hrsg.), Staatsrecht Bd. IV, 2. Aufl. 2022, § 118 Rn. 19; *Grabenwarter*, in: Dürig/Herzog/Scholz, Grundgesetz, 85. EL. Nov. 2018, Art. 5 Abs. 1, Abs. 2 Rn. 1004; *Schemmer*, in: Epping/Hillgruber (Hrsg.), Grundgesetz, 56. Ed., Art. 5 Rn. 25.

[274] Exemplarisch *Bethge*, in: Sachs (Hrsg.), Grundgesetz, 9. Aufl. 2021, Art. 5 Rn. 51. Siehe bereits oben Kap. 3 B.II.2.a).

[275] Siehe oben Kap. 3 B.II.2.a).

(3) Bindung an die Meinungsfreiheit

Das Veröffentlichen eines Inhalts auf einem sozialen Medium ist von der Meinungsfreiheit gem. Art. 5 Abs. 1 Satz 1 Halbsatz 1 GG umfasst, sofern es sich bei der Äußerung um eine Meinung handelt. Eine Äußerung ist dann eine Meinung i. S. d. Art. 5 Abs. 1 Satz 1 Halbsatz 1 GG, wenn es sich um ein Werturteil handelt. Diese sind wiederum durch ein Element der Stellungnahme, des Dafürhaltens, der Beurteilung geprägt.[276] Werturteile sind daher von Tatsachenbehauptungen abzugrenzen, deren Inhalt sich durch eine objektive Beziehung des Äußerungsinhalts und der Wirklichkeit auszeichnet.[277] Obwohl Tatsachenbehauptungen daher schon begrifflich von Werturteilen zu trennen sind, umfasst der Schutzbereich des Grundrechts auch Tatsachenbehauptungen, soweit sie der Meinungsbildung dienlich sind.[278] Insb. nach der Rechtsprechung des Bundesverfassungsgerichts sind bewusst unwahre Tatsachenbehauptungen nicht vom Schutzbereich der Meinungsfreiheit umfasst, sofern deren Unwahrheit bereits bei Tätigung der Äußerung unzweifelhaft feststeht.[279] Auch Formalbeleidigungen nimmt das Gericht bereits vom Schutzbereich der Meinungsfreiheit aus.[280]

Die im Zuge der Vulgarisierung des Internets und seiner sozialen Medien neugeschaffenen Begriffe für spezifische Äußerungsinhalte wie Fake News, Hate Speech etc. können anhand der überkommenden Dogmatik der Meinungsfreiheit passend eingeordnet werden. Handelt es sich bei Fake News um bewusste Falschmeldungen oder bei Hate Speech um Formalbeleidigungen sind diese nach der Rechtsprechung des Bundesverfassungsgerichtes bereits vom Schutzbereich der Meinungsfreiheit ausgenommen.[281] Sind die vorstehend angeführten und auch nach der Rechtsprechung des Bundesverfassungsgerichts sehr eng auszulegenden Schutzbereichsausnahmen nicht einschlägig, wovon regelmäßig der Fall sein dürf-

---

[276] BVerfGE 7, 198 (210); 61, 1 (8); 124, 300 (320); *Grabenwarter*, in: Dürig/Herzog/Scholz, Grundgesetz, 70. EL. Dez. 2013, Art. 5 Abs. 1, Abs. 2 Rn. 47; *Jarass*, in: ders./Pieroth, Grundgesetz, 17. Aufl. 2022, Art. 5 Rn. 8; *Schemmer*, in: Epping/Hillgruber (Hrsg.), Grundgesetz, 56. Ed., Art. 5 Rn. 4.

[277] BVerfGE 90, 241 (247); 94, 1 (8); *Grabenwarter*, in: Dürig/Herzog/Scholz, Grundgesetz, 70. EL. Dez. 2013, Art. 5 Abs. 1, Abs. 2 Rn. 48; *Jarass*, in: ders./Pieroth, Grundgesetz, 17. Aufl. 2022, Art. 5 Rn. 8; *Schemmer*, in: Epping/Hillgruber (Hrsg.), Grundgesetz, 56. Ed., Art. 5 Rn. 5.

[278] BVerfGE 61, 1 (8); *Grabenwarter*, in: Dürig/Herzog/Scholz, Grundgesetz, 70. EL. Dez. 2013, Art. 5 Abs. 1, Abs. 2 Rn. 48.

[279] BVerfGE 90, 241 (249, 254); 99, 185 (197). Ebenso *Bethge*, in: Sachs (Hrsg.), Grundgesetz, 9. Aufl. 2021, Art. 5 Rn. 28; *Jarass*, in: ders./Pieroth, Grundgesetz, 17. Aufl. 2022, Art. 5 Rn. 7.

[280] Ausdrücklich BVerfGE 82, 43 (51). Kritisch *Grabenwarter*, in: Dürig/Herzog/Scholz, Grundgesetz, 70. EL. Dez. 2013, Art. 5 Abs. 1, Abs. 2 Rn. 62.

[281] Kritisch *Ferreau*, in: AfP 2021, 204 (205); *Grabenwarter*, in: Dürig/Herzog/Scholz, Grundgesetz, 70. EL. Dez. 2013, Art. 5 Abs. 1, Abs. 2 Rn. 51; *Jestaedt*, in: D. Merten/Papier (Hrsg.), Handbuch der Grundrechte Bd. IV, 2011, § 102 Rn. 36 ff.; *Schmidt-Jortzig*, in: Isensee/P. Kirchhof (Hrsg.), Handbuch des Staatsrechts Bd. VII, 3. Aufl. 2009, § 162 Rn. 22.

te,[282] kommt einem jeden auf einem sozialen Medium veröffentlichten Inhalt, der Schutz nach Art. 5 Abs. 1 Satz 1 Halbsatz 1 GG zu.[283] Auch bei einem weiteren Phänomen der sozialen Netzwerke, der Verwendung von social bots durch Grundrechtsträger, ist der Staat an die Meinungsfreiheit gebunden. Freilich kann sich der social bot als solcher mangels Grundrechtsfähigkeit nicht auf die Meinungsfreiheit berufen. Dies gilt aber nicht für die Person, die ihn „ins Leben gerufen" hat. Social bots sind als modernes Artikulationsmittel anzusehen, sodass der verbreiteten Äußerung auch grundrechtlicher Schutz zusteht.[284]

Veröffentlichen private Nutzer ihrerseits Inhalte bezugnehmend auf die soziale Öffentlichkeitsarbeit sind die für die Öffentlichkeitsarbeit verantwortlichen Staatsorgane hinsichtlich dieser Inhalte grundsätzlich an die Meinungsfreiheit der Urheber gebunden. Eng zu verstehende Ausnahmen ergeben sich nur für bewusst unwahre Tatsachenbehauptungen und Formalbeleidigungen. Der Vollständigkeit halber sei darauf hingewiesen, dass jegliche Art der Moderation in Form einer vorlaufenden Prüfung des Beitrags mit nachträglicher Freigabe durch das Staatsorgan gegen das in Art. 5 Abs. 1 Satz 3 GG verankerte Verbot der Vorzensur verstößt.[285] Denkbar ist zudem, dass es sich bei einzelnen Inhalten Dritter um Kunst handeln könnte. In diesem Fall tritt die Meinungsfreiheit hinter die speziellere Kunstfreiheit gem. Art. 5 Abs. 3 Satz 1 Var. 1 GG zurück.[286] An einer auch dann bestehenden Grundrechtsbindung ändert sich nichts.

---

[282] *Grabenwarter*, in: Dürig/Herzog/Scholz, Grundgesetz, 70. EL. Dez. 2013, Art. 5 Abs. 1, Abs. 2 Rn. 49, 62; *Schulze-Fielitz*, in: Dreier (Hrsg.), Grundgesetz Bd. I, 3. Aufl. 2013, Art. 5 I, II Rn. 64.

[283] Zu Hate Speech siehe *Bethge*, in: Sachs (Hrsg.), Grundgesetz, 9. Aufl. 2021, Art. 5 Rn. 35a; *Grabenwarter*, in: Dürig/Herzog/Scholz, Grundgesetz, 70. EL. Dez. 2013, Art. 5 Abs. 1, Abs. 2 Rn. 68. Zu Fake News siehe *Bethge*, in: Sachs (Hrsg.), Grundgesetz, 9. Aufl. 2021, Art. 5 Rn. 28; *Wendt*, in: I. v. Münch/Kunig, Grundgesetz, Bd. 1, 7. Aufl. 2021, Art. 5 Rn. 29.

[284] *Iben*, Staatlicher Schutz vor Meinungsrobotern, 2021, S. 166 ff.; *Laude*, Automatisierte Meinungsbeeinflussung, 2021, S. 141 ff.; *Milker*, in: ZUM 2017, 216 (219); *Schröder*, in: DVBl. 2018, 465 (466 ff.). A. A. *Löber/Roßnagel*, in: MMR 2019, 493 (496), die in der Vorspiegelung, die Äußerung hätte ein Mensch getätigt, eine bewusst unwahre Tatsachenbehauptung sehen und daher im Einklang mit der BVerfG-Rechtsprechung den Schutzbereich als nicht eröffnet ansehen.

[285] Zum Zensurbegriff i. S. d. Art. 5 Abs. 1 Satz 3 GG siehe BVerfGE 33, 52 (71 ff.); 83, 130 (155); 87, 209 (230); *Schemmer*, in: Epping/Hillgruber (Hrsg.), Grundgesetz, 56. Ed., Art. 5 Rn. 114.

[286] BVerfGE 30, 173 (200); 75, 369 (377). Offengelassen bei Satire, BVerfGE 68, 226 (233); 81, 1 (9).

(4) Objektiv-rechtliches Gebot der Kommunikationsgerechtigkeit

In Art. 5 Abs. 1 GG ist zudem die objektiv-rechtliche Pflicht des Staates verankert, Kommunikationsgerechtigkeit zu gewährleisten.[287] Die wachsende Bedeutung der neuen Medien für die politische Meinungs- und Willensbildung führt dazu, dass sich die anerkannten Schutzpflichten des Staates für den freien und offenen Meinungs- und Willensbildungsprozess – garantiert durch die Existenz der Kommunikationsgrundrechte – auf den Meinungs- und Willensbildungsprozess in den neuen Medien erstrecken und diesbezüglich aktualisiert werden müssen.[288] Die fortschreitende Ökonomisierung des ursprünglich egalitär geprägten Internets führte aufgrund seiner spezifischen Marktstruktur zu einer die Kommunikationsfreiheiten bedrohenden Marktlogik.[289] Eine inhaltliche Selbstregulierung des Internets scheint weitgehend gescheitert zu sein.[290] Die Plattformökonomie einschließlich der sie prägenden sozialen Medien begünstigen in einem Maße Monopolisierungstendenzen,[291] die sich in kaum einem anderen Industriebereich wiederfinden. Dies liegt auch daran, dass soziale Medien sich zum größten Teil aus Werbeeinnahmen finanzieren, die umso höher sind, je stärker Inhalte auf Interessen der Nutzer zugeschnitten werden. Das wiederum führt zur Verstärkung gleichgerichteter Meinungen.[292] Insb. auf dem „Markt der Meinungen" ist jedoch die Vielfalt an Marktteilnehmern essenziell.[293] Der Staat hat daher für einen offenen und diskriminierungsfreien Zugang zum Internet und innerhalb des Internets für Vielfaltssicherung zu sorgen.[294]

---

[287] *Grabenwarter*, in: Dürig/Herzog/Scholz, Grundgesetz, 70. EL. Dez. 2013, Art. 5 Abs. 1, Abs. 2 Rn. 1028; *Kube*, in: Isensee/P. Kirchhof (Hrsg.), Handbuch des Staatsrechts Bd. IV, 3. Aufl. 2006, § 91 Rn. 27 ff.

[288] *Holznagel*, in: AfP 2011, 532 (535 f.); *Schulze-Fielitz*, in: Dreier (Hrsg.), Grundgesetz Bd. I, 3. Aufl. 2013, Art. 5 I, II Rn. 222.

[289] *Kube*, in: Isensee/P. Kirchhof (Hrsg.), Handbuch des Staatsrechts Bd. IV, 3. Aufl. 2006, § 91 Rn. 7; *Schulze-Fielitz*, in: Dreier (Hrsg.), Grundgesetz Bd. I, 3. Aufl. 2013, Art. 5 I, II Rn. 240.

[290] *Grabenwarter*, in: Dürig/Herzog/Scholz, Grundgesetz, 70. EL. Dez. 2013, Art. 5 Abs. 1, Abs. 2 Rn. 1028; *Hain*, in: AfP 2012, 313 (323); *Kube*, in: Isensee/P. Kirchhof (Hrsg.), Handbuch des Staatsrechts Bd. IV, 3. Aufl. 2006, § 91 Rn. 10.

[291] *Müller*, in: MMR-Beilage 2022, 1007 (1007).

[292] BVerfGE 149, 222 (261 Rn. 79); 158, 389 (419 Rn. 80). Zur Personalisierung der Werbung siehe *Dörr/Natt*, in: ZUM 2014, 829 (836 f.). Siehe zum Ganzen auch Kap. 6 A.III.1.b)aa).

[293] Exemplarisch *Raue*, in: MMR-Beilage 2022, 999 f.

[294] *Grabenwarter*, in: Dürig/Herzog/Scholz, Grundgesetz, 70. EL. Dez. 2013, Art. 5 Abs. 1, Abs. 2 Rn. 1028; *Jarass*, in: ders./Pieroth, Grundgesetz, 17. Aufl. 2022, Art. 5 Rn. 112; *Schulze-Fielitz*, in: Dreier (Hrsg.), Grundgesetz Bd. I, 3. Aufl. 2013, Art. 5 I, II Rn. 224. Vgl. bereits *Hoffmann-Riem*, in: Der Staat 42 (2003), 193 (216 ff.). Zum Ganzen siehe oben Kap. 6 A.III.1.b)aa).

Bislang wurde die Forderung nach einer „staatlichen Verantwortung für das Internet“[295] insb. im Kontext von Freiheitsgefährdungen Privater durch Suchmaschinen, soziale Medien etc. erörtert.[296] Typische Freiheitsgefährdungen Privater im Internet ergeben sich neben dem nie dagewesenen Sammeln von personenbezogenen Daten aber auch aus Zugangshindernissen oder einer Manipulation des Informationsangebots.[297] Es drängt sich die Frage auf, ob der Staat aufgrund der Kommunikationsstruktur in den sozialen Medien nicht in Teilen an die Stelle der Gefährder tritt, denn die Freiheitsgefährdungen können ebenso auf die soziale Öffentlichkeitsarbeit übertragen werden. Der Betrieb eines Profils auf einem sozialen Medium gleicht dem Betrieb eines sozialen Mediums an sich, weil jeweils große Einwirkungsmöglichkeiten auf grundrechtlich geschützte Positionen Privater zur Verfügung stehen.[298] Derjenige, der im Rahmen der sozialen Öffentlichkeitsarbeit ein Profil auf einem sozialen Medium betreibt, kann mittels der vom Medium vorgegebenen Interaktionsmöglichkeiten den Zugang zum Profil verhindern oder das dort vorhandene Informationsangebot verzerrt darstellen. Man stelle sich vor, ein von einem Regierungsmitglied verwaltetes Profil löschte alle kritische Kommentare Dritter oder blockierte alle Profil, die sich als Kritiker offenbaren. Der Unterschied besteht allein darin, dass es sich einerseits um den Zugang zu dem Medium als Ganzes und andererseits um den Zugang zu einem einzelnen Profil auf dem Medium handelt. Ein soziales Medium ist Gatekeeper des gesamten Mediums, ein Regierungsmitglied Gatekeeper seines Profils.

Das Gebot der Kommunikationsgerechtigkeit erstreckt sich daher insoweit auf den Staat, als dass die Regierung im Rahmen der sozialen Öffentlichkeitsarbeit verpflichtet ist, für einen offenen Meinungs- und Willensbildungsprozess einzustehen. Dies gilt insb. für von Regierungsmitgliedern verwaltete Profile. Es muss ein offener und diskriminierungsfreier Zugang sowie inhaltliche Meinungsvielfalt garantiert werden.[299] Eine bestehende Gatekeeper-Stellung darf nicht dafür missbraucht werden, Sekundärinhalte zu manipulieren und verzerrend darzustellen.

(5) Zwischenergebnis

Bereits eine summarische Darstellung zeigt auf, dass die Grundrechte im Rahmen der sozialen Öffentlichkeitsarbeit nicht nur deren konkreten Inhalt beschränken,

[295] *Kube*, in: Isensee/P. Kirchhof (Hrsg.), Handbuch des Staatsrechts Bd. IV, 3. Aufl. 2006, § 91 Rn. 11 ff.

[296] *Degenhart*, in: W. Kahl/Waldhoff/Walter (Hrsg.), Grundgesetz, 185. Akt. Juli 2017, Art. 5 Abs. 1 u. 2 Rn. 184; *Kube*, in: Isensee/P. Kirchhof (Hrsg.), Handbuch des Staatsrechts Bd. IV, 3. Aufl. 2006, § 91 Rn. 30.

[297] *Grabenwarter*, in: Dürig/Herzog/Scholz, Grundgesetz, 70. EL. Dez. 2013, Art. 5 Abs. 1, Abs. 2 Rn. 1028; *Jarass*, in: ders./Pieroth, Grundgesetz, 17. Aufl. 2022, Art. 5 Rn. 112; *Schulze-Fielitz*, in: Dreier (Hrsg.), Grundgesetz Bd. I, 3. Aufl. 2013, Art. 5 I, II Rn. 222, 224.

[298] Siehe nur oben Kap. 7 C.III.1.d)aa)(1), (2), (3).

[299] Vgl. bereits *Ladeur*, in: DÖV 2002, 1 (9 f.).

sondern auch die neu hinzugetretenen Interaktionsmöglichkeiten. Wie bei der Ausübung jeder Staatsgewalt ist ein Regierungsmitglied auch bei der Interaktion mit Bürgern in einem sozialen Medium an die Grundrechte gem. Art. 1 Abs. 3, 20 Abs. 3 Halbsatz 2 GG gebunden, *in concreto* an das allgemeine Persönlichkeitsrecht gem. Art. 2 Abs. 1 GG i. V. m. Art. 1 Abs. 1 GG, die Informationsfreiheit gem. Art. 5 Abs. 1 Satz 1 Halbsatz 2 GG sowie die Meinungsfreiheit gem. Art. 5 Abs. 1 Satz 1 Halbsatz 1 GG. Auch das objektiv-rechtliche Gebot der Kommunikationsgerechtigkeit muss beachtet werden. Diese aufgeführten rechtlichen Bindungen treffen das Regierungsmitglied in der Rolle als Parteipolitiker nicht. Am deutlichsten zeigt sich dies bei den besonders grundrechtsrelevanten exkludierenden Interaktionsmöglichkeiten. Während das Regierungsmitglied als solches hier strengen Bindungen unterliegt, kann es in seiner Rolle als Parteipolitiker den Zugang zu seinem Profil sowie allen veröffentlichten Inhalten frei nach seinem Ermessen gestalten.

bb) Verwischen von Verantwortlichkeiten

Die Frage nach dem Verantwortlichen ist bereits von größter Bedeutung für die bestehenden Rechtsbindungen. Durch die Gemischtnutzung werden aber darüber hinaus die Verantwortlichkeiten für grundrechtsrelevante Interaktionen verwischt. Denn wer für die Interaktion verantwortlich sein könnte, erweist sich bei näherer Betrachtung der Kommunikationsverhältnisse in den sozialen Medien als äußerst undurchsichtig. Auch an dieser Stelle sind die zahlreichen Rollen, die eingenommen werden können, zu berücksichtigen. Denkbar ist zunächst, dass es sich um einen regierungsamtlichen Verantwortlichen für die Interaktion handelt. In diesem Fall hätte entweder das Regierungsmitglied als solches oder ein dem Ministerium bzw. dem Bundespresseamt zuzuordnender Mitarbeiter die in Rede stehende Interaktion vorgenommen. Als weiterer staatlicher Verantwortlicher kommt ggf. das Regierungsmitglied in seiner Rolle als Mitglied des Bundestages in Betracht, der sich selbstredend auch die Interaktionen seiner Abgeordnetenmitarbeiter zurechnen lassen muss. Neben dem Regierungsmitglied als solches oder in seiner Rolle als Abgeordneter, kann zudem das Regierungsmitglied als Parteipolitiker bzw. Privatperson auftreten. Zuletzt kommt auch das soziale Medium selbst als Verantwortlicher für die Interaktion in Betracht.

Die möglichen Verantwortlichen sind vielfältig und sowohl im staatlichen als auch im privaten Bereich angesiedelt. Im staatlichen Bereich sind die Verantwortlichen dabei in der Exekutiven oder Legislativen angesiedelt, im privaten Bereich handelt es sich um natürliche oder juristische Personen. Für den von der Interaktion Betroffenen ist dabei in den seltensten Fällen einsehbar, wer die ihn betreffende Interaktion zurechenbar verursacht hat. Einige Interaktionen, etwa das Blockieren, erstrecken sich aufgrund ihrer umfassenden Wirkung zudem auf mehrere Verantwortlichkeitssphären. Wird ein Blockieren in der Rolle als Parteipolitiker vorgenommen, ist es dem betroffenen Grundrechtsträger zugleich verwehrt, Beiträge wahrzunehmen, die das Regierungsmitglied als solches veröffentlicht. Insoweit erstreckt sich ein zunächst zwischen Privaten vorgenommenes Handeln auf das Staat–Bürger-Verhältnis. Die Verantwortlichkeiten sind nicht nur bei Vornahme der Interaktion unklar, sondern werden auch danach weiter vermengt.

Zuletzt besteht die Möglichkeit, dass zur Vornahme der Interaktion auf das soziale Medium selbst zurückgegriffen wird. Das Regierungsmitglied, in welcher Rolle auch immer, müsste die Interaktion nicht selbst vornehmen. Ausreichend ist der Hinweis an das jeweilige soziale Medium. In diesem Fall drohen die dargestellten materiellen Rechtsbindungen umgangen zu werden, indem die Verantwortlichkeit für die exkludierende Interaktion an einen Privaten abgegeben wird.

cc) Verringerung der Rechtsschutzmöglichkeiten

Die Frage, wie seitens der Bürger gegen eine Interaktion vorgegangen werden kann, ist eng mit der Frage nach der Verantwortlichkeit hierfür verknüpft. Auch an dieser Stelle zeigt sich, dass die Gemischtnutzung eines Profils auf einem sozialen Medium die Rechtsschutzmöglichkeiten des von einer Interaktion Betroffenen erheblich verringert. Ist schon nicht klar, wer für die Interaktion verantwortlich ist, bleibt ebenfalls offen, gegen wen ein möglicher Restitutionsanspruch geltend zu machen ist. Entsprechend den Verantwortlichkeiten stellt sich die Frage, ob das Regierungsmitglied als solches, als Abgeordneter oder als Parteipolitiker passivlegitimiert ist. Zusätzlich kommt ein Vorgehen gegen das Unternehmen in Betracht, welches das soziale Medium betreibt. Das unklare Vorgehen ist also mit einer erheblichen Rechtsunsicherheit verbunden, die im Ergebnis der betroffene Bürger tragen muss. Die Vermischung von staatlicher und nichtstaatlicher Verantwortlichkeit dürfte bereits bezogen auf die Rechtswegeröffnung den sich juristisch wehrenden Bürger vor große Probleme stellen. Die Frage, ob es sich um eine öffentlichrechtliche oder eine zivilrechtliche Streitigkeit handelt, ist weiter bedeutend, da im Verwaltungsgerichtsverfahren gem. § 86 Abs. 1 Satz 1 Halbsatz 1 VwGO der Amtsermittlungsgrundsatz gilt, während der Rechtsschutz begehrende Bürger vor den Zivilgerichten alle Tatsachen selbst vortragen muss.[300]

2. Fazit

Das Rechtstaatsprinzip verbietet die Gemischtnutzung eines Profils auf einem sozialen Medium zum Zwecke der regierungsamtlichen Öffentlichkeitsarbeit einerseits und zum Zwecke der parteipolitischen bis hin zur privaten Nutzung andererseits.

[300] Zum Verhältnis von Amtsermittlungs- zum Beibringungsgrundsatz siehe *Breunig*, in: Posser/Wolff/Decker (Hrsg.), Verwaltungsgerichtsordnung, 67. Ed., § 86 Rn. 1 ff.; *Dawin/Panzer*, in: Schoch/J.-P. Schneider (Hrsg.), Verwaltungsrecht, Verwaltungsgerichtsordnung, 40. EL. Feb. 2021, § 86 Rn. 6 ff.

IV. Zusammenfassung

Wird im Rahmen der Gemischtnutzung auf „Parteifunktionäre", also personelle Mittel, die allein der Partei zugeordnet sind, zurückgegriffen, liegt ein Verstoß gegen Art. 21 Abs. 1 GG und dem darin enthaltenen Grundsatz der Staatsfreiheit der Parteien vor. Es handelt sich um einen unzulässigen Durchgriff der Partei auf die staatliche Aufgabenerfüllung. Die Partei gibt ferner in dieser Hinsicht ihre verfassungsrechtlich vorgegebene Vermittlungsfunktion auf. Zuletzt verliert die Partei ihre zwingende Verankerung in der Gesellschaft.

Nutzt ein Regierungsmitglied, das zugleich Mitglied des Bundestages ist, ihm in seiner Rolle als Abgeordneten zustehende Mittel zum Zwecke der regierungsamtlichen Öffentlichkeitsarbeit, zweckentfremdet er diese. Aus Art. 48 Abs. 3 Satz 1 GG, §§ 11, 12 AbgG lässt sich erkennen, dass diese Mittel nur zur Mandatsarbeit eingesetzt werden dürfen.

Die aus dem Rechtsstaatsprinzip erwachsenden Erfordernisse einer *ex ante* bestehenden Zuständigkeitsordnung und einer klaren Rollenverteilung untersagen die Gemischtnutzung als solche. Zudem stellt diese Art der Aufgabenerfüllung einen Missbrauch der Organisationsform dar, denn staatlich genutzte Profile auf sozialen Medien sind öffentliche Einrichtungen. Außerdem werden durch die Gemischtnutzung bestehende materielle Rechtsbindungen umgangen. Die Interaktionsmöglichkeiten im Rahmen der sozialen regierungsamtlichen Öffentlichkeitsarbeit sind von großer Grundrechtsrelevanz, auch das objektiv-rechtliche Gebot der Kommunikationsgerechtigkeit bindet das Regierungsmitglied. Zuletzt verwischt diese Organisationsform in unzulässiger Weise Verantwortlichkeiten und verringert die Rechtsschutzmöglichkeiten der Betroffenen

D. Zusammenfassung und Ausblick

Die überwiegend praktizierte Art der Gemischtnutzung eines Profils auf einem sozialen Medium – einerseits zur Verbreitung von Inhalten der Öffentlichkeitsarbeit und andererseits zur Verbreitung von parteipolitischen Inhalten – ist unzulässig. Keine Rolle spielt dabei, ob das gemischt genutzte Profil von Mitarbeitern der politischen Partei, der das Regierungsmitglied angehört, oder von Mitarbeitern des Regierungsmitglieds in seiner ggf. neben dem exekutiven Amt bestehenden Rolle als Abgeordneter des Bundestages verwaltet wird. Im Gegenteil ergibt sich gerade daraus ein Verstoß gegen den Grundsatz der Staatsfreiheit der politischen Parteien bzw. ein Verstoß gegen die Zweckbindung der den Abgeordneten gewährten Mittel. Die Gemischtnutzung als solche, d.h. ohne Zuhilfenahme der politischen Partei oder dem Abgeordneten zuzuordnende Infrastruktur, ist aufgrund von im Rechtstaatsprinzip verankerten Vorgaben an das staatliche Informationshandeln unzulässig. Insb. das Verbots des Missbrauchs der Organisationsform verbietet einen gemischten Betrieb der als öffentliche Einrichtung zu verstehenden Profile auf sozialen Medien.

Als Konsequenz aus der Unzulässigkeit der Gemischtnutzung ergibt sich, dass sich ein Regierungsmitglied bei Amtsantritt entweder ein neues, ausschließlich amtlich genutztes Profil einrichten muss oder sein bisher parteipolitisch genutztes Profil so umgestaltet, dass jeglicher parteipolitischer Bezug entfällt. Beiträge mit parteipolitischen Inhalten darf das Regierungsmitglied, solange es das Amt ausübt, über dieses Profil nicht verbreiten. Zugriff auf das amtliche Profil dürfen ausschließlich dem Ministerium bzw. dem Bundespresseamt zugeordnete Mitarbeiter haben. Sämtliche der Partei oder dem Abgeordneten zugehörige Mitarbeiter, die auf das Profil zugreifen konnten und entsprechend bei der Verbreitung von Inhalten mitgewirkt haben, ist während der Amtszeit der Zugriff zu entziehen. Entsprechend ist ihre Mitarbeit bei der Verbreitung von Inhalten zu untersagen. Es empfiehlt sich, das Verbot der Gemischtnutzung in der Gemeinsamen Geschäftsordnung der Bundesministerien aufzunehmen.

Zusammenfassung in Thesen

1. Eine Begriffsbestimmung der regierungsamtlichen Öffentlichkeitsarbeit kann weder in der Kommunikations- noch in der Rechtswissenschaft gefunden werden.

   Insb. das Bundesverfassungsgericht verwendet den Begriff als feststehenden Terminus, ohne ihn definiert zu haben. Öffentlichkeitsarbeit kann auch nicht als moderne Form der Propaganda in einem demokratischen Staat verstanden werden.

   Ein allgemeines Begriffsverständnis hat sich anhand und um den Zweck, den regierungsamtliche Öffentlichkeitsarbeit zu erfüllen hat, gebildet: Es soll der Grundkonsens zwischen Bürger und Staat lebendig erhalten werden, regierungsamtliche Öffentlichkeitsarbeit verfolgt eine integrative Funktion.

2. Regierungsamtliche Öffentlichkeitsarbeit entwickelte sich von der analogen über die digitale hin zur sozialen Öffentlichkeitsarbeit.

   a) Analoge Öffentlichkeitsarbeit erfolgt überwiegend in Form der mittelbaren Öffentlichkeitsarbeit, sodass sich das in der unmittelbaren Öffentlichkeitsarbeit verankerte Gefährdungspotential in Grenzen hält.

      Das Gefährdungspotenzial der unmittelbaren Öffentlichkeitsarbeit liegt in der Umgehung der „öffentlichen Aufgabe" der Medien und ist damit in Art. 5 Abs. 1 Satz 2 GG verankert.

   b) Mit der Digitalisierung des Informations- und Kommunikationswesen digitalisierte sich auch die regierungsamtliche Öffentlichkeitsarbeit. Die Rahmenbedingungen der Kommunikation haben sich sehr verändert. Sie zeichnen sich insb. durch das Aufkommen der Informationsgesellschaft, das Zeitungssterben und das Publizitätspotenzial der neuen Medien auf.

      Die Bedeutung der neuen Rahmenbedingungen für die regierungsamtliche Öffentlichkeitsarbeit ist enorm. Sie ermöglicht es, in erheblich größerem Umfang unmittelbare Öffentlichkeitsarbeit zu betreiben als bisher. Ein Bedeutungsverlust der mittelbaren Öffentlichkeitsarbeit in Form der klassischen Pressearbeit geht damit einher. Die unmittelbare Öffentlichkeitsarbeit wurde von der Ausnahme zur Regel.

   c) Soziale Öffentlichkeitsarbeit ist Öffentlichkeitsarbeit, die darauf angelegt ist, dass die Rezipienten mit den Inhalten interagieren und dadurch eine größere Verbreitung ermöglichen. Dies ist nur innerhalb der sozialen Medien möglich.

      Die eigene soziale Realität der sozialen Medien besteht im Wesentlichen aus dem jeweiligen Such- und Vorschlagsalgorithmus und neuartigen Phänomenen der Kommunikation. Diese haben eine große Bedeutung für die regierungsamtliche Öffentlichkeitsarbeit, da ihr insb. ein digitaler Standortvorteil zukommt, der durch die Kommunikationsstruktur in den sozialen Medien sich selbst verstärkt.

Die soziale Öffentlichkeitsarbeit bietet Regierungen neue Möglichkeiten zur Selbstdarstellung. Die sozialen Medien ermöglichen eine unmittelbare und personalisierte Einflussnahme auf die Öffentlichkeit. Sie eröffnen ferner einen Kanal zwischen Staat und Bürger, der bisher nicht vorhanden war.

3. Regierungsamtliche Öffentlichkeitsarbeit verstößt nicht gegen den Grundsatz des staatsfreien politischen Meinungs- und Willensbildungsprozess des Volkes.

   Ihre verfassungsrechtliche Legitimation ergibt sich aus der Aufrechterhaltung des Grundkonsenses zwischen Staat und Bürger, der Gewährleistung der verantwortlichen Teilhabe der Bürger an der politischen Willensbildung, dem sozialen Rechtsstaat und dem Demokratiebezug der Kommunikationsgrundrechte.

   Öffentlichkeitsarbeit bedarf einer konkreten verfassungsrechtlichen Aufgabenzuweisung. Die Bundesregierung ist dabei inhaltlich auf den ihr vom Grundgesetz zugewiesenen Aufgaben- und Zuständigkeitsbereiches beschränkt. Zentral ist dabei die der Regierung zukommende Aufgabe der politischen Staatsleitung.

   In denjenigen Bereichen, die nicht von der Aufgabe der Staatsleitung umfasst sind, ist Öffentlichkeitsarbeit untersagt. Für die Bundesregierung sind dies die Bereiche der Gliedstaatsleitung, des Parteienwettbewerbs und der Massenmedien.

4. Aus der Aufgabenakzessorietät der regierungsamtlichen Öffentlichkeitsarbeit ergeben sich die Verbote der verbandskompetenzwidrigen und der organkompetenzwidrigen Öffentlichkeitsarbeit.

   Maßgeblich ist die Aufgabe der Staatsleitung, die je nach staatlicher Ebene unterschiedlichen staatlichen Organen zugewiesen ist. Das Verbot der organkompetenzwidrigen Öffentlichkeitsarbeit betrifft die einzelnen Teilorgane des Kollegialorgans Regierung.

   a) Für den Bund äußert sich das Verbot der verbandskompetenzwidrigen Öffentlichkeitsarbeit in einem Verbot des Übergriffs in den Länderbereich.

      Zur Begründung der Verbandskompetenz des Bundes ist darauf abzustellen, ob die Angelegenheit, auf die sich die Öffentlichkeitsarbeit inhaltlich bezieht, von hinreichender gesamtstaatlicher Bedeutung ist. Das Kriterium der gesamtstaatlichen Bedeutung ist dabei restriktiv zu handhaben, um der bundesstaatlichen Kompetenzordnung Rechnung zu tragen.

      Der Länderbereich besteht aus denjenigen Angelegenheiten, die keine oder jedenfalls keine hinreichende gesamtstaatliche Bedeutung aufweisen. Eine verbandskompetenzwidrige Öffentlichkeitsarbeit einer Landesregierung kommt bei einer Angelegenheit in Betracht, die im Bereich eines anderen Landes wurzelt und keine Auswirkungen auf das „eigene“ Bundesland hat, oder wenn sie eine Angelegenheit thematisiert, die zwar gesamtstaatliche Bedeutung hat, aber das Bundesland nicht betrifft.

b) Hinsichtlich des Verbots der organkompetenzwidrigen Öffentlichkeitsarbeit ist zwischen den einzelnen Ministern, dem Bundeskanzler bzw. dem Ministerpräsidenten und dem Kollegialorgan Regierung zu differenzieren.

Die Organkompetenz eines Ministers erstreckt sich gegenständlich auf seinen Geschäftsbereich. Davon ist auch die ihrem Inhalt nach geschäftsbereichsübergreifende Öffentlichkeitsarbeit erfasst, sofern ein hinreichender Bezug zum eigenen Geschäftsbereich zu erkennen ist. Es bestehen keine sonstigen besonderen Organkompetenzen.

Die Organkompetenz des Bundeskanzlers ist aufgrund seiner hervorgehobenen Rolle und Stellung innerhalb des Kollegialorgans gegenständlich unbeschränkt. Entsprechendes gilt für einen Ministerpräsidenten.

Die Organkompetenz des Kollegialorgans ist unbeschränkt und insb. nicht durch vorrangige Kompetenzen der Teilorgane beschränkt.

5. Das aus der Öffentlichkeitsarbeitsentscheidung 1977, aber auch aus zahlreichen weiteren Entscheidungen der Landesverfassungsgerichte hervorgehende Regelwerk der Öffentlichkeitsarbeit kann im Grundsatz auf die neuen Medien übertragen werden.

a) An dem Verbot der Wahlwerbung in seinen Ausprägungen als Identifikations-, Bewertungs- und Diskriminierungsverbot ist festzuhalten.

Die Vorgehensweise des Bundesverfassungsgerichts, anhand dreier Indizien festzustellen, ob unzulässige Wahlwerbung vorliegt, überzeugt, da sie die notwendige Flexibilität in der Rechtsanwendung gewährleistet.

b) Das Verbot der Wahlwerbung ist während der gesamten Legislaturperiode zu beachten.

c) Das inhaltliche Indiz ist in seiner ursprünglichen Prägung ebenso auf die digitale und soziale Öffentlichkeitsarbeit anwendbar, es bedarf keiner Anpassung.

Das formelle Indiz entfaltet in den neuen Medien ein Komplettverbot der personenbezogenen Selbstdarstellung und untersagt Inhalte, bei denen der vermittelte Informationsgehalt nicht wesentlich die medien- und zielgruppengerechte Darstellung überwiegt.

Das im zeitlichen Indiz enthaltene Gebot der äußersten Zurückhaltung beschränkt die zulässigen Inhalte der Öffentlichkeitsarbeit ab sechs Monate vor dem Wahltermin auf sachliche und wettbewerbsneutrale Informationen. Eine die Betreiber von amtlichen Internetseiten treffende Verpflichtung, die amtliche Internetseite oder Teile davon der Wahrnehmung durch den Bürger zu entziehen, besteht nicht. Die Nutzung sozialer Medien zum Zwecke der Öffentlichkeitsarbeit ist für den Zeitraum von sechs Wochen vor dem Wahltermin untersagt.

d) Das Feststellungskriterium wie es aus der Öffentlichkeitsarbeitsentscheidung 1977 hervorgeht ist bei richtigem Verständnis und ohne das Kriterium der Offenkundigkeit der Grenzüberschreitung(en) auch in den neuen Medien anzuwenden. Eine entscheidende Rolle für die Bestimmung der Massivität der Grenzüberschreitung spielt nunmehr die Zugriffshäufigkeit auf den einzelnen Inhalt.

e) Die das Verbot der mittelbaren Wahlwerbung tragenden Erwägungen sind nur beschränkt auf die neuen Medien übertragbar. Die Vervielfältigungs- und Verbreitungskosten haben sich nivelliert, sodass der daraus resultierende Wettbewerbsvorteil geringer ausfällt. Die Bundesregierung trifft die Verpflichtung, die Erstveröffentlichung von Inhalten, die der regierungsamtlichen Öffentlichkeitsarbeit zuzurechnen sind, durch Dritte zu verhindern. Das Verbot verpflichtet nicht, die Weiterverbreitung von einmal veröffentlichten Inhalten zu verhindern.

6. Der als „Staatsfreiheit der Massenmedien" bekannte medienrechtliche Grundsatz begrenzt nicht nur die staatliche Ausgestaltung der Gewährleistungsgehalte der jeweiligen Mediengrundrechte, sondern untersagt dem Staat darüber hinaus auch die Tätigkeit in diesem Bereich. Dies gilt auch für die regierungsamtliche Öffentlichkeitsarbeit.

a) Inhalte der regierungsamtlichen Öffentlichkeitsarbeit verstoßen gegen den Grundsatz der Staatsfreiheit des Rundfunks, sofern sie unter den verfassungsrechtlichen Rundfunkbegriff fallen.

Eine Anpassung dieser „einfachen Rechtsfolge" aufgrund der geänderten Kommunikationsverhältnisse in den neuen Medien ist nicht geboten.

Inhalte der Öffentlichkeitsarbeit sind dann als Rundfunk im verfassungsrechtlichen Sinne anzusehen, wenn sie die rundfunktypische besondere Suggestivkraft, Breitenwirkung und Aktualität aufweisen, wobei vom Vorliegen der Breitenwirkung und Aktualität regelmäßig auszugehen ist. Als unzulässige Inhalte sind derzeit vor allem die Inhalte „KanzlerGESPRÄCH" und „Kanzler kompakt" zu nennen.

b) Im Bereich des Pressewesens ist der Grundsatz der Staatsfreiheit der Presse als Funktionsverbot in Form eines Konkurrenzverbots zu verstehen. Die staatliche Betätigung darf zu keinem funktionalen Äquivalent eines privaten Presseerzeugnisses werden.

Das Betätigungsverbot entfaltet für die regierungsamtliche Öffentlichkeitsarbeit einen eigenständigen Regelungsgehalt, auch inhaltlich zulässige Öffentlichkeitsarbeit kann gegen den Grundsatz der Staatsfreiheit der Presse verstoßen.

Wann eine staatliche Betätigung ein funktionales Äquivalent zu einem Presseerzeugnis darstellt, ist im Wege einer indiziengeprägten Feststellung des Gesamtcharakters der jeweiligen Publikation unter Bezugnahme auf den jeweils relevanten Pressemarkt vorzunehmen.

Das Verbot der presseähnlichen Öffentlichkeitsarbeit ist bei der digitalen Öffentlichkeitsarbeit in besonderem Maße zu beachten.

Bei der sozialen Öffentlichkeitsarbeit ist zwischen spezifisch presseähnlichen sowie mediumstypischen Indizien zu differenzieren und die Feststellung der Presseähnlichkeit in einem Zweischritt vorzunehmen.

7. Soziale regierungsamtliche Öffentlichkeitsarbeit zeichnet sich u.a. durch die Gemischtnutzung von Profilen auf sozialen Medien aus. Diese liegt vor, wenn über dasselbe Profil sowohl Inhalte der regierungsamtlichen Öffentlichkeitsarbeit als auch solche parteipolitischen Inhalts verbreitet werden und je nach konkretem Inhalt die Sprecherrolle wechselt.

   a) Wird im Rahmen der Gemischtnutzung auf personelle Mittel, die allein der Partei des Regierungsmitglieds zugeordnet sind, zurückgegriffen, liegt ein Verstoß gegen Art. 21 Abs. 1 GG und den darin enthaltenen Grundsatz der Staatsfreiheit der Parteien vor.

      Es findet ein unzulässiger Durchgriff der Partei auf die staatliche Aufgabenerfüllung statt, die Partei gibt ihre verfassungsrechtlich vorgegebene Vermittlungsfunktion auf und verliert ihre aus ihrem verfassungsrechtlichen Status zwingend folgende Verankerung in der Gesellschaft.

   b) Nutzt ein Regierungsmitglied, das zugleich Mitglied des Bundestages ist, ihm in seiner Rolle als Abgeordneten gewährte Mittel zum Zwecke der Öffentlichkeitsarbeit, verstößt er gegen Art. 48 Abs. 3 GG, §§ 11, 12 AbgG.

      Die dem Abgeordneten in seiner Rolle als Abgeordneten gewährten Mittel sind insoweit zweckgebunden, als dass sie nur zur Mandatsarbeit eingesetzt werden dürfen. Regierungsamtliche Öffentlichkeitsarbeit ist keine Mandatsarbeit.

   c) Aus dem Rechtsstaatsprinzip erwachsende Anforderungen an staatliches Informationshandeln untersagen die Gemischtnutzung als solche.

      Gegen die Erfordernisse einer *ex ante* bestehenden Zuständigkeitsordnung und einer klaren Rollenverteilung wird verstoßen.

      Staatlich genutzte Profile auf sozialen Medien sind öffentliche Einrichtungen, sodass das Verbot des Missbrauchs der Organisationsform auf sie Anwendung findet. Ein Missbrauch der Organisationsform findet aufgrund der Umgehung materieller Rechtsbindungen statt, die sich aus der Grundrechtsrelevanz der

Interaktionsmöglichkeiten und dem objektiv-rechtlichen Gebot der Kommunikationsgerechtigkeit ergeben. Zudem werden Verantwortlichkeiten unzulässig vermengt und Rechtsschutzmöglichkeiten über Gebühr verringert.

Literaturverzeichnis

Alexander, Christian, Anmerkung zu BGH, Urteil vom 20. 12. 2018 – I ZR 112/17, in: NJW 2019, S. 770

Alexander, Christian, Anmerkung zu BGH, Urt. v. 14. 7. 2022 – I ZR 97/21 (OLG Hamm), in: GRUR 2022, S. 1343 f.

Alkan, Saim/*Ramlow*, Elke, Der Internetauftritt der Bundesregierung, Die Online-Leser im Fokus, in: Köhler, Miriam Melanie/Schuster, Christian H. (Hrsg.), Handbuch Regierungs-PR, Öffentlichkeitsarbeit von Bundesregierungen und deren Beratern, 2006, S. 361 ff.

Anschütz, Gerhard/*Thoma*, Richard (Hrsg.), Handbuch des Deutschen Staatsrechts, Band 1, unveränderter Nachdruck der 1. Auflage 1930, 1998

Arnim, Hans Herbert von, Entschädigung und Amtsausstattung, in: Schneider, Hans-Peter/Zeh, Wolfgang (Hrsg.), Parlamentsrecht und Parlamentspraxis, in der Bundesrepublik Deutschland, Ein Handbuch, 1989, § 16

Arnim, Hans Herbert von, Parteien und Staat, in: Morlok, Martin/Poguntke, Thomas/Sokolov, Ewgenij (Hrsg.), Parteienstaat – Parteiendemokratie, 2018, S. 9 ff.

Austermann, Philipp, Die Wahl des Bundeskanzlers gem. Art. 63 GG, in: DÖV 2013, S. 865 ff.

Austermann, Philipp/*Schmahl*, Stefanie (Hrsg.), Abgeordnetenrecht, AbgG, EuAbgG, Eu-AbgStG, LAbgG, 2. Auflage 2023

Axer, Peter, Die Widmung als Schlüsselbegriff des Rechts der öffentlichen Sachen, Zur Identität des Rechts der öffentlichen Sachen als Rechtsgebiet, 1994

Axer, Peter, Die Widmung als Grundlage der Nutzung kommunaler öffentlicher Einrichtungen, in: NVwZ 1996, S. 114 ff.

Baade, Björnstjern, Das Verbot der Kriegspropaganda im Recht der Europäischen Union, in: EuR 2020, S. 653 ff.

Badura, Peter, Über Wahlen, Rudolf Smend zum 90. Geburtstag, in: AöR 97 (1972), S. 1 ff.

Badura, Peter, Rundfunkfreiheit und Finanzautonomie, Rechtsgutachten erstattet im Auftrag der Arbeitsgemeinschaft der öffentlich-rechtlichen Rundfunkanstalten der Bundesrepublik Deutschland (ARD), 1986

Badura, Peter, Staatsrecht, Systematische Erläuterung des Grundgesetzes für die Bundesrepublik Deutschland, 7. Auflage 2018

Baerns, Barbara, Öffentlichkeitsarbeit als Determinante journalistischer Informationsleistungen, Thesen zur realistischeren Beschreibung von Medieninhalten, in: Publizistik 24 (1979), S. 301 ff.

Baerns, Barbara, Öffentlichkeitsarbeit oder Journalismus?, Zum Einfluss im Mediensystem, 1985

Barczak, Tristan, Die parteipolitische Äußerungsbefugnis von Amtsträgern, Eine Gratwanderung zwischen Neutralitätsgebot und politischem Wettbewerb, in: NVwZ 2015, S. 1014 ff.

Beater, Axel, Kommunale Print- und Onlinemedien, Zugleich ein Beitrag zum Rechtsbruch- und zum Generalklauseltatbestand des UWG, in: WRP 2022, S. 1202 ff.

Becker, Florian/*Harms*, Emma/*Sievers*, Niklas, Europa- und verfassungsrechtliche Grundlegung der Informationsfreiheitsrechte, in: SchlHA 2013, S. 386 ff.

Beirich, Heidi, Abstrus, aber brandgefährlich, QAnon und die amerikanische Demokratie (Übersetzung aus dem Englischen), in: Kleffner, Heike/Meisner, Matthias (Hrsg.), Fehlender Mindestabstand, Die Coronakrise und die Netzwerke ihrer Demokratiefeinde, 2021, S. 89 ff.

Bertram, Günter, Anmerkung zu BVerfG (1. Kammer des Ersten Senats), Beschluss vom 17. 8. 2010 – 1 BvR 2585/06, in: NJW 2011, S. 513

Bethge, Herbert, Verfassungsrechtsprobleme der Reorganisation des öffentlich-rechtlichen Rundfunks, Zur Verfassungsmäßigkeit einer Neufassung des Radio-Bremen-Gesetzes, 1978

Bethge, Herbert, Zur „Meinungsfreiheit" der Bundesregierung, in: NJW 1985, S. 721

Bethge, Herbert, Der Grundrechtseingriff, 1. Bericht, in: VVDStRL 57 (1998), S. 7 ff.

Bethge, Herbert, Zur verfassungsrechtlichen Legitimation informalen Staatshandelns der Bundesregierung, in: JURA 2003, S. 327 ff.

Bethge, Herbert, Die staatliche Teilhabe an öffentlicher Kommunikation, in: AfP-Sonderheft 2007, S. 18 ff.

Bethge, Herbert, Mittelbare Grundrechtsbeeinträchtigungen, in: Merten, Detlef/Papier, Hans-Jürgen (Hrsg.), Handbuch der Grundrechte in Deutschland und Europa, Band III: Grundrechte in Deutschland: Allgemeine Lehren II, 2009, § 58

Bethge, Herbert, Grundrechtskollisionen, in: Merten, Detlef/Papier, Hans-Jürgen (Hrsg.), Handbuch der Grundrechte in Deutschland und Europa, Band III: Grundrechte in Deutschland: Allgemeine Lehren II, 2009, § 72

Bettermann, Karl August, Anmerkung zu BGH, Urteil vom 20. 9. 1954 – III ZR 369/52 (Frankfurt), in: NJW 1954, S. 98

Beucke, Stefan/*Meiring*, Jochen/*Russ*, Maximilian, Konrad Adenauer, in: Birkner, Thomas (Hrsg.), Medienkanzler, Politische Kommunikation in der Kanzlerdemokratie, 2016, S. 45 ff.

Beyerbach, Hannes, Social Media im Verfassungsrecht und der einfachgesetzlichen Medienregulierung, in: Hornung, Gerrit/Müller-Terpitz, Ralf (Hrsg.), Rechtshandbuch Social Media, 2. Auflage 2021, 10. Kapitel

Bilsdorfer, Mascha Carina, Polizeiliche Öffentlichkeitsarbeit in sozialen Netzwerken, 2019

Binder, Reinhart/*Vesting*, Thomas (Hrsg.), Beck'scher Kommentar zum Rundfunkrecht, Rundfunkstaatsvertrag, Jugendmedienschutz-Staatsvertrag, Rundfunkbeitragsstaatsvertrag, Rundfunkfinanzierungsstaatsvertrag, 4. Auflage 2018

Böckelmann, Frank/*Mahle*, Walter A./*Nahr*, Günter, Staatliche Öffentlichkeitsarbeit und die Willensbildung des Volkes, in: Langenbucher, Wolfgang R. (Hrsg.), Politik und Kommunikation, Über die öffentliche Meinungsbildung, 1979, S. 93 ff.

Böckelmann, Frank/*Nahr*, Günter, Staatliche Öffentlichkeitsarbeit im Wandel der politischen Kommunikation, 1979

Böckenförde, Ernst-Wolfgang, Das Grundrecht der Gewissensfreiheit, 2. Mitbericht, in: VVDStRL 28 (1970), S. 33 ff.

Böckenförde, Ernst-Wolfgang, Demokratie als Verfassungsprinzip, in: Isensee, Josef/Kirchhof, Paul (Hrsg.), Handbuch des Staatsrechts der Bundesrepublik Deutschland, Band II: Verfassungsstaat, 3. Auflage 2004, § 24

Boehl, Henner Jörg/*Thum*, Cornelius (Hrsg.), Schreiber, BWahlG, Kommentar zum Bundeswahlgesetz unter Einbeziehung des Wahlprüfungsgesetzes, des Wahlstatistikgesetzes, der Bundeswahlordnung und sonstiger wahlrechtlicher Nebenvorschriften, 11. Auflage 2021

Boehme-Neßler, Volker, Electronic Government: Internet und Verwaltung, Visionen, Rechtsprobleme, Perspektiven, in: NVwZ 2001, S. 374 ff.

Brand, Torsten, Rundfunk im Sinne des Artikel 5 Abs. 1 Satz 2 GG, Eine Analyse der Reichweite des verfassungsrechtlichen Rundfunkbegriffs unter besonderer Berücksichtigung neuerer medialer Angebotsformen, 2002

Braun, Werner/*Jantsch*, Monika/*Klante*, Elisabeth, Abgeordnetengesetz des Bundes – unter Einschluss des Europaabgeordnetengesetzes und der Abgeordnetengesetze der Länder, Kommentar, 2002

Brenner, Michael, Das demokratische Prinzip, in: Stern, Klaus/Sodan, Helge/Möstl, Markus (Hrsg.), Das Staatsrecht der Bundesrepublik Deutschland im europäischen Staatenverbund, Band I: Grundlagen und Grundbegriffe des Staatsrechts, Strukturprinzipien der Verfassung, 2. Auflage 2022, § 14

Brinkmann, Tomas, Zur Aktualität des Vielfaltsgebots in den Massenmedien, in: ZUM 2013, S. 193 ff.

Brünger, Pola Marie/*Sauer*, Heiko, Anmerkung zu BVerfG, Urteil v. 15.6.2022 – 2 BvE 4/20, 5/20, Wehrhaftes Regieren im politischen Wettbewerb, in: JZ 2022, S. 952 ff.

Buchwald, Frank Andreas, Adenauers Informationspolitik und das Bundespresseamt 1952–1959, Strategien amtlicher Presse- und Informationsarbeit in der Kanzlerdemokratie, 1991

Bull, Hans Peter, Die Staatsaufgaben nach dem Grundgesetz, 2. Auflage 1977

Bull, Hans Peter, Über Formenwahl, Formenwahrheit und Verantwortungsklarheit in der Verwaltungsorganisation, in: Geis, Max-Emanuel/Lorenz, Dieter (Hrsg.), Staat – Kirche – Verwaltung, Festschrift für Hartmut Maurer zum 70. Geburtstag, 2001, S. 545 ff.

Bullinger, Martin, Vertrag und Verwaltungsakt, Zu den Handlungsformen und Handlungsprinzipien der öffentlichen Verwaltung nach deutschem und englischem Recht, 1962

Bullinger, Martin, Multimediale Kommunikation in Wirtschaft und Gesellschaft, in: ZUM 1996, S. 749 ff.

Bullinger, Martin, Ordnung oder Freiheit für Multimediadienste, in: JZ 1996, S. 385 ff.

Bullinger, Martin, Der Rundfunkbegriff in der Differenzierung kommunikativer Dienste, in: AfP 1996/1997, S. 1 ff.

Bullinger, Martin, Freiheit von Rundfunk, Presse, Film, in: Isensee, Josef/Kirchhof, Paul (Hrsg.), Handbuch des Staatsrechts der Bundesrepublik Deutschland, Band VII: Freiheitsrechte, 3. Auflage 2009, § 163

Bullinger, Martin/*Mestmäcker*, Ernst-Joachim, Multimediadienste, Struktur und staatliche Aufgaben nach deutschem und europäischem Recht, 1997

Bumke, Christian, Publikumsinformation, Erscheinungsformen, Funktionen und verfassungsrechtlicher Rahmen einer Handlungsform des Gewährleistungsstaates, in: Die Verwaltung 37 (2004), S. 3 ff.

Busse, Volker, Organisation der Bundesregierung und Organisationsentscheidungen der Bundeskanzler in ihrer historischen Entwicklung und im Spannungsfeld zwischen Exekutive und Legislative, in: Der Staat 45 (2006), S. 245 ff.

Busse, Volker, Bundesministergesetz, Kommentar, 3. Online-Auflage 2018

Busse, Volker, Geschäftsordnung Bundesregierung, Kommentar, 3. Online-Auflage 2018

Campbell, James E., Explaining Presidential Losses in Midterm Congressional Elections, in: The Journal Of Politics 47 (1985), S. 1140 ff.

Coelln, Christian von, Die Rundfunkrechtsordnung Deutschlands – eine entwicklungsoffene Ordnung, in: AfP 2008, S. 433 ff.

Coelln, Christian von, Die Entwicklung des Rundfunkbegriffs, in: Bayerische Landeszentrale für neue Medien (Hrsg.), BLM-Symposium für Medienrecht 2010, Rundfunkstrukturen im Wandel, 2011, S. 17 ff.

Conrad, Christian/*Grünewald*, Stefanie/*Kalscheuer*, Fiete/*Milker*, Jens (Hrsg.), Handbuch Öffentlich-rechtliches Äußerungsrecht, Grundprinzipien, Äußerungen von Hoheitsträgern, Rechtsschutz, 2022

Cornils, Matthias, Ausgestaltungsgesetzesvorbehalt und staatsfreie Normsetzung im Rundfunkrecht, Zur Reichweite der Satzungsermächtigungen der Landesmedienanstalten im Rundfunkstaatsvertrag und in den Landesmediengesetzen unter besonderer Berücksichtigung der Bayerischen Landeszentrale für neue Medien, 2011

Cornils, Matthias, Pressefreiheit, in: Stern, Klaus/Sodan, Helge/Möstl, Markus (Hrsg.), Das Staatsrecht der Bundesrepublik Deutschland im europäischen Staatenverbund, Band IV: Die einzelnen Grundrechte, 2. Auflage 2022, § 119

Cornils, Matthias, Rundfunkfreiheit, in: Stern, Klaus/Sodan, Helge/Möstl, Markus (Hrsg.), Das Staatsrecht der Bundesrepublik Deutschland im europäischen Staatenverbund, Band IV: Die einzelnen Grundrechte, 2. Auflage 2022, § 120

Cremer, Hans-Joachim, Der Osho-Beschluss des BVerfG – BVerfGE 105, 279, in: JuS 2003, S. 747 ff.

Degenhart, Christoph, Programmauftrag Internet, Öffentlich-rechtliche Rundfunkanstalten und Online-Dienste, in: MMR 1998, S. 137 ff.

Degenhart, Christoph, Die Neuordnung der Gesetzgebungskompetenzen durch die Föderalismusreform, in: NVwZ 2006, S. 1209 ff.

Degenhart, Christoph, Duale Rundfunkordnung im Wandel, in: AfP-Sonderheft 2007, S. 24 ff.

Degenhart, Christoph, Staatspresse in der Informationsgesellschaft, Verfassungsrechtliche und wettbewerbsrechtliche Schranken für die Publikationstätigkeit der öffentlichen Hand, in: AfP 2009, S. 207 ff.

Degenhart, Christoph, Der Staat im freiheitlichen Kommunikationsprozess: Funktionsträgerschaft, Funktionsschutz und Funktionsbegrenzung, in: AfP 2010, S. 324 ff.

Degenhart, Christoph, Rundfunkfreiheit, in: Merten, Detlef/Papier, Hans-Jürgen (Hrsg.), Handbuch der Grundrechte in Deutschland und Europa, Band IV: Grundrechte in Deutschland: Einzelgrundrechte I, 2011, § 105

Degenhart, Christoph, Rechtsfragen gemeindlicher Teilhabe an öffentlicher Kommunikation, Kommunale Amtsblätter und Stadtzeitungen zwischen Öffentlichkeitsarbeit und Pressetätigkeit, Rechtsgutachten, in: K&R-Beihefter 1/2016, S. 1 ff.

Degenhart, Christoph, Erweitertes Amtsblatt, Stadtzeitung und kommunales Internetportal nach dem Urteil des BGH „Crailsheimer Stadtblatt II“, in: AfP 2020, S. 185 ff.

Depenheuer, Otto, Informationsordnung durch Informationsmarkt, Rechtliche Rahmenbedingungen einer Informationsordnung, in: AfP 1996/1997, S. 669 ff.

Depenheuer, Otto, Das öffentliche Amt, in: Isensee, Josef/Kirchhof, Paul (Hrsg.), Handbuch des Staatsrechts der Bundesrepublik Deutschland, Band III: Demokratie – Bundesorgane, 3. Auflage 2005, § 36

Deppe, Gigi, Nicht ungehörig, sondern äußerst sinnvoll, in: DRiZ 2020, S. 303

Determann, Lothar, Verfassungsrechtliche Vorgaben für die Entschädigung von Abgeordneten, in: BayVBl. 1997, S. 385 ff.

Detterbeck, Stefan, Innere Ordnung der Bundesregierung, in: Isensee, Josef/Kirchhof, Paul (Hrsg.), Handbuch des Staatsrechts der Bundesrepublik Deutschland, Band III: Demokratie – Bundesorgane, 3. Auflage 2005, § 66

Di Fabio, Udo, Grundrechte im präzeptoralen Staat am Beispiel hoheitlicher Informationstätigkeit, in: JZ 1993, S. 689 ff.

Di Fabio, Udo, Information als hoheitliches Gestaltungsmittel, in: JuS 1997, S. 1 ff.

Di Fabio, Udo, Gewaltenteilung, in: Isensee, Josef/Kirchhof, Paul (Hrsg.), Handbuch des Staatsrechts der Bundesrepublik Deutschland, Band II: Verfassungsstaat, 3. Auflage 2004, § 28

Dierking, Laura/*Möller*, Simon, Online-TV und das „Long Tail“-Phänomen verändern die Grundlage der Rundfunkordnung, in: MMR 2007, S. 426 ff.

Dietlein, Johannes/*Heusch*, Andreas (Hrsg.), Beck'scher Online-Kommentar Kommunalrecht Nordrhein-Westfalen, Stand: 26. Edition 1. 12. 2023

Dietlein, Johannes/*Ogorek*, Markus (Hrsg.), Beck'scher Online-Kommentar Kommunalrecht Hessen, Stand: 25. Edition 1. 11. 2023

Dietlein, Johannes/*Suerbaum*, Joachim (Hrsg.), Beck'scher Online-Kommentar Kommunalrecht Bayern, Stand: 20. Edition 1. 11. 2023

Disco, Duygu, Der Grundsatz politischer Neutralität, Grenzen der Äußerungsbefugnis politischer Amtsträger, 2019

Dittmann, Armin, Unvereinbarkeit von Regierungsamt und Abgeordnetenmandat – eine unliebsame Konsequenz des „Diätenurteils“?, in: ZRP 1978, S. 52 ff.

Doering-Manteuffel, Anselm, Strukturmerkmale der Kanzlerdemokratie, in: Der Staat 30 (1991), S. 1 ff.

Domma, Peter, Der Einfluss des Web 2.0 auf das Konsumverhalten im E-Commerce, Eine experimentelle verhaltenswissenschaftliche Untersuchung der Wirkung von Web 2.0-Instrumenten in Online-Shops, 2011

Dörr, Dieter, Informationsfreiheit, in: Merten, Detlef/Papier, Hans-Jürgen (Hrsg.), Handbuch der Grundrechte in Deutschland und Europa, Band IV: Grundrechte in Deutschland: Einzelgrundrechte I, 2011, § 103

Dörr, Dieter/*Holznagel*, Bernd/*Picot*, Arnold, Legitimation und Auftrag des öffentlich-rechtlichen Fernsehens in Zeiten der Cloud, in: ZUM 2016, S. 920 ff.

Dörr, Dieter/*Natt*, Alexander, Suchmaschinen und Meinungsvielfalt, Ein Beitrag zum Einfluss von Suchmaschinen auf die demokratische Willensbildung, in: ZUM 2014, S. 829 ff.

Dörr, Dieter/*Wagner*, Eva Ellen/*Natt*, Alexander, Rechtliche Vorgaben für Telemedienangebote des öffentlich-rechtlichen Rundfunks im Lichte des Verbots der Presseähnlichkeit, in: ZUM 2017, S. 821 ff.

Drefs, Felix, Die Öffentlichkeitsarbeit des Staates und die Akzeptanz seiner Entscheidungen, 2019

Dreier, Horst (Hrsg.), Grundgesetz, Kommentar, Band I: Artikel 1–19, 3. Auflage 2013

Dreier, Horst (Hrsg.), Grundgesetz, Kommentar, Band II: Artikel 20–82, 3. Auflage 2015

Dreier, Horst (Hrsg.), Grundgesetz, Kommentar, Band III: Artikel 83–146, 3. Auflage 2018

Drexl, Josef, Bedrohung der Meinungsvielfalt durch Algorithmen, Wie weit reichen die Mittel der Medienregulierung?, in: ZUM 2017, S. 529 ff.

Duckstein, Ronny/*Gramlich*, Ludwig, Kommunale Homepages als „öffentliche Einrichtungen"?, in: SächsVBl. 2004, S. 121 ff.

Eberle, Carl-Eugen, Rundfunkübertragung, Rechtsfragen der Nutzung terrestrischer Rundfunkfrequenzen, 1989

Eberle, Carl-Eugen, Rundfunk – Regelungsmodell für Online-Dienste?, in: Dittmann, Armin/Fechner, Frank/Sander, Gerald G. (Hrsg.), Der Rundfunkbegriff im Wandel der Medien, Symposium zum 65. Geburtstag von Professor Dr. iur. Dr. h.c. Thomas Oppermann, 1997, S. 149 ff.

Eckardt, Felix von, Ein unordentliches Leben, Lebenserinnerungen, 81–83 Tausend 1976

Eder, Christian, „Rote Karte" gegen „Spinner"?, Bedeutung und Reichweite staatlicher Neutralitätspflichten in der politischen Auseinandersetzung, 2017

Ehlers, Dirk, Verwaltung in Privatrechtsform, 1984

Eifert, Martin, Die rechtliche Sicherung öffentlicher Interessen in Public Private Partnerships – Dargestellt am Beispiel der Internet-Aktivitäten von Städten und Kommunen –, in: VerwArch 93 (2002), S. 561 ff.

Eifert, Martin, Verwaltungskommunikation im Internet, in: Ladeur, Karl-Heinz (Hrsg.), Innovationsoffene Regulierung des Internet, Neues Recht für Kommunikationsnetzwerke, 2003, S. 131 ff.

Engel, Christoph, Öffentlichkeitsarbeit, in: Isensee, Josef/Kirchhof, Paul (Hrsg.), Handbuch des Staatsrechts der Bundesrepublik Deutschland, Band IV: Aufgaben des Staates, 3. Auflage 2006, § 80

Engelbert, Anke/*Kutscha*, Martin, Staatliche Öffentlichkeitsarbeit und Demokratieprinzip, in: NJW 1993, S. 1233 ff.

Epping, Volker, Die Trennung von Amt und Mandat – Die parlamentarische Grundposition von Bündnis 90/Die Grünen und die Regierungsbeteiligung: Schlägt die Wirklichkeit den Anspruch? –, in DÖV 1999, S. 529 ff.

Epping, Volker/*Hillgruber*, Christian (Hrsg.), Beck'scher Online-Kommentar zum Grundgesetz, Stand: 56. Edition 15. 8. 2023

Erb, Volker/*Schäfer*, Jürgen (Hrsg.), Münchener Kommentar zum Strafgesetzbuch, Kommentar, Band 3: §§ 80–184k, 4. Auflage 2021

Erd, Rainer, Datenschutzprobleme sozialer Netzwerke, in: NVwZ 2011, S. 19 ff.

Eschenburg, Theodor, Der Sold des Politikers, 1959

Eschenburg, Theodor, Probleme der modernen Parteienfinanzierung, 1961

Eschenburg, Theodor, Staat und Gesellschaft in Deutschland, 21.–23. Tausend 1965

Ettig, Diana, Online-Angebote von Kommunen und Gebot der Staatsferne der Presse – Anmerkung zu OLG Hamm, Urteil vom 10. 6. 2021 – 4 U 1/20 (ZUM-RD 2021, 544), in: ZUM-RD 2021, S. 560 f.

Fabi, Johannes/*Struß*, Lukas, Rechtsschutz gegen staatliche Pressetätigkeit, „Staatspresse" als unlauterer Wettbewerb?, in: GRUR 2020, S. 144 ff.

Fechner, Frank, Fake News und Hate Speech als Gefahr für die demokratische Willensbildung. Staatliche Gewährleistung kommunikativer Wahrheit?, in: Uhle, Arnd (Hrsg.), Information und Einflussnahme, Gefährdungen der Offenheit des demokratischen Willensbildungsprozesses, 2018, S. 157 ff.

Fechner, Frank/*Arnhold*, Johannes, Ist Flüchtlingsfernsehen verfassungswidrig? Die rundfunkrechtliche Stellung der Deutschen Welle aus Anlass aktueller Entwicklungen, in: NVwZ 2016, S. 891 ff.

Feik, Rudolf, Öffentliche Verwaltungskommunikation, Öffentlichkeitsarbeit, Aufklärung, Empfehlung, Warnung, 2007

Felling, Harald/*Lerche*, Clemens, Regierungswechsel – Herausforderung für die Onlinekommunikation, Regierungswechsel 2005 als Beispiel moderner Internetkommunikation, in: Köhler, Miriam Melanie/Schuster, Christian H. (Hrsg.), Handbuch Regierungs-PR, Öffentlichkeitsarbeit von Bundesregierungen und deren Beratern, 2006, S. 375 ff.

Ferreau, Frederik, Grenzen staatlicher Beteiligung am politischen Diskurs, in: NVwZ 2017, S. 1259 ff.

Ferreau, Frederik, Desinformation als Herausforderung für die Medienregulierung, in: AfP 2021, S. 204 ff.

Frevert, Tobias/*Wagner*, Olav, Rechtliche Rahmenbedingungen behördlicher Internetauftritte, in: NVwZ 2011, S. 76 ff.

Frey, Michael, Kommunale Einrichtungen im Internet, in: DÖV 2005, S. 411 ff.

Friehe, Matthias, Anmerkung zu BVerfG, Urteil vom 27. 2. 2018 – 2 BvE 1/16, in: NJW 2018, S. 934

Friehe, Matthias, Facebook, Twitter und Regierung. Neue Medien und regierungsamtliche Kommunikation zwischen Öffentlichkeitsarbeit und Parteipolitik, in: Uhle, Arnd (Hrsg.), Information und Einflussnahme, Gefährdungen der Offenheit des demokratischen Willensbildungsprozesses, 2018, S. 81 ff.

Friehe, Matthias, Anmerkung zu BVerfG, Urteil vom 9. 6. 2020 – 2 BvE 1/19, in: NJW 2020, S. 2103 f.

Fröhlich, Romy, in: dies./Szyszka, Peter/Bentele, Günter (Hrsg.), Handbuch der Public Relations, Wissenschaftliche Grundlagen und berufliches Handeln. Mit Lexikon, 3. Auflage 2015, S. 103 ff.

Fuchs, Michael, Regierungskommunikation und Verfassungsrecht, in: VBlBW 2015, S. 401 ff.

Gärditz, Klaus Ferdinand, Unbedingte Neutralität? Zur Zulässigkeit amtlicher Aufrufe zu Gegendemonstrationen durch kommunale Wahlbeamte, in: NWVBl. 2015, S. 165 ff.

Gerdemann, Simon, Ein Stück Rechtsgeschichte zu den Grenzen der Meinungsfreiheit in sozialen Medien? Zugleich Besprechung von BVerfG, Beschluss vom 19. 12. 2021 – 1 BvR 1073/20 (ZUM 2022, 287), in: ZUM 2022, S. 364 ff.

Germelmann, Claas Friedrich, Informationsfreiheit, in: Stern, Klaus/Sodan, Helge/Möstl, Markus (Hrsg.), Das Staatsrecht der Bundesrepublik Deutschland im europäischen Staatenverbund, Band IV: Die einzelnen Grundrechte, 2. Auflage 2022, § 118

Gersdorf, Hubertus, Staatsfreiheit des Rundfunks in der dualen Rundfunkordnung der Bundesrepublik Deutschland, 1991

Gersdorf, Hubertus, Der verfassungsrechtliche Rundfunkbegriff im Lichte der Digitalisierung der Telekommunikation, Ein Rechtsgutachten im Auftrag der Hamburgischen Anstalt für neue Medien, 1995

Gersdorf, Hubertus, Das Grundrecht der Rundfunkfreiheit als „Supergrundrecht"? Zur Notwendigkeit einer dogmatischen Weiterentwicklung des verfassungsrechtlichen Begriffsbildes, in: Dittmann, Armin/Fechner, Frank/Sander, Gerald G. (Hrsg.), Der Rundfunkbegriff im Wandel der Medien, Symposium zum 65. Geburtstag von Professor Dr. iur. Dr. h. c. Thomas Oppermann, 1997, S. 137 ff.

Gersdorf, Hubertus, Parlamentsfernsehen des Deutschen Bundestages, 2008

Gersdorf, Hubertus, Legitimation und Limitierung von Onlineangeboten des öffentlich-rechtlichen Rundfunks, Konzeption der Kommunikationsverfassung des 21. Jahrhunderts, Rechtsgutachten im Auftrag der Stiftervereinigung der Presse e.V., 2009

Gersdorf, Hubertus, Staatliche Kommunikationstätigkeit, in: AfP 2016, S. 293 ff.

Gersdorf, Hubertus/*Paal*, Boris P. (Hrsg.), Beck'scher Online-Kommentar zum Informations- und Medienrecht, Stand: 42. Edition 1. 11. 2023

Goerlich, Helmut/*Laier*, René, „Parlamentsfernsehen" und Öffentlichkeitsarbeit des Deutschen Bundestages, Zu Grenzen und Möglichkeiten einer parlamentarischen Selbstdarstellung, in: ZUM 2008, S. 475 ff.

Gornig, Gilbert-Hanno, Äußerungsfreiheit und Informationsfreiheit als Menschenrechte, Die Verankerung der Äußerungs-, Informations-, Presse- und Rundfunkfreiheit sowie des Zensurverbots in völkerrechtlichen Übereinkommen und in den Rechtsordnungen der KSZE-

Staaten unter besonderer Berücksichtigung rechtsphilosophischer und rechtsgeschichtlicher Hintergründe, 1988

Gounalakis, Georgios/*Zagouras*, Georgios, Plädoyer für ein europäisches Medienkonzentrationsrecht, in: ZUM 2006, S. 716 ff.

Gramm, Christof, Aufklärung durch staatliche Publikumsinformation, Staatshandeln als Aufklärung?, in: Der Staat 30 (1991), S. 51 ff.

Grimm, Dieter, Politische Parteien, in: Benda, Ernst/Maihofer, Werner/Werner, Hans-Jochen (Hrsg.), Handbuch des Verfassungsrechts der Bundesrepublik Deutschland, 2. Auflage 1994, § 14

Gröpl, Christoph/*Windthorst*, Kay/*Coelln*, Christian von (Hrsg.), Grundgesetz, Studienkommentar, Kommentar, 5. Auflage 2022

Gröpl, Christoph/*Zembruski*, Stephanie, Äußerungsbefugnisse oberster Staatsorgane und Amtsträger, in: JURA 2016, S. 268 ff.

Gröschner, Rolf, Öffentlichkeitsaufklärung als Behördenaufgabe, in: DVBl. 1990, S. 619 ff.

Gröschner, Rolf, Aufklärung der Öffentlichkeit in Umweltfragen – wirtschaftspolitisches Ziel und wirtschaftsverwaltungsrechtliche Aufgabe, in: WUR 1991, S. 71 ff.

Groß, Rolf, Presserecht, 3. Auflage 1999

Groß, Thomas, Öffentliche Verwaltung im Internet, in: DÖV 2001, S. 159 ff.

Growe, Tobias, Das Regierungsmitglied im parteipolitischen Diskurs, Ein Beitrag zum verfassungsrechtlichen Amts- und Rollenverständnis, 2020

Grzeszick, Bernd, Gewaltenteilung, in: Stern, Klaus/Sodan, Helge/Möstl, Markus (Hrsg.), Das Staatsrecht der Bundesrepublik Deutschland im europäischen Staatenverbund, Band II: Staatsorgane, Staatsfunktionen, Finanzwesen, 2. Auflage 2022, § 33

Guckelberger, Annette, Personalisierte Behördenauftritte im Internet, in: ZBR 2009, S. 332 ff.

Guckelberger, Annette, Rechtliche Anforderungen an die aktive Informationsvorsorge des Staates im Internet, in: Hill, Hermann/Schliesky, Utz (Hrsg.), Die Vermessung des virtuellen Raums, E-Volution des Rechts- und Verwaltungssystems III, 2012, S. 73 ff.

Gusy, Christoph, Der Verfassungsschutzbericht, in: NVwZ 1986, S. 6 ff.

Gusy, Christoph, „Wirklichkeit" in der Rechtsdogmatik, in: JZ 1991, S. 213 ff.

Gusy, Christoph, Verwaltung durch Information, Empfehlungen und Warnungen als Mittel des Verwaltungshandelns, in: NJW 2000, S. 977 ff.

Gusy, Christoph, Der transparente Staat, in: DVBl. 2011, S. 941 ff.

Gusy, Christoph, Neutralität staatlicher Öffentlichkeitsarbeit – Voraussetzungen und Grenzen, in: NVwZ 2015, S. 700 ff.

Häberle, Peter, Unmittelbare staatliche Parteienfinanzierung unter dem Grundgesetz – BVerfGE 20, 56, in: JuS 1967, S. 64 ff.

Häberle, Peter, Öffentlichkeitsarbeit der Regierung zwischen Parteien- und Bürgerdemokratie, Zum Urteil des BVerfG vom 2. März 1977, in: JZ 1977, S. 361 ff.

Habermas, Jürgen, Strukturwandel der Öffentlichkeit, Untersuchungen zu einer Kategorie der bürgerlichen Gesellschaft, 1. Auflage 1962

Habermas, Jürgen, Überlegungen und Hypothesen zu einem erneuten Strukturwandel der politischen Öffentlichkeit, in: Seeliger, Martin/Sevignani, Sebastian (Hrsg.), Ein neuer Strukturwandel der Öffentlichkeit? Leviathan Sonderband 37 (2021), S. 470 ff.

Hahn, Michael J., Anmerkung zu LVerfG Sachsen-Anhalt, Urteil v. 22. 2. 1996 – LVG 8/95, in: JZ 1996, S. 726 ff.

Hain, Karl-Eberhard, Medienmarkt im Wandel: Technische Konvergenz und Anbieterkonkurrenz als Herausforderung an Verfassungsrecht und Regulierung, in: AfP 2012, S. 313 ff.

Hamacher, Andreas, Der Rundfunkbegriff im Wandel des deutschen und europäischen Rechts, 2015

Hamann, Andreas jr./*Lenz*, Helmut (Hrsg.), Hamann/Lenz, Das Grundgesetz für die Bundesrepublik Deutschland vom 23. Mai 1949, Ein Kommentar für Wissenschaft und Praxis, 3. Auflage 1970

Harding, Nicolas, Die Charakterisierung staatlicher Accounts in sozialen Netzwerken, in: NJW 2019, S. 1910 ff.

Harding, Nicolas, Anmerkung zu NdsStGH, Urt. v. 24. 11. 2020 – StGH 6/19, NVwZ 2021, S. 147 f.

Harding, Nicolas, Die Entpolitisierung regierungsamtlicher Öffentlichkeitsarbeit im Spiegel der aktuellen Judikatur des BVerfG, in: NVwZ 2022, S. 1777 ff.

Harding, Nicolas, Staatliche Öffentlichkeitsarbeit in sozialen Netzwerken, 2023

Hartl, Korbinian, Suchmaschinen, Algorithmen und Meinungsmacht, Eine verfassungs- und einfachrechtliche Betrachtung, 2017

Hartmann, Bernd J., Eigeninteresse und Gemeinwohl bei Wahlen und Abstimmungen, in: AöR 134 (2009), S. 1 ff.

Heckmann, Dirk, Schutz von Persönlichkeit und Privatsphäre, in: Stern, Klaus/Sodan, Helge/Möstl, Markus (Hrsg.), Das Staatsrecht der Bundesrepublik Deutschland im europäischen Staatenverbund, Band IV: Die einzelnen Grundrechte, 2. Auflage 2022, § 102

Heintzen, Markus, Staatliche Warnungen als Grundrechtsproblem, in: VerwArch 81 (1990), S. 532 ff.

Heintzen, Markus, Die politischen Parteien, in: Stern, Klaus/Sodan, Helge/Möstl, Markus (Hrsg.), Das Staatsrecht der Bundesrepublik Deutschland im europäischen Staatenverbund, Band II: Staatsorgane, Staatsfunktionen, Finanzwesen, 2. Auflage 2022, § 32

Heldt, Amélie P./*Klatt*, Matthias K., Die Privilegierung der Justizpressekonferenz durch das Bundesverfassungsgericht, in: NVwZ 2021, S. 684 ff.

Hellmann, Vanessa, Eine Warnung vor dem Bundesverfassungsgericht, Die Glykol-Entscheidung des BVerfG vom 26. 6. 2022, in: NVwZ 2005, S. 163 ff.

Hennis, Wilhelm, Richtlinienkompetenz und Regierungstechnik, 1964

Herberger, Maximilian, Internet-Grundgegebenheiten mit Bezug zu Persönlichkeitsrecht und Datenschutz, in: Weth, Stephan/ders./Wächter, Michael/Sorge, Christoph, Daten- und Persönlichkeitsschutz im Arbeitsverhältnis, Praxishandbuch zum Arbeitnehmerdatenschutz, 2. Auflage 2019, A.V.

Herbig, Gottfried, Die öffentlichen Einrichtungen im sozialen Rechtsstaat der Gegenwart, 1970

Herdegen, Matthias, Strukturen und Institute des Verfassungsrechts der Länder, in: Isensee, Josef/Kirchhof, Paul (Hrsg.), Handbuch des Staatsrechts der Bundesrepublik Deutschland, Band VI: Bundesstaat, 3. Auflage 2009, § 129

Herzog, Roman, Verfassungsrechtliche Grundlagen des Parteienstaates, 1993

Herzog, Roman/*Scholz*, Rupert/*Herdegen*, Matthias/*Klein*, Hans H. (Hrsg.), Dürig/Herzog/Scholz, Grundgesetz, Kommentar, Loseblatt, Stand: 102. Ergänzungslieferung August 2023

Hesse, Konrad, Die verfassungsrechtliche Stellung der politischen Parteien im modernen Staat, 1. Bericht, in: VVDStRL 17 (1959), S. 11 ff.

Hesse, Konrad, Grundzüge des Verfassungsrechts der Bundesrepublik Deutschland, Neudruck der 20. Auflage 1999

Hill, Hermann, Akzeptanz des Rechts – Notwendigkeit eines besseren Politikmanagements, in: JZ 1988, S. 377 ff.

Hillgruber, Christian, Zwischen wehrhafter Demokratie und „political correctness"; wieweit darf die politische Mehrheit die Spielregeln der politischen (Meinungs-)Bildung bestimmen? Die Reichweite der politischen Meinungsfreiheit, in: Kluth, Winfried (Hrsg.), „Das wird man ja wohl noch sagen dürfen." Staatliche Organe und die Pflicht zur Neutralität, 2015, S. 77 ff.

Hillgruber, Christian, Die Meinungsfreiheit als Grundrecht der Demokratie, Der Schutz des demokratischen Resonanzbodens in der Rechtsprechung des BVerfG, in: JZ 2016, S. 495 ff.

Hillgruber, Christian, Beeinträchtigung des Rechts einer politischen Partei auf Chancengleichheit gem. Art. 21 GG durch ein auf der Internetseite eines Bundesministeriums veröffentlichtes Interview eines Bundesministers, in: JA 2020, S. 718 ff.

Hinderks, Tobias, Staatliche Kommunikation in den neuen Medien, Staatsfreiheit als risikobasierter Grundsatz, in: ZUM 2023, S. 26 ff.

Hoeren, Thomas/*Sieber*, Ulrich/*Holznagel*, Bernd (Hrsg.), Handbuch Multimedia-Recht, Rechtsfragen des elektronischen Geschäftsverkehrs, Loseblatt, 59. Ergänzungslieferung Juni 2023

Hoffmann-Riem, Wolfgang, Mediendemokratie als rechtliche Herausforderung, in: Der Staat 42 (2003), S. 193 ff.

Höfling, Wolfram/*Augsberg*, Steffen/*Rixen*, Stephan (Hrsg.), Friauf, Berliner Kommentar zum Grundgesetz, Loseblatt, Stand: 2023

Hofmann, Hans/*Henneke*, Hans-Günter (Hrsg.), Schmidt-Bleibtreu, GG – Grundgesetz, Kommentar, 15. Auflage 2022

Hohlfeld, Ralf/*Godulla*, Alexander/*Planer*, Rosanna, Das Phänomen Social Media, in: Hornung, Gerrit/Müller-Terpitz, Ralf (Hrsg.), Rechtshandbuch Social Media, 2. Auflage 2021, 2. Kapitel

Holtwisch, Christoph, Die informationstechnologische Verwaltung im Kontext der Verwaltungsmodernisierung – Bürger und Verwaltung in der Internet-Demokratie, in: Die Verwaltung 43 (2010), S. 567 ff.

Holznagel, Bernd, Internetdienstefreiheit und Netzneutralität, in: AfP 2011, S. 532 ff.

Holznagel, Bernd, Konvergenz in lokalen und regionalen Medienmärkten, Spielräume für eine Beteiligung kommunaler TK-Unternehmen an Rundfunkveranstaltern, in: MMR 2011, S. 300 ff.

Holznagel, Bernd, Verantwortung der Massenmedien im Wahlkampf, Reformbedarf im Zeitalter des Web 2.0, in: JZ 2012, S. 165 ff.

Honer, Mathias, Mehr Smend für die Staatsorganisation – Zur jüngsten Bundesverfassungsgerichts-Entscheidung in Sachen Äußerungsbefugnisse von Regierungsmitgliedern, in: RuP 2020, S. 419 ff.

Horn, Hans-Detlef, Die Regierung – die Bundesregierung, in: Stern, Klaus/Sodan, Helge/Möstl, Markus (Hrsg.), Das Staatsrecht der Bundesrepublik Deutschland im europäischen Staatenverbund, Band II: Staatsorgane, Staatsfunktionen, Finanzwesen, 2. Auflage 2022, § 39

Horn, Hans-Detlef, Regierung, in: Stern, Klaus/Sodan, Helge/Möstl, Markus (Hrsg.), Das Staatsrecht der Bundesrepublik Deutschland im europäischen Staatenverbund, Band II: Staatsorgane, Staatsfunktionen, Finanzwesen, 2. Auflage 2022, § 45

Hoyer, Michael, Soziale Netzwerke verändern die Kommunikation, in: Dittler, Martin/ders. (Hrsg.), Social-Network – Die Revolution der Kommunikation, Kundenkommunikation, Facebook-Freundschaften, digitale Demokratie und virtuelle Shitstorms unter medienpsychologischer und mediensoziologischer Perspektive, 2014, S. 13 ff.

Huber, Ernst Rudolf, Wirtschafts-Verwaltungsrecht, Band II, 2. Auflage 1954

Huber, Peter Michael, Die Informationstätigkeit der öffentlichen Hand – ein grundrechtliches Sonderregime aus Karlsruhe?, in: JZ 2003, S. 290 ff.

Huber, Peter Michael, Die Staatsfreiheit des Rundfunks – Erosion und Neujustierung, in: Detterbeck, Steffen/Rozek, Jochen/Coelln, Christian von (Hrsg.), Recht als Medium der Staatlichkeit, Festschrift für Herbert Bethge zum 70. Geburtstag, S. 497 ff.

Huber, Peter Michael/*Uhle*, Arnd, Die Sachbereiche der Landesgesetzgebung nach der Föderalismusreform, Anmerkungen zur Verfassungsreform von 2006 und zu neueren Entwicklungen im Recht der Gesetzgebungsbefugnisse der Länder, in: Heintzen, Markus/Uhle, Arnd (Hrsg.), Neuere Entwicklungen im Kompetenzrecht, Zur Verteilung der Gesetzgebungszuständigkeiten zwischen Bund und Ländern nach der Föderalismusreform, 2014, S. 83 ff.

Huber, Peter Michael/*Voßkuhle*, Michael (Hrsg.), v. Mangoldt/F. Klein/Starck, Grundgesetz, Kommentar, Band 1: Präambel, Art. 1 – 19, 7. Auflage 2018

Huber, Peter Michael/*Voßkuhle*, Michael (Hrsg.), v. Mangoldt/F. Klein/Starck, Grundgesetz, Kommentar, Band 2: Art. 20 – 82 GG, 7. Auflage 2018

Huber, Peter Michael/*Voßkuhle*, Michael (Hrsg.), v. Mangoldt/F. Klein/Starck, Grundgesetz, Kommentar, Band 3: Art. 83 – 146 GG, 7. Auflage 2018

Hufen, Friedhelm, Legitimität und Grenzen der Öffentlichkeitsarbeit von Landesregierungen, Der Streit um den „Tag der offenen Tür“ in der rheinland-pfälzischen Staatskanzlei, in: LKRZ 2007, S. 41 ff.

Iben, Alexander, Staatlicher Schutz vor Meinungsrobotern, (Verfassungs-)Rechtliche Überlegungen zu einer staatlichen Schutzpflicht vor Einflüssen von Meinungsrobotern auf die politische Willensbildung in sozialen Netzwerken, 2021

Ingold, Albert, „Polizei 2.0“: Grenzen der behördlichen Öffentlichkeitsarbeit in sozialen Netzwerken, in: VerwArch 108 (2017), S. 240 ff.

Ipsen, Jörn, Globalzuschüsse statt Wahlkampfkostenerstattung – Perspektiven der Parteienfinanzierung nach dem Urteil des BVerfG v. 9.4.1992 – 2 BvE 2/89, in: JZ 1992, S. 753 ff.

Ipsen, Jörn, Die Kompetenzverteilung zwischen Bund und Ländern nach der Föderalismusnovelle, in: NJW 2006, S. 2801 ff.

Irle, Martin/*Möntmann*, Volker (Hrsg.), Festinger, Leon, Theorie der kognitiven Dissonanz, 1978

Isensee, Josef, Die bundesstaatliche Kompetenz, in: ders./Kirchhof, Paul (Hrsg.), Handbuch des Staatsrechts der Bundesrepublik Deutschland, Band VI: Bundesstaat, 3. Auflage 2008, § 133

Jäckel, Michael, Medienwirkungen, Ein Studienbuch zur Einführung, 5. Auflage 2011

Jäkel, Florian, Internetformate und Grundgesetz – Ist eine Internetfreiheit wirklich nötig?, in: AfP 2012, S. 224 ff.

Jarass, Hans D., Die Freiheit der Massenmedien, Zur staatlichen Einwirkung auf Presse, Rundfunk, Film und andere Medien, 1978

Jarass, Hans D., Die Freiheit des Rundfunks vom Staat, Gremienbesetzung, Rechtsaufsicht, Genehmigungsvorbehalte, staatliches Rederecht und Kooperationsformen auf dem verfassungsrechtlichen Prüfstand, 1981

Jarass, Hans D., Rechtsfragen der Öffentlichkeitsarbeit, Zugleich ein Beitrag zum Thema „Werbung und Recht“, in: NJW 1981, S. 193 ff.

Jarass, Hans D., Rundfunkbegriffe im Zeitalter des Internets, Zum Anwendungsbereich der Rundfunkfreiheit, des Rundfunkstaatsvertrags und des Mediendienste-Staatsvertrags, in: AfP 1998, S. 133 ff.

Jarass, Hans D./*Kment*, Martin (Hrsg.), Jarass/Pieroth, Grundgesetz für die Bundesrepublik Deutschland, Kommentar, 17. Auflage 2022

Jarren, Ottfried/*Fischer*, Renate, Die Plattformisierung von Öffentlichkeit und der Relevanzverlust des Journalismus als demokratische Herausforderung, in: Seeliger, Martin/Sevignani, Sebastian (Hrsg.), Ein neuer Strukturwandel der Öffentlichkeit? Leviathan Sonderband 37 (2021), S. 365 ff.

Jarren, Ottfried/*Röttger*, Ulrike, Public Relations aus kommunikationswissenschaftlicher Sicht, in: Fröhlich, Romy/Szyszka, Peter/Bentele, Günter (Hrsg.), Handbuch der Public Relations, Wissenschaftliche Grundlagen und berufliches Handeln. Mit Lexikon, 3. Auflage 2015, S. 29 ff.

Jensen, Marco Arne, Rechtsprobleme regierungsamtlicher Öffentlichkeitsarbeit im Internet-Zeitalter, 2006

Jerschke, Hans-Ulrich, Öffentlichkeitspflicht der Exekutive und Informationsrecht der Presse, 1971

Jestaedt, Matthias, Meinungsfreiheit, in: Merten, Detlef/Papier, Hans-Jürgen (Hrsg.), Handbuch der Grundrechte in Deutschland und Europa, Band IV: Grundrechte in Deutschland: Einzelgrundrechte I, 2011, § 102

Kahl, Jonas, Elektronische Presse und Bürgerjournalismus, Presserechtlichen Rechte und Pflichten von Wortmedien im Internet, 2013

Kahl, Wolfgang/*Waldhoff*, Christian/*Walter*, Christian (Hrsg.), Bonner Kommentar zum Grundgesetz, Loseblatt, Stand: 222. Aktualisierung Dezember 2023

Kaiser, Roman, Mehrheitserfordernisse im Staatsrecht, in: JuS 2017, S. 221 ff.

Kalbhenn, Jan, Medien- und wettbewerbsrechtliche Regulierungen von Messenger-Diensten, in: ZUM 2022, S. 266 ff.

Kalscheuer, Fiete/*Jacobsen*, Annika, Das digitale Hausrecht von Hoheitsträgern, Unter welchen Voraussetzungen darf der Staat Twitter-Nutzer blockieren?, in: NVwZ 2018, S. 2358 ff.

Kämmerer, Jörn Axel/*Kotzur*, Markus (Hrsg.), I. v. Münch/Kunig, Grundgesetz Kommentar, Band 1: Präambel, Art. 1–69, 7. Auflage 2021

Kaplan, Andreas M./*Haenlein*, Michael, Users of the world, unite! The challenges and opportunities of Social Media, in: BusHor 53 (2010), S. 59 ff.

Kaster, Bernhard, Regierungs-PR und politischer Wettbewerb, Im Spannungsfeld zwischen Informationspflicht und Parteiwerbung, in: Köhler, Miriam Melanie/Schuster, Christian H. (Hrsg.), Handbuch Regierungs-PR, Öffentlichkeitsarbeit von Bundesregierungen und deren Beratern, 2006, S. 183 ff.

Katz, Alfred, Lokalzeitungen und/oder Amtsblätter? – Zulässigkeit und Grenzen kommunaler Berichterstattung –, in: DÖV 2019, S. 261 ff.

Kelsen, Hans, Allgemeine Staatslehre, Nachdruck der 1. Auflage 1925 1993

Kempen, Otto Ernst, Pressefreiheit, regierungsamtliche Werbung und Verfassung, in: DÖV 1972, S. 740 ff.

Kempen, Otto Ernst, Grundgesetz, amtliche Öffentlichkeitsarbeit und politische Willensbildung, Ein Aspekt des Legitimationsproblems in Verfassungsrecht, Verfassungspraxis und Verfassungstheorie, 1975

Kempen, Otto Ernst, Zwischen Gemeinwohlpostulat und demokratischen Verfahrensgarantien, Das Urteil des Bundesverfassungsgericht zur regierungsamtlichen Öffentlichkeitsarbeit, in: Der Staat 18 (1979), S. 81 ff.

Kersten, Jens, Realakte und Praxen, in: Bultmann, Peter Friedrich/Grigoleit, Klaus Joachim/Gusy, Christoph/ders./Otto, Christian-W./Preschel, Christina (Hrsg.), Allgemeines Verwaltungsrecht, Institute, Kontexte, System, Festschrift für Ulrich Battis zum 70. Geburtstag, 2014, S. 239 ff.

Kewenig, Wilhelm A., Zu Umfang und Grenzen der Rundfunkfreiheit, 1978

Kirchhof, Ferdinand, Rechtspflicht zur Zusatzveröffentlichung kommunaler Normen, in: DÖV 1982, S. 397 ff.

Kirchhof, Paul, Verwalten durch „mittelbares" Einwirken, 1977

Kirchhof, Paul, Mittel staatlichen Handelns, in: Isensee, Josef/ders. (Hrsg.), Handbuch des Staatsrechts der Bundesrepublik Deutschland, Band V: Rechtsquellen, Organisation, Finanzen 3. Auflage 2007, § 99

Kittler, Matthias, Die öffentliche Hand als Werbeträger im Internet, in: NJW 2000, S. 122 ff.

Klaes, Roland L., Verfassungsrechtlicher Rundfunkbegriff und Internet, Eine Dogmatische Bestandsaufnahme vor dem Hintergrund des 12. Rundfunkänderungsstaatsvertrages, in: ZUM 2009, S. 135 ff.

Klein, Bodo, Konkurrenz auf dem Markt der geistigen Freiheiten, Verfassungsfragen des Wettbewerbs im Pressewesen, 1990

Klein, Eckart, Funktionsstörungen in der Staatsorganisation, in: Isensee, Josef/Kirchhof, Paul (Hrsg.), Handbuch des Staatsrechts der Bundesrepublik Deutschland, Band XII: Normativität und Schutz der Verfassung, 3. Auflage 2014, § 279

Klein, Franz, Die staatsrechtliche Stellung des Bundesministers der Finanzen, in: DVBl. 1962, S. 573 ff.

Klein, Hans Hugo, Status des Abgeordneten, Isensee, Josef/Kirchhof, Paul (Hrsg.), Handbuch des Staatsrechts der Bundesrepublik Deutschland, Band III: Demokratie – Bundesorgane, 3. Auflage 2005, § 51

Kleineberg, Christoph, Shitstorm-Attacken, Digitaler Orkan oder Sturm im Wasserglas?, in: Dittler, Ulrich/Hoyer, Michael (Hrsg.), Social Network – Die Revolution der Kommunikation, Kundenkommunikation, Facebook-Freundschaften, digitale Demokratie und virtuelle Shitstorms unter medienpsychologischer und mediensoziologischer Perspektive, 2014, S. 61 ff.

Klement, Jan Henrik, Der Vorbehalt des Gesetzes für das Unvorhersehbare – Argumente gegen zu viel Rücksicht auf den Gesetzgeber –, in: DÖV 2005, S. 507 ff.

Kliegel, Thomas, Äußerungsbefugnisse von Amtsträgern gegenüber Parteien, in: Scheffczyk, Fabian/Wolter, Kathleen (Hrsg.), Linien der Rechtsprechung des Bundesverfassungsgerichts, Erörtert von den wissenschaftlichen Mitarbeiterinnen und Mitarbeitern, Band 4, 2016, S. 413 ff.

Kloepfer, Michael, Information als Intervention in der Wettbewerbsaufsicht, Rechtsfragen zur Öffentlichkeitsarbeit des Bundeskartellamts, 1973

Kloepfer, Michael, Produkthinweispflichten bei Tabakwaren als Verfassungsfrage, 1991

Kloepfer, Michael, Staatliche Information als Lenkungsmittel, dargestellt am Problem behördlicher Warnungen und Empfehlungen im Umweltrecht, 1998

Kloepfer, Michael, Informationsrecht, 2002

Kloepfer, Michael, Öffentliche Meinung, Massenmedien, in: Isensee, Josef/Kirchhof, Paul (Hrsg.), Handbuch des Staatsrechts der Bundesrepublik Deutschland, Band III: Demokratie – Bundesorgane, 3. Auflage 2005, § 42

Knebel, Sophie Victoria/*Schoss*, Robin Christopher, Umfang und Legitimationsprobleme staatlichen Informationshandelns im Internet, in: DÖV 2016, S. 105 ff.

Koellreutter, Otto, Der deutsche Staat als Bundesstaat und als Parteienstaat, 1927

Köhler, Helmut, Das Gebot der „Staatsferne der Presse“ als Schranke kommunaler Öffentlichkeitsarbeit, in: GRUR 2019, S. 265 ff.

Köhler, Miriam Melanie/*Schuster*, Christian H., Regierungs-PR im Feld der politischen Kommunikation, Funktion und Bedeutung von regierungsamtlicher Presse- und Öffentlichkeitsarbeit, in: dies. (Hrsg.), Handbuch Regierungs-PR, Öffentlichkeitsarbeit von Bundesregierungen und deren Beratern, 2006, S. 13 ff.

Kordes, Walter/*Pollmann*, Hans, Das Presse- und Informationsamt der Bundesregierung, 9. Auflage 1985

Koreng, Ansgar, Staatliche Internetpräsenz zwischen legitimer Öffentlichkeitsarbeit und dem Verbot des Staatsrundfunks, Podcasts, Videoblogs und der Rundfunkbegriff, in: AfP 2009, S. 117 ff.

Krebs, Walter, Verwaltungsorganisation, Isensee, Josef/Kirchhof, Paul (Hrsg.), Handbuch des Staatsrechts der Bundesrepublik Deutschland, Band V: Rechtsquellen, Organisation, Finanzen, 3. Auflage 2007, § 108

Kremmer, Horst, Die rechtliche Problematik des kommunalen Pressewesens, 1980

Kröger, Klaus, Die Ministerverantwortlichkeit in der Verfassungsordnung der Bundesrepublik Deutschland, 1972

Krüdewagen, Ute, Die Selbstdarstellung des Staates, Eine Untersuchung der Selbstdarstellung der Bundesrepublik Deutschland und der Vereinigten Staaten von Amerika, 2002

Krüger, Herbert, Allgemeine Staatslehre, 2. Auflage 1966

Krüger, Herbert, Von der Staatspflege überhaupt, in: Quaritsch, Helmut (Hrsg.), Die Selbstdarstellung des Staates, Vorträge und Diskussionsbeiträge der 44. Staatswissenschaftlichen Fortbildungstagung 1976 der Hochschule für Verwaltungswissenschaften Speyer, 1977, S. 21 ff.

Krüper, Julian, Anmerkung zu BVerfG, Urteil v. 16.12.2014 – 2 BvE 2/14, in: JZ 2015, S. 414 ff.

Kube, Hanno, Neue Medien – Internet, in: Isensee, Josef/Kirchhof, Paul (Hrsg.), Handbuch des Staatsrechts der Bundesrepublik Deutschland, Band IV: Aufgaben des Staates, 3. Auflage 2006, § 91

Kube, Hanno, Persönlichkeitsrecht, in: Isensee, Josef/Kirchhof, Paul (Hrsg.), Handbuch des Staatsrechts der Bundesrepublik Deutschland, Band VII: Freiheitsrechte, 3. Auflage 2009, § 148

Kuch, David, Politische Neutralität in der Parteiendemokratie, in: AöR 142 (2017), S. 491 ff.

Kuch, David, Anmerkung zu BVerfG, Urteil v. 27.2.1018 – 2 BvE 1/16, JZ 2018, S. 409 ff.

Kugelmann, Dieter, Informationsfreiheit als Baustein der Demokratie, in: ZGI 2022, S. 245

Kühling, Jürgen, Die Verantwortung der Medienintermediäre für die demokratische Diskursvielfalt, Algorithmenregulierung für Facebook, Twitter & Co.?, in: JZ 2021, S. 529 ff.

Kühling, Jürgen, „Fake News“ und „Hate Speech“ – Die Die Verantwortung der Medienintermediäre zwischen neuen NetzDG, MStV und Digital Services Act, in: ZUM 2021, S. 461 ff.

Kühling, Jürgen/*Gauß*, Nicolas, Suchmaschinen – eine Gefahr für den Informationszugang und die Informationsvielfalt?, in: ZUM 2007, S. 881 ff.

Kühne, Jörg-Detlef, Parteienstaat als Herausforderung des Verfassungsstaats, in: Neuhaus, Helmut (Hrsg.), Verfassung und Verwaltung, Festschrift für Kurt G.A. Jeserich zum 90. Geburtstag, 1994, S. 309 ff.

Kunczik, Michael, Geschichte der staatlichen Öffentlichkeitsarbeit in Deutschland, Regierungs-PR von gestern bis heute, in: Köhler, Miriam Melanie/Schuster, Christian H. (Hrsg.), Handbuch Regierungs-PR, Öffentlichkeitsarbeit von Bundesregierungen und deren Beratern, 2006, S. 35 ff.

Kunczik, Michael, Public Relations, Konzepte und Theorien, 5. Auflage 2010

Kunig, Philip, Parteien, in: Isensee, Josef/Kirchhof, Paul (Hrsg.), Handbuch des Staatsrechts der Bundesrepublik Deutschland, Band III: Demokratie – Bundesorgane, 3. Auflage 2005, § 40

Kunisch, Johann Kaspar, Rundfunkfreiheit im Internet und der Grundsatz der Staatsfreiheit des Rundfunks, Eine Untersuchung zur Rundfunkqualität von Internetdiensten und der Einhaltung des Staatsfreiheitsgrundsatzes bei der Aufsicht über Internetdienste im Schutzbereich der Rundfunkfreiheit, 2011

Ladeur, Karl-Heinz, Anmerkung zu BremStGH, Entscheidung vom 30. 11. 1983 – St 1/83 –, in: DVBl. 1984, S. 224 f.

Ladeur, Karl-Heinz, Verfassungsrechtliche Fragen regierungsamtlicher Öffentlichkeitsarbeit und öffentlicher Wirtschaftstätigkeit im Internet, in: DÖV 2002, S. 1 ff.

Langbauer, Melanie/*Ripel*, Sabine, Der öffentlich-rechtliche Rundfunk – ein Auslaufmodell? Kritische Anmerkungen zum Gutachten des Wissenschaftlichen Beirats beim BMF, in: MMR 2015, S. 572 ff.

Laude, Lennart, Automatisierte Meinungsbeeinflussung, Der Schutz des Kommunikationsprozesses in sozialen Online-Netzwerken, 2021

Lehngut, Gerold/*Vogelgesang*, Klaus, Die Organisationserlasse der Bundeskanzler seit Bestehen der Bundesrepublik Deutschland im Lichte der politischen Entwicklung, in: AöR 113 (1988), S. 531 ff.

Leibholz, Gerhard, Das Wesen der Repräsentation unter besonderer Berücksichtigung des Repräsentativsystems, ein Beitrag zur allgemeinen Staats- und Verfassungslehre 1. Auflage 1929

Leibholz, Gerhard, Referat, in: 38. DJT 1950, C 2 ff.

Leibholz, Gerhard, Volk und Partei im neuen deutschen Verfassungsrecht, in: DVBl. 1950, S. 194 ff.

Leibholz, Gerhard, Parteienstaat und Repräsentative Demokratie, Eine Betrachtung zu Art. 21 und 38 des Bonner Grundgesetzes, in: DVBl. 1951, S. 1 ff.

Leibholz, Gerhard, Strukturprobleme der modernen Demokratie, 3. Auflage 1967

Leidinger, Tobias, Hoheitliche Warnungen, Empfehlungen und Hinweisen im Spektrum staatlichen Informationshandelns – Zum aktuellen Stand der Diskussion in Rechtsprechung und Literatur –, in: DÖV 1993, S. 925 ff.

Leihe, Bärbel, Probleme der Tätigkeit des Presse- und Informationsamtes der Bundesregierung, in: MDR 1969, S. 445 ff.

Leisner, Walter, Öffentlichkeitsarbeit der Regierung im Rechtsstaat, Dargestellt am Beispiel des Presse- und Informationsamtes der Bundesregierung, 1966

Leisner, Walter, Verwaltungspreis – Verwaltungssteuer, Betrachtung zu den Gebührengrundsätzen, in: Conrad, Hermann/Jahrreiß, Hermann/Mikat, Paul/Mosler, Hermann/Nipperdey, Hans Carl/Salzwedel, Jürgen (Hrsg.), Gedächtnisschrift Hans Peters, 1967, S. 730 ff.

Leisner, Walter, Regierung als Macht kombinierten Ermessen, Zur Theorie der Exekutivgewalt, in: JZ 1968, S. 727 ff.

Leisner, Walter Georg, Grundlagen des Wahlrechts, in: Stern, Klaus/Sodan, Helge/Möstl, Markus (Hrsg.), Das Staatsrecht der Bundesrepublik Deutschland im europäischen Staatenverbund, Band II: Staatsorgane, Staatsfunktionen, Finanzwesen, 2. Auflage 2022, § 31

Lenski, Sophie-Charlotte, Regierungs- und Fraktionsarbeit als Parteiarbeit – Skizze einer Kontrolltrias –, in: DÖV 2014, S. 585 ff.

Lenz, Helmut, Rundfunkorganisation und öffentliche Meinungsbildungsfreiheit, in: JZ 1963, S. 338 ff.

Leonardy, Uwe, Öffentlichkeitsarbeit der Regierung minus Wahlwerbung: Informationsläden des Staates, Urteil des Bundesverfassungsgerichts vom 2. März 1976 – 2 BvE 1/76 –, in: ZParl 1978, S. 23 ff.

Lerche, Peter, Werbung und Verfassung, Studie im Auftrag des Zentralausschusses der Wirtschaft, 1967

Lerche, Peter, Landesbericht Bundesrepublik Deutschland, in: Bullinger, Martin/Kübler, Friedrich (Hrsg.), Rundfunkorganisation und Kommunikationsfreiheit, Landesberichte und Generalbericht der Tagung für Rechtsvergleichung 1979 in Lausanne, 1979, S. 15 ff.

Liebert, Tobias, Frühe Verwendungen der Begriffe „Public Relations“ und „Öffentlichkeitsarbeit“ in Deutschland, in: ders. (Hrsg.), Der Take-off von Öffentlichkeitsarbeit, Beiträge zur theoriegestützten Real- und Reflexions-Geschichte öffentlicher Kommunikation und ihrer Differenzierung, 2003, S. 129 ff.

Lindner, Josef Franz/*Bast*, Alexander, Die Unzulässigkeit staatlicher Einflussnahme auf Versammlungen, in: NVwZ 2018, S. 708 ff.

Lipphardt, Hanns-Rudolf, Die Gleichheit der politischen Parteien vor der öffentlichen Gewalt, Kritische Studie zur Wahl- und Parteienrechtsjudikatur des Bundesverfassungsgerichts, 1975

Löber, Lena Isabell/*Roßnagel*, Alexander, Kennzeichnung von Social Bots, Transparenzpflichten zum Schutz integrer Kommunikation, in: MMR 2019, S. 493 ff.

Lübbe-Wolff, Gertrude, Rechtsprobleme der behördlichen Umweltberatung, in: NJW 1987, S. 2705 ff.

Ludyga, Hannes, Die Presseberichterstattung von Gemeinden in kommunalen Amtsblättern und das Wettbewerbsrecht, in: ZUM 2016, S. 706 ff.

Luhmann, Niklas, Die Realität der Massenmedien, 5. Auflage 2017

Madjarov, Peter, Äußerungsbefugnisse von Bundespräsident und Regierungsmitgliedern – Anmerkung zu BVerfG, Urteil vom 10.06.2014 – 2 BvE 4/13 sowie Urteil vom 16.12. 2014 – 2 BvE 2/14, in: GreifRecht 2015, S. 59 ff.

Magiera, Siegfried, Parlament und Staatsleitung in der Verfassungsordnung des Grundgesetzes, Eine Untersuchung zu den Grundlagen der Stellung und den Aufgaben des Deutschen Bundestages, 1979

Mallmann, Walter, Pressepflichten und öffentliche Aufgabe der Presse, in: JZ 1966, S. 625 ff.

Mandelartz, Herbert, Öffentlichkeitsarbeit der Regierung – Begriff, Instrumente und Begrenzungen in der Vorwahlzeit –, in DÖV 2009, S. 509 ff.

Mandelartz, Herbert, Grenzen regierungsamtlicher Öffentlichkeitsarbeit, in LKRZ 2010, S. 371 ff.

Mandelartz, Herbert/*Grotelüschen*, Henning, Das Internet und die Rechtsprechung des BVerfG zur Öffentlichkeitsarbeit der Regierung, in: NVwZ 2004, S. 647 ff.

Martini, Mario/*Kühl*, Benjamin, Der informierende Staat als Katalysator der Meinungsbildung im digitalen Zeitalter, in: DÖV 2014, S. 573 ff.

Mast, Tobias, Zur Reichweite der Äußerungsbefugnis von Regierungsmitgliedern, Kommentar zu Thüringer VerfGH, Urteil vom 8.6.2016 – VerfGH 25/15, in: K&R 2016, S. 542 f.

Mast, Tobias, Staatsinformationsqualität, De- und Rekonstruktion des verfassungsgerichtlichen Leitbilds öffentlicher staatlicher Informationstätigkeit und der entsprechenden Gebote, 2020

Matz, Werner, Artikel 21, in: JöR n.F. 1 (1951), S. 202 ff.

Maurer, Hartmut, Staatsrecht I, Grundlagen, Verfassungsorgane, Staatsfunktionen, 6. Auflage 2010

Meik, Frank, Warum die neuen Medien unsere Demokratie bedrohen, Die digitale Disruption und ihre Folgen, in: Dittler, Ulrich/Hoyer, Michael (Hrsg.), Social Network – Die Revolution der Kommunikation, Kundenkommunikation, Facebook-Freundschaften, digitale Demokratie und virtuelle Shitstorms unter medienpsychologischer und mediensoziologischer Perspektive, 2014, S. 53 ff.

Meinel, Florian, Das Bundesverfassungsgericht in der Ära der Großen Koalition: zur Rechtsprechung seit dem Lissabon-Urteil, in: Der Staat 60 (2021), S. 43 ff.

Menzel, Eberhard, Staatliche Parteienfinanzierung und moderner Parteienstaat, in: DÖV 1966, S. 585 ff.

Merten, Klaus, Kommunikation und Persuasion, in: Fröhlich, Romy/Szyszka, Peter/Bentele, Günter (Hrsg.), Handbuch der Public Relations, Wissenschaftliche Grundlagen und berufliches Handeln. Mit Lexikon, 3. Auflage 2015, S. 385 ff.

Meyer, Hans, Das parlamentarische Regierungssystem des Grundgesetzes, Anlage – Erfahrungen – Zukunftseignung, 2. Mitbericht, in: VVDStRL 33 (1975), S. 69 ff.

Meyer, Hans, Die Stellung der Parlamente in der Verfassungsordnung des Grundgesetzes, in: Schneider, Hans-Peter/Zeh, Wolfgang (Hrsg.), Parlamentsrecht und Parlamentspraxis, in der Bundesrepublik Deutschland, Ein Handbuch, 1989, § 4

Meyer, Hans, Wahlgrundsätze, Wahlverfahren, Wahlprüfung, in: Isensee, Josef/Kirchhof, Paul (Hrsg.), Handbuch des Staatsrechts der Bundesrepublik Deutschland, Band III: Demokratie – Bundesorgane, 3. Auflage 2005, § 46

Meyn, Karl-Ulrich, Warnungen der Bundesregierung vor Jugendsekten – BVerwG, NJW 1989, 2272, und BVerfG, NJW 1989, 3269, in: JuS 1990, S. 630 ff.

Michl, Fabian, Anmerkung zu BVerfG, Urt. v. 27.2.2018 – 2 BvE 1/16, in: NVwZ 2018, S. 491 f.

Milker, Jens, „Social-Bots" im Meinungskampf, Wie Maschinen die öffentliche Meinung beeinflussen und was wir dagegen unternehmen können, in: ZUM 2017, S. 216 ff.

Möllers, Christoph, Pressefreiheit im Internet, Zu verfassungsrechtlichen Grenzen der Regulierung von Online-Bewegtbildern von Zeitungen, in: AfP 2008, S. 241 ff.

Möllers, Christoph, Staatsfreiheit – zu Grenzen eines spannungsreichen Rechtsbegriffs im Medienrecht, in: AfP 2013, S. 457 ff.

Möllers, Christoph, Zur Vereinbarkeit des von der juris GmbH betriebenen digitalen Magazins Libra mit dem verfassungsrechtlichen Grundsatz der Staatsfreiheit der Presse, Ein verfassungsrechtliches Kurzgutachten im Auftrag des Bundesministeriums der Justiz, 2023

Morcinek, Martin, Das Bundespresseamt im Wandel, Zur Geschichte der Regierungskommunikation in der Bundesrepublik Deutschland, in: JbKG 6 (2004), S. 195 ff.

Morcinek, Martin, Von der Pressestelle zum Informationsdienstleister, Das Bundespresseamt zwischen Politik, Medien und Öffentlichkeit, in: Köhler, Miriam Melanie/Schuster, Christian H. (Hrsg.), Handbuch Regierungs-PR, Öffentlichkeitsarbeit von Bundesregierungen und deren Beratern, 2006, S. 49 ff.

Morlok, Martin, Parteienrecht als Wettbewerbsrecht, in: Häberle, Peter/ders./Skouris, Vassilios (Hrsg.), Festschrift für Dimitris Th. Tsatsos, zum 70. Geburtstag am 5. Mai 2003, S. 408 ff.

Morlok, Martin, Parteiengesetz, Kommentar, 2. Auflage 2013

Möstl, Markus, Demokratische Willensbildung und Hoheitsträger. Grund und Grenzen öffentlicher Äußerungsbefugnisse von Repräsentanten des Staates, in: Uhle, Arnd (Hrsg.), Information und Einflussnahme, Gefährdungen der Offenheit des demokratischen Willensbildungsprozesses, 2018, S. 49 ff.

Müller, Klaus, Künftige Plattformregulierung und effektive Durchsetzung in Deutschland, Notwendigkeit und Umsetzung des Digital Services Act, in: MMR-Beilage 2022, S. 1007 ff.

Müller-Franken, Sebastian, Unzulässige Staatsmedien oder zulässige Informationstätigkeit, in: AfP 2016, S. 301 ff.

Müller-Franken, Sebastian, Gefährdungen der Pressefreiheit durch öffentlich-rechtliche presseähnliche Angebote, in: K&R 2018, S. 73 ff.

Müller-Franken, Sebastian, Verfassungsrechtliche Fragen zur Online-Informationstätigkeit von Kommunen, Rechtsgutachten zu Legitimation und Grenzen der Teilhabe von Kommunen an öffentlicher Kommunikation über das Internet, 2018

Müller-Franken, Sebastian, Die Verfassungsgarantie der Freiheit der Presse und presseähnliche Betätigungen von Gemeinden, in: AfP 2019, S. 103 ff.

Müller-Terpitz, Ralf, Öffentlich-rechtlicher Rundfunk und Neue Medien – Eine gemeinschafts- und verfassungsrechtliche Betrachtung, in: AfP 2008, S. 335 ff.

Müller-Terpitz, Ralf, Soziale Netzwerke als Gegenstand des geltenden Rechts. Eine rechtssystematische Einordnung, in: Eifert, Martin/Gostomzyk, Tobias (Hrsg.), Netzwerkrecht, Die Zukunft des NetzDG und seine Folgen für die Netzwerkkommunikation, 2018, S. 45 ff.

Münch, Ingo von, Minister und Abgeordneter in einer Person: die andauernde Verhöhnung der Gewaltenteilung, in: NJW 1998, S. 34 f.

Münch, Richard, Dynamik der Informationsgesellschaft, 1995

Murswieck, Axel, Regierungsstile und Kanzlerdemokratie, in: Jann, Werner/König, Klaus (Hrsg.), Regieren zu Beginn des 21. Jahrhunderts, 2008, S. 175 ff.

Murswiek, Dietrich, Der Umfang der verfassungsgerichtlichen Kontrolle staatlicher Öffentlichkeitsarbeit – Zum „Grundsatz des judicial self-restraint“ –, in: DÖV 1982, S. 529 ff.

Murswiek, Dietrich, Staatliche Wertungen, Warnungen, Kritik als Grundrechtseingriffe – Zur Wirtschafts- und Meinungslenkung durch staatliches Informationshandeln –, in: DVBl. 1997, S. 1021 ff.

Murswiek, Dietrich, Das Bundesverfassungsgericht und die Dogmatik mittelbarer Grundrechtseingriffe, Zu der Glykol- und der Osho-Entscheidung vom 26. 6. 2022, in: NVwZ 2003, S. 1 ff.

Murswiek, Dietrich, Der Verfassungsschutzbericht – das scharfe Schwert der streitbaren Demokratie, Zur Problematik der Verdachtsberichtserstattung, in: NVwZ 2004, S. 769 ff.

Musiol, Christian, Pressemäßiges Stadtportal verletzt Gebot der Staatsferne, in: GRUR-Prax 2021, S. 36

Nawiasky, Hans, Die Grundgedanken des Grundgesetzes für die Bundesrepublik Deutschland, Systematische Darstellung und kritische Würdigung, 1950

Nellesen, Sebastian, Äußerungsrechte staatlicher Funktionsträger, Neutralität, Meinungsfreiheit, Mäßigungsgebot: Determinanten der Teilnahme staatlicher Funktionsträger am öffentlichen Meinungsbildungsprozess, 2019

Nellesen, Sebastian, Anmerkung zu BVerfG, Urt. v. 9. 6. 2020 – 2 BvE 1/19, in: NVwZ 2020, S. 1032 f.

Nellesen, Sebastian, Anmerkung zu BVerfG, Urt. v. 15. 6. 2022 – 2 BvE 4/20, 2 BvE 5/20, in: NVwZ 2022, S. 1127 f.

Neuberger, Christoph, Soziale Netzwerke im Internet, Kommunikationswissenschaftliche Einordnung und Forschungsüberblick, in: ders./Gehrau, Volker (Hrsg.), StudiVZ, Diffusion, Nutzung und Wirkung eines sozialen Netzwerks im Internet, 2011, S. 33 ff.

Neuberger, Christoph, Stümper oder Sargnagel? Was der Bürgerjournalismus leistet, in: Dittler, Ulrich/Hoyer, Michael (Hrsg.), Social Network – Die Revolution der Kommunikation, Kundenkommunikation, Facebook-Freundschaften, digitale Demokratie und virtuelle Shitstorms unter medienpsychologischer und mediensoziologischer Perspektive, 2014, S. 309 ff.

Neuberger, Christoph, Relevanz und Funktion des Journalismus in der digitalen Öffentlichkeit, Neukonzeption journalistischer Vermittlungsleistungen, in: MMR 2022, S. 1012 ff.

Neuberger, Christoph/*Lobigs*, Frank, Die Bedeutung des Internets im Rahmen der Vielfaltssicherung, Gutachten im Auftrag der Kommission zur Ermittlung der Konzentration im Medienbereich (KEK), 2010

Oberreuter, Heinrich, Politische Parteien: Stellung und Funktion im Verfassungssystem der Bundesrepublik, in: Mintzel, Alf/ders. (Hrsg.), Parteien in der Bundesrepublik Deutschland, 2. Auflage 1992, S. 15 ff.

Oeckl, Albert, Öffentlichkeitsarbeit in Theorie und Praxis, 1960

Ohler, Christoph, Anmerkung zu BVerfG – „Glykolwein", in: ZLR 2002, S. 631 ff.

Oldiges, Martin, Die Bundesregierung als Kollegium, Eine Studie zur Regierungsorganisation nach dem Grundgesetz, 1983

Ossenbühl, Fritz, Rechtliche Probleme der Zulassung zu öffentlichen Stadthallen – Zur Dogmatik der Gewährung öffentlicher Leistungen –, in: DVBl. 1973, S. 289 ff.

Ossenbühl, Fritz, Die Parteien im System des Grundgesetzes, in: BayVBl. 2000, S. 161 ff.

Ossenbühl, Fritz, Gedanken zur demokratischen Legitimation der Verwaltung, in: Horn, Hans-Detlef/Häberle, Peter/Schambeck, Herbert/Stern, Klaus (Hrsg.), Recht im Pluralismus, Festschrift für Walter Schmitt Glaeser zum 70. Geburtstag, 2003, S. 103 ff.

Palm, Heinz, Die Öffentlichkeitsarbeit der Landesregierung vor dem Verfassungsgerichtshof, Verfahren über die Werbung für ein Abfallvermeidungskonzept, in: Präsident des Verfassungsgerichtshofs für das Land Nordrhein-Westfalen (Hrsg.), Verfassungsgerichtsbarkeit in Nordrhein-Westfalen, Festschrift zum 50-jährigen Bestehen des Verfassungsgerichtshofs für das Land Nordrhein-Westfalen, 2022, S. 319 ff.

Papier, Hans-Jürgen, Aktuelle grundrechtsdogmatische Entwicklungen in der Rechtsprechung des Bundesverfassungsgerichts. Schutzbereich – Eingriff – Gesetzesvorbehalt, in: Merten, Detlef/ders. (Hrsg.), Grundfragen der Grundrechtsdogmatik, 2007, S. 81 ff.

Papier, Hans-Jürgen/*Schröder*, Meinhard, Verfassungsrechtliche Grenzen kommunaler Publikationen, in: DVBl. 2017, S. 1 ff.

Paschke, Marian, Medienrecht, 3. Auflage 2009

Paschke, Marian/*Berlit*, Wolfgang/*Meyer*, Claus/*Kröner*, Lars (Hrsg.), Hamburger Kommentar, Gesamtes Medienrecht, Kommentar, 4. Auflage 2021

Paulus, Andreas/*Nölscher*, Patrik, Rundfunkbegriff und Staatsferne im Konvergenzzeitalter, in: ZUM 2017, S. 177 ff.

Payandeh, Mehrdad, Die Neutralitätspflicht staatlicher Amtsträger im öffentlichen Meinungskampf, Dogmatische Systembildung auf verfassungsrechtlich zweifelhafter Grundlage, in: Der Staat 55 (2016), S. 519 ff.

Penz, Marco, Äußerungsbefugnisse von Regierungsmitgliedern – Anmerkungen zum Urteil des Thüringer Verfassungsgerichtshofs vom 8. Juni 2016, VerfGH 25/15, in: ThürVBl. 2016, S. 265 ff.

Peter, Christian, Staatsferne der Presse: Stadtportale und das Nationale Gesundheitsportal des Bundes in der Schnittmenge von Verfassungs- und Wettbewerbsrecht, in: GRUR 2022, S. 624 ff.

Philipp, Renate, Staatliche Verbraucherinformationen im Umwelt- und Gesundheitsrecht, 1989

Pieroth, Bodo, Das Verfassungsrecht der Öffentlichkeit für die staatliche Planung, in: Erbguth, Wilfried/Oebbecke, Janbernd/Rengeling, Hans-Werner/Schulte, Martin (Hrsg.), Planung, Festschrift für Werner Hoppe zum 70. Geburtstag, 2000, S. 195 ff.

Pietzcker, Jost, Zuständigkeitsordnung und Kollisionsrecht im Bundesstaat, in: Isensee, Josef/Kirchhof, Paul (Hrsg.), Handbuch des Staatsrechts der Bundesrepublik Deutschland, Band VI: Bundesstaat, 3. Auflage 2008, § 134

Pille, Jens-Ullrich, Meinungsmacht sozialer Netzwerke, 2021

Pitschas, Rainer, Allgemeines Verwaltungsrecht als Teil der öffentlichen Informationsordnung, in: Hoffmann-Riem, Wolfgang/Schmidt-Aßmann, Eberhard/Schuppert Gunnar Folke (Hrsg.), Reform des Allgemeinen Verwaltungsrechts, Grundfragen, 1993, S. 219 ff.

Plenge, Burkard, Die Zulässigkeit staatlicher Zeitungen und Zeitschriften, 1975

Porsch, Winfried, Warnungen und kritische Äußerungen als Mittel gemeindlicher Öffentlichkeitsarbeit, 1997

Posser, Herbert/*Wolff*, Heinrich Amadeus/*Decker*, Andreas (Hrsg.), Beck'scher Online-Kommentar Verwaltungsgerichtsordnung, Stand: 67. Edition 1. 10. 2023

Putzer, Max, Verfassungsrechtliche Grenzen der Äußerungsbefugnisse staatlicher Organe und Amtsträger, in: DÖV 2015, S. 417 ff.

Quaritsch, Helmut, Probleme der Selbstdarstellung des Staates, 1977

Quaritsch, Helmut, Vorwort des Tagungsleiters, in: ders. (Hrsg.), Die Selbstdarstellung des Staates, Vorträge und Diskussionsbeiträge der 44. Staatswissenschaftlichen Fortbildungstagung 1976 der Hochschule für Verwaltungswissenschaften Speyer, 1977, S. 3 ff.

Rath-Glawatz, Michael, Betätigung öffentlich-rechtlicher Körperschaften und Anstalten im Online-Bereich, in: AfP 1998, S. 261 ff.

Rath-Glawatz, Michael, Der Rechtsbegriff „Presse" – Von den Anfängen bis ins digitale Zeitalter, in: Jacobs, Rainer/Loschelder, Michael (Hrsg.), Berufung als Beruf, Festschrift für Sigmar-Jürgen Samwer zum 70. Geburtstag, 2008, S. 163 ff.

Rauchhaus, Alexandra, Rundfunk und Staat, Das Gebot der Staatsferne des Rundfunks vor neuen Herausforderungen, 2014

Raue, Stefan, Medien-Vielfalt sichert die Demokratie, in: MMR-Beilage 2022, S. 999 f.

Reffken, Hendrik, Politische Parteien und ihre Beteiligung an Medienunternehmen, Eine Untersuchung aus verfassungsrechtlicher Sicht, 2007

Reich, Herbert, Die völkerrechtlichen Schranken der internationalen politischen Propaganda in Friedenszeiten, 1966

Reimann, Horst, Kommunikations-Systeme, Umrisse einer Soziologie der Vermittlungs- und Mitteilungsprozesse, 2. Auflage 1974

Ricker, Reinhart, Das kommunale Amtsblatt in verfassungsrechtlicher Sicht, in: Studienkreis für Presserecht und Pressefreiheit (Hrsg.), Presserecht und Pressefreiheit, Festschrift für Martin Löffler zum 75. Geburtstag, 1980, S. 287 ff.

Ricker, Reinhart, Die verfassungsrechtliche Problematik der staatlichen, insbesondere der kommunalen Pressepublikation, in: AfP 1980/1981, S. 320 ff.

Ricker, Reinhart, Freiheit und Aufgabe der Presse, Individualrechtliche und institutionelle Aspekte, 1983

Ricker, Reinhart/*Licht*, Oliver, Der Schutz des Presseprodukts und des Presse-Apparates. Der Schutz der Institution „Freie Presse", in: ders./Weberling, Johannes (Hrsg.), Handbuch des Presserechts, 7. Auflage 2021, 9. Kapitel

Ricker, Reinhart/*Licht*, Oliver, Begriff und Bedeutung des Presse-Ordnungsrechts. Das Druckwerk, in: Ricker, Reinhart/Weberling, Johannes (Hrsg.), Handbuch des Presserechts, 7. Auflage 2021, 12. Kapitel

Ridder, Helmut, Grundgesetz und „Öffentlichkeitsarbeit", in: Ruppert, Johann Peter (Hrsg.), Freiheit und Verantwortung in Gesellschaft und Erziehung, Festschrift für Erwin Stein, 1969, S. 57 ff.

Roggenkamp, Jan Dirk, Web 2.0 Plattformen im kommunalen E-Government, Telos, Beschaffung, Modellierung, Betrieb und Wettbewerb, 2010

Röper, Erich, Befangenheitsregelung für parallele Berufstätigkeit von Abgeordneten, in: ZParl 2005, S. 425 ff.

Rossen, Helge, Freie Meinungsbildung durch den Rundfunk, Die Rundfunkfreiheit im Gewährleistungsgefüge des Art. 5 Abs. 1 GG, 1988

Roßnagel, Alexander, Möglichkeiten für Transparenz und Öffentlichkeit im Verwaltungshandeln – unter besonderer Berücksichtigung des Internet als Instrument der Staatskommunikation, in: Hoffmann-Riem, Wolfgang/Schmidt-Aßmann, Eberhard (Hrsg.), Verwaltungsrecht in der Informationsgesellschaft, 2000, S. 257 ff.

Roßnagel, Alexander, Recht der Multimediadienste 1998/1999, in: NVwZ 2000, S. 622 ff.

Rückriegel, Helmut, Was ist politische Öffentlichkeitsarbeit?, in: Schütz, Walter J. (Hrsg.), Aus der Schule der Diplomatie, Beiträge zu Außenpolitik, Recht, Kultur, Menschenführung, Festschrift zum 70. Geburtstag von Peter Pfeiffer, 1965, S. 222 ff.

Rudolph, Daniel, Erhalt von Vielfalt im Pressewesen, Unter besonderer Berücksichtigung des publizistischen Wettbewerbs, Eine rechtswissenschaftliche Analyse unter Berücksichtigung kommunikationswissenschaftlicher und wirtschaftswissenschaftlicher Erkenntnisse, 2009

Rupp, Hans Heinrich, Die Unterscheidung von Staat und Gesellschaft, Isensee, Josef/Kirchhof, Paul (Hrsg.), Handbuch des Staatsrechts der Bundesrepublik Deutschland, Band II: Verfassungsstaat, 3. Auflage 2004, § 31

Sachs, Michael, Informationsinterventionismus und Verfassungsrecht, in: Osterloh, Lerke/Schmidt, Karsten/Weber, Hermann (Hrsg.), Staat, Wirtschaft, Finanzverfassung, Festschrift für Peter Selmer zum 75. Geburtstag, 2004, S. 209 ff.

Sachs, Michael (Hrsg.), Grundgesetz, Kommentar, 9. Auflage 2021

Sachs, Michael/*Schmitz*, Heribert/*Stelkens*, Ulrich (Hrsg.), Stelkens/Bonk/ders., Verwaltungsverfahrensgesetz, Kommentar, 10. Auflage 2023

Säcker, Franz Jürgen/*Rixecker*, Roland/*Oetker*, Hartmut/*Limperg*, Bettina (Hrsg.), Münchener Kommentar zum Bürgerlichen Gesetzbuch, Band 6: §§ 631–704 BGB, 9. Auflage 2023

Sänger, Gisela, Die Funktion amtlicher Pressestellen in der demokratischen Staatsordnung dargestellt am Beispiel der Bundesrepublik Deutschland, 1966

Schaller, Christian, Der Angriff auf die Ukraine im Lichte des Völkerrechts, in: NJW 2022, S. 832 ff.

Schenke, Wolf-Rüdiger, Die Verfassungsorgantreue, 1977

Schenke, Wolf-Rüdiger, Die Bundesrepublik als Kanzlerdemokratie – zur Rechtsstellung des Bundeskanzler nach dem Grundgesetz, in: JZ 2015, S. 1009 ff.

Scherer, Joachim, „Öffentlichkeitsarbeit" der Verwaltung und Informationsfreiheit der Bürger, in: Hoffmann-Riem, Wolfgang (Hrsg.), Bürgernahe Verwaltung?, Analysen über das Verhältnis von Bürger und Verwaltung, 1980, S. 313 ff.

Scherer, Joachim, „Online" zwischen Telekommunikations- und Medienrecht – Regulierungsprobleme von Online-Systemen im Internet und außerhalb –, in: AfP 1996/1997, S. 213 ff.

Scherzberg, Arno, Die Öffentlichkeit der Verwaltung, 2000

Schlieffen, Katharina Gräfin von, Koalitionsvereinbarungen und Koalitionsgremien, in: Isensee, Josef/Kirchhof, Paul (Hrsg.), Handbuch des Staatsrechts der Bundesrepublik Deutschland, Band III: Demokratie – Bundesorgane, 3. Auflage 2005, § 49

Schmahl, Stefanie, Funktionszulagen – ein Verstoß gegen Mandatsfreiheit und Gleichheit der Abgeordneten?, in: AöR 130 (2005), S. 114 ff.

Schmalenbach, Kirsten, Wenn der Staat lügt: Desinformation im demokratischen Rechtsstaat, NVwZ 2005, S. 1357 ff.

Schmid, Carlo, Erinnerungen, 1979

Schmid, Tobias/*Braam*, Laura/*Mischke*, Julia, Gegen Meinungsmacht – Reformbedürfnisse aus Sicht eines Regulierers, Macht im Netz I: Herausforderungen für die Sicherung der Meinungs- und Medienvielfalt, in: MMR 2020, S. 19 ff.

Schmidt-Aßmann, Eberhard, Der Rechtsstaat, in: Isensee, Josef/Kirchhof, Paul (Hrsg.), Handbuch des Staatsrechts der Bundesrepublik Deutschland, Band II: Verfassungsstaat, 3. Auflage 2004, § 26

Schmidt-Bleibtreu, Bruno/*Bethge*, Herbert/*Coelln*, Christia von/*Grasshof*, Karin/*Haratsch*, Andreas/*Mellinghoff*, Rudolf/*Müller-Terpitz*, Ralf/*Niesler*, André/*Rozek*, Jochen (Hrsg.), Schmidt-Bleibtreu/Fr. Klein/Bethge, Bundesverfassungsgerichtsgesetz, Kommentar, Loseblatt, Stand: 63. Ergänzungslieferung Juni 2023

Schmidt-Jortzig, Edzard, Die Pflicht zur Geschlossenheit der kollegialen Regierung (Regierungszwang), 1973

Schmidt-Jortzig, Edzard, Meinungs- und Informationsfreiheit, in: Isensee, Josef/Kirchhof, Paul (Hrsg.), Handbuch des Staatsrechts der Bundesrepublik Deutschland, Band VII: Freiheitsrechte, 3. Auflage 2009, § 162

Schmitt, Carl, Gespräch über die Macht und den Zugang zum Machthaber, 3. Auflage 2017

Schmitt Glaeser, Walter, Die grundrechtliche Freiheit des Bürgers zur Mitwirkung an der Willensbildung, in: Isensee, Josef/Kirchhof, Paul (Hrsg.), Handbuch des Staatsrechts der Bundesrepublik Deutschland, Band III: Demokratie – Bundesorgane, 3. Auflage 2005, § 38

Schneider-Freyermuth, Georg, Einige Aspekte zur Auswirkung des Gebots der Staatsfreiheit der öffentlich-rechtlichen Rundfunkanstalten, in: ZUM 2000, S. 564 ff.

Schneiders, Pascal, Keine Meinungsmacht den Medienintermediären? – Zum Diskriminierungsverbot für Medienintermediäre im Medienstaatsvertrag, in: ZUM 2021, S. 480 ff.

Schoch, Friedrich, Staatliche Informationspolitik und Berufsfreiheit – Das Urteil des BVerwG vom 18. 10. 1990 (3 C 2/88) im Spiegel der Rechtsordnung –, in: DVBl. 1991, S. 667 ff.

Schoch, Friedrich, Öffentlich-rechtliche Rahmenbedingungen einer Informationsordnung, 1. Bericht, in: VVDStRL 57 (1998), S. 158 ff.

Schoch, Friedrich, Entformalisierung staatlichen Handelns, in: Isensee, Josef/Kirchhof, Paul (Hrsg.), Handbuch des Staatsrechts der Bundesrepublik Deutschland, Band III: Demokratie – Bundesorgane, 3. Auflage 2005, § 37

Schoch, Friedrich, Die Schwierigkeiten des BVerfG mit der Bewältigung staatlichen Informationshandelns, in: NVwZ 2011, S. 193 ff.

Schoch, Friedrich, Kommunales Amtsblatt und Lokalpresse im Konflikt, in: AfP 2019, S. 93 ff.

Schoch, Friedrich/*Schneider*, Jens-Peter (Hrsg.), Verwaltungsrecht, Band VwGO, Kommentar, Loseblatt, Stand: 44. Ergänzungslieferung März 2023

Scholz, Rupert, Das Wesen und die Entwicklung der gemeindlichen öffentlichen Einrichtungen, Zugleich ein Beitrag zur Lehre von der Garantie der kommunalen Selbstverwaltung (Art. 28 Abs. 2 GG), 1967

Schomburg, Alena/*Mykhalchyshyn*, Zoriana/*Herber*, Verena, Angela Merkel, in: Birkner, Thomas (Hrsg.), Medienkanzler, Politische Kommunikation in der Mediendemokratie, 2016, S. 263 ff.

Schröder, Meinhard, Aufgaben der Bundesregierung, in: Isensee, Josef/Kirchhof, Paul (Hrsg.), Handbuch des Staatsrechts der Bundesrepublik Deutschland, Band III: Demokratie – Bundesorgane, 3. Auflage 2005, § 64

Schröder, Meinhard, Die Bereiche der Regierung und der Verwaltung, in: Isensee, Josef/Kirchhof, Paul (Hrsg.), Handbuch des Staatsrechts der Bundesrepublik Deutschland, Band V: Rechtsquellen, Organisation, Finanzen, 3. Auflage 2007, § 106

Schröder, Meinhard, Rahmenbedingungen der staatlichen Regulierung von Social Bots, in: DVBl. 2018, S. 465 ff.

Schubert, Uwe, Die verfassungsrechtliche Vereinbarkeit des kommunalen Amtsblattes mit der Lokalpresse, 1974

Schuler-Harms, Margarete, Medienverfassung, in: Herdegen, Matthias/Masing, Johannes/Poscher, Ralf/Gärditz, Klaus Ferdinand (Hrsg.), Handbuch des Verfassungsrechts, Darstellung in transnationaler Perspektive, 2021, § 25

Schulz, Wolfgang, Selbstkontrolle der Medien, in: Schiwy, Peter/Schütz, Walter J./Dörr, Dieter (Hrsg.), Medienrecht, Lexikon für Praxis und Wissenschaft, 5. Auflage 2010, S. 572 ff.

Schulz, Wolfgang, Kommunikationsverfassung, Kommunikationsgrundrechte, Staatsfreiheit – Staatsfreiheit als Gestaltungsprinzip, in: AfP 2013, S. 464 ff.

Schulze-Fielitz, Helmuth, Kontrolle der Verwaltung durch Rechnungshöfe, 2. Bericht, in: VVDStRL 55 (1996), S. 231 ff.

Schulze-Fielitz, Helmuth, Betätigung öffentlich-rechtlicher Institutionen im Online-Bereich, Im Lichte des Wandels moderner Staatlichkeit, in: AfP 1998, S. 447 ff.

Schürmann, Frank, Öffentlichkeitsarbeit der Bundesregierung, Strukturen, Medien, Auftrag und Grenzen eines informalen Instruments der Staatsleitung, 1992

Schürmann, Frank, Regierungsamtliche Öffentlichkeitsarbeit im Wahlkampf – Kritische Anmerkungen zu den Müllkampagnen-Urteilen des NRWVerfGH, in: NVwZ 1992, S. 852 ff.

Schürmann, Frank, Staatliche Mediennutzung – Staatspresse, amtliche Verlautbarungen, Staatsrundfunk, Rundfunksponsoring, in: AfP 1992/1993, S. 435 ff.

Schürmann, Frank, Staatliche Öffentlichkeitsarbeit – unerwünschte Postwurfsendungen, in: NJW 1992, S. 1072 ff.

Schwartmann, Rolf/*Ohr*, Sara, Rechtsfragen beim Einsatz sozialer Medien, in: Schwartmann, Rolf (Hrsg.), Praxishandbuch Medien-, IT- und Urheberrecht, 4. Auflage 2017, 11. Kapitel

Schwarz, Kyrill-A., Das neue Recht der Abgeordnetenentschädigung, in: NVwZ 2016, S. 97 ff.

Schwarz, Kyrill-A./*Dorsch*, Dominik, Online-Stadtportale nach der Entscheidung des BGH in der Rechtssache dortmund.de, Zum Umgang mit „pressemäßiger" Öffentlichkeitsinformation der Kommunen in Print- und Onlineangeboten, in: NVwZ 2022, S. 1329 ff.

Schwarzer, Markus Maximilian, Staatliche Öffentlichkeitsarbeit, Eine juristische Untersuchung der Frage, wie der Staat bzw. staatliche Institutionen Öffentlichkeitsarbeit betreiben dürfen, 1999

Sedelmeier, Klaus/*Burkhardt*, Emanuel H. (Hrsg.), Löffler, Presserecht, Kommentar zu den deutschen Landespressegesetzen mit systematischen Darstellungen zum pressebezogenen Standesrecht, Anzeigenrecht, Werbe- und Wettbewerbsrecht, Urheber- und Verlagsrecht, Arbeitsrecht, Titelschutz, Mediendatenschutz, Jugendmedienschutz und Steuerrecht, Kommentar, 6. Auflage 2015

Seifert, Karl-Heinz, Die politischen Parteien im Recht der Bundesrepublik Deutschland, 1975

Seifert, Karl-Heinz, Anmerkung zu BVerfG, Urt. v. 2. 3. 1977 – 2 BvE 1/76, in: DÖV 1977, S. 288 ff.

Smend, Rudolf, Staatsrechtliche Abhandlungen und andere Aufsätze, 4. Auflage 2010

Spindler, Gerald/*Schuster*, Fabian (Hrsg.), Recht der elektronischen Medien, Kommentar, 4. Auflage 2019

Spitzlei, Thomas, Die politische Äußerungsbefugnis staatlicher Organe, in: JuS 2018, S. 856 ff.

Starck, Christian, Rundfunkfreiheit als Organisationsproblem, Zur Zusammensetzung der Rundfunkgremien, 1973

Starck, Christian, Grundrechtliche und demokratische Freiheitsidee, in: Isensee, Josef/Kirchhof, Paul (Hrsg.), Handbuch des Staatsrechts der Bundesrepublik Deutschland, Band III: Demokratie – Bundesorgane, 3. Auflage 2005, § 31

Stein, Ekkehart/*Frank*, Götz, Staatsrecht, 21. Auflage 2010

Stender-Vorwachs, Jutta, „Staatsferne" und „Gruppenferne" in einem außenpluralistisch organisierten Rundfunksystem, 1988

Stern, Klaus, Das Staatsrecht der Bundesrepublik Deutschland, Band I: Grundbegriffe und Grundlagen des Staatsrechts, Strukturprinzipien der Verfassung, 1. Auflage 1977

Stern, Klaus, Das Staatsrecht der Bundesrepublik Deutschland, Band I: Grundbegriffe und Grundlagen des Staatsrechts, Strukturprinzipien der Verfassung, 2. Auflage 1984

Stern, Klaus, Das Staatsrecht der Bundesrepublik Deutschland, Band II: Staatsorgane, Staatsfunktionen, Finanz- und Haushaltsverfassung, Notstandsverfassung, 1980

Stern, Klaus, Das Staatsrecht der Bundesrepublik Deutschland, Band IV/1: Die einzelnen Grundrechte: Der Schutz und die freiheitliche Entfaltung des Individuums, 2006

Studenroth, Stefan, Wahlbeeinflussung durch staatliche Funktionsträger, Zur Abgrenzung zwischen staatlicher Öffentlichkeitsarbeit und privater Wahlwerbung in Äußerungen von Amtsträgern, in: AöR 125 (2000), S. 257 ff.

Tanneberger, Steffen/*Nemeczek*, Heinrich, Neutralitätsgebot für Mitglieder der Bundesregierung – Fall Schwesig, Anmerkung zu BVerfG, Urt. v. 16.12.2014 – 2 BvE 2/14, in: NVwZ 2015, S. 215 f.

Triepel, Heinrich, Die Staatsverfassung und die politischen Parteien, Rede bei der Feier der Erinnerung an den Stifter der Berliner Universität König Friedrich Wilhelm III. in der alten Aula am 3. August 1927, 1927

Trute, Hans-Heinrich, Öffentlich-rechtliche Rahmenbedingungen einer Informationsordnung, 2. Bericht, in: VVDStRL 57 (1998), S. 216 ff.

Trute, Hans-Heinrich, Freiheit von Presse und Film, in: Merten, Detlef/Papier, Hans-Jürgen (Hrsg.), Handbuch der Grundrechte in Deutschland und Europa, Band IV: Grundrechte in Deutschland: Einzelgrundrechte I, 2011, § 104

Tsatsos, Dimitris Th./*Schmidt*, Hans-Rüdiger/*Steffen*, Peter, Zur Demokratisierung des Parteienstaates, Gedenken zum Urteil des BVerfG, NJW 1982, 2545, in: ZRP 1993, S. 95 ff.

Uhle, Arnd, Innere Integration, in: Isensee, Josef/Kirchhof, Paul (Hrsg.), Handbuch des Staatsrechts der Bundesrepublik Deutschland, Band IV: Aufgaben des Staates, 3. Auflage 2006, § 82

Volkmann, Uwe, Verfassungsrecht und Parteienfinanzierung, in: ZRP 1993, S. 325 ff.

Volkmann, Viktor, Hate Speech durch Social Bots, Strafrechtliche Zurechnung von Volksverhetzungen gem. § 130 Abs. 1 StGB, in: MMR 2018, S. 58 ff.

Voßkuhle, Andreas, Die Verwaltung in der Informationsgesellschaft – Informationelles Verwaltungsorganisationsrecht, in: Leipold, Dieter (Hrsg.), Rechtsfragen des Internets und der Informationsgesellschaft, 2002, S. 97 ff.

Voßkuhle, Andreas/*Schemmel*, Jakob, Grundwissen – Öffentliches Recht: Die Bundesregierung, in: JuS 2020, S. 736 ff.

Wagner, Christoph, Kommunikation in sozialen Medien und Grundrechte – Zur Drittwirkung der Meinungsfreiheit und Ausgestaltung einer dienenden Medienfreiheit, in: ZUM 2022, S. 861 ff.

Waldhoff, Christian, Parteien-, Wahl- und Parlamentsrecht, in: Herdegen, Matthias/Masing, Johannes/Poscher, Max/Gärditz, Klaus Ferdinand (Hrsg.), Handbuch des Verfassungsrechts, Darstellung in transnationaler Perspektive, 2021, § 10

Walker, Horst O., Das Presse- und Informationsamt der Bundesregierung, Eine Untersuchung zu Fragen der Organisation, Koordination und Kontrolle der Presse- und Öffentlichkeitsarbeit der Bundesregierung, 1982

Wallenberg, Gabriela von, Kommunale Öffentlichkeitsarbeit und das Gebot der Staatsferne der Presse, in: NJW 2022, S. 3191 ff.

Walter, Christian/*Grünewald*, Benedikt (Hrsg.), Beck'scher Online-Kommentar Bundesverfassungsgerichtsgesetz, Stand: 15. Edition 1.6.2023

Wente, Jürgen K., Das Recht der journalistischen Recherche, Ein Beitrag zum Konflikt zwischen den Medienfreiheiten und der informationellen Selbstbestimmung, 1987

Wieland, Joachim, Öffentlichkeitsarbeit der Regierung in Zeiten der Digitalisierung, in: Krüper, Julian (Hrsg.), Die Organisation des Verfassungsstaats, Festschrift für Martin Morlok zum 70. Geburtstag, 2019, S. 533 ff.

Wimmer, Norbert/*Nawrath*, Katharina, Anmerkung zu LG München I, Urteil vom 10.2.2021 – 37 O 15720/20, in: MMR 2021, S. 435 ff.

Wimmer, Raimund, Kommunale Alternativen zur deutschen Lokalpresse, Rechtliche Aspekte neuer gemeindlicher Öffentlichkeitsarbeit, in: NJW 1982, S. 2793 ff.

Wittek, Wolfgang H., Soziale Netzwerke im Arbeitsrecht, 2014

Wojahn, Michael, Die Organisationsstrukturen der Hauptorgane der Landesmedienanstalten unter dem Grundsatz der Staatsfreiheit, 2002

Zehe, Harald, Soziale Netzwerke als gesellschaftliches Phänomen – eine Bestandsaufnahme zum Nutzerverhalten und zu den Anbietern, in: Hill, Hermann/Martini, Mario/Wagner, Edgar (Hrsg.), Facebook, Google & Co. Chancen und Risiken, 2013, S. 33 ff.

Zippelius, Reinhold, Allgemeine Staatslehre, Politikwissenschaft, 17. Auflage 2019

Zott, Christine, Aktive Information des Staates im Internet – Mittelalterlicher Pranger oder modernes Steuerungsinstrument? Eine Analyse der Publikumsinformation unter besonderer Berücksichtigung des Lebensmittel-, Verbraucherinformations- und Sozialrechts, 2006

Zuck, Rüdiger, Anmerkung zu BVerfG, Urteil vom 2.3.1977 – 2 BvE 1/76, in: NJW 1977, S. 1054

Zuck, Rüdiger, Zulässige Öffentlichkeitsarbeit und Wahlwerbung, in: ZRP 1977, S. 144 ff.

Internetfundstellen

Baerbock, Annalena, Annalena Baerbock, @abaerbock, Instagram-Profil, https://www.instagram.com/abaerbock

Baerbock, Annalena, Annalena Baerbock (Archiv), @ABaerbockArchiv, X-Profil, https://twitter.com/abaerbockarchiv

Baerbock, Annalena, Außenministerin Annalena Baerbock, @ABaerbock, X-Profil, https://twitter.com/ABaerbock

BDZV, Entwicklung der verkauften Auflage der Tageszeitungen in Deutschland im jeweils 2. Quartal ausgewählter Jahre von 1991 bis 2022, statista.de, https://de.statista.com/statistik/daten/studie/72084/umfrage/verkaufte-auflage-von-tageszeitungen-in-deutschland

Berlin-Brandenburgische Akademie der Wissenschaften, DWDS – Digitales Wörterbuch der deutschen Sprache. Das Wortauskunftssystem der Gegenwart, Stand: 2024, https://www.dwds.de

Bitkom e.V., Netzgesellschaft, Eine repräsentative Untersuchung zur Mediennutzung und dem Informationsverhalten der Gesellschaft in Deutschland, 2011, https://www.bitkom.org/sites/main/files/file/import/BITKOM-Publikation-Netzgesellschaft.pdf

Bitkom e.V, Social-Media-Trends 2018, 2018, https://www.bitkom.org/sites/default/files/file/import/180227-Bitkom-PK-Charts-Social-Media-Trends-2.pdf

Böge, Friederike, Ashraf Ghanis Flucht, Ein Hubschrauber voller Geld, faz.net, aktualisiert am 24. August 2021, https://www.faz.net/aktuell/politik/ausland/ghanis-flucht-aus-kabul-ein-hubschrauber-voller-geld-17499600.html

Bundesamt für Justiz, Bundesamt für Justiz erlässt Bußgeldbescheide gegen das soziale Netzwerk Telegram, Pressemitteilung vom 17. Oktober 2022, https://www.bundesjustizamt.de/DE/ServiceGSB/Presse/Pressemitteilungen/2022/20221017.html

Bundesamt für Justiz, Änderung der Pressemitteilung vom 2. März 2023: Bundesamt für Justiz hält Bußgeldbescheide in Höhe von 5,125 Millionen Euro gegen das soziale Netzwerk Telegram aufrecht, Pressemitteilung vom 3. April 2023, https://www.bundesjustizamt.de/DE/ServiceGSB/Presse/Pressemitteilungen/2023/20230302.html?nn=39384

Bundesrechnungshof, Bemerkungen 2002 zur Haushalts- und Wirtschaftsführung des Bundes, 2002, https://www.bundesrechnungshof.de/SharedDocs/Downloads/DE/Berichte/2002/bemerkungen-2002-volltext.html

Bundesverfassungsgericht, Presseinformationen, Pressemitteilung Nr. 35/2023 vom 28. März 2023, https://www.bundesverfassungsgericht.de/SharedDocs/Pressemitteilungen/DE/2023/bvg23-035.html

Doll, Nikolaus, Kanzlergespräch, In Marburg begegnet Olaf Scholz der deutschen Angst vor dem Krieg, welt.de, veröffentlicht am 3. Februar 2023, https://www.welt.de/politik/deutsch

land/plus243578279/Olaf-Scholz-In-Marburg-begegnet-der-Kanzler-der-deutschen-Angst-vor-Krieg.html

Fuhr, Lukas, „Kanzlergespräch“ in Marburg, Besorgte Bürger, beruhigender Kanzler, faz.net, aktualisiert am 2. Februar 2023, https://www.faz.net/aktuell/politik/inland/olaf-scholz-erklaert-den-krieg-beim-kanzlergespraech-in-marburg-18650221.html

House Select Committee to Investigate the January 6th Attack on the United States Capitol, Serial No. 117–2 (House Hearing) – Hearing on the January 6th Investigation vom 9. Juni 2022, https://www.govinfo.gov/content/pkg/CHRG-117hhrg48998/pdf/CHRG-117hhrg48998.pdf

Kamenz, Uwe, Regierungen Welt 2004, ProfNet Internet-Branchenstudie, 2005, https://www.profnet.de/dokumente/2009/rptStudie_B_70.pdf

Kessler, Glenn, Trump made 30,573 false or misleading claims as president. Nearly half came in his final year., washingtonpost.com, veröffentlicht am 23. Januar 2021, https://www.washingtonpost.com/politics/how-fact-checker-tracked-trump-claims/2021/01/23/ad04b69a-5c1d-11eb-a976-bad6431e03e2_story.html

Lauterbach, Karl, Karl Lauterbach, @karl_lauterbach_mdb, Instagram-Profil, https://www.instagram.com/karl_lauterbach_mdb

Lauterbach, Karl, Prof. Karl Lauterbach, @Karl_Lauterbach, X-Profil, https://twitter.com/Karl_Lauterbach

Lindner, Christian, Christian Lindner, @christianlindner, Instagram-Profil, https://www.instagram.com/christianlindner

Lindner, Christian, Christian Lindner, @c_lindner, X-Profil, https://twitter.com/c_lindner

Marxsen, Christian, Hat sich Russland aus dem Völkerrecht verabschiedet?, mpil.de, veröffentlicht am 10. März 2022, https://www.mpil.de/files/pdf6/russland-faz_10mar2022.pdf

Merkel, Angela, „Jede Impfung hilft“, Video-Podcast der Bundeskanzlerin, veröffentlicht am 4. Oktober 2021, https://www.bundesregierung.de/breg-de/service/archiv/archiv-mediathek/letzter-podcast-bundeskanzlerin-1987666

Quealy, Kevin, The Complete List of Trump's Twitter Insults (2015–2021), nytimes.com, veröffentlicht am 19. Januar 2021, https://www.nytimes.com/interactive/2021/01/19/upshot/trump-complete-insult-list.html

Scholz, Olaf, Bundeskanzler Olaf Scholz, @Bundeskanzler, X-Profil, https://twitter.com/bundeskanzler

Scholz, Olaf, KanzlerGESPRÄCH, https://www.bundesregierung.de/breg-de/themen/kanzler-gespraech

Scholz, Olaf, Kanzler kompakt (Video-Botschaft), https://www.bundesregierung.de/breg-de/mediathek/kanzler-kompakt

Scholz, Olaf, Olaf Scholz, @bundeskanzler, Instagram-Profil, https://www.instagram.com/bundeskanzler

Scholz, Olaf, Olaf Scholz, @olafscholz, Instagram-Profil, https://www.instagram.com/olafscholz

Scholz, Olaf, Olaf Scholz, @OlafScholz, X-Profil, https://twitter.com/OlafScholz

Sheerin, Jude, Capitol riots: ‚Wild' Trump tweet incited attack, says inquiry, bbc.com, veröffentlicht am 12. Juli 2022, https://www.bbc.com/news/world-us-canada-62140410

SPD/Bündnis 90/Die Grünen/FDP, Mehr Fortschritt wagen, Bündnis für Freiheit, Gerechtigkeit und Nachhaltigkeit, Koalitionsvertrag zwischen SPD, Bündnis 90/Die Grünen und FDP, 2021, https://www.bundesregierung.de/resource/blob/974430/1990812/1f422c60505b6a88f8f3b3b5b8720bd4/2021-12-10-koav2021-data.pdf

Trump, Donald J., Donald J. Trump, @realDonaldTrump, Truth Social-Profil, https://truthsocial.com/@realDonaldTrump

Trump, Donald J., Donald J. Trump, @realDonaldTrump, X-Profil, https://twitter.com/realDonaldTrump

United States Committee on the Judiciary, Subverting Justice: How the Former President and His Allies Pressured DOJ to Overturn the 2020 Election, Majority Staff Report, https://www.judiciary.senate.gov/subverting-justice-how-the-former-president-and-his-allies-pressured-doj-to-overturn-the-2020-election

We Are Social/Hootsuite, Digital 2022 Global Overview Report, Digital 2022 in Deutschland, 2022, https://wearesocial.com/de/blog/2022/02/digital-2022-report-726-millionen-deutsche-nutzen-social-media/

X, Permanent suspension of @realDonaldTrump, Blog, vom 8. Januar 2021, https://blog.twitter.com/en_us/topics/company/2020/suspension

ZDF, Gesichter der Zeitenwende: Robert Habeck, heute-journal vom 15. Februar 2023, https://www.zdf.de/nachrichten/heute-journal/energiesicherheit-wirtschaftsminister-habeck-100.html

Stichwortverzeichnis